Lösel (Hrsg.)
Kriminalpsychologie

KRIMINAL-PSYCHOLOGIE

Grundlagen und Anwendungsbereiche

Herausgegeben
von Friedrich Lösel

Beltz Verlag · Weinheim und Basel 1983

Über den Herausgeber:

Friedrich Lösel, Dr. phil., Dipl.-Psych., Jahrgang 1945, war während der ersten Phase der Herausgeberschaft Professor für Psychologie an der Universität Erlangen-Nürnberg und ist nun an der Abteilung für Experimentelle und Angewandte Psychologie der Universität Bielefeld tätig.

CIP-Kurztitelaufnahme der Deutschen Bibliothek

Kriminal-Psychologie : Grundlagen u. Anwendungsbereiche / hrsg. von Friedrich Lösel. - Weinheim ; Basel : Beltz 1983
ISBN 3-407-54633-5
NE: Lösel, Friedrich [Hrsg.]

Druck und buchbinderische Verarbeitung:
Beltz Offsetdruck, 6944 Hemsbach über Weinheim
Umschlaggestaltung: E. Warminski, Frankfurt/M.
Printed in Germany

ISBN 3 407 54633 5

Inhaltsverzeichnis

„Es ist ein sehr weit verbreiteter Aberglaube, daß jedes menschliche Wesen gewisse endgültige Eigenschaften habe, daß wir entweder gut oder schlecht seien, klug oder dumm, energisch oder passiv, usw. Aber die Menschen sind nicht so. Wir können sagen, daß ein bestimmter Mensch öfter gut als schlecht ist, öfter klug als dumm, öfter energisch als passiv oder umgekehrt ... Menschen sind wie Flüsse – das Wasser, das in ihnen fließt, ist in jedem Fall das gleiche, aber jeder Fluß ist an einer Stelle schmal, an einer anderen breit, manchmal ruhig, oder klar, oder kalt, manchmal trüb und ein andermal wieder warm ..."

(Leo Tolstoi, Die Auferstehung)

Vorwort

Abweichendes Sozialverhalten, Delinquenz, Dissozialität, Kriminalität, Verwahrlosung etc. sind gesellschaftlich höchst bedeutsame Problemgebiete der Psychologie. Sowohl innerhalb des Faches als auch im Vergleich zu Nachbardisziplinen (z.B. der Soziologie) ist die kriminalpsychologische Thematik jedoch unterrepräsentiert. Dem steht zum einen gegenüber, daß gerade die wissenschaftliche Psychologie seit ihren Anfängen zahlreiche grundlegende Beiträge zur kriminologischen Forschung und Praxis geliefert hat. Zum anderen sind in neuerer Zeit kriminalpsychologische Gegenstandsbereiche, wie die psychologische Delinquenzerklärung und die forensische Diagnostik, beträchtlich erweitert worden. Dies geschah z.B. durch Ansätze der Sozialisationsforschung und der Ökologischen Psychologie, allgemein- und sozialpsychologische Untersuchungen zu strafrechtlichen Problemen, pädagogisch- und klinisch-psychologische Interventionsmaßnahmen. International entwickelt sich ein stark expandierendes Feld der Kriminalpsychologie als Teil der Psychologie im Rechtswesen. In ihm widmen sich Psychologen vielfältigen wissenschaftlichen und praktischen Fragen. Sie versuchen auch, durch Forschung auf die kriminologische Praxis rückzuwirken. Psychologische Forschung „im Recht" und „über Recht" stehen dabei gleichwertig nebeneinander.

Vor diesem Hintergrund entstand das Konzept für den vorliegenden Sammelband. Wie im Einführungskapitel erläutert wird, setzt Kriminalpsychologie kein eigenes Fach als weitere „Bindestrich-Psychologie" voraus. Derartige Gebietsabgrenzungen sind für komplexe Fragestellungen des menschlichen Erlebens und Verhaltens wenig hilfreich. Eine Kriminalpsychologie kann vielmehr dazu beitragen, die in einzelnen psychologischen Fächern isolierten Forschungs- und Praxisansätze *problemorientiert* zusammenzuführen. In diesem Sinn soll der Sammelband über theoretische Grundlagen, Richtungen, Forschungsergebnisse, praktische Tätigkeiten und Probleme der Psychologie im Delinquenzbereich informieren, ohne enzyklopädische Vollständigkeit (und damit Fülle) zu beanspruchen. Bestand aufzunehmen und Perspektiven aufzuzeigen, sind seine Ziele. Klare Kriterien für eine repräsentative Auswahl existieren freilich nicht. Es wurde versucht, „individual-" und „sozialpsychologische" Konzepte, „theoretische" und „praktische" Fragen, „tradierte" und „kritische" Ansätze usw. angemesen zu repräsentieren. Wie bei anderen psychologischen Themen, in denen erfahrungswissenschaftliche Aussagen und Ideologien eng verwoben sind, läßt sich aus unterschiedlicher Sicht an der Angemessenheit der Auswahl zweifeln. Dabei ist aber auch zu berücksichtigen, wie rasch sich zum Teil die Kriterien ändern.

Ich danke allen Autoren, daß sie es durch ihre Mitarbeit und ihr Verständnis für redaktionelle Anliegen ermöglicht haben, das Konzept zu realisieren. Die erforderliche Herausgeber-Korrespondenz und andere Schreibarbeiten erledigten Frau Eva M. Vester (Universität Erlangen-Nürnberg) und Frau Anneliese Fraser (Universität Bielefeld); bei technischen Redaktionsarbeiten halfen mir Frau Claudia Bayer, Frau Marita Ott-Engelmann und Frau Ursula Staudinger (Erlangen) sowie Frau Renate Volbert und Herr Wolf Polenz (Bielefeld). Dem Beltz-Verlag, namentlich Herrn Roland Asanger, bin ich für die effektive Zusammenarbeit ebenfalls zu Dank verpflichtet.

Fiedrich Lösel

Einführung

1 Abgrenzung und Entwicklungshintergund

Obwohl psychologische Ansätze in der Kriminologie traditionell eine Schlüsselposition einnehmen (vgl. H.J. Schneider 1977), kann z.B.nach Kaiser (1979, S.20 ff.) von einer Kriminalpsychologie (ähnlich der Kriminalsoziologie) noch nicht gesprochen werden. In den kriminologischen Lehrbüchern werden zwar an vielen Stellen psychologische Einflüsse deutlich, als eigenständiger Ansatz haben sie lediglich im Bereich der Psychoanalyse „Profil" gewonnen (z.B. Dechêne 1975). In den letzten Jahren mehren sich jedoch die Anzeichen für die allgemeine Entwicklung der Kriminalpsychologie.

Ein Hemmnis für die Artikulation der Kriminalpsychologie lag bereits in der unklaren Beziehung zur Forensischen Psychologie. Die *Forensische Psychologie* (Gerichtspsychologie) läßt sich weitgefaßt als Anwendung psychologischer Theorien, Methoden und Ergebnisse auf die Rechtspflege umschreiben. De facto wird jedoch fast ausschließlich die gerichtliche Sachverständigentätigkeit von Psychologen behandelt, und zwar hinsichtlich der wissenschaftlichen Grundlagen und diagnostischen Praxis (vgl. Undeutsch 1967a, Liebel u. v. Uslar 1975, Wegener 1981). Die derzeitige Sachverständigentätigkeit betrifft u.a. Fragen der Glaubwürdigkeit von Zeugenaussagen, Schuldfähigkeit, strafrechtlichen Verantwortlichkeit, Kriminalitäts- und Bewährungsprognose, des elterlichen Sorgerechts und der Vormundschaft, der Berufs- oder Arbeitsunfähigkeit und Rehabilitation, Eignung zur Führung von Kraftfahrzeugen (vgl. Undeutsch 1967a, 1976; Arntzen 1980b). Abgesehen vom Gericht als gemeinsamer Bezugsinstitution handelt es sich um sehr heterogene diagnostische Gebiete. Je nach straf-, zivil-, sozial- oder verwaltungsrechtlicher Aufgabenstellung sind sie inhaltlich enger mit der Klinischen Psychologie, Entwicklungspsychologie, Arbeits- oder Verkehrspsychologie verbunden als untereinander. Mit dem Schwergewicht auf der diagnostischen Sachverständigentätigkeit besitzt die Forensische Psychologie eine überwiegend pragmatische, hilfswissenschaftliche Funktion (vgl. Waller 1970).

Demgegenüber hat sich in den letzten Jahren vor allem in den USA eine *Rechtspsychologie* (legal psychology) entwickelt, die neben diagnostischen Fragen z.B. sozialpsychologische Probleme des Rechtssystems, der Gerichtsverhandlung, Urteilsbildung etc. behandelt (z.B. Sales 1977, Saks u. Hastie 1978, Tapp 1980). Bemerkenswert ist, daß die historischen Quellen der europäischen bzw. deutschen Forensischen Psychologie in den USA kaum zur Kenntnis genommen wurden (vgl. Sporer 1981). Umgekehrt rezipiert man hierzulande die neuere amerikanische Entwicklung nur vereinzelt. Entsprechend dem weitgefaßten Begriff der Forensischen Psychologie könnte die Rechtspsychologie als Rahmen für die forensische Diagnostik und die – im folgenden skizzierte – Kriminalpsychologie dienen.

Bislang wird *Kriminalpsychologie* der Forensichen Psychologie z.T. über-, unter- oder nebengeordnet (dazu Liebel u. v. Uslar 1975). Versteht man sie als Anwendung psychologischer Theorien, Methoden und Ergebnisse auf Kriminalitäts- und Delinquenzprobleme, so überlappt sie sich mit den forensisch-psychologischen Aufgaben im *strafrechtlichen* Bereich. Sie enthält jedoch auch Themen, die in der diagnostischen Gerichtspsychologie in den Hintergrund getreten sind. Dabei handelt es sich z.B. um Theorien über die Bedingungen von Straftaten und Delinquenzentwicklungen, psychologische Faktoren bei der Genese und Anwendung von Kriminalitätsnormen durch Instanzen sozialer Kontrolle, präventive und rehabilitative Maßnahmen bzw. die Psychologie im Strafvollzug. Ähnlich wie in der Forensischen Psychologie existieren sehr heterogene Fragestellungen. Ihre Gemeinsamkeit besteht in der Delinquenzthematik. Je nach den spezifischen Fragestellungen lassen sich diese z.B. nicht nur der Kriminalpsychologie, sondern der Entwicklungspsychologie, Persönlichkeitspsychologie oder Sozialpsychologie zurechnen.

Vereinfacht ist auch, Kriminalpsychologie als ,,Anwendung" von ,,Grundlagen" auf die Kriminalitätsthematik aufzufassen. Denn zum einen besitzt in den Sozialwissenschaften der Anwendungsbegriff selbst verschiedene Facetten (z.B. Brocke 1980), zum anderen ist eine eindeutige Trennung zur Grundlagenforschung kaum möglich (z.B. Gergen 1976, Smedslund 1979). Psychologische Beiträge zur Kriminalitätsthematik können in problemgemäß-eigenständigen Theorien- und Methodenentwicklungen bestehen, welche die Grenzen zwischen theorie- und anwendungsorientierter empirischer Forschung verwischen (vgl. Irle 1978). Sie können auch im Sinne Herrmanns (1979) in technologischer Wissensgewinnung oder in eher nachvollziehendem (z.B. therapeutischem) Tun liegen, wobei die Übergänge wiederum fließend sind (vgl. Lösel 1981a). Bei anderen Beurteilungsaspekten, wie z.B. der ,,Praxisrelevanz", des methodischen Niveaus, der Themenwahl und Auftragsabhängigkeit, erweisen sich Typisierungen einer Kriminalpsychologie ebenfalls als unangemessen (z.B. Schaller u. Schmidtke 1981). Dies dürfte auch für die behördlich angeregte Forschung gelten, wobei allerdings besondere Probleme der Kontrolle auftreten können (vgl. Brusten 1981).

Kriminalpsychologische Ansätze stehen im Kontext der verschiedenen Problemsichtweisen und Analyseebenen in den Sozialwissenschaften. Ein Konsens zwischen juristischen und psychologischen Menschenbildern erscheint unwahrscheinlich (vgl. Müller-Luckmann 1981). Dies wäre vermutlich noch ausgeprägter, wenn sich eine Kriminalpsychologie ebenso ,,selbstbewußt" etabliert hätte wie die Kriminalsoziologie. Bereits in den jeweiligen Anfängen lassen sich hier jedoch Unterschiede erkennen. Kriminalpsychologische Überlegungen gingen u.a. von dem Mediziner Lombroso (1876) aus, der die Aufmerksamkeit von der bloßen Tat auf die nach seiner Auffassung biologisch anormale Täterpersönlichkeit lenkte. Vergleichsweise modern muten persönlichkeits- und sozialpsychologische Annahmen des Juristen v. Liszt (1905) an, der u.a. die Eigenart des Täters in der Tatsituation und die dabei gegebenen äußeren Verhältnisse als kriminogene Faktoren betrachtete. Frühe kriminalsoziologische Beiträge, z.B. von Tarde (1893) oder Durkheim (1895), erscheinen disziplinspezifischer und haben — entsprechend einer stärker historischen Orientierung der Soziologie — bis in die jüngste Zeit deren Forschung angeregt. Dies wird besonders deutlich an Durkheims These der gesellschaftlichen Normalität sozialer Abweichung, die zur Labeling-Perspektive beigetragen hat (vgl. Erikson 1966).

Auch in den Anfängen der wissenschaftlichen Psychologie hatten sich sehr bedeutsame Autoren mit strafrechtlichen Fragen befaßt. Zum Beispiel legten Binet (1900) und Stern (1902) aussagepsychologische Arbeiten vor, Jung (1905) und Wertheimer (1906) rivalisierten hinsichtlich des Assoziationsversuchs zur Tatbestandsdiagnostik. Freud (1906) schrieb ebenfalls über Probleme der Tatbestandsdiagnostik, Münsterberg (1908) erprobte erste Formen des ,,Lügendetektors" (zur Geschichte vgl. Tent 1967, Undeutsch 1967b; Kaiser 1979, Göppinger 1980). Die Kriminalitätserklärung blieb jedoch deutlich psychiatrisch beeinflußt. Obwohl Lombrosos Ansatz lebhaft kritisiert wurde (z.B. Gross 1905), fand er eine gewisse Fortsetzung und Differenzierung in Konstitutions- und Zwillingsuntersuchungen der zwanziger und dreißiger Jahre (z.B. Lange 1928, Stumpfl 1935) sowie in kriminalpsychiatrischen Anwendungen von K. Schneiders (1921) Psychopathenlehre. Während des dritten Reiches war die deutsche Kriminologie weitgehend *biologisch* ausgerichtet. Motivationspsychologische und die Umwelt berücksichtigende Beiträge zur Delinquenzgenese, wie sie vor allem im Rahmen der Psychoanalyse vorlagen (Aichhorn 1925, Alexander u. Healey 1935), konnten lediglich im angloamerikanischen Raum weiterentwickelt werden.

In der Nachkriegszeit blieben die deutschen kriminalpsychologischen Beiträge zunächst noch überwiegend essayistisch-charakterologisch. Mit der Blüte der Psychodiagnostik in den fünfziger und sechziger Jahren konnte sich in Konkurrenz und Ergänzung zur Forensischen Psychiatrie die Forensische Psychologie etablieren (vgl. Arntzen 1970). Sie wurde an bundesdeutschen Universitätsinstituten Diplom-Prüfungsfach und in der Handbuchreihe der Psychologie repräsentiert (Undeutsch 1967a). Die kriminalpsychologischen Arbeiten blieben eher kasuistisch orientiert (z.B. Nass 1959). Die Lage der Kriminalpsychologie zeigte sich z.B. darin, daß Moser (1970) bei Zusammenhängen zwischen Sozialstruktur-, Erziehungs- und Persönlichkeitsmerkmalen fast ausschließlich auf amerikanische Untersuchungen zurückgreifen mußte. Zunehmend schlugen sich jedoch psychologische Begriffe, Forschungsergebnisse und nicht zuletzt die Methodologie der Nachkriegspsychologie in der Kriminologie nieder (Kaiser 1979, S.21). In den siebziger Jahren verstärkte sich auch die kriminalpsychologische Forschungstätigkeit in der Bundesrepublik. Die Arbeiten waren Teil des allgemeinen Aufschwungs der empirischen Kriminologie (Göppinger 1980, S.29 ff.). Sie wurden besonders gefördert an interdisziplinären Forschungseinrichtungen, durch psychologisch ausgebildete oder interessierte Juristen und Vertreter der Forensischen Psychologie. Das Ausbildungsangebot an den Psychologischen Instituten war jedoch gering (vgl. Lösel 1974).

Daß die Kriminalpsychologie nicht als Fach hervorgetreten war, trug unter wissenschaftspsychologischen Gesichtspunkten zur Hemmung eben dieser Artikulation bei. Kriminalität, Delinquenz, Dissozialität etc. wurden zumeist in der Klinischen Psychologie erörtert. Auch wenn dabei nicht nur eine Sichtweise der Psychopathologie bestand, konnten im gegebenen Rahmen z.B. die sozialwissenschaftlichen und rechtlichen Aspekte des Problems nicht ausreichend behandelt werden. Die Sozialpsychologie befaßte sich dagegen meist experimentell mit Konformität und – anders als die Soziologie – kaum mit alltagsbezogenen Fragen der Devianz (Lösel 1981b). Ähnlich blieben in der experimentellen Aggressionsforschung inhaltliche Konkretisierungen (z.B. Straftaten) weitgehend ausgespart (vgl. Selg 1982). Die Kriminalpsychologie gewann auch deshalb wenig an Identität, weil ihre Ansätze im Rahmen der tat- und täterorientierten Kriminologie zumeist gut assimilierbar waren. Demgegenüber erhielt die deutsche Kriminalsoziologie vor allem dadurch „Konturen", daß viele Autoren im Anschluß an Sack (1968) die Labeling-Perspektive übernahmen. Dies ergab trotz heftiger innersoziologischer Kontroversen (z.B. Opp 1972, Sack 1972) ein Fremdbild, das im Sinne der Gruppendynamik identitäts- und kohäsionsfördernd gewesen sein dürfte.

Die Grundsatzdiskussion psychologischer Forschungsroutinen, neu strukturierte Teilgebiete (wie Abweichendes Verhalten, Ökologische Psychologie, Rehabilitationspsychologie, Angewandte Sozialpsychologie), Arbeitsmarkt- und Diversifikationszwänge trugen vermutlich dazu bei, daß man sich in den letzten Jahren von verschiedener Seite mehr mit kriminal- und forensisch-psychologischen Themen beschäftigte. Allgemein zeigte sich, daß Millers (1969) programmatische Aufforderung, „die Psychologie wegzugeben", auch bedeutet, sich *innerhalb* der Psychologie mehr mit alltagsbezogenen Fragestellungen zu befassen. Die Kriminalpsychologie ist ein Paradigma für eine solche problemorientierte Forschung, in der zahlreiche psychologische Teilgebiete zu berücksichtigen sind. Die Forschungsaktivität, Repräsentation auf Psychologie-Kongressen, Entwicklung der US-amerikanischen legal psychology u.a. weisen darauf hin, daß man sich in der Kriminalpsychologie anschickt, ein neues Rollenverständnis zu entwickeln.

2 Kriminologischer Bezugsrahmen

Vor dem skizzierten Hintergrund entstand der Plan für den vorliegenden Sammelband. Er soll einerseits traditionelle kriminalpsychologische Forschungs- und Praxisfelder darstellen, andererseits neue Entwicklungen und Perspektiven aufzeigen. Die Kriminalpsychologie mehr zu artikulieren, bedeutet aber nicht, sie möglichst stark von anderen psychologischen und kriminologischen Teildisziplinen abzugrenzen. Dies würde gerade ihrer themenbezogenen Integrationsfunktion zuwiderlaufen. In der Zusammenstellung kriminalpsychologischer Ansätze soll jedoch ein Element der Identitätsförderung liegen, das Forschungs-, Ausbildungs- und Praxisbemühungen im interdisziplinären Kontext verstärken kann. Voraussetzung dafür ist, gegenüber theoretisch, methodisch und forschungsstrategisch unterschiedlichen Ansätzen offen – wenngleich nicht unkritisch – zu sein. Darin liegt zweifellos die Gefahr eines unverbindlichen Pluralismus (vgl. Sack 1978). Ansätze für kohärente Forschungsperspektiven sind jedoch in der Kriminalpsychologie zu beobachten, z.B. im Rahmen der kognitiv-sozialen Lerntheorien (vgl. Feldman 1977, Nietzel 1979). Außerdem ist zu berücksichtigen, daß eine theorienvergleichende Forschung im Delinquenzbereich noch kaum existiert und die Unterschiedlichkeit der Phänomene (z.B. „Karrieren" der sog. Kleinkriminalität, schwere Gewaltdelikte in der Familie, „white collar"-Kriminalität) auch verschiedene Konzepte erfordert.

Der vorliegende Band wurde weder an einer „alten" Kriminologie orientiert, die vorwiegend nach individuellen Bedingungen von Straftaten sucht, noch an einer „neuen", die sich hauptsächlich Prozessen der sozialen Reaktion widmet (zur Geschichte des „Neuen" vgl. Keupp in diesem Band). Derartige Polarisierungen nach dem Motto „Kriminalität wird begangen" versus „Kriminalität wird produziert" mögen für die Perspektivenerweiterung und Etablierung von Forschungskonzepten nützlich gewesen sein. Sie stellen jedoch schablonenartig vereinfachte Rekonstruktionen von Kriminalitätsphänomenen dar und sind miteinander vereinbar (vgl. Rüther 1976, Lösel 1978). Kein Forschungsansatz kann vernünftigerweise ignorieren, daß die unter dem Kriminalitätsbegriff zusammengefaßten Verletzungen von Strafrechtsnormen regional und historisch relativ sind. Interkulturell gemeinsam ist lediglich die Abstraktion des Normenverstoßes. Ähnliches gilt für jene gesellschaftsspezifisch unerwünschten Handlungen und Persönlichkeitsentwicklungen, die der „Delinquenz", „Dissozialität" sowie der „Verwahrlosung" zugeordnet werden (vgl. Kurzeja 1973, Hartmann 1977) und sich auf gesamtgesellschaftliche oder Mittelschichten-Erziehungsziele beziehen. Beispielsweise subsumiert man unter Jugenddelinquenz in den meisten Industrienationen neben Straftaten im Kindes- und Jugendalter auch Streunen, Schulschwänzen, Alkoholkonsum, frühe Sexualkontakte u.a., ohne daß einheitliche Diagnosemerkmale, Altersgrenzen oder Entwicklungskriterien vorliegen.

Indem bestimmte Handlungen oder individuelle Entwicklungen als „sozial abweichend" bezeichnet und sanktioniert werden, sollen mehr oder weniger präzise Konformitätsgrenzen in gesellschaftlichen Wertbereichen markiert und erhalten bleiben (vgl. Merton 1957, Erikson 1966). Dabei besteht ein ständiger Antagonismus zwischen sozialer Kontrolle zur Wahrung von Systemstabilität und sozialem Wandel (vgl. Arzt 1976, Moscovici 1976). Wenn sich gesellschaftliche Machtverhältnisse und Moralvorstellungen ändern, wirtschaftliche oder andere soziale Probleme auftreten, bestimmte Sozialkontrollen unzureichend oder zu kostspielig werden usw., können die Toleranzbreiten der Normierung für bestimmte Gruppen oder Zeiten enger oder weiter gefaßt werden. Ein Teil der Konformitätsgrenzen ist in vielfältigen gesellschaftlichen Systemen ähnlich; er scheint elementare Erfordernisse des Zusammenlebens zu betreffen und findet sich z.B. bereits im Codex des Hammurabi oder in den zehn Geboten (Eigentumsdelikte, Delikte gegen Leib und Leben, gemeingefährliche Straftaten). Gleichwohl zeigt auch diese „klassische" Kriminalität erhebliche Definitions- und Reaktionsunterschiede (vgl. z.B. die Stellung von Sklaven im Römischen Reich). Angesichts eines immensen Dunkelfelds (z.B. Schwind et al. 1975, Stephan 1976) bestehen außerdem erhebliche Unterschiede der Normendurchsetzung. Das Ausmaß und die Struktur der in einer Gesellschaft offiziell registrierten Kriminalität hängen ab von rechtspolitischen Einstellungen und dem Anzeigeverhalten der Bevölkerung (z.B. Stephan 1976, Kürzinger 1978), Ausstattung, Effizienz, selektiven Strategien, Schwerpunktprogrammen der Kontrollinstanzen (z.B. Blankenburg et al. 1978, Ditton 1979), der Deliktart und -ausführung (Kürzinger 1978, Nowack in diesem Band), demographischen Merkmalen und Handlungskompetenzen der Täter sowie den jeweiligen Interaktionspartnern im System der Sozialkontrolle (z.B. Blankenburg u. Feest 1975, Brusten u. Malinowski in diesem Band). Unabhängig von der kriminologischen Grundposition kann die Existenz solcher Prozesse kaum mehr fraglich sein. Umstritten ist allerdings ihr relatives Gewicht in der Wirklichkeitskonstruktion von Delinquenz.

Es ist das Verdienst sozialwissenschaftlicher Devianzperspektiven, daß Prozesse der gesellschaftlichen Normendefinition, selektiven Normengeltung und -durchsetzung stärker beachtet werden (zum Labeling Approach vgl. zusammenfassend: Taylor, Walton u. Young 1973, Schur 1974, Keupp in diesem Band). Da die soziale Abweichung einer Handlung keine Qualität „an sich" darstellt, sondern erst aus einer sozialen Definition resultiert, seien danach vor allem die Bedingungen und Folgen der Etikettierung zu analysieren (insbesondere hinsichtlich der gesellschaftlichen Verteilung von Definitionsmacht). Die in der Situation, der Persönlichkeit des Täters, seiner Lebenslage, dem sozialen Kontext etc. liegenden Bedingungen der Tat erscheinen weniger wichtig.

Daß Delinquenz ein soziales Attribut darstellt und sich nicht auf quasi-medizinische Pathologien eingrenzen läßt, muß auch eine „Bedingungsforschung“ im Sinne der „alten“ Kriminologie berücksichtigen. Allerdings wird die betreffende Handlung nicht allein durch das Delinquenz-Beurteilungsprädikat charakterisiert und nicht erst dadurch „existent“; die jeweiligen juristischen Klassifikationen dürften z.B. bei stark schädigenden Taten für das Opfer zweitrangig sein. Die Tatwertungen, welche zur Handlungsbeschreibung hinzukommen, beeinflussen über die Kognitionen des Handelnden (Täters) und seiner Interaktionspartner zwar Handlungsabläufe, schaffen aber nicht Kriminalität bei lediglich passiven Betroffenen (vgl. Schervish 1973). Auch im Dunkelfeld verteilen sich (vor allem schwere) Delikte keineswegs normal, sondern eher J-förmig (vgl. Kaiser 1979, S.155 ff.). Selbst wenn man hinsichtlich der theoretischen Mängel der Etikettierungsperspektive (z.B. Albrecht 1973, Gove 1975) nicht strenger ist als bei anderen Ansätzen, sind die Selektions- und Kriminalisierungsprozesse empirisch weniger einheitlich und irreversibel als dies ursprünglich postuliert worden ist (vgl. z.B. die Daten von Peters u. Cremer-Schäfer 1975). Die Verletzung des „ersten Code“ (von Strafrechtsregeln) stellt eine notwendige Voraussetzung für Etikettierungen dar, bei denen der „zweite Code“ (Selektionskriterien) eine Rolle spielt (vgl. MacNaughton-Smith 1968, Lösel 1978a). Die jeweiligen Handlungen bleiben aber erklärungsbedürftig (vgl. Opp 1972), wobei sozialstrukturellen Faktoren wiederum eine wichtige Funktion zukommen kann. Zum Beispiel legen die erheblichen psychosozialen Deprivationen und reduzierten Handlungskompetenzen bei vielen jugendlichen Straftätern nahe, daß formelle Etikettierungsprozesse zu grundlegenden Entwicklungsstörungen lediglich hinzukommen. Insgesamt erscheinen die Beziehungen zwischen bio-psychischen Handlungsvoraussetzungen, individuellen Sozialisationserfahrungen und sozialstrukturell mitbedingten Lebenslagen, bestimmten (Straf-) Taten, formellen und informellen sozialen Reaktionen, langfristigen Entwicklungsverläufen und Delinquenzlaufbahnen zu vielfältig, als daß sie sich empirisch eindeutig in einen „Ursachenanteil“ (der Primärdevianz) und einen „Reaktionsanteil“ (der Sekundärdevianz) trennen lassen. Wie notwendig differenzierende kriminalpsychologische Ansätze sind, zeigen Fragen der Konflikttäterschaft, Mittelschichtenkriminalität, Entstigmatisierung, „Unverletzlichkeit“ mancher Kinder aus schwerbelastetem Milieu (vgl. Rutter 1980) usw.

Im Großteil kriminologischer Hypothesen wird allerdings kaum nach Problemtypen differenziert. Auch die kriminalpsychologische Forschung bezieht sich überwiegend auf ein Grobkonzept der „klassischen“ Kriminalität, vor allem der Jugenddelinquenz. Ohne gesellschaftliche Probleme der weitaus häufigsten Eigentumsdelinquenz zu bagatellisieren, bleibt festzustellen, daß dabei das jeweilige Schadensausmaß zumeist gering ist (z.B. Albrecht u. Lamnek 1979). Dies gilt insbesondere im Vergleich zu den schwerer verfolgbaren Umweltdelikten, Wirtschaftsstraftaten und organisierter Kriminalität, die auch für den Forscher weniger zugänglich sind. Insofern ist die bisherige Kriminalpsychologie höchst *selektiv*, handlungs- und entscheidungstheoretische Ansätze eignen sich jedoch z.B. durchaus für die Analyse von Wirtschaftsdelinquenz. Eine andere implizite Forschungzentrierung besteht darin, daß Delinquenz überwiegend durch *offiziell registrierte,* z.T. institutionalisierte Personen „operationalisiert" wird (vgl. dazu Keupp und Lösel in diesem Band). Lediglich im Bereich der Kinder- und Jugenddelinquenz ist man häufiger von bislang offiziell unauffälligen Gruppen ausgegangen (z.B. West u. Farrington 1973, 1977, Lösel 1975a, Remschmidt et al. 1976). Kontrastgruppenvergleiche enthalten immer das Selektionsproblem. Ohne Reaktionseffekte ausschließen zu können, zeigen Dunkelfelduntersuchungen allerdings, daß bei offiziell Registrierten zumindest im Durchschnitt mehr und gravierendere Delikte vorliegen (z.B. Quensel 1972, Lösel u. Wüstendörfer 1976, zusammenfassend zur Jugendkriminalität: Kaiser 1978a, S.17 ff.).

Um im vorliegenden Sammelband die *psychologische* Perspektive ausreichend zu repräsentieren, können solche allgemein-kriminologischen Themen nur am Rande behandelt werden. Hierzu sei auf die kriminologischen Lehrbücher (z.B. Brauneck 1974, Schneider 1977, Eisenberg 1979, Kaiser 1979, Göppinger 1980) oder den Enzyklopädie-Band von Schneider (1981a) verwiesen. Im gegebenen Rahmen war auch bei den im engeren Sinn psychologischen Themen eine systematische *und* umfassende Darstellung ausgeschlossen. Am konträren Pol dazu stünde eine wörterbuchartige Konzeption mit eklektischen Kurzaufsätzen. Unter Abwägung der Vor- und Nachteile wurde eine systematische, schwerpunktmäßig vertiefte Darstellung bevorzugt. Der Aufbau soll nicht nur die Vielfalt der Fragestellungen verdeutlichen, sondern auch das ideologische Spannungsfeld, in dem kriminalpsychologische Forschung und Praxis stehen.

Die Systematik orientiert sich am Prozeß des Auffälligwerdens: Im 1. Teil des Bandes werden psychologische Perspektiven der Delinquenzerklärung dargestellt. Dabei handelt es sich um psychologische Theorien im engeren Sinn, aber auch um psychologische Aspekte allgemeiner Ansätze. Teil 2 befaßt sich mit Beiträgen der Psychologie zu einzelnen Abschnitten im Ablauf der Strafverfolgung. Im Teil 3 werden Arbeiten zur Psychologie im Strafvollzug und psychologischen Intervention bei Delinquenzproblemen zusammengefaßt.

3 Psychologische Perspektiven der Delinquenzerklärung

Psychologische Delinquenzerklärungen bilden die Grundlage der kriminalpsychologischen Praxis, sie fließen (oftmals unauffällig) auch in viele andere Aktivitäten der Strafrechtspflege und Kriminalpolitik ein. Gerade im Hinblick auf Behandlungs- und Präventionskonzepte erscheint die zeitweise vernachlässigte Bedingungsklärung wieder dringlich (vgl. Council of Europe 1981). In der Kriminologie existiert einerseits eine Fülle von Theorien und spekulativen Hypothesen (vgl. Springer 1973, Kerscher 1977), andererseits eine Vielzahl von Ergebnissen zu Einzelvariablen. „Delinquenzursachen" werden z.B. in der Auflösung familiärer Bindungen, den urbanen Lebensverhältnissen, der Arbeitslosigkeit, Gewaltdarstellung im Fernsehen etc. gesehen. Solche Merkmale können für Teilbereiche der Delinquenz bedeutsam sein (vgl. Villmow u. Kaiser 1974), allein haben sie jedoch den Rang „kriminologischer Weltformeln" (Kaiser 1979, S.204). Zum Beispiel korrelieren „broken home" und Delinquenz zwar konsistent, aber niedrig (Rosen 1970, Lösel 1972). Delinquenzraten sind (insbesondere in unterprivilegierten) Großstadtgebieten erhöht (z.B. Rutter 1977, Schwind et al. 1978), in den wirtschaftlich vergleichbaren, dichtbesiedelten Gebieten Japans liegen sie jedoch wesentlich niedriger (z.B. Miyazawa 1977). Zwischen Arbeitslosigkeit und Kriminalitätsdaten bestehen funktionale Zusammenhänge (z.B. Martens

1978, Yeager 1979), sie sind aber in der Bedingungsrichtung mehrdeutig, zumal auch bei Vollbeschäftigung Delinquenzsteigerungen vorliegen. Die empirischen Beziehungen zwischen Fernsehgewohnheiten und Delinquenz sind umstritten (z.B. Belson 1978, Halloran 1978).

In der notwendig komplexeren Theorienformulierung liegt allerdings auch die Gefahr, daß elementare Strukturdaten (wie z.B. Jugendarbeitslosigkeit oder Ausländerstatus; Albrecht, Pfeiffer u. Zapka 1978, Albrecht u. Lamnek 1979) im Bereich der Psychologie zu wenig berücksichtigt werden. Psychologische Theorien konkurrieren nicht generell mit Ansätzen aus anderen kriminologischen Bezugswissenschaften und schließen sich auch untereinander nur teilweise aus. Stärker als soziologische Theorien betonen sie Merkmale des Individuums oder von Gruppen. Dies bedeutet aber nicht, daß die gesellschaftlichen Dimensionen des Problems prinzipiell außer acht gelassen werden. Beispielsweise sind persönlichkeitspsychologische Hypothesen nicht mit einer individuell-ahistorischen Charakterologie gleichzusetzen. Sie beziehen sich meistens auf das Ergebnis von Sozialisationsprozessen. Diese können z.B. „mikrosozial" anhand lerntheoretischer oder psychoanalytischer Hypothesen untersucht werden. Sozialisationsprozesse sind wiederum als teilweise „makrosozial" vermittelt zu betrachten, jedoch auch am Individuum zu erfassen. In einem differenzierteren, umweltpsychologischen Mehrebenen-Modell wird z.B. zwischen Handlungsbedingungen aus Mikro-, Meso-, Exo- und Makro-Systemen unterschieden (vgl. Bronfenbrenner 1977). Während auf der Mikro-Ebene ein unmittelbar gegebener Handlungsraum (setting) betrachtet wird (z.B. eine Schulsituation), sind im Meso-System die Verbindungen verschiedener settings zusammengefaßt (z.B. Schule, Familie). Die Exo-Systeme stellen Verknüpfungen im Sinne einer gesellschaftlich institutionalisierten Ordnung dar (z.B. das Bildungssystem), die Makro-Systeme abstrahierte Umwelteinheiten, wie z.B. Kultur, Gesetz. Bei der Wahl von Analyseebenen werden allgemeine Probleme des Reduktionismus bedeutsam (vgl. dazu Hummell u. Opp 1971). Empirisch sind die Beziehungen allerdings meistens nicht so deutlich, daß ein Verzicht auf die eine oder andere Analyseebene dem Phänomen gerecht würde. Zu berücksichtigen ist auch, daß an die Stelle linear-kausaler Bedingungsvorstellungen überwiegend systemtheoretische Wechselwirkungsmodelle treten sollten.

Im ersten der folgenden Beiträge befaßt sich der Herausgeber mit der persönlichkeitspsychologischen Delinquenzforschung. Sie entspricht am ehesten der traditionellen Vorstellung von einer *psychologischen* Kriminalitätsbetrachtung. Annahmen über Persönlichkeitsdispositionen gehen jedoch auch in Delinquenzhypothesen anderer Disziplinen ein. Der Aufsatz bezieht sich nicht pauschal auf eine „individualistische Kriminalitätsperspektive". Es werden Beispiele dieses Ansatzes und grundsätzliche Probleme diskutiert sowie Vorschläge zu einer interaktionistischen Erweiterung gemacht.

Im Beitrag von Toman wird das allgemeine psychoanalytische Modell der Entwicklung von delinquenten und anderen Verhaltensauffälligkeiten dargestellt. Psychoanalytische Kriminalitätskonzepte werden von jeher besonders kontrovers diskutiert, sei es innerhalb der akademischen Psychologie oder von soziologischer und juristischer Seite. Es waren jedoch vor allem psychoanalytische Beiträge zur Kriminologie, die auf den Einfluß kindlicher Erfahrungen und von Motivkonflikten aufmerksam machten sowie therapeutische anstelle nur strafender Reaktionen anregten. Toman befaßt sich mit diesen und weiteren Grundlagen (vgl. außerdem Böllinger).

Der Beitrag von Barkey stellt die verschiedenen lerntheoretischen Begründungen der Entwicklung delinquenten Verhaltens dar. Er macht deutlich, wie allgemeine Prinzipien der Verhaltenserklärung auf die Kriminalitätsthematik übertragen werden, ohne daß man Krankheits-, Störungs- oder Neurosenbegriffe verwendet. Der lerntheoretische Ansatz versteht sich in dieser Hinsicht als eine sozialwissenschaftliche Alternative zum medizinischen Devianzmodell der Kriminalpsychiatrie und Psychoanalyse. Barkey skizziert auch Probleme der Verhaltensmodifikation (vgl. dazu Kury in diesem Band).

Seitz gibt einen Überblick über die Forschung zum Erziehungshintergrund von Delinquenz. Ähnlich wie bei der empirischen Persönlichkeitsforschung bestehen hierbei z.T. enge Beziehungen zu lerntheoretischen Hypothesen. Die sehr differenzierten Ergebnisse erschweren zwar einerseits eine theoretische Integration familialer Interaktionsprozesse, andererseits relativieren sie frühere verallgemeinernde Typologien des Erziehungshintergrunds von (jugendlichen) Delinquenten (z.B. Glueck u. Glueck 1950). Seitz faßt den Forschungsstand in Ablaufprozessen der erziehungsabhängigen Devianz-Genese zusammen.

Während sich Seitz mit individualbiographischen und sozialen Umwelteinflüssen befaßt, hebt Schneider die kriminogene Bedeutung der materiellen Ökologie und der Tatsituation hervor. In den Arbeiten aus der Umweltpsychologie und Viktimologie stehen u.a. bauliche Gegebenheiten und kriminalitätsfördernde Verhaltensweisen (potentieller) Tatopfer im Vordergrund. Inwieweit US-amerikanische Ergebnisse auf bundesdeutsche Verhältnisse übertragbar sind, bleibt im einzelnen zu prüfen (vgl. z.B. Rolinski 1980). Die von Schneider diskutierten Ansätze eröffnen neue kriminalpsychologische Perspektiven, erfordern aber in der Praxis auch eine subtile Abwägung von Wert- und Nebenwirkungsfragen (z.B. Kube 1980).

In der Arbeit von Werbik werden handlungstheoretische Kategorien und Erklärungsweisen auf die Kriminalitätsthematik angewandt. Während in der Psychologie die „kognitive Wende" auch modische Züge erhalten hat, weist Werbik auf die genuine Beziehung handlungstheoretischer Überlegungen zum strafrechtlichen Bereich hin. Er demonstriert eine handlungstheoretische Kriminalitätserklärung am Beispiel und zeigt – zumindest an diesem Fall sexueller Belästigung – überraschende Übereinstimmung mit der psychoanalytischen Problemsicht auf.

Handlungstheoretische Elemente finden sich auch in den „klassischen" soziologischen Kriminalitätstheorien, über die Dillig berichtet. Wegen ihrer kriminologischen Bedeutsamkeit und teilweisen „Übersetzung" sozialstruktureller Merkmale in psychologische Kategorien sind sie kriminalpsychologisch keineswegs randständig (vgl. auch die Anomietheorie bei Opp 1974). Unter psychologischem Blickwinkel weist Dillig auf Defizite der verschiedenen Theorien hin und diskutiert psychologische Ausgestaltungsmöglichkeiten.

Während in den vorangehenden Beiträgen vor allem tatrelevante Lebenskontexte und psychische Zustände betrachtet worden sind, faßt Keupp die neuere Diskussion zur Labeling-Perspektive zusammen. Er zeigt, daß auch hier im engeren Sinn psychologische Ansätze fruchtbar sein können, z.B. aus dem Bereich der kognitiv-sozialen Lerntheorien oder Attributionstheorie. Keupp akzentuiert das kritische Potential der Auffassung von Kriminalität als sozialer Konstruktion. In diesem Zusammenhang sei auch an andere Mechanismen gesellschaftlicher Delinquenzproduktion erinnert (z.B. in Schneiders Beitrag bei der urbanen Umweltgestaltung).

Auch wenn die dargestellten Erklärungen untereinander nur partiell konkurrieren, stellt sich die Frage nach Bewertungskriterien. Vergleichsweise strenge Hypothesenprüfungen sind selten und fallen teilweise quantitativ unbefriedigend aus. Es kann hier nicht der Frage nachgegangen werden, in welchen Punkten die verschiedenen Erklärungsansätze miteinander unvereinbar sind, welche Hypothesen durch begriffliche und methodologische Explikation als sich ausschließend, sich ergänzend oder nicht tangierend zu betrachten sind und welche schließlich unprüfbare Menschenbilder/ Kernannahmen im Sinne Hermanns (1976) repräsentieren. Der Versuch, Bewertungskriterien anzulegen, wird dadurch erschwert, daß theoriegemäß auch die Methodologie unterschiedlich ist. Beispielsweise herrschen in der psychoanalytischen Delinquenzforschung gering strukturierte Kasuistiken oder methodisch wenig kontrollierte Projektberichte vor, während lernpsychologisch orientierte Arbeiten eher quantitative Daten, statistische Merkmalsvergleiche und experimentelle Versuchspläne bevorzugen. Solche typologischen Einschätzungen betreffen jedoch nur wenige Merkmale der Methodik. Sie reduzieren allzu sehr die Komplexität von Forschungsstrategien. Zum Beispiel wäre weiter zu fragen, welche Geltungsbereiche für „allgemeine" Delinquenzhypothesen formuliert werden, inwieweit die jeweilige Empirie korrelatives und Änderungswissen enthält, ob verschiedene (z.B. standardisierte und narrative) Datenerhebungsmethoden gewählt werden, welche Personengruppen und Deliktformen man bevorzugt untersucht, wie sehr Prozesse der sozialen Selektion und Instanzenreaktion in die Daten einfließen, welche Beziehungen zwischen Forscher und Proband vorherrschen, z.B. unter Vertrauens-, Nutzen- und Betroffenheitsgesichtspunkten usw. Solche vieldimensionalen Vergleiche nach erfahrungswissenschaftlichen und anderen Bewertungskriterien erscheinen sinnvoller, als die Kontroversen um generell „angemessene" versus „unangemessene" Konzepte der Delinquenzforschung.

4 Psychologie im Ablauf der Strafverfolgung

Dieser Teil enthält Arbeiten zur Sozialpsychologie informeller und formeller Reaktionen auf Kriminalität sowie solche zur forensischen Diagnostik. Diese Kombination mag auf den ersten Blick verwundern. Eine genauere Betrachtung legt jedoch nahe, daß die traditionelle Trennung zwischen Forensischer Psychologie (als Hilfswissenschaft für das Gericht) und psychologischer Forschung über einzelne Abschnitte der Strafverfolgung ungünstig ist. Austauschprozesse zwischen den Bereichen werden dadurch behindert.

Hier wird davon ausgegangen, daß – verkürzt formuliert – kriminalpsychologisches Denken *im* und *über* Recht untrennbar miteinander verbunden sind (vgl. Lösel 1980a). Zum Beispiel ist für den forensisch-psychologischen Sachverständigen einerseits das Denken im Recht unabdingbar, weil Voraussetzung seines Auftrags. Andererseits können z.B. kritische Arbeiten über Tätertheorien, Selektionsprozesse oder die Situation der Gerichtsverhandlung Anlaß zu Veränderungen sein. Forensisch-psychologische Rückwirkungen, die den Rahmen der juristischen Praxis beeinflußt haben, zeigen sich historisch z.B. in Entstigmatisierungen bestimmter Zeugengruppen oder in modifizierten Verantwortlichkeitsbegriffen.

Im ersten Beitrag befaßt sich Abele mit den Einstellungen der Bevölkerung zu Kriminalität und Straftätern. Wenngleich Normsetzung und -durchsetzung an gesellschaftliche Institutionen übertragen sind, fließen die kriminologischen Einstellungen der Bevölkerung ständig in die Praxis der Strafrechtspflege ein (und spiegeln diese zugleich wider). Sie können sich unmittelbar auswirken (z.B. im Anzeigeverhalten oder im Umgang mit Haftentlassenen), aber auch indirekt (z.B. in der Legitimation von Strafrechtsänderungen oder Reformen des Strafvollzugs). Abele stellt allgemeine und gruppenspezifische Einstellungsmerkmale sowie deren Bedingungen dar.

Nowack schildert Feldexperimente zum Meldeverhalten der Zeugen von Ladendiebstählen. Sie entstammen dem Grenzbereich von Sozial- und Rechtspsychologie (in der Soziologie vgl. z.B. Blankenburg 1969). Die ursprünglich laborexperimentelle Beschäftigung mit dem Hilfeverhalten hat durch verstärkte Feldforschung auch kriminologisch an Bedeutung gewonnen. Nowack beurteilt die Möglichkeit praktischer Handlungsempfehlungen aber noch zurückhaltend. Die bisherigen Ergebnisse legen nahe, daß die Meldungen und ihre informellen Selektionsprozesse nicht nur von wenigen, einheitlich wirksamen Merkmalen abhängen.

Der Beitrag von Brusten u. Malinowski beschäftigt sich mit der Interaktion in der polizeilichen Vernehmung von Tatverdächtigen. Bereits die soziologische Herkunft der Autoren weist an dieser Stelle auf kriminalpsychologische Defizite hin. Obwohl der Situationstyp der Vernehmung auch für „grundwissenschaftliche" Fragestellungen paradigmatischen Charakter hat (z.B. hinsichtlich sozialer Wahrnehmung, Macht, Konformität), mangelt es an sozialpsychologischen Arbeiten. Neben kriminalistischen Praxisanleitungen (z.B. Geerds 1976) und kommunikationstheoretischen Analysen (z.B. Banscherus 1977) liegen Untersuchungen seitens der Labeling-Perspektive vor. Der Beitrag von Brusten u. Malinowski verdeutlicht an diesem Thema die Sichtweise und Methodologie der Instanzenforschung des Etikettierungsansatzes.

Haisch stellt Forschungen zur Sozialpsychologie der Gerichtsverhandlung und zur richterlichen Urteilsbildung dar. Es handelt sich um Arbeiten aus dem Überschneidungsbereich von experimenteller Sozialpsychologie und Rechtspsychologie. Die vorliegenden Ergebnisse zur Informationsauswahl, -verarbeitung und Entscheidung bieten praktische Ansatzmöglichkeiten, z.B. im Rahmen der Richter-Fortbildung. Methodische Probleme dieses Forschungsfeldes sind in der Bundesrepublik anläßlich der Untersuchung fiktiver Fälle durch Opp u. Peuckert (1971) diskutiert worden. Haisch setzt sich mit Einwänden zur experimentellen Kontrolle auseinander.

Während die bisherigen Beiträge eher der psychologischen Forschung „über Recht" entsprechen, befassen sich die folgenden mit Aufgaben der Psychologie „im Recht". Die Aussagepsychologie bildet nach wie vor ein Kernstück der Forensischen Psychologie. Arntzen schildert die Aufgabenfelder und Methoden in der Beurteilung der Glaubwürdigkeit von Zeugenaussagen. Daß der Akzent der Fragestellung nicht auf der allgemeinen Glaubwürdigkeit von Zeugen, sondern der Glaubhaftigkeit der spezifischen Aussage liegt, ist gerade angesichts der sog. Grundlagenkrise der eigenschaftsbezogenen Psychodiagnostik von allgemeinem Interesse. Lohnenswert erscheint es auch, die von Arntzen dargestellten praxisbezogenen Resultate der deutschen Aussagepsychologie mit den vom Rechtssystem und der Aufgabenstellung her anderen amerikanischen Forschungsansätzen (z.B. Loftus 1979) zu vergleichen.

Der Beitrag von Thomae u. Mathey befaßt sich mit der Forensischen Diagnostik der Schuldunfähigkeit und verminderten Schuldfähigkeit gemäß § 20 und § 21 StGB. Die historische und systematische Betrachtung zeigt die enge Beziehung, die sich hier zur Forensischen Psychiatrie ergibt. Nicht selten steht die Forensische Psychologie bei Fragen der strafrechtlichen Verantwortlichkeit noch im zweiten Glied (Kaiser 1979, S.25). Wie Thomae u. Mathey jedoch deutlich machen, erfordern Beurteilungen von Bewußtseinstörungen, Einsichtsfähigkeit und Handlungssteuerung gerade eine detaillierte allgemeinpsychologische Begründung.

Eine objektive Methode der forensischen Diagnostik stellt Undeutsch in seiner Arbeit über die psychophysiologische Täterschaftsermittlung dar. Dieser Ansatz ist in der Bundesrepublik als Beweismittel nicht zugelassen. Undeutsch informiert über neuere Entwicklungen zur Beurteilung der Aussagen von Tatverdächtigen mit dem Polygraphen. Er präzisiert auch den Verwendungsbereich. Die Treffsicherheit der Methode hat sich gegenüber dem von Tent (1967) beschriebenen Forschungsstand verbessert, so daß – im Interesse unschuldig Verdächtigter – auch die juristisch-praktischen Fragen neu zu diskutieren sind.

Weitere Arbeitsgebiete können nur noch genannt werden, zum Beispiel:

- Die sozialpsychologische Forschung zur Kriminalitätsdarstellung in den Medien. Sie ist nicht nur als gewalt- bzw. kriminalitätsfördernd untersucht worden (vgl. Kunczik 1976, Lefkowitz et al. 1977, Belson 1978), sondern spielt über die höchst selektive Darstellung von Kriminalität eine wichtige Rolle für eine verzerrte Wirklichkeitskonstruktion in der Bevölkerung (vgl. Stein-Hilbers 1977, Fishman 1978, Schneider 1980).
- Die empirische Forschung zur Zeugenerinnerung und Tatrekonstruktion (vgl. Deusinger & Haase 1977, Schmitz 1978, Loftus 1979). Eine verstärkte allgemeinpsychologische Analyse anhand von Theorien der Wahrnehmung und Informationsverarbeitung ist auch für die Sozialpsychologie der Vernehmung wichtig.
- Die Forschung und Praxis in den verschiedenen Bereichen der Kriminalprognose (Schneider 1967, 1981d, Mey 1967, Wolff 1971, Höfer 1977, Lösel 1982a, Mai 1981a, Monahan 1981). Trotz der großen praktischen Bedeutung des Themas mangelt es noch an methodisch fortgeschrittenen Untersuchungen, die auch den Problemen sich selbst erfüllender Prophezeiungen Rechnung tragen.

Forensisch-diagnostische Themen sind bei Undeutsch (1967a), Liebel u. v. Uslar (1975), Schneider (1981a) und Wegener (1981) ausführlich dargestellt. Ausdrücklich hingewiesen sei auf die Entwicklungsdiagnostik nach dem Jugendgerichtsgesetz, da sie praktische Probleme besonders deutlich macht. Der Sachverständige hat hier in Zweifelsfällen die Strafmündigkeit von Jugendlichen (§ 3) oder die Anwendung des JGG bei Heranwachsenden (§ 105) zu beurteilen. Wenn dabei (sinngemäß) Stellungnahmen zur „sittlichen und geistigen Reife", zum sittlichen und geistigen „Gleichstand mit einem Jugendlichen" oder zu „typischen Jugendverfehlungen" erforderlich sind, so kann der Psychologe nur subjektive Erfahrungsmaßstäbe heranziehen (vgl. Liebel u. v. Uslar 1975). Die juristischen Kategorien orientieren sich eher an alltagspsychologischen Vorstellungen und einem Idealbild des angepaßten Erwachsenen (Müller-Luckmann 1973). Es ist fraglich, inwieweit sie durch entwicklungspsychologische Theorien und Ergebnisse begründbar sind bzw. dazu adäquate Kategorien vorliegen.

Trotz Mitgestaltungsmöglichkeiten der Psychologie im Zuge der Gesetzgebung, ist ihre Stellung in der Strafrechtspflege konflikthaft. Dies zeigt die Zusammenschau der hier ausgewählten Beiträge und ergibt sich aus einer Reihe grundsätzlicher Probleme (vgl. dazu Kaiser 1976, S.207): zum Beispiel aus der erfahrungswissenschaftlichen versus normativen Grundposition; aus pluralistischen Forschungsansätzen versus einer angestrebten Einheit der Rechtsauffassung; aus psychologischer versus juristischer Terminologie; aus der Vorläufigkeit vieler psychologischer Aussagen versus juristischen Sicherheits- bzw. Wahrscheinlichkeitsanforderungen; aus neuen wissenschaftlichen Ergebnissen versus längerfristig festgeschriebenen Gesetzestexten; aus Prinzipien der psychosozialen Hilfe versus Teilzielen des Schuldausgleichs, des Allgemeinheitsschutzes und der Abschreckung; aus dem Wunsch nach Umsetzung von Psychologie in den Alltag versus der Verteilung von Zuständigkeiten.

5 Strafvollzugspsychologie und psychologische Intervention

Die Sanktion von Straftätern ist historisch und regional sehr unterschiedlich (vgl. Kaiser, Kerner u. Schöch 1978). Nachdem die Gefängnisstrafe seit dem Mittelalter langsam die Leib- und Lebensstrafen ersetzte, wurde sie später wieder seltener, insbesondere zugunsten von Geldstrafen. Während vor ca. hundert Jahren im Deutschen Reich rund drei Viertel aller Sanktionen vollstreckte Freiheitsstrafen waren, sind dies in der Bundesrepublik derzeit noch ca. sechs Prozent (vgl. Kaiser 1979, S.123). Ständig befinden sich etwa 40.000 Personen in Gefängnissen. Was die regionalen Unterschiede betrifft, so ist beispielsweise die Gefangenenzahl pro 100.000 der Bevölkerung in den USA ca. zehnmal höher als in den Niederlanden, die Bundesrepublik liegt etwa in der Mitte (vgl. Kaiser et al. 1978, S.27). Historische und internationale Unterschiede sind allerdings nicht eindeutig zu interpretieren. Sie drücken die jeweiligen humanitären Einstellungen in einer Gesellschaft aus, es spielen die Delikt- und Sanktionsdefinitionen sowie statistische Erfassungsweisen eine Rolle und vor allem sind die Kriminalitätsraten, Strafzeiten und Gefängniskapazitäten sehr unterschiedlich. Zum Beispiel waren nach Auffassung Sculls (1980) nicht humanitäre Gründe oder empirische Befunde dafür ausschlaggebend, daß seit den sechziger Jahren in den USA der Anteil von billigen, ambulanten Maßnahmen stark zugenommen hat. Entscheidend seien ökonomische Maximen bei der Bewältigung der rapide gestiegenen Kriminalität gewesen. Während am epochalen Trend der „Decarceration“ kein Zweifel besteht, kann die Beurteilung jüngerer Entwicklungen je nach Bezugsdaten verschieden ausfallen (vgl. Kaiser et al. 1978, Miller 1980). Die Freiheitsstrafe spielt im gesellschaftlichen Sanktionsrepertoire nach wie vor eine zentrale Rolle. In ihr werden – ähnlich der Todesstrafe – kollektive Mechanismen des Schuld- und Strafdenkens (Ostermeyer 1972, Jäger 1973) besonders deutlich. Die Wirkungen der Haft gelten häufig als negativ, es existieren jedoch nur wenige eindeutige Daten. Die Rückfälligkeitsraten dürften je nach Vollzugsart, Gefangenenpopulation, Kriteriendefinition zwischen ca. vierzig und achtzig Prozent schwanken und im Normalvollzug bei etwa fünfundsechzig Prozent liegen (vgl. Rehn 1979, Dünkel 1980). Damit läßt sich die Kritik an einer „zu liberalen“ Sanktionsgestaltung scheinbar ebenso begründen wie der Vorwurf, daß der Strafvollzug gerade jene Probleme verstärke, die er zu beheben vorgibt.

Psychologische Überlegungen haben durch das Ziel der Spezialprävention im Strafvollzugsgesetz an Bedeutung gewonnen. In der Praxis bestehen jedoch nach wie vor gravierende Zielkonflikte (vgl. Braune et al. 1982b), der Resozialisierungsanspruch ist noch wenig mit Leben erfüllt. Das gleiche gilt für den Behandlungsgedanken, der –

obschon in der Bundesrepublik und international nur ansatzweise realisiert – sehr unterschiedlich kritisiert wurde. Man argumentierte gegen die Psychiatrisierung von Kriminalität und bloße Umetikettierung von Institutionen (z.B. Hilbers u. Lange 1973). Die meisten Evaluationsstudien waren methodisch unbefriedigend (vgl. Logan 1972) oder zeigten bei politisch bedeutsamen, „harten" Kriterien nur mäßige Effekte, so daß manche Autoren pauschal „nothing works" folgerten (Lipton, Martinson u. Wilks 1975). Der Abschreckungsgedanke erhielt neue Anregung (vgl. Otto 1979). Behandlungsentscheidungen wurden im Gegensatz zu juristischen als wenig objektiv, manipulativ und vom Betroffenen schwer kontrollierbar beurteilt (z.B. Lerman 1975). Man wandte sich generell gegen stationäre Maßnahmen und führte in den USA vor allem zur Jugenddelinquenz zahlreiche teilstationäre und ambulante Programme durch (vgl. Romig 1978, Hompesch u. Hompesch 1979) wobei man auch versuchte, die Probanden an Institutionen der Justiz vorbeizulenken („Diversion"; vgl. Kury u. Lerchenmüller 1981). Labeling-Theoretiker plädierten für eine radikale Nicht-Intervention (Schur 1973).

In der Diskussion um den nun „Behandlungsideologie" genannten Gedanken wird leicht übersehen, daß es sich in der Praxis meistens nicht um (zwangsweise ohnedies fragwürdige) „Therapie" handelt, sondern ein Spektrum von Maßnahmen der nicht nur strafenden Erziehung, der Beratung und des sozialen Trainings etc. Es wird damit eine Position des konstruktiven Um- und Neulernens anstelle einer Position der Verwahrung und Abschreckung beschrieben. Daß die Behandlung von Straftätern in Skandinavien reduziert wurde, belegt zwar keine generelle Trendwende, in allen Bereichen werden die Möglichkeiten jedoch nüchterner und differenzierter eingeschätzt. Dies kann anzeigen, daß das für jede Veränderung notwendige Wirkbewußtsein nachläßt und die Reformmüdigkeit zunimmt. Es bestehen aber auch positive Ansatzmöglichkeiten, wenn die theoretischen Grundlagen und praktischen Defizite reflektiert werden. Die Auswahl der folgenden Themen hat sich an diesem Ziel orientiert. Es werden zum einen typische institutionelle Ansätze und Probleme der Psychologie im Strafvollzug dargestellt, zum anderen die wichtigsten psychologischen Interventionskonzepte nach ihren theoretischen Annahmen differenziert. Wenngleich Theorie-Praxis-Diskrepanzen außer Frage stehen (z.B. Schmitt 1981c), ist eine systematischere Fundierung von Maßnahmen unerläßlich (vgl. Opp 1979).

Im ersten Beitrag befaßt sich Wagner mit der Psychologie in der Praxis des derzeitigen Strafvollzugs. Er stellt Aufgaben und Arbeitsmöglichkeiten des Anstaltspsychologen dar und zeigt, daß dieser eine sehr konfliktreiche Rolle innehat. Wagner diskutiert jedoch nicht nur Probleme des Psychologen, die sich aus der Anstaltsrealität ergeben, sondern skizziert entsprechende Mängel in der psychologischen Ausbildung. Der Aufsatz legt nahe, daß die Strafvollzugspsychologie auf gesellschaftlicher, institutionell-organisatorischer und fachspezifischer Ebene analysiert und verbessert werden muß (vgl. auch Müller-Dietz 1976).

Egg u. Schucht informieren über die gesetzlichen Grundlagen, psychologischen Aufgaben und Probleme der Sozialtherapeutischen Anstalt. Am Beispiel einer der Modellanstalten wird die Praxis erläutert und kritisch diskutiert. Angesichts der geschilderten Entwicklung und aktuellen Probleme bleibt fraglich, ob behandlungsorientierte oder „gemeindenähere" Institutionen in größerem Ausmaß realisiert werden (vgl. hierzu auch Forschungsgruppe Sozialtherapeutische Anstalten 1981).

Im Beitrag der Nürnberger Arbeitsgruppe Braune, Klapprott, Linz, Lösel u. Runkel werden allgemeine Überlegungen der Organisationsentwicklung auf den „normalen“ Strafvollzug angewandt. Unter den Bedingungen des Regelvollzugs ist ein klinisch-psychologisches Rollenverständnis der Psychologie unzureichend. Im Konzept der Organisationsentwicklung bestehen Integrations- und Koordinationsmöglichkeiten für Einzelprobleme, deren Resozialisierungsaspekt häufig unklar ist. Es zeigen sich aber auch die theoretischen und empirischen Defizite, welche bislang ein organisationspsychologisches Selbstverständnis der Strafvollzugspsychologie behindern.

Böllinger erläutert Formen der Sozialtherapie auf psychoanalytischer Basis. Dieser Ansatz kann auf die praktisch längste und reichhaltigste Erfahrung zurückgreifen. Von verschiedener Seite wird allerdings kritisiert, daß vor allem die geschlossene Anstalt und die therapeutische Zweierbeziehung Gewicht erhalten. Böllinger gibt hierfür psychoanalytische Begründungen und differenziert phasen- und personenbezogen. Er legt auch nahe, daß sich dieser Behandlungsansatz ausdrücklich – wenngleich nicht eindeutig bestimmbar – auf „schwergestörte“Straftäterpersönlichkeiten bezieht.

Minsel u. Howe sprechen in ihrem Beitrag zur gesprächspsychotherapeutischen Perspektive allgemein das Problem der „Dissozialität“ an. Im Vordergrund stehen zwar die Annahmen und praktischen Erfahrungen des klientenzentrierten Ansatzes. Die Autoren diskutieren aber auch grundsätzliche Fragen der Indikationsstellung, Vielgestaltigkeit von Störungsformen und deren Einbettung in das soziale Umfeld. Dabei wird deutlich, daß das jeweilige Therapieetikett zwar eine theoretische Grundposition kennzeichnet, aber ein dementsprechender individueller Behandlungsansatz unzureichend bleibt.

Die lerntheoretisch begründeten Interventionsformen haben sich am stärksten vom Delinquenzkonzept einer schweren Persönlichkeitsstörung entfernt. Kury erläutert die verschiedenen verhaltenstherapeutischen Prinzipien und faßt die zahlreichen empirischen Ergebnisse zusammen. Mit dem Training sozialer Fähigkeiten, der Diversion, der Arbeit mit alltäglichen Bezugspersonen (Mediatoren) und integrativen Konzepten für die Familie, Schule etc. bestehen im lerntheoretischen Bereich die meisten gemeindepsychologisch-präventiven Ansätze.

Dem Konzept der Prävention widmet man seit einigen Jahren auch in der deutschen Psychologie starke Aufmerksamkeit (Becker 1980, Brandtstädter u. v. Eye 1982, Minsel u. Scheller 1981; zur Delinquenz vgl. Schwind, Berckhauer u. Steinhilper 1980, Berleman 1980, California Youth Authority 1981, Kury 1982, Lösel 1982a,b). In den theoretischen Grundlagen und Methoden sind Ansätze der Vorbeugung und Behandlung teilweise ähnlich. Auch bei Präventionsmaßnahmen kann es nicht darum gehen, ein sozial definiertes (!) Problem zu beseitigen. Selbst eine Gesellschaft von Heiligen hätte nach Durkheim ihre „Abweichler“. Präventive Maßnahmen sollen als gravierend eingeschätzte qualitative oder quantitative Entwicklungen vermeiden. Angesichts beschränkter Ressourcen werden dabei Wertfragen besonders deutlich. Müssen z.B. geringfügige Eigentumsdelikte mehr Kapazität binden als die organisierte Kriminalität, welche z.B. über die Drogenscene indirekt zur schwereren Jugendkriminalität beiträgt? Fragen der Prävention können auch zur Diskussion entkriminalisierender Reaktionsformen oder der Tolerierbarkeit bestimmter Probleme führen (z.B. Council of Europe 1981).

Mit psychologischer Delinquenzprävention ist vor allem primäre und sekundäre Prävention im Sinne Caplans (1964) gemeint, da tertiäre Prävention dem traditionellen Rehabilitations-/Behandlungskonzept entspricht. Eindeutige Zuordnungen sind allerdings nicht möglich, weil sich die Existenz von Delinquenzproblemen im Dunkelfeld nicht genau bestimmen läßt und auch keine klaren Kriterien der „Prädelinquenz" bestehen. Praktisch sind vor allem zwei psychologische Ansätze wesentlich: a) Eher sekundär- und spezialpräventive Maßnahmen der frühzeitigen Beratung, des Trainings und der Behandlung von „Risikopersonen". b) Eher primär- und generalpräventive Maßnahmen der Gestaltung delinquenzhemmender Umwelten und Lebenssituationen.

Die Arbeiten von Minsel, Howe und Kury zeigen Konzepte, die auch für eine möglichst frühe Intervention geeignet sind, also vor der Verfestigung von „Kriminalitätskarrieren" einsetzen. Sie sollen die sozialen Kompetenzen der Kinder/Jugendlichen im Familien-, Schul-, Arbeits- und Freizeitbereich fördern (vgl. Romig 1978, Steller et al. 1978, Pielmaier 1979, Berleman 1980, California Youth Authority 1981, Council of Europe 1981, Kury u. Lerchenmüller 1981, Lösel 1982a). Die bisherigen Erfolgsbeurteilungen fallen allerdings nur bei manchen Maßnahmen positiv aus. Außerdem sind folgende Probleme zu berücksichtigen: Leichtere Delinquenz ist sehr verbreitet, erst wenn Kinder mehrmals offiziell auffällig werden, sind sie als „Risikoprobanden" zu betrachten (vgl. Wolfgang, Figlio u. Sellin 1972, Pongratz et al. 1975, Traulsen 1976). Bei Diagnosen von „Risikoprobanden" bestehen erhebliche Prognosefehler und die Gefahr der frühen Stigmatisierung (z.B. in der Schule: Höhn 1967, Brusten u. Hurrelmann 1973, Lösel 1975b, Best 1979). Die Schwierigkeit der personenbezogenen (Sekundär-) Prävention liegt in der Frage, welche Interventionen realisierbar und unter Berücksichtigung ihrer Nebenwirkungen gerechtfertigt sind. Im Extremfall kann die „sanfte" Sozialkontrolle durch gemeindenahe Dienste in eine Praxis übergehen, die „totale Institutionen" durch „totale Systeme" ersetzt (Miller 1980).

Für die eher primär-präventive Gestaltung von Umweltbedingungen und Lebenssituationen bilden sozialisationsbezogene, ökopsychologische, viktimologische und andere Hypothesen eine Grundlage (vgl. Teil 1 des Bandes). Auch wenn man voraussetzt, daß einzelne Hypothesen korrelativ gut bewährt seien, sind die Möglichkeiten psychologischer Primärprävention noch sehr begrenzt (vgl. Cowen 1977). Zudem ist bei Maßnahmen zur allgemeinen Verbesserung des familiären Erziehungsmilieus, der Förderung sozialer Kompetenz in der Schule etc. fraglich, ob sich Effekte der Delinquenzprävention methodisch nachweisen lassen. Aber auch bei spezifischeren Maßnahmen muß korrelatives Wissen sukzessive durch erfahrungsgeleitetes Änderungswissen ergänzt werden. Zum Beispiel können Sanierungsmaßnahmen in hoch delinquenzbelasteten urbanen Wohngebieten lediglich mit einer regional stärkeren Streuung des Problems einhergehen (Harries 1976), Arbeits- und Schulprogramme haben sich nur unter spezifischen Umständen als erfolgreich erwiesen (Romig 1978, Berleman 1980).

Die zentralen Probleme einer breit angelegten Prävention liegen in der Auffassung, daß sich angenommene Delinquenzbedingungen im gesellschaftlichen Kontext zielgemäß steuern und unerwünschte Effekte in anderen Lebensbereichen vermeiden lassen. Da die sozialen Bedingungen und der Umgang einer Gesellschaft mit Delinquenzproblemen Ausdruck komplexer Systembeziehungen sind, erscheint das Konzept der problemspezifischen Vorbeugung unzureichend. Ziele und Maßnahmen der Delinquenzprävention kollidieren mit gesellschaftlichen Liberalisierungen, individuellen Rechten, sozialen Werten, ökonomischen Interessen, fiskalischen Problemen des Staates usw. Wenn verringerte Normenbindungen, Defizite des Familienlebens und der informellen Sozialkontrolle, Lebensbedingungen bestimmter Gruppen, Kulturkonflikte, veränderte Wertorientierungen, Wirtschaftspraktiken etc. als delinquenzfördernd angenommen werden, so ist die Problematik nicht auf sozialtechnologische Fragen der delinquenzspezifischen Prävention reduzierbar. Dies wird z.B. deutlich, wenn man den gesellschaftlich-kulturellen Rahmen der relativ niedrigen Kriminalitätsraten in Japan betrachtet (z.B. Miyazawa 1977), ohne daß dadurch eine hinreichende Erklärung oder gar rezeptartige Übertragung auf andere Gesellschaften möglich ist. Interventionskonzepte können somit nicht auf die Kriminalpsychologie oder Kriminalpolitik im engeren Sinn beschränkt bleiben, sondern betreffen zahlreiche politische Felder, insbesondere den sozialpolitischen Bereich. Die Argumente der neueren Gemeindepsychologie (z.B. Sommer u. Ernst 1977, Keupp u. Zaumseil 1978, Joffe u. Albee 1981) treffen sich dabei mit jenen des deutschen Strafrechtlers v. Liszt, der bereits vor hundert Jahren für eine Kriminalpolitik durch Sozialpolitik plädierte. Den seitherigen psychologischen Kenntniszuwachs kann ein Vergleich zur damals zeitgenössischen „Kriminalpsychologie" von Gross (1905) anzeigen. Ob die politisch-praktischen Schwierigkeiten in ähnlichem Maße geringer geworden sind, sei dahingestellt.

Psychologische Perspektiven der Delinquenzerklärung

Friedrich Lösel

Empirische Persönlichkeitsforschung und Delinquenzerklärung

1 Einführung

Die Auffassung, daß delinquente Handlungen Ausdruck umfassenderer Persönlichkeitsmerkmale des Täters sind, ist etwa so alt wie die wissenschaftliche Beschäftigung mit Kriminalitätsproblemen. Bereits 1876 postulierte der italienische Arzt C. Lombroso „l'uomo delinquente", dessen anatomische Anomalien ihn zum „geborenen Verbrecher" machen sollten. Lombroso schränkte später seine Überlegungen zum „Atavismus" auf eine Teilgruppe von Delinquenten ein und befaßte sich auch mit gesellschaftlichen Faktoren. Die Vorstellung eines „kriminellen Typus" (Sarbin 1979, Keupp in diesem Band) prägte jedoch einen Großteil der kriminalpsychologischen Forschung und Praxis. Sie findet sich in ganzheitlich zugesprochenen Neurose- oder Psychopathie-Etiketten ebenso wie in der Annahme graduell besonderer Ausprägungen von Straftätern auf einzelnen Eigenschaftsdimensionen.

Ähnliche Gedanken enthalten alltagspsychologische Devianztheorien, in denen Täter-Eigenschaften einer „naiven" Erklärung des Verhaltens anderer entsprechen (vgl. Jones u. Nisbett 1971). Sie ermöglichen es nicht nur, die auffälligen sozialen Ereignisse zu erklären, sondern haben durch die Individualisierung von Delinquenzproblemen eine persönliche und gesellschaftliche Funktion der Entlastung und Rechtfertigung (Reiwald 1948, Zimbardo 1979). Persönlichkeitspsychologische Kriminalitätshypothesen dürften auch deshalb besonders verbreitet sein, weil sie mit sehr verschiedenen Einstellungen zur Kriminalität vereinbar sind. Die „andersartige" Täterpersönlichkeit ist z.B. mit ablehnenden, sanktionsorientierten Einstellungen ebenso verträglich wie mit hilfemotivierten Resozialisierungsüberzeugungen (vgl. Blickhan et al. 1978; auch Abele in diesem Band). Ähnliches gilt für Auffassungen der erblichen Vorbestimmung oder Umweltthesen, in denen die Persönlichkeitsmerkmale auf individuelle oder sozialstrukturelle Sozialisationsbedingungen zurückgeführt werden (z.B. Moser 1970).

Mit Delinquenz wurden zahlreiche Persönlichkeitsaspekte in Zusammenhang gebracht, z.B. Emotionale Labilität und Neurotizismus, geringe Frustrationstoleranz, Unfähigkeit zu Belohnungs- und Befriedigungsaufschub, Extraversion, Impulsivität, Risikoneigung, Aggressivität, niedrige Leistungsmotivation, externale Kontrollüberzeugungen, unterdurchschnittliche Intelligenz, kognitive Stilmerkmale usw. (vgl. Quay 1965, Dettenborn u. Fröhlich 1974, Dechêne 1975, Lösel 1975a, Eysenck 1977, Feldman 1977, Hartmann 1977, Schwenkmezger 1977, Utz 1979). Die Mehrzahl der empirischen Arbeiten folgt einer Forschungstradition, in der „die Persönlichkeit" nach einzelnen Konstrukten, Variablen, Dimensionen, Faktoren etc. aufgegliedert wird. Der Einwand einer unangemessen atomistischen Betrachtung von Strukturen trifft jedoch nur eine Seite des Problems, da andererseits sehr komplexe Merkmale enthalten sind, die auf einige vermeintlich repräsentative Operationalisierungen reduziert werden.

Die Forschungsstrategie vieler Arbeiten beschränkt sich auf eine eklektische Suche nach Mittelwertsdifferenzen zwischen (unterschiedlich definierten) offiziell „Delinquenten" und „Unauffälligen". Dementsprechende Übersichtsreferate sind nicht inhaltlich-theoretisch, sondern nach Testarten gegliedert. Bei Schuessler u. Cressey (1950) liegen 42% statistisch bedeutsame Gruppenunterschiede vor (aus 113 Testwertvergleichen), bei Waldo u. Dinitz (1967) 81% (aus 94) und bei Tennenbaum (1977) 63% (aus 72). Solche deskriptiven Ergebnisse erscheinen jedoch wenig belangvoll wenn z.B. lediglich einzelne Fragebogenskalen aus dem Minnesota Mulitphasic Personality Inventory (MMPI) mäßig differenzieren und wegen des delinquenzähnlichen Inhalts ihrer Items zu letztlich tautologischen Aussagen führen (vgl. Tennenbaum 1977). Auch bei multivariaten Ansätzen, die wiederholt deutliche Gruppenunterschiede erbracht haben, bleibt die Dateninterpretation unbestimmt (z.B. Baltes, Wender u. Steigerwald 1968, Lösel u. Wüstendörfer 1976, Villmow-Feldkamp 1976).

Es ist zu fragen, inwieweit die Ergebnisse der persönlichkeitspsychologischen Delinquenzforschung bestimmte Interpretationen rechtfertigen bzw. welche wissenschaftstheoretischen, inhaltlichen, methodischen und praktischen Probleme mit ihnen verknüpft sind. Im folgenden wird daher auf eine möglichst breite Ergebnisdarstellung verzichtet. Im Sinne einer exemplarischen Analyse werden zwei Forschungsbereiche näher betrachtet und anschließend einige grundsätzliche Gesichtspunkte erörtert.

2 Ausgewählte Forschungsbeispiele

Als Beispiele dienen Eysencks Modell der Delinquenzerklärung und die Selbstkonzeptforschung. Eysencks Ansatz ist vergleichsweise explizit und naturwissenschaftlich orientiert. Seine Verbreitung war von Frontstellungen zu soziologischen Hypothesen begleitet. Die Selbstkonzeptforschung ist theoretisch weniger einheitlich fundiert. Sie verknüpft deutlicher individual- und sozialpsychologische Aspekte des Delinquenzproblems und entspricht eher einer i.e.S. „humanwissenschaftlich" orientierten Richtung der Persönlichkeitspsychologie.

2.1 Persönlichkeit und Delinquenz nach Eysenck

Eysencks Delinquenzerklärung basiert auf seinem faktorenanalytischen Persönlichkeitsmodell und dessen neurophysiologischen Begründungen (z.B. Eysenck 1970). Hier sei vor allem auf die kriminalpsychologisch bedeutsamen Darstellungen bei Eysenck (1977, 1980) Bezug genommen. Danach bestehen enge Beziehungen zum anglo-amerikanischen Konzept der „psychopathischen", „soziopathischen", „antisozialen" Persönlichkeit (Hare 1970, Hare u. Schalling 1978)[1]. „Psychopathen" werden u.a. als antisozial im Verhalten, wenig bindungsfähig, sozial lernunfähig, impulsiv, wenig frustrationstolerant, schuldunfähig etc. beschrieben. Ähnlich fallen psychoanalytische Charakterisierungen der „Verwahrlosung" aus (vgl. dazu Dechêne 1975, Hartmann 1977). Die Unschärfe solcher Beschreibungen wird auch innerhalb des medizinischen Devianzparadigmas kritisiert (vgl. Lewis 1974); soziale Funktionen und Probleme der pathologisierenden Etikette haben z.B. bereits Lindesmith (1940) und später der Labeling Approach verdeutlicht. Auch Eysenck weist wiederholt auf die geringe Zuverlässigkeit psychiatrischer Typenklassifikationen hin und hebt hervor, daß lediglich graduelle Unterschiede auf Persönlichkeitsdimensionen bestünden. Bei einigen Untersuchungen ist diese typenkritische Sichtweise allerdings kaum erkennbar. Im folgenden werden begriffsrealistische Fiktionen des Psychopathieetiketts in Kauf genommen, um die Darstellung zu vereinfachen.

Kriminalität gilt bei Eysenck nicht als notwendiges Merkmal der Psychopathie (und umgekehrt). Er nimmt jedoch an, daß sich unter schwer und fortgesetzt Straffälligen besonders häufig psychopathische Persönlichkeiten befinden. Auf der Ebene der deskriptiven Persönlichkeitsdimensionen Extraversion, Neurotizismus und Psychotizismus postuliert Eysenck jeweils hohe Ausprägungen von Delinquenten und Psychopathen.

Theoretisch besonders wichtig ist dabei die Hypothese zur *Extraversion-Introversion.* Den zwischenmenschlichen Unterschieden auf dieser Dimension sollen neurophysiologische Unterschiede im aufsteigenden Retikulärsystem des Hirnstamms zugrundeliegen. Extravertierte seien durch höhere Schwellenwerte bzw. ein geringeres Ausmaß an kortikaler Erregung (arousal) gekennzeichnet. Sie bilden deshalb langsamer konditionierte Reaktionen im Sinne Pawlows aus, welche (nach älteren Theorieversionen) auch vergleichsweise schwach und wenig löschungsresistent sein sollen. Die Kontrolle antisozialen Verhaltens im Lauf der Entwicklung wird als ein Prozeß des aversiven Konditionierens aufgefaßt. Durch Sanktionen z.B. seitens der Eltern und entsprechende (verallgemeinerbare) Bezeichnungen sollen Furchtgefühle an die gesellschaftsspezifisch dissozialen Verhaltensweisen gekoppelt werden. Auf Grund der geringeren Konditionierbarkeit von Extravertierten wird angenommen, daß eine derartige Herausbildung des „Gewissens“ als System konditionierter Furchtreaktionen erschwert und bei vergleichbarer Erziehungsintensität weniger gelungen sei. Wegen des niedrigeren Niveaus kortikaler Erregung wird außerdem erwartet, daß bei Extravertierten ein Bedürfnis nach stärkerer Stimulierung bestehe („sensation seeking“). Die Reizsuche soll sich u.a. in leichterer Verführbarkeit, riskantem und abenteuerartigem Verhalten manifestieren.

Die Bedeutung des *Neurotizismus* liegt nach Eysenck in seiner Funktion als Triebvariabler mit Verstärkerqualität. Seine neurophysiologischen Bedingungen werden im limbisch-thalamischen System vermutet. Da Personen mit hohem Neurotizismuswert durch starke und langdauernde emotionale Reaktionen gekennzeichnet sein sollen (vegetatives arousal), ist bei ihnen ein hohes habituelles Angstniveau anzunehmen. Dieses gilt nach Hull (u.a. 1952) als Triebvariable (drive), die multiplikativ mit der Habitstärke verknüpft sei und – bei Vernachlässigung weiterer Modellparameter – das effektive Reaktionspotential erhöhe. Die bei Extravertierten intensivere Tendenz zu antisozialem Verhalten werde somit bei gleichzeitig hohem Neurotizismus verstärkt und im Verhalten manifest. In diesem Zusammenspiel von geringer Konditionierung und hoher Emotionalität sieht Eysenck den Grund dafür, daß Delinquente und (sekundär) psychopathische Persönlichkeiten „realitätsunangepaßt“ reagieren, z.B. auch dann Straftaten begehen, wenn negative Konsequenzen leicht absehbar seien.

Die Delinquenzerklärung über die *Psychotizismusdimension* erscheint persönlichkeitstheoretisch weniger elaboriert, wenngleich die empirischen Zusammenhänge deutlich sind. Eysenck weist zum einen auf die Stellung der (primären) Psychopathie zwischen „Normalität" und „Psychose" hin (was lediglich deskriptiven Charakter hat), zum andern postuliert er geschlechtsbezogene physiologische Korrelate des Psychotizismus. Psychotizismus-Items sind z.T. inhaltlich mit Kriminalitätsproblemen verwandt. Mit hohen Skalenwerten sollen maskuline, aggressive und dominante Verhaltensweisen einhergehen (Eysenck u. Eysenck 1976). Diese seien durch androgene Hormonausschüttungen mitbedingt und deshalb besonders bei Männern vorhanden (vgl. dazu Merz 1979). Der von Eysenck angeführte hohe Anteil von Männern unter offiziell Delinquenten und Psychopathen wäre nur dann eine indirekte Bestätigung, wenn man in diesen männlichen Subpopulationen auch eindeutig erhöhte Hormonwerte nachgewiesen hätte.

Die zwischenmenschlichen Unterschiede in den neurophysiologischen Strukturen sowie den Persönlichkeitsdimensionen und im antisozialen Verhalten hält Eysenck für weitgehend genetisch bedingt. Als Belege werden u.a. Zwillings- und Adoptionsuntersuchungen herangezogen (vgl. Eysenck u. Eysenck 1978, Mednick u. Hutchings 1978). Auf Ergebnisse und Einwände gegen derartige Studien kann hier nicht eingegangen werden (vgl. allgemein Merz u. Stelzl 1977). Dies gilt auch für direkte physiologische und neurologische Messungen bei Delinquenten-/Psychopathengruppen und anderen Stichproben (zusammenfassend Hare 1978, Eysenck 1980). Unabhängig davon, wie stichhaltig die populationsgenetische Erblichkeitsannahme ist, spricht diese aber nicht gegen einen starken Einfluß von Umweltfaktoren bei der Delinquenzentwicklung (vgl. das genetische Konzept der Reaktionsnorm). Dementsprechend skizziert Trasler (1962) Möglichkeiten des Zusammenwirkens von Temperamentsdispositionen und familiärer Sozialisation, Eysenck (1977) plädiert für verhaltenstherapeutische Interventionen. Sozialstrukturelle und institutionelle Aspekte von Delinquenzproblemen werden allerdings kaum berücksichtigt.

Die Erblichkeitsannahme ist nur ein umstrittener Gesichtspunkt. Weitere betreffen das allgemeine Persönlichkeitsmodell und die spezifischen Hypothesen zur Kriminalität, insbesondere die Konditionierbarkeitsthese. Auch wenn man von Modellrevisionen absieht, liegt keine integrative Prüfung vor. Die meisten empirischen Arbeiten beziehen sich lediglich auf einzelne oder zwei Ebenen des hierarchischen Modells, insbesondere jene der Persönlichkeitsdimensionen und habituellen Verhaltensweisen. Die neurophysiologischen Begründungen der Persönlichkeitsmerkmale erweisen sich als teilweise inkonsistent und inadäquat. Dies gilt z.B. für die Annahme, daß kortikale und vegetative Erregungsprozesse unabhängig seien, sowie das Postulat der allgemein schnelleren Konditionierbarkeit von Introvertierten (z.B. Brody 1972, Oswald 1978). Neben den theoretischen Problemen besteht eine erhebliche Situations- und Methodenabhängigkeit der Ergebnisse (z.B. Eysenck u. Levey 1967, Buikhuisen u. Hemmel 1972), so daß bislang weder die Generalität der Konditionierbarkeit noch deren Beziehung zur Extraversion konsistent nachgewiesen erscheinen. Für die deskriptiven Persönlichkeitsdimensionen gelten die grundsätzlichen Einwände gegen universelle Wesenszüge (Endler u. Magnusson 1976; vgl. Abschnitt 3.1.). Hinzu kommen die methodischen Defizite des faktorenanalytischen Vorgehens (z.B. Kalveram 1970).

„Gewissensbildung" als Konditionierung von Furchtreaktionen aufzufassen, ist aus lernpsychologischer Sicht unzureichend (z.B. Feldman 1977). Wenn Prozesse der „positiven" Bekräftigung und des Modellernens (Bandura 1979) oder kognitive Faktoren der Moralentwicklung (Kohlberg 1971) vernachlässigt werden, reduziert dies mindestens den Erklärungswert des Ansatzes. Mit der Konditionierbarkeitsthese wäre ein allgemein dissoziales Verhalten anzunehmen, wie es selbst bei schwer delinquenten Personen nicht besteht. Sie verhalten sich auch gegenüber dem Großteil nicht codifizierter Normen konform. Die Konditionierbarkeitsthese erklärt außerdem nicht, wieso zahlreiche Personen nur vorübergehend delinquente Aktivität zeigen, ohne daß Interventionen im Sinne der Theorie stattgefunden haben. Was die empirischen Ergebnisse zur schlechteren Konditionierbarkeit und relativ hoher Extraversionswerte von Straftätern anbelangt, liegen zwar etliche stützende Befunde vor (zusammenfassend Eysenck 1977, 1980); andere Resultate weisen aber auf eine insgesamt widersprüchliche Forschungslage hin (z.B. Amelang u. Rodel 1970, Hoghughi u. Forrest 1970, Passingham 1972, Rolinski 1978). Es scheinen eher die Aspekte der Impulsivität, Abenteuerlust, Stimulierungsbedürftigkeit zu sein, die (moderat) mit Delinquenz zusammenhängen (Eysenck u. Eysenck 1971, Lösel 1975a, Schwenkmezger 1977, Hormuth, Lamm, Michelitsch, Schermann, Trommsdorf u. Vögeli 1977).

Zudem machen methodische Defizite die Dateninterpretationen fragwürdig (dazu Amelang u. Rodel 1970, Lösel 1975a, Häcker, Schwenkmezger u. Utz 1976). Beispielsweise bezog man sich z.T. auf ungeeignete Vergleichsstichproben. Bei den Delinquenten handelte es sich häufig um inhaftierte Personen, bei denen der institutionelle Kontext und die soziale Rolle die Fragebogenergebnisse beeinflussen dürften (vgl. dazu 3.2.). Allerdings sind z.B. auch bei Befragungen in unbestraften Jugendlichengruppen Zusammenhänge zwischen den Persönlichkeitsdimensionen und der Delinquenzbelastung nachweisbar (z.B. Walter, Merschmann u. Höhner 1975, Remschmidt, Merschmann, Walter u. Höhner 1976, Allsopp u. Feldman 1975, Lösel u. Wüstendörfer 1976, Villmow-Feldkamp 1976). Noch stärker stellt sich bei den Neurotizismuswerten die Frage, inwieweit sie als Bedingung, Folge oder (theoretisch nicht näher expliziertes) Korrelat delinquenten Verhaltens zu interpretieren sind. Die Ergebnisse fallen hier einheitlicher aus (vgl. Cochrane 1974). Sie bestätigen ein (durchschnittliches!) Bild tendenziell depressiv gestimmter und nervöser offiziell Delinquenter, die sich auch als eher aggressiv reagierend schildern (z.B. Deusinger 1973a, Hampel u. Selg 1975, Lösel u. Wüstendörfer 1976, Villmow-Feldkamp 1976, Kury 1980). Grundsätzlich sollte bei pathologisierenden Sichtweisen bedacht werden, daß es sich um „normale" Reaktionsweisen im speziellen ökologischen Kontext handeln kann (z.B. gesteigerte Aggressivitätswerte bei Arrestanten; Eisenhardt 1977).

Die zahlreichen anderen Charakterisierungen der „antisozialen Persönlichkeit" (z.B. jeweils geringe Frustrationstoleranz, Fähigkeit zum Belohnungsaufschub, Zukunftsorientierung) sind nicht gleichermaßen stringent auf die neurophysiologischen Annahmen Eysencks bezogen. Unter Stichworten wie „Ich-Kontrolle", „Selbstkontrolle", „Handlungskontrolle" werden sie in verschiedenen Perspektiven der Delinquenzerklärung thematisiert (vgl. Singer 1955, Hartig 1973, Dechêne 1975, Lösel 1975a), im lerntheoretischen Kontext nicht zur Eigenschaft verallgemeinert. In klinischen Beschreibungen gelten die Merkmale als „zwar vage, aber anschaulich" (Hartmann 1977, S.130). Es bleibt jedoch unklar, ob nicht Aspekte der (eigentlich zu erklärenden) Delinquenz in die Zuschreibung einbezogen werden. Mit objektiveren Indikatoren bestätigen sich einige der Zusammenhangsannahmen (vgl. Lösel 1975a, Schwenkmezger 1977, Utz 1979), die Ergebnisse sind aber z.T. so methodenspezifisch, daß noch nicht von prägnanten Persönlichkeitskonstrukten und validen Indikatoren ausgegangen werden kann.

2.2 *Selbstkonzept und Delinquenz*

Beim Selbstkonzept handelt es sich um die in subjektiven Theorien strukturierten Kognitionen des Individuums über die eigene Person und deren Wechselwirkung mit der Umwelt. Beziehungen zur Delinquenz werden durch verschiedene Theorien nahegelegt, wenngleich z.T. wenig spezifiziert. Beispielsweise sind nach Rogers (1963) psychische Störungen zu erwarten, wenn andauernde Erfahrungen nicht symbolisiert und in das Selbstkonzept integriert werden. In psychoanalytischen Modellen stellt die erlebte „Ich-Identität" ebenfalls einen zentralen Aspekt psychischer Gesundheit dar (z.B. Erikson 1966). Identitätsdiffusion und die Übernahme von Gruppenidentitäten gelten besonders bei jugendlicher Bandendelinquenz als wesentlich (vgl. dazu Springer 1973). Im Rahmen von Labeling-Konzepten sozialer Abweichung führt die (nicht selbstbestimmte) Übernahme von Erwartungen anderer zum Aufbau einer devianten Identität (Goffman 1964). Der so entstandene Rollendruck in Richtung auf abweichende „Karrieren" (Schur 1974) wird als förderlich für sekundäre Devianz betrachtet (Lemert 1967).

In den empirischen Arbeiten zu Selbstkonzept und Delinquenz hat man sich vor allem mit zwei Aspekten befaßt: der *Selbstwahrnehmung,* wie sie sich in eigenen Zuschreibungen von Merkmalen manifestiert, sowie der *Selbstbewertung* als zumeist hochgradig verallgemeinerter positiver/negativer Beurteilung jener Eigenschaften (vgl. Coopersmith 1967). Einen indirekten Bewertungsindikator stellt die *Selbstakzeptierung* in Form von Selbstbild-Idealbild-Diskrepanzen dar. Analog zur evaluativen und kognitiven „Komponente" sozialer Einstellungen ist allerdings die Trennung beider Aspekte operational schwierig, z.T. werden sie auch konfundiert. Mit den meisten Merkmalszuschreibungen sind gesellschaftliche Wertungen verknüpft, die nur in manchen Fällen zur persönlichen oder kulturellen Evaluation diskrepant sein dürften. Fraglich ist auch, inwieweit vom Selbstkonzept als einer stabilen und situativ generalisierbaren Personencharakteristik ausgegangen werden kann (vgl. Gergen 1979).

Die bekanntesten Arbeiten zum Selbstkonzept und delinquenten Verhalten stammen von Reckless und Mitarbeitern. Sie stellten bei Jungen aus einem Wohngebiet mit hoher Kriminalitätsrate fest, daß die Beurteilung seitens der Lehrer als „nicht delinquenzgefährdet" mit einer positiven Selbsteinschätzung zusammenhing (z.B. Reckless, Dinitz u. Murray 1956). Die Unterschiede zwischen „gefährdeten", aber nur teilweise aktenkundigen Jugendlichen und den „good boys" blieben in einer Längsschnittuntersuchung über mehrere Jahre erhalten (Scarpitti, Murray, Dinitz u. Reckless 1960, Lively, Dinitz u. Reckless 1962). Die Autoren interpretieren die positive Bewertung der eigenen Person als einen wesentlichen Immunisierungsfaktor („insulator") gegen abweichendes Verhalten. Ein positives Selbstkonzept soll Halt gewähren bei Frustrationserlebnissen und gegenüber der Anziehung von delinquenten Subkulturen. Da das Selbstkonzept mit Familiendaten zusammenhing, betrachtete man es einerseits als eine Folge häuslicher Sozialisationsbedingungen, andererseits schrieb man der familiären Umwelt auch bei ungünstigem Selbstkonzept eine (externe) Immunisierungsfunktion zu (vgl. Reckless 1973, Marshall 1973).

Bei Reckless hat das Selbstkonzept eine intern-handlungskontrollierende Funktion, es fehlt jedoch die erforderliche Explikation der Regulationsmechanismen. Hier könnten Forschungen von Wicklund u.a. zur „objektiven Selbstaufmerksamkeit" weiterführen (Duval u. Wicklund 1972, Wicklund 1979). Dieser z.T. an G.H. Mead und Festingers Dissonanztheorie orientierte Ansatz geht davon aus, daß die Selbstwahrnehmung bei negativer Selbstbewertung als unangenehm erlebt und deshalb nicht beibehalten werde. Es komme zu Vermeidungsreaktionen oder (längerfristig) zur Diskrepanzreduktion. Die Gefährdungssituationen bei Reckless sind im erstgenannten Sinn zu interpretieren. Die meidungsmotivierte Zuwendung zu anderen Ereignissen geht nach Wicklund einher mit der Abwendung von selbstbezogenen Hinweisreizen (Selbst-Symbolen) bzw. einer verminderten Selbstaufmerksamkeit. Eine Reihe von Experimenten bestätigen, daß Personen, die in Versuchungssituationen z.B. durch optische Vorkehrungen Aufmerksamkeit auf sich selbst gerichtet haben, ihr Verhalten stärker an internalisierten Normen orientieren als andere (z.B. Diener u. Wallbom 1976, Beaman, Klentz, Diener u. Svanum 1977).

Trotz intensiver Kritik an den Untersuchungen von Reckless et al. (Tangri u. Schwartz 1967), erscheinen viele Folgearbeiten weniger aussagekräftig, da sie keinen Längsschnitt enthalten (zusammenfassend Kaplan 1975, Dillig 1976, Trautner 1979). Das Resultat der Reckless-Gruppe, daß Delinquente eine negativere Selbstbeurteilung zeigen als Unauffällige, wird überwiegend gestützt. Es liegen aber auch Arbeiten mit geringen oder keinen Unterschieden vor (z.B. Deitz 1969, Deusinger 1973b, Witte u. Witte 1974, Trautner u. Schuster 1975) und sogar solche, die ein positiveres Selbstkonzept von Delinquenten zeigen (z.B. Hall 1966, Schwartz u. Stryker 1970).

An scheinbar plausiblen Erklärungen widersprüchlicher Resultate ist kein Mangel: Zum Beispiel wird bei positivem Selbstkonzept ein erfolgreiches und sozial akzeptiertes Verhaltensrepertoire angenommen, so daß für solche Personen deviante Alternativen weniger bedeutsam sein sollen (u.a. Coopersmith 1967). Umgekehrt hält man eine nicht-beschönigende Selbsteinschätzung bzw. Selbstbild-Idealbild-Diskrepanz für ein Zeichen sozialer Reife (vgl. Katz u. Zigler 1967). Nahe an den Fakten ist die Argumentation von Trautner (1979). Das gegenüber Unauffälligen negativere Selbstkonzept von Delinquenten sieht er vor allem in Arbeiten mit Fragebögen bestätigt, während Adjektivlisten keine derartigen Unterschiede zeitigten. Bei Untersuchungen mit Ratingskalen bzw. Polaritätsprofilen erweist sich s.E. das Realbild von Delinquenten ebenfalls als etwas ungünstiger, das Idealbild dagegen für beide Gruppen als ähnlich. Trautners Interpretation der Methodenabhängigkeit ist nur für einen Teil der Resultate adäquat und liefert selbst noch keine Begründung. Sie spricht jedoch gegen pauschale Bemerkungen zum negativen Selbstkonzept „der Delinquenten". In eine ähnliche Richtung weisen skalenspezifische Gruppenunterschiede bei Selbstratings oder verbalisierten Wertstrukturen (Dillig 1976, Stiksrud u. Margraf 1980). Unklarer ist die Forschungslage bei der Frage der Wirkungsrichtung bzw. zeitlichen Abfolge von delinquentem Verhalten und Selbstkonzept-Merkmalen. Die Untersuchungen an institutionalisierten Delinquenten erlauben keine entsprechenden Aussagen. Aber auch in den Längsschnittuntersuchungen kann die negative Selbstbewertung eine Delinquenzfolge sein, z.B. durch informelle Reaktionen der sozialen Umwelt auf frühe, offiziell nicht registrierte Dissozialität. Eindeutige empirische Nachweise sind hierzu allerdings schwierig; zur Problematik des Konzepts der „self-fulfilling prophecy" vgl. Barkey (1971) Westhoff u. Berka (1980). Bei bereits inhaftierten Personen sind Selbstkonzeptänderungen unter den deprivierenden Bedingungen der Prisonisierung anzunehmen (z.B. Fichtler, Zimmermann u. Moore 1973). Selbstkonzeptänderungen als Delinquenzfolge werden auch postuliert, wenn man keine Unterschiede gegenüber Vergleichsgruppen festgestellt hat. Beispielsweise sprechen Schwartz u. Stryker (1970) von einer Selbstaufwertung durch die Übernahme subkultureller Wertmuster. Deusinger (1973b) nimmt Motive der sozialen Distanzierung von anderen, „typischen" Delinquenten an.

Schließlich können die beobachteten Zusammenhänge zwischen Delinquenz und Selbstkonzept auftreten, ohne daß Annahmen über die Beeinflussungsrichtung stichhaltig sind. Selbstkonzeptindikatoren korrelieren mit demographischen Daten des Sozialisationshintergrunds (Dillig 1976, Kaplan 1978), welche bei zumeist vorhandenen Defiziten der Stichprobenziehung in der Delinquenzforschung zu Scheinkorrelationen beitragen dürften.

Insgesamt besteht eine Diskrepanz zwischen den Widersprüchlichkeiten der ,,wissenschaftlichen Empirie" und den alltäglichen Erfahrungen der handlungsleitenden Bedeutung von selbstbezogenen Kognitionen. Dies mag daran liegen, daß die Selbstkonzeptforschung im Delinquenzbereich erst am Anfang steht und zahlreiche theoretische, methodische und forschungsstrategische Verbesserungen notwendig sind (Trautner 1979). Dabei wird es besonders wichtig sein, Aufbau, Integration und Wandel der individuell ordungsstiftenden Selbstschemata in ihren Bezügen zu situationsspezifischen Erfahrungen längsschnitthaft aufzuzeigen (vgl. Filipp 1979). Solche Forderungen sind freilich leichter erhoben als forschungspraktisch realisiert. Um sich ihnen anzunähern, wären anstelle der Gruppenkennwerte aus standardisierten Skalen, Eigenschaftslisten etc. vermehrt unstrukturiertere biographische Selbstkonzept-Analysen erforderlich (vgl. z.B. die Fallanalysen von Bonstedt 1972, Colla 1973).

3 Allgemeine Forschungsprobleme und -perspektiven

Wie die Beispiele zeigten, sind viele Querschnittsvergleiche zwischen offiziell Auffälligen und Unauffälligen wenig aussagekräftig (vgl. Amelang u. Rodel 1970, Lösel 1975a, Häcker et al. 1976, Schwenkmezger 1977). Ein Teil der Defizite betrifft die Methoden der Datensammlung und statistischen Analyse. Hier ist beispielsweise die starke Bevorzugung von Fragebogenskalen mit ihren vielfältigen Meß- und Verfälschungsproblemen zu nennen (vgl. Angleitner 1976). Statistisch bedeutsame Unterschiede werden kaum hinsichtlich ihrer zumeist geringen praktischen Signifikanz analysiert. Fast durchweg ist auch das Basisratenproblem enthalten, indem man nicht nach der populationsbezogenen Vorhersageeffizienz der Persönlichkeitsmerkmale fragt (vgl. Lösel 1972). Derartige methodische Defizite sind jedoch prinzipiell zu beheben oder zumindest zu verringern. Bedeutsamer erscheinen die folgenden Gesichtspunkte.

3.1 Dispositionsproblematik

Ein Großteil der Forschung beruht auf allgemeinen Eigenschaftkonzepten. Diese sind als Erklärungsbegriffe umstritten, wenngleich wissenschaftstheoretische Überlegungen nicht gegen sie sprechen (vgl. Stegmüller 1969). Persönlichkeitsdispositionen werden besonders häufig im Sinne einer ,,Zwischenebene" der Delinquenzerklärung aufgefaßt und auf Erziehungseinflüsse, familiäre Lebensbedingungen etc. zurückgeführt (z.B. Moser 1970, Seitz u. Götz 1979). Die erkenntnistheoretisch bedeutsame Frage der Reduktion kann allerdings auch bei den anderen kriminalpsychologischen Erklärungsansätzen gestellt werden, bei teleologisch-handlungstheoretischer Betrachtung betrifft sie z.B. die Bedingungen individueller Zielhierarchien, Mittelrepertoires etc.[2].

Die Prädikate für Persönlichkeitsmerkmale als hypothetische Konstrukte oder komplexe Annahmegefüge (vgl. Herrmann 1973) besitzen nur einen „vorläufigen", sehr vagen Bedeutungsgehalt. Dem entsprechen die z.T. geringen Übereinstimmungen bei Fremdbeurteilungen bzw. psychologisch-psychiatrischen Klassifikationen (vgl. Costello 1970). Es ist anzunehmen, daß es bei Kenntnis der Delinquenzmerkmale auch zu zirkulären Schlüssen kommt (vgl. allgemein Groeben u. Westmeyer 1975). Neben die begrifflichen Probleme tritt die Kritik an generellen Verhaltensdispositionen (z.B. Mischel 1973; zusammenfassend Endler u. Magnusson 1976). Das Für und Wider um „personality traits" läßt sich allerdings weniger im Sinne empirisch geprüfter Hypothesen auffassen, sondern eher als Paradigmenkonkurrenz (Herrmann 1980, Lösel 1980b). Bei entsprechender Differenzierung repräsentiert offenbar die Trait-Perspektive durchaus fruchtbare Forschungsansätze (vgl. Bem u. Allen 1974, Epstein 1977). Umgekehrt erschiene auch die Annahme wenig plausibel, daß sich die besonders ungünstigen Sozialisationserfahrungen und Lebensumstände vieler Delinquenten nicht in situationsübergreifenden Verhaltensbereitschaften niederschlagen.

Bereits Hartshorne u. May (1928) beobachteten in ihren eigenschaftskritischen Experimenten zur Ehrlichkeit bei „Extremgruppen" relativ konsistentes Verhalten. Ähnliches zeigen Beobachtungen von „Raufbolden" und „Prügelknaben" in Schulklassen (z.B. Olweus 1978) oder Langzeitstudien zu dissozialen „Problemkindern" (z.B. Robins 1966). Für derartige Phänomene der Verhaltensstabilität und -konsistenz spielen vermutlich fortdauernde familiäre Lernbedingungen und gesellschaftliche Reaktionen eine wichtige Rolle (vgl. Burton 1963, Feldman 1977).

In der traditionellen Kriminalpsychologie überwiegen jedoch universelle Eigenschaftskonzepte, die individuellen Dispositionen zur Verhaltenskonstanz *und* -flexibilität nicht genügend Rechnung tragen. Dies dürfte dispositionelle Attributionsfehler im Sinne von Jones u. Nisbett (1971) und andere inadäquate Ursachenzuschreibungen der der kriminalpsychologischen Praxis begünstigen (vgl. Zimbardo 1979, Haisch in diesem Band). Allerding sollten Fremdeinschätzungen und klinische Urteile nicht negativ stereotypisiert werden, zumal in der attributionstheoretischen Grundlagenforschung „Ursachen" und „Gründe" konfundiert sind (vgl. Buss 1978). Denn zum einen kann auch eine methodisch unkritische, „objektive" Delinquenz-Persönlichkeitsforschung dazu beitragen, daß falsche Alltagstheorien tradiert werden. Zum anderen sind die Analysen naiver Devianztheorien selbst noch wenig differenziert. Häufig beschränkt man sich auf Gruppenkennwerte (z.B. von Lehrern; Brusten u. Hurrelmann 1973). Wie allgemein bei impliziten Persönlichkeitstheorien (vgl. Gigerenzer 1981) sind vermehrt individuelle – anstelle aggregierte – Datenanalysen erforderlich. Auch deliktbezogene Attributionsunterschiede werden noch kaum berücksichtigt (vgl. Abele u. Giesche 1981).

3.2 Etikettierungsproblematik

Im Rahmen des Labeling Approach gelten die Persönlichkeitsbeschreibungen von Straftätern als Bestandteil des sozialen Aushandelns von Devianzzuschreibungen und der retrospektiv stimmigen Interpretation von „Fällen" (vgl. Schur 1974). Seine Einwände blieben auch bestehen, wenn man Unterschiede zwischen offiziell Auffälligen und Unauffälligen nicht nur als Ausdruck kognitiver Schematisierungen seitens der Mitmenschen betrachtet, sondern sie für erfahrungswissenschaftlich nachgewiesen hält. Die Persönlichkeitsmerkmale werden dann lediglich als Folge und/oder Anlaß der offiziellen Registrierung interpretiert.

Als Delinquenzfolge sind vor allem Effekte der Stigmatisierung und Institutionalisierung bzw. Prisonisierung zu nennen. Etliche Arbeiten haben Veränderungen des Identitätserlebens im Prozeß der Übernahme einer Deviantenrolle beschrieben (zusammenfassend z.B. Brusten u. Hohmeier 1975). Universelle persönlichkeitspsychologische Stigmatisierungseffekte sind damit aber nicht begründet. Ähnliches gilt für Prisonisierungseffekte bei denen u.a. die jeweiligen Vorerfahrungen, Insassensubkulturen, Vollzugsarten sowie zeitliche Verläufe von Frustrations- und Adaptionsprozessen eine Rolle spielen (vgl. Klingemann 1975, Kaiser, Schöch, Eidt u. Kerner 1977, Eisenhardt 1977, Egg 1979).

Nun haben allerdings Längsschnittuntersuchungen gezeigt, daß sich bereits vor der offiziellen Registrierung Persönlichkeitsunterschiede zwischen Delinquenten und Unauffälligen feststellen lassen (z.B. Hathaway u. Monachesi 1963, West u. Farrington 1973; vgl. auch die Selbstkonzept-Forschung). Wenngleich längerfristige Prognosen aufgrund dieser Daten nur sehr begrenzten Wert haben (vgl. Lösel 1982a), widersprechen sie einer Stigmatisierungsthese, die vor allem formelle gesellschaftliche Reaktionen betont. Trotzdem muß es sich bei den Persönlichkeitsmerkmalen um keine Korrelate delinquenten Verhaltens handeln. Da ein immenses Dunkelfeld der Kriminalität besteht (Stephan 1976), sind Selektionsprozesse immanent (zum Ganzen Kaiser 1979). Es ist anzunehmen, daß insbesondere bei „leichteren" Delikten auch Persönlichkeitsmerkmale Kriterien darstellen, welche die offizielle Registrierung und den Verlauf von Etikettierungsprozessen beeinflussen (vgl. Peters u. Peters 1972, Lösel u. Wüstendörfer 1976).

Institutionell nicht „gefilterte" Daten ergeben sich aus Delinquenzbefragungen. Sie zeigen, daß die Beziehung zu Persönlichkeitsindikatoren teilweise jenen mit dem Kriterium der registrierten Delinquenz entsprechen (vgl. Amelang u. Rodel 1970, Hindelang 1972, Remschmidt et al. 1976, Allsopp u. Feldman 1975, Lösel u. Wüstendörfer 1976, Villmow-Feldkamp 1976, West u. Farrington 1977). Allerdings bestehen auch gegen Delinquenz-Selbst- und Fremdberichte erhebliche methodische Einwände (vgl. Lösel 1975a, Stephan 1976). Die einfache Labeling-These, daß nur Persönlichkeitskorrelate der offiziellen Delinquentenrolle und nicht des delinquenten Verhaltens bestünden, ist jedoch unzureichend.

Wie bedeutsam Selektions- und Stigmatisierungseffekte im Kontext anderer Delinquenzbedingungen sind, ist umstritten (vgl. Gove 1975, Kaiser 1979). Außerhalb des Etikettierungsansatzes nimmt man eher „hinzukommende" Effekte an, eine vergleichende Bewertung wird aber durch wissenschaftstheoretische und methodologische Unterschiede erschwert (vgl. Keupp in diesem Band). Ansätze, die z.B. Sozialisations- und Etikettierungsperspektiven zu integrieren versuchen (z.B. Rüther 1975, Lösel 1978a), stehen in der empirischen Forschung erst am Anfang. Sie legen auch nahe, daß sich der Labeling Approach stärker mit informellen, ontogenetisch frühen und langfristigen sozialen Zuschreibungsprozessen befassen sollte.

3.3 Forschungsperspektiven

Die persönlichkeitspsychologische Delinquenzforschung ist durch ein Defizit an Theorien gekennzeichnet. Trotz der Einwände bleibt daher z.B. Eysencks Beitrag anregend. Am Beispiel der Selbstkonzeptforschung sowie der attributions- und etikettierungstheoretischen Probleme zeigt sich, daß wesentliche Forschungsperspektiven in der vermehrten Verknüpfung mit sozialpsychologischorientierten Ansätzen liegen.

Gleichzeitig ist es erforderlich, stärker die elementaren persönlichkeitspsychologischen Konzepte der *Individualität* und *Interaktion von Person und Situation* zu berücksichtigen.

Bereits der phänomenale Vergleich zwischen Deliktformen läßt persönlichkeitspsychologische Allgemeinaussagen über „die Kriminalität" unangemessen erscheinen. Viele empirische Untersuchungen betreffen ohnedies nur Jugendliche. Ähnlich den frühen psychoanalytischen Verwahrlosungsdifferenzierungen hat man zahlreiche Unterscheidungen relativ homogener Subgruppen vorgeschlagen (zusammenfassend Hood u. Sparks 1970, Gibbons 1975, Göppinger 1980, S.458 ff.). Dabei erwiesen sich weder persönlichkeits- noch tatbezogene Typologien als überzeugend. Gruppierungen nach Persönlichkeitsmerkmalen dürften allerdings einen gewissen differentialtherapeutischen Wert haben (z.B. Eidt 1973).

Die Typologieversuche tragen auch nicht den individuellen Person-Umwelt-Bezügen Rechnung. Für deren Analyse könnten z.B. Mischels (1973) *Kategorien einer kognitiv-sozialen Lerntheorie* herangezogen werden. Sieht man einmal von modischen Akzentuierungen des „Interaktionismus" ab, lassen sich in der kriminalpsychologischen Forschung bereits einige derartige Ansätze erkennen. Selbstregulierende Pläne sind z.B. in der verhaltenstherapeutischen Forschung zu Delinquenzproblemen sehr bedeutsam geworden (vgl. Stumphauzer 1973, Pielmaier 1979). Erwartungen von Handlungsfolgen und Stimulusbewertungen stellen zentrale Parameter in entscheidungstheoretischen Arbeiten zur Dissozialität dar (z.B. Rettig u. Rawson 1963, Lösel 1975a, Farrington u. Knight 1980). Auch viktimologische Untersuchungen zum Aufforderungscharakter von Situationen sind hier zu nennen (vgl. Schneider 1975, ders. in diesem Band). Codierungsstrategien und persönliche Konstrukte werden z.B. durch die oben diskutierte Selbstkonzeptforschung repräsentiert. Andere Ansätze liegen in der Analyse von Denkgewohnheiten und Situationsinterpretationen, die zu Rationalisierungen und Umwertungen beitragen (Sykes u. Matza 1957, Yochelson u. Samenow 1976). Schließlich behalten auch bei Mischel generalisierte Dispositionen einen gewissen Stellenwert. Betrachtet man z.B. kognitive Fähigkeiten als Handlungs-Konstruktionskompetenzen, so werden sie in Modellen bedeutsam, die Delikte als Problemlösungsversuche interpretieren (z.B. Quensel 1970). Damit soll nicht die pauschale These einer negativen Korrelation von Intelligenz und „klassischer" Kriminalität unangemessenes Gewicht erhalten. Es bestehen nur mäßige IQ-Mittelwertdifferenzen zwischen offiziell Delinquenten und Vergleichsgruppen (Caplan 1965), die zudem mehrdeutig sind (vgl. Lösel 1975b). Niedrige Täterintelligenz scheint jedoch eher bei körperlichen Aggressionsdelikten vorzuliegen (vgl. Rockoff u. Hofmann 1977, Wulf 1979), die auf unzureichende alternative, komplexere Problemlösungsstrategien hinweisen. Berücksichtigt man, daß juristische Deliktklassifikationen noch wenig über psychologische Tatmerkmale aussagen, Intelligenztestwerte nur schwach mit der Lösung komplexerer, polytelischer Problemsituationen korrelieren (Dörner u. Kreuzig 1981) und kaum soziale Aspekte repräsentieren (Probst 1973), Konzepte „sozialer Kompetenzen" aber empirisch noch wenig präzisiert sind (z.B. Semmer u. Pfäfflin 1978), dann erscheinen differenziertere Fähigkeitsanalysen lohnenswert (vgl. auch Hirschi u. Hindelang 1977, hinsichtlich des Umgangs mit Kontrollinstanzen: Bohnsack u. Schütze 1973).

Die Kategorien Mischels oder ähnliche interaktionistische Ansätze stellen kein integriertes Erklärungsmodell dar. Sie erweitern jedoch die Grenzen des eigenschaftspsychologischen Paradigmas, verringern vermutlich dessen Stereotypisierungen und ermöglichen Verknüpfungen zu kriminalpsychologischen Perspektiven, die nicht nur die „Ursache des Bösen im Menschen suchen" (Zimbardo 1979, S.145, übers.).

Anmerkungen

1 Von der „primären Psychopathie" wird die „sekundäre" oder „neurotische" unterschieden, bei der man das antisoziale Verhalten als Ausdruck emotionaler Konflikte oder der Sozialisation subkultureller Normen und Werte betrachtet. Das anglo-amerikanische Psychopathiekonzept entspricht nicht den „Psychopathen" bzw. „abnormen Persönlichkeiten" K. Schneiders (1923) in der traditionellen deutschen Psychiatrie. Zur psychiatrischen Kriminalitätsforschung siehe Berner u. Katschnig (1975).

2 In anwendungsorientierten Wissenschaftsbereichen, wie dem der Kriminalpsychologie, ist bei der Wahl einer Erklärungsebene mitzuberücksichtigen, welche Interventionsmöglichkeiten und unerwünschten Nebeneffekte sich ergeben können.

Walter Toman

Der psychoanalytische Ansatz zur Delinquenzerklärung und Therapie

Nach psychoanalytischer Auffassung (Freud 1900, 1916/17, Jung 1912, Adler 1920, Abraham 1924, Fenichel 1932, 1945, Schultz-Hencke 1940, 1951, Erikson 1950, auch Toman 1960, 1968, 1978) sind die Ursachen für psychische Krankheiten und soziales Fehlverhalten in frühen Störungen der psychischen Entwicklung zu suchen. Zu diesen frühen Störungen gehören ungünstige Umweltveränderungen oder von Anfang an bestehende Umweltdefekte, insbesondere solche in der sozialen Umgebung des Kindes. Eltern, die im unversöhnlichen Konflikt miteinander leben, gravierende Persönlichkeitsstörungen eines oder beider Eltern, Elternverluste, das Fehlen eines Elternteils oder beider Eltern von Anfang an (Aufwachsen in einem Kinderheim) wären Beispiele dafür. Zu diesen frühen Störungen gehören aber auch angeborene oder früh im Leben entstandene Schwächen der psychischen Konstitution des Kindes, insbesondere Schwächen seines Interesses an Kontakt und Erfahrung mit Personen (seine emotionale Bindungsbereitschaft) sowie seiner Toleranz gegenüber sachbedingten temporären Entbehrungen und Versagungen (seine Frustrationstoleranz). Solche konstitutionellen psychischen Schwächen können trotz intakter Umwelt früh im Leben des Kindes zu subjektiven Insuffizienzen und traumatischen Erfahrungen, in der Folge zu psychischen Entwicklungsstörungen führen.

1 Das erste Lebensjahr und seine langfristigen psychischen Folgen

Kinder entwickeln unter günstigen Bedingungen im ersten Lebensjahr ihre Sinnesfunktionen, ihre Motorik und jene elementaren Erfahrungen mit sich selbst und ihrer Umgebung, auf denen später ihre Intelligenz und ihr Konzept von der Wirklichkeit aufgebaut und ausgestaltet werden. Sie entwickeln ihre erste Personbeziehung zur beständigen Pflegeperson, in der Regel der leiblichen Mutter, hängen psychisch völlig von ihrem Wohlwollen ab und werden, wenn dieses ohne Vorbehalte und äußere Hindernisse gegeben wird, selbst optimistisch und lebensfroh in ihrer Grundstimmung. Das Kind erlebt, daß es mindestens einer Person in der Welt, der Mutter, über alles wichtig ist und daß es sie sozusagen durch sein bloßes Dasein und Wohlbefinden schon beglücken kann. Der Vater, eventuelle Geschwister oder andere Verwandte bleiben im Erlebnis und in der Erfahrung des Kindes zunächst im Hintergrund. Sie, vor allem der Vater, können aber wesentlich zum Wohlbefinden der Mutter und zu ihrem Wohlwollen gegenüber dem Kinde beitragen. Wenn die Mutter sich dauerhaft geliebt, unterstützt und geachtet fühlt, fällt ihr die Mutterrolle leicht.

Störungen in dieser Phase, wie etwa der Verlust der Pflegeperson oder das Fehlen einer solchen überhaupt (stattdessen versorgen das Kind etwa mehrere Säuglingsschwestern im Turnus, und alle zusammen verbringen nur einen Teil der Zeit mit dem Kind, die eine beständige Pflegeperson für ihr Kind aufwendet), können zu schweren Depressionen, mitunter sogar zum Tode des Kindes führen (Spitz 1946, 1957). Nur wenn eine ständige Ersatzpflegeperson möglichst bald an die Stelle der verlorenen Person tritt und sich mit großem zeitlichen und emotionalen Aufwand bemüht, das Kind wieder zum Vertrauen in die Pflegeperson zu ermuntern, kann sich das Kind günstig weiter entwickeln. Eine gewisse Entwicklungsverzögerung und eine zumindest leichte Depressionsbereitschaft im späteren Leben ist selbst dann nicht immer ausschließbar.

Ohne verfügbare Ersatzperson oder bei Fehlen einer beständigen und interessierten Pflegeperson vom Anfang des Lebens an bleiben Kinder zutiefst verunsichert, pessimistisch und mutlos. Sie werden traurige, passive, anlehnungsbedürftige bis anklammernde Persönlichkeiten, denen keine mütterliche Betreuung gut und ausdauernd genug ist. Sie können nur durch große Bemühungen ihrer betreuenden Personen und durch spektakuläre Ereignisse, die ihnen sozusagen immer wieder geschenkt werden müssen, vorübergehend aufgeheitert werden. Sie tendieren später auch zur Alkohol- und Drogensucht, zu haltlosem Wechsel ihrer Bezugspersonen, zur depressiven Verzweiflung und zur Selbstzerstörung. In besonders schweren Fällen bleiben sie autistisch oder narzißtisch auf sich selbst bezogen, vermeiden Kontaktgelegenheiten mit Personen und träumen am liebsten mystisch vor sich hin. Wenn sie doch zu einem Personenkontakt verleitet werden bzw. einem solchen nicht zu entgehen vermögen, können sie in unkontrollierbaren emotionalen Überschwang, häufiger allerdings in Panik geraten und werden dabei mitunter zerstörerisch für andere oder für sich selbst. Dies geschieht nicht mit Absicht, sondern eher versehentlich, als Folge ihres Überschwanges bzw. vor allem ihrer Panik.

Psychoanalytisch werden Krankheiten wie Schizophrenie, Manie, Depression, Rauschgiftsucht, Hypochondrie und schwerere Formen psychosomatischer Störungen auf traumatische Erfahrungen im ersten Lebensjahr oder bald danach zurückgeführt (Fenichel 1945, auch Toman 1960, 1968, 1978), egal, ob diese Erfahrungen durch Umweltveränderungen und Umweltdefekte oder durch konstitutionelle Schwächen des Kindes bedingt sind. Auch die emotional labile und bindungsunfähige, psychopathische Persönlichkeit (Cleckley 1941), auf die in einigen Varianten schon Kraepelin (1905), Bleuler (1916) und Schneider (1923) hingewiesen hatten, gehört hierher. Diese psychopathische Persönlichkeit kann streckenweise Normalität, Bindungsfähigkeit und sachliches Engagement vortäuschen, aber ihre destruktiven Bedürfnisse und Ängste brechen plötzlich und unerwartet durch. Diese psychopathische Persönlichkeit deckt sich etwa mit der Entwicklungspsychopathie, wie sie in den letzten Jahren unter schweren Fällen von Kriminalität beobachtet und zu einem kleinen Teil der Sozialtherapie im Strafvollzug zugeführt werden konnte (Devereux 1951, Hoeck-Gradenwitz 1963, Goudsmit 1964, Hartmann 1970, Mauch u. Mauch 1971, Reicher 1973, Warmerdam 1976, Hustinx 1976, de Boor 1977, Jäger 1977), und mit den narzißtischen Persönlichkeiten, wie sie Freud (1914, 1916/17), Fenichel (1932, 1945), Kohut (1969) und Kernberg (1975) beschrieben haben. Allen diesen Krankheits- und Störungsformen gemeinsam ist nach psychoanalytischer Auffassung eine unstillbare Sehnsucht nach mütterlichen Personen, nach Verwöhnung, nach geschenktem, unaufhörlich zufließendem Glück. Die betreffenden Personen wollen nicht arbeiten und nicht warten müssen, oder nur, wenn sie sich der ständigen Anteilnahme und Anerkennung einer sie vorbehaltlos liebenden und bevorzugenden Person sicher sein können.

Im Bereich der Delinquenz und Kriminalität sind Personen mit solchen frühen Störungen, von der Psychoanalyse auch orale Störungen genannt, durch die eruptive, logisch nicht selten absurde Form der Verbrechen und Straftaten erkennbar, die sie begehen. Realistisch bringen ihnen die destruktiven Handlungen nichts ein. Häufig schaden sich die Betreffenden selbst. Ihre Entdeckung scheint ihnen gleichgültig zu sein. Mitunter gehen sie an ihrer eigenen Tat zugrunde. In manchen Fällen sind die destruktiven Handlungen und der infantile Wunsch nach vorbehaltloser Anteilnahme und Bewunderung durch angebliche politische oder ideologische Motive verbrämt.

Für alle diese Krankheitsformen erfordert Psychotherapie mehr als nur den klassischen psychotherapeutischen Beistand, wie ihn die psychoanalytische Behandlung vorsieht. In der psychoanalytischen Behandlung verhält sich der Psychotherapeut „abstinent". Er gibt keine Ratschläge, keine Direktiven und erzählt nichts von sich selbst. Er hört nur aufmerksam zu, fragt, kommentiert oder deutet die Äußerungen des Patienten. Für Personen mit solchen frühen Störungen in ihrer psychischen Entwicklung wäre das zu wenig. Wegen ihrer Bindungsscheu oder Bindungsunfähigkeit, aber auch wegen ihrer Tendenz, sich im Falle, daß sie doch Vertrauen zu jemanden fassen, an ihn anzuklammern und ihn als mütterliche Betreuungsperson zu usurpieren, hielt man sie zunächst für psychoanalytisch nicht behandelbar. Erst als Psychotherapeuten begannen, diese bindungsscheuen Menschen zur Bindungsbereitschaft zu provozieren und den infantil bindungssüchtigen das Klammern zu erlauben, wurde das anders (Fairbairn 1941, 1952, Fromm-Reichmann 1950, Rosen 1952, Winnicott 1958, Kohut 1969; auch Devereux 1951, Goudsmit 1964, Mauch 1964, Klüwer 1968, Sluga u. Grünberger 1969, Hartmann 1973, Reicher 1976). Sie selbst, die Therapeuten, mußten die Rolle einer mütterlichen Person einnehmen, ihren Patienten im Rahmen der Behandlungssituation, insbesondere der stationären, auch mit Rat und Tat zur Seite stehen. Sie mußten unter anderem zeigen und äußern, was sie selbst von den jeweiligen Anliegen, Sorgen und Konflikten des Klienten hielten. Anteilnahme und Lob waren unerläßlich, gewisse Schutzmaßnahmen für das Pflegepersonal und die Institution, besonders aber vor den eigenen zerstörerischen Tendenzen der Klienten gegebenenfalls erforderlich (vgl. auch Böllinger in diesem Band).

Wenn all dies lang genug praktiziert wurde, mitunter über Jahre, konnten die Patienten unter Umständen jenes Vertrauen zu einer Person aufbauen, das andere Menschen schon zum Ende des ersten oder im Verlauf des zweiten Lebensjahres zu ihrer Mutter aufgebaut haben; Vertrauen zu einer Person, konkret zum Psychotherapeuten, weil der Patient die andauernde und nachhaltige Erfahrung gemacht hat, daß diese Person für einen da ist, daß sie einem wohlwollend, stützend und rettend zur Verfügung stand, wann immer man sie brauchte, und das war oft. Erst jetzt kann der Patient auch zu anderen Personen aus seiner Alltagswirklichkeit Vertrauen schöpfen, und erst jetzt dürfen der Psychotherapeut und diese anderen Personen ihrerseits Forderungen an ihn stellen. Nicht zu harte und nicht zu viele, damit sein Vertrauen nicht schon im Keim wieder erlischt, aber allmählich doch jene Forderungen, die auch an die anderen Menschen gestellt werden. Der Patient sucht nicht mehr nur „vorbehaltlose Liebe" eines oder mehrerer Mitmenschen. Er ist auch bereit, etwas für diese Mitmenschen zu tun. Er klammert sich nicht mehr an diese Menschen, sondern er kann sie auch streckenweise freigeben. Er kann kurze Trennungen von ihnen ertragen. Er bricht auch unter gelegentlicher Kritik oder Tadel nicht mehr zusammen. Er kann zunehmend selbst für sich sorgen.

Dies ist jedenfalls die Hoffnung des Psychotherapeuten. Es hängt von seinem Geschick und seiner Erfahrung ab, wie lange dieser psychotherapeutische Prozeß bei gegebener Schwere der psychischen Störung dauert. Es hängt außerdem von der Bereitschaft von Menschen in der Alltagswirklichkeit des Patienten ab, ihm beizustehen und hinzunehmen, daß er vorerst, vielleicht noch lange nicht oder nie ganz so verläßlich, liebevoll und leistungsfähig sein wird wie andere Menschen seines Alltags.

Im therapeutischen Strafvollzug steht außer dem Psychotherapeuten noch das Personal des Strafvollzugs zur Verfügung (Fenton, Reimer u. Wilmer 1967, Mauch u. Mauch 1971, Baumann 1974, Hosford u. Moss 1975). Dieses hat in der Regel sogar die Hauptlast der Beeinflussung des Patienten bzw. des Strafgefangenen zu tragen. An den Vollzugsbeamten erprobt der Patient zuerst, wozu er sich vom Psychotherapeuten ermuntert fühlt, und dabei schießt er oft über das Ziel hinaus. Er verärgert, beleidigt, oder attackiert zumindest verbal seine Betreuer, wenn sie ihm nicht ein ähnliches, vorbehaltlos mütterliches Verständnis entgegenbringen wie der Psychotherapeut. Da sie sich mit ihm den ganzen Tag über auseinandersetzen müssen – der Psychotherapeut dagegen meist nur eine oder einige wenige Stunden in der Woche – und da sie ihre eigenen Richtlinien und Aufgaben haben, geht das nur begrenzt. Je besser sie aber dem Patienten ihre Anteilnahme und ihr Verständnis vermitteln können, je weniger sie sich durch seine Ansprüche ärgern oder kränken lassen, je sicherer sie in ihren eigenen Handlungen und Auseinandersetzungen mit ihm bleiben, desto eher kann dem Patienten geholfen werden. Desto eher können die Vollzugsbeamten sogar dem Psychotherapeuten ermöglichen, sich aus Entscheidungen des Strafvollzugs selbst herauszuhalten. Wenn der Patient vom Psychotherapeuten keine konkreten Hilfen, keine materiellen Vergünstigungen, keine Verkürzung seines Strafausmaßes bekommen kann, ist dessen psychotherapeutische Wirksamkeit relativ am größten.

2 Das zweite und dritte Lebensjahr und seine langfristigen psychischen Folgen

Wenn ein Kind keine Umweltstörungen erlebt und keine konstitutionellen Schwächen mit ins Leben bringt, beginnt es am Anfang des zweiten Lebensjahres, sich selbständig und aufrecht fortzubewegen. Es wandert scheinbar unermüdlich durch seine häusliche und familiäre Umgebung, greift alles an und schleppt herum, was nicht niet- und nagelfest ist. Es erfährt und entwickelt die Freuden seiner Motorik, hantiert mit Dingen, zerstört sie dabei oft unwillkürlich, wird aber später beharrlicher in seinen Anstrengungen und konstruktiver. Es lernt zu sprechen und sich mit den Familienmitgliedern über Sachverhalte zu verständigen. Mit dem Ende des dritten Lebensjahres sind ihm alle elementaren grammatischen Strukturen der Sprache mehr oder weniger vertraut. Es kann sich seinen Familienmitgliedern, aber auch anderen Erwachsenen und Kindern verständlich machen.

In dieser Zeit, also im zweiten und dritten Lebensjahr, muß ein Kind sich auch mit dem Vater und seinen Geschwistern auseinandersetzen. Es lernt zu geben, nicht nur zu nehmen. Damit sein „Besitz“ sicher ist, muß es auch den Besitz der anderen achten. Sogar die Mutter stellt nun Forderungen an das Kind. Das Kind übt seine Kräfte und seine Macht, behauptet sich manchmal, geht Kompromisse ein oder unterliegt mit seinen Wünschen. Es trotzt, zuerst einfältig und in Extremen, später mit mehr Geschick und in immer mehr Nuancen, die zwischen den Extremen liegen. Es baut seine soziale Position in der Familie auf und lernt, was es von den anderen haben kann, was es ihnen dafür geben muß und was jedem von ihnen ungefähr zusteht. Es lernt zu streiten und zu wetteifern, aber auch Kompromisse zu schließen, sich zu einigen und zu kooperieren. Es lernt zu „arbeiten“.

Störungen in dieser Lebensphase, Verluste von Familienmitgliedern oder chronische Konflikte, die unter den Eltern oder zwischen den Eltern und ihren Kindern bestehen, können Kinder in der Entwicklung ihres Machtstrebens und ihres Leistungswillens erschüttern. Sie fühlen sich mindestens gegenüber einem Familienmitglied oft ohnmächtig. In der Regel ist es das mächtigste und vergleichsweise brutalste Familienmitglied. Oft hassen sie ein solches Mitglied, müssen aber ihren Haß unterdrücken und verdrängen. Manchmal identifizieren sie sich mit diesem Familienmitglied und behandeln andere so schlecht, wie es dieses dominante Familienmitglied tut. Oder sie leiden mit dem am meisten unterdrückten oder dem am meisten geliebten unter den unterdrückten Familienmitgliedern und gewöhnen sich daran, von anderen mißhandelt zu werden.

Psychoanalytisch werden Krankheiten wie die Paranoia, motorische Störungen wie Tics und Stottern, ferner Zwangsneurosen und Zwangsgedanken auf traumatische Erfahrungen und Umweltstörungen im zweiten und dritten Lebensjahr zurückgeführt (Fenichel 1945, Toman 1960, 1968, 1978), manchmal auch auf Erfahrungen, die zwar erst in späteren Jahren der Kindheit gemacht wurden, aber mit Erfahrungen im zweiten und dritten Lebensjahr subjektiv zusammenhängen. Wenn konstitutionelle Schwächen des Kindes an der jeweiligen psychopathologischen Entwicklung beteiligt sind, wurden diese ihm oder seiner Familie meistens während des zweiten oder dritten Lebensjahres offenkundig. – Zu den Straftaten, die von Entwicklungsstörungen im zweiten und dritten Lebensjahr mitbeeinflußt sein können, gehören Betrug, Diebstahl, Einbruch bzw. Eigentumsdelikte überhaupt, vom einfachen Diebstahl, der mitunter suchtartig wie in der Kleptomanie erfolgen kann, bis zu komplizierten wirtschaftlichen oder politischen Betrügereien, in denen andere Menschen in ihrem Besitz Schaden nehmen. Ferner zählen körperliche oder psychische Schädigung anderer Personen hierher, bis hin zum beabsichtigten Mord aus Rache oder im Kampf um Besitz und Macht, seltener aus Eifersucht, manchmal mit Anzeichen einer sexuellen Perversion. Perversionen wie Masochismus und Sadismus und ihre kriminellen Formen, in denen andere Menschen oder der betreffende selbst körperlich zu Schaden kommen, sind häufig auf traumatische Bedingungen in den frühen Kindheitsjahren zurückführbar. Wiederholte aggressive Verkehrsvergehen oder Gewalttätigkeit im menschlichen Umgang überhaupt können ebenfalls damit zusammenhängen.

Für diese Störungsformen ist in der Regel klassische oder psychoanalytische Psychotherapie möglich und sinnvoll. Der Psychotherapeut muß nicht aus seiner therapeutischen Abstinenz heraustreten, um dem Patienten helfen zu können. Der Patient hat meistens genügend Erfahrung mit den Sachwerten, mit sich selbst und mit den Personen seiner Umgebung aufgebaut, um Arbeit, Wettbewerb und den Kampf um Macht zumindest im Prinzip austragen zu können, wenn nötig ohne den Beistand anderer. Er kann sich mit seinen Mitmenschen sprachlich und logisch verständigen, selbst wenn diese nicht seiner Meinung sind. Er kann über diese Bereiche auch mit seinem Psychotherapeuten verhandeln und sich seiner Dienste bedienen, ohne sich dabei an ihn zu klammern oder das Gefühl zu haben, von ihm völlig abzuhängen. Seine Persönlichkeit ist autonom genug geworden, um in eigener Sache und mit eigenem Einsatz tätig zu werden. Er braucht nicht mehr wie die schwerer gestörten Patienten „vorbehaltlose Mutterliebe“, um zu überleben.

Auch hier hängt der Erfolg der Behandlung vom Geschick des Psychotherapeuten und von der Schwere der psychischen Störung ab. Bei durchschnittlicher Frustrationstoleranz – zumindest in jenen Bereichen, die von der Präokkupation mit Macht und Kontrolle über Menschen bzw. von Bedürfnissen der Verletzung oder Zerstörung anderer Menschen relativ frei sind (z.B. bei handwerklichen oder technischen Tätigkeiten, bei organisatorischen Arbeiten mit Dingen oder Sachwerten) – erscheinen die psychotherapeutischen Erfolgsaussichten gut. Das gilt selbst dann, wenn die psychischen Störungen erheblich und hartnäckig sind.

Auch für Straftäter in diesen Bereichen ist klassische Psychotherapie möglich, nicht nur nach Verbüßung ihrer Strafe, sondern auch während des Strafvollzugs. In diesem Falle tendiert der Straftäter oft besonders konkret und geschickt dazu, die Psychotherapie zur Erlangung von Erleichterungen im Strafvollzug, von besonderen Vergünstigungen oder seiner vorzeitigen Entlassung zu nutzen. Der klassische Psychotherapeut gibt diesen Bemühungen des Patienten normalerweise nicht nach, und der Patient kann dies im allgemeinen akzeptieren. Eine echte Bereitschaft zur Psychotherapie ist oft gerade daran erkennbar, daß der Patient auf dieses Spiel verzichtet. Der Psychotherapeut kann ihm aber helfen, mit den Mühen und Ärgernissen des Strafvollzuges innerlich besser fertig zu werden und nicht mit ihm, dem Therapeuten, sondern mit dem Personal des Strafvollzuges über eventuelle Vergünstigungen zu verhandeln.

Ziel der Psychotherapie wäre die Suche nach besseren, nichtkriminellen Möglichkeiten der Befriedigung seiner Wünsche und Interessen sowie nach Gründen in der eigenen Vergangenheit, die den Patienten bisher davon abhielten. Dabei können auch Fragen des Gesellschaftssystems, des politischen Systems, ihrer Veränderungsbedürftigkeit und Veränderungsmöglichkeiten aufkommen. Für diese hat der klassische Psychotherapeut allerdings keine Patentlösung bereit. Er ist auch nicht willens, sich mit dem Patienten zwecks Systemveränderungen zu verbünden. Seine Realitätsbewältigung für den Rest der Strafzeit und in der späteren Alltagswirklichkeit muß der Patient allein bzw. mit anderen Menschen seiner Alltagswirklichkeit betreiben. Übungen für seine spätere Arbeits- und Lebensbewältigung sind natürlich möglich. Vollzugsbeamte, Heilpädagogen und besondere Psychotherapieformen wie Verhaltenstherapie (Ullmann u. Krasner 1965, Rubin u. Franks 1969, Sommer u. Ernst 1977), Realitätstherapie (Glasser 1965), gruppendynamische Übungen (z.B. Däumling, Fengler, Nellessen u. Svenson 1974), Rollenspiele (z.B. Antons 1973) usw. vermögen dabei zu helfen. Der klassische Psychotherapeut steht dem Patienten für die innerliche Verarbeitung von persönlichen Problemen, die ihm auch dabei noch erwachsen können, zur Verfügung.

3 Das vierte und fünfte Lebensjahr und seine langfristigen Wirkungen

Wenn das Kind im ersten Lebensjahr Vertrauen in die Menschen und im zweiten und dritten Lebensjahr den Umgang mit Besitz, Leistung, Macht und Position in der Gruppe zu lernen begonnen hat, eröffnet sich ihm unter durchschnittlichen Bedingungen während des vierten Lebensjahres eine neue soziale Dimension: das Geschlecht der Personen, mit denen es zu tun hat.

Je nachem, ob es sich um eine Person von anderen oder vom gleichen Geschlecht handelt, verändern sich Anlehnungsbedürfnisse, Macht- und Besitzansprüche sowie Leistungsbereitschaften. Jungen lernen vorerst in der Familie, später auch im Kindergarten und in der Schule, mit anderen Jungen zu wetteifern und zu rechten, aber Mädchen zu schonen, zu beschützen und auf deren Aussehen zu achten. Mädchen sollen hübsch und gefällig sein. – Mädchen lernen ihrerseits, sich für die Leistungen und Wettkämpfe der Jungen zu interessieren, zunehmend ohne sich in sie verwickeln zu lassen. In Konkurrenz treten sie eher mit anderen Mädchen, und zwar zu einem nicht unerheblichen Teil um die Beachtung, das Interesse, letzten Endes die möglichst ungeteilte Zuwendung von Jungen und Männern.

Diese Entwicklung beginnt mit der Präokkupation des Jungen mit seiner Mutter als Frau, des Mädchens mit seinem Vater als Mann, und mit den Konflikten, in die sie dadurch mit dem jeweils gleichgeschlechtlichen Elternteil geraten. Der Junge möchte die Mutter nicht nur als Betreuerin und „mächtige Person", sondern auch als Frau für sich haben und den Vater in die Schranken weisen, wenn nötig, ihn überhaupt los werden. Das Mädchen trachtet analog, den Vater als Mann für sich zu gewinnen bzw. ihn der Mutter wegzunehmen. Dadurch, daß er bisher als Betreuer und als Machtperson weniger in Erscheinung trat als die Mutter, kann der Akzentwechsel in der Beziehung zum Vater als Mann meistens leichter und deutlicher beobachtbar erfolgen als beim Jungen in seiner Beziehung zur Mutter als Frau.

Freud nannte diese Interessenkonstellation den Ödipus-Komplex (Freud 1900, 1916/17). Er wird durch die Identifizierung des Kindes mit dem gleichgeschlechtlichen Elternteil und durch die Beschränkung seiner Interessen am andersgeschlechtlichen Elternteil auf das real Mögliche „überwunden". Dabei hilft es dem Kind, wenn es Geschwister hat (Adler 1920). Je nachdem, ob die Geschwister vom gleichen Geschlecht oder verschiedenen Geschlechts sind bzw. ob der Junge oder das Mädchen jeweils das ältere Geschwister ist, ergeben sich unterschiedliche Lösungsmöglichkeiten für die ödipalen Konflikte (Toman 1961, 1965). Äußerlich und innerlich intakte Familienverhältnisse helfen bei der Bewältigung dieser Konflikte, temporäre oder permanente Verluste eines Elternteils oder eines Geschwisters erschweren die Bewältigung (A. Freud u. Burlingham 1943, Bowlby 1951, Toman 1961, 1965).

Auch das Interesse des Kindes an den eigenen Sexualorganen, an jenen des anderen Geschlechts, an der Beziehung der Eltern zueinander und an der Herkunft von Kindern wird im vierten Lebensjahr deutlich. In der gesunden und intakten Familie bleibt dieses Interesse allerdings in Schranken. Das Kind unterdrückt oder verdrängt sie zum Teil.

Spätere heterosexuelle Liebesinteressen haben psychologisch hier ihren Ursprung. Sehr starke oder plötzliche Unterdrückungen der sexuellen Interessen der Kinder, besonders nach vorangegangenen Duldungen solcher Interessen, sei es durch Gleichgültigkeit der Eltern gegenüber ihren Kindern oder durch aktive Ermunterungen, können die Entwicklung der Liebesinteressen stören. Schon in der Kindheit können Ängste, Depressionen und übertriebene Schuldgefühle die Folge sein. Nach der Pubertät und angesichts der wachsenden Gelegenheiten zu Kontakten mit Jugendlichen und Erwachsenen des anderen Geschlechts können überdurchschnittliche Hemmungen und in der Folge Störungen bei der Aufnahme von geschlechtlichen Beziehungen auftreten (Impotenz und Ejaculatio praecox beim Mann, Frigidität und Vaginismus bei der Frau); ferner Angst vor weiteren solchen Versuchen, Beschränkung auf Masturbation bei gleichzeitigen starken Schuldgefühlen bzw. Abgleiten in Neurosen (insbesondere Angsthysterien und Konversionshysterien) oder in abnorme sexuelle Befriedigungen (Homosexualität, hetero- oder homosexuelle Paedophilie, Gerontophilie, Transvestitismus, Fetischismus, Exhibitionismus, Voyeurismus, Sadismus, Masochismus und andere). Auch zwanghafte Promiskuität und/oder Prostitution sowie Vergewaltigung und Gewaltakte im Verein mit sexuellen Befriedigungen, die von psychischer oder körperlicher Verletzung bis zum Mord des Sexualobjektes reichen können, zählen zu den späteren Folgen gestörter sexueller Entwicklung in der frühen Kindheit (Fenichel 1945, Toman 1960, 1968, 1978).

In der normalen Entwicklung des Menschen sind sexuelle Befriedigungen in der Regel ein unerläßlicher Teil seiner Befriedigungen überhaupt. Für viele Menschen übertreffen sie in ihrem subjektiven Befriedigungswert zumindest ab der Pubertät alle anderen Befriedigungsformen, darunter beispielsweise jene des Essens und des Trinkens, der passiven Entspannung, der lustvollen körperlichen Betätigung, des Machtkampfes, der Ausübung überlegener Machtpositionen etc. Sexuelle Interessen kulminieren für die überwiegende Mehrzahl aller Menschen in dauerhaften heterosexuellen Liebesbeziehungen.

Auch für jene Personen, die durch eigene Anlagen, vor allem aber durch die Umwelt, durch ihre betreuenden Personen oder den Mangel solcher Personen während der Kindheit in ihrer psychischen Entwicklung gestört wurden und als Folge davon mit dürftigeren oder ungewöhnlichen Formen sexueller Befriedigung Vorlieb nehmen, sind diese subjektiv meistens die wichtigsten aller ihrer Vergnügungen. Das gilt selbst dann, wenn diese dürftigeren Befriedigungen mit psychischen oder körperlichen Schädigungen anderer Menschen gekoppelt sind. Auch der „verkrüppelte" oder perverse sexuelle Genuß ist dem Betreffenden vergleichsweise der höchste und unentbehrlich.

Für die Milderung oder Beseitigung solcher Störungen ist klassische Psychotherapie geeignet. Ein erheblicher Teil der Kasuistik der psychoanalytischen Fachliteratur betrifft sexuell gestörte Patienten. Auch andere Psychotherapieformen (Verhaltenstherapie, siehe z.B. Sigusch 1975, oder Kommunikationstherapie, siehe z.B. Mandel, Mandel u. Rosenthal 1975) haben sich um die Heilung sexueller Störungen und Fehlentwicklungen bemüht, zum Teil durch angeordnete Kommunikations- und Verhaltensübungen oder unter anderem durch die Beistellung von experimentellen Sexualpartnern (z.B. Masters u. Johnson 1965) und dabei mitunter rasche Erfolge erzielt. In der langfristigen Erfolgskontrolle erwiesen sich diese Heilungen oder Besserungen allerdings als unverläßlich, die scheinbar geringeren und langwierigen Erfolge der klassischen Psychotherapie als dauerhafter und stabiler. Sexuelle und Liebesbedürfnisse scheinen zu komplex, als daß sie durch die äußerliche Korrektur einiger Verhaltenspraktiken nachhaltig beeinflußt werden können. Im Verein mit einer tiefergreifenden therapeutischen Beeinflussung der Persönlichkeit der Betroffenen vermögen allerdings auch solche Verhaltenskorrekturen hilfreich zu sein. Auf die Beeinflussung der Persönlichkeit, ihrer Interessen, Haltungen, Ängste und Aggressionen kommt es jedoch in entscheidendem Maße an (siehe z.B. Masters u. Johnson 1970, im übrigen Freud 1900, 1905, 1916/17, Jung 1912, Adler 1920 u.a.).

Therapieziel der klassischen Psychotherapie ist die Wiederentdeckung jener Befriedigungsmöglichkeiten in der Vergangenheit und Gegenwart des Patienten, die er irgendwann im Laufe seiner Entwicklung fortan als für ihn unzugänglich oder strafbar erlebte. Die Wiederaufnahme solcher Befriedigungsmöglichkeiten in seine Erinnerung und seine gegenwärtige Alltagswirklichkeit würde seine bisherigen dürftigeren, „verkrüppelten" oder perversen Formen der sexuellen Befriedigung weniger attraktiv machen, und zwar in dem Maße, als er die reiferen Befriedigungsmöglichkeiten akzeptieren kann bzw. in seinem Versuch ihrer Befriedigung Erfolg hat. Die dürftigeren oder perversen Formen werden von ihm als überflüssig erlebt und hören von selbst auf. So erhofft es sich jedenfalls der klassische Psychotherapeut.

Für Personen mit langen Praktiken dürftiger oder perverser sexueller Befriedigung ist es nicht leicht, diese im Austausch für angeblich reifere und größere Befriedigungsmöglichkeiten, die sie aber noch nicht erlebt haben, aufzugeben oder vorübergehend auszusetzen. Nicht selten fordert aber der Psychotherapeut von einem solchen Patienten eine freiwillige temporäre Abstinenz. In der inneren Not und den Ängsten, die der Patient während dieser Enthaltsamkeit erlebt, kann er nämlich eher als ohne sie jene Ereignisse und Erfahrungen erinnern, mit denen seine sexuelle Fehlentwicklung begonnen hat; ebenso jene Möglichkeiten, die er sich damals zu verbauen begann. Ohne eine solche temporäre und freiwillige Enthaltsamkeit kann beispielsweise auch einem Alkoholsüchtigen oder Drogenabhängigen psychotherapeutisch kaum geholfen werden.

Alkohol- und Drogensüchtige sind ohne eine stationäre Behandlung und die externe Überwachung des Entzuges des Genußgiftes meistens außerstande, die Bedingung der Enthaltsamkeit zu erfüllen. Das gleiche gilt für viele der straffällig gewordenen Sexualtäter. Während sie einsitzen und notgedrungen abstinent sind, ist jedoch Psychotherapie im klassischen Sinne möglich und günstig. Dabei hängt es allerdings von der Schwere der Entwicklungsstörung, von der Hartnäckigkeit eventueller konstitutioneller Gegebenheiten und nicht zuletzt von der Intelligenz des Patienten ab, ob er Psychotherapie nutzen kann. Es gibt Fälle, insbesondere solche mit mörderischen Komponenten unter ihren sexuellen Interessen, bei denen die Patienten selbst zur Einsicht kommen, daß Sicherheitsverwahrung oder eine medizinische Korrektur ihnen verläßlicher helfen würde als Psychotherapie. Meist handelt es sich dabei um Männer. Sie wollen andere vor ihrer eigenen, zeitweise nicht mehr kontrollierbaren Aggressionsbereitschaft schützen. Frauen leiden offenbar wesentlich seltener an solchen unkontrollierbaren Aggressionsbereitschaften. Wenn sie etwas wie Sicherheitsverwahrung oder den Schutz einer geschlossenen Anstalt suchen, dann eher um den Aggressionen von Männern oder – im Falle geistiger Behinderung – verantwortungslosen Verführungen durch Männer zu entgehen.

4 Einflüsse nach der Kindheit

Umweltstörungen, die erst in der Zeit zwischen dem 6. und 14. Lebensjahr eintreten, wirken in der Regel ebenfalls traumatisch, fußen dann aber nach psychoanalytischer Auffassung oft auf bereits seit der frühen Kindheit bestehenden Milieuschwierigkeiten und -defiziten. Manchmal sind keine Milieuschwierigkeiten erkennbar, aber die Umweltstörungen der späten Kindheit und frühen Jugend können auf die Erinnerungen und Haltungen der frühen Kindheit rückwirken. Der Betreffende interpretiert Konflikte und kleinere Verlusterlebnisse (beispielsweise Streit in der Familie, kurzfristige Abwesenheiten von Familienmitgliedern oder etwa eigene Aufenthalte in Krankenhäusern) nachträglich als schwerwiegender, als sie an sich gewesen wären. Er sieht sie mitunter wie Omina seiner Enttäuschungen in der späten Kindheit oder frühen Jugend. – In allen diesen Fällen gilt, obwohl mit geringerer Gefährdung des Betroffenen, was für Störungen in den frühen Kindheitsphasen bereits gesagt wurde.

Umweltstörungen, die erstmalig in der Adoleszenz auftreten, führen in der Regel nicht mehr zu Entwicklungsstörungen der beschriebenen Art. Konflikte in der Familie, die jetzt entstehen oder manifest werden, und temporäre oder permanente Verluste von Familienmitgliedern werden zwar bewußter erlebt als in der Kindheit und frühen Jugend, aber dem Betreffenden stehen nun viel mehr Mittel zur Verfügung, die Konflikte oder Verluste zu bewältigen bzw. sich Ersatzpersonen oder neue Personen überhaupt zu beschaffen. Selbst wenn keine Umweltstörungen aufgetreten sind, verlassen manche Jugenliche in diesem Alter bereits ihr Elternhaus.

Manche delinquente und kriminelle Entwicklung beginnt sich erst in der Adoleszenz abzuzeichnen und wird auf schlechte außerfamiliäre Einflüsse, besonders auf den Kontakt mit anderen Jugendlichen, mit Delinquentengruppen oder Banden zurückgeführt. Solche Gruppen oder Banden können mehr oder weniger gut organisiert sein und ihren eigenen Gewissenskodex haben, der seinerseits in unterschiedlichem Maße von den Normen der umgebenden Gesellschaft abweicht. Je primitiver und destruktiver für die Gesellschaft das Handeln nach diesem Kodex bzw. für die Bandenmitglieder selbst das Nichteinhalten dieses Kodex ist, desto größer sind die inneren Konflikte des neuen Mitglieds solcher Gruppen oder Banden; desto eher versuchen zumindest jene Jugendlichen wieder auszuscheiden, die aus intakten Familien und einigermaßen geordneten Familienbeziehungen stammen. Dagegen können bei der Mehrzahl jener, die Mitglieder solcher delinquenten Gruppen bleiben oder auch als Einzelgänger kriminelle Handlungen begehen, erhebliche Konflikte mit und unter ihren Familienmitgliedern und/oder frühe Verluste von Familienmitgliedern (durch Trennung, absichtliches Verlassen, durch lediglich sporadische oder völlig gleichgültige Präsenz in der Familie) und/oder extreme Persönlichkeitsschwächen von einzelnen Familienmitgliedern (Arbeitsscheu, Trunksucht, Gewalttätigkeit, geringe Bildung, keine abgeschlossene Berufsausbildung, unterdurchschnittliche Intelligenz, geringe Affektkontrolle, eigene Frühverwaisung etc.) beobachtet werden (z.B. Glueck u. Glueck 1950, 1970, Bowlby 1951, Hartmann 1970, Moser 1970, Toman u. Preiser 1973, Lösel 1975a, Seitz u. Götz 1979).

Je günstiger die Familienverhältnisse eines delinquent gewordenen Jugendlichen oder jungen Erwachsenen waren, desto wahrscheinlicher ist es, daß es sich entweder um eine neurotische Verwahrlosung oder – mit geringerer Wahrscheinlichkeit – um eine konstitutionelle Störung, also eine Anlagenschwäche bei dem Betreffenden handelt. Personen, die ihren Eltern Schande machen, durch kriminelle Taten deren Achtung erringen oder selbst öffentliche Bestrafung erreichen wollen, wären Beispiele für neurotisch Verwahrloste. Je ungünstiger die Familienverhältnisse eines solchen Delinquenten, desto eher handelt es sich um Asozialität bzw. einen Entwicklungsrückstand bezüglich der Aufnahme der Normen des Zusammenlebens und der Gesellschaft oder, anders gesagt, um ein unterentwickeltes Gewissen (Aichhorn 1925).

Während im Falle der neurotischen Verwahrlosung klassische Psychotherapie möglich und günstig ist, geht es im Falle des unterentwickelten Gewissens meistens nicht ohne Nacherziehung in der Gruppe, am sichersten in einer Erziehungsinstitution oder einer sozialtherapeutischen Anstalt.

Zusammenfassung

Psychopathologische und kriminelle Persönlichkeitsentwicklungen nehmen nach psychoanalytischer Auffassung von den frühen Kindheitsphasen ihren Ausgang. Umweltstörungen, darunter vor allem chronische Konflikte unter den Familienmitgliedern und Verluste von Familienmitgliedern, oder konstitutionelle Schwächen, die in den Kindheitsphasen manifest werden, gehören zu den wichtigsten Determinanten psychopathologischer und krimineller Fehlentwicklungen.

Auf solche Entwicklungsstörungen im ersten Lebensjahr gehen Krankheiten wie Schizophrenie, Manie, Depression, Rauschgiftsucht und psychosomatische Erkrankungen zurück. Im kriminellen Bereich zählen eruptive und absurde Gewalttaten ohne Ansehung der Person und sogar der eigenen Interessen, Entwicklungspsychopathien, schwer narzißtische Persönlichkeiten und anarchistischer Terrorismus hierher. – Auf Entwicklungsstörungen im zweiten und dritten Lebensjahr sind Krankheiten wie Paranoia, Tics und Stottern sowie Zwangsneurosen zurückzuführen, im kriminellen Bereich sadistische Handlungen an anderen Menschen, aggressive Verkehrsvergehen, Gewaltdelikte, Besitzstörungen und Betrügereien aller Komplexitätsgrade. – Auf Entwicklungsstörungen im vierten und fünften Lebensjahr gehen Angst- und Konversionshysterien, sexuelle Störungen im Erwachsenenalter sowie sexuelle

Perversionen zurück, im kriminellen Bereich vor allem jene Perversionen und Sexualhandlungen, die mit Gewaltakten und psychischen oder körperlichen Schädigungen der Sexualobjekte verbunden sind.

Familiäre Umweltstörungen nach dem sechsten Lebensjahr führen mit etwas geringerer Wahrscheinlichkeit zu psychopathologischen und kriminellen Syndromen. Familiäre Umweltstörungen nach dem 15. oder 16. Lebensjahr wirken in der Regel nicht mehr unmittelbar pathogen oder kriminogen.

Psychotherapie der psychopathologischen und kriminellen Syndrome geht um so eher über die klassische Psychotherapie hinaus, je schwerer die Syndrome und je früher in der Kindheit die identifizierbaren Entwicklungsstörungen zurückliegen. In solchen Fällen spielen Anleitung und Anweisung durch den Psychotherapeuten, erzieherischer Beistand und stationäre Behandlung eine entsprechende Rolle in der Psychotherapie.

Peter Barkey

Lerntheoretische Ansätze zur Delinquenzerklärung

1 Aufgabenstellung

Lerntheoretische Ansätze zur Erklärung delinquenten/kriminellen Verhaltens lassen sich gegenüber alternativen und ergänzenden Erklärungsmustern dadurch abgrenzen, daß sie situationsspezifische Interaktionsmuster zwischen dem Probanden und seiner Umwelt vorrangig betonen. Die Annahme, daß derartige Interaktionsmuster sich im zeitlichen Verlauf zu bestimmten gelernten delinquenten Verhaltensweisen ausprägen können, legt auch die Annahme nahe, daß sie in ähnlicher oder anderer Form wieder „verlernt" werden können. Unterschiedliche Formen der Analyse solcher Lernprozesse und der unterschiedliche Grad ihrer Berücksichtigung zur Delinquenzerklärung lassen stärker personen-, milieuzentrierte und situationsspezifische Ansätze unterscheidbar werden. Ausgehend von den Anfängen lerntheoretischer Ansätze zur Delinquenzerklärung, die vorwiegend im klinisch-psychologischen Bereich angesiedelt sind, werden unterschiedliche Erklärungsformen referiert, um daran anschließend ihre Konsequenzen für Interventionen gegenüber delinquenten Verhaltensweisen abzuleiten. Abschließend werden die Theorievarianten und die daraus legitimierten Praxisformen und Praxisergebnisse bewertet.

2 Lerntheoretische Ansätze

Der Versuch, mit empirischen Untersuchungen im Bereich der Kriminologie, Psychologie oder auch Psychiatrie, Unterschiede zwischen delinquenten und nicht-delinquenten Probandengruppen aufzudecken und Erklärungsmuster für Delinquenz allgemein zu entwickeln, dürfte insgesamt zu mehr Artefakten als wissenschaftlich kontrollierbaren und für die Resozialisierung bedeutsamen Fakten geführt haben. Gleichwohl sind die Anfänge lerntheoretischer Ansätze weiterhin vorrangig personenorientiert und beruhen auf einer durch Lerntheorien nicht primär vorgegebenen Theorievielfalt der Persönlichkeit. Das schließt nicht aus, daß vermutlich auf Dauer nur integrierte Erklärungs- bzw. Theorieansätze bessere Analyse- und Indikationsentscheidungen ermöglichen als der heutige Stand lerntheoretischer Erklärungsversuche allein.

Die frühen Lerntheoretiker Pawlow, Thorndike und Watson sowie die Nachfolger Tolman, Guthrie, Skinner und Hull haben delinquentes Verhalten nie zu einem zentralen Thema gemacht. Der wichtigste Anstoß in diese Richtung ging von dem Institute of Human Relations in Yale aus. Dort gelang Miller als Psychologe und Dollard als Soziologe die Zusammenfassung von Befunden der Psychoanalyse und Kulturanthropologie innerhalb der stimulus-response-Lerntheorie von Hull (zum lerntheoretischen Bezugsrahmen vgl. außerdem Mowrer u. Kluckhohn 1944, Mowrer 1950). Die ersten Impulse, Lernprozesse bei delinquenten Probandengruppen zu untersuchen, finden sich bei Autoren, die ausgehend von den Befunden des Ehepaares Glueck Zusammenhänge mit Sozialisationsbedingungen zu begründen und genauer zu erkunden suchten. Die hierzu inzwischen „klassische" Arbeit von Bandura u. Walters (1963) betont ausdrücklich die Interaktion zwischen sozialem Lernen und biologischen Variablen. Charakteristisch ist, daß es den Autoren um lerntheoretisch fundierte Persönlichkeitsentwicklung allgemein geht und sie kein Außenkriterium zur Unterscheidung zwischen delinquentem und nicht-delinquentem Verhalten strapazieren. Statt dessen stehen Erklärungsprinzipien zur Persönlichkeitsentwicklung im Vordergrund, insbesondere jene der Imitation, der Verstärkungsmuster für soziales Verhalten sowie der Selbstverstärkung. Wichtig sind außerdem der Nachweis einer Kontinuität von Lern- und Verhaltensprozessen sowie deren Modifikationen. Bandura u. Walters attackieren dabei auch das psychodynamischen Ansätzen zugrundeliegende, sogenannte „medizinische Modell", nämlich die Tendenz, abweichendes Verhalten auf „krankhafte Prozesse" zurückzuführen.

Während die verschiedenen impliziten Konzepte des medizinischen Modells (vgl. Barkey 1976) hier unberücksichtigt bleiben, sollen die Charakteristika der aus Lerntheorien abgeleiteten Erklärungsansätze wie folgt umschrieben werden:

- Priorität des beobachtbaren Verhaltens,
- Erkennen der gegenwärtigen Bedingungen des Verhaltens,
- Beschreibung statt Benennung mit diagnostischen Kategorien,
- Reaktionsprotokolle unter verschiedenen Bedingungen,
- Spezifikation der Bedingungen alternativen Verhaltens,
- kontinuierliche Protokolle der Interventionseffekte.

Diese Charakteristika haben sich als allgemeine Prinzipien von Verhaltensmodifikationen und den speziellen Interventionsformen gegenüber Problemgruppen etabliert. Das läßt sich an zahlreichen Untersuchungen dokumentieren, die bei Delinquenten Effekte sozialer Verstärkung analysiert haben.

Zur Verdeutlichung des methodischen Vorgehens werden einige Forschungbeispiele dargestellt. Dabei bestimmen die möglichen Operationalisierungen und impliziten Relevanzvermutungen des jeweiligen Verfassers (Lösel 1975a, S.46) die Auswahl der untersuchten Verhaltensbereiche stärker als umfassende lern- und persönlichkeitspsychologische Annahmen.

So wird die bei Delinquenten als nicht angemessen angenommene Fähigkeit zur Selbstkontrolle partiell als mangelnde Fähigkeit zum Belohnungsaufschub operationalisiert. Für Mischel (1958; 1961) ist die Fähigkeit zum Belohnungsaufschub eine der zentralen Bedingungen „erfolgreicher" Sozialisationskarrieren. Als wichtigstes Sozialisationsziel wird die Toleranz gegenüber verzögerter Belohnung untersucht. In den ursprünglichen Versuchen ließ Mischel (1961) Kinder zwischen jeweils zwei Begriffen oder Dingen wählen, wobei das allgemein als wertvoller erachtete erst nach längerer Zeit zu erlangen war. Im Anschluß an derartige Versuchsanordnungen konnten Bandura u. Mischel (1965) kindliches Wahlverhalten unmittelbar durch Verstärkung und Belohnung verändern. Ähnlich gelang es Stumphauzer (1970), Entscheidungen zwischen unmittelbarer und verzögerter Verstärkung (Belohnungsaufschub) bei 19-jährigen Probanden zugunsten der verzögerten Verstärkung zu fördern.

Die wegen ihrer Delinquenz stationär untergebrachten Versuchspersonen hatten bei 100 Wahlen zu entscheiden, ob sie unmittelbar im üblichen Rahmen oder später mit wertvolleren Dingen belohnt werden sollten. Dabei bezieht sich die Hälfte der Wahlen auf Geldbeträge („Würden Sie lieber 25 Cent haben oder in 3 Wochen 50 Cent?"). Bei den übrigen Wahlen geht es um Alternativen zwischen mehr oder weniger Belohnungsobjekten („Möchten Sie lieber heute eine Packung Zigaretten oder in 3 Wochen zwei Packungen?"). Während eines ersten Durchgangs wird die Entscheidung der jeweiligen Versuchspersonen zwischen den 25 Wahlen protokolliert. Die nächsten Entscheidungen der Versuchspersonen werden, falls sie sich für die verzögerte Belohnung aussprechen, verstärkt. Bei den anschließenden 25 Wahlen erfolgt eine gleiche verbale Verstärkung für die Entscheidung zur unmittelbaren Belohnung, während der letzten 25 Entscheidungen reagierte der Versuchsleiter mit verbalen Verstärkungen für verzögerte Belohnung.

Die Versuchspersonen steigern in der zweiten Phase ihre Entscheidung für verzögerte Belohnung bis zu 100%, in der dritten Phase kehrt sich dieses Verhalten um, so daß sie entsprechend der Verstärkung des Versuchsleiters die unmittelbare Belohnung bevorzugen. In der vierten Phase schließlich kann der Versuchsleiter die Entscheidung der Versuchsperson um 100% der Wahlen zugunsten der verzögerten Verstärkung verändern.

Diese und ähnliche Experimente zeigen, daß die zeitlich befristete und bewußte Intervention eines Psychologen das Verhalten heranwachsender Delinquenter gegenüber Belohnungsalternativen modifizieren kann. Zu ähnlichen Ergebnissen kommt Stumphauzer (1972) durch die Darbietung von Alterskameraden als Modellpersonen, welche die verzögerte Belohnung bevorzugen. So wenig aussagekräftig diese Befunde unter dem Aspekt einer allgemeinen Delinquenzerklärung oder Resozialisierung jugendlicher Delinquenter sein mögen, so spiegeln sie doch bruchstückhaft und exemplarisch mögliche Entwicklungsbedingungen für delinquentes Verhalten wider.

Bandura u. Walters (1959) vergleichen die Entwicklung antisozialen, aggressiven Verhaltens bei 26 Jungen unter Bewährungsaufsicht mit einer Kontrollgruppe. Die Mütter der Untersuchungsgruppe haben einen geringeren erzieherischen Einfluß als die der Kontrollgruppe und gleichzeitig eine stärkere Bindung an ihre Söhne als die Väter. Beide Elternteile, aber insbesondere die Väter, ermutigen aggressives Verhalten außerhalb der Familie, während sie innerhalb der Familie darauf vorrangig mit körperlichen Strafen reagieren. Zudem begründen sie ihr Erziehungsverhalten weniger ausführlich als die Eltern der Kontrollgruppe. Bandura (1960) ergänzt diesen Befund über Entwicklungsbedingungen, indem er bei Müttern aggressiver Jungen die Tendenz feststellt, Aggressionen gegenüber Geschwistern und Kindern außerhalb der Familie zu ermutigen und zu belohnen, Aggressionen gegen die Mutter aber zu bestrafen. Derartige Befunde über vorausgehende Erziehungspraktiken sind für die Bereiche aggressiven, abhängigen und sexuellen Verhaltens bei Bandura u. Walters (1963) im Sinne einer „Theorie des sozialen Lernens" zusammengefaßt (vgl. dazu Seitz in diesem Band).

Als letztes Beispiel soll auf eine Arbeit zum Unterscheidungslernen bei jugendlichen Delinquenten (Schlichter u. Ratliff 1971) verwiesen werden. Die Autoren gehen von der persönlichkeitspsychologisch begründeten Annahme Eysencks (1964) aus, daß Delinquente in ihrem Verhalten nicht so gut wie Nicht-Delinquente durch Strafe zu konditionieren seien (zum Modell von Eysenck vgl. Lösel in diesem Band).

Untersucht werden 45 delinquente und 45 nicht-delinquente Jugendliche im Alter von 11-16 Jahren, die jeweils drei experimentellen Bedingungen ausgesetzt sind. Die von ihnen zu lösende Aufgabe besteht in einer Zweifach-Wahl-Unterscheidung, die je nach Versuchsgruppe die richtige Reaktion verstärkt, die falsche Reaktion bestraft oder sowohl die richtige verstärkt als auch die falsche bestraft. Als Belohnung dienen Wertmarken, die in Geld umgetauscht werden können. Nach zwei Probeaufgaben beginnt die eigentliche Vesuchsreihe: Jeder Proband hat nur 10 Sekunden

Zeit, sich zu entscheiden. Insgesamt werden mit jeder Versuchsperson 60 Einzelversuche durchgeführt. Die Untersuchung zeigt, daß die nicht-delinquenten Jugendlichen eher bei Strafe richtig reagieren als bei Belohnung. Gleichzeitig ist die Bestrafung effektiver im Vergleich zur Bedingung, richtige Reaktionen zu verstärken und falsche Reaktionen zu bestrafen. Für delinquente Jugendliche ergibt sich ein solcher Zusammenhang nicht. Die richtigen Reaktionen erscheinen bei ihnen nicht von der jeweiligen Bedingung für richtige und falsche Reaktionen abhängig.

So wird deutlich, daß Delinquente besser unter der Belohnungsbedingung für richtige Reaktionen lernen als Nicht-Delinquente. Als Erklärung für diese unterschiedliche Abhängigkeit von Belohnung bzw. Bestrafung weisen die Autoren auf Unterschiede in den bisherigen Erfahrungen ihrer beiden Probandengruppen hin. Sie gehen davon aus, daß delinquente Jugendliche zu Hause wenig positive Verstärkung (Belohnung) erhalten haben, während nicht-delinquente Jugendliche weniger Bestrafung erleben konnten (vgl. Seitz in diesem Band). Es läßt sich vermuten, daß positive Verstärkung für Delinquente und Bestrafung für Nicht-Delinquente jeweils ungewöhnliche Ereignisse darstellen, die ihren Erwartungen nicht entsprechen und deshalb die Aufmerksamkeit bei der jeweiligen Aufgabe erhöhen. Solche erhöhte Aufmerksamkeit dient dann als fördernde Bedingung für eigentliche Lern-Leistung bzw. richtige Lösung.

Kennzeichnend für die genannte Erklärung ist ihr Rekurs auf frühe Lernmöglichkeiten und Erfahrungen, die differentialpsychologische Dispositionen zu den eigentlichen, mehr oder weniger habituellen delinquenten/kriminellen Verhaltensweisen herausbilden. In diesem Sinne hat z.B. Lösel (1975a) Variablen des Modells von Eysenck, Fähigkeit zum Belohnungsaufschub, lerntheoretische Ansätze zur Impulskontrolle und zum Planungsverhalten als Grundlage für den Begriff der Handlungskontrolle analysiert. Das Zusammentreffen persönlichkeitspsychologischer Erklärungsansätze mit ausgewählten lernpsychologisch begründeten Labor- und Feldexperimenten hat neben klinisch-psychologischen Praktiken der Verhaltenstherapie lerntheoretische Ansätze geprägt.

3 Lernprinzipien delinquenten und nicht-delinquenten Verhaltens

Die Lernprinzipien werden nur exemplarisch und ohne den Anspruch vorgestellt, alle ihre Variationen zu referieren. Zudem sind diese Lernprinzipien selten als Einzeltechnik realisiert. Sie bieten vielmehr ein aus vielfältigen Experimenten abgeleitetes vortheoretisches Konglomerat, dessen Heuristik ein kontrollierteres Verhaltens fördern kann. Lernprinzipien spiegeln darüber hinaus selten den interaktionellen Aspekt der Verhaltensentwicklung im Rahmen der Sozialisation wider: Straft ein Elternteil, weil er es so gelernt hat, weil das Kind auf positives Verhalten nicht oder nicht schnell genug reagiert oder ist seine Verhaltenstendenz zum Strafen persönlichkeitspsychologisch konstant? Lernprinzipien gelten gerade im Falle der Sozialisation als reziproke Prozesse zwischen Eltern/Erziehern und Kindern und wirken fast nie als gezielter Einfluß in nur einer Richtung.

Das am häufigsten genannte Lernprinzip der direkten *Bekräftigung* oder Verstärkung geht zurück auf das *operante Lernen:* Gelernt wird das Verhalten, das Erfolg zeitigt. Nahrung, Geld, soziale Reize, körperliche Nähe, Zuwendung, Lob, Lächeln sind für viele Menschen in vielen Situationen positive Verstärker. Sie bekräftigen das Verhalten, auf das sie folgen, direkt. Sie sind aber nicht in jeder Situation für jeden verstärkend. Ihre Wirksamkeit ist abhängig von der Erfahrung des Individuums von solchen Ereignissen, von seiner individuellen Lerngeschichte. Was ein Verstärker ist, läßt sich allzuoft nur im nachhinein entscheiden, wenn die Wahrscheinlichkeit des unmittelbar vorhergehenden Verhaltens verändert ist.

Positive Verstärkung als Zunahme positiver Ereignisse und negative Verstärkung als Unterbrechung unangenehmer Ereignisse sind immer nur aus dem Kontext und der Sicht der betroffenen Individuen zu bestimmen. Leichtere Strafen können beispielsweise von delinquenten Jugendlichen durchaus als Verstärkung im Sinne sozialer Kontaktaufnahme verstanden werden. Oder: Aggressives Verhalten der Delinquenten in Gruppen gegenüber dem Erziehungs- und Aufsichtspersonal wird mehr durch Reaktionen der Gruppenmitglieder verstärkt, als es durch das beabsichtigte Erziehungsverhalten reduziert werden kann. Gleiches gilt für nicht-delinquentes oder prosoziales Verhalten, das sich ebenfalls in individuell spezifischer Weise direkt bekräftigen und verstärken läßt. Direkte Bekräftigung findet situationsspezifisch statt. Sie muß aber auch in ihrer zeitlichen Einordnung und in ihrer anteiligen Fortdauer innerhalb sonstiger Sozialisationsbedingungen gesehen werden.

Ob ein Verhalten unter identischen Umständen beibehalten wird, hängt also von dessen Konsequenzen ab. Sie allein sind jedoch nicht immer ausreichend. Wichtig ist auch, daß Verhalten in bestimmten Situationen und häufig nur in diesen an den Tag gelegt wird. Dieser Aspekt fällt unter den Begriff der Stimulus-Kontrolle. Während Verstärkung bestimmt, was gelernt wird, legt die *Stimulus-Kontrolle* das Wann und Wo dieses Verhaltens fest. Stimulus-Kontrolle besagt, vereinfacht ausgedrückt, daß bestimmte Reizereignisse in einer Umgebung ein bestimmtes Verhalten auslösen oder kontrollieren. Wie aus den späteren Einzelanalysen ersichtlich ist, ist es nicht nur vom Verhaltensrepertoire sondern auch von der spezifischen Reizsituation abhängig, ob delinquentes oder nicht-delinquentes Verhalten auftritt.

Neben diesen beiden in der Anfangsentwicklung der Lerntheorien am meisten untersuchten Lernprinzipien bietet *Modell-Lernen* eine eher indirekte Form der Aneignung insbesondere neuen Verhaltens. Über Modell-Lernen werden sowohl bisher nicht ausgeführte Verhaltensweisen von hohem Komplexitätsgrad erworben, als auch Verhalten gesteigert und differenziert, das nur ansatzweise vorhanden ist. Wichtig für den Prozeß des Modell- oder Beobachtungs-Lernens ist die Aneignung oder direkte Bekräftigung oder die Veränderung seiner Auftretenswahrscheinlichkeit.

Die Alltagsbeispiele im normalen Sozialisationsgeschehen, die Spielangebote für Kinder, die den Berufstätigkeiten Erwachsener nachgebildet sind, dokumentieren die Bedeutung des Beobachtungs-Lernens vor allem hinsichtlich der Zeitgrenzen, die damit im Rahmen des Sozialisationsgeschehens übersprungen werden können. Medienwirkungen als Modell für aggressives und damit auch teilweise delinquentes Verhalten sind zwar noch nicht eindeutig positiv nachweisbar, dürften aber dann nicht mehr falsifiziert werden können, wenn es gelingt, die individuellen Lernprozesse angemessen zu kategorisieren. Die erwähnten Modelle, welche durch elterliches Erziehungsverhalten für aggressives Verhalten der Kinder geboten werden, lassen vermuten, daß auch hier stärker unterschiedliche Interaktionsmuster als konstante Persönlichkeitsfaktoren den „Erfolg" beim Lernen delinquenten oder nicht-delinquenten Verhaltens bestimmen.

Die von Bandura (1974) unterschiedenen und zeitlich teilweise nacheinander ablaufenden Teilprozesse des Modell-Lernens

1. Aufmerken,
2. Behalten,
3. Motorisches Wiederholen,
4. Motivieren

dokumentieren die Berührungspunkte mit den bisher vorgestellten Prinzipien der direkten Bekräftigung und der Stimulus-Kontrolle sowohl für delinquente wie für nicht-delinquente Verhaltensaneignungen. Auch finden sich leicht dafür Hinweise, daß die Lehr- und Lernangebote für bestimmte Gruppen eher delinquentes als nicht-delinquentes Verhalten vermitteln.

Mit der bereits erwähnten Theorie des sozialen Lernens, die indirekte Lernprozesse gegenüber bloß als beobachtbar realisierten Lernprozessen in den Vordergrund stellt, ist es gelungen, die Reiz-Reaktions-Lerntheorien so zu erweitern, daß sich soziales Lernen auch besser für den delinquenten Verhaltensbereich fassen läßt. Die Art der Verhaltensaneignung ist für sie ebenso wichtig wie Muster und Zeitfolgen der sozialen Verstärkung. Über Generalisation, Diskrimination und symbolische (modellhafte) Selbstregulation wird versucht, die Entwicklung aller Formen sozialen Verhaltens so zu erläutern, daß es als von antezedenten sozialen Ereignissen abhängig erscheint. Neuerlich hat Bandura (1977) eine Theorie der *Selbstkompetenz* (Selbstvertrauen) vorgestellt, für die bisher aber noch keine Anwendung auf delinquentes Verhalten vorliegt.

Ein noch komplexeres, in seiner Bedeutung besonders für nicht-delinquentes Verhalten wichtiges Lernprinzip wird mit dem Begriff der *Selbstkontrolle* beschrieben. Aufgrund vorgegebener Normen wird dabei vorrangig an nicht-delinquentes Verhalten gedacht. Tatsächlich ist jedoch bei bestimmten Formen von Delinquenz diese durch einen „Leistungsanspruch“ gekennzeichnet, der ohne Selbstkontrolle nicht erreicht werden kann. Andererseits scheint das Lernprinzip der Selbstkontrolle oder Selbststeuerung dafür geeignet, die Dauerhaftigkeit veränderten Verhaltens zu gewährleisten. Auch dabei gilt, daß eine solche Generalisierung nur dann gelingt, wenn es auch außerhalb einer einmaligen oder vorübergehenden Lernerfahrung Verstärkung findet. Gerade für delinquentes Verhalten wird häufig die weitgehende Kontrolle außerhalb des Individuums angenommen. Tatsächlich werden mit diesem Erklärungsmodell Anstrengungen oft vermieden oder, wenn sie partiell auftreten, nicht wahrgenommen. Auch für Selbstkontrolle lassen sich nach Kanfer (1971) verschiedene Teilprozesse unterscheiden:

1. Selbstbeobachtung oder Selbstüberwachung,
2. Selbstbewertung und
3. Selbstverstärkung.

Der Begriff der Selbstkontrolle hat entwicklungspsychologische Analogien, die anhand der Untersuchungen von Aronfreed (1968) angedeutet werden. Seine lerntheoretische Analyse des Sozialisationsprozesses allgemein bezieht sich auf positive soziale Verstärkung, Modellernen und kognitive Elemente, um die Entwicklung normenkonformen Verhaltens nachzuvollziehen. Das Einhalten sozialer Normen wird von den Erziehungspersonen eines Individuums durch positive Verstärkung gelenkt. Normüberschreitungen werden bestraft. Bestrafung bedingt passives Vermeidungsverhalten. Die Wiederholung normenkonformen Verhaltens löst angenehme Gefühle aus, während bereits ein gedankliches Vorstellen von normüberschreitendem Verhalten mit negativen Gefühlen gekoppelt ist.

Ohne auf die weiteren Ergebnisse und ihre anteilige Berücksichtigung klassischer oder operanter Konditionierung einzugehen, soll kurz das lerntheoretische Verständnis von *Bestrafung* skizziert werden. Die für erforderlich gehaltene Reaktion gegenüber delinquentem Verhalten ist nur im Alltagsverständnis auch immer eine Strafe. Ob mit einem „aversiven Stimulus" wirklich bei jedem Individuum dessen delinquente Verhaltensdisposition wirksam gehemmt und delinquentes Verhalten als nicht erfolgreich erlebt wird, ist nur von Fall zu Fall zu entscheiden. Insofern bezweifeln die Vertreter der Lerntheorien präventive Wirkungen von Strafandrohungen oder ungeprüfter pauschalierter Strafen selbst. Die offiziell vorgegebenen Strafreize für delinquentes Verhalten sind in unserem Rechtssystem ja nicht einmal für bestimmte Tätergruppen empirisch fundiert. Tatsächlich wird sich die Einschätzung derartiger Strafandrohung in Abhängigkeit von anderen Sozialbedingungen ändern. Es ist zu vermuten, daß zumindest die heutigen freiheitsentziehenden Strafen kaum auf ihre Wirksamkeit nach lerntheoretischen Prinzipien hin überprüft werden können, weil sie zu unspezifisch einen mehr oder weniger fix vorgegebenen Zusammenhang zwischen Verhalten und anschließender Darbietung aversiver Reize vorgeben. Ansätze, das Lernprinzip der Bestrafung im Sinne einer Verhaltensbehinderung überhaupt einzubeziehen, erscheinen nur legitimiert, wenn alternatives nicht-delinquentes oder prosoziales Verhalten gleichzeitig vermittelt werden kann.

Die vorgestellten Lernprinzipien lassen sich bei der Analyse insbesondere delinquenten Verhaltens nur dann nützlich einsetzen, wenn die Tatsache berücksichtigt ist, daß Lerntheorien keine prinzipiellen Unterschiede zwischen dem Lernen delinquenten und unauffälligen Verhaltens annehmen. Für Lerntheorien gibt es keine syndromartige Kategorie der Delinquenz, sondern es müssen die unterschiedlichen Formen delinquenten Verhaltens möglichst differenziert benannt werden. Dazu lassen sich Analysen auf molarem von solchen auf molekularem Niveau unterscheiden. Letztere zielen auf individuelle Verhaltensanalysen für (delinquente) Verhaltensweisen, um antezedente, intermittierende und konsequente Faktoren zu erkunden und die Organismusvaribalen möglichst für viele Verhaltensstichproben zu ermitteln. Molare Analysen gehen dagegen von Verhaltensweisen aus, die sich als typisch für bestimmte Deliktgruppen (z.B. Delikte gegen das Leben, Diebstahl, Vandalismus, Drogenmißbrauch, Sexualdelikte) erfassen lassen. Dabei sind die Unterschiede von delinquentem und kriminellem Verhalten sekundär, weil sie durch soziale Normen kulturspezifisch vorgegeben sind und für Sanktionen, realistische Modifikationsansätze oder Resozialisierungsprogramme nur Grenzwerte des Verhaltens bestimmen, jedoch kaum „positive" Verhaltensziele anbieten.

4 Verhaltensanalysen delinquenten Verhaltens

Die Verhaltensanalyse wurde von Kanfer u. Saslow (1965) als Alternative zur diagnostischen Klassifikation vorgestellt. Sie berücksichtigt die Prinzipien, nach denen die Kritiker des medizinischen Modells vorgehen. Darüber hinaus kategorisiert sie Verhaltensketten in bestimmten Situationen in abhängige und unabhängige Variablen.

Die Verhaltensgleichung in der Darstellung von Kanfer (1969) lautet:

S–O–R–K–C

Das Mittelglied R als Reaktion oder Reaktionsklasse oder Reaktionskette wird immer als abhängige Variable der unabhängigen Variablen von Reiz (S), Organismus (O), Kontingenz (K) und Konsequenz (C) verstanden, Häufig wird Reiz (S) auch als bestimmter unterscheidbarer (S^D) benannt.

Für delinquentes Verhalten wird ein Beispiel von Pielmaier (1979, S.23) wiedergegeben:

„Ein arbeitsloser Jugendlicher schlendert nachts durch die dunklen Straßen der Vorstadt. Er treibt sich herum, weil er nicht schlafen kann. Er hat den ganzen Tag im Freibad in der prallen Sonne verbracht. Sein Blick gleitet im Vorbeigehen ganz automatisch an den Türen und Armaturenbrettern der am Straßenrand geparkten Autos entlang. Er bleibt neben einem Wagen stehen, bei dem der Verschlußknopf der Beifahrertür nicht heruntergedrückt ist. Nachdem er sich versichert hat, daß die Luft rein ist, steigt er ein, reißt die Zündkabel heraus und schließt sie kurz, so wie ihm das früher einmal ein Freund gezeigt hat und er es seither öfter erfolgreich praktiziert hat. Nur einmal ist er bisher erwischt und zu einer Arbeitsauflage verurteilt worden. Zuerst langsam, dann immer schneller fährt er davon. Er will im Nachbarort seine Freundin besuchen."

Zur Übertragung in die Nomenklatur der Verhaltensgleichung werden zuerst die abhängigen Variablen R als Reaktionskette des Öffnens, Kurzschließens und Fahrens des fremden Autos unterschieden. Die Situationsvariablen enthalten eine Vielzahl von Reizen, die in der Vergangenheit mit den abhängigen Variablen unter bestimmten Kontingenzen zu bestimmten Konsequenzen geführt haben.

a) $S_1 - R - K_1 - C_1$

$C_1 = C^-$	(Langeweile, als unangenehmer Zustand wird beendet; Fluchtverhalten).
$S_1 = S^D{}_1$	(Nacht; „Luft rein"; leicht zu öffnendes Auto etc.).
K_1 ist groß	(er hat schon öfter erfolgreich seine Langeweile durch Herumfahren mit gestohlenen Autos vertrieben).

b) $S_2 - R - K_2 - C_2$

$C_2 = C^-$	(er wird möglicherweise erwischt und bestraft).
$S_2 = S^D{}_2$	(Geräusche beim Starten; Passanten; Anwohner).
K_2 ist niedrig	(bisher erst einmal erwischt worden).

c) $S_3 - R - K_3 - C_3$

$C_3 = C^+$	(Freundin besuchen).
$S_3 = S_1$	
K_3 ist groß	(er weiß, wie man Auto fährt und wo er die Freundin treffen kann).

Das vorgestellte Beispiel läßt erahnen, in welcher Vielfalt weitere Varianten und Differenzierungen sowohl in der Nomenklatur wie in der symbolischen Wiedergabe möglich sind. Beispielsweise ließe sich der Vorgang des früheren Modellernens in zeitlichen Interdependenzen mehr oder weniger differenziert darstellen. Andererseits haben derartige Verhaltensanalysen vorrangig heuristischen Wert und lassen sich nach einiger Übung durchaus aus der verbalen Beschreibung eines Tathergangs delinquenten Verhaltens mehr oder weniger direkt in Hypothesen zum Lernen und Verlernen des delinquenten Verhaltens umsetzen. Beispielsweise verzichten Schmidtchen (1974) wie Pielmaier (1979, S.131 ff.) in ihren Falldarstellungen auf eine explizite Verhaltensanalyse.

Auch wenn Verhaltensanalysen der vorgestellten Art eher die Ausnahme denn die Regel in der Vorphase lerntheoretischer Interventionen bei Delinquenten sind, so sind sie in expliziter und impliziter Form zur Hypothesenbildung für quasi-experimentelle Interventionen nützlich. Darüber hinaus geben sie auch bei vorgegebenen diagnostischen Befunden Anweisungen zur Konkretisierung, die ansonsten eher untypisch sind für das Verständnis von delinquentem Verhalten und das Auffinden nicht-institutionell vorgegebener Änderungsansätze.

5 Thesen lerntheoretischer Ansätze zur Delinquenzerklärung

Die Thesen sind unvollständig und nur ausschnitthaft für direkte Ansätze zur Erklärung und Modifikation von Delinquenz genutzt worden. Ähnliche Thesen haben bereits Burgess u. Akers (1966) und Wright u. James (1974) vorgestellt.

- Delinquentes Verhalten wird nicht nur entsprechend den Prinzipien des operanten Konditionierens gelernt. Alle Lernformen, die nicht auffälliges Verhalten vermitteln, gelten auch für das Lernen delinquenten Verhaltens.
- Delinquentes Verhalten wird sowohl in individuellen Situationen, die unterscheidbar und verstärkend sind, gelernt als auch durch soziale Interaktionen, in denen das Verhalten anderer Personen unterscheidbar und verstärkend wirkt. Dabei erfolgt Lernen auch ohne direkten Kontakt mit einer anderen Person, beispielsweise im Sinne des verzögerten Modellernens. Stehlen kann durchaus ein persönlich selbstverstärkender Prozeß sein, dessen Vermittlung jedoch meist nicht ohne soziale Lernformen vorstellbar ist.
- Lernen delinquenten Verhaltens erfolgt vorrangig in den Gruppen, die dem einzelnen Individuum besondere Verstärkung bieten können. – Nicht alle Menschen haben gelernt, in gleicher Weise das Verhalten anderer zu beeinflussen und zu kontrollieren. Menschen, die einem Kind die meiste Verstärkung vermitteln, haben oft auch die größte Macht, das Verhalten des Kindes zu ändern. Wenn das Kind heranwächst, verliert die Familie immer mehr die primäre Sozialisationsaufgabe und die bedeutsamen Verstärkungsmöglichkeiten gehen an Gruppen von Gleichaltrigen über.
- Ob delinquentes Verhalten erlernt wird, einschließlich spezieller Techniken, Einstellungen und Vermeidungsverfahren, hängt von den wirksamen und erreichbaren Verstärkern ab und den vorhandenen Verstärkungskontingenzen. Techniken für delinquentes Verhalten lassen sich teilweise auch in „neutralem" Kontext lernen, beispielsweise Autofahren; andere Techniken – Autos aufbrechen – sind spezifisch der Kriminalität zuzuordnen. Für sie werden oft gleichzeitig kognitive Legitimationen gelernt.

- Die speziellen Formen des Verhaltens und ihre Häufigkeit hängen von Verstärkern ab, die wirksam und verfügbar sind und den Regeln oder Normen, nach denen sie in der sozialen Bezugsgruppe angewandt werden. – Die Zugehörigkeit der jugendlichen und heranwachsenden Straftäter, beispielsweise zu einer besonderen Schicht, in der kritischen Phase des Wechselns von der Schule zum Beruf, unter Ausschluß von vielen wichtigen sozialen Verstärkungen, bei einem Mangel an Verstärkungsmöglichkeiten führt vor allem dann zu delinquentem Verhalten, wenn damit sozialer Prestigegewinn einhergeht.
- Delinquentes Verhalten ist eine Funktion der unterscheidbaren Normen, die in einer Umwelt hoher Verstärkung gelernt werden. – Wenn gesetzkonformes/unauffälliges Verhalten keine positiven Konsequenzen erzeugt, wird seine Kontinuität und Konsistenz geschwächt. Auch hier werden bisherige Lerngeschichte und Sozialisationsbedingungen den Zeitpunkt bestimmen, bis gesetzkonformes/unauffälliges Verhalten als Norm mißachtet wird, sofern es nicht nur kognitiv gelernt worden ist.
- Die Intensität delinquenten Verhaltens ist eine direkte Funktion des Umfangs, der Häufigkeit und der Wahrscheinlichkeit der direkten und indirekten Verstärkung. Die Mehrzahl der Verstärkungen beispielsweise jugendlicher Delinquenz ist indirekt, etwa erhöhtes Sozialprestige, im Vergleich zur direkten und indirekten Verstärkung beispielsweise bei der Wirtschaftskriminalität. Gleichzeitig entscheiden über die Intensität delinquenten Verhaltens bestimmte Formen der Verstärkungsfolgen, die jedoch in einem eher vermittelten Sinne wirken und nicht gleichzusetzen sind mit der Wirkung von Verstärkung bei operanter Konditionierung.
- Delinquentes Verhalten wird auch geformt durch erwartete aversive Ereignisse, wie Angst vor Freiheitsstrafe, Angst vor sozialer Ächtung oder allgemein Existenzangst. Die Wirkungen solcher Ängste sind für delinquentes Verhalten nicht abschätzbar, da beispielsweise die Mehrzahl der jugendlichen Delinquenten nur vorübergehend delinquent ist.
- Aus den unterschiedlichsten Lerntheorien insgesamt ergeben sich nur scheinbar Ansätze für bestimmte Aspekte einer Generalprävention delinquenten Verhaltens. So ließe sich im Anschluß an Breland (1975) fordern, daß innerhalb einer Gesellschaft dissoziales Verhalten grundsätzlich nicht verstärkt werden darf. Ob ausschließlich prosoziales Verhalten als gesellschaftlich anerkanntes (erfolgreiches) Verhalten möglich ist, muß angesichts der vorgegebenen gesellschaftlichen Realität jedoch verneint werden.
- Lernprozesse, die zu delinquentem Verhalten führen, werden immer die Vielfalt der Lernprozesse allgemein widerspiegeln und dementsprechend auch keine Generalprävention erkennen lassen. Das ergibt sich sowohl aus einem Vergleich verschiedener Straftatbestände wie dem Vergleich im traditionellen Sinne verschiedener Tätergruppen. Der Versuch, jugendliche Delinquente mit erwachsenen Wirtschaftskriminellen auf lerntheoretischer Ebene in ihren Verhaltensfolgen zu analysieren, führt notwendigerweise in ganz verschiedene Situations- und Bedingungsanalysen und dürfte kaum zu pauschalen Präventionsempfehlungen führen.

6 Wertung und Konsequenz für die Praxis

Kaum ein Bereich ist durch schnelle, vor allen Dingen quantitative Entwicklung der Verhaltensmodifikation und Verhaltenstherapie so gefördert worden, wie der der stationären Resozialisierungsangebote für Delinquente und Kriminelle. Die institutionellen Vorgaben der wechselseitigen Kontrollen in solchen Formen engen sozialen Miteinanders haben sicher einen nützlichen Einstieg für diese Techniken geboten. Nur in seltenen Fällen ist es jedoch gelungen, nützliche Resozialisierungsprogramme zu entwickeln, die auch in die natürliche Umwelt der Probanden transferiert werden können. In der überwiegenden Mehrzahl der Arbeiten zur Verhaltensmodifikation von Delinquenz (vgl. Barkey u. Eisert 1975; Franks u. Wilson 1979, 1980; Pielmaier 1979) fehlen vor allem vor der jeweiligen Intervention ausführliche Problemanalysen sowohl der Population wie der Bedingungen, unter denen die Intervention durchgeführt wird. Zwar ist die Relevanz der vorgestellten Lernprinzipien allgemein erhellt und die Tendenz, über Paradigmen des operanten Konditionierens hinauszugehen und sowohl kognitive wie soziale Faktoren stärker zu berücksichtigen, zu begrüßen, aber die exakte Fundierung, in welcher Kombination die Lernprinzipien zu nutzen sind, bleibt allzuoft offen. Insofern sind zahlreiche Aufgaben, deren Lösung mittelfristig durch lerntheoretische Konzepte zur Delinquenzerklärung möglich erschien, weiterhin ungelöst. Dies dürfte selbst dann gelten, wenn die Zahl der Interventionen in stationären Einrichtungen – meist ohne längerfristige Katamnese – und allzuoft ohne explizite Legitimation der Zielvariablen von Jahr zu Jahr weiter ansteigen wird.

Willi Seitz

Familiäre Erziehung und Delinquenz

1 Stellenwert familiärer Erziehung in verschiedenen Ansätzen der Delinquenzerklärung

Sozialwissenschaftliche Erklärungsansätze, welche für die Entstehung von Straffälligkeit soziale Bedingungen (der zurückliegenden Biographie und zum Zeitpunkt der Tat) verantwortlich machen, unterscheiden sich in den theoretischen Positionen, den demgemäß herausgegriffenen unabhängigen und abhängigen Variablen und in der Methodik der Erkenntnisgewinnung.

In diesen Sammelband sind sowohl die im traditionellen Sinne psychologischen Erklärungsansätze (psychoanalytische, lerntheoretische, handlungstheoretische) als auch die im traditionellen Sinne soziologischen (soziostrukturellen Theorien, Etikettierungsansatz) aufgenommen, wobei letztere primär danach fragen, warum Angehörige einer bestimmten Gruppe (Klasse, Schicht) eher delinquent werden als die einer anderen Gruppe. Aufgrund ihres jeweils auch gegebenen psychologischen Gehalts liefern die soziologischen Theorien aber auch Anregungen und Grundlagen zur Erklärung von Unterschieden zwischen Individuen innerhalb einer Gruppe. Während in den anderen Beiträgen dieses Sammelbandes die einzelnen theoretischen Grundpositionen dargestellt werden, insbesondere hinsichtlich der für die Delinquenzentwicklung bedeutsamen Prozesse der Vermittlung zwischen „unabhängigen" Bedingungen aus dem sozialen Umfeld und den „abhängigen" (delinquenten) Erlebnis- und Verhaltensweisen des Kindes, stehen im Vordergrund des folgenden Beitrags *bestimmte* soziale Einflüsse: die aus der familiären Erziehung. Dennoch sollen auch hier zunächst die in den anderen Beiträgen behandelten theoretischen Ansätze dahingehend betrachtet werden, inwieweit jeweils der familiären Erziehung eine Wirkung zugeschrieben wird bzw. inwieweit sich die jeweiligen Grundannahmen auf die Erklärung der Wirkung familiärer Erziehung anwenden lassen.

Im *psychoanalytischen Ansatz* treten verschiedene Formen der Straffälligkeit als mögliche Symptome (neben anderen) zweier Formen der „pathologischen Charakterstruktur" (Devianz) auf: als Folge der „neurotischen" und der „psychopathischen" Charakterstruktur (vgl. Kerscher 1977, S.15 ff., S.20). Zugrunde liegen Prozesse der Angstentwicklung, der Angstabwehr und der gestörten Identifikation mit Normen (Moser 1972), wofür einerseits eine starke Einengung und Dressur des Kindes durch die Eltern und andererseits eine überbehütende, verwöhnende und inkonsequente Erziehung verantwortlich gemacht werden (vgl. Kerscher 1977, S.14).

Innerhalb des *lernpsychologischen Ansatzes* finden sich zwei separate Sichtweisen der Genese von Straffälligkeit. Die eine geht wiederum von einer devianten Persönlichkeitsstruktur als Ergebnis von Lernprozessen aus. Im einzelnen zählen dazu:

- das Erlernen von passiven Vermeidungsreaktionen (Trasler 1962, 1973; Eysenck, 1964, vgl. hierzu auch Pielmaier 1979, S.33 ff.), wonach bei fehlender Konsistenz elterlicher Verbote und fehlender Konsequenz von Sanktionen der Aufbau moralischer Hemmungsfunktionen

(konditionierter Angstreflex), somit die Kontrolle und Steuerung innerer Impulse mißlingt,
– das Erlenen delinquenzträchtiger Motive, wie etwa nach materiellem Wohlstand („konditioniertes Geldmotiv", Breland 1975, S.62 ff.), nach Aggression (Bandura u. Walters 1963), als Folge von elterlichem Vorbild und von zum Teil unbeabsichtigten Wirkungen elterlicher Bekräftigungen.

Neben der Sichtweise einer erlernten devianten Grundstruktur kennt die Lernpsychologie aber auch die Möglichkeit des direkten Erwerbs delinquenter Verhaltensweisen (vgl. Breland, 1975, S.60-75), etwa Duldung oder gar elterliches Vorbild für Diebstahl. Nach der sozialen Lerntheorie ist Verhalten des Kindes nicht nur eine Funktion der zurückliegenden Lernsituationen, sondern auch der gegenwärtigen und der Erwartungen über zukünftige Situationen. In der Anwendung der sozialen Lerntheorie auf die Genese von Devianz beziehen sich Jessor, Graves, Hanson u. Jessor (1968) auf die Arbeiten von Merton (1957) und von Cloward u. Ohlin (1966) und betonen dabei das Wechselspiel zwischen der Struktur der wahrgenommenen Gelegenheiten, den sozialen Normen und den persönlichen Überzeugungen.

Somit leitet der Grundgedanke der sozialen Lerntheorie über zum *handlungstheoretischen Ansatz.* Dieser untersucht den Ablauf einer aktuellen (delinquenten) Handlung (Abwägen von Handlungsalternativen, Antizipation von Handlungsfolgen, Kalkulation von Anstrengung und Nutzen, Realisation und Bewertung der Handlung). Hieran ist das Erziehungsverhalten der Eltern in der Regel nicht unmittelbar beteiligt, allenfalls insofern aktuelle Handlungen auch von generellen Verhaltensdispositionen des Individuums, von Kompetenzen, Bedürfnissen und Wertüberzeugungen mitbestimmt werden (vgl. Mischel 1976), welche abhängig sind von der zurückliegenden Erziehung. Zusätzlich sind familiäre Bedingungen zu beachten, die für die Entwicklung bestimmter Arten der Definition von Situationen verantwortlich sind (vgl. Bohnsack 1973, S.40 ff.), welche von den allgemeinen normativen Standards der Situationsdefinition abweichen.

In den *soziokulturellen Ansätzen* werden die delinquenzfördernden Bedingungen als Charakteristika von Gruppen (z.B. Arbeiterklasse) und nicht als Kennzeichen der Situation einzelner Familien gefaßt. Elterliches Erziehungsverhalten und innerfamiliäre Rahmenbedingungen werden hier nicht weiter thematisiert und präzisiert. Manche Aussagen über Sozialisationsbedingungen, Normengefüge und Normenkonflikte von Gruppen und die davon ausgehenden Wirkungen lassen sich dem Sinne nach aber auch auf die Familie, als zwischen verschiedenen Familien variierend übertragen.

Entsprechendes gilt auch für den sog. *Etikettierungsansatz.* Wie insbesondere tiefenpsychologische Analysen der Familiendynamik (etwa bei Richter 1963) zeigen, können Sündenbock-Mechanismen, welche gesellschaftlicher Diffamierung zwischen Gruppen vergleichbar sind, auch innerhalb einzelner Familien und in interfamiliär varrierender Deutlichkeit als wirksam angenommen werden (vgl. Seitz 1975, S.128/129).

Neben den verschiedenen theoretischen Konzeptionen sei auch noch das theorielose, inferenzstatistische Vorgehen, etwa von Glueck u. Glueck (1950), angesprochen, das sich mit der rein empirischen Feststellung gemeinsamen Vorkommens von Prädiktoren und dem Kriterium (Straffälligkeit) begnügt. Dabei werden als Prädiktoren auch Aspekte der elterlichen Erziehung berücksichtigt, jedoch sind die intendierten psychischen Gehalte meist nur unzureichend operationalisiert und es wird die Struktur gegenseitiger Abhängigkeiten zwischen verschiedenen Prädiktoren und eventueller Abhängigkeiten von dritten Größen nicht genügend geklärt. Zu den Ergebnissen und Problemen empirischer Familienuntersuchungen zur Delinquenz-Genese vgl. Lösel u. Linz (1975), Seitz (1975).

2 Bedingungsgefüge der Eltern-Kind-Interaktion als Bezugsrahmen für die Forschung zur erziehungsabhängigen Delinquenz-Genese

In der empirischen Erforschung der familiären Erziehung und ihrer Wirkung auf das Kind, die einen raschen und ständigen Wandel der theoretischen Konzeptionen, Forschungsstrategien und -methoden durchmachte (vgl. dazu Bandtstädter u. Montada 1980; Lukesch u. Schneewind 1978; Lukesch, Perrez u. Schneewind 1980), galten anfangs die Elternmerkmale als unabhängige Variable und wurden mit einzelnen Verhaltensmerkmalen des Kindes als abhängigen Variablen in Beziehung gesetzt. Später erweiterte sich die Perspektive in folgender Hinsicht:

- Verständnis der Eltern-Kind-Beziehung als nicht einseitig gerichteter Wechselwirkungs-Prozeß (vgl. Osofsky 1971).
- Berücksichtigung von determinierenden Rahmenbedingungen aus der inner- und außerfamiliären Umwelt (vgl. Hoff u. Grüneisen 1978; Lukesch 1978; Schendl-Mayrhuber 1978; Schneewind u. Lortz 1978; Seitz u. Götz 1979).
- Beachtung der in der aktuellen Interaktion zwischen Eltern und Kind ablaufenden kognitiven Prozesse der interpersonalen Wahrnehmung und der Handlungssteuerung (vgl. Lukesch 1975, S.91 ff.; Lukesch 1976, S.13; Schneewind 1975, S.20 ff.).

In der empirischen Forschung bisher noch zu wenig beachtet ist die funktionale Betrachtung, d.h. die Frage nach den Motiven und nach dem Zweck des elterlichen Erziehungshandelns (vgl. dazu Seitz 1982) und der (devianten, delinquenten) Handlungen des Kindes (vgl. dazu Seitz u. Götz 1979, S.17 ff., insbesondere S.38-45; Eisenberg 1979, S.24, S.46 ff., S.62 ff.), wobei für das Eltern- und das Kind-Verhalten sowohl die Funktion zur Aufrechterhaltung des Interaktionsgleichgewichts zwischen Eltern und Kind als auch die Funktion im Hinblick auf jeweils eigene Person-Umwelt-Bezüge der Eltern (z.B. gegenüber Nachbarn) und des Kindes (z.B. gegenüber Freunden, gegenüber Straftatsanreizen) zu beachten sind.

Somit kann die Untersuchung der Eltern-Kind-Interaktion nicht getrennt werden von den ökologischen (familieninternen und -externen) Rahmenbedingungen, welche das elterliche Erziehungsverhalten determinieren, in seiner Wirkung moderieren und auch das Verhalten des Kindes gegenüber seiner Umgebung mitbestimmen.

Zur Bewältigung der Komplexität des Forschungsgegenstandes müßte empirische Forschung einige neuerdings (vgl. Lukesch u. Schneewind 1978; Brandtstädter u. Montada 1980; Lukesch 1980; Lukesch et al. 1980) mehrfach gestellte, aber aus forschungsökonomischen und forschungspraktischen Gründen nicht immer realisierbare Forderungen erfüllen. Die wichtigsten Forderungen nach Lukesch (1978, S.15 ff.) seien jeweils mit einem Beispiel für die Erziehungseinflüsse auf die Delinquenz-Genese stichwortartig erwähnt:

- Einbezug aller Familienmitglieder, z.B. im Hinblick auf eine Divergenz zwischen dem Erziehungsverhalten von Müttern und von Vätern delinquenter Jugendlicher (vgl. Seitz u. Götz, 1979, S.76, S.97),
- Einbezug von Kontakten zum Verwandtschafts-, Freundes-, Bekanntenkreis, vgl. etwa „Streit mit Nachbarn", „außerfamiliäre Leistungskonkurrenz" bei Familien delinquenter Jugendlicher (Seitz u. Götz 1979, S.89) oder die Delinquenzerklärung durch „differentielle Kontakte" (Sutherland 1974) „differentielle Gelegenheiten" (Cloward u. Ohlin 1966), Normen- und Kulturkonflikt (Sellin 1958; Taft 1956) und durch Gruppenkultur (Cohen 1961; Miller 1974),
- Ersetzen der soziographischen Variablen (z.B. Beruf des Vaters) durch psychologisch relevante Variablen, wie etwa Ausmaß des Kontrolliertwerdens am Arbeitsplatz (vgl. Hoff u. Grüneisen 1978; Seitz u. Götz 1979, insbesondere S.77 ff.),
- Berücksichtigung kognitiver und emotionaler Komponenten der Bewertung und Verarbeitung eigener und fremder Verhaltensweisen, wie etwa „Neutralisationstechniken" delinquenter Personen (Sykes u. Matza 1974) oder Normenkonflikte zwischen Eltern delinquenter Jugendlicher aufgrund unterschiedlicher sozialer Herkunft der Eltern (vgl. Nye 1958, S.38),
- Ergänzung und Begründung der empirischen Untersuchungen durch theoretische Annahmen über Ablaufprozesse (für die erziehungsabhängige Delinquenz-Genese vgl. Lösel 1975a, 1978b; Seitz u. Götz 1979, S.16 ff.) und damit gezielte Überprüfung nur solcher Bedingungen des Elternverhaltens, von denen begründet anzunehmen ist, daß sie mit bestimmten (devianten) Merkmalen der Kinder in Beziehung stehen,
- neben unmittelbaren Interaktionsmerkmalen (z.B. Erziehungsverhalten der Eltern delinquenter Kinder) sind auch mittelbare Rahmenbedingungen (z.B. Wahrnehmung der Eltern über die an sie gerichteten Erwartungen der Nachbarschaft) mit einzubeziehen,
- Ergänzung der „taxonomisch-klassifikatorischen" Vorgehensweise durch „bedingungsanalytische" und „interaktionistische" Ansätze (vgl. Lukesch et al. 1980, S.21 ff.).

In den bisherigen empirischen Untersuchungen zur Einwirkung familiärer Erziehung auf die Entwicklung der Delinquenz bei Kindern bleiben viele der genannten Forderungen noch unerfüllt (vgl. dazu Lösel u. Linz 1975; Seitz 1975, S.129). Im einzelnen sind festzustellen: Schwächen der Operationalisierung der Variablen, Fragen hinsichtlich der Generalisierbarkeit der Ergebnisse auf andere Stichproben und Personengruppen, Fehlen von vergleichenden Erhebungen und vergleichender (differentieller) Theoriebildung (beispielsweise zu eventuellen Unterschieden zwischen Jungen und Mädchen), Begrenzung auf einzelne Teilbereiche des gesamten Variablen-Geflechts, Aneinanderreihung von teilweise (anscheinend) widersprüchlichen bzw. nicht miteinander vergleichbaren Einzelergebnissen.

Einzelne delinquenzbegünstigende Faktoren werden bei Lösel u. Linz (1975) und bei Seitz (1975, S.114-123) genannt:

Bei den sog. *Erziehungsstilen* finden sich eindeutige Ergebnisse nur für die Dimensionen „Förderung von Skepsis und von Zukunftspessimismus des Kindes" (vgl. Short u. Strodtbeck 1965; Seitz u. Götz 1979; Elmendorff 1980) und für „Fehlen von liebevoller Zuwendung und von akzeptierender Wertschätzung" bzw. für „aggressive Strenge" (vgl. Medinnus 1967; Seitz u. Götz 1979), welche jeweils bei den Eltern delinquenter Jugendlicher signifikant stärker ausgeprägt sind als bei den Eltern nichtdelinquenter Jugenlicher.

Für andere wichtige Aspekte elterlichen Erziehungsstils (wie Kontrolle, Unterstützung) sind die Beziehungen zur Delinquenz der Kinder weniger einheitlich, was u.a. darauf zurückzuführen ist, daß in verschiedenen Untersuchungen jeweils andere Aspekte eines solchen Merkmals im Vordergrund standen (z.B. verbietend-einschränkende Kontrolle, Erzeugung von Schuldgefühlen, Kontrolle i.S. von leitender Orientierung oder von adäquater emotionaler Stützung) bzw. darauf, daß die delinquenzfördernde Wirkung erst aus dem Zusammenwirken mehrere Erziehungsstile (z.B. bestimmten Kombinationen von elterlichen Forderungen und elterlicher Unterstützung) resultiert.

Unabhängig vom Inhalt des Erziehungsstils findet sich bei Eltern delinquenter Jugendlicher häufig Inkonsistenz innerhalb der Haltung ein und desselben Elternteils, sowie Inkonsistenz zwischen beiden Elternteilen (Bennet 1960; Jaffe 1963), wobei inhaltlich besonders der Wechsel zwischen Straffreudigkeit und Laxheit (Mc Cord, Mc Cord u. Zola 1959) von Härte und Verwöhnung zu erwähnen ist.

Unter den *innerfamiliären Rahmenbedingungen,* welche das Erziehungsverhalten determinieren und in seiner Wirkung moderieren, sind bei Familien delinquenter Jugendlicher häufiger folgende Gegebenheiten anzutreffen:

- Unzufriedenheit mit der Eltern-Rolle und mit dem Ehepartner beeinträchtigen die Attraktivität (Vorbild-Wirkung) und Überzeugungskraft der Eltern und begünstigen elterliche Erziehungsstile wie aggressive Strenge und fehlende Unterstützung (Rubenfeld 1965; Seitz, Wehner u. Henke 1970; Seitz u. Götz 1979).
- Das Erleben des Kindes von Armut und von wirtschaftlichen Schwierigkeiten wirkt nach Reckless (1961) als „kriminogener Druck". Die Kinder unterliegen dann eher außerfamiliären Versuchungen und die personalen Kontrollen der Eltern sind weniger wirksam (Reiss 1951). Nach Seitz u. Götz (1979, S.77 ff.) stehen finanzielle Schwierigkeiten und Unzufriedenheit der Eltern mit den Wohnverhältnissen in Beziehung zu kontrollierendem und aggressiv-strengem Erziehungsverhalten.
- Rollentrennung in typische Aufgaben des Vaters und der Mutter fördern die Unfähigkeit der Eltern, Tätigkeiten gemeinsam auszuführen, sich gegenseitig zu verstehen und zu bestätigen, geringe Kameradschaft und sexuelle Spannungen (Komarowsky 1964; Mc Kinley 1964; Miller u. Swanson 1960).
- Bei negativ gefärbten, z.B. streitsüchtigen, affektiven Beziehungen, nicht nur zwischen den Eltern, sondern auch unter den weiteren Familienangehörigen, besteht wenig Zusammenhalt und finden sich wenig gemeinsame Aktivitäten, z.B. gemeinsam verbrachte Freizeit (vgl. Mc Cord, Mc Cord u. Zola 1959).

An Variablen des *außerfamiliären gesellschaftlichen Bezugs* sind als Determinanten des Erziehungsverhaltens und als Moderatoren seiner Wirkung folgende von Bedeutung:

- geringer Sozialstatus, daraus Folgen wie Defizite in der Befriedigung des kindlichen Bedürfnisses nach sozialer Anerkennung (Mc Kinley 1964), Konflikt aus dem Erleben von geringem Status und gleichzeitigem Streben nach höherem Status (Cohen 1961), fehlender Zugang zu Informationen (Winch 1962; Moser 1972), Kontrolliertwerden durch andere (Mc Kinley 1964), Beeinträchtigung der elterlichen Identifikationswirkung (Gold 1963),
- fehlende Chancen zu beruflichem Aufstieg (Short u. Strodtbeck 1965),
- Stigmatisierung in der Schule durch Lernbehinderungen (vgl. Brusten u. Hurrelmann 1973; Thimm 1975; Lösel 1975c),
- Normen und Aufforderungsgehalte eines bestimmten Milieus, die zum Erlernen krimineller Rollen beitragen (Spergel 1964), „zentrale Einstellungen" einer Subkultur (Miller 1974), ungünstige Freundschaften,
- Druck durch konkurrierende Nachbarn und Streit mit Nachbarn (vgl. Seitz u. Götz 1979).

Bei der bereits erwähnten Tatsache, daß in den bisherigen Untersuchungen immer nur einzelne, aus der Sicht des jeweiligen Autors relevante Variablen berücksichtigt werden, bedarf es bei zukünftigen Untersuchungen neben bzw. als Voraussetzung der Anwendung anderer methodischer Strategien (wie multivariate statistische Auswerteverfahren, systematisch vergleichende Längsschnittuntersuchung) eines umfassenden, integrativen Entwurfs, der neben der Nennung der wichtigen Bedingungsvariablen auch Aussagen über die Entwicklungsprozesse trifft, innerhalb der die Bedingungsfaktoren zur Wirkung kommen.

3 Ablaufprozesse der erziehungsabhängigen Devianz-Genese

Für die Einflüsse familiärer Erziehung auf die Entwicklung der jugendlichen Delinquenz, genauer für die Entwicklung einer devianten, delinquenzbegünstigenden Persönlichkeitsstruktur des Kindes und Jugendlichen lassen sich im Anschluß an Seitz u. Götz (1979, S.16-45, S.110-112) acht Ablaufprozesse unterscheiden. Danach stehen jeweils bestimmte Strukturen familiärer Erziehungsbedingungen mit bestimmten Strukturen einer devianten Persönlichkeit des Kindes in besonders enger Verbindung. Es liegt damit eine Zuordnung von deskriptiver und explanatorischer Klassifikation vor (vgl. Heller u. Nickel 1978, S.276/277). Die im folgenden aufgeführten acht Ablaufprozesse stellen einen Entwurf eines multiprozessualen Modells dar, der aus theoretischen Konzeptionen und bisher vorliegenden empirischen Forschungsergebnissen abgeleitet ist, als „Entwurf" aber noch weiterer vergleichender Untersuchungen zur Überprüfung, Bestätigung, Relativierung und Modifikation bedarf. Die Ablaufprozesse können hier nur in ihrem wesentlichen Bedeutungsgehalt kurz skizziert werden, wobei insbesondere die Funktion des elterlichen Erziehungsverhaltens für die Eltern selbst und die Funktion des delinquenten Verhaltens für das Kind vernachlässigt werden müssen. Wenngleich bestimmte Affinitäten zwischen bestimmten devianten Persönlichkeitsstrukturen und bestimmten Delikten gegeben sind, bestehen hierfür dennoch keine ausschließlichen Zuordnungen. Fälle eines direkten Erwerbs delinquenter Verhaltensweisen (z.B. Diebstahl, Steuerhinterziehung) durch elterliches Vorbild und elterliche Bekräftigungen sind in diesen Ablaufprozessen der erziehungsabhängigen Devianz-Genese nicht berücksichtigt.

Eine ausführliche Darstellung der Ablaufprozesse und der daran beteiligten familiären Bedingungen findet sich bei Seitz u. Götz (1979, S.16-45, S.110-112). Hier werden neben einer knappen inhaltlichen Zusammenfassung der Beziehung zwischen bestimmten Erziehungsmerkmalen und bestimmten Kind-Merkmalen jeweils noch die einzelnen unabhängigen Variablen aufgeführt, geordnet nach (1) = unmittelbaren Erziehungs-Variaben und (2) = mittelbaren a) Eltern- und b) Familien-Variablen.

1. Fehlende Befriedigung von Primär-Bedürfnissen reduziert das spontane Kontaktverhalten innerhalb der Familie, führt gleichzeitig zu Abhängigkeits-Motivation und Suggestibilität, insbesondere gegenüber außerfamiliären Bezugspersonen (Bandenanschluß):

(1) insgesamt eine den Bedürfnissen des Kindes wenig gemäße Erziehung, insbesondere emotionale Vernachlässigung,
(2) a) – ernste und pflichtbewußte Lebensauffassung der Eltern,
– (unbewußte) Aversionen gegen das Kind,
b) ungünstige wirtschaftliche, wohnliche, persönliche (soziale) Verhältnisse.

2. Restriktive familiäre Sozialisation fördert sog. „social disability", d.h. fehlende Verhaltensdifferenzierung, Befangenheit, Scheu, geringe Risikobereitschaft in neuen Situationen und in Gegenwart anderer, Unfähigkeit zu sozialer Empathie (Bandenanschluß):

(1) – Strenge im Sinne von Kontrolle, Ausmerzen des unerwünschten Verhaltens,
– Förderung von Zukunftspessimismus des Kindes,
(2) a) – vorsorgend-pessimistische Elternhaltung,
– geringe soziale Initiative der Eltern,
b) restriktive innerfamiliäre Kommunikationsstruktur.

3. Einseitig zielorientierte Erziehung führt zu „Anomie"-Erleben und je nach weiteren Bedingungen entweder zu „innovativer" (z.B. Mogeln, Bestechung, Diebstahl, Betrug) oder zu „retreativer" (Rückzug, Ausweichen von Forderungen, Alkoholismus) Devianz:

(1) relatives Überwiegen der „Zielorientierung" in der elterlichen Erziehung, vergleichsweise geringe „Mittelorientierung" der Erziehung,
(2) a) – erfolgsorientierte Elternhaltung,
– identifikationsbegünstigende Elternmerkmale (z.B. gesellschaftliches Ansehen),
b) Erfolgsdruck durch gesellschaftliche Bezugsgruppen (z.B. Bekannte, Arbeitskollegen, Nachbarn).

4. Fehlende oder unzureichende „Moral"-Erziehung führt zu mangelnder autonomer Moral (fehlender Selbstbeherrschung und Selbstkontrolle) und damit zu Anfälligkeit für straffälliges Verhalten:

(1) – Fehlen von angemessener und konsequenter (positiver und negativer) Bekräftigung,
– Fehlen an Vermittlung von Einsicht,
– Fehlen einer emotional freundlichen Beziehung zwischen Eltern und Kind und/oder Fehlen von Attraktivität der Eltern,
(2) a) – fehlende logisch-rationale Kompetenz der Eltern,
– Unzufriedenheit mit der Eltern-Rolle,
b) – überfordernde Bedingungen, z.B. durch Familiengröße, Beruf und Arbeit.

5. Bekräftigungen und Vorbild für Ich-Durchsetzungs-Motivation und für aggressive Verhaltensweisen:

(1) – aggressive Ablehnung (Geringschätzung) des Kindes durch die Eltern,
– Inkonsequenz und Inkonsistenz des elterlichen Erziehungsverhaltens,
– Überprotektion und Kontrolle durch die Mutter bei gleichzeitiger Toleranz für Aggressionen gegen sie selbst,
– Strafen, besonders von seiten des Vaters,
(2) a) – Unzufriedenheit und Ärger über die eigene persönliche Situation (z.B. Ehepartner, Wohnverhältnisse, Arbeitsplatz),

– geringe Meinungsübereinstimmung der Eltern, aber gegenseitig negativer Bezug der Eltern,

b) – Anlässe für Ärger und Unzufriedenheit (z.B. Ehepartner, Wohnverhältnisse, Arbeitsplatz),
   – Ausmaß der Aggression in der inner- und außerfamiliären Umgebung (zwischen Familienmitgliedern, Streit mit Nachbarn).

6. Elterliche Prophezeiungen und Bekräftigungen eines negativen Selbstbildes des Kindes führen zu negativer Selbstidentität des Kindes als Sündenbock und Unruhestifter und zu Handlungsweisen entsprechend der negativen Selbstidentität:

(1) – Beurteilung des Kindes nach starren, dogmatischen Moral- und Zielvorstellungen, fehlende Rücksicht auf die individuelle Situation des Kindes,
   – autoritäre Dominanz der Eltern,

(2) a) – „autoritäre" Haltung der Eltern (auf der Basis einer Anpassung nach außen),
   – subjektiv-egozentrische Weltinterpretation (Dogmatismus),
   – ungelöste Konflikte der Eltern, z.B. Konkurrenzangst vor dem heranwachsenden Kind,

b) Normendruck gesellschaftlicher Autoritäten (Nachbarn, Arbeitskollegen, Schule).

7. Ichschwäche und Angst des Kindes beim Erleben von fehlendem Verständnis der Erzieher und bei überprotektiv gängelnder Erziehung:

(1) – fehlende Sensibilität und fehlende Toleranz für Erlebnisweisen, Meinungen und Bedürfnisse des Kindes,
   – fehlende Konsistenz des elterlichen Erziehungsverhaltens,
   – subjektive elterliche Anweisungen und Ratschläge auf der Basis eigener persönlicher Lebenserfahrung,
   – überprotektive Kontrolle,

(2) a) – innere Unruhe und Nervosität der Eltern,
   – unverarbeitete eigene Konflikte der Eltern,
   – elterliche Stimmungsschwankungen,

b) – fehlende Gelegenheit zum Ansprechen eigener Probleme und Erlebnisse (der Eltern), aufgrund von Anonymität am Arbeitsplatz, fehlende Muße in der Freizeit, Distanz und Entfremdung zwischen den Erwachsenen.

8. Geringe Selbständigkeit und geringe Selbstkontrolle gegenüber (schulischen) Forderungen bei unangemessenen und inkonsequenten elterlichen (Selbstständigkeits-)Forderungen:

(1) – fehlende Altersgemäßheit der Selbständigkeitsforderungen,
   – eher „erwachsenenorientierte", wenig „kindzentrierte" Selbständigkeitsforderungen,
   – verwöhnende Unterforderung durch die Mutter,
   – überprotektive Kontrolle durch die Mutter bei relativer Überforderung (hohe Forderung bei geringer Unterstützung) durch den Vater,

(2) a) Orientierung an Rollenschemata für die Mutter- und Vater-Rolle und an unangemessenen Ziel-Mittel-Vorstellungen zur Selbständigkeitserziehung,

b) unter Umständen (subjektive) Überforderung der Eltern, insbesondere der Mutter, z.B. durch Berufstätigkeit.

4 Problemstellungen und Ergebnisse neuerer deutschsprachiger Untersuchungen

An empirischen Untersuchungen zur vorliegenden Thematik sind im deutschen Sprachraum neben denen von Lösel und Mitarbeitern (Lösel 1975a, 1978b; Lösel, Dillig, Wüstendörfer u. Linz 1974; Lösel, Toman u. Wüstendörfer 1976) die von Pütz (1972), Stapf, Herrmann, Stapf u. Stäcker (1972, S.128 ff.), Bottenberg, Gareis u. Rausche (1973), Seitz u. Götz (1979), Kury (1980), Seitz (1980) zu nennen. In den meisten Fällen wird dabei eine Gruppe delinquenter Jugendlicher (D-Gruppe) mit einer Gruppe bisher unauffällig gebliebener Jugendlicher (ND-Gruppe) nach der Ausprägung bestimmter elterlicher Erziehungsstile verglichen. Dies geschieht überwiegend mittels der Marburger Skalen zur Erfassung der von den Jugendlichen erlebten Erziehungsstile „Strenge“ und „Unterstützung“ (vgl. Stapf et al. 1972. S.66 ff.) bzw. bei Bottenberg et al. (1973) mittels damit hoch korrelierender Skalen. Die bei Seitz u. Götz (1979), Seitz (1980) geprüften Erziehungsstile und familären Rahmenbedingungen gehen über die Marburger Skalen hinaus.

Für *elterliche Strenge* zeigten sich in den verschiedenen Untersuchungen übereinstimmend signifikant höhere Werte in der D-Gruppe, bei Stapf et al. (1972, S.130) und bei Kury (1980) sowohl für Vater- als auch für Mutter-Strenge, bei Lösel (1978; Lösel et al. 1976) nur für die Vater-Strenge, bei Pütz (1972) nur für die Mutter-Strenge. Nach Seitz u. Götz (1979, S.89) erleben die D-Jugendlichen für beide Elternteile signifikant höhere „aggressive Strenge“, jedoch nur für Mütter eine signifikante höhere Ausprägung der „kontrollierenden Strenge“.

Für elterliche Unterstützung postulieren Stapf et al. (1972) geringere Werte in der D-Gruppe, die sich allerdings in ihrer eigenen empirischen Untersuchung nicht, dagegen bei Kury (1980) bestätigen. Lösel (1978b) leitet von dem Konzept der sog. „intermittierenden Bekräftigung“ die Erwartung ab, daß Eltern unauffälliger Jugendlicher eher durch mittlere Unterstützungswerte, Eltern delinquenter Jugendlicher eher durch besonders hohe oder niedrige Unterstützungswerte gekennzeichnet sind und sieht diese Annahme durch seine empirischen Befunde bestätigt, während sie in den Ergebnissen von Seitz u. Götz (1979, S.92) nicht bestätigt werden konnte. Dort zeigt sich zunächst ein Befund (höhere Mutter-Unterstützung bei der D-Gruppe, für Vater-Unterstützung kein signifikanter Gruppenunterschied), der weder mit der Erwartung von Stapf et al. (1972) noch mit der von Lösel (1978b) übereinstimmt. Ein Vergleich der beiden Gruppen nach zweidimensionalen Erziehungsstilkonfigurationen (z.B. hohe bzw. geringe aggressive Strenge kombiniert mit hoher bzw. geringer Unterstützung) lieferte dann aber weitere Hinweise und auch Erklärungsmöglichkeiten für widersprüchliche Ergebnisse verschiedener Untersuchungen, in denen die Unterstützungs-Skala isoliert ausgewertet wurde. So fanden sich bei Eltern delinquenter Jugendlicher sowohl Kombinationen, an denen hohe elterliche Unterstützung beteiligt ist (z.B. Muster der Unterforderung, der Verwöhnung) als auch Kombinationen, an denen geringe elterliche Unterstützung (z.B. „anomische Überforderung“) beteiligt ist (vgl. auch Lösel 1978b). Von den über die Marburger Skalen hinausgehenden Erziehungsstilen hat sich bei Seitz u. Götz insbesondere *„Förderung von Zukunftspessimismus des Kindes“* sowohl isoliert als auch in zweidimensionalen Konfigurationen als geeignet zur Trennung zwischen der D- und der ND-Gruppe erwiesen. Von den bei Seitz u. Götz (1979) untersuchten *familiären Rahmenbedingungen* trennten die beiden Gruppen vor allem: „elterliche Sozialpotenz“ (hauptsächlich materiell-wirtschaftlich bedingt), Druck durch außerfamiliäre Leistungskonkurrenz, Unzufriedenheit mit den Wohnverhältnissen und mit dem Ehepartner, Gesundheitsangst der Eltern (jeweils bei der D-Gruppe höher ausgeprägt). Eine multiple Diskriminanzfunktion zur Trennung der beiden Gruppen ist nach Seitz (1980) in Richtung der D-Gruppe durch folgende Variablen-Inhalte markiert: „fehlende Sozialpotenz der Familie, ungebundener, unzufriedener Vater mit wenig kontrollierender Erziehungsintensität (abgesehen von Forderung nach Leistung bei erlebter Leistungskonkurrenz), kontrollierende und kontrollierte Mutter“. Relativierungen der Bedeutung einzelner

Variabler je nach Geschlecht der Eltern fordern dabei zur Reformulierung ursprünglicher Annahmen unter Berücksichtigung des Geschlechts der Eltern auf. Dies gilt auch dann für die oben (Kap. 3) skizzierten Ablaufprozesse der erziehungsabhängigen Delinquenz-(Devianz-)Genese. Die bei Seitz u. Götz (1979, vgl. dazu S.110/111) ermittelten Ergebnisse sprechen insbesondere für drei der oben genannten Ablaufprozesse: für 2. („sozial disability"), 5. (Ich-Durchsetzungs-Motivation und aggressives Verhalten) und 8. (geringe Selbständigkeit), jeweils mit unterschiedlicher Beteiligung mütterlicher und väterlicher Erziehungshaltungen.

Im Unterschied zu Arbeiten, in denen jeweils die untersuchten Jugendlichen nur in die D- und in die ND-Gruppe sortiert wurden, jedoch nicht überprüft wurde, ob tatsächlich (die erwarteten) Unterschiede in der Ausprägung der (devianten) Persönlichkeitsmerkmale bestanden, wird bei Kury (1980) eine solche Prüfung vorgenommen, allerdings beschränkt auf den Merkmalsbereich der jugendlichen Aggression. Die Ergebnisse dieser Untersuchung lassen sich daraufhin analysieren, ob die beiden Erziehungsstile (Marburger Skalen für Strenge und Unterstützung) mit den einzelnen Aggressions-Aspekten korrelieren (getrennte Korrelationen innerhalb der D- und der ND-Gruppe) und ob zusätzlich (gleichsinnige) Mittelwertsunterschide zwischen den Personengruppen zu finden sind. Wenngleich die zugehörigen Korrelationen in einigen Fällen nur in einer der beiden Gruppen auftreten, lassen sich dennoch zusammenfassend folgende Feststellungen zu den Ergebnissen von Kury (1980) treffen:

1. Je höher die erlebte Mutter-Strenge, desto höher sind die Werte für spontane Aggression, für Selbstaggression und für Erregbarkeit (in der D-Gruppe jeweils signifikant höherer Mittelwert bei allen genannten Variablen, zusätzlich entsprechende Korrelations-Koeffizienten innerhalb der Gruppe).
2. Je höher die erlebte Vater-Strenge, desto höher sind die Werte für Selbstaggression und für Erregbarkeit (jeweils signifikant höherer Mittelwert bei der D-Gruppe und entsprechende Korrelationskoeffizienten).
3. Je geringer die erlebte Vater-Unterstützung, desto höher ist die Selbstaggression (bei der D-Gruppe signifikant höhere Werte für Selbstaggression und geringere Werte für Vater-Unterstützung, signifikante negative Korrelation zwischen beiden Variablen innerhalb der ND-Gruppe).
4. Die Ergebnisse zur Beziehung zwischen „elterlicher Unterstützung" und „spontaner Aggression" sind nicht eindeutig: bei der D-Gruppe signifikant höhere Werte für spontane Aggression, geringere Werte für Vater- und Mutter-Unterstützung, innerhalb der ND-Gruppe Korrelation zwischen (hoher) spontaner Aggression und (geringer) Vater- und Mutter-Unterstützung, innerhalb der D-Gruppe für die Mutter-Unterstützung umgekehrte Beziehung: je höher die Mutter-Unterstützung, desto höher die spontane Aggression. Es ist dabei eine differentielle Gültigkeit der Unterstützungs-Skala in Erwägung zu ziehen, derart daß die Unterstützungs-Items von den delinquenten Jugendlichen im Sinne einer toleranten, nachgiebigen Mutter-Haltung ausgelegt werden. Dann bestünde eine Übereinstimmung mit den Ergebnissen von Bandura u. Walters (1959) und von Sears, Maccoby u. Levin (1957), wonach Mütter aggressiver Jungen Toleranz für die Aggression der Jungen zeigen (vgl. dazu Seitz u. Götz 1979, S.32 ff.).
5. Je höher die erlebte Mutter-Unterstützung, um so höher ist die „reaktive Aggression" (bei der ND-Gruppe signifikant höherer Wert für beide Variablen, signifikante Korrelation innerhalb der D-Gruppe). Das Ergebnis ließe sich unter der Annahme einer erhöhten Frustrationswahrscheinlichkeit der unterstützend-gebotsorientiert Erzogenen bei Normenwechsel erklären (vgl. Stapf et al. 1972, S.43).
6. Je höher die erlebte Vater-Unterstützung, desto höher ist die Aggressionshemmung (signifikant höherer Mittelwert bei der ND-Gruppe, signifikante Korrelation innerhalb beider Gruppen).
7. Je höher die erlebte Mutter-Unterstützung, desto höher ist die Aggressionshemmung (signifikant höherer Mittelwert in der ND-Gruppe, signifikante Korrelation innerhalb der D-Gruppe). Hier klingt die im Ablaufprozeß 4 (Kap. 3) erwähnte Bedeutung von positiver Bekräftigung und geduldigem Zuhören und Erklären (beides Momente der Unterstützung) für den Aufbau der Impulskontrolle an.

Abschließend sei noch ein Ergebnis erwähnt, das in verschiedenen deutschen Untersuchungen (so bei Kury 1980, S.344; Lösel et al. 1976, S.50; Seitz u. Götz 1979, S.98) beiläufig, ohne daß dazu eine Hypothese bestand, aber doch übereinstimmend festgestellt wurde: Delinquente erfahren häufiger ein extremes Erziehungsverhalten bzw. erleben das Erziehungsverhalten ihrer Eltern extremer als die unauffällig gebliebenen Jugendlichen. Eine empirische Abklärung und theoretische Einordnung dieses Befundes bleibt weiteren Forschungen vorbehalten.

5 Ausblick auf weitere Forschungen

Nach dem Überblick über Themenstellungen und Ergebnisse neuerer deutschsprachiger Untersuchungen seien als Ergänzung zu den bereits in Kap. 2 angestellten Überlegungen einige weitere Forderungen an zukünftige Forschungen aufgestellt (wegen der gebotenen Kürze z.T. stichwortartig):

(1) Ausweitung der untersuchten Variablen und Personengruppen, wie etwa

- Präzisierung der zu untersuchenden Inhalte, im Zusammenhang mit weiterer theoretischer Differenzierung (etwa im Hinblick auf die Entstehung von „Anomie"–Erleben die Berücksichtigung der Variable „subjektive Verbindlichkeit der von den Eltern vertretenen Werte und Forderungen", vgl. Seitz u. Götz 1979, S.102/103),
- (gleichzeitige) Verwendung unterschiedlicher methodischer Zugangsweisen (z.B. neben Fragebogen zur Erfassung von fremdperzipierten auch solche zur Erfassung selbstperzipierter Erziehungsstile, objektive Erfassung von Rahmenbedingungen am Arbeitsplatz, in der Wohnumwelt und Nachbarschaft),
- Vergleich zwischen Real- und Ideal-Einschätzungen (der Persönlichkeit des Jugendlichen, des elterlichen Erziehungsverhaltens),
- Entwicklung und Einsatz populationsunabhängiger Untersuchungsinstrumente,
- Beurteilung der Untersuchungspersonen nicht nur nach ihrer Gruppenzugehörigkeit (D-versus ND-Gruppe), sondern Berücksichtigung mehrerer deliktspezifischer D-Untergruppen und darüberhinaus Beurteilung sämtlicher Untersuchungspersonen nach der individuellen Ausprägung (devianzbezogener) Persönlichkeitsmerkmale,
- Längsschnittuntersuchungen, beginnend bei Personen im Vorfeld der Delinquenz, etwa Verhaltensgestörten im Grundschulalter,

(2) Weiterentwicklung „theoriegeleiteter" Untersuchungen sowohl in inhaltlicher als auch in methodischer Hinsicht.

Als inhaltlicher Bezugsrahmen bieten sich die in Kap. 4 dargestellten Ablaufprozesse der erziehungsabhängigen Delinquenz-Genese an. Im Sinne der hier unter (1) geforderten Präzisierung bedürfen dabei zukünftig folgende Inhalte einer stärkeren theoretischen Strukturierung zur Vorbereitung der empirischen Operationalisierung:

- Zusammenwirken verschiedener Sozialisationsinstanzen (z.B. Familie, Schule, peer-groups) und daraus resultierende Einflüsse auf die kindliche Entwicklung (vgl. Schneewind 1975, S.25; Stapf et al. 1972, S.49: Konflikte durch Normenübergang bei Gruppenwechsel; Sutherland, 1974: Theoretischer Ansatz der „differentiellen Kontakte"),
- Berücksichtigung der Funktion des delinquenten Verhaltens für das Kind (vgl. dazu Seitz u. Götz 1979, S.37-45) und des Erziehungsverhaltens für die Eltern, etwa Erklärung unter dem von den Eltern subjektiv erwarteten Nutzen (Brim, Glas, Lavin u. Goodman 1962; vgl. auch Lukesch 1980) und im einzelnen folgenden Funktionen des Erziehungsverhaltens für die Eltern: Abfuhr emotionaler Spannungen, Entlastung von Schuldgefühlen, Kompensation des Erziehungsverhaltens des anderen Elternteils, Erfüllung persönlicher Erziehungskonzepte, Vermeidung von Konflikten mit gesellschaftlichen Autoritäten und Normen (vgl. Seitz 1981, 1982),

- Thematisierung eventueller Moderator-Effekte in Abhängigkeit von verschiedenen Moderator-Bedingungen, wie Geschlecht der Eltern und des Kindes, Persönlichkeitsmerkmale der Eltern und des Kindes (vgl. die Berücksichtigung der konstitutionellen Extraversion-Introversion in der Delinquenzerklärung von Eysenck, 1964), inner- und außerfamiliäre Rahmenbedingungen. Moderator-Effekte sind denkbar für die Determination des elterlichen Erziehungsverhaltens durch ökologische Bedingungen, für die Wirkung elterlicher Erziehung auf die Persönlichkeitsentwicklung des Kindes (z.B. unterschiedliche Wirkung von Lob oder Strafe je nach Art der emotionalen Beziehung zwischen Eltern und Kind) und für den Übergang von einer (devianten) Persönlichkeitsstruktur des Kindes zum delinquenten Verhalten (beispielsweise kann der Übergang von „social disability" des Kindes zu Straffälligkeit durch die (ungünstigen) wirtschaftlichen Voraussetzungen der Eltern beeinflußt werden, vgl. Seitz u. Götz 1979, S.100).

In methodischer Hinsicht erscheint eine direktere Umsetzung und Erfassung der theoretisch dargestellten Bedingungszusammenhänge in geeigneten Untersuchungsplänen und -strategien erforderlich, wie etwa

- vergleichende Längsschnittuntersuchungen in Anlehnung an die Unterscheidung verschiedener Ablaufprozesse und unter Berücksichtigung von Moderator-Effekten und Wechselbeziehungen zwischen inner- und außerfamiliären Sozialisationsinstanzen,
- ergänzend zu Studien mit Produktmaßen auch Studien mit Prozessmaßen, zu aktuellen Eltern-Kind-Interaktionen (vgl. Perrez, Patry u. Ischi 1980) und zu Kind-Straftatsanreiz-Interaktionen,
- Einsatz multivariater statistischer Auswerteverfahren (z.B. multiple Diskriminanzanalyse, kanonische Korrelation, Konfigurations-Frequenz-Analyse, Pfadanalyse).

Zu einer erfolgreichen Fortentwicklung des Erkenntnisstandes über die Wirkung familiärer Erziehung auf die Entwicklung jugendlicher Delinquenz bedarf es aber nicht nur vermehrter wissenschaftlicher Anstrengungen zur Ableitung komplizierterer, verschiedene Betrachtungsweisen integrierender theoretischer Modelle und zur Entwicklung neuer Methoden, sondern es bedarf auch einer verbesserten Kooperation zwischen Forschung und Praxis. Die Forschung darf dabei die Praxis nicht nur als Institution zur Vermittlung von Untersuchungspopulationen sehen, sondern sollte ihre Ergebnisse den in der Praxis tätigen Kollegen bekannt machen und deren kritischer Diskussion unterziehen, um daraus Anregungen für eine Weiterentwicklung und Spezifizierung der theoretischen Fragestellungen und der praktischen Realisierungsmöglichkeiten von empirischen Untersuchungen zu gewinnen.

Hans Joachim Schneider

Situative Aspekte delinquenter Handlungen und der Prozeß des Opferwerdens

1 Kriminalökologie und Kriminalgeographie

Geht es der Kriminalgeographie um die Erfassung und Erklärung der Verteilung der Kriminalität im Raum (Herold 1968; Schmid 1968; Hellmer 1972; Harries 1976; Kube 1978; Schwind, Ahlborn u. Weiss 1978; Schwind 1979, 1981), so befaßt sich die Kriminalökologie mit der funktionalen Perspektive der Umwelt des Menschen (H.J. Schneider 1978b, 1979c[2], 1981a), denn sie untersucht die Wechselwirkung zwischen dem Verhalten der einzelnen und der sozialen Gruppen und ihrer physischen, sozialen und kulturellen Umwelt. Es handelt sich mithin um die Erforschung der Entwicklung von Sozialstrukturen und um die Analyse von Sozialprozessen in ihrer Umwelt. Menschliches Verhalten gestaltet Umwelt, die ihrerseits menschliches Verhalten formt. Umwelt und Verhalten sind Teile eines Sozialprozesses. Hierbei wird Umwelt nicht im Sinne der traditionellen deutschen Kriminologie als „Milieu" verstanden, das den Menschen im Gegensatz zur Anlage als Gesamtheit außenweltlicher Faktoren sozial beeinflußt, sondern als Raum, den der Mensch gestaltet oder verunstaltet oder in dessen Funktionen er zu seinem eigenen Nutzen möglichst wenig eingreifen sollte. In diesem Sinne versteht man unter künstlicher Umwelt den Raum, den der Mensch baulich gestaltet, und unter natürlicher Umwelt den Raum, der sich auch ohne menschliche Eingriffe aus sich selbst heraus zu entwickeln vermag und den der Mensch bewahren, schützen und pfleglich behandeln sollte. Die natürliche Umwelt umfaßt z.B. Pfanzen- und Tierwelt, Landschaft und Klima.

1.1 Gebiets- und Umweltgestaltungsansatz

Im nordamerikanischen Gebiets- (area approach) und Umweltgestaltungsansatz (environmental design approach) spielen die konzentrischen Kreise eine große Rolle, durch die die Großstadtgebiete unterteilt werden (Shaw 1929; Shaw u. McKay 1942; Hayner 1946; Kobrin 1959; McKay 1967; Schmid 1968; Szabo 1968). Allgemein ist die Tendenz erkennbar, daß die Häufigkeiten der meisten Verbrechen mehr oder weniger proportional zur Entfernung vom Stadtzentrum abnehmen. Das Stadtzentrum ist hierbei nicht nur das Gebiet, in dem der überwiegende Teil aller Verbrechen begangen wird, sondern ebenso auch der Bezirk, in dem der größte Teil der Delinquenten wohnt. Das zentrale „City-Gebiet" ist als Hauptgeschäftsviertel ein Raum, der bei größter Bevölkerungsentleerung während der Nächte, an Wochenenden und Feiertagen zugleich eine höchste Konzentration wirtschaftlicher, kultureller und administrativer Funktionen an Werktagen aufweist. Die größeren Gelegenheiten für Verbrechen und die höhere Anonymität im zentralen Großstadtgebiet werden von Kriminellen ausgenutzt. Übergangsgebiete, die sich aus Wohnvierteln in Industriegebiete wandeln, sind gleichfalls mit Kriminalität hoch belastet. Denn wegen des Gebietswandels verlassen Bewohner mit höherem sozioökonomischen Status das Stadtviertel, in das – bei Verfall der Bausubstanz und bei ständig sinkenden Mieten – nur noch Menschen einziehen, die sich in schlechten wirtschaftlichen Verhältnissen befinden, also z.B. Arbeitslose und ungelernte Arbeiter mit ihren Familien. Die neuen Bewohner können sich nicht auf alte Gewohnheiten und Bräuche stützen, um sich an die großstädtischen Bedingungen anzupassen. Der Mangel an stabilen sozialen Institutionen und zwischenmenschlichen Beziehungen macht sie täter- und opferanfällig. In Satellitenzentren für Handel und Industrie in Vorstadtgebieten sind die Häufigkeitszahlen der Kriminalitätsbegehung überdurchschnittlich hoch.

Die meiste Kriminalität wird indessen in der City begangen. Das mit Verbrechen am zweithäufigsten belastete Gebiet ist die Übergangszone. Die Stadtgebiete, die in der Kriminalitätshäufigkeit an 3. und 4. Stelle stehen, sind Handels- und Industriezonen. Diese Subzentren in der Nähe der Peripherie der Stadt oder in Vorstadtgebieten weisen deshalb eine so hohe Kriminalität auf, weil sie größere Gelegenheiten für die Verbrechensbegehung bieten und weil in ihnen bei hoher Bewohnermobilität die Sozialkontrollen schlecht entwickelt sind. Die Wohngebiete an der Peripherie der Stadt und in den Vorstädten sind am geringsten mit Kriminalität belastet. Guter sozialer Zusammenhalt, hoher Berufsstatus, gute Schulbildung der Bewohner, ihr stark ausgeprägtes Familienleben und eine einwandfrei integrierte Nachbarschaft sind für diese Räume mit niedriger Kriminalitätshäufigkeit charakteristisch. Demgegenüber häufen sich in Verbrechensgebieten die Sozialprobleme: Kindersterblichkeit, Schulschwänzen, Fortlaufen aus dem Elternhaus, Alkoholismus der Eltern, Stadtstreicherei, Tuberkulose und Geisteskrankheit, niedriges Einkommen, niedriger beruflicher, familiärer und ökonomischer Status (Fattah 1972). Die verwahrlosten und zerstörten Wohnungen und Gebäude sind überbelegt. Die Mobilität und der Prozentsatz unverheirateter, arbeitsloser Männer sind hoch. Autodiebstahl und Diebstahl aus Kraftfahrzeugen werden besonders auf Parkgeländen in der Nähe von Hotels und Supermärkten begangen. Hohe Einbruchsraten hängen mit schlechtem sozialem Zusammenhalt und damit zusammen, daß die Wohnungen wegen Berufstätigkeit ihrer Bewohner während des Tages weitgehend unbewohnt bleiben (Reppetto 1974; Waller u. Okihiro 1978; Odekunle 1979). Die Gebiete, die mit den meisten Gewaltverbrechen belastet sind, haben auch den höchsten Rauschgift- und Alkoholkonsum und die größte Ehescheidungshäufigkeit. Eine zerstörte Gemeinschaft ist für alle diese Erscheinungen der Sozialpathologie verantwortlich. Sozial schwache, emotional gestörte und kriminelle Menschen werden durch die Räume mit zerstörten Gemeinschaften besonders angezogen. Diese Anziehungskraft rührt insbesondere aus den niedrigen Mieten her. In den Verbrechensgebieten sind die Möglichkeiten für eine legale Einkommenstätigkeit begrenzt. Die illegalen Gelegenheiten zum Einkommenserwerb sind demgegenüber in diesen Gebieten groß.

1.2 Kriminalitätsabwehrende Architektur

Die hohen Verbrechensraten in bestimmten Großstadtbezirken stellen Symptome des Zusammenbruchs der Sozialstruktur und -kontrolle dar. Kriminalitätsabwehrende Architektur benutzt die bauliche Gestaltung, um einen Identitätssinn der Bewohner mit ihrer Umwelt zu entwickeln, der sich auf eigenen Besitz und auf die Nachbarn beziehen soll. Die Bewohner sollen zu ihren eigenen Sicherheitskräften werden. Raumverteidigung (Defensible Space) und Zielerschwerung (Target Hardening) sind hierbei die Techniken einer Verbrechensvorbeugung durch Raumgestaltung (Crime Prevention through Environmental Design). Die Entwicklung eines Sinns für Gemeinschaft ist eine unabdingbare Voraussetzung für das Funktionieren informeller sozialer Kontrollen, z.B. durch Familie und Nachbarschaft, und für ein Höchstmaß an Wirksamkeit der formellen Sozialkontrollen, z.B. durch Polizei und Gerichte (Newman 1973a, 1973b, 1980). In der Unpersönlichkeit eines Wohnhochhauses kann sich nur unter großen Schwierigkeiten ein Sinn für Gemeinschaft entfalten. Im Gegensatz zur rational geplanten oder emotional motivierten Kriminalität ist für die Gelegenheitskriminalität das Vorhandensein kriminogener und viktimogener Situationen bestimmend, in denen man leicht zum Täter oder Opfer werden kann. Der potentielle Täter kann z.B. ziemlich sicher sein, keinen Verbrechenszeugen fürchten zu müssen. Das mögliche Verbrechensobjekt kann z.B. schlecht beleuchtet oder sonst unzureichend geschützt sein. Es kann nicht beobachtbar sein. Das potentielle Verbrechensopfer hat keine Chance zur Gegenwehr oder zur Erlangung von Hilfe.

Der kriminalitätsabwehrenden Architektur geht es darum, Verhaltensmuster und Interaktionen zu entwickeln, die zu einem Sinn für Besitz, für Verantwortlichkeit, für andere, für Territorialität führt. Ein „Gebietssinn" ist dann vorhanden, wenn die Bewohner ihr Gebiet als ein gemeinsames wahrnehmen, benutzen und sich darum kümmern, was sich in ihrem gemeinsamen Bezirk ereignet. Wirkliche oder symbolische Barrieren werden dazu benutzt, halböffentliche und halbprivate Gebiete zu definieren, die innerhalb und außerhalb von Gebäuden liegen können. Ein halböffentlicher Raum ist innerhalb oder außerhalb eines Gebäudes ein Bereich, der zwar vom öffentlichen Raum, z.B. von Straßen und Plätzen, erreichbar ist, den sich aber die Bewohner eines Gebäudes als ihren gemeinsamen Zugangs- und Nutzungsbereich zugeschrieben haben. Ein halbprivater Raum ist innerhalb oder außerhalb eines Gebäudes ein Bereich, der zwar nur vom halböffentlichen oder privaten Bereich zugänglich sein soll, der aber auch von Freunden, Bekannten, Nachbarn und Lieferanten der Bewohner in einer Weise benutzt werden soll, daß man diese Personen von Fremden unterscheiden kann.

Eine symbolische Barriere zur Unterscheidung des öffentlichen Raumes vom halböffentlichen Raum ist z.B. eine farblich unterschiedliche Pflasterung des Gehwegs, der öffentlichen Straße und des Zugangsbereichs zum Wohnblock. Eine reale Barriere ist z.B. der Zaun um eine Großwohnanlage. Die Wohneinheiten einer Großwohnanlage werden so unterteilt, daß der Kontakt zwischen den Bewohnern erhöht und die informelle Sozialkontrolle dadurch gestärkt wird. Der Gebrauch unterbenutzter und deshalb gefährlicher Gebiete wird durch die Anlage von Spielplätzen oder Freizeitparks so gesteigert, daß diese Gebiete vor Kriminalität sicher werden. Parkplätze und Tiefgaragen, Spielplätze, Eingangsflure und Gehwege um die Gebäude herum und zwischen den Gebäuden werden durch ihre Lage und die Benutzung von Türen und Fenstern und durch ihre Beleuchtung so überschaubar gemacht, daß sie nicht von Fremden zu kriminellen Zwecken mißbraucht werden können. Der Raumgestaltungsansatz bei der Verbrechensvorbeugung versucht, dem verbrechensbereiten Menschen durch Raumgestaltung die ihn motivierende Gelegenheit zu entziehen. Der Raum wird auf diese Weise gegen Kriminalität verteidigt, und die Erreichung des kriminellen Zieles wird erschwert (Glaser 1970; Jacobs 1970; Bundeskriminalamt 1979).

1.3 Gelegenheitskriminalität

Während der letzten Jahrzehnte ist die Bevölkerung aus den ländlich-kleinstädtischen Gebieten in die großstädtischen Ballungszentren gezogen, weil sie hier bessere Lebens- und Arbeitsbedingungen vorzufinden glaubte. Der Anstieg der Grundstückspreise, der durch die Bevölkerungskonzentrationen verursacht worden ist, hat das Bauen in den Innenstädten und in den Kerngebieten der Vorstädte teuer gemacht. Die hohen Grundstückskosten mußten auf möglichst viele Wohneinheiten verteilt werden, so daß die Baudichte wuchs. Der Wettbewerb um Wohnfläche in großstädtischen Ballungsgebieten, die zur Wohnung bevorzugt wurden, trieb die Bodenpreise in der sozialen Marktwirtschaft in die Höhe. Der Druck, die Wohnraumdichte zu erhöhen, wurde durch Bürokratien verstärkt, die Familien mit niedrigem Einkommen in den Großstädten unterbringen mußten. Die turmartigen Wohnhochhäuser mit vielen Stockwerken und Fahrstühlen, in denen Familien mit Kindern und niedrigem Einkommen und Familien vom Lande leben, die die Großstadt noch nicht gut genug kennen, sind in hohem Maße mit Kriminalität belastet. Aus solchen Familien kommen die meisten Täter, aber auch die meisten Verbrechensopfer. Die Kriminalität, die von Menschen mit niedrigem Einkommen begangen wird, ähnelt sehr stark den Berufen, die sie ausüben. Der Kriminelle mit niedrigem Einkommen, der keine angemessene Berufsausbildung besitzt und dessen Verhalten auf unmittelbare Bedürfnisbefriedigung gerichtet ist, entwickelt im Gegensatz zum Berufsverbrecher und zum Wirtschaftskriminellen keine besonderen Verbrechenstechniken. Er wendet sich gegen seinen unmittelbaren Nachbarn, stützt sich auf brutale Gewalt und ergreift jede Gelegenheit, die sich ihm bietet. Diese Kriminalität kann indessen die schwerwiegendste und niederdrückendste Form des Verbrechens sein, weil sie eine direkte Bedrohung der Person und ihres Eigentums darstellt. Die meisten Einbrüche werden durch die Unachtsamkeit der Bewohner verursacht, die es den Tätern dadurch leicht machen, daß sie ihnen Gelegenheiten zum Einbruch eröffnen. Familien mit Kindern und geringem Einkommen sollten nicht in Wohnhochhäusern mit zahlreichen Stockwerken, sondern in Mehrfamilienhäusern wohnen, die nur wenige Stockwerke haben. Denn nicht Wohndichte allein, sondern Wohndichte zusammen mit der Höhe und dem Typ des Gebäudes, nämlich mit einem turmartigen Wohnhochhaus, hängt eng mit hoher Kriminalitätsbelastung zusammen. Straßenkriminalität, Raub, Vergewaltigung und Einbrüche, wirken sich am destruktivsten auf die Sicherheit und Stabilität eines Großstadtwohnbezirks aus. Etwa die Hälfte aller Kriminellen begeht ihr Verbrechen in demselben Wohnbezirk, in dem sie leben und wohnen. Baugestaltung und Städteplanung können Umwelt entwickeln, die Menschen isoliert, ihre Feindschaft, Befürchtungen und Wahnvorstellungen noch erhöht. Sie haben zwar keine unmittelbaren Wirkungen auf Lebensstile und soziale Beziehungen. Sie können nicht Kriminalität ohne weiteres kontrollieren, aber menschliches Verhalten nachhaltig beeinflussen. Sie können den äußeren Rahmen schaffen, der die Verwirklichung gegenseitiger Sorge und Hilfe erleichtert. Sie können und wollen menschliche Persönlichkeitszüge nicht ändern. Sie erlauben lediglich, Einstellungen gegenüber dem sozialen Nahraum zu entwickeln, die auf soziale Kontrolle gerichtet sind. Architekten und Städteplaner, die ein wenig von Umfang, Art und Entwicklung der Kriminalität verstehen, können Verbrechen dadurch verhindern, daß sie räumliche Planungen entwerfen, die die Verbrechensvorbeugung unterstützen.

1.4 Gefährliche Gebäude, Gebäudeteile, Parks, Grünanlagen und Straßen

Um den Einfluß der Städteplanung und Baugestaltung auf Kriminalität feststellen zu können, ist ein Vergleich von Wohnvierteln erforderlich, in denen die sozialen Merkmale der Bevölkerung möglichst konstant gehalten werden. Seit 1970 hat eine Forschungsgruppe an der Universität New York unter der Leitung von Oscar Newman (1973a, 1973b, 1980) Wohnentwicklungen in vielen Großstädten der Vereinigten Staaten kriminologisch erforscht. Sie hat sich insbesondere den 169 Projekten des öffentlichen Wohnungsbaus der Stadt New York zugewandt, die 150.000 Wohnungseinheiten zählen, in denen 528.000 Menschen wohnen. Die Wohnungsbehörde der Stadt New York unterhält eine eigene Polizei von 1.600 Mann, die ausführliche Berichte über alle kriminellen und vandalistischen Handlungen genauso wie einfache Beschwerden aufnimmt. Die kriminologische Forschungsgruppe war in der Lage, mit Hilfe dieser Daten die gefährlichsten Gebäudekomplexe und Gebäudeteile ausfindig zu machen. Es war ferner möglich, die verschiedenen Haustypen und Projektausführungen mit Höhe und Art der Kriminalität zu vergleichen. Da in New York City dicht bewohnte Hochhäuser mitten in Gebieten stehen, die von Einfamilienhäusern beherrscht werden, aber auch Wohnprojekte mit niedriger Wohndichte in zentralen Gebieten Manhattans vorhanden sind, war eine Analyse durchführbar, die nicht allein auf die Bevölkerungsdichte abstellen mußte.

Die Wohnprojekte mit hoher Kriminalitätsbelastung sind gewöhnlich sehr groß, und in ihnen wohnen über 1.000 Familien. Sie bestehen meist aus turmartigen Wohnhochhäusern mit einer Höhe von über sieben Stockwerken. Die Wohnhochhäuser treten an die Stelle von vier bis sechs getrennten Wohnblocks, die in einem gigantischen Superblock zusammengefaßt sind, der für den Großstadtstraßenverkehr unzugänglich ist. Die Gebäude sind ziemlich willkürlich auf einem weiträumigen Grundstück verteilt. Die freien Flächen um die Gebäude herum stellen Räume dar, die ungehinderte Bewegungen zwischen den Gebäuden erlauben und für den Personenverkehr aus den das Wohnprojekt umgebenden Straßen offen sind. Nirgends sind Versuche der Differenzierung des Grundstücks und der Zusammenordnung bestimmter Gebäude nach bestimmten Prinzipien gemacht. Die Gebäude stellen gewöhnlich platte und kreuzförmige Türme dar, in denen 150 bis 500 Familien wohnen. Sie haben einen Eingang und Flur, der ins Innere der Gebäude führt. Der Flur enthält die Briefkästen und einen Warteraum für zwei bis vier Fahrstühle. Ein typischer Flur besteht aus einem langen zentralen Korridor mit Wohnungen, die sich an beiden Seiten aufreihen. Kein Portier oder Hausmeister bewacht die Gebäude. Die Flure, Treppenhäuser, Aufzüge und Korridore sind offen und zugänglich für jedermann. Die Wohnhochhäuser, in denen siebeneinhalbmal soviel Kriminalität und Vandalismus vorkommen wie in Mehrfamilienhäusern, verursachen Verbrechen dadurch, daß sie Einstellungen der Anonymität und Unverantwortlichkeit, ein Gefühl der Isolation und einen Mangel an Identität mit ihrer Umwelt fördern. Die Bewohner, die innerhalb der Appartementtürme leben, sind der Meinung, daß ihre Verantwortlichkeit mit den Grenzen ihrer eigenen Wohnung beginnt und endet. Der öffentliche Raum der Straßen und Plätze geht dadurch fast ununterbrochen und unvermittelt in private Wohneinheiten über, so daß Flure, Korridore und Aufzüge nicht als halböffentliche und halbprivate Zugangs- und Durchgangszonen betrachtet werden, die nur für den Zu- und Durchgang der Bewohner, ihrer Freunde, Besucher und Lieferanten bestimmt sind. Dasselbe gilt für die Grünanlagen um die Gebäude herum, die nicht unterteilt und nicht als halböffentlich und halbprivat definiert sind und über die von den Bewohnern keine Kontrolle durch häufigen Gebrauch ausgeübt wird.

Wohnhochhäuser mit Aufzügen erlauben im Gegensatz zu Mehrfamilienhäusern ohne Aufzug keine Unterteilung. Wohnhochhäuser über sieben Stockwerke erfordern darüber hinaus teuere Aufzüge mit hoher Geschwindigkeit, die nur dann ökonomisch genutzt werden können, wenn sie eine große Anzahl von Wohneinheiten pro Gebäude und Stockwerk bedienen. Aus der Kombination von Aufzügen, Treppenhäusern und langen Korridoren, an denen sich eine große Zahl von Wohnungen reiht, ergibt sich eine Menge anonymer öffentlicher Räume mit geringer Überschaubarkeit innerhalb der Gebäude, in denen die meisten Verbrechen begangen werden. Denn diese Räume, Flure, Gänge und Treppenhäuser sind zwar öffentlich zugänglich, sie müssen aber ohne den Vorteil der beständigen Beobachtung durch vorbeigehende Fußgänger und patrouillierende Polizei auskommen. Die Bewohner, die diese Räume benutzen, können Mitbewohner und deren Freunde, Bekannte und Lieferanten nicht von Eindringlingen unterscheiden, die kriminelle Motive verfolgen. Insbesondere die Wohnhochhäuser mit sieben und mehr Stockwerken sind für Kriminalität hoch anfällig. Mit der Anzahl der Stockwerke der Gebäude wächst die Kriminalität in öffentlichen Innenräumen.

Man hat den Raub untersucht, der sich im Gebäudeinnern, in öffentlich zugänglichen Räumen, Aufzügen und Treppenhäusern, ereignet. Die Wohnhochhäuser mit sieben und mehr Stockwerken waren viermal höher mit Raubüberfällen belastet als die Gebäude, die sechs und weniger Stockwerke hatten. 31% aller Raubüberfälle in Gebäuden ereignen sich im Aufzug, und zwar deshalb, weil der Fahrstuhl keine Überwachung und keinen Einblick von außen gewährt. Deshalb ist man in den Vereinigten Staaten dazu übergegangen, Aufzüge mit Fernsehkameras auszustatten, die ständig vom Portier oder von den Bewohnern über einen freien Fernsehkanal ihrer Fernsehapparate beobachtet werden. Der Aufzug ist dann kein geheimer Platz mehr.

Die Anlagen um die Wohnhochhäuser herum, die die Bewohner ständig benutzen müssen, um aus der „Sicherheit" ihrer Wohnungen in die öffentlichen Räume von Straßen und Plätzen zu gelangen und wieder zurückzukehren, sind dann besonders gefährlich, wenn sie von der beständigen beiläufigen natürlichen Beobachtung und Überwachung abgeschirmt sind und wenn keine Polizeistreife sie betritt. Die Hochhäuser der öffentlichen Wohnbauprojekte in New York City sind in ihrer Anordnung auf den Grundstücken so geplant und ausgeführt worden, als ob jedes Gebäude eine in sich abgeschlossene, abgetrennte und formale Einheit wäre. Der auf die Bewohner bezogene Gebrauch der Grünanlagen um die Gebäude herum und der Zusammenhang der Gebäude mit den Grünanlagen, die sie miteinander teilen, sind von den Architekten und Städteplanern vernachlässigt worden. Die Bewohner benutzen die Räume um die Gebäude herum deshalb nur so selten wie möglich. Wegen des mangelnden Gebrauchs werden die Grünanlagen, insbesondere während der Dunkelheit, so unsicher, daß sich fast niemand mehr aus den Wohnhochhäusern am Abend herauswagt. Es ist fast so, als ob die Architekten die Rolle von Bildhauern gespielt hätten, die die Grünanlagen um die Wohnkomplexe als nichts anderes als eine Fläche betrachtet hätten, die den Blick auf ihre „Kunstwerke", die Hochhäuser, ermöglichte.

2 Viktimologie

2.1 Der Prozeß des Opferwerdens

Die Viktimologie, die Wissenschaft vom Verbrechensopfer, bemüht sich darum, die aktive Mitbeteiligung des Verbrechensopfers an der Straftat zu ermitteln, weil sie das Opfer im Kriminalitätsentstehungsprozeß als ein Subjekt begreift (v.Hentig 1941, 1948; Ellenberger 1954; Schafer 1968, 1977; H.J. Schneider 1975a, 1975[2], 1975c, 1978a, 1979a, 1979b, 1981b). Es geht ihr hierbei nicht vor allem darum, das Opfer zu beschuldigen und den Täter zu entschuldigen, obgleich zuzugeben ist, daß die Feststellung einer Mitschuld des Opfers im konkreten Fall zu einer angemesseneren, wirklichkeitsnäheren strafrechtlichen Beurteilung des Täters führt. Die Erforschung der Mitverursachung der Straftat durch das Opfer dient vielmehr dem Zweck, Vorbeugungsmaßnahmen von seiten des möglichen Verbrechensopfers her zu entwickeln (Wolfgang 1974). Es gibt Zeiten und Räume, in denen bestimmte Bevölkerungsgruppen in hohem Maße Opfer spezieller Delikte werden. Es geht hier z.B. darum, solche Zeiten und Räume zu ermitteln und die betreffenden Gruppen der Gesellschaft darauf hinzuweisen, solche Zeiten und Räume zu meiden, damit sie sich nicht selbst in viktimogene Situationen bringen, aus denen heraus leicht Prozesse des Opferwerdens in Gang gesetzt werden.

Zwar hat in einer freien Gesellschaft jeder Bürger das Recht, sich einem hohen Risiko des Opferwerdens auszusetzen. Er kann einem solchen Risiko auch bisweilen nur schwer entgehen, ohne sich sozial zu isolieren. Er sollte aber auf die Gefahren aufmerksam gemacht werden, in die er sich begibt, damit er Vorsorge treffen und solchen Gefahren besser begegnen kann. Man setzt sich zum Beispiel einer viktimogenen Situation, also einer Situation mit hohem Risiko des Opferwerdens, aus, wenn man sich in New York City als Fußgänger allein zu bestimmten Zeiten während der Nacht in bestimmten Stadtbezirken auf der Straße aufhält. Wer dies tut, muß damit rechnen, Opfer eines Raubüberfalls zu werden. Alle Weltstädte, ob es sich nun um New York, London, West-Berlin oder Tokio handelt, haben in diesem Sinne ausgeprägte viktimologische Strukturen, die sich allerdings nicht nur auf Raub, sondern z.B. auch auf Einbruchsdiebstahl, kriminelle Tötung, Vergewaltigung oder Drogenkriminalität beziehen. Höhere Einbruchsquoten fand man in Toronto beispielsweise in Wohngebieten, die in der Nähe der mit öffentlichen Mitteln gebauten Wohnblocks lagen, die einen höheren Anteil an unverheirateten, über 15 Jahre alten, arbeitslosen Männern besaßen und die eine überdurchschnittlich hohe Einkommensungleichheit ihrer Bewohner aufwiesen. Die Einbruchsobjekte, Wohnungen und Häuser, lagen hier in der unmittelbaren Nähe möglicher Täter. Empirische Untersuchungen in Kanada und Nigeria haben darüber hinaus gezeigt, daß der soziale Zusammenhalt und die Stabilität von Nachbarschaften und die Überschaubarkeit von Wohngebieten die Gelegenheiten zum Einbruch vermindern und mögliche Einbrecher abschrecken (Waller u. Okihiro 1978; Odekunle 1979). Die Erkennbarkeit und die Möglichkeit zur Abweisung von Fremden und Eindringlingen werden erleichtert. Wohnungen, die während großer Teile des Tages und der Nacht unbesetzt blieben, erwiesen sich als besonders attraktive Ziele für Einbrecher. Hier wurde offenbar, daß die Opfereigenschaft sehr eng mit den Lebensstilen der Bewohner zusammenhing. Einbruchsopfer verbrachten große Teile des Tages wegen ihrer Berufstätigkeit und große Teile der Nacht wegen ihrer Vergnügungen außer Haus. Sie vermochten ihre Wohnungen und Häuser auch nicht durch Alarmanlagen, Spezialschlösser, Vergitterung von Fenstern und Türen, spezielle Lichtanlagen, Wachmänner und -hunde angemessen zu sichern. Durch architektonische und städtebauliche Neuerungen, die die Überschaubarkeit in Gebäuden und Wohnbezirken verbessern, zur sozialen Integration (Gemeinschaftsbildung) beitragen, aber andererseits auch den privaten Freiraum der Einzelperson etwas einschränken und ihren Lebensstil verändern, versucht man, das Risiko der Viktimisierung, des Opferwerdens zu vermindern.

Viktimogene Situationen entstehen allerdings nicht nur in Großstädten. Eines der vielen Beispiele bildet das Trampen (Reisen per Anhalter) junger Mädchen und Frauen, die sich dadurch einem erhöhten Risiko aussetzen, vergewaltigt zu werden (Nelson u. Amir 1975). Der Täter kann sich sein Opfer auswählen. Er kann rational und mit Bedacht einen für die Vergewaltigung besonders geeigneten Tatort und zuweilen sogar eine besonders günstige Tatzeit aussuchen. Er kann das Opfer leicht sozial isolieren und seinen Widerstand besonders in den Fällen brechen, in denen die Anhalterin alleine trampt. Er kann einen sicheren und schnellen Fluchtweg finden. Er kann das Opfer am Tatort oder an jeder anderen beliebigen, einsamen Stelle zurücklassen, so daß seine Verfolgung und Tatüberführung zumindest stark erschwert, wenn nicht ganz unmöglich gemacht werden. Er kann seine Tat schließlich vor sich selbst und anderen rechtfertigen, indem er argumentiert, daß es sich bei den Anhalterinnen um moralisch leichtfertige Mädchen und Frauen handelt, die es mit ihrem Sexualleben nicht so ganz genau nehmen. Für die Tatmotivation kommt es hierbei darauf an, was der Täter von seinem Opfer hält, nicht darauf, was das Opfer von sich selbst hält.

Das sexuelle Opferwerden von Kindern und Frauen ist sehr wesentlich von ihrer sozialen Isolation abhängig, für die ihre Familiendynamik eine entscheidende Rolle spielt (Finkelhor 1979). Mädchen, deren Mütter abwesend, krank oder schlecht ausgebildet sind, so daß sie sich mit ihnen nicht identifizieren können, sind für sexuelles Opferwerden sehr anfällig. Mädchen ohne Mütter oder mit unfähigen Müttern sind nicht wohl behütet und beaufsichtigt. Ihre sexuelle Aufklärung und Erziehung sind regelmäßig unzulänglich. Es fehlt ihnen an Modellen, nach denen sie lernen könnten, wie man sich gegen sexuelle Übergriffe verteidigt. Familiäre und soziale Pathologie, ungeeignete Eltern, Vernachlässigung der Kinder, schlechte innerfamiliäre Beziehungen tragen entscheidend zur Entstehung emotionaler Probleme bei, die den Lebensstil der Kinder und Frauen bestimmen. Wenn sie nämlich familiäre Zuwendung haben entbehren müssen, suchen sie die Zuneigung und Aufmerksamkeit Fremder. Der Täter nutzt die emotionalen Bedürfnisse seines Opfers zu seiner eigenen sexuellen Befriedigung. Das Opfer lernt, sich mit Sexualität emotionale Zuwendung zu „erkaufen". Sehr oft treten materielle Geschenke an die Stelle der gefühlsmäßigen Zuwendung.

Das Opfer spielt im Mitverursachungsprozeß der Straftat auch insofern eine wichtige Rolle, als es in den Motivationsprozeß des Täters einbezogen wird (Fattah 1979). Es ist nämlich für die Neutralisation, für die Selbstrechtfertigung des Täters bedeutsam. Wegen wirklicher oder vermeintlicher Eigenschaften und Verhaltensweisen des Opfers definiert der Täter seine kriminelle Handlung als gerechtfertigt. Für ihn wird seine Straftat „moralisch annehmbar".

Der Täter sagt sich z.B.: „Die Gesetze und das System der Strafrechtspflege verfolgen die Interessen bestimmter sozialer Schichten oder politischer Gruppen. Ich bin nicht kriminell, sondern ein Opfer der Ungerechtigkeit der Gesellschaft, des Systems, schlechter sozialer Verhältnisse. Es ist logisch, daß ich durch meine Straftat die Ungerechtigkeit des sozialen Systems ändere, also im Sinne der Gerechtigkeit „korrigiere". Mein Rechtsbruch ist deshalb voll gerechtfertigt". Das Opfer wird verneint oder als wertlos definiert; es „verdient" seine Viktimisierung. Der Täter ist von der

Schuld des Opfers tief überzeugt. Terroristen benennen bestehende Rechtsordnungen als „Unrechtsordnungen“, die die Menschen unterdrücken und die es deshalb zu beseitigen gilt (H.J. Schneider 1982a).

Gegen Handlungen, die unmittelbaren und konkreten Schaden für ein reales, personalisiertes Opfer verursachen, bestehen stärkere moralische Widerstände als gegen Handlungen, bei denen das Opfer abwesend, unpersönlich, anonym oder abstrakt ist. Deshalb ist bei Tätern eine Tendenz zur Entpersonalisierung und Entindividualisierung des Opfers zu beobachten. Dieser Tendenz versuchen nordamerikanische Hotelketten z.B. durch Vorbeugungstechniken entgegenzuwirken. Man findet in den Zimmern beispielsweise folgenden Hinweis: „Wenn nach Ihrer Abreise Handtücher fehlen, wird das Zimmermädchen dafür verantwortlich gemacht!“ Das große Unternehmen wird als Familienbetrieb deklariert. Das potentielle Verbrechensopfer wird „personalisiert“. „Ehrliche“ Menschen würden niemals einen Freund oder Nachbarn bestehlen oder betrügen. Sie begehen aber relativ unbedenklich Steuerhinterziehung und Versicherungsbetrug.

Gegen Handlungen, die sich gegen zustimmende und willige Opfer richten, bestehen weniger moralische Widerstände als gegen widerstrebende, nichtübereinstimmende Opfer. Die Frau, die vergewaltigt worden ist, hat nur zum Schein Widerstand geleistet; sie wollte mit Gewalt erobert werden. Der Täter fühlt sich nicht selten auch provoziert. Das Verbrechensopfer wird nicht nur ignoriert, sondern auf den Status des „Nichtseins“ reduziert: Das gestohlene Auto hat keinen Besitzer. Das junge Mädchen ist bei der Vergewaltigung keine gleichwertige Partnerin, sondern ein bloßes Sexualobjekt. Die Opfer der nationalsozialistischen Vernichtungslager waren in der Sicht der SS-Kommandanten und SS-Mannschaften keine Menschen, sondern Untermenschen, Tiere, die es zu vernichten galt, weil sie in der nationalsozialistischen Ideologie „Volksschädlinge“ waren (H.J. Schneider 1982b). Das Opfer wird als wertlos betrachtet. Die Prostituierte, die sich ohnehin für Geld fast jedem hingibt, wird bedenkenlos vergewaltigt. Der Opferschaden wird vom Täter verneint. Er sagt sich im Motivationsprozeß: „Ich verletze und schädige niemanden. Die Versicherung bezahlt ohnehin alles“. Öffentliches Eigentum wird als jedem gehörig betrachtet. Die Opfer, die in der Schule von Schulkameraden Hefte und Bücher gestohlen bekommen, rechtfertigen ihren eigenen Diebstahl von Heften und Büchern durch ihr vorheriges Opferwerden. Die Autofahrer, denen man Kleinigkeiten von ihren Autos entwendet (z.B. Rückblickspiegel, Radzierkappen) zeigen solche Diebstähle wegen Aussichtslosigkeit der Aufklärung der Straftaten nicht an, sondern sie halten sich für berechtigt, das ihnen Entwendete von anderen Personenkraftwagen wegzunehmen. Dieselbe Opfer-Täter-Abfolge mit Täterrechtfertigung wird nicht selten beim Fahrraddiebstahl beobachtet. Da die Neutralisationstechniken nicht individuell, sondern in der Gemeinschaft und in sozialen Gruppen herausgebildet und erlernt werden, muß zur Kriminalitätsvorbeugung folgendes unternommen werden: Durch sozialpolitische Maßnahmen müssen ungerechtfertigte Benachteiligungen vermieden werden. Es muß ein Wandel in der Einstellung gegenüber den möglichen Verbrechensopfern eintreten, die nicht mehr als unpersönlich oder wertlos definiert werden dürfen. Den möglichen Tätern müssen die Möglichkeiten entzogen werden, wirkliche oder vermeintliche Eigenschaften oder Verhaltensweisen der Opfer im Motivationsprozeß der Straftat als Rechtfertigungen zu verwenden (Kirchhoff u. Sessar 1979).

Während Sicherheitsvorkehrungen, wie z.B. das Vergittern der Fenster und Türen und das Anbringen von Alarmanlagen, beim Einbruch oder Raub wenig erfolgreich waren, bewährte sich ein beherztes Auftreten einer couragierten Persönlichkeit beim Raub und bei der Vergewaltigung nicht selten. Wurde dem Raub durch Selbstschutzmaßnahmen zu begegnen versucht, kam er nur in 32% der Fälle zur Vollendung (Mac Donald 1975). Trat das Opfer seinem Täter aber nicht entgegen, wurde der Raubüberfall in 81% der Fälle vollendet. Räuber schrecken also durchaus vor Verteidigungsmaßnahmen ihrer Opfer zurück, die allerdings in 73,8% der Fälle keinerlei Widerstand leisteten. Für die Beantwortung der Frage, ob ein Opfer sich in einer Tatsituation wehren soll oder nicht, gibt es keinerlei Patentrezept. Welche Opferreaktion innerhalb der Psychodynamik einer bestimmten Tatsituation ratsam ist, hängt von der Persönlichkeit des Täters, insbesondere von seiner kriminellen Energie, von der Persönlichkeit des Opfers, insbesondere von seinem Widerstandswillen, und von zahlreichen äußeren Faktoren ab, die eine konkrete Tatsituation bestimmen, z.B. der Erreichbarkeit von Hilfe. Bereits unerschrockener Widerspruch kann bisweilen etwas nützen. Dramatisierung der Opferlage schadet ebenso wie eine furchtsame, passive Opferhaltung. Jede Überreaktion ist fehl am Platze. Das richtige Einschätzen der kriminellen Energie des Täters und eine kühle, angemessene Gelassenheit einer kaltblütig-nüchternen Persönlichkeit sind für eine erfolgreiche Gegenwehr entscheidende Voraussetzungen.

Dasselbe gilt für die Beantwortung einer oft gestellten Frage, ob sich eine Frau nämlich in einer Notzuchtsituation zur Wehr setzen soll oder nicht. Zunächst einmal sollte sie versuchen, jede viktimogene Situation zu vermeiden, wenn sie keine Selbstverteidigung gelernt hat. Befindet sie sich in einer Notzuchtsituation, so sollte sie wenigstens durch ein unmißverständliches „Nein“ Klarheit schaffen. Empirisch-viktimologische Untersuchungen haben ergeben, daß potentielle Opfer in etwa einem Drittel der Fälle durch Widerstandleisten in einer Notzuchtsituation ihre Vergewaltigung verhindern konnten (Brodsky 1976; Walker u. Brodsky 1976). 24% liefen dem Täter weg. 18% wehrten sich erfolgreich körperlich. 15% schrien laut, so daß der Täter von ihnen abließ. 10,5% konnten allein mit Worten ihre Vergewaltigung verhindern. Bei einer Befragung von Notzuchtstätern stellte sich heraus, daß sich immerhin 30% allein durch einen klaren, unmißverständlichen Widerspruch des Opfers hätten abschrecken lassen. Es wird allerdings auch empfohlen, daß das Opfer in der Notzuchtsituation teilweise nachgeben soll, um Zeit zu gewinnen und dem Täter sicher und unverletzt zu entkommen. Das Opfer soll den Täter wie ein menschliches Wesen und nicht wie einen „tollen Hund“ behandeln. Es soll ihn durch lange Gespräche ablenken, und es soll sich unattraktiv, unweiblich und vulgär benehmen, um den Täter abzuschrecken. Ob solche Methoden der Selbstverteidigung erfolgreich sind, vermag die Viktimologie derzeit noch nicht mit einigermaßen großer Sicherheit zu sagen. Das Opfer darf jedenfalls – wenn möglich – keine Furcht zeigen. Zur sexuell motivierten Tötungshandlung gehört wesentlich die Passivität des Opfers, die der Täter in seiner Phantasie vorerlebt hat. Ein Sexualmörder erklärte: „Wenn das Mädchen am Anfang geschrien oder sich gewehrt hätte, dann wäre ich sicher zur Besinnung gekommen und hätte von ihr abgelassen“ (Schorsch u. Becker 1977). Einem von vielen Mädchen, die ein Sexualmörder in seinem Auto mitgenommen hatte, ist es gelungen, ihn während der

Autofahrt in ein Gespräch zu verwickeln. Dieses Mädchen, das der kriminellen Tötung auf diese Weise entgangen war, antwortete auf eine Frage des Gerichts verwundert: „Ich bin gar nicht auf den Gedanken gekommen, vor diesem Mann Angst zu haben. Er schaute so unbeholfen und ängstlich aus". Auch dieses Beispiel zeigt die Bedeutung der Definition der Tatsituation durch das potentielle Opfer. Läßt sich ein Opfer erst gar nicht auf sein Opferwerden ein, definiert es sich selbst nicht als Opfer, so kann es seiner Viktimisierung entgehen. Alles hängt indessen auch hier von der kriminellen Energie des zur Tat entschlossenen Rechtsbrechers ab. Zeichen der Schwäche, des persönlichen Bedrängtseins und der Passivität des Opfers können einerseits auf den Täter geradezu stimulierend, als Auslösesignale für seine Tat wirken. Ein aggressiver, zur Tat entschlossener Rechtsbrecher läßt sich andererseits auch durch den Widerstand des Opfers nicht entmutigen. Hier kann die Gegenwehr des Opfers sogar noch den Täter erregen und ihn zur Tat aufreizen.

Hans Werbik

Perspektiven handlungstheoretischer Erklärungen von Straftaten

1 Grundlegende Annahmen

Das geltende Strafrecht geht von der Voraussetzung aus, daß der Mensch für strafbare Handlungen normalerweise verantwortlich gemacht werden kann, weil er für fähig gehalten wird, das Unrecht strafbarer Taten einzusehen und entsprechend dieser Einsicht zu handeln. Im Strafprozeß wird untersucht, ob eine gegebene Tat a) als Handlung aufgefaßt, b) unter einen Tatbestand des Strafgesetzes subsumiert, c) als vorsätzlich betrachtet werden kann und ob d) situationsbezogene Rechtfertigungsgründe und/oder e) schuldausschließende Merkmale der Person vorliegen. Psychologische Erklärungen akzentuieren die Umstände der Situation, die Motive und Persönlichkeitseigenschaften des Täters oder die Eigenart der Täter-Opfer-Beziehungen, aus denen kriminelles Handeln entstanden ist. Zwischen diesen beiden Betrachtungsweisen besteht an und für sich kein Widerspruch: das Schuldprinzip des Strafrechts legt normativ eine bestimmte Sichtweise fest, unter welcher der Straftäter betrachtet wird. Die Annahme dieser Perspektive ist unerläßlich für die Anwendung des geltenden Strafrechts auf den Einzelfall. Auf der anderen Seite bemühen sich Psychologie und Soziologie um die Erklärung krimineller Handlungen, ohne daß damit die strafrechtliche Verantwortung des Täters für seine Tat bestritten wird. Eine gewisse Unverträglichkeit mit der strafrechtlichen Perspektive ergibt sich erst daraus, daß manche Theorien, welche die Basis der sozialwissenschaftlichen Erklärungsversuche darstellen, in Anlehnung an die in den Sozialwissenschaften, insbesondere in der Psychologie vorherrschende Methodologie so formuliert sind, als könnte man menschliches Handeln analog zu Naturprozessen entweder als kausal determiniert oder als Ergebnis von Zufallsprozessen betrachten. Beispielsweise wurde versucht, kriminelles Verhalten durch das *Gesetz der klassischen Konditionierung* zu erklären, indem die habituelle Geschwindigkeit des Erwerbs bedingter Reaktionen einer Person als mitverantwortlich für kriminelles Verhalten angenommen wird (Eysenck 1964, vgl. Lösel in diesem Band). Wird kriminelles Verhalten wie in diesem Beispiel durch einen Mechanismus erklärt, dann erscheint in der Tat die Zuschreibung von Verantwortung, welche das geltende Strafrecht trifft, zweifelhaft: Ultra posse nemo obligatur.

Die Annahme der kausalen Determination menschlicher Handlungen (und ebenso deren abgeschwächte Version, menschliches Verhalten als Ergebnis stochastischer Prozesse zu betrachten) ist eine *metaphysische Behauptung*, die an und für sich einer empirischen Überprüfung ebensowenig zugänglich ist wie die Annahme, daß dem Menschen „Willensfreiheit“ zukomme. Die einhellige Bevorzugung der ersteren Annahme seitens der empirischen Wissenschaft im 19. und 20. Jahrhundert hängt hauptsächlich damit zusammen, daß sie bestimmten naturwissenschaftlich geprägten (insbesondere an der klassischen Mechanik orientierten) Weltbildern besser entspricht als die letztere Annahme. Ein zweiter Grund ist die begriffliche Unklarheit, was unter „Willensfreiheit" verstanden werden soll.

Für welche der beiden Grundannahmen man sich entscheidet, ist sicherlich nicht von den Aufgaben und Zwecksetzungen wissenschaftlicher Tätigkeit unabhängig. Psychologische Erklärungen des Zustandekommens von Straftaten werden in der Rechtsprechung hauptsächlich dazu benötigt, um beurteilen zu können, ob in einem konkreten Einzelfall die Annahme der Schuldunfähigkeit oder der verminderten Schuldfähigkeit (§§ 20, 21, StGB) getroffen werden soll. Für die Bewältigung einer solchen Aufgabe ist eine gemeinsame Verständigungsbasis zwischen Richter und Psychologen unerläßlich. Ein Psychologe kann wohl kaum etwas Brauchbares zum Prozeß der Rechtsprechung beitragen, wenn er nicht ebenso wie der Richter glaubt, daß Straftäter normalerweise die Ergebnisse ihrer Straftaten intendieren und daß nur in Sonderfällen die Ergebnisse und Konsequenzen der strafbaren Handlung vom Täter nicht gewußt oder nicht gewollt sind.

Im folgenden wird versucht zu zeigen, wie psychologische Erklärungen des Entstehens von Straftaten auf der Basis der Annahme, daß dem Menschen in jeder Situation normalerweise mehrere Alternativen des Sichverhaltens zur Wahl stehen, formuliert werden können, sodaß sich ein Gewinn an Erkenntnis ergibt.

Die grundsätzliche Fähigkeit des Menschen, mehrere Alternativen des Sichverhaltens wahrzunehmen und zwischen ihnen auszuwählen, impliziert zwar die Negation der Annahme, daß das menschliche Verhalten kausal determiniert ist, bedeutet aber nicht, daß die Wahl beliebig, also unabhängig von den Motiven, Zielen, Erwartungen und Überzeugungen getroffen wird. „Willensfreiheit" kann also nicht Beliebigkeit der Wahl bedeuten, sondern bezeichnet lediglich die Abwesenheit äußeren Zwangs. Kriminelles Handeln wird unter diesen Voraussetzungen so betrachtet, als hätte der Straftäter die kriminelle Verhaltensmöglichkeit vor anderen Möglichkeiten des Sichverhaltens bevorzugt. Aufgabe der Erklärung ist, darzulegen, aus welchen Gründen es zu der *Präferenz* kriminellen Verhaltens gekommen ist.

Die Annahme, der Täter habe die kriminelle Handlungsweise bevorzugt, kann unter bestimmten Voraussetzungen fallengelassen werden: Von einer Präferenz kriminellen Handelns kann man dann nicht sprechen, wenn a) der Täter glaubhaft macht, daß er sich an den Verlauf der Straftat nicht oder nur lückenhaft erinnern kann, oder b) man dem Täter eine Fähigkeit zur Abwägung und Entscheidung zwischen mehreren Alternativen des Sichverhaltens nicht zutraut, oder c) der Täter zur Tat physisch oder durch Androhung von Gewalt gezwungen wurde.

Da man den Entstehungszusammenhang und den Verlauf krimineller Handlungen nur selten beobachten kann, ist die Erklärung einer kriminellen Handlung in der Regel eine *nachträgliche Rekonstruktion.* Einen Rekonstruktionsversuch wird man für eine befriedigende Erklärung der Handlung halten, wenn er a) mit den Angaben des Täters in der psychologischen Exploration übereinstimmt oder zumindest mit ihnen verträglich ist und b) unvoreingenommene Beurteiler der Rekonstruktion zustimmen können. Es ist also die Übereinstimmung der Sichtweise von Akteur und Betrachter, welche befriedigende Handlungserklärungen vor anderen auszeichnet. Dieser Konsens zwischen Akteur und Betrachter ist eine notwendige, aber nicht hinreichende Voraussetzung für eine befriedigende Handlungserklärung. Das Ergebnis der Konsensbildung zwischen Akteur und Betrachter muß darüber hinaus auch für andere unvoreingenommene Beurteiler annehmbar sein (Meta-Konsens).

2 Gründe für die Präferenz krimineller Handlungen

Soweit Präferenz der kriminellen Handlungsweise angenommen werden kann, können dafür folgende Grunde maßgeblich sein:

1. Mit strafrechtlichen Normen unverträgliche *Zielsetzungen, persönliche Werturteile oder gruppenspezifische Normen.*
2. Die *Wahl strafbarer Mittel* zur Erreichung erlaubter Ziele wegen a) *geringer Verfügbarkeit erlaubter Mittel, b) Defiziten der Handlungsplanung, c) Unfähigkeit, die Wahl erlaubter Mittel durch Handeln zu realisieren.*

Ad 1) Zahlreiche Forscher fassen delinquentes Verhalten als Präferenz einer unmittelbaren Belohnung auf Kosten späterer Belohungen auf (Mischel 1961, Piliavin et al. 1968). Straftaten werden aber nicht nur begangen, um bestimmte *Ziele* (d.h. gewollte Handlungskonsequenzen) zu erreichen. Für die Motivation des Straftäters kann die Übereinstimmung der Tat mit bestimmten verinnerlichten Standards oder Normen wesentlich sein. Beispielsweise fassen Jugendliche einen Ladendiebstahl häufig als *Leistung* (Mutprobe) auf. Der Grund für die Präferenz einer kriminellen Verhaltensalternative kann darin bestehen, daß diese mit einem höheren *Risiko* verbunden ist. Schließlich kommt es auch vor, daß ein Straftäter ein ethisches Prinzip, welches von der überwiegenden Mehrheit der Mitglieder einer Gesellschaft anerkannt wird, in einer solchen Weise konkretisiert, daß er sich Ziele setzt, welche dem geltenden Recht widersprechen. Beispielsweise können Hausbesetzungen aus ethischen Forderungen nach „gerechter Verteilung" von Wohnraum entstehen oder zumindest nachträglich unter Bezugnahme auf derartige ethische Prinzipien legitimiert werden. Indem an und für sich konsensfähige ethische Prinzipien auf bestehende gesellschaftliche Verhältnisse angewandt werden, wird man geneigt, bestimmte Verhältnisse als Mißstände anzusehen und die Rechtslage, welche diese Mißstände ermöglichen, als „ungerecht" zu beurteilen: auf diese Weise wird ein Prozeß der Wandlung des Rechtsbewußtseins in Gang gesetzt. „Wie oft ist das Verbrechen wirklich bloß eine Antizipation der zukünftigen Moral" (Durkheim 1961, S.160). Daraus mag man erkennen, wie wenig brauchbar der gängige Begriff des „abweichenden Verhaltens" ist: Weder bilden Traditionen, Rechtsnormen und ethische Prinzipien ein widerspruchsfreies System, von dem das Handeln dann mehr oder weniger „abweichen" könnte, noch kann man mit einer zeitlichen Invarianz dieser normativen Orientierungen innerhalb einer Gesellschaft rechnen, ganz zu schweigen von der Unmöglichkeit, ein einheitliches Wertsystem für eine Gesellschaft aufzustellen.

Ad 2) Die Bedeutsamkeit der Wahl „illegitimer Mittel" für das Entstehen krimineller Handlungen ist von der *Anomie-Theorie* und ihren Weiterentwicklungen (Merton 1968, Cloward 1968, vgl. Dillig in diesem Band) betont worden. Als Grund für die Wahl krimineller Handlungen wird die *geringe Verfügbarkeit* erlaubter Mittel zur Zielerreichung hervorgehoben:

> „Immer dann, wenn ein System kultureller Werte bestimmte *allgemeine* Erfolgsziele für den Großteil der Bevölkerung über alles andere erhebt, während die soziale Struktur für einen beträchtlichen Teil der gleichen Bevölkerung den Zugang zu anerkannten Methoden, diese Ziele zu erreichen, unerbittlich beschränkt oder völlig versperrt, kann abweichendes Verhalten in größerem Maße erfolgen" (Cloward 1968, S.318).

Daneben können aber auch bestimmte *Defizite* der Handlungsplanung für die Präferenz einer kriminellen Handlungweise verantwortlich gemacht werden. Zur Rekonstruktion von Defiziten benötigt man ein *idealtypisches Modell* einer rationalen Handlung. Ein solches Modell wurde beispielsweise von Werbik (1978) vorgeschlagen. Diesem Modell entsprechend kann jede Handlung als Antwort auf eine Aufforderung (oder allgemeiner: als Antwort auf eine Situation, welcher der Akteur *Aufforderungsgehalt* zuschreibt) dargestellt und in die Abschnitte „Beurteilung der Aufforderung", „Suchprozeß" und „Ausführungsphase" untergliedert werden. In jedem dieser Teilabschnitte sind defizitäre Abwandlungen denkbar.

Im Abschnitt „*Beurteilung der Aufforderung*" kommen folgende defizitäre Abwandlungen in Frage:

a) Eine gegebene Situation wird nicht als Aufforderungssituation erkannt oder umgekehrt als solche mißverstanden.
b) Gegebene Aufforderungen können nicht abgelehnt bzw. nicht eigenständig abgewandelt werden.
c) Ein negativer Aufforderungsgehalt einer Situation (der Wunsch, die faktisch gegebenen Situation zu beseitigen) kann nicht in konkrete Zielsetzungen transferiert werden.
d) Die Aufmerksamkeit des Akteurs ist „scheuklappenartig" (vgl. Luhmann 1973) nur auf ein einziges Ziel gerichtet. Nur dieses wird bei der Beurteilung von Aufforderungsgehalten beachtet, andere Ziele werden von ihm vernachlässigt.

Als defizitäre Varianten im „*Suchprozeß*" können angesehen werden:

a) Die Erreichbarkeit von Zielen wird falsch eingeschätzt.
b) Die Auswahl von Mitteln erfolgt allein aufgrund ihrer instrumentellen Tauglichkeit für das Ziel; es findet keine Bewertung der Mittel aufgrund von Normen statt.
c) Nebenwirkungen von Mitteln (im Hinblick auf andere Ziele des Akteurs) werden nicht beachtet.
d) Es werden zu wenig alternative Möglichkeiten, das Ziel zu erreichen, erwogen.
e) Die Bildung von Zwischenzielen und die dementsprechend erforderliche Strukturierung einer Handlungsweise als *Sequenz* von Operationen erfolgt nicht oder nicht zureichend (vgl. Lösel 1975a, S.41).
f) In der Bewertung von Mitteln relativ zu Zielen oder beim Vergleich mehrerer Mittel untereinander treten instabile oder intransitive Präferenzen auf.

Die *Unfähigkeit*, eine in einem Planungs- und Abwägungsprozeß ausgewählte Handlungsweise tatsächlich *auszuführen*, kann auf einer Reihe von Gründen beruhen:

a) Die Ausführbarkeit des intendierten Handlungsergebnisses[1] wurde falsch beurteilt.
b) Die für die Ausführung des Handlungsergebnisses erforderliche Anstrengung wurde nicht geleistet (mangelnde physische Anstrengung oder mangelnde Auswertung von Informationen).
c) Die bei der Ausführung auftretende Furcht (vor bedrohlichen Aspekten einer Situation) kann nicht bewältigt werden.
d) Mißerfolg der Realisierung kann wegen negativer Selbstbewertung nicht in Kauf genommen werden.

In den bisherigen Überlegungen wurden als mögliche Gründe für die Präferenz krimineller Handlungsweisen lediglich Aspekte der Handlungsvorbereitung und -durchführung angeführt. Die Erklärung der Handlung durch Hinweise auf solche Gründe stellt gewissermaßen eine *erste Stufe* einer vollständigen Handlungserklärung dar.

Auf einer *zweiten Stufe* einer Handlungserklärung versucht man, die Entstehung derjenigen Aspekte der Handlungsvorbereitung oder -durchführung, die man für die Wahl krimineller Verhaltensalternativen für verantwortlich hält, nochmals auf bestimmte Bedingungen der Sozialisation (Familiensituation, frühere Erfahrungen, sozio-kulturelle Rahmenbedingungen) zurückzuführen. Meistens sind diese Bedingungen weder notwendig noch hinreichend für das Entstehen bestimmter Zielsetzungen, Werturteile, bestimmter Aspekte der Handlungsplanung oder -durchführung. Nur insofern als bestimmte Bedingungen der Sozialisation grundlegende Voraussetzungen der menschlichen Existenz oder der Erfahrungsbildung und Enkulturation betreffen, könnte man idealisierend annehmen, daß bestimmte Bedingungen bestimmte Handlungen *ermöglichen.* Hingegen kann praktisch ausgeschlossen werden, daß *hinreichende* Zusammenhänge zwischen Bedingungen und Handlungen bestehen. Daher ist die Handlungserklärung der zweiten Stufe normalerweise als ein auf einen Einzelfall bezogene *Rekonstruktion* anzusehen, zumal ja auch die sogenannten „Merkmale" von Sozialisationsprozessen kaum durch ein *klassifizierendes* Begriffssystem erfaßt werden können. So bedeutet die Bezeichung einer familiären Beziehung als „intakt" nicht, daß es eine finite Liste von verifizierbaren Bedingungen gibt, mit deren Hilfe Familien in „intakte" und „nicht intakte" eingeteilt werden können, sondern es wird ein gegebener Einzelfall aufgrund von Lebenserfahrungen einer idealtypischen Vorstellung von einer familiären Beziehung *zugeordnet.* Die „Logik" dieser Handlungserklärungen entspricht *nicht* dem deduktiv-nomologischen Erklärungsmodell.

3 Ein Fallbeispiel[2]

Im folgenden wird der Versuch gemacht, an Hand eines konkreten *Fallbeispiels* aufzuzeigen, wie eine Erklärung strafbarer Handlungen auf Grundlage einer handlungstheoretischen Orientierung vorgenommen werden kann.

Einem ledigen, 39-jährigen Mann, der beruflich als Interviewer tätig ist, wurde aufgrund zahlreicher Anzeigen von betroffenen Frauen und Mädchen der folgende Sachverhalt zur Last gelegt:

„Der Angeklagte neigt dazu, sich durch sexualbezogene Telefongespräche mit Mädchen und Frauen sexuell zu erregen. Die Gesprächspartnerinnen fand er in der Regel durch Zeitungsinserate mit Telefonnummern, in denen sie Stellen suchten, oder durch Sportberichte über junge Mädchen in den Zeitungen.

Diese rief er dann an und stellte sich wahrheitswidrig als Diplompsychologe, Doktor, Universitätsprofessor und ähnliches vor. Er gab vor, eine interessante Stelle anbieten zu können oder eine Testbefragung durchführen zu müssen, und begann, sobald die Telefonpartnerin auf diesen Trick hereinfiel, sie über sexuelle Vorgänge, Erfahrungen und Erlebnisse auszufragen. Aufkommenden Argwohn zerstreute er mit psychologisch verbrämten Ausführungen und dadurch, daß er Gespräche über sexuelle Dinge so gestaltete, daß die Gesprächspartnerinnen im wesentlichen nur zuzuhören brauchten. Meist forderte er, daß die Gesprächspartnerin nur allein in ihrem Zimmer sein sollte und redete zuweilen stundenlang auf sie ein. Ihm selbst gab dies sexuelle Befriedigung ab." (aus der Urteilsbegründung).

Die Anklage war wegen Beleidigung, Mißbrauch von Titeln und Berufsbezeichnungen und des sexuellen Mißbrauchs von Kindern erfolgt. Im Rahmen des Strafprozesses war die Schuldfähigkeit des Angeklagten zu beurteilen. Damit im Zusammenhang führte der *psychologische* Sachverständige im wesentlichen folgendes aus:

a) Motivation der Straftaten

Der Angeklagte sieht vier Möglichkeiten, seine sexuellen Bedürfnisse zu befriedigen:

a) Besuch bei Prostituierten
b) Besuch in der Peep-Show
c) Selbstbefriedigung
d) Telefonanrufe bei Mädchen zum Zwecke der sexuellen Stimulation.

Er vermag zwischen diesen Befriedigungsmöglichkeiten zu wählen und dabei die subjektiven Vorteile und Nachteile zu berücksichtigen und gegeneinander abzuwägen.

Prostituierte besuche er vorwiegend unter Alkoholeinfluß, da seien seine Hemmungen geringer und seine Bereitschaft zum direkten sexuellen Kontakt größer. Bei seinen Telefonanrufen stehe er hingegen nicht unter Alkoholeinfluß. Gefragt, worin für ihn der Anreiz liege, Mädchen oder Frauen anzurufen, führte A. wörtlich aus:

„Ein Vorteil von Telefonieren war der, daß ich eben echte Mädchen und Frauen aus dem Volk vor mir gehabt habe, daß ich mir g'sagt hab', das könnte die Tochter vom nächsten Nachbarn sein, jedenfalls niemand, der Liebesdienste oder sexuelle Handlungen nur vollbringt aufgrund der geschäftlichen Basis .... Ich hab' einen direkten Kontakt mit einer richtigen Frau oder einem richtigen Mädchen und kann mit der gleich alles so sexuell durchsprechen, Dinge, die sie sonst vielleicht nur ihrem Freund oder Mann sagt, das bespricht sie jetzt mit mir".

Nur etwa 10-20 Prozent der angerufenen Mädchen und Frauen hätten für ihn erkennbar negativ auf das Gespräch und auf die gestellten Fragen reagiert. In der Mehrheit aller von ihm geführten Telefongespräche wären von den Telefonpartnerinnen alle von ihm gestellten Fragen beantwortet worden, ohne daß für ihn Anzeichen von verletztem Schamgefühl subjektiv erkennbar gewesen wären.

A hat zu Frauen eine stark *ambivalente Einstellung.* Während im nüchternen Zustand die positive Einstellung zu Frauen, insbesondere im Zusammenhang mit Ehe und Familie, überwiegt, dominiert unter Alkoholeinfluß, wenn seine sexuellen Wünsche stärker werden, eine negative Einstellung zu Frauen, zumindest bevor es zu einer sexuellen Befriedigung bei Prostituierten kommt. Nach einem Kontakt mit Prostituierten fühlt er in der Regel Sehnsucht nach einer Frau, die zu ihm gehört und zu der er sich bekennen kann. Im noch unbefriedigten Zustand unter Alkoholeinfluß beginnt er in Lokalen bei geringfügigen Anlässen Streit mit Frauen und bemüht sich darum, sie zu kränken und herabzusetzen und sie dadurch davon abzuhalten, mit seinen männlichen Tischgenossen Kontakt aufzunehmen. Es ist schon vorgekommen, daß er Prostituierte dafür bezahlt, daß sie sich von ihm beschimpfen lassen. Er vermag sich nicht vorzustellen, daß eine Frau für ihn, so wie er ist, erotisches Interesse haben könnte. Er ist der Überzeugung, daß eine Frau nur durch Bezahlung zu einer sexuellen Interaktion mit ihm motiviert werden könnte. Er neigt dazu, seine männliche Potenz besonders zu betonen und berichtet daher bereitwillig und etwas übertrieben über alle seine sexuellen Erlebnisse. Für seine privaten Kontakte mit *Männern* ist charakteristisch, daß er *vorwiegend solche Kontaktpartner sucht, denen er sich überlegen fühlen kann.* Er habe in der Vergangenheit niemals eine gelungene erotische Beziehung zu einer Frau gehabt. Eine erste Chance für eine erotische Beziehung habe im Alter von 20 Jahren bestanden. Er habe zwei Arbeitskolleginnen gekannt und zu beiden eine Tendenz verspürt. Beide Mädchen waren schon mit einem anderen Mann befreundet. Zu dem ersten Mädchen verhielt er sich widersprüchlich, einerseits verbarg er sein Interesse an ihr und andererseits setzte er sie unter Entscheidungszwang. Das zweite Mädchen setzte er ebenfalls unter Entscheidungsdruck, konnte sie aber nicht für sich gewinnen. Seinem Eindruck nach sei er als Mittel mißbraucht worden, um ihren Partner eifersüchtig zu machen. Daraufhin habe er den Kontakt zu ihr abgebrochen. Er habe seither Angst, von Frauen enttäuscht zu werden. Wörtlich führt Herr A. aus:

„Ich glaube, das ist für mich ein ganz wesentlicher Grund, daß ich eine feste Partnerschaft nicht habe, weil ich möchte von vornherein einen Mißerfolg ausschließen".

b) Familiärer Hintergrund

Beide Eltern leben noch (Vater 84 J., Mutter 77 J.). Er habe einen 10 Jahre älteren Bruder, welcher im Alter von 10 Jahren ins Internat kam. Er lebe mit seinen Eltern zusammen. Seinen Vater schildert er diktatorisch und rechthaberisch. Sein Vater neige dazu, seine Mutter herabzusetzen und sie für den Mißerfolg der Erziehung ihrer Söhne verantwortlich zu machen. Sein Vater habe ihn in der Kindheit ebenfalls stark abgewertet und ihn insbesondere oft für dumm hingestellt. Früher habe er Angst vor dem Vater gehabt, nunmehr wolle er es ihm, seinem Vater „heimzahlen". Im Streit greife er heute seinen Vater massiv an, insbesondere dann, wenn dieser Schimpfwörter gebrauche.

Als sein Verhältnis zu seinem Vater vor etwa 5 Jahren etwas besser war, habe dieser ihm erzählt, daß die Mutter sich seit seiner Geburt vom Vater sexuell zurückgezogen hätte und sich ihm verweigert hätte, worauf der Vater sie als „frigide" abgestempelt habe. Als Kind habe er sehr an der Mutter gehangen. Er sei von der Mutter ziemlich verwöhnt worden, allerdings habe er wenig Zärtlichkeiten von ihr bekommen. Er sei von den Eltern in keiner Hinsicht sexuell aufgeklärt worden. Im Alter von etwa 11-12 Jahren, nachdem er von Klassenkameraden aufgeklärt worden war, habe die Mutter ihm bei insbesondere zwei Anlässen ihre negative Einstellung zur Sexualität deutlich gemacht.

c) Beurteilung

A. vermag zwischen mehreren Möglichkeiten der sexuellen Befriedigung zu wählen und Vorteile und Nachteile der jeweiligen Befriedigungsarten gegeneinander abzuwägen. Sein Geschlechtstrieb ist nicht übermäßig. Er wählt die Befriedigungsart des Telefonanrufes, um, wie er sich ausdrückt, mit „richtigen Frauen", mit „Privatmädchen" in Kontakt zu kommen. Er achtet dabei sehr stark auf Anzeichen von Zustimmung und Ablehnung bei seinen Telefonpartnerinnen und berücksichtigt diese Reaktionen bei der weiteren Gesprächsführung. Er wählt das Mittel des Telefonanrufes, weil sein beschädigtes Selbstwertgefühl, insbesondere seine Überzeugung, daß er so, wie er ist, für eine „richtige" Frau nicht attraktiv sein kann, ihm im Wege steht und es ihm unmöglich macht, auf normale Weise Kontakte zu Frauen anzubahnen. Zum Teil, um seinen Mißerfolg zu reduzieren, zum Teil, weil er keinen anderen Weg sieht, seine Kontakthemmungen zu überwinden, versteckt er sich hinter akademischen Titeln und verschafft sich dadurch den Anschein von Legitimation, um mit Frauen über sexuelle Belange reden zu können. Da er sich nicht vorstellen kann, daß eine Frau ihm, ohne daß er dafür bezahlen muß, sexuell entgegenkommen könnte, spiegelt er seinen Telefonpartnerinnen fingierte Stellenangebote vor. Sein Problem besteht in folgendem Dilemma: Er hat nur die Wahl, bei Prostituierten die käufliche „Liebe" zu suchen oder aber über den Umweg einer strafbaren Handlung sich einen illegitimen Zugang zu anständigen Frauen oder Mädchen zu verschaffen.

A. sei zwar aufgrund einer neurotischen Störung außerstande, normale heterosexuelle Partnerschaften einzugehen, jedoch gebe es keinen zwingenden Zusammenhang zwischen der neurotischen Störung und den Telefonanrufen. Vielmehr bleibe die Freiheit der Wahl zwischen mehreren, allerdings durchwegs nicht voll befriedigenden Handlungsalternativen erhalten. (Auszug aus dem Gutachten).

Das Gericht verurteilte A. als Wiederholungstäter zu einer Freiheitsstrafe und ordnete außerdem die Unterbringung des Angeklagten in einem psychiatrischen Krankenhaus an. Aufgrund eines Revisionsverfahrens wurde das Urteil jedoch aufgehoben, soweit A. wegen sexuellen Mißbrauchs von Kindern verurteilt worden ist; daher wurde auch die Einweisung in ein psychiatrisches Krankenhaus aufgehoben.

Psychologische Explorationen, welche mit dem Angeklagten nach seiner Entlassung aus der Strafanstalt geführt wurden, erbrachten folgende Ergebnisse:

a) A. hat während der Inhaftierung eine homoerotische Beziehung zu einem wesentlich jüngeren Mann aufgenommen. Anreiz für die Aufnahme und Fortsetzung der Beziehung war zunächst die spezielle Situation in der Männerstrafanstalt, später die Anhänglichkeit, Unterlegenheit und fast grenzenlose Willfährigkeit des Kontaktpartners.
b) Nach der Entlassung zeigte A. wieder größeres Interesse am weiblichen Geschlecht. Er besuchte wieder die Peep-Show, wobei es ihm vor allem darauf ankam, daß die Prostituierte seinen Penis beim Onanieren betrachtete. Während er ursprünglich diese Situation völlig anonym gestaltete, versuchte er später ein größeres Maß an Offenheit zu realisieren, indem er die Prostituierte auf seinen speziellen Wunsch ansprach. Schließlich versuchte er, an eine Frau in mittlerem Alter, die er über eine Kontaktanzeige kennengelernt hatte, diesen speziellen Wunsch heranzutragen. Kontakte mit Frauen, welche im persönlichen Gespräch sich ergeben, verfolgt er nicht weiter, weil er fürchtet, daß die Frau ihn erotisch abweisen würde oder aber ihm im Verlauf der Beziehung die Position des Überlegenen nicht lassen würde.
c) A. berichtet häufig über Angstgefühle, konnte aber keine Gründe nennen. Im Rahmen der psychologischen Beratung gelang es zufällig, das Angstgefühl hervorzurufen, als der Psychologe in den Raum trat, in dem A. wartete (Auslöser: Schritte, Türöffnen). A. erinnerte sich daraufhin an folgende Situationen:

1) Im Alter von 5 Jahren sei die Mutter überraschend ins Zimmer gekommen, als er sich gerade nackt ausgezogen hatte und seinen Körper mit einer Taschenlampe beleuchtete. Die Reaktion der Mutter war extrem ablehnend.

2) Im Alter von 10-11 Jahren wurde A. zusammen mit seiner Mutter von seinem Bruder, der mittlerweile aus dem Internat zurückgekehrt war und ein Studium begonnen hatte, im alkoholisierten Zustand öfters bedroht. (Diese Bedrohungen sollen von seiten des Bruders spaßhaft gemeint gewesen sein, wurden aber von A. nicht in dieser Weise aufgefaßt).

3) Im Alter von 16 trat der Lehrherr in den Raum, in dem A. Registraturarbeiten verrichtete, und behandelte ihn außerordentlich zurücksetzend.
Im täglichen Leben tritt das Angstgefühl jedenfalls *nicht* auf, wenn der Vater verreist ist. Aufgrund dieser Daten blieb es unklar, ob das Angstgefühl eher „Furcht vor Mißbilligung des sexuellen Verhaltens" oder „Aggression gegen den Vater" bedeutet.

d) Im Kindesalter durfte A. während der beruflichen bedingten längeren Abwesenheiten des Vaters im Bett der Mutter schlafen. Sie hat beim Umkleiden immer das Licht ausgemacht, damit A. nichts von ihrem Körper sehen konnte. Sobald der Vater wieder zurück war, verlor A. dieses „Privileg" und mußte sich dann hauptsächlich in seinem Zimmer aufhalten.
e) Die Mutter bevorzugt A. als Kontaktpartner. Der Vater wird von A. als „Störenfried" erlebt.
f) Fortdauernde Rivalitätsbeziehung zum Vater, in welcher jeder der beiden versucht, den anderen herauszufordern und herabzusetzen. (Auch der Vater beklagt, daß sich seine Frau seit Geburt von A. von ihm erotisch abgewandt habe).
g) A. neigt dazu, Frauen in zwei Klassen einzuteilen: „anständige Frauen", zu denen er einen „seelischen" Kontakt sucht (auf die er nicht sexuell reagiert) und „Huren", auf die er sexuell reagiert und die er dafür verachtet.
h) Die Mutter ist sehr religiös (katholisch). Gleichwohl ist sie in zweiter Ehe verheiratet.
i) Die Einweisung des älteren Bruders von A. in das Internat erfolgte auf Initiative des Vaters gegen den Widerstand der Mutter. Der Vater wollte auch A. ins Internat einweisen, konnte sich aber gegen die Mutter nicht mehr durchsetzen.
j) Die Mutter hat sich A. gegenüber immer nachgiebig verhalten. Sie hat ihm nie Grenzen gesetzt, sondern alles für gut befunden, was er tat und ihn als Kind eher in der Position des Unselbständigen gehalten. Sie versucht bei Streitigkeiten zu vermitteln, ergreift nicht Partei und geht Problemen und Schwierigkeiten aus dem Wege. Sie neigt dazu, sich über andere Frauen mißbilligend zu äußern. Als A. einen aussichtsreichen Kontaktversuch zu einer Frau unternimmt, reagiert sie ausgesprochen eifersüchtig.

4 Auswertung des Fallbeispiels nach theoretischen und methodischen Gesichtspunkten.

Bei dem Versuch, die vorliegende Straftat unter Zuhilfenahme der Explorationsergebnisse zu erklären, drängt sich eine *psychoanalytische Interpretation* auf: *A. habe den öpidalen Konflikt nicht bewältigt.* Er fühle sich nach wie vor als Rivale seines Vaters um die Gunst der Mutter.

Nimmt man diese Interpretation an, so werden nicht nur die einzelnen Daten mit der Straftat in einen Zusammenhang gebracht, sondern die einzelnen Daten werden auch in ihrem Zusammenhang besser verständlich. Vor allem ist die Annahme eines nicht bewältigten öpidalen Konflikts die einzige Interpretation, welche erklären kann, warum es an und für sich unentscheidbar ist, ob das von A. berichtete „Angstgefühl" eher „Furcht vor Mißbilligung des sexuellen Verhaltens" oder „Aggression gegen den Vater" bedeutet.

Ein fraglicher Punkt ist die Tatsache, daß aus der Sicht von A. jegliche seiner Aktivitäten (sexuelle Betätigung, Alkoholgenuß, viel Reden) als Mittel zur Beseitigung seiner „Angst" erscheint. Seine „Angst" muß wohl auf eine *existentielle Bedrohung* hinweisen. Es ist aber nicht rekonstruierbar, ob der Vater für A. eine existentielle Bedrohung dargestellt hat. Sicherlich wurden Handlungsweisen des Bruders von A. als existentielle Bedrohung empfunden. Im einzelnen würde man zur Erklärung der Straftat folgende Annahmen treffen:

a) A. möchte vom Zustand der Unterlegenheit in die Position des Überlegenen gelangen. Die objektiv nicht mehr vorhandene, aber immer gefühlte Unterlegenheit dem Vater gegenüber muß anderweitig kompensiert werden.
b) A. möchte die Mutter dazu veranlassen, ihre Mißbilligung seiner sexuellen Handlungen aufzuheben. Solange ihm dies nicht gelungen ist, sucht er eine „Ersatzmutter". Prostituierte sind als „Ersatzmutter" wenig geeignet, da man für ihre Dienste bezahlen muß und sie nicht „anständig" sind (d.h. nicht sind wie seine Mutter). Daher führt der Besuch bei Prostituierten nicht zu einem für A. völlig befriedigenden Resultat.
c) A. identifiziert sich mit Wertvorstellungen seiner Eltern. Von seinem Vater hat er die Tendenz übernommen, die Verfügbarkeit über Frauen anzustreben. Von der Mutter hat er die Neigung übernommen, Frauen in „anständige" und „nicht anständige" einzuteilen.
d) A. hat noch nicht begriffen, daß sich seine Lebenslage seit Kindheit und Jugendalter grundsätzlich geändert hat. A. ist jetzt seinem Vater körperlich und geistig überlegen. Seine Gefühle seinem Vater gegenüber beziehen sich immer noch auf die früher erlebte Unterlegenheit.
e) Die Telefonanrufe ermöglichen für A. die Befriedigung folgender Motive: 1) Überlegenheit der Frau gegenüber, 2) sexuelle Neugier, 3) die mütterliche Tabuierung sexualbezogener Verhaltensweisen wird erfolgreich durchbrochen, 4) es ist für A. nicht erforderlich, sich von der Mutter abzulösen.

Auf einer inhaltlichen Ebene sind zwischen einer psychoanalytischen Erklärung und einer handlungstheoretischen Erklärung kaum Unterschiede feststellbar.

Als Grund für dieses überraschende Resultat kann angeführt werden, daß der handlungstheoretische Ansatz eine Art von *Meta-Theorie* darstellt, auf deren Grundlage herkömmliche psychologische Theorien expliziert werden können. Die Methode der Explikation wird üblicherweise angewandt, wenn es darum geht, die Bedeutung von zunächst unklaren Begriffen zu analysieren. Das Resultat der Explikation (Explikat) kann im Verhältnis zum ursprünglichen Begriff (Explikandum) danach bewertet werden, ob das Explikat dem Explikandum genügend *ähnlich* ist, ob es *präziser* ist als das Explikandum, ob es genügend *einfach* und *heuristisch fruchtbar* ist. In ganz analoger Weise können theoretische Vorstellungen behandelt und das Resultat dieser Bemühungen nach den obigen Kriterien bewertet werden.

Als *Präzisionsgewinn* wird man sicherlich das *zweistufige handlungstheoretische Erklärungsprinzip* ansehen: Auf der ersten Stufe der Erklärung will man die Alternativen des Sichverhaltens, die A. zur Wahl stehen, darstellen und sowohl die gewählten als auch die nicht gewählten Alternativen auf ihre Implikationen und möglichen Konsequenzen für den Akteur untersuchen. Bei dieser Analyse geht man von einer Rekonstruktion der Perspektive des Handelnden aus, die vom Standpunkt eines Betrachters vorgenommen wird.

Auf der *zweiten* Stufe der Erklärung ist man bemüht, danach zu fragen, wie die Eigenart der *Handlungsorientierungen* des Akteurs (Zielsetzungen, Beurteilungsprozesse, Mittelwahlen, u.a.m.) auf bestimmte *Lebensumstände* zurückgeführt werden können.

Als Gewinn an *Einfachheit* oder *Ökonomie* wird man hervorheben können, daß das handlungstheoretische Explikat weniger problematische Annahmen enthält als die originale psychoanalytische Theorie. Ein orthodoxer Psychoanalytiker würde im vorliegenden Fall vielleicht „Kastrationsangst" als *unbewußtes Motiv* für die Handlungen von A. annehmen. Zumindest im vorliegenden Fall kann man aus handlungstheoretischer Perspektive auf die Annahme *unbewußter Motive* verzichten und sich mit der schwächeren Annahme begnügen, daß bestimmte Orientierungen des Handelns für den Akteur einen stabilen mentalen *Hintergrund* bilden, den zu erkennen für den Akteur deshalb schwierig ist, weil dieser *Orientierungshintergrund* in allen Handlungen, die zu einer bestimmten Handlungssituation gehören, gleichsam wie eine Konstante impliziert ist. Erst durch *reflexive Prozesse,* die durch ein Gespräch mit einem Psychologen eingeleitet oder gefördert werden können, vermag der Akteur zu erkennen, daß ein *Orientierungshintergrund* nicht eine *notwendige* Implikation jedes Handelns ist und daß das Handeln auch auf ganz anderen Voraussetzungen beruhen könnte. Der Orientierungshintergrund wird vom Akteur als *persönliche Orientierung* nur in Differenz zu anderen möglichen Orientierungen erkannt. Man wird diesen Orientierungshintergrund daher eher „vorbewußt" nennen. Erst als Ergebnis reflexiver Prozesse wird es für den Akteur möglich zu fragen, wodurch die Besonderheit seines Orientierungshintergunds entstanden sein könnte. Im vorliegenden Fall wird man beispielweise *inadäquate Verallgemeinerungen* für wesentlich halten: Aus der Erfahrung von A., daß seine Mutter sexuelle Handlungen mißbilligt, folgt für ihn, daß alle „anständigen" Frauen sexuelle Handlungen mißbilligen. Wir können daraus ersehen, daß im Prinzip eine *logische Sprache* zur Beschreibung der handlungsleitenden Kognitionen ausreicht (vgl. Kelly 1955).

Schwieriger ist es, die *heuristische Fruchtbarkeit* der handlungstheoretischen Explikation einzuschätzen. Ein Anhänger der analytischen Wissenschaftstheorie oder des logischen Empirismus würde primär danach fragen, ob die Explikation erlaubt, neue Gesetzmäßigkeiten zu formulieren (vgl. Carnap 1951, Leinfellner 1967, Essler 1970). Nun besteht aber beträchtlicher Zweifel, ob die Erklärung des vorliegenden Falles überhaupt als Subsumtion unter ein nomologisches Aussagesystem verstanden werden kann. Zu erwägen wäre lediglich die Annahme von Gesetzen der Art, daß bestimmte Bedingungen für die Entstehung bestimmter Verhaltensweisen oder Kognitionen *notwendig* sind.

Ist es aber tatsächlich zulässig ein Gesetz aufzustellen, daß *jeder* körperlich gesunde Mann, der nicht imstande ist, zu Frauen erotische Beziehungen anzuknüpfen, eine Mutter hat, die ihn vor dem Vater bevorzugt und dabei sexuelle Äußerungen mißbilligt? Oder handelt es sich bei dieser Annahme um einen postulierten „typischen" Zusammenhang, deren praktische Bewährung sich daraus ergibt, daß sie leicht fallspezifisch durch Hinzufügung oder Weglassen von Kontextmerkmalen abgewandelt werden kann?

Angesichts der Unklarheiten ist es erforderlich, ein allgemeines Verständnis von „heuristischer Fruchtbarkeit" zu entwickeln und die Beurteilung der handlungstheoretischen Explikation darauf zu beziehen. Allgemein läßt sich die Behauptung aufstellen, daß die handlungstheoretische Explikation deswegen heuristisch fruchtbar ist, weil sie *Disponibilität der Handlungsorientierungen* unterstellt. Der Akteur kann nicht nur seine Wahlen und Präferenzen, seine Erwartungen und Zielsetzungen, sondern auch den Orientierungshintergrund des Handelns aufgrund von Reflexionsprozessen revidieren. Durch Festhalten an diesem Grundsatz ergeben sich für psychotherapeutische Bemühungen größere Spielräume. In einem speziellen Sinn kann „heuristische Fruchtbarkeit" bedeuten, daß neuartige *Fragen* formuliert werden können. Im vorliegenden Fall kann danach gefragt werden, *aufgrund welcher Kriterien* A. seinen „Erfolg" „Mißerfolg" in Kontaktversuchen mit Frauen oder im Streit mit seinem Vater beurteilt und ob die Wahl der Kriterien revidiert werden kann.

Am gravierendsten sind sicher die Erkenntnismöglichkeiten einzuschätzen, die sich allein aus der Befolgung des methodischen Postulats ergeben, daß der Analysierende ständig den Konsens mit dem Analysierten suchen soll. Die Interpretationen des Psychologen haben dann den Charakter von Vorschlägen, die der Akteur im Gespräch annehmen oder ablehnen kann. Eine Ablehnung wird nicht als „Widerstand" gewertet. Eine momentane Ablehung einer Deutung durch den Klienten muß in einem späteren Konsens aufgeklärt und aufgehoben werden. Daher kann eine psychologische Erklärung auf handlungstheoretischer Basis auch nicht gegen Einwände immunisiert werden. Das Prinzip der kritischen Prüfung wird nicht außer Kraft gesetzt.

Anmerkungen

1 Zur terminologischen Unterscheidung zwischen *Ergebnis* und *Folge* einer Handlung siehe v. Wright (1974), Werbik (1978) und Heckhausen (1980).
2 Die Fallbeschreibung wurde in der vorliegenden Form vom Betroffenen als zutreffend anerkannt.

Peter Dillig

„Klassische" sozialstrukturelle Kriminalitätstheorien und ihr psychologischer Gehalt

1 Problemstellung

Als „klassische" sozialstrukturelle Kriminalitätstheorien werden im folgenden die Anomietheorie Mertons, die Subkulturtheorie Millers, die Entstehungsbedingungen von Bandendelinquenz nach Cohen und die Chancen-Struktur-Theorie von Cloward u. Ohlin betrachtet. Wichtiger als die resümierende Darstellung dieser Theorien ist es dem Autor im vorliegenden Kontext, Pobleme dieser Theorien aus der Sicht des Psychologen aufzuzeigen. Aus der Kenntnis ihrer Erklärungsprinzipien, ihrer Vorzüge wie auch Mängel, der Enge oder Weite ihrer Erklärungsbereiche lassen sich Ziele für die Entwicklung neuer Theorien oder Kriterien für die Auswahl und Weiterentwicklung vorliegender Theorien ableiten.

2 Ausgewählte sozialstrukturelle Kriminalitätstheorien

Sozialstrukturelle Kriminalitätstheorien gehen aus von der „Struktur eines sozialen Systems" (Lamnek 1979, 305). Die Ergebnisse gesellschaftlicher Strukturierungsprozesse sind unter eher historischer Perspektive die sozialen Klassen („Arbeiterklasse", „Klasse der Besitzenden") und soziale Schichten („Ober-", „Mittel" und „Unterschicht"). Personen verschiedener Schichten unterscheiden sich neben dem sozialen Status auch hinsichtlich Merkmalen wie Prestige, Bildung, Einkommen, Wohngegend u.a. (Schäfers 1976, 4 f.). Sozialstrukturelle Kriminalitätstheorien versuchen die Entstehung abweichenden Verhaltens aus den unterschiedlichen Bedingungen, denen Personen verschiedener Schichten ausgesetzt sind, zu erklären.

2.1 Anomietheorie – Durkheim und Merton

Die Anomietheorie (Merton 1957, in Sack u. König 1968, 283-313) geht zurück auf Durkheim (1895). Durkheim konstatierte einen zunehmenden Mangel an „sozial befriedigenden, solidarischen Kontakten zwischen den Gesellschaftsmitgliedern" (Kerscher 1977, 35), der durch den hohen Grad an Arbeitsteilung (in modernen Industriegesellschaften aus Gründen der Produktionssteigerung notwendig) entstehe. Diesen Zustand der sozialen Desintegration bezeichnet Durkheim als anomisch.

Ausgangspunkt seiner Überlegungen war die Beobachtung verschieden hoher Selbstmordraten bei verschiedenen Personengruppen (Protestanten – Katholiken; Verheiratete – Unverheiratete) und in Zeiten drastischer wirtschaftlicher Veränderungen (Depression, Prosperität). Den durch Konjunkturschwankungen ausgelösten Selbstmord bezeichnet Durkheim als „anomischen Selbstmord". Anomie, ein Zustand der Normenlosigkeit und des Zusammenbrechens bisher gültiger Werte und Verhaltensorientierungen, wird somit zur Erklärung von Selbstmord herangezogen.

2.1.1 Die Grundannahmen in Mertons Anomietheorie

Der Anomie-Begriff fand im strukturell-funktionalen Modell von Merton (1951, 1968) 40 Jahre später erneut Verwendung. Wir stellen dieses Modell etwas ausführlicher dar, da die nachfolgend zu diskutierenden Ansätze häufig darauf zurückgreifen. Grundlegende Sätze der Mertonschen Anomietheorie sind: Die soziale Umwelt eines Individuums läßt sich nach seiner kulturellen Struktur (eher ideell) und der sozialen Struktur (faktisch gegeben) differenzieren. Die kulturelle Struktur ist das System von Zielen, Absichten und Interessen, die von den mächtigeren Gesellschaftsmitgliedern festgelegt wurden – die kulturellen Ziele.

Neben diesen Zielen liegen auch die Mittel und Wege fest, die zur Zielerreichung möglich sind, die empfohlen oder geduldet werden oder aber verboten sind. Institutionen sozialer Kontrolle wachen darüber, daß verbotene Mittel zur Zielerreichung nicht verwendet werden. Die soziale Struktur der Umwelt eines Individuums hingegen bestimmt seine realen Möglichkeiten, seine Chancen, unter Einsatz legitimer Mittel die verbindlichen Ziele zu erreichen. So sind z.B. in den westlichen Industrienationen Reichtum, Einfluß, Status und ein gehobener Lebensstandard solche kulturell festgelegten Ziele. Die legitimen Mittel zu ihrer Erreichung sind Leistungsbereitschaft (gepaart mit Sparsamkeit), Leistungsfähigkeit und Aktivität. Günstiges Herkunftsmilieu einer Person, gute Schulleistungen und eine abgeschlossene Berufsausbildung erleichtern ihr den Zugang zu legitimen Mitteln. Ihre Herkunft aus schlechten Sozialisationsbedingungen, aus einer verrufenen Wohngegend, ihr Schulversagen oder der Verzicht auf eine Berufsausbildung erschweren den Zugang zu legitimen Mitteln oder machen ihn ganz unmöglich. Der Zugang zu den legitimen Mitteln variiert also in Abhängigkeit von den sozialstrukturellen Möglichkeiten einer Person.

Nun ist die kulturell vorgegebene Beziehung „Ziele-legitime Mittel" nicht starr. In manchen Gesellschaften oder in gleichen Gesellschaften zu verschiedenen Zeiten dominiert ein Ziel; die Mittel, dieses Ziel zu erreichen, sind aber wenig institutionalisiert. In diesen Gesellschaften herrscht Anomie vor: „Als Anomie wird schließlich der Zusammenbruch der kulturellen Struktur bezeichnet (also der Zusammenbruch der verhaltenssteuernden Kraft ideeller Ziel-Mittel-Relationen – P.D.), der besonders dort erfolgt, wo eine scharfe Diskrepanz besteht zwischen kulturellen Normen und Zielen einerseits und den sozial-strukturellen Möglichkeiten, in Übereinstimmung hiermit zu handeln andererseits" (Merton 1968, 292). Diese anomische Struktur übt Druck auf ihre Mitglieder aus, nach alternativen Reaktionsmustern zu suchen. Die verschiedenen Reaktionsformen sind in Tabelle 1 dargestellt.

Tabelle 1: Typologie der Arten individueller Anpassung (nach Merton 1968, 293)

Arten der Anpassung	Kulturelle Ziele	Institutionalisierte Mittel
1. Konformität	+	+
2. Innovation (Neuerung)	+	–
3. Ritualismus	–	+
4. Apathie (Rückzug)	–	–
5. Rebellion	(±)	(±)

(+ = Akzeptierung; – = Ablehnung; + = Ablehnung herrschender und Substitution durch neue Werte)

„Konformität bedeutet, daß sowohl die Ziele wie auch die Mittel bejaht werden" (Kerscher 1977, 40). Dieses Anpassungsmuster dominiert vor allem in stabilen Gesellschaften. Der Anpassungmechanismus „Innovation" wird dagegen mit der Entstehung von Devianz in Verbindung gebracht. Das Erfolgsziel – z.B. Wohlstand – wird von allen Personen akzeptiert, zur Erreichung dieses Zieles aber werden andere als die erlaubten (institutionalisierten) Mittel (z.B. arbeiten und/oder sparen) eingesetzt, nämlich Raub, Diebstahl, organisiertes Verbrechen u.ä.. Da Personen der unteren Schichten mit mangelnder Schul-/Berufsausbildung der Zugang zu institutionalisierten Mitteln und Wegen erschwert oder ganz verwehrt ist, greifen sie am ehesten zu illegitimen Mitteln, um zu Geld zu kommen. Deshalb liegt „der stärkste Druck zu abweichendem Verhalten auf den niederen Schichten" (Merton 1968, 296).

In der Reaktionsform Ritualismus wird das Ziel verändert – abgewertet oder ganz aufgegeben – und die Beachtung der legitimen Mittel zwanghaft beibehalten. „Rückzug, Desinteresse, Apathie" (Merton 1968, 309) sind eine andere Form, auf anomische Zustände zu reagieren. Hier werden kulturelle Ziele – wie auch legitime Mittel abgelehnt. „Landstreicher, Gammler und Süchtige sind solche Eskapisten" (Kerscher 1977, 40). Rebellen verwerfen Ziele und Mittel und ersetzen sie durch neue. Somit sind Innovation und Rückzug jene Reaktionsmuster auf anomische gesellschaftliche Zustände, die am ehesten abweichendes Verhalten zeitigen.

2.1.2 Kritik an Mertons Anomietheorie

Mertons Erklärungsansatz ist in der Fachliteratur mit den unterschiedlichsten Argumenten kritisiert worden und nicht alle Kritikpunkte können hier aufgeführt und diskutiert werden (zusammenfassend etwa Wiswede 1973, 1979, 120 f.; Lamnek 1979). Von einigen Kritikern wird die Frage aufgeworfen, ob das Modell nicht nur ein Klassifikationsschema für abweichendes Verhalten ist, das sich zur Beschreibung und Bestimmung verschiedener Typen von Abweichlern eignet, nicht aber ihre Entstehung erklärt. So ist z.B. der „Säufer" als Typ klassifizierbar, der sowohl die Ziele wie auch die Mittel zur Zielerreichung ablehnt, insofern aus der Gesellschaft aussteigt. Warum er dies tut – die Frage, die ein Erklärungsmodell beantworten sollte – bleibt ungeklärt (Lamnek 1979, 123).

Auch bei Verwendung dieses Modells als Deskriptionshilfe läßt sich das Typenkonzept hinterfragen. Vermutlich läuft die Akzeptanz bzw. Ablehnung von Zielen und Mitteln nicht „nach dem Schema ‚alles oder nichts‘ (ab), sondern graduell und differentiell“ (Wiswede 1973, 43). Auch dürften die Reaktionsmuster nicht unbedingt über längere Zeit konstant bleiben. Es wäre etwa denkbar, daß der Unterschichtvater tags rituell seine Arbeit verrichtet, abends Rückzugsverhalten zeigt, indem er trinkt, im übrigen sich aber konform verhält.

In Antwort auf diese Kritik wurden Differenzierungen der Typologie Mertons vorgeschlagen: so von Dubin (1959, 1967), der neben den kulturellen Zielen zwischen institutionalisierten Normen („Übersetzungen der Ziele“; Lamnek 1979, 128) und den institutionalisierten Mitteln (den konkreten Verhaltensweisen) unterscheidet. Harary (1966) empfahl, neben Befürwortung bzw. Ablehnung der Mittel und Ziele noch die Kategorie der Indifferenz ihnen gegenüber einzuführen, was zu neun Typen der Situationsbewältigung führte. Die Erweiterungen der Mertonschen Typologie sind weitgehend bedeutungslos geblieben, da mit Zunahme der Zahl von Typen auch die eindeutige Klassifizierung von Personen erschwert war.

Nicht unproblematisch ist weiterhin die Annahme von Merton (1968, 298), daß „bestimmte gemeinsame Erfolgsziele für die ganze Bevölkerung“ gelten. Dieser Annahme wird von Miller (1968) durch die Formulierung spezifischer Kristallisationspunkte für die Unterschicht entschieden widersprochen. Welche Ziele und welche institutionalisierten Mittel Merton als für die ganze Bevölkerung gemeinsam gültig vermutet, bleibt wegen fehlender Explikation unklar. Wenn überhaupt, so kann mit diesem Modell logisch konsistent nur die Entstehung abweichenden Verhaltens von Unterschichtangehörigen erklärt werden, denn nur bei ihnen treten anomische Zustände auf: „hohe Intensität eines bestimmten Zieles, geringe Intensität der Normen, wenige oder gar keine verfügbaren Mittel“ (Wiswede 1973, 146). Ein anomischer Zustand wäre demnach nicht bei Angehörigen der Mittel- oder gar der Oberschicht gegeben, dennoch aber werden auch solche Individuen kriminell.

In einer Präzisierung und Explikation der Anomietheorie von Opp (1974, 133) werden die Ziele und Mittel nach ihren Intensitätsgraden unterschieden und weiterhin der Grad der Zugangsmöglichkeiten zu legitimen und illegitimen Mitteln bestimmt. Diese Differenzierungen erleichtern den Einbezug von Personeneigenschaften zur Erklärung der Entstehung von Devianz.

Weniger bei der Präzisierung der Anomietheorie durch Opp, wohl aber in ihrer ursprünglichen Konzeption fehlt aus psychologischer Sicht die stärkere Berücksichtigung und Einbeziehung von Merkmalen der individuellen Umwelt und der persönlichen Lerngeschichte. Eine Reihe von Fragen können deshalb mit dieser Theorie nicht beantwortet werden: Welche der gesamtgesellschaftlichen Ziele übernimmt eine Person für sich und warum? Mit welcher Intensität verfolgt sie diese? Welche legitimen und illegitimen Mittel zur Zielerreichung kennt sie, wie leicht hat sie Zugang zu diesen und wie verschafft sie sich ihn? Wie sehr leidet sie unter dem mangelnden Zugang zu legitimen Mitteln und was unternimmt sie dagegen? Die Erweiterung der Theorie durch den Einbezug von Merkmalen der Sozialisationsgeschichte einer Person und den daraus ableitbaren Handlungsbedingungen ließe die Beantwortung einiger der oben gestellten Fragen zu. So bestimmen beispielsweise Erziehungsziele und Erziehungstechniken der Eltern die Zielwahl einer Person (vgl. Kury 1980). Frustrationstoleranz, Aufschub kurzfristiger, aber kleiner Belohnungen zugunsten langfristiger größerer, Handlungsplanung und Handlungskontrolle (Lösel 1975a) u.a. bestimmen die Intensität, mit der die Zielerreichung angestrebt wird. Diese und ähnliche Faktoren beeinflussen auch die Anwendungswahrscheinlichkeit von legitimen und illegitimen Mitteln (Elliott u. Voss 1974, 32 f.).

2.2 *Theorie der differentiellen Kontakte nach Sutherland*

Im Unterschied zur makrosoziologischen Perspektive von Merton und im Unterschied zu dessen Intention, die Kriminalitätsraten verschiedener Gruppen oder Schichten zu erklären, betrachtet Sutherland kriminelles Verhalten „vom Standpunkt der Person, die kriminelles Verhalten zeigt" (Sutherland 1956, in Sack u. König 1968, 398 f.). Situative Gegebenheiten und Bedingungen ihrer Lebens- und Sozialisationsgeschichte führen zur Ausübung kriminellen Verhaltens.

2.2.1 *Grundannahmen der Theorie Sutherlands*

Kriminelles Verhalten ist nach Sutherland (1968, 395-399) wie jedes andere Verhalten erlernt (also nicht ererbt). Es wird erlernt in Interaktion mit anderen Personen, insbesondere in intimen Personengruppen (d.h., daß z.B. Massenmedien nur einen geringen Einfluß auf die Entstehung von Kriminalität haben). „Das Erlernen kriminellen Verhaltens schließt das Lernen

a) der Techniken zur Ausführung des Verbrechens (...),
b) die spezifische Richtung von Motiven, Trieben, Rationalisierungen und Attitüden ein" (Sutherland 1968, 396).

Eine Person wird kriminell, wenn wichtige Bezugspersonen in ihrer sozialen Umwelt Gesetzesverletzungen befürworten und die Befolgung von Gesetzen ablehnen. Das ist das Prinzip der differentiellen Kontakte. Vereinfacht ausgedrückt heißt das, daß eine Person kriminell wird, wenn sie schlechten Umgang hat. „Die differentiellen Kontakte variieren nach Häufigkeit, Dauer, Priorität und Intensität" (Sutherland 1968, 397). Je öfter also eine Person Kontakte zu kriminellen Verhaltensmuster hat, je länger diese Kontakte dauern, je früher in ihrem Leben eine Person solche Kontakte hatte und je emotional bedeutsamer sie waren oder noch sind, desto häufiger zeigt sie Fehlverhalten bzw. desto schwerer sind ihre Verhaltensabweichungen. Daß kriminelles Verhalten über verschieden Lernprinzipien erworben wird und nicht Ausdruck bestimmter Bedürfnisse und Werte ist, wird in den beiden letzten Postulaten von Sutherland ausgeführt.

2.2.2 *Kritik an der Theorie der differentiellen Kontakte*

Die zentrale These dieser Theorie lautet: „Wenn Personen kriminell werden, geschieht dies aufgrund von Kontakten mit kriminellen Verhaltensmustern und der Isolierung von nicht-kriminellen Verhaltensmustern" (Sutherland 1968, 397). Dieser Satz zeigt aber auch das Dilemma des Ansatzes: um zu erklären, warum eine Person kriminell wird, ist es notwendig, zu erklären, warum sie die Kontakte hat, die sie tätsächlich hat. Im Falle „kriminellen" Familienmilieus ist diese Begründung einfach. Beim Fehlen solcher Bedingungen muß unter Rekurs auf soziologische Theorien angegeben werden, warum eine Person eine bestimmte Bezugsgruppe mit bestimmten Normen wählt (etwa weil die Gruppe ähnliche Norm- und Wertvorstellungen wie sie selbst hat), und wann eine Person sich mit dieser Bezugsgruppe identifiziert und die dort geltenden Verhaltensnormen übernimmt (Hartley 1968, Miller 1963). Demnach ist die Theorie Sutherlands partiell unvollständig; so müssen zusätzlich andere Teiltheorien herangezogen werden, um die Entstehung von Kriminalität nach diesem Postulatsystem von Sutherland zu erklären.

Dabei könnte auch unter Anwendung der Annahmen allgemeiner Lerntheorien, insbesondere dem Bekräftigungs- und Modellernen begründet werden, unter welchen Bedingungen die Kontaktnahme eines Individuums zu anderen Personen erleichtert ist: wenn es ihm etwas einbringt oder einzubringen verspricht. Dies ist gegeben, wenn Modell und Beobachter einander ähnlich sind, das Modell als Vorbild akzeptiert ist, wenn es sich selbst und andere belohnen kann oder belohnt wird (vgl. Bandura 1979, 86 f.).

Als äußerst schwierig gestaltet sich die Operationalisierung von einigen angesprochenen unabhängigen Variablen zur Erklärung von Devianz, z.B. „das Überwiegen positiver Definitionen von Gesetzesverletzungen gegenüber negativen Definitionen" (Opp 1974, 157). Denn es ist nicht möglich, alle bisherigen Kontakte im Leben einer Person im Nachhinein zu registrieren und nach ihrem kriminellen bzw. nichtkriminellen Gehalt zu differenzieren. Auch die Ermittlung der ‚Kriminelle-Nichtkriminelle-Kontakte-Bilanz' einer Person über Zeitstichproben (Opp 1974, 174) dürfte dadurch erschwert sein, daß sie Angaben zur Dauer und Intensität ihrer kriminellen Kontakte der sozialen Unerwünschtheit wegen kaum unverzerrt macht. So kommt Wiswede (1973, 137) auch zu dem Schluß, daß „das Prinzip der differentiellen Assoziation (...) sich der Operationalisierung bisher weitgehend entzogen (hat)".

Einige Einwände gegen die Thesen von Sutherland hatten ihre Erweiterung und Modifikation zur Folge. Opp (1974, 156 f.) präzisierte die Wirkrichtungen der Variablen aufeinander und lieferte Operationalisierungshinweise. Glaser (1956, 438 f.) kritisierte, daß nicht allein die Kontakte eines Individuums zu verschiedenen kriminellen und nichtkriminellen Personen und Personengruppen wichtig seien. Kriminelles Verhalten lerne eine Person nur dann, wenn sie sich mit kriminellen Personen und ihren Verhaltensmustern identifiziere (differentielle Identifikation). Damit erhebt Glaser nur eine dem Modellernen förderliche Bedingung zum Postulat; andere Modeling-Bedingungen, die differenziertere Erklärungen über die Internalisierung devianten Verhaltens erlauben würden, bleiben unberücksichtigt (Bandura 1979, auch Barkey in diesem Band).

Burgess u. Akers (1966) postulieren in der differentiellen Verstärkungstheorie: „Kriminelles Verhalten wird entsprechend den Prinzipien operanter Konditionierung gelernt" (Lamnek 1979, 198). Danach genüge häufiger Kontakt mit kriminellen Verhaltensmustern nicht, um kriminelles Verhalten zu erwerben; die Personen oder auch die sozialen Situationen müssen zudem Verstärkerwirkung für ein Individuum haben. Auch hier bleibt zu fragen, ob diese Einschränkung auf nur ein Lernprinzip sinnvoll ist und ob nicht unter anderen Bedingungen andere Lernprinzipien (z.B. Modellernen oder klassische Konditionierung) den Erwerb krimineller Verhaltensmuster besser erklären könnten.

Eingeschränkt ist zudem der Erklärungsbereich dieser Theorie. Sie erklärt Verhaltensabweichungen nicht, die „durch die übermächtige Wirkung der triebhaft-affektiven Dynamik entstehen kann" (Wiswede 1979, 107). Ebenso ist sie nicht geeignet, die Entstehung „neuer" Techniken kriminellen Verhaltens bei Personen oder -gruppen zu erklären.

Resümierend kann festgehalten werden, daß die Theorie von Sutherland mehr als die Anomietheorie die individuelle Lerngeschichte einer Person zur Erklärung von Kriminalität einbezieht, was z.B. in dem Konzept der ‚Kriminelle-Nichtkriminelle-Kontakte-Bilanz' zum Ausdruck kommt. Unklar bleibt jedoch – sieht man im Menschen nicht einen vollkommen passiven Informationsempfänger – warum er sich eher kriminellen bzw. nichtkriminellen Kontakten aussetzt und welche Merkmale die Übernahme krimineller Verhaltensmuster erleichtern oder ihn solchen Einflüssen gegenüber resistent machen.

2.3 Die Theorien von Cloward u. Ohlin und Cohen zur Entstehung von Bandendelinquenz

Die Theorie der differentiellen Gelegenheiten von Cloward u. Ohlin (1960) ist der Versuch, die Anomietheorie und die Theorie der differentiellen Kontakte von Sutherland zu integrieren. Danach erlebt der Unterschichtjugendliche die Ziel-Mittel-Diskrepanz als Anpassungsproblem, das er durch den Zusammenschluß mit anderen zu lösen versucht. Erhöhte Zugangschancen zu illegitimen Mitteln lassen delinquente Subkulturen (Banden) entstehen, die je nach ihrer Entwicklungsgeschichte als kriminelle Subkultur, Konflikt- und Rückzugssubkultur bezeichnet werden.

Auch Cohen (1961) geht davon aus, daß Unterschichtjugendliche gleiche Statussymbole (Geld, Auto, schöne Wohnung) wie die Mittelschichtangehörigen anstreben, jedoch dabei eher scheitern, was bei ihnen Frustrationserlebnisse auslöse. Der Zusammenschluß mit anderen Jugendlichen läßt die Statusfrustration erträglich werden, zumal sie sich eigene Statuskriterien schaffen – durch Verkehrung der Mittelschichtnormen in ihr Gegenteil (Reaktionsbildung).

Verdeutlichen wir uns den Unterschied zur Anomietheorie: behält nach Merton der „innovative Kriminelle" die gesamtgesellschaftlich gültigen Ziele bei, wendet aber zu deren Erreichung illegitime Mittel an, so führt die erlebte Ziel-Mittel-Diskrepanz von Unterschichtjugendlichen nach Cohen zu einer Änderung, teils sogar Ablehnung der gesellschaftlichen Werte und Ziele. Anpassungsprobleme, Frustrationserlebnisse und deren Bewältigung durch Abwehrmechanismen sind psychologische Konzepte, die hier zur Erklärung von Devianz herangezogen werden. Ob sich allerdings „der Begriff der Reaktionsbildung legitimerweise überhaupt auf die Abwehr von Normen anwenden läßt" (Moser 1972, 27) und ob denn alle Unterschichtjugendlichen mit diesem Abwehrmechanismus auf Frustrationen reagieren, bleibt zu fragen.

2.4 *Die Subkulturtheorie von Miller*

Miller (1958, 1968, 339-359) kommt aufgrund von Beobachtungsdaten an 21 Strassenbanden zu dem Schluß, daß Unterschichtangehörige ein eigenes Werte- und Normensystem mit spezifischem Verhaltensmuster haben, welches sich von dem Normensystem der Mittelschicht in 6 „Kristallisationspunkten" abhebt: sie

- geraten „in Schwierigkeiten" mit offiziellen Stellen,
- haben Mut, Härte, Rauflust,
- täuschen und überlisten andere,
- suchen spannende, erregende, abenteuerliche Situationen auf,
- glauben an das Schicksal, an Glück oder Pech,
- sind in trotziger Weise selbständig, unabhängig und autonom.

Indem sich der Unterschichtjunge diesen Kristallisationspunkten entsprechend verhält, wird er kriminell (vgl. Miller 1968, 358).

Diese Theorie hat die generelle Gültigkeit eines gesamtgesellschaftlichen Werte- und Normensystems, wie es in der Anomietheorie und ihren Varianten postuliert wurde, in Frage gestellt. Sie enthält die wichtigsten deskriptiven Generalisierungen aus den Beobachtungen krimineller Banden. Dieses methodische Vorgehen Millers kann sein Ergebnis einer eigenen Entstehungsgeschichte der Unterschichtkultur erklären helfen: in den 6 Interessengebieten unterschieden sich die Wertvorstellungen der Jugendlichen besonders deutlich von denen der Forscher. Andere Forscher wären vielleicht zu inhaltlich anderen oder zahlenmäßig verschiedenen Beschreibungen gelangt.

Wie läßt sich nach dieser Theorie die Entstehung von Devianz erklären? Stellen die Werte selbst nicht bereits delinquentes Verhalten dar (z.B. Rauflust), so führt die Orientierung des Verhaltens von Jugendlichen an dieser Wertwelt dazu, daß es mit hoher Wahrscheinlichkeit von Mittelschichtangehörigen als abweichend definiert und etikettiert wird (Becker 1973).

3 Zusammenfassende Kritik und Folgerungen

Sozialstrukturelle Devianzmodelle gehen aus von der Strukturiertheit einer Gesellungseinheit in hierarchisch angeordnete Ebenen oder Gruppen (Klassen, Schichten; Fine u. Kleinman 1979, 3). Eine oder mehrere dieser Ebenen/Gruppen (die Unterschicht) zeigen zahlenmäßig mehr und/oder schwerere Verhaltensabweichungen als andere. Diese Unterschiede werden – nach der Anomietheorie – auf die sozialstrukturell bedingt schlechteren Zugangschancen der Unterschichtangehörigen zu den legitimen Mitteln der Zielerreichung zurückgeführt. Anpassungsprobleme, Statusfrustration, vermehrt kriminelle Kontakte und erhöhte Zugangschancen zu illegitimen Mitteln sind vermutlich eher die Folge dieses mangelnden Zugangs zu legitimen Mitteln. Ein erhöhter Druck zur Verhaltensabweichung für Unterschichtangehörige wird daraus abgeleitet (Drucktheorien).

Die Empirie stützt nur sehr schwach diese Vermutungen (z.B. Springer 1973), die vermutlich ihrer Plausibilität wegen Bestand hatten. Tittle, Villemez u. Smith (1978, 643 f.) kommen nach Sichtung von 35 Untersuchungen zum Zusammenhang

Schicht-Kriminalität zum Ergebnis: „the overall results show only a slight negative relationship between class and criminality ...". Wie ist dieser Widerspruch aufzuklären?

Sozialstrukturelle Theorien/Modelle versuchen das Fehlverhalten von Individuen unter Verwendung nur eines schmalen Ausschnitts an Informationen über ihre Sozialisationsgeschichte zu erklären – über ihre Schichtherkunft/Klassenzugehörigkeit. Hohe Übereinstimmung in den Sozialisationsbedingungen bei Personen gleicher Schicht, in ihren Lern- und Erfahrungshintergründen und (als Folge davon) in ihren Personeneigenschaften und Verhaltensdispositionen wird dabei angenommen. Diese Vermutung ist zu undifferenziert.

Deshalb bedürfen die sozialstrukturellen Theorien einer Erweiterung in zweifacher Hinsicht: zum einen muß das sozialstrukturelle Herkunftsmilieu nach handlungsrelevanten Merkmalen differenziert werden. Neben objektiven Schichtindikatoren (Wohngegend, crowding; Kruse 1975, Dillig 1976, 243 f.), strukturellen Familienstörungen (Lösel u. Linz 1975, 182 f.), Schul- und Berufsausbildung der Eltern und des Jugendlichen (Bertram 1978) sind auch subjektive Indikatoren der Lernumwelt wie erlebtes Erziehungsverhalten der Eltern (Lösel, Toman u. Wüstendörfer 1976), unmittelbare und mittelbare Erziehungs-, Familien- und Elternvariablen (Seitz 1980, 355 f.) sowie Anregungsgehalt der Umwelt (Trudewind 1975) zu ermitteln.

Zum anderen sollten neben diesen Ausgangsbedingungen im Leben einer Person auch die in den sozialstrukturellen Theorien postulierten Persönlichkeitseigenschaften im Detail analysiert werden. Erste Versuche wurden in den Kontrolltheorien unternommen: Das Zusammenwirken von Schichtmerkmalen als externe Barrieren gegen Devianz und Persönlichkeitseigenschaften, insbesondere Selbstwahrnehmung, als interne Barrieren wurden darin gleichzeitig berücksichtigt (Hirschi 1969, Marshall 1973). Auch in jüngeren Untersuchungen von Lösel (1975a, 1978a) und Kury (1980) wird der Interdependenz sozialstruktureller Bedingungen und Personeneigenschaften zur Prädiktion von Devianz Rechnung getragen.

Neuerdings unternahmen Elliott, Ageton u. Canter (1979) den Versuch, die Druck- und Kontrollperspektive in einem sequentiellen Modell zu integrieren (vgl. auch Elliott u. Voss 1974). Als zentrales Konzept in diesem Modell wird die Stärke der Bindung einer Person an ihre Familienmitglieder oder an andere Dauerpflegepersonen angenommen. Starke Bindungen sollen hohe Integration in die Intimgruppe und hohe Verpflichtungen zu konformen Handeln zur Folge haben. Bei Personen mit schwachen Bindungen sei die Gefahr einer weiteren Lockerung dieser Bindungen sowie die Abnahme ihrer Verpflichtung zu konformem Verhalten erhöht. Ihr Versagen in den herkömmlichen sozialen Kontexten (z.B. in der Schule und anderen Ausbildungsinstitutionen) soll nach Auffassung der Autoren sowohl bei Personen mit starken wie auch mit schwachen Bindungen an ihre Bezugspersonen zu einer Abnahme der Bindungsstärke führen. Erfolg in diesen Kontexten soll die Bindungen festigen. Vom Erfolg/Mißerfolg einer Person in jenen Kontexten sollen die Bindungen an konventionelle oder delinquente Gleichaltrigengruppen bestimmt werden.

Die „klassischen" sozialstrukturellen Theorien enthalten zwar wichtige Teilaspekte zur Erklärung von Devianz (z.B. schichtspezifisch unterschiedliche Sozialisationsbedingungen, Zugangschancen zu legitimen/illegitimen Mitteln, spezifisch unterschiedliche Interessen und Werte). Sie versäumen es jedoch, die differentielle Entwicklung eines Individuums in Schule, Beruf, in seinen Personenbeziehungen und anderen sozialen Kontexten zu beobachten. Erst die Explikation solcher Verlaufsmodelle, in denen der Einfluß verschiedener Aspekte der Lernumwelt von Individuen auf die Entwicklung und Ausgestaltung spezifischer Personeneigenschaften präzisiert wird, ermöglichen die Prädiktion und Erklärung von Devianz/Kriminalität auch im Einzelfall.

Heinrich Keupp

Kriminalität als soziale Konstruktion – Zum interpretativen Potential der Labeling-Perspektive

1 Einleitung: Eine alte Idee findet ihre Gemeinde und ihre Grabreden zugleich

Niemand soll behaupten, daß die Labeling-Perspektive von den Autoren erfunden worden sei, die im sozialwissenschaftlichen Zitierindex am häufigsten mit ihr vereint genannt werden (vgl. Cole 1975). Das ist in erster Linie Howard Becker, mit dessen Buch „Outsiders" (1963) die Labeling-Perspektive am häufigsten in einen genealogischen Zusammenhang gebracht wird. An zweiter Stelle taucht Lemert (1951) auf und an seinen Spuren wird deutlich, daß die Labeling-Perspektive ganz offensichtlich nicht bloß eine der vielen Sumpfblüten der wildbewegten 60er Jahre ist. Lemert selbst verweist seine Leser auf Frank Tannenbaum, einen Historiker, der das Programm der Labeling-Perspektive schon 1938 vollständig ausgearbeitet hatte. Er schrieb damals:

> „Der Werdegang des Kriminellen ist (...) ein Prozeß des Etikettierens, Definierens, Segregierens, Beschreibens, Hervorhebens und Bewußtmachens; er wird ein Weg des Stimulierens, Suggerierens, Hervorhebens und Erweckens genau der Merkmale, über die Klage geführt wird. Und es scheint auch nicht wichtig zu sein, ob die Bewertung von denen gemacht wird, die bestrafen oder von denen, die verbessern wollen (...). Je intensiver sie arbeiten, um das Übel zu verändern, desto stärker wächst das Übel unter ihrer Hand. Die ständige Beeinflussung, mit welch guten Absichten auch immer, verursacht Schaden, denn sie führt dazu, das Fehlverhalten hervorzubringen, das sie beseitigen möchte. Der Ausweg daraus ist, das Übel nicht zu dramatisieren" (1938, S.19 f.).

Angesichts der üblichen Geschichtsblindheit wissenschaftlicher Diskurse könnte man sich eigentlich damit zufrieden geben, daß Tannenbaum wenigstens gelegentlich als Gründungsvater der Labeling-Tradition genannt wird. Weil auch das nicht stimmt, will ich wenigstens an Äußerungen von zwei Klassikern höchst unterschiedlicher Provenienz und Reputation beweisen, daß die Idee der Labeling-Perspektive wenigstens noch einmal 80 Jahre weiter rückdatiert werden muß. Im Rahmen einer soziologischen Analyse des Phänomens Armut formuliert Georg Simmel 1908 folgenden labelingtheoretischen Basissatz:

> „So (...) ist die Armut nicht an und für sich, als ein qualitativ festzulegender Zustand zu bestimmen, sondern nur nach der sozialen Reaktion, die auf einen gewissen Zustand hin eintritt – genau wie man das Verbrechen, dessen unmittelbare Begriffsbestimmung eine sehr schwierige ist, definiert als ‚eine mit öffentlicher Strafe belegte Handlung'" (Simmel 1978, S.371 f.).

Wenn ich als letzten Beleg dafür, daß die Idee der Labeling-Perspektive viel älter ist als diese selbst, nun noch auf einen Zeitungsartikel von Karl Marx aus dem Jahre 1859 komme, dann bin ich ziemlich sicher, daß ein historisch besser beschlagener Autor als ich, die Ahnenreihe noch verlängern könnte. Bei einer Durchleuchtung der englischen Kriminalstatistiken bemerkt Marx einen deutlichen Rückgang gerichtlich verurteilter Verbrecher seit dem Jahre 1854 und stellt fest, daß dieser Rückgang nichts mit einer Abnahme des Kriminalitätspotentials zu tun hätte – das sei in dem zunehmenden Pauperismus eher noch gewachsen –, sondern „auf einige technische Veränderungen in der britischen Gerichtsbarkeit zurückzuführen" sei. So wurden etwa jugendliche Straftäter in die neu eingerichteten Besserungsanstalten eingewiesen. Und dann schließt Marx seine kriminologische Einschätzung an, die von einem Vertreter der Labeling-Perspektive stammen könnte:

„Rechtsverletzungen sind im allgemeinen das Ergebnis wirtschaftlicher Faktoren, die außerhalb der Kontrolle des Gesetzgebers stehen; aber wie das Wirken des Gesetzes über jugendliche Verbrecher bestätigt, hängt es in gewissem Grade von der offiziellen Gesellschaft ab, bestimmte Verletzungen ihrer Regeln als Verbrecher oder nur als Vergehen zu stempeln. Diese Differenz in der Beurteilung, die weit davon entfernt ist, indifferent zu sein, entscheidet über das Schicksal von Tausenden von Menschen und über den moralischen Ton der Gesellschaft. Das Gesetz selbst kann nicht nur das Verbrechen bestrafen, sondern es auch hervorrufen" (1971, S.492 f.).

Als hätte es diese Vorgeschichte nicht gegeben, ist die Labeling-Perspektive erst in den 60er und 70er Jahren zu einer identifikatorischen Orientierung für eine Wissenschaftlergeneration geworden. Sie hat die Mehrzahl der kriminologischen Lehrbücher bestimmt (etwa Ericson 1975; Hawkins u. Tiedemann 1975; Feldmann 1977; Goode 1978; Sack 1978; Thio 1978; Nietzel 1979; Pfeiffer u. Scheerer 1979; Schur 1979; Conrad u. Schneider 1980; Hills 1980; Pfuhl 1980) und sie hat zur Etablierung neuer Fachgesellschaften geführt, die die Funktionen einer antiinstitutionellen Reformplattform und die Sozialisation einer neuen Generation von Hochschullehrern in paradoxer Weise zugleich erfüllten (etwa die „National Deviancy Conference" in England oder der „Arbeitskreis Junger Kriminologen" in der Bundesrepublik). Dieser Widerspruch ist einer der vielen, der die Rezeptionsgeschichte der Labeling-Perspektive begleitet. Jenem devianztheoretischen Ansatz ist das merkwürdige Schicksal widerfahren, zugleich als radikaler Theorieansatz gefeiert (vgl. Plummer 1979, S.85), aber auch denunziert und als neue „Orthodoxie" (Spector 1976) oder als neues „Dogma" der Kriminologie (Manning 1975) eingeordnet zu werden. Die Labeling-Perspektive gilt sowohl als konzeptueller Unruhestifter, der die heiligen Kühe der ehrwürdigen kriminologischen Tradition alle geschlachtet hat, aber auch als bereits verbrauchter Modetrend, der sich im Zustand der Verausgabung und des „konzeptuellen Verfalls" befindet (Manning 1973).

Die widersprüchlichen Einschätzungen der Labeling-Perspektive, ihres interpretativen Potentials und ihrer Zukunft und die häufig auch sehr schrillen Tonlagen in diesem Diskussionskontext verweisen auf Entwicklungsbedingungen der theoretischen Perspektive hin, die nicht aus ihrer „internen Theoriegeschichte" verständlich gemacht werden können. Wie ich mit dem Einstieg in diesen Artikel schon aufzeigen wollte, hat die konzeptuelle Idee der Labeling-Perspektive bereits eine ehrwürdige Geschichte. Aber es mußte erst „ihre Zeit" kommen, eine Zeit, in der diese Idee eine Chance hatte, einen gesellschaftlichen Träger zu bekommen, eine „Gemeinde", die sie verbreiten konnte und sie in eine soziale Bewegung integrierte.

Die Labeling-Perspektive ist nicht abzutrennen von der weltweiten Studentenbewegung und ihren linksliberalen akademischen Sympathisanten. Als Lemert 1951 die Grundzüge der Labeling-Perspektive begrifflich entfaltete, befanden sich die USA auf dem „Höhepunkt der kulturellen Paranoia des McCarthyism und des Kalten Krieges, das war nicht die richtige Zeit, Gründe für die hergestellte Natur von Abweichung anzuführen" (Galliher 1978, S.249). Diese Zeit kam in der liberaldemokratischen Aufbruchstimmung der Kennedy-Johnson-Ära, die eine sozialpolitische Reorientierung und eine Bürgerrechtsbewegung auf breiter Grundlage ermöglichte. Sie setzte eine Kritik an repressiven Institutionen sozialer Kontrolle frei, die jeden Ausbruch aus den vorherrschenden rigiden Normalitätsmodellen negativ sanktionieren und damit Devianz erst herstellen. Das war die Ära einer liberalen Kriminologie, die sich auf der Basis einer sozialreformerischen Grundstimmung in der Gesellschaft blühend entfalten konnte. Es war auch die Zeit, in der sich die Berufsgruppen, die die Maschinerie sozialer Kontrolle funktionsfähig erhalten, nicht mehr problem- und widerspruchslos in die traditionellen Berufsrollen einfädeln lassen wollten. Vor allem Sozialarbeiter, Psychologen, Juristen und Ärzte reflektierten ihre Rolle im Prozeß der institutionellen Stigmatisierung von Personen, mit denen sie berufsmäßige Kontakte haben. Die Labeling-Perspektive gab ihnen einen theoretischen Ansatz, um ihre Probleme im Prozeß beruflicher Identitätsbildung thematisieren zu können.

Wie vieles, was in dieser hektischen und von Ungeduld geprägten Phase theoretisch und praktisch entstand, wurde auch die Labeling-Perspektive von ihren Anhängern mit gewaltigem Anspruch und kompromißlos in die Debatte geschickt. Zugleich ist sie aber auch von ihren Gegnern (die oft genug auch nur die sich hochputschende Bewegung meinten) oft nur auf die sie begleitenden Überschußansprüche reduziert und bezogen, auf sie demontiert worden. Es gab kein intellektuelles Klima, in der eine Idee eine Chance gehabt hätte, nüchtern geprüft und in einen offenen und fairen Diskurs einbezogen zu werden. Es war eine Zeit, in der Anhänger der Labeling-Perspektive sich eilfertig an den Zug der sich ausbreitenden Wiederbelebung der marxistischen Theorietradition anhängten und von einer „marxistisch-interaktionistischen Theorie" (Sack 1972) sprachen, in der aber auch marxistisch orientierte Kriminologen als „Schreibtischtäter" bezeichnet wurden, die die „geistigen Grundlagen für Kriminalität" legen würden (Schneider 1977, S.530).

Die „heiße Phase" der Diskussion um die Labeling-Perspektive ist vorbei. Sie ist abgelöst worden von einer Phase wissenschaftlicher Alltagsroutine, in der nüchtern bilanziert werden kann, was denn nun eigentlich übrig geblieben ist von der einst hochgefeierten Labeling-Perspektive. Es fehlt nicht an Stimmen, die sie schlicht als tot bezeichnen (z.B. Galliher 1978), als eindeutig empirisch widerlegt (etwa Gove 1980) oder schlicht als eine abgewirtschaftete wissenschaftliche Position, die bestenfalls noch eine „untergeordnete Rolle" spiele (Schneider 1977, S.575). Vielleicht ist auch wirklich nur die sich ausbreitende Kritik an der Labeling-Perspektive schuld, daß sie in einer Studie über Trends in der kriminologischen und devianztheoretischen Literatur als die mit Abstand am häufigsten zitierte theoretische Orientierung die Spitzenposition einnimmt (vgl. Cole 1975). Ich selbst neige der Einschätzung von Connover (1976, S.85) zu: „Der bloße Umfang der Kritiken könnte einen zu der Annahme verleiten, daß die Labelingtheorie tot und schon beerdigt sei. Aber wenn man die kritischen Einschätzungen einzeln betrachtet, dann tritt die Labelingtheorie als eine noch lebende und lebensfähige Theorie in Erscheinung (...) Der Umfang kritischer Würdigungen kann als ein Tribut an die Kraft der Theorie angesehen werden."

Ich halte alle Grabreden auf die Labeling-Perspektive für verfrüht und es wäre einmal einer eigenen Untersuchung wert, die spezifischen Strohmänner von Labeling-Perspektive zu rekonstruieren, die mehr oder weniger bedauernd zu Grabe getragen worden sind (vgl. etwa Petrunik 1980). Ich halte aber auch wenig von Versuchen, die Labeling-Perspektive in den Status der „Unberührbaren" zu erheben. Sie sollte die Chance haben, daß ihr interpretatives Potential voll ausgelotet wird. Aber zugleich sehe ich es als notwendig an, abweichendes Verhalten aus einer umfassenderen Perspektive zu thematisieren, als es auf der Basis der Labeling-Perspektive möglich ist. Sie hatte die entscheidende „katalytische Funktion" bei der Herausbildung einer neuen Gesamtperspektive (Davis 1975) und sollte zugleich in ihr „aufgehoben" sein.

Im folgenden werde ich versuchen, den paradigmatischen Kern der Labeling-Perspektive und ihr interpretatives Potential herauszuarbeiten; weiterhin will ich skizzieren, wo aus meiner Sicht die sinnvollsten Linien der Weiterentwicklung liegen und schließlich werde ich einige Anknüpfungspunkte für die Psychologie aufzeigen.

2 Der paradigmatische Kern der Labeling-Perspektive und typische Fehlwahrnehmungen

a) Theoriehintergrund: Die „konzeptuelle Resozialisierung" der Kriminalität

Die Labeling-Perspektive ist die wissenschaftliche Reaktion auf eine Sichtweise von Kriminalität, die sich auf die Besonderheit der kriminell gewordenen Person konzentriert und aus dieser Besonderheit auf die Ursachen für die Kriminalität zu schließen versucht. Diese Sichtweise hat eine lange Tradition und hat eine Vielzahl von wissenschaftlichen Schulen hervorgebracht. Diese lassen sich disziplinär ordnen. So gibt es biologische, psychologische und soziologische Schulen, die bei aller Verschiedenheit im disziplinspezifischen Herausfiltern ursächlicher Faktoren, eine Grundhaltung gemeinsam haben: Die Gründe für die Kriminalität in spezifischen Bedingungen des individuellen Kriminellen lokalisieren zu wollen.

Diese Grundhaltung teilen die kriminologischen Theorien mit weitverbreiteten Alltagstheorien. Es ist der „soziale Typus des Kriminellen" wie er von Sarbin (1979) genannt wird, der sich als grundlegende Kategorisierung bereits etabliert hat, ehe mit den differenzierten Methoden der einzelnen Fachdisziplinen kriminologische Fragestellungen angegangen werden. Sarbin formuliert dazu folgende These: „Unsere Theorien von Verbrechen und Kriminalität (und unsere Praxis) sind beeinflußt von einer impliziten und unerkannten zweifachen Typologie: daß Menschen zuverlässig als kriminell oder nicht-kriminell typisiert werden können" (1979, S.3). Die Forschung setzt an, wenn diese Typen sozial immer schon hergestellt worden sind, dann nämlich, wenn eine Person einer kriminellen Handlung überführt worden ist und nach Antezedenzbedingungen für die Handlung gefragt wird. Diese können einfühlsam in die Lebensgeschichte des Täters hinein zurückverfolgt werden, sie können im kriminellen Milieu aufgespürt werden oder sie können als logische Konsequenz einer vermuteten kriminellen Veranlagung angesetzt werden. Wenn ich mich jetzt nur einmal auf die kriminalpsychologische Forschung beschränke, dann zeigt ein Blick in die einschlägigen Fachjournale, daß die „Kontrastgruppen-Methodologie" vorherrscht (vgl. auch Lösel in diesem Band), nach der eine delinquente Population mit einer nicht-delinquenten bezogen auf spezifische psychologische Variablen verglichen wird (Persönlichkeitseigenschaften, Ich-Entwicklung, kognitive Faktoren, Problemlösungsfähigkeiten, Fähigkeit zur Diskrimination, Zeitperspektive). Auf der Basis positiver Korrelationen werden dann diese psychologischen Variablen als Ansatzpunkte für die Vorhersage von Kriminalität oder für Kriminalitätsprophylaxe genommen.

Die scheinbar nur methodische Entscheidung für einen Kontrastgruppen-Vergleich, bei dem die eine Gruppe aus „überführten" und verurteilten Kriminellen besteht, hat für eine Autorengruppe, die sich mit ethischen Problemen von Psychologen im Jugendstrafvollzug beschäftigt, vor allem auch eine ethisch-politische Komponente. Auf dieser Basis gewonnene Ergebnisse könnten gar nicht anders, als „officialdom values" (Rappaport, Lamiell u. Seidman 1980, S.101) zu reproduzieren. Bezogen auf den eigenen Berufsstand, der seine Forschung fast ausschließlich auf der Grundlage der Selektionsleistungen kriminalpolizeilicher, juridischer und strafvollziehender Instanzen durchführt, bemerken Rappaport et al.:

„Wir akzeptieren einfach die Kategorien ‚delinquent' und ‚nichtdelinquent' wie sie uns dargeboten werden und als seien sie wissenschaftlich sinnvoll und gehen von hier aus weiter'" (S.102). Eine Kriminalpsychologie, die sich diesen Vorwurf gefallen lassen muß, befindet sich in der guten (oder besser: schlechten) Gesellschaft des kriminologischen Hauptstroms, dem allerdings der ernstzunehmende Vorwurf gemacht worden ist, er sei „*praktisch* von einer Verwissenschaftlichung sozialer Kontrolle her begründet" (Keckeisen 1974, S.27 f.).

Die Labeling-Perspektive ist als kritische Alternative in der kriminologischen Forschung aufgetreten, die sich nicht an dem Produkt sozialer Kontrolle orientiert, sondern an dem Prozeß ihres Vollzugs (deshalb auch die Bezeichnung als „prozessualer Ansatz" der Devianzforschung, vgl. Keupp 1972). Diese Prozesse umfassen nicht nur das Aktivwerden gesellschaftlicher Strafinstanzen, sondern auch das Interaktionsgeschehen in alltäglichen Situationen. Von diesen sozialen Bezügen methodisch und theoretisch abstrahiert, kann deren Wirkung nur noch individuellen Merkmalen zugerechnet und eben der „kriminelle Typ" konstruiert werden. Diese Typenbildung, die Sarbin als ein Beispiel wissenschaftlicher Mythenbildung bezeichnet, hat die Labeling-Perspektive aufzulösen versucht. Sie hat sich zum Ziel gesetzt, abweichendes Verhalten zu „entmystifizieren" (Becker 1973, S.170 ff.; Hills 1980, gibt seinem Lehrbuch diesen Titel). Sie bemüht sich um die Revision des in der kriminalpsychologischen Forschung vorherrschenden „Irrtums der Konzeptualisierung" (Seidman 1978; Rappaport, Lamiell u. Seidman 1980), der am Beispiel der Kriminalität den in der Psychologie so häufig verwendeten Prozeß der personenzentrierten kausalen Attribution wiederholt, den man im Anschluß an Ryan als „vicitim blaming"-Ideologie (1971) bezeichnen könnte.

Die Labeling-Perspektive ist in einer sozialwissenschaftlichen Strömung verankert, die das Handeln der Menschen aus der Struktur alltäglicher Situationen zu verstehen versucht. In ihrer Herkunft durchaus unterschiedliche Theorieansätze wie der Symbolische Interaktionismus, die phänomenologische Sozialwissenschaft und die Ethnomethodologie haben die „Alltagswende" (Lenzen 1980) in den Sozialwissenschaften produziert. Sie haben ein „interpretatives Paradigma" (Wilson 1973) gemeinsam, das die Sinnbildungsprozesse in der sozialen Lebenswelt interpretativ oder „hermeneutisch" zu rekonstruieren versucht. Der Identitätskern der Labeling-Perspektive ist eingebettet in diese neue sozialwissenschaftliche Orientierung, deshalb wohl auch am treffendsten durch ihren Anspruch formuliert, „den abweichend Handelnden mit der ihn umgebenden Welt wieder zu vereinigen" (Young 1974, S.66).

b) Die Perspektive einer interaktionistischen Theorie abweichenden Verhaltens

Die programmatische Formulierung der Labeling-Perspektive, die am häufigsten zitiert worden ist, stammt von Howard S. Becker und lautet: „Ich meine (...) daß *gesellschaftliche Gruppen abweichendes Verhalten dadurch schaffen, daß sie Regeln aufstellen, deren Verletzung abweichendes Verhalten konstituiert,* und daß sie diese Regeln auf bestimmte Menschen anwenden, die sie zu Außenseitern abstempeln. Von diesem Standpunkt aus ist abweichendes Verhalten *keine* Qualität der Handlung, die eine Person begeht, sondern vielmehr eine Konsequenz der Anwendung von Regeln durch andere und der Sanktionen gegenüber einem ‚Missetäter'. Der Mensch mit abweichendem Verhalten ist ein Mensch, auf den diese Bezeichnung erfolgreich angewendet worden ist; abweichendes Verhalten ist Verhalten, das Menschen so bezeichnen" (1973, S.8). Aus dieser Formulierung lassen sich die Grunddimensionen der Labeling-Perspektive herausarbeiten:

1. Keine Handlung hat eine intrinsische oder inhärente Qualität als kriminelle Handlung. Es kommt darauf an, wie in einem gesellschaftlichen Bezugssystem darauf reagiert wird, wie die Handlung bewertet wird.
2. Abweichendes Verhalten wird durch Normsetzung geschaffen. Dieser Prozeß hat in jeder Gesellschaft seine spezifische Form. Die jeweils gesellschaftlich durchgesetzten Regeln und Normen definieren somit, was als regelverletzend und abweichend zu gelten hat.
3. Nicht jede Regelverletzung wird in einer Gesellschaft als abweichendes Verhalten behandelt. Nur ein Teil von Regelverletzungen wird überhaupt identifiziert und selbst von den öffentlich erkannten Regelverletzungen wird nur ein Teil als kriminelles Handeln definiert und behandelt.
4. Die Selektions- und Zuschreibungsprozesse können bei einem Teil der so behandelten Population zu einer Persönlichkeitsveränderung führen, die man als abweichende Identität bezeichnen kann (in der Terminologie von Lemert als „sekundäre Abweichung").

Entscheidend für ein angemessenes Verständnis der Labeling-Perspektive ist, daß sie „theoretisch auf der Differenz zwischen einer Regelverletzung und dem sozialen Status des ‚Abweichenden', des ‚Kriminellen' insistiert" (Sack 1978, S.339). Diese Unterscheidung trägt selbst dort, wo scheinbar die Angelegenheit klar ist, wichtige Dimensionen zum Verständnis bei: Beispielsweise ist im Fall eines unstrittig begangenen Tötungsdeliktes der kriminelle Tatbestand eindeutig. Trotzdem legt der Akt der Normverletzung (die Tötung eines Menschen) durchaus nicht deterministisch fest, was mit dem Täter geschieht. Es wird davon abhängen, was er selbst für Gründe für seine Handlung geltend machen kann, in welcher spezifischen Situation die Tat erfolgt ist, welcher Schuldanteil dem Opfer selbst zugeschrieben wird und ob das Opfer einer Gruppe zugeordnet werden kann, für die ein gesellschaftlicher Sonderstatus gilt, der möglicherweise auch das Tötungsverbot außer Kraft setzt (die Judenvernichtung ist ein Beleg dafür). Jedes Gericht erwägt den Tatbestand in solchen Fragestellungen und versucht ihn damit einer spezifischen devianten Kategorie zurechenbar zu machen. Jede Person verarbeitet Regelverletzungen, deren Zeuge sie wurde oder die sie vermutet, nach bestimmten Prinzipien und je nach dem Ergebnis erfolgen spezifische Sanktionshandlungen. Dies gilt sogar für den Täter selbst, der sich interpretierend zu seiner eigenen Handlung in ein spezifisches Verhältnis setzt.

Im Anschluß an Hawkins und Tiedemann (1975, S. 64 f.), die wohl eines der besten Bücher zur Labeling-Perspektive geschrieben haben (neben Ericson 1975; Cullen u. Cullen 1978; Schur 1979), läßt sich der Prozeß der Feststellung einer Normverletzung und der darauf folgenden gesellschaftlichen Antworten in folgender Weise ordnen:

1. Beobachtung: eine Handlung ist registriert worden und ihre Existenz ist dadurch bekannt geworden.
2. Zuordnung: Die Handlung wird als Regelverletzung erkannt und zugeordnet.
3. Unterstellte Ursache: Eine Handlung kann als zufällig, nicht wirklich beabsichtigt oder als intentional durch den Beobachter kategorisiert werden.
4. Motiv: Die Frage des Motivs oder der Absicht des Handelnden wird bei der Einschätzung von Verhalten in Betracht gezogen. Sozialen Rollen sind relativ stereotype Motivkonstellationen zugeordnet. Der Handelnde kann über Rechtfertigungen und Entschuldigungen bestimmte Motive plausibel machen.
5. Potentielle Reaktionen: Der Beobachter erwägt seine möglichen Reaktionen auf die Handlung und den Handelnden und berücksichtigt dabei seine Motivunterstellung, situative Faktoren und die möglichen Folgen seiner Reaktion (z.B. Verleugnung, Normalisierung oder öffentliche Dramatisierung).
6. Eine bestimmte Reaktion wird gewählt: Der unter mehreren Alternativen gewählte Reaktionstypus ist bestimmt durch den Erfahrungshintergrund und die Ausbildung des Reagierenden (vor allem dann, wenn er einen Beruf hat, zu dessen Funktionen die Ausübung sozialer Kontrolle gehört), durch die verfügbaren organisatorischen Alternativen (z.B. ob man bei einem Jugendlichen außer der Jugendstrafe noch andere Verfahrensmöglichkeiten hat, etwa im Sinne der „Diversion"-Programme, vgl. Schumann, Voss und Papendorf 1981), durch vorhandene Präzedenzfälle etc.
7. Konsequenz der Reaktion: Hier stellt sich die Frage nach dem Einfluß der Reaktionen auf die Zukunft des Handelnden, auf seine Wahrnehmungen von Chancen, sich konform oder abweichend zu verhalten, auf seine persönliche Identität. Es geht um die Ermittlung der Bedingungen, die seine abweichende Karriere beeinflussen.

Der beschriebene Prozeß kann sich sowohl auf einer Ebene institutionalisierter Kontrollverfahren (Polizei, Gericht, forensische Psychiatrie) vollziehen, jedoch ebenso auf einer interpersonellen Ebene und auch auf einer intrapersonellen. In vielen Fällen sind die Ebenen ineinander verschachtelt.

Je nachdem, welche der skizzierten Prozeßstadien besondere Forschungspriorität haben, lassen sich verschiedene Gruppierungen unterscheiden, die sich oft genug auch über die angemessene Version der Labeling-Perspektive in den Haaren liegen. Die ethnomethodologisch orientierte Fraktion (vgl. Keckeisen 1974) interessiert sich in erster Linie für die Mikrostruktur der Herstellung von sozialen Typen (z.B. Typen von Motivationsmustern, die einer regelverletzenden Handlung unterstellt werden; oder wie in spezifischen Institutionen, etwa dem Gericht, Handlungweisen einer juridisch operablen Kategorie zugeordnet werden). Die Folgen solcher Typisierungen für das Selbstbild, die Identität und künftige Handlungspotentiale stehen im Forschungszentrum der Fraktion, die sich selbst in der Tradition des Symbolischen Interaktionismus versteht (z.B. Lemert, Scheff oder Becker). Was diese beiden Gruppierungen trotz aller internen Differenzierungen und Abgrenzungen eint, ist ihr Bemühen um eine Sichtweise von Devianz, die komplexe soziale Situationen nicht vorschnell auf meß- und individuell zurechenbare „Faktoren" reduziert. Sie bemühen sich darum, ihrem Anspruch auf eine „naturalistische Sichtweise" (Becker 1973, S.159) gerecht zu werden und das bedeutet, „das Phänomen überzeugend in einer Weise darzustellen, die seine Integrität bewahrt, nicht die Integrität irgendeines philosophischen Standpunktes" (Matza 1973, S.12). Mit den methodischen Möglichkeiten einer „interpretativen" oder „qualitativen Sozialforschung" versuchen Vertreter der Labeling-Perspektive dem eigenen Standard zu entsprechen. Dabei kann es dann nicht darum gehen, eine spezifische Hypothese zu testen, sondern das durch die eigene Perspektive vorgezeichnete Erkenntnispotential durch die subtile Analyse von Beispielsituationen zu realisieren.

Unzweifelhaft scheint mir, daß jedem angehenden Psychologen oder Sozialarbeiter durch die interpretative Fallanalyse von Vertretern der Labeling-Perspektive wesentlich mehr über Kriminalität oder andere Formen abweichenden Verhaltens einsichtig und klar werden kann als durch alle Versuche, mit dem aufwendigen Methodenapparat der empiristischen Psychologie die differentielle Faktorenstruktur des „kriminellen Typs" meßgenau „abzubilden".

c) Systematische Fehldeutungen der Labeling-Perspektive und was sie klarmachen können

Durch die kriminologische und devianztheoretische Literatur geistern mindestens drei Varianten von Labeling-Perspektive. Ich nenne sie mal: (1) Primitivversion; (2) empiristisch reduzierte Variante; und (3) interpretative Version. Ich halte nur die dritte Version für diejenige, die legitimerweise als Labeling-Perspektive bezeichnet wird. Ihre Kernaussagen habe ich im vorangegangenen Abschnitt umrissen. Die Primitivversion könnte man problemlos übergehen, wenn sie nicht allzu oft – vor allem von Gegnern der Labeling-Perspektive – in der Lehrbuchliteratur auftauchen würde. Hierfür ein besonders krudes Beispiel aus einem Buch, das insgesamt durchaus ernst zu nehmen ist:

„Menschen gehen ihren Angelegenheiten nach und dann: ‚wumm', kommt die böse Gesellschaft daher und schlägt sie mit einem stigmatisierenden Etikett. In die Rolle des Abweichenden gezwungen, hat dann das Individuum kaum eine andere Wahl als abweichend zu *sein*" (Akers 1973, S.24).

In dieser Karikatur der Labeling-Perspektive taucht ein Mißverständnis auf, das wahrscheinlich durch die Bezeichnung der Perspektive als „*Labeling*" nahegelegt wird (und in der deutschen Version als „Etikettierungstheorie" ebenso befördert wird), wenngleich es nach sorgfältiger Lektüre von Texten der Theoriebegründer eigentlich längst ausgeräumt sein müßte (vgl. dazu Keupp 1976, S.83 ff.). Um den Kritikern, die der Labeling-Perspektive Sprachmagie unterstellen, den letzten Vorwand zu entziehen, hat etwa Becker vorgeschlagen, von einer „interaktionistischen Theorie abweichenden Verhaltens" zu sprechen. Deren Ziel ist es – wie Luckmann in der Einleitung zur deutschen Ausgabe von Beckers Buch formuliert –, die „Sinnsetzungstätigkeit" in einem sozialen System zu rekonstruieren, die dann einsetzt, wenn die eingespielten Normalitätsmodelle übertreten werden. Die Ergebnisse dieser Sinnsetzungstätigkeit sind „prekäre menschliche Konstruktionen", die gleichwohl die Handlungsalternativen für Personen einschränken, für die der Kriminalitätsstatus konstruiert wurde.

Am gewichtigsten, auch in ihrem Potential an Fehldeutung, ist die empiristisch-reduzierte Variante der Labeling-Perspektive (vgl. dazu Plummer 1979, 1981; Petrunik 1980). In ihr geht es um den Versuch, die Fragestellungen aus dem Kontext des zugrundeliegenden „interpretativen Paradigmas" herauszulösen, sie nach Kriterien positivistischer Forschungslogik zu reformulieren und dann zu beweisen, daß sie widerlegt seien. Die Fehldeutung beginnt bei einer scheinbar nur terminologischen Nebensächlichkeit: Soll man von Labeling-Theorie oder -Perspektive sprechen? Vertreter der interpretativen Varianten sprechen in der Regel von Perspektive oder „approach", manchmal auch – in der Tradition des Symbolischen Interaktionismus – von „sensitivierender Theorie" (Scheff 1974). Alle Versuche den Anspruch der Labeling-Perspektive so zu formulieren, daß eigentlich jedem Leser klar sein müßte, daß sie nicht ein alternatives Kausalitätsmodell für abweichendes Verhalten zu formulieren beabsichtigt, sondern eine neue Sichtweise auf Phänomene wie – in der Terminologie von Schur (1979) – „deviantizing" oder „deviantness" ermöglichen möchte, verhallten bei den Vertretern des anderen Paradigmas als ob sie nie geäußert worden oder einfach nicht verstehbar seien. Schur (1980, S.395) stellt resigniert fest, daß immer wieder versucht werde, die Labeling-Perspektive „*als eine Theorie der Devianzverursachung im traditionellen Sinne*" zu formulieren, obgleich sie genau das nicht zu sein beansprucht. Es würde auch immer wieder versucht, sie in eine operationalisierte und testbare Theorieform zu bringen, ohne daß Verständnis dafür da sei, daß dann ihr wesentlicher Gehalt notwendigerweise auf der Strecke bleiben müßte. Aus ihrem eigenen Wissenschaftsverständnis heraus konnten aber die Vertreter einer empiristischen Position nicht anders als folgende Anforderung zu formulieren: „Wenn eine Perspektive, die von sich annimmt, ein spezifisches Phänomen zu erklären, nicht operationalisiert und getestet werden kann, dann liefert diese Perspektive keine sozialwissenschaftlich valide Erklärung dieses Phänomens" (Gove 1980, S.14).

Von diesem Selbstverständnis her kommt dann Gove – ein Autor, der mit einer Unzahl von Publikationen die Unsinnigkeit einer interpretativen Labeling-Perspektive zu beweisen versucht – zu folgenden quantitativ testbaren Hypothesen:

1. Abweichende Etikette werden (in formalen Settings, öffentlich) ohne Bezug auf (oder unabhängig von) dem Verhalten oder den Handlungen derer angewandt, die etikettiert werden.
2. Etikettierung erzeugt (stabilisiert oder verstärkt) Abweichler und abweichendes Verhalten.

Mit dem ganzen verfügbaren Arsenal quantitativer „checking out procedures" (Petrunik 1980, S.226) werden dann diese Hypothesen untersucht und widerlegt und für Gove kommt immer wieder heraus, daß es in erster Linie Bedingungen der abweichenden Personen selbst seien, die für ihre Devianz ausschlaggebend seien (da haben wir wieder den „kriminellen Typ"). Zu einer Konferenz, die eine Evaluation der Labeling-Perspektive aus empiristischer Sicht vornehmen sollte, hat Gove (1975, 1980) immerhin auch mit Kitsuse und Schur zwei Vertreter der interpretativen Position eingeladen. Diese haben mit Behutsamkeit und großem didaktischen Geschick noch einmal nachgewiesen, daß ihre Kollegen Kritiker das Kernanliegen der Labeling-Perspektive mit ihren Analysen verfehlt hätten. Sie hätten ihre Plädoyers auch sein lassen können, denn sie hatten bei ihren Kritikern keinen Verstehenshorizont, der ihren Argumenten eine Chance gelassen hätte.

Der sarkastische Kommentar von Lemert zu dieser Kette nicht mehr korrigierbarer systematischer Fehldeutungen verdeutlicht vielleicht am eindruckvollsten wie unüberwindlich die Verständnisbarrieren geworden sind: „Seit neuestem ist der Ton der Kritik immer militanter und aggressiver geworden. Eine Art von *delenda est*-Einstellung – Karthago muß zerstört werden – herrscht vor. Kritiker scheinen weniger an einer sorgfältigen Prüfung als an Angriff und Zerstörung interessiert zu sein (z.B. Gove, 1975). Vermeintliche Mißachtung der ‚traditionellen' Devianzauffassung durch Labeling-Theoretiker führt vermutlich zu dem Dekret, daß sie, die mit dem Schwert leben durch das Schwert sterben sollen. Es lebe die Konterrevolution!" (Lemert 1976, S.244). Der eingangs dieses Artikels beschriebene soziale Hintergund, der der Labeling-Perspektive ihre spezifische kritische Potenz verliehen hat, aber auch bei Vertretern der kritisierten oder über Bord geworfenen Position Wunden hinterlassen hat, wird in den Formulierungen Lemerts noch einmal spürbar. Und es ist sicherlich kein Zufall, daß sich in der von Gove versammelten Kritikerschar einige befinden, die sich ausdrücklich auf die Position der Notwendigkeit sozialer Kontrolle stellen und über die positive Funktion von „Abschreckungsmaßnahmen" schreiben oder etwa gegenüber antipsychiatrischen Tendenzen bei Vertretern der Labeling-Perspektive (vor allem Scheff) die Gültigkeit der „psychiatrischen Perspektive" verteidigen (so Gove 1975).

3 Zwei notwendige und vielversprechende Richtungen der Weiterentwicklung der Labeling-Perspektive

Es darf nach der Zurückweisung verfehlter Kritik jedoch nicht der Eindruck bestehen bleiben, als gäbe es an der Labeling-Perspektive nichts zu kritisieren, als habe sie einen sakrosankten Status. Ich habe an anderer Stelle die Form von Kritik an ihr und ihren Prämissen entwickelt, die mir notwendig erscheint (Keupp 1976). Sie soll hier nicht wiederholt werden. Stattdessen will ich zwei Entwicklungsrichtungen andeuten, die mir für die Weiterführung der Labeling-Perspektive zu einem umfassenderen Verständnis von Abweichung besonders relevant erscheinen.

a) Soziale Kontrolle und ihre gesellschaftliche Systematik

Es ist der Labeling-Perspektive oft – und wie ich meine zurecht – der Vorwurf gemacht worden, daß sie bei der stigmatisierenden Praxis von personal identifizierbaren Vertretern sozialer Kontrollinstanzen stehengeblieben sei. Diese Reduktion von sozialer Kontrolle auf ihre personal zurechenbare Ausübung hat dazu geführt, daß sie als willkürlich und vielleicht sogar sadistisch erscheinen mußte und sie hat zugleich eine Tendenz der Bemitleidung und Romantisierung der Opfer gefördert.

Diese Kritik war nicht folgenlos und hat zu Fragestellungen geführt, die den Verstehenshorizont der Labeling-Perspektive wesentlich erweitert haben. Sack faßt die Entwicklung zusammen: „Wenn die Akzentverlagerung innerhalb der Labeling-Theorie stattgefunden hat, so ist sie vor allem darin zu sehen, daß die konstitutive Asymmetrie der sozialen Interaktionen im Bereich der strafrechtlichen Sozialkontrolle, ihr politischer Charakter, stärker ins Bewußtsein getreten ist. Dies hat ein vermehrtes Interesse theoretischer und empirischer Forschung auf dem Gebiet der strafrechtlichen Normsetzung sowie der Struktur und der Arbeitsweise des Strafrechts überhaupt nach sich gezogen" (1978, S.344).

Bei der Erforschung dieser neuen Forschungsreviere sind Sozialwissenschaftler auf die interdisziplinäre Kooperativität etwa von Juristen und Politologen angewiesen und die Fruchtbarkeit solcher Arbeitsbündnisse läßt sich an der Forschungsgruppe um Fritz Sack und Klaus Lüderssen belegen (vgl. die von Lüderssen und Sack herausgegebenen Sammelbände von 1975 ff.). Die bloße Ermunterung von Rechtswissenschaftlern, sich auf die Fragestellungen der Labeling-Perspektive konstruktiv einzulassen, kann zu deren Weiterentwicklung wichtige Impule geben (vgl. Kuhlen 1978).

Ein anderes Beispiel möchte ich noch anführen. Andrew Scull, der selbst durch die Labeling-Perspektive sozialisiert wurde, hält die interaktionistisch und situativ verbleibende Labeling-Perspektive für unzureichend und forderte stattdessen: „Nach meiner Auffassung erfordert eine angemessene theoretische Durchdringung (...) die Entwicklung eines historisch fundierten, makrosoziologischen Ansatzes, der den Zusammenhang zwischen Abweichung und Kontrollstrukturen sowie dem gesamtgesellschaftlichen System, dessen Elemente und Stützen erstere sind, umfaßt" (1980, S.26).

An der Decarcerationsbewegung für psychisch Kranke und Gefangene macht Scull deutlich, daß es in erster Linie fiskalpolitische Überlegungen sind, die zu einer Veränderung sozialpolitischer Kontrollstrategien geführt haben. Eine lebensweltbezogene Form des Strafvollzugs oder psychiatrischer Versorgung in gemeindenaher Form geht deshalb auch nicht auf das Konto liberaler und humanistisch orientierter Reformideologen, sondern ist Ergebnis eines ökonomischen Kalküls, das eine kostengünstigere Kontrollform außerhalb der sehr teueren totalen Institutionen (Gefängnis, Irrenhaus) für möglich hält. Hier soll nicht für eine ökonomistische Erklärung sozialpolitischer und strafvollziehender Strategien plädiert werden, was im übrigen auch Scull nicht tut, wohl aber für eine Perspektive, die gesamtgesellschaftliche Prozesse nicht auf den Leisten interaktionistischer Kategorien schlägt.

b) Eine nichtpsychologistische Aufwertung des Individuums

Viele Psychologen haben auf die Labeling-Perspektive abwehrend reagiert, weil sie das Individuum, seine spezifischen Interessen, Bedürfnisse, Planungen und Handlungsabsichten theoretisch ausgelöscht habe. Sie wird als soziologistisch und antipsychologisch eingeordnet. Diese Einschätzung trifft zu, insoweit sie sich auf die betonte Gegenposition bezieht, die die Labeling-Perspektive zu allen Versuchen einnimmt, abweichendes Verhalten auf eine täterorientierte Sichtweise zu reduzieren. Psychologische Tätertheorien, die aus spezifischen Persönlichkeitsmerkmalen die Differenz zwischen einer kriminellen und einer nichtkriminellen Population ableiten und kausal zu begründen versuchen, sind für Vertreter der Labeling-Perspektive nicht akzeptabel. Solche Theorien tilgen die „Mikro-Sozialgeschichte“ einer abweichenden Karriere und verdinglichen deren psychologische Konsequenzen zu stabilen Persönlichkeitsmerkmalen.

Der Schwerpunkt der Labeling-Perspektive lag bisher sicherlich auf der Seite der gesellschaftlichen Reaktion, die einsetzt, wenn eine Regelverletzung vermutet wird oder stattgefunden hat. Ins Zentrum der Aufmerksamkeit sind dann überwiegend die Folgen von Stigmatisierung und Ausgrenzung gerückt. Das Individuum kam dann oft genug nur noch als passives Opfer gesellschaftlicher Verfahrensweisen vor. Gemessen am eigenen Anspruch der Labeling-Perspektive, eine „interaktionistische Theorie abweichenden Verhaltens“ entwickeln zu wollen, hat hier eine fragwürdige Verkürzung der eigenen Perspektive stattfinden können, die allerdings auch in den eigenen Reihen bald ihre Kritiker fand. Es wurde die „übersozialisierte Konzeption“ des Individuums in den Prozessen der Herstellung sekundärer Devianz moniert (Broadhead 1974) und dagegen die Vielzahl von denkbaren und empirisch nachweisbaren Auseinandersetzungs- und Anpassungsmodi mit stigmatisierenden Rollenzuweisungen aufgeführt (vgl. Rogers u. Buffalo (1974) mit ihrem Aufsatz zu „fighting back“).

Für die Weiterentwicklung der Labeling-Perspektive ist es wichtig, daß das handelnde Subjekt in angemessener Weise theoretisch berücksichtigt wird. Dabei scheint es mir weniger wichtig, einige psychologische Variablen im Sinne mediativer Konzepte einzuführen, als vielmehr der Frage nachzugehen, welches die gesellschaftlich produzierten Voraussetzungen dafür sind, daß externe Rollenzuweisungen und Stigmatisierungen verinnerlicht werden und zu den von der Labeling-Perspektive beschriebenen Identitätsveränderungen führen können. Immerhin ist es ja nicht selbstverständlich, daß ein Individuum auf öffentliche Schuldzuweisung mit Individualisierung und Selbstanklage reagiert, die unabdingbare Voraussetzungen für den Prozeß der Internalisierung sind. Diesen Prozeß, der auch als Selbst-Etikettierung bezeichnet wird, hat beispielsweise Rotenberg (1978) in einer geistes- und sozialgeschichtlich angelegten Analyse eindrucksvoll analysiert und dabei die besondere Rolle der protestantischen Ethik und ihres individualisierenden Schuldprinzips herausgearbeitet. In eine ähnliche Richtung zielt die Argumentation von Piven und Cloward (1979), die die Funktion von Sozialisationsinstanzen zur Herstellung der in unserer Kultur vorherrschenden Muster von Individualisierung und Selbstanklage ins Zentrum ihrer Analyse stellen. Es verspricht jedenfalls eine fruchtbare Perspektivenerweiterung, wenn sich die Labeling-Perspektive weiter um eine Integration sozialwissenschaftlicher Analysen des Zusammenhangs von Selbstkonzept und Devianz bemüht (vgl. dazu eine umfassende Analyse von Kaplan 1980).

4 Psychologie und Labeling-Perspektive

Im Rahmen dieses Artikels kam die Psychologie fast nur als eine Disziplin vor, die sich für stabile Persönlichkeitseigenschaften interessiert und in diesem Forschungsinteresse genau einer solchen Sicht der „kriminellen Persönlichkeit" zuarbeitet, die die Labeling-Perspektive als sozial hergestellten Typus zu entmystifizieren versucht. Für die ersten Arbeiten auf der Basis der Labeling-Perspektive war das sicherlich auch das Bild der Psychologie, das diese in ihren Hauptströmungen selbst von sich hatte. Im Bereich der Kriminalpsychologie hat diese Traditionslinie sicherlich noch immer ihre stabilen Hochburgen (vgl. dazu die Kritik von Nietzel 1979; Rappaport, Lamiell u. Seidman 1980), aber sie beherrschen nicht mehr alleine das Feld. Es gibt mittlerweile auch in der Psychologie eine Strömung, die Sarbin (1977) auf den Nenner des „Kontextualismus" bringt. Sie ist – im Unterschied zum „mechanistischen Denken" in der Psychologie – um die Erforschung jener aktiven psychologischen Aneignungsprozesse von Realität bemüht, die im Alltag der Menschen beständig stattfinden. Der Kontextualismus geht – wie die Labeling-Perspektive – davon aus, daß Menschen ihren Alltag aktiv sozial konstruieren und daß es Aufgabe der Psychologie sei, diese Konstruktionsprinzipien und Mechanismen zu untersuchen.

Die vielleicht konstruktivste Forschungsrichtung innerhalb dieser kontextualistischen Strömung ist die *Attributionstheorie.* Es hat mich oft gewundert, wie wenig Attributionstheorie und Labeling-Perspektive voneinander Kenntnis genommen haben, obgleich sie im Strukturkern ihrer Suchhaltung sehr nahe beieinander liegen (vgl. Keupp 1976, S.110 ff.). In seinem für jede Kriminalpsychologie provozierenden Aufsatz „Die Psychologie des Bösen" hat Zimbardo (1979) gezeigt, wie der sozialpsychologisch vielfach untersuchte Tatbestand der systematischen Überschätzung der dispositionellen Kontrolle von Handeln und die ihr entsprechende systematische Unterschätzung situativer Kontrolle wesentlich zur sozialen Konstruktion des „kriminellen Typs" beitragen. Er zeigt auch auf, welches die Gründe dafür sind, daß eine solche Konstruktion so bereitwillig akzeptiert wird und auch zur vorwissenschaftlichen Gewißheit der psychologischen Tätertheorien gehört. Diese Konstruktion erlaubt es, sich als in fundamentaler Weise von kriminell gewordenen Personen zu unterscheiden und für sich eine moralische Höherstellung zu beanspruchen. Sie erlaubt es des weiteren, die sozialen, ökonomischen, politischen und psychologischen Bedingungen auszusparen, die Bedingungen krimineller Handlungen sein könnten, denn es sind personinterne Bedingungen, die dafür verantwortlich gemacht werden können. Und schließlich erlaubt es diese Konstruktion auch, sich mit dem desolaten Zustand von Kontrollinstitutionen nicht zu beschäftigen und im Zweifelsfall das kriminogene Potential von Gefängnissen und anderen Kontrollinstanzen doch immer geringer anzusetzen, als das der inkriminierten Personen.

Eine alternative Kriminalpsychologie sollte auf der Linie von Zimbardo und anderen die Aufgabe von Gegenexpertise übernehmen. Sie sollte die fatalen attributiven Mechanismen des „gesunden Menschenverstandes" aufdecken. Sie sollte eine entschiedene Gegenposition gegen den noch immer vorherrschen Trend in ihrer Disziplin formulieren, gesellschaftlich produzierte Probleme dispositionell zu attribuieren und damit die „blaming the victim"-Strategie zu unterstützen (vgl. Nelson u. Caplan 1978). Bei einem so orientierten Selbstverständnis wird der Psychologe die Labeling-Perspektive als natürlichen Verbündeten wahrnehmen und aktivieren können (Rappaport u. Cleary 1980).

Psychologie im Ablauf der Strafverfolgung

Andrea Abele

Einstellungen gegenüber Straftätern

1 Einführung

Die in neueren Publikationen zu beobachtende Abkehr von rein täterzentrierten Ansätzen der Kriminalitätserklärung hat notwendigerweise eine verstärkte Beachtung und Erforschung der Reaktionen auf Kriminalität/Straftäter zur Folge. Zentral ist hierbei die Frage, welche Bedeutung Alltagsvorstellungen, Einstellungen und Meinungen über Kriminalität sowohl von Mitgliedern offizieller Strafverfolgungsorgane als auch von Angehörigen der allgemeinen Bevölkerung bei der Initiierung, Verfestigung und Aufrechterhaltung krimineller Karrieren haben. Für die offiziellen Strafverfolgungsorgane, wie z.B. Polizei, Staatsanwaltschaft und Richter, werden die zusätzlich zu gesetzlichen Regelungen wirksamen Alltagsvorstellungen über Delikte und Täter sowie deren Konsequenzen für die Betroffenen erforscht (vgl. z.B. Peters 1973). Bei informellen Instanzen sozialer Kontrolle, wie z.B. Kunden eines Warenhauses, die einen Ladendiebstahl beobachten, Nachbarn eines Ex-Strafgefangenen, Arbeitskollegen eines Freigängers, werden die Einstellungen und Vorurteile erforscht, die gegenüber Straftätern bestehen. Es wird nach dem allgemeinen und persönlichen Bedrohtheitsgefühl durch Kriminalität gefragt (z.B. Murck 1978), nach der Schwereeinschätzung einzelner Delikte (z.B. Villmow 1979), nach als angemessen empfundenen Bestrafungs- bzw. Behandlungsformen (z.B. Banks, Maloney u. Willcock 1975), nach den vermuteteten Ursachen von Kriminalität (z.B. Abele u. Giesche 1981) und nach den Vorstellungen über die Andersartigkeit von Straftätern im Vergleich zum „gesetzestreuen" Bürger (z.B. Reed u. Reed 1973). Wenn auch die Bedeutung der Einstellungen der Bevölkerung gegenüber Straftätern hinsichtlich ihrer Wirkung auf Kriminalisierungs- und Resozialisierungsprozesse nicht überschätzt werden sollte, da zum einen das Etikett „Straftäter" kein äußerlich sichtbares Merkmal ist und insofern nicht in jeder Interaktion eine Rolle spielt, zum anderen Einstellungen generell nur einen begrenzten prädiktiven Wert hinsichtlich tatsächlichen Verhaltens haben (Wicker 1969), so spielen sie doch innerhalb eines interaktionistischen Ansatzes abweichenden Verhaltens eine gewisse Rolle (Abele u. Nowack 1975).

Wir wollen in diesem Beitrag zuerst untersuchen, welche allgemeinen Vorstellungen es über Straftäter gibt, d.h. ob und wenn ja, welche Assoziationen dieser Begriff weckt (Abschnitt 2). Anschließend wollen wir uns der Differenzierung der Einstellungen gegenüber Straftätern zuwenden. Dies geschieht sowohl auf der Seite des Einstellungsträgers, d.h. den soziodemographischen und erfahrungsmäßigen Korrelaten seiner Einstellungen (3), als auch auf der Seite des Einstellungsobjekts, z.B. der Frage, ob gegenüber Tätern mit unterschiedlichen Delikten auch unterschiedliche Einstellungen bestehen (4). In einem abschließenden Teil soll den Möglichkeiten der Änderung von Einstellungen gegenüber Straftätern nachgegangen werden (5).

2 „Straftäter“ bzw. „Krimineller“ als Einstellungsobjekt

Bekanntlich gibt es viele verschiedene Straftaten, derentwegen man angeklagt und verurteilt werden kann. Diese Straftaten reichen von Eigentumsdelikten (z.B. Ladendiebstahl) über Gewalttaten (z.B. Körperverletzung, Mord) über Sittlichkeitsdelikte (z.B. Exhibitionismus) und Delikte gegen das Betäubungsmittelgesetz (z.B. Handel mit Heroin) bis zu Wirtschaftsstraftaten (z.B. Steuerhinterziehung). Sie unterscheiden sich hinsichtlich Schwere, Strafmaß und moralischer Mißbilligung (vgl. z.B. Rossi, Waite, Bose u. Berk 1974; Villmow 1977). Trotz dieser beträchtlichen Unterschiede geht man im allgemeinen davon aus, daß es das Einstellungsobjekt „Straftäter“ gibt, d.h., daß der Begriff „Straftäter“ als Oberbegriff für die verschiedenen Tätertypen eine Klasse von Personen bezeichnet, die kognitiv repräsentiert und homogen ist (siehe auch Annahmen der Labelingtheorie; z.B. Becker 1963; Sack 1972).

2.1 Das Stereotyp des „Kriminellen“

Daten mehrerer Untersuchungen zeigen, daß bei „Straftäter“ bzw. „Krimineller“ nicht an das gesamte Spektrum möglicher Straftatbestände gedacht wird, sondern daß insbesondere Gewalt-, ferner Eigentumsdelikte assoziiert werden (vgl. z.B. Abele u. Nowack 1975; Stein-Hilbers 1977). Bei „Krimineller“ wird in erster Linie an Männer, weniger an Frauen gedacht (Reed u. Reed 1973; Abele u. Nowack 1975).

Welche Persönlichkeits- bzw. Charaktereigenschaften werden dem Stereotyp des „Kriminellen“ zugeordnet? Reed u. Reed (1973) fragten in Interviews mit Lehrern, Landwirten und Bauarbeitern nach dem Image des Kriminellen. Es wurden im grossen und ganzen jeweils die gleichen bio-sozialen und Persönlichkeitseigenschaften zur Charakterisierung eines Kriminellen angeführt, z.B. „frustriert“, „unsicher“, „gefährlich“, „emotional gestört“, „aggressiv“ (vgl. Reed u. Reed 1973, S. 464). Ähnliche Ergebnisse erbrachte eine Untersuchung von Simmons (1965), der die Vorstellungen über Homosexuelle, Ehebrecher, Marihuana-Raucher und „Beatniks“ erfragte.

Bei einer Untersuchung von Abele, Lilli u. Nowack (1980), bei der die Befragten Eigenschaftsbegriffe hinsichtlich der Wahrscheinlichkeit, mit der sie auf einen „Kriminellen“ zutreffen, beurteilen sollten, wurden die Begriffe „unberechenbar“, „aggressiv“, „abgebrüht“, „triebhaft“, „brutal“, „feindselig“, „unehrlich“, „durchtrieben“ und „kaltschnäuzig“ als am stärksten mit dem Stereotyp assoziiert bezeichnet.

2.2 Kognitiv-affektive und verhaltensmäßige Komponente der Einstellungen gegenüber Straftätern

Häufig werden Einstellungen als aus drei Komponenten bestehend konzipiert: der kognitiven, Meinungskomponente, der affektiven, Bewertungskomponente und der konativen, Handlungskomponente, d.h. der Verhaltensintention gegenüber dem jeweiligen Einstellungsobjekt (vgl. Fishbein u. Ajzen 1975; Herkner 1981). Wie sehen nun diese verschiedenen Komponenten der Einstellungen gegenüber Straftätern aus bzw. wie werden sie erfaßt?

2.2.1 *Kognitiv-affektive Komponente: Meinungen zur Verursachung und Behandlung von Straffälligkeit*

Im amerikanischen Sprachraum gibt es eine Skala von Alberts (1963) zur Messung der Einstellungen gegenüber jugendlichen Delinquenten. Diese Skala wird durch die als bipolar charakterisierte Dimension „Autoritarismus versus Unterstützung" gekennzeichnet. Der Autoritarismuspol bezieht sich auf Zurückweisung und Verachtung des Täters, auf die Vorstellung totaler Unterordnung als Ziel der Resozialisierung und auf Mißtrauen gegenüber psychologischen Behandlungsmethoden. Die Ursache für Straffälligkeit wird primär in der mangelnden Willensstärke des Täters gesehen. Der gegenteilige Pol wird durch Aussagen charakterisiert, die die Notwendigkeit des verständnisvollen Eingehens auf den individuellen Täter und seine „Nachsozialisation" insbesondere im emotionalen Bereich beinhalten (Alberts 1963, S.72).

Ein Meßinstrument von Abele u. Nowack (1975) sollte ursprünglich vier Meinungsbereiche der Einstellung gegenüber Delinquenten abdecken, nämlich „Autoritarismus/Vergeltung" im Sinne der Charakterisierung des Autoritarismuspols bei Alberts (1963), „Anlage-, Umweltdenken" als bipolare Dimension der Verursachungsvorstellungen von Kriminalität, „Angst" als Dimension des Sich-Bedroht-Fühlens durch Kriminalität und „Unterstützung/Informiertheit" als Dimension der toleranten, resozialisierungsorientierten Einstellung gegenüber Straftätern. Empirisch ließen sich jedoch nur zwei voneinander unabhängige Dimensionen ermitteln, die mit „Autoritarismus/Vergeltung" und mit „Unterstützung/Umweltdenken" bezeichnet wurden. Diese Dimensionen sind über verschiedene Stichproben und sowohl für die Einstellung gegenüber jugendlichen als auch gegenüber erwachsenen Straftätern sehr stabil (vgl. Abele u. Nowack 1975, 1978; Nowack u. Schalk 1979; Abele 1982).

Auch bei Umfragen, bei denen die Antworten auf einzelne Meinungsaussagen untersucht werden, ergibt sich die berichtete Zweiteilung in „konservativ - dogmatische" Einstellungen mit der Befürwortung harter Strafen und dem Rekurs auf Willen und Verantwortlichkeit des individuellen Täters versus „liberal - aufgeschlossene" Einstellungen mit kritischer Haltung gegenüber dem Erfolg von Strafen und der Betonung umweltorientierter Sichtweisen bei der Genese von Kriminalität (vgl. z.B. Blath 1976; Reuband 1980).

2.2.2 *Verhaltenskomponente: Soziale Distanz gegenüber Straftätern*

Zur Messung der konativen Komponente, der Verhaltensintention, werden meist sog. Soziale-Distanz-Skalen verwendet, die die Kontaktbereitschaft mit der jeweiligen Person bzw. Gruppe erfassen. Für mehrere, nach sozialer Distanz bzw. Nähe unterschiedliche Situationen (z.B. gemeinsamer Kinobesuch, Wohnen im selben Haus) soll angegeben werden, wie hoch die Bereitschaft ist, mit der jeweiligen Stimulusperson zu interagieren. Erwartungsgemäß ist die soziale Distanz gegenüber Straftätern wesentlich höher, d.h. die Kontaktbereitschaft niedriger, als gegenüber Personen, die nicht vorbestraft sind (vgl. Abele u. Nowack 1978; Genser-Dittmann 1977).

3 Einstellungen verschiedener Personengruppen zu Straftätern

Nachdem bisher das Einstellungsobjekt „Straftäter“ und die Struktur der Meinungen über diese Personengruppe betrachtet wurde, ist im folgenden zu fragen, ob und wenn ja, welche Unterschiede es in der Bevölkerung bei den Einstellungen zu Straftätern gibt. Dies gibt Aufschluß über die erfahrungsmäßigen und soziodemographischen Korrelate der Einstellungen.

3.1 Einstellungen verschiedener soziodemographischer Gruppen

Im allgemeinen sind soziodemographische Variablen wie Alter, Bildungsgrad und Schichtzugehörigkeit, ferner Geschlecht, relativ gute Prädiktoren gesellschaftspolitischer Einstellungen (vgl. z.B. die Übersicht bei Malow 1974). Sie korrelieren meist höher mit dem jeweiligen Kriteriumsverhalten bzw. der Kriteriumseinstellung als z.B. Persönlichkeitsvariablen. Dies liegt an ihrem „Sammelvariablen“-Charakter, d.h. daran, daß soziodemographische Variablen vielfältige Erfahrungen, die ein Individuum macht, bzw. vielfältige Rollenanforderungen, denen es ausgesetzt ist, umschließen.

Das *Geschlecht* der Befragten spielt hinsichtlich ihrer Einstellungen zu Straftätern nur eine geringe Rolle. Männer und Frauen unterscheiden sich in ihrer Einstellung zur Todesstrafe in den meisten Untersuchungen nicht (Engler 1973; Kaupen 1970; v. Oppeln-Bronikowski 1970; Vetter 1965; Ausnahme: Allensbach 1967: hier befürworteten Männer stärker die Todesstrafe), ebensowenig in ihrer Einstellung zu Sinn und Zweck von Strafe (Vetter 1965; Kaupen 1970; v. Oppeln-Bronikowski 1970; Engler 1973; Herbst, Malow, Pfuhlmann, Pfuhlmann u. Pook 1975). Kutchinsky (1968) konnte zeigen, daß 1954 vorhandene Einstellungsunterschiede zwischen Frauen und Männern bei einer ähnlichen Umfrage im Jahr 1962 nicht mehr bestanden. Bei Untersuchungen von Genser-Dittmann (1977) und Abele u. Nowack (1978), bei denen mit den oben beschriebenen Soziale-Distanz Skalen gearbeitet wurde, äusserten Frauen zwar allgemein eine geringere Kontaktbereitschaft als Männer, doch war ihre Kontaktbereitschaft gegenüber Straftätern genauso hoch wie bei Männern. Das heißt, die möglicherweise auf Geschlechtsrollenverhalten zurückführbare größere soziale Distanz von Frauen besteht dann nicht, wenn es um Ex-Straftäter geht. Hier scheint der Aspekt der Hilfsbedürftigkeit dieser Gruppe stärker im Vordergrund zu stehen (vgl. hierzu auch Nowack 1981a). Untersuchungen von Abele u. Nowack (1975, 1978) zeigten, daß Frauen auf dem mit „Unterstützung/Umweltdenken“ bezeichneten Einstellungsfaktor höhere Werte aufweisen als Männer, während sich die Geschlechter hinsichtlich des „Autoritarismus/Vergeltung“ Faktors nicht unterscheiden.

Die hinsichtlich der Stärke des Zusammenhangs mit den Einstellungen wichtigste soziodemographische Variable ist das *Alter* der Befragten. Ältere Befragte äußern in fast allen einschlägigen Untersuchungen ablehnendere Haltungen gegenüber Straftätern und härtere Strafvorstellungen als jüngere Befragte (Mc Intyre 1967; Kutchinsky 1968; Infas 1969; Kaupen 1970; Carlson, Thayer u. Germann 1971; Vinke u. Van Houtte 1973: Vidmar 1974; Banks et al. 1975; Herbst et al. 1975; Newman u. Trilling 1975; Schwind u. Blau 1976, S. 232; Genser-Dittman 1977; Abele u. Giesche 1981; Reuband 1980). Eine gewisse Differenzierung dieses Befundes stellen die Ergebnisse von Abele u. Nowack (1975, 1978) und Nowack u. Schalk (1979) dar, bei denen sich zeigte, daß die Dimension „Unterstützung/Umweltdenken" altersunabhängig ist, während die Dimension „Autoritarismus/Vergeltung" hohe Korrelationen (r jeweils > .50) mit dem Alter der Befragten aufweist.

Die Interpretation dieser Befunde, die es in ähnlicher Form auch für die Einstellungen gegenüber anderen Randgruppen gibt (z.B. psychiatrischen Patienten; vgl. Jäckel u. Wieser 1970), muß sich auf Prozesse des gesellschaftlichen Wandels beziehen: Bei einer Analyse von Umfragedaten, die seit 1950 zur Einstellung zur Todesstrafe erhoben wurden, kommt Reuband (1980) zu dem Schluß, daß Alterseffekte in erster Linie auf Unterschiede zwischen den Generationen zurückzuführen sind und weniger auf Veränderungen innerhalb einer Generation. Das bedeutet, daß sich die Alltagsvorstellungen über Abweichung im Laufe der Zeit verändert haben.

Abele u. Giesche (1981) konnten z.B. zeigen, daß Justizvollzugsbeamte Alltagsvorstellungen über abweichendes Verhalten haben, die sich als psychologisch-sozialisationstheoretische Annahmen klassifizieren lassen, und daß Erklärungen, die stärker am medizinischen Modell abweichenden Verhaltens orientiert sind, nur in geringem Umfang für bedeutsam gehalten werden. Zusätzlich gibt es Befunde, die zeigen, daß sich gesellschaftspolitische Einstellungen generell in Richtung auf liberalere Haltungen verändert haben (z.B. im Zusammenhang mit Erziehungsstilen; Devereux, Bronfenbrenner u. Suci 1971). Reuband (1980) weist diese Veränderung insbesondere für diejenigen Generationen auf, die nach 1940 geboren wurden.

Der *Bildungsstand* bzw. die *Schichtzugehörigkeit* des Befragten ist ebenfalls eine wichtige soziodemographische Einflußgröße. Befragte unterer Schichten bzw. niedrigeren Bildungsstandes äußern meist ablehnendere Einstellungen, härtere Strafwünsche und weniger an Resozialisierung orientierte Zielvorstellungen von Bestrafung als Personen höherer Schichten bzw. höheren Bildungsstandes (Alberts 1963; Lentz 1966; Infas 1969; Kaupen 1970; v. Oppeln-Bronikowsky 1970; Engler 1973; Podgorecki 1973; Vinke u. van Houtte 1973; Vidmar 1974; Abele u. Nowack 1975, 1978; Banks et al. 1975; Herbst et al. 1975; Newman u. Trilling 1975; Schwind u. Blau 1976; Reuband 1980). Diese Bildungs- bzw. Schichteffekte lassen sich teilweise im Zusammenhang mit den Altersbefunden interpretieren: Die bereits zitierte Analyse von Reuband (1980) zeigt, daß sich der Wandel in der Einstellung zur Todesstrafe in den höheren Bildungsgruppen sehr viel früher vollzog als in den niedrigeren Bildungsgruppen, daß er in den niedrigeren Bildungsgruppen aber in analoger Wiese zeitversetzt abläuft. Hiernach wäre zu erwarten, daß sich Unterschiede zwischen einzelnen Bildungsgruppen im Laufe der Zeit verringern. Dies trifft jedoch nicht durchgängig zu.

Zum Beispiel traten bei der Untersuchung von Herbst et al. (1975) Bildungsunterschiede in der Einstellung zu Sinn und Zweck von Strafe lediglich in den niedrigsten, nicht in den höheren Altersgruppen auf (vgl. Malow 1974, S.111). Die Daten einer Einstellungsuntersuchung von Abele u. Nowack (1978) zeigen ähnliche Befunde: Hier gibt es bei den über 45-jährigen keine Unterschiede zwischen den einzelnen Bildungsgruppen, bei den unter 45-jährigen dagegen bedeutende Unterschiede. Es zeigte sich, daß diese Unterschiede insbesondere auf den Vergleich der Personen mit Volks- bzw. Hauptschulabschluß mit allen anderen Befragten zurückzuführen sind.

Eine Interpretationsmöglichkeit dieser Befunde ist, daß Einstellungsveränderungen, z.B. Angleichungen der Einstellungen zwischen Personen mit unterschiedlichem Bildungsgrad, nicht nur zwischen, sondern auch innerhalb von Generationen vonstatten gehen, wobei für diesen Prozeß eine gewisse Zeit erforderlich ist, d.h. bei älteren Befragten ist dieser Prozeß bereits vollzogen, bei jüngeren Befragten noch nicht. Eine andere Interpretationsmöglichkeit könnte sich darauf beziehen, daß sich im Zuge der allgemeinen Aufwärtsmobilität im Bildungsbereich die Unterschiede zu verbleibenden unteren Bildungsgruppen insbesondere bei den niedrigen Altersstufen vergrößern, wie z.B. die geschilderten Befunde der Untersuchungen von Abele u. Nowack (1978) zeigen.

Zusammenfassend ist zu den Einstellungsunterschieden verschiedener soziodemographischer Gruppen festzuhalten, daß sich hier allgemeine gesellschaftliche Einflüsse manifestieren. Dies läßt sich auf der Ebene des Generationsvergleichs (z.B. 30-jährige zu verschiedenen Zeitpunkten) aufweisen, ebenso auf der Ebene des Vergleichs Gleichaltriger mit verschiedener sozialer Herkunft und jener von Quasi-Längsschnittdaten (Veränderungen innerhalb einer gesellschaftlichen Gruppe über die Zeit). Diese Daten deuten darauf hin, daß Einstellungen gegenüber Straftätern analog anderen gesellschaftspolitischen Einstellungen gebildet werden.

3.2 Einstellungen gegenüber Straftätern in ihrer Beziehung zu anderen gesellschaftspolitischen Werthaltungen

Hohe Korrelationen zwischen *Autoritarismus* und punitiven, ablehnenden Einstellungen gegenüber Straftätern fanden Alberts (1963) und Carlson et al. (1971). Bei Gaensslen, May u. Wölpert (1976) korrelierten die Einstellungen von Schülern zur Bestrafung von Kriminellen hoch mit Dogmatismus und Konservatismus. Entsprechend erbrachte die Arbeit von Simmons (1965) geringere Stereotypisierungsbereitschaften gegenüber Randgruppen bei Personen mit liberalen politischen Einstellungen.

Auch die *Parteipräferenz* als Indikator gesellschaftspolitischer Werthaltungen korreliert mit den Einstellungen:

Tatsächliche und potentielle CDU-Wähler äußern härtere Strafwünsche, betonen stärker die Abschreckungswirkung von Strafe und das Schuldprinzip des Strafrechts und haben höhere Werte auf der Skala „Autoritarismus/Vergeltung", sowie niedrigere Werte auf der Skala „Unterstützung/Umweltdenken" als tatsächliche und potentielle SPD-Wähler, während die FDP-Wähler sich meist zwischen diesen beiden Gruppen befinden (Vetter 1965; Kaupen 1970; Abele u. Nowack 1975, 1978; Gaensslen et al. 1976; Kerner 1980; Reuband 1980). Ähnliche Befunde gibt es für die Religionszugehörigkeit. Hier äußern Konfessionslose liberalere Einstellungen als Protestanten, die wiederum liberalere Einstellungen als Katholiken äußern (Gaensslen et al. 1976; Abele u. Nowack 1975, 1978).

Diese bisher vorliegenden Arbeiten belegen die Einbettung der Einstellungen gegenüber Straftätern in das allgemeine gesellschaftspolitische Einstellungs- und Wertsystem einer Person. Hieraus und aus den Befunden zu den soziodemographischen Variablen kann der Schluß gezogen werden, daß Einstellungen gegenüber Straftätern in erster Linie die allgemeine Weltanschauung einer Person und ihre Zugehörigkeit zu einer bestimmten gesellschaftlichen Gruppe reflektieren. Hieraus ergibt sich die Frage, ob und – wenn ja – wie Einstellungen gegenüber Straftätern überhaupt durch individuelle Erfahrungen und Informationen beeinflußt werden können.

3.3 Einstellungen gegenüber Straftätern in ihrer Beziehung zu individuellem Wissen über bzw. individueller Erfahrung mit Kriminalität

In der Bevölkerung ist die Kenntnis über das Strafrecht, über Straftatenverteilungen, über Viktimisierungsrisiken und über das Leben im Gefängnis recht gering (vgl. Kutschinsky 1968; v. Oppeln-Bronikowski 1970; Blei, zitiert nach Münchbach 1973; Engler 1973; Schwind u. Blau 1976, S. 431 f.). Eigene Erfahrungen mit Institutionen der Strafrechtspflege wurden dagegen schon von einem beträchtlichen Anteil in der Bevölkerung gemacht. Etwa von der Hälfte der Bevölkerung wurden bereits Gerichtsverhandlungen besucht (Kaupen 1970; Abele u. Nowack 1975); eigene Viktimisierungserfahrungen geben je nach Stichprobe zwischen 10% und 45% der Befragten an. Als jemanden, der bereits eine Straftat beobachtet hat, ohne selbst das Opfer gewesen zu sein, bezeichnen sich zwischen 6% und 15% der Befragten; in Bevölkerungsumfragen geben etwa 50% der Befragten an, Personen, die schon einmal strafrechtlich verurteilt worden sind, zu kennen (Abele u. Nowack 1975, 1978; Banks et al. 1975, Genser-Dittmann 1977). Nach kriminalstatistischen Daten ist davon auszugehen, daß der Bestraftenanteil in der erwachsenen männlichen Bevölkerung bei etwa 30% liegt, bei den Frauen ist er wesentlich niedriger (Keske 1979).

3.3.1 Informationen über Straftäter und Institutionen der Strafrechtspflege und Einstellungen

Dow (1967) stellte fest, daß Kriminologiestudenten, die qua Beschäftigung über mehr Informationen zu Straftätern verfügen als Studenten anderer Fachrichtungen, sich hinsichtlich der Fähigkeit, Sichtweise und Probleme eines Straftäters zu erkennen, von anderen Studenten nicht unterscheiden. Kutchinsky (1968) fand, daß das Ausmaß der Kenntnis juristischer Sachverhalte nicht mit der Einstellung gegenüber Straftätern korreliert. Riley (1976) erhielt in einem Feldexperiment entsprechende Befunde: Informationsvermittlung führte nicht zu Einstellungsänderungen gegenüber Straftätern.

Abstraktes Wissen bzw. allgemeine Informationsvermittlung scheint also nach den bisher vorliegenden Befunden keinen Einfluß auf die Einstellungen zu haben. Dies kann sowohl daran liegen, daß die Änderungsresistenz der Einstellungen gegenüber Straftätern aufgrund ihrer Verankerung im Wertesystem einer Person sehr hoch ist, als auch daran, daß die in den genannten Untersuchungen erfaßten bzw. vermittelten Informationen für die Einstellungen gegenüber Straftätern irrelevant sind bzw. nicht den Kriterien für effektive Einstellungsänderung entsprechen (vgl. Abele 1982).

Der Vollständigkeit halber muß in diesem Zusammenhang auch auf die Wirkung der in Massenmedien enthaltenen Informationen hingewiesen werden: Hier zeigt sich, daß die Leser verschiedener Massenmedien (z.B. Boulevardpresse versus lokale Tageszeitungen) z.B. die Häufigkeit verschiedener Delikte unterschiedlich einschätzen (v. Oppeln-Bronikowski 1970; Engler 1973), doch gibt es keine Daten darüber, ob diese Gruppen auch unterschiedliche Einstellungen gegenüber Straftätern haben.

3.3.2 *Eigene Erfahrungen mit dem Problembereich Kriminalität und Einstellungen*

Eigene Erfahrungen mit dem Problembereich Kriminalität haben ebenfalls nicht in jedem Fall Einfluß: Es ist hinsichtlich der Einstellungen gegenüber Straftätern z.B. irrelevant, ob man schon als Zeuge oder Zuschauer an Gerichtsverhandlungen teilgenommen hat, oder ob man bereits als Nichtbeteiligter kleinere Delikte beobachtet hat (Abele u. Nowack 1975, 1978; Genser-Dittmann 1977).

Die Erfahrung, bereits Opfer einer Straftat geworden zu sein, hat dagegen Einfluß: Entgegen der Erwartung, daß Opfer aufgrund des erlittenen Schadens möglicherweise restriktivere Einstellungen entwickeln würden, zeigt sich in mehreren Untersuchungen eher das Gegenteil: Opfer haben auf der Skala Unterstützung/Umweltdenken höhere Werte als Nichtopfer, hinsichtlich ihrer sozialen Distanz unterscheiden sie sich nicht von Nicht-Opfern (Abele u. Nowack 1978).

Opfer reagieren auch in anderen Bereichen teilweise milder als Nicht-Opfer, z.B. bei der Schwereeinschätzung von Delikten (vgl. Rossi et al. 1974; Villmow 1977, 1979; Kerner 1980). Während die Viktimisierungserfahrung zwar die spezifische, d.h. auf die eigene Person bezogene Kriminalitätsfurcht geringfügig erhöht (Villmow 1979; Tyler 1980), führt sie aber nicht zu einer restriktiveren, sondern im Gegenteil eher zu einer toleranteren Einstellung gegenüber Straftätern. Eine Interpretation dieser Befunde ist, daß die Viktimisierungserfahrung für Opfer Anlaß zu aktiver Auseinandersetzung mit dem Bereich Kriminalität wird, oder daß der – nicht notwendigerweise gegebene – Kontakt zwischen Opfer und Täter als nicht so negativ erlebt wurde wie die entsprechende Vorerwartung gewesen war. Einschränkend ist zu bemerken, daß Viktimisierung bei sehr schweren Delikten möglicherweise andere, negativere Einstellungsreaktionen hervorruft (vgl. Genser-Dittmann 1977; Villmow 1979).

Auch (nicht berufsmäßiger) Kontakt mit Straftätern hat einen Einfluß auf die Einstellungen: Smith u. Lipsey (1976) zeigten, daß Personen, die angaben, einen Inhaftierten zu kennen, gegenüber Gefängnisreformen aufgeschlossener waren als Personen, die keinen Inhaftierten kannten. In den Untersuchungen von Abele u. Nowack (1978) und Genser-Dittmann (1977) war bei Bekanntschaft mit einem Straftäter jeweils die soziale Distanz geringer, d.h. die Kontaktbereitschaft größer als bei Personen, die keinen Straftäter kannten. Kontakt hatte dagegen keinen Einfluß auf den kognitiv-affektiven Bereich der Einstellung. Opfererfahrung und Kontakt mit Straftätern beeinflussen also unterschiedliche Aspekte der Einstellung. Da Bekanntschaft mit Straftätern nach den bisherigen Befunden keinen Einfluß auf allgemein bewertende Aussagen hat, ist anzunehmen, daß Kontakt die Wahrnehmung inkongruenter Rollen fördert und die Bedeutung des Etiketts „Straftäter" in der konkreten Interaktion verringert, jedoch keinen generalisierenden Effekt auf Meinungen über Straftäter hat. Die Opfererfahrung umgekehrt bewirkt eher eine allgemeine kognitiv-affektive Umstrukturierung, sie hat jedoch keine Auswirkung auf Verhaltensintentionen.

Eigene konkrete Erfahrungen mit Kriminalität bzw. mit Straftätern scheinen also in Zusammenhang mit den Einstellungen zu stehen. An diesen Befund schließt sich die Frage an, ob die Vielfalt an Erfahrungen mit Kriminalität, die eine Person bereits gemacht hat, z.B. Opfererfahrung, Zeugenerfahrung, Bekanntschaft mit einem Straftäter etc. ebenfalls ein Indikator der Einstellungen gegenüber Straftätern ist. Hierzu liegen bisher Ergebnisse von Abele u. Nowack (1981) vor.

In mehreren Untersuchungen wurde geprüft, welcher Zusammenhang zwischen der Anzahl verschiedener Erfahrungsbereiche mit Kriminalität, die eine Person nennt, und ihrer Einstellung besteht. Unabhängig von Geschlecht, Alter und Schichtzugehörigkeit der Befragten ergaben sich signifikante Zusammenhänge. Dies gilt sowohl für den kognitiv-affektiven, als auch für den konativen Bereich der Einstellung: Je größer der Erfahrungsbereich mit Kriminalität ist, desto toleranter ist die Einstellung und desto größer ist die Kontaktbereitschaft mit Straftätern. Der durch die Variable der Anzahl unterschiedlicher Erfahrungsbereiche gebundene Varianzanteil an den Einstellungen beträgt im Schnitt etwa 7%. Er ist wesentlich niedriger als der durch soziodemographische Variablen gebundene Varianzanteil.

Zur obigen Frage, ob Einstellungen gegenüber Straftätern überhaupt mit konkreten Erfahrungen zusammenhängen, zeigt sich anhand dieser Daten, daß dies in gewissem Umfang der Fall ist. Die wenigen Befunde zum Zusammenhang zwischen eigener Straffälligkeit und Einstellungen gegenüber Straftätern sind inkonsistent.

Einige Ergebnisse deuten darauf hin, daß Personen, die eigene – unentdeckte – Straftaten zugeben, liberalere Einstellungen gegenüber Straftätern äußern als Personen, die dies nicht tun (Abele u. Nowack 1978; Villmow 1979). Die wenigen Arbeiten, die bisher zu den Einstellungen und Meinungen von einer Gruppe von offiziell registrierten Straftätern selbst, nämlich Gefängnisinsassen, vorliegen, zeigen jedoch, daß diese im Vergleich zur entsprechenden soziodemographischen Gruppe nicht verurteilter Personen keine anderen Einstellungen äußern (vgl. Malow 1974).

4 Einstellungen gegenüber verschiedenen Gruppen von Straftätern

Die Unterschiede in den Einstellungen gegenüber Straftätern mit verschiedenen Delikten korrespondieren mit den Schwereeinschätzungen dieser Delikte. Untersuchungen zur Schwereeinschätzung (vgl. z.B. Rossi et al. 1974; Villmow 1977; Kerner 1980) zeigen, daß diese sich nicht am Strafmaß, sondern an der Bedrohlichkeit für Leib und Leben, der moralischen Mißbilligung sowie der vermuteten Sozialschädlichkeit orientieren. Entsprechend ist die soziale Distanz gegenüber einem Täter mit Körperverletzungsdelikt höher als die soziale Distanz gegenüber einem Täter mit Eigentumsdelikt (Abele u. Nowack 1978) sowie die soziale Distanz gegenüber einem Notzuchttäter höher als gegenüber einem Einbruchtäter (Genser-Dittmann 1977). Besonders hoch ist die soziale Distanz gegenüber Tätern, die mit Drogen gehandelt haben (Abele u. Giesche 1981). Dagegen ist die soziale Distanz gegenüber einer Person, die einen schweren Verkehrsunfall verursacht hat, nicht höher als gegenüber einer Person, die nicht vorbestraft ist (Genser-Dittmann 1977), ein Befund, den man damit erklären kann, daß Verkehrsdelikte in der öffentlichen Meinung nicht unter Kriminalität subsumiert werden. Die Daten von Arold (1977) verweisen darauf, daß nicht nur die Schwere-bzw. Verwerflichkeitseinschätzung des jeweiligen Delikts die Einstellung zum Täter beeinflußt, sondern daß auch je nach beruflicher Position des Befragten Delikte und Täter unterschiedlich bewertet werden: Personen mit verschiedenen Arten von Wirtschaftsstraftaten (z.B. Steuerhinterziehung, Lebensmittelbetrug, illegale Kartellbildung) wurden von Arbeitern, Angestellten und Selbständigen durchaus unterschiedlich beurteilt, wobei man die Befunde dahingehend interpretieren kann, daß die potentielle eigene Nähe zu einem Delikt auf die Beurteilung desselben einen mildernden Einfluß ausübt.

Weiter zeigt sich, daß auf jugendliche Straftäter milder reagiert wird und die Einstellungen stärker resozialisierungsorientiert sind als bei erwachsenen Straftätern (Abele u. Nowack 1978). Faßt man das als angemessen erlebte Strafmaß für einen Täter als einen Aspekt der Einstellung ihm gegenüber auf, dann werden Täter mit hohem sozialen Status etwas milder beurteilt als Täter mit niedrigem sozialen Status (Peters 1973; Newman 1974; Arold 1977; einschränkend Haisch u. Grabitz 1977).

Hinsichtlich der besonderen Wirkung des Etiketts „Straftäter" ist auch eine Untersuchung von Genser-Dittmann u. Schwartz (1974) interessant, in der gezeigt wurde, daß die soziale Distanz gegenüber einem Straftäter im Vergleich zu einer nicht vorbestraften Person unabhängig davon erhöht war, ob die Information gegeben war, daß die Personen wegen des ihr zu Last gelegten Delikts verurteilt oder lediglich angeklagt war. D.h. die Tatsache der Verwicklung in ein Strafverfahren reichte für eine Erhöhung der sozialen Distanz aus.

Zusammenfassend zeigen diese bisher vorliegenden Befunde, daß die Einstellungen gegenüber Straftätern vom begangenen Delikt, sowie von Merkmalen des Täters selbst beeinflußt sind. Je schwerer das Delikt, desto abweisender die Einstellung, wenn es sich um die Messung der Verhaltenskomponente handelt. Je größer die Wahrscheinlichkeit ist, daß man – z.B. aufgrund der beruflichen Position – selbst ein entsprechendes Delikt begehen könnte, desto toleranter ist die Einstellung gegenüber dem jeweiligen Täter. Je mehr sozial hochbewertete Merkmale der Täter hat, desto toleranter ist die Einstellung ihm gegenüber.

5 Zusammenfassende Diskussion und Möglichkeiten der Einstellungsänderung

Die Zusammenfassung der hier referierten Befunde ergibt folgendes Bild:

1. Unter dem Begriff „Straftäter" bzw. präziser „Krimineller" kann sich jeder etwas vorstellen; es gibt eine Reihe von Eigenschaften, die mit dieser Kategorie assoziiert werden und die sich auf Aggressivität, mangelnde Kontrolle und emotionale Gestörtheit beziehen (vgl. 2.1).
2. Wie schon die mit dem Stereotyp assoziierten Begriffe naheliegen, wird bei „Krimineller" nicht an die ganze Bandbreite möglicher Straftaten gedacht, sondern in erster Linie nur an „klassische" Gewalt- und Eigentumsdelikte, die von Männern begangen werden.
3. Hieraus folgt, daß das Stereotyp des Kriminellen lediglich eine Teilmenge des Einstellungsobjekts „Straftäter" darstellt, d.h. allgemein erfragte Einstellungen gegenüber Straftätern sich insbesondere auf diese Teilmenge beziehen.
4. Die inhaltliche Struktur der Einstellungen gegenüber Straftätern ist mindestens zweidimensional: Sie umfaßt Vorstellungen zu Verursachung und Behandlung von Straffälligkeit, die sich auf die Extreme Anlage- versus Umweltproblematik der Genese abweichenden Verhaltens und auf Sühne versus (Re-) Sozialisierung als Ziele des Strafvollzugs beziehen (vgl. 2.2). Die Einstellung zur Hilfsbereitschaft gegenüber Schwächeren allgemein scheint ebenfalls eine Rolle zu spielen (vgl. 3.1).
5. Die Analyse der Einstellungen gegenüber spezifischen Gruppen von Straftätern zeigt, daß hier allgemeine Eindrucksbildungsprozesse ablaufen: Die Einstellung ist eine Funktion aus wahrgenommener Deliktschwere und positiv oder negativ bewerteten Eigenschaften des Täters (vgl. 4).

6. Die Einstellungen gegenüber Straftätern variieren in hohem Maße mit dem Alter der Befragten, ferner mit ihrem Bildungsstand. Dies reflektiert ihre Einbindung in Prozesse des gesellschaftlichen Wandels von Alltagsvorstellungen über Abweichungen und deren Behandlung generell (vgl. 3.1). Darüber hinaus sind die Einstellungen gegenüber Straftätern auch in das allgemeine gesellschaftspolitische Wertsystem jeder einzelnen Person integriert (vgl. 3.2). Sie erweisen sich insofern zweifacher Hinsicht als relativ unabhängig von konkreten Erfahrungen mit Straftätern/Kriminalität.
7. Im engeren Sinne psychologische Faktoren, d.h. konkrete Informationen über bzw. Erfahrungen mit Straftätern können jedoch Einstellungsänderungen bewirken. Während zwar die allgemeine Informationsvermittlung in der bisher thematisierten Form kaum einen Einfluß hat (vgl. 3.3.1), hat eigene Erfahrung in Form von Kontakt oder – teilweise auch – Viktimisierung einen gewissen Effekt. Darüber hinaus zeigt sich, daß Personen, die bereits vielfältige Erfahrungen in diesem Bereich gemacht haben, relativ liberale und tolerante, resozialisierungsfreundliche Einstellungen gegenüber Straftätern äußern (vgl. 3.3.2).
8. Mit der Einschränkung, daß es sich bei den referierten Arbeiten meist um korrelative Studien handelt, die nicht eindeutig kausal interpretiert werden können, läßt sich also vermuten, daß der Erwerb der Einstellungen gegenüber Straftätern unabhängig von konkreten Erfahrungen abläuft, während die Änderung dieser Einstellungen – falls überhaupt – im Zusammenhang mit konkreten Erfahrungen und Verhaltensweisen erfolgt, letzteres unabhängig von soziodemographischen Variablen der jeweiligen Person (vgl. 3.3.2).
9. Vermehrter Kontakt zwischen „Gesetzestreuen" und Straftätern/Inhaftierten z.B. infolge von Änderungen beim Strafvollzug oder stärkeren Engagements ehrenamtlicher Mitarbeiter in der Straffälligenhilfe kann nach diesen Befunden insofern zu einer Differenzierung der Einstellungen bei den „Gesetzestreuen" führen. Bei verschiedenen Ansätzen der Gemeindepsychologie wird z.B. ebenfalls davon ausgegangen, daß die Reintegration von gesellschaftlichen Randgruppen dem Ziel der Problembewältigung förderlicher ist als deren Segregierung.
10. Abschließend ist zu bemerken, daß die vorliegende Analyse sich lediglich auf Personen bezieht, die keinen berufsmäßigen Kontakt mit Straftätern haben. Bei Richtern, Polizeibeamten, Justizvollzugsbeamten etc. sind andere Prozesse der Einstellungsänderung bzw. Einstellungsdifferenzierung zu vermuten.

Wolf Nowack

Das Verhalten des Tatzeugen in Diebstahlssituationen – Feldexperimentelle Untersuchungen

1 Themenstellung und Eingrenzung

„In dieser Überflußgesellschaft .... verliert der traditionelle Eigentumsbegriff zunehmend seinen Wert. Das „Stibitzen" wird immer mehr als Kavaliersdelikt oder als Mutprobe angesehen. Wir haben es hier mit einem Symptom für die ins Wanken geratenen Wertvorstellungen unserer Gesellschaft zu tun ... Der Wunsch, keine Verantwortung für den Nächsten übernehmen zu wollen, hat das Phänomen Ladendiebstahl entstehen lassen und begünstigt es weiterhin" (Kuratorium 1974, S.7-8). Unter Bezug auf Statistiken zum Ladendiebstahl wird sogar an späteren Stellen dieser Publikation des Einzelhandelsverbandes „Die Frage nach dem Bestand unserer freiheitlich-demokratischen Gesellschaftsordnung im Bewußtsein unserer heranwachsenden Jugend und aller Bürger" aufgeworfen (S.14). Düstere Visionen der Verantwortungslosigkeit?

Nun stimmt es zweifellos, daß die in der polizeilichen Kriminalitätsstatistik registrierten Ladendiebstahlsfälle und der damit verbundene Schaden von Jahr zu Jahr zunehmen. Dies trifft für die Bundesrepublik wie für die USA zu (vgl. Bickman 1976, Kucklick 1973) und ist auch in Anbetracht des großen Dunkelfeldes (Stephani 1968, Lösel 1975a) sicherlich kein zu bagatellisierender Sachverhalt. Die oben angeführte „Gesellschaftsanalyse" ist jedoch zu pauschal und läßt unverhältnismäßige Folgen der damit verbundenen Kriminalisierungsstrategie völlig außeracht. (Zu diesem Aspekt ausführlicher Lempp o.J.; Quensel o.J., 1978; auch Arzt 1974).

Die vorliegende Arbeit beschäftigt sich mit sozialpsychologischen Merkmalen von Diebstahlssituationen. Als erklärungsbedürftiges Phänomen steht nicht der Diebstahl als solcher im Mittelpunkt des Interesses, sondern sein Entdecken und die Reaktion auf ihn. „Sittenverfall" wird insofern über die Frage nach der (geringen) Bereitschaft zur Übernahme von Verantwortung in Situationen untersucht, in denen ein Normbruch stattfindet. Kriminologisch betrachtet handelt es sich um Fragen der informellen sozialen Kontrolle (Nowack 1981a) bzw. um den Grenzbereich zur offiziellen Registrierung durch Anzeige bei der Polizei (dazu Weis u. Müller-Bagehl 1971, Stephan 1976). Unter sozialpsychologischem Blickwinkel sind diese Fragen dem Gebiet der sozialen Interventionsforschung zuzurechnen (z.B. Latané u. Darley 1970).

Eine Fülle von Arbeiten beschäftigt sich mit dem Phänomen des Ladendiebstahls generell, z.B. mit Motivationen oder soziodemographischen Variablen des Täters, dem Wert der gestohlenen Ware, der Art des Diebesguts, bevorzugten Tatzeiten usw. (z.B. Cameron 1964; Gibbons 1968; Stephani 1968; Weiner 1970; Becker 1972; Beulke 1974; Hindelang 1974; Kuratorium 1974). Andere Arbeiten untersuchen die Reaktionen auf Eigentumsdelikte laborexperimentell. Ihre Fragestellungen sind der Grundlagenforschung zuzurechnen. Kumpf (1978) führte beispielsweise Experimente zur kognitiven Verarbeitung von im Labor simulierten Diebstählen durch. Denner (1968) untersuchte die Persönlichkeitsvariablen Informationsbedürfnis und Beeinflußbarkeit. Auf diese und andere Laborexperimente kann hier nur verwiesen werden (Latané u. Darley 1970,

Bleda, Bleda, Byrne u. White 1976; Schwartz u. Gottlieb 1976, Bickman u. Rosenbaum 1977). Unter anwendungsorientiertem Blickwinkel erscheinen Daten, die in nicht künstlich hergestellter Umgebung gewonnen werden, zunächst interessanter.

So wird in diesem Beitrag ausschließlich über Feldexperimente berichtet. In einer solchen Untersuchungsanordnung werden Personen – die Probanden – in natürlicher Umgebung mit einer überraschenden Situation konfrontiert: mit einem Diebstahl, bei dem sie selbst nicht das Opfer sind. Die meisten Arbeiten liegen zum Ladendiebstahl vor, in einigen sind Privatpersonen „Opfer" eines Diebstahls. Die Beliebtheit des Themas ist neben der oben angesprochenen sozialen Bedeutung (vgl. auch Bickman 1976, 1977) darin zu sehen, daß sich diese Normverstöße vergleichsweise einfach in natürlichem Kontext simulieren lassen. Zudem sind hier ethische Bedenken, die den Schutz vor psychischen und physischen Schäden von (konföderiertem) Dieb und beobachtenden Probanden betreffen, minimierbar.

2 Die Analyse des verhaltensmäßigen Geschehens in Diebstahlssituationen

Insgesamt zeichnet sich der angesprochene Forschungsbereich durch theoretische Armut aus. Nur selten erfolgt eine theoriebezogene Variablenableitung, so daß oft unklar bleibt, warum nun welches Merkmal untersucht wird. Es wird daher als Einordnungshilfe der am komplexen Geschehen „Diebstahlssituation" beteiligten Variabeln zunächst ein theoretisches Modell skizziert. Nach einigen Anmerkungen zur Klassifikation der verwendeten Untersuchungsumgebungen (settings) werden vorliegende Befunde zu einem bestimmten Modellschritt angesprochen. Danach werden empirische Arbeiten zum Interventionsverhalten bei (Laden-) Diebstahl tabellarisch dargestellt und analysiert.

2.1 Theoretische Strukturierung

Latané u. Darley (1970, S.31 ff.) schlagen ein fünfstufiges Interventionsmodell zur Veranschaulichung der verhaltensmäßigen und kognitiven Prozesse vor, die bei einem Individuum ablaufen, das mit einer überraschenden (Not-) Situation konfrontiert wird. Übertragen auf eine Ladendiebstahlssituation lassen sich diese fünf Stufen folgendermaßen charakterisieren: 1. Der Beobachter muß den Ladendiebstahl bemerken. 2. Das Ereignis wird eindeutig als Diebstahl und nicht als irgendein ungewöhnliches Verhalten interpretiert. 3. Der Beobachter muß darüber entscheiden, ob er persönlich verantwortlich ist, den Diebstahl zu unterbinden bzw. anzuzeigen, oder ob er zum Beispiel den Ladenbesitzer oder andere anwesende Personen dafür verantwortlich hält. 4. Es wird entschieden, in welcher Art und Weise der Zeuge auf den Ladendiebstahl reagieren will, z.B. indem er den Dieb auffordert, die Ware zurückzulegen; oder durch lautes Rufen auf den Vorfall aufmerksam macht; oder sich an das Verkaufspersonal wendet. Im 5. Schritt beginnt die Person schließlich zu handeln, den vierten Schritt umzusetzen: Sie schneidet beispielsweise dem Dieb den Weg ab; ruft dem Personal einen bestimmten Hinweis zu; geht auf eine in der Nähe stehende Verkäuferin zu; tut unbeteiligt oder verläßt die Situation. Auf der Verhaltensebene läßt sich am ehesten der letzte Schritt identifizieren. Die beiden ersten Schritte sind empirisch kaum trennbar. Auf die hier angesprochenen kognitiven Prozesse kann allenfalls durch sehr detaillierte Beobachtungsanalysen von Filmmaterial geschlossen werden. Es handelt sich also um ein heuristisches Modell, das vor allem kognitive Prozesse systematisiert.

Auf wichtige weitere Prozesse sei hier nur verwiesen, da die vorliegende Literatur zu diesen Konzepten keine empirischen Beiträge liefert. Cycling: der Proband pendelt zwischen einzelnen Entscheidungsschritten. Blocking: der nicht reagierende Proband hat sich nicht notwendigerweise dazu entschieden, nicht zu reagieren. Er ist vielmehr in seiner Entscheidung erstarrt. Commitment: wenn nicht spontan reagiert wird, hat sich der Proband sich selbst gegenüber zu einer Situationsinterpretation verpflichtet, mit der eine spätere Intervention inkonsistent wäre (vgl. ausführlicher Latané u. Darley 1970, S.121 f.).

2.2 *Untersuchungsparadigmata und Probleme der Sichtbarkeit*

Am häufigsten wurden Feldexperimente zu Reaktionen auf Diebstahl in Supermärkten durchgeführt (vgl. Tabelle 1, Spalte b); zwei in verschiedenen Kaufhausabteilungen (Mertesdorf 1973; Abele u. Nowack 1976b; Nowack u. Abele 1980). Bis auf die Arbeit von Moriarty (1975), der am Strand und in einem Automatenrestaurant Diebstähle initiierte, fanden alle weiteren experimentellen Szenarien auf dem Universitätsgelände statt, und zwar in Universitätsbuchhandlungen (Dertke, Penner u. Ulrich 1974; Bickman 1975), in Aufenthaltsräumen, in der Bibliothek oder in der Cafeteria (Howard u. Crano 1974; Shaffer, Rogel u. Hendrick 1975; Austin 1979).

Mit der Wahl der Untersuchungsumgebungen (settings) wird auch eine Entscheidung über die Art der Beziehung zwischen Opfer und Proband sowie dessen Aufgabendefinition und Interventionsmöglichkeit getroffen. In Supermärkten, den Kaufhausabteilungen und Buchhandlungen ist das Opfer eine Institution (Organisation). Bis auf sehr seltene Ausnahmen besteht in diesen Experimenten eine Intervention in der Benachrichtigung eines Angestellten, wohingegen am Strand, in der Cafeteria, der Bibliothek oder in einem Aufenthaltsraum der Proband direkt mit dem Dieb/ der Diebin interagieren muß.

Zentrale abhängige Variable ist, ob interveniert wird oder nicht. Sie wird am häufigsten dichotom erfaßt: wird ein beobachteter Diebstahl dem konföderierten Mitarbeiter eines Geschäfts gemeldet bzw. wird – ist das Opfer eine Person – der Diebstahl verhindert oder nicht?

Bevor auf Ergebnisse hierzu genauer eingegangen wird, noch ein paar Anmerkungen zu einigen psychologischen Prozessen, die einer Interventionsentscheidung vorgelagert sind: Aus dem oben skizzierten Modell folgt für die eindeutige Interpretierbarkeit des Probandenverhaltens nach dem Diebstahl, daß die Diebstahlshandlung kognitiv repräsentiert ist. Sie muß als solche bemerkt (vgl. Schritt 1) und interpretiert werden (vgl. Schritt 2). Minimalforderung ist, daß nur solche Probanden in die Auswertung einbezogen werden, bei denen von Beobachtern eine klare und unmißverständliche Verhaltensreaktion auf den Diebstahl registriert wird (vgl. Mertesdorf 1973; Dertke et al. 1974; Shaffer et al. 1975). Nur in Ausnahmen wird dieser Forderung nicht entsprochen (Latané u. Darley 1970, S.76; Steffensmeier u. Terry 1973; Howard u. Crano 1974). Üblicherweise wird das Bemerken eines Diebstahls durch postexperimentelle Interviews (z.B. Austin 1979), durch Feldbeobachtungen (Gelfand et al. 1973; Abele u. Nowack 1976b; Bickman 1976; Bickman u. Green 1977; Bickman u. Helwig 1979) oder durch eine Kombination beider Verfahren bestimmt (z.B. Bickman u. Green 1975; Moriarty 1975). Die Güte der Verhaltensbeobachtungen ist insgesamt recht gut (80%–100% Beobachtungsübereinstimmungen). Der Einsatz von Videoaufnahmen erscheint dabei reinen Feldbeobachtungen hinsichtlich Reliabilität wie Validität überlegen (Gelfand et al. 1973; Abele u. Nowack 1976a,b).

Die Bemerkensquote variiert über verschiedene Arbeiten beachtlich. Sie liegt zwischen 28% (Gelfand et al. 1973) und 100% (Austin 1979). Nur wenige der bisher untersuchten (unabhängigen) Variablen haben dabei Einfluß auf die Häufigkeit, mit der ein simulierter Diebstahl bemerkt wird: die Bemerkensquoten steigen entscheidend, wenn der Proband vom Opfer gebeten wird, auf dessen Sachen aufzupassen. Dies gilt für eine direkte verbale Ansprache der Probanden (Moriarty 1975; Shaffer et al. 1975), nicht aber für allgemeine schriftliche Aufforderungen, einen Diebstahl zu melden (Plakathinweise: Bickman u. Green 1977). Eine gewisse Bedeutung für die Bemerkenshäufigkeit hat noch die äußere Erscheinung des Diebes. Je nach dessen Kleidung erweisen sich dabei verschiedene Altersgruppen als besonders aufmerksam oder unaufmerksam. Es ist also durchaus davon auszugehen, daß die Wahrnehmung des Delikts „Diebstahl" von Faktoren mitbeeinflußt wird, die mit der konkreten Tat als solcher nichts zu tun haben (vgl. ausführlicher Nowack 1981b).

Ein untersuchungspraktischer Hinweis verdeutlicht die Schwierigkeiten, „echte" Diebstähle zu entdecken: fast alle Autoren betonen, wie aufwendig es ist, die Probanden auf den gestellten Diebstahl aufmerksam zu machen, ohne daß er unglaubwürdig erscheint. Dieser Sachverhalt liegt daran, daß der Forscher eine skurrile Situation herstellt: ein per Definition auf Heimlichkeit ausgerichtetes Verhalten muß so stattfinden, daß es von anderen Personen – den Probanden – eindeutig bemerkt wird. Außerdem wird die Aufmerksamkeit für das Diebstahlsgeschehen durch das vom Probanden angestrebte Verhalten – einkaufen, ausruhen am Strand, lesen in der Bibliothek – erschwert. In einer eigenen Untersuchung, in der ein Schuhdiebstahl simuliert wurde, mußten beispielsweise knapp 38% begonnene Experimentaldurchgänge abgebrochen werden, weil die Probanden mit ihrem Schuheinkauf zu sehr beschäftigt waren (Abele u. Nowack 1976b, Anhang 2; ähnlich Bickman u. Green 1975).

2.3 Darstellung und Analyse des Interventionsverhaltens

Tabelle 1 gibt eine Übersicht über vorliegende Feldexperimente, in denen Diebstähle simuliert werden. Neben Quellenverweisen sind hier Angaben zu den settings, Stichproben, Art des gestohlenen Gegenstandes, Geschlecht und Anzahl der Diebe zusammengefaßt. Angaben über die untersuchten unabhängigen Variablen und die wichtigsten Ergebnisse ergänzen diese Zusammenstellung. Die über die jeweils untersuchten Bedingungen gemittelten Interventionsquoten variieren beträchtlich (vgl. Tabelle 1, Spalte g). Sofern im Text nicht anders vermerkt, wird im folgenden aufgrund ihrer direkten Vergleichbarkeit nur von den Spontanreaktionen auf einen Diebstahl die Rede sein. Sie liegen zwischen 5.6% und 60.5%, der Median beträgt 49.5%.

2.3.1 Stichprobenunterschiede und Situationsstrukturierung durch die Wahl der Erhebungsumgebung

Es ist sinnvoll (s. 2.2), Erhebungsumgebungen danach zu unterscheiden, ob das Diebstahlsopfer eine Person oder eine Institution ist. Theoretisch wird damit unterstellt, daß mit verschiedenen räumlichen Situationen für die Probanden auch deren psychologische Bedeutung variiert wird. Außerdem wird mit der Wahl des feldexperimentellen Untersuchungssettings oft auch eine Vorentscheidung über Charakteristika der Probandenstichproben gefällt.

Tab. 1: Feldexperimente zum Interventionsverhalten der Beobachter von Diebstählen

(a) Autor(en)	(b) Setting	(c) Stichprobe	(d) Dieb und gestohlener Gegenstand	(e) Unabhängige Variable(n) (= UV)	(f) Abhängige Variablen	(g) Ergebnisse
Latané u. Darley 1970	Getränkemarkt; Kassennähe	N = 96 Kunden; 61% Männer	1 od. 2 männliche Diebe; Kasten Bier	A: Anzahl der Diebe (1 vs 2) B: Anzahl der Pbn (1 vs 2) C: Geschlecht Pb	Diebstahlsmeldung an Personal ja/nein	Meldequote: 60.4% A: n.s. (mehr Meldungen bei 2 Dieben) B: n.s. (mehr Meldungen, wenn Kunde allein) C: n.s.
Steffensmeier u. Terry 1973; Terry u. Steffensmeier 1973	Supermarkt (vermutlich Warenregal)	N = 191 nicht-studentische Kunden	mehrere Diebe beiderlei Geschlechts (vgl. UV A); Kleinwaren im Wert von 3 $ (am häufigsten Eßbares)	A: Geschlecht Dieb B: äußere Erscheinung Dieb (konventionell vs Hippie) C: Geschlecht der Pbn D: Art des Ladens (klein vs groß)	Meldebereitschaft (4-stufig): Spontanmeldung, Meldg. auf 1. Ansprechen od. 2. Ansprechen seitens des „Personals", Nichtmeldung	Meldequote: nicht rekonstruierbar A: n.s. B: $p < .01$: Hippie wird häufiger gemeldet C: n.s. D: n.s. - AxC - Interaktion: der gegengeschlechtliche Dieb wird häufiger gemeldet
Gelfand et al. 1973	Supermarkt; Warenregal	N = 94 Kunden; 53% Männer	1 weiblicher Dieb; Kleinwaren im Wert von 5 $ (Kosmetik, Schreibwaren etc.)	A: äußere Erscheinung der Diebin (konventionell vs Hippie) B: Geschlecht der Pbn C: Alter der Pbn (unter 30; 31-60; über 60) D: Lage des Supermarkts (Stadtteil mit höherem vs niedrigerem Einkommenshintergrund)	Diebstahlsmeldung an Personal ja/nein	Meldequote: 28% A: n.s. B: $p < .05$: Männer melden häufiger als Frauen C: n.s.: mittlere Altersgruppe meldet am häufigsten D: n.s.: Tendenz, daß in Stadtteil mit höherem Einkommenshintergrund häufiger gemeldet wird.
Bickman u. Green 1975	Supermarkt; Kassennähe	N = 163 Kunden; 14% Männer	1 weiblicher Dieb; vgl. UV A	A: Wert der Ware (hoch vs niedrig, 2 Filme 4.78$ vs 2 Gläser 0.33$) B: Vorheriger Kontakt Pb-Diebin: positiv/negativ	Diebstahlsmeldung an Personal ja/nein	Meldequote: 33% A: n.s. B: n.s.

Tabelle 1 (Fortsetzung)

(a)	(b)	(c)	(d)	(e)	(f)	(g)
Bickman 1976	1. Experiment; Supermarkt; Warenregal	N = 65; 15% Männer; mindest. 20 J. alt	(vermutlich 1 Diebin) Kleinwaren im Wert zw. . 50 $ und 10 $	A: Induzierte Einstellung gegenüber Personal: positiv/negativ/neutral (vgl. Text)	Diebstahlsmeldung ja/nein	Meldequote: 40% A: n.s.: unter der Bedingung „Einstellung gegenüber Personal ‚positiv'" wird einem bekannten konföderierten Verkäufer der Diebstahl eher gemeldet als einem unbekannten.
Bickman u. Rosenbaum 1977	1. Experiment; Supermarkt; Kassennähe	N = 109; 17% Männer; Median Alter: 31; (Range: 20-65); über Experimentalbedingungen gleich verteilt	2 konventionell gekleidete weibliche Diebe. Mehrere Kleinwaren	A: Verbale Ermutigung durch konföderierte Kundin, den Diebstahl zu melden ja/nein B: konföderierte Kundin bleibt anwesend vs entfernt sich. Kontrollbedingung: konföderierte Kundin ist „unbeteiligt" anwesend	Diebstahlsmeldung ja/nein	Meldequote: 49.54% A: $p < .001$: Ermutigung führt zu deutlicher Erhöhung d. Meldequote (72% vs 32%; 41% in Kontrollbedingungen). B: n.s. AxB: $p < .02$: Bleibt die konföderierte Kundin nicht anwesend, so wird bei vorangegangener Ermutigung sehr viel häufiger gemeldet, als wenn die Entdeckung des Diebstahls zur Angelegenheit des Supermarktes erklärt wird. Ältere Pbn (Mdn-Split) melden häufiger als jüngere ($p < .001$).
Bickman u. Green 1977	1. Experiment, 4 Supermärkte; Warenregal	N = 312; 13% Männer Alter: 18-65 Jahre	4 weibliche Diebe. Ware unspezifiziert	A: Hinweisplakat, einen beobachteten Diebstahl zu melden ja/nein B: Plakattext (altruistischer Appell, Schuldappell, Appell an den eigenen Schaden). Kontrollbedingungen: keine Hinweisplakate	Diebstahlsmeldung ja/nein, Bereitstellung als Zeuge ja/nein	Meldequote: 6% (davon ein Pb, der Diebin auffordert, die Ware wieder zurückzulegen) 42% der Pbn stellten sich auf Ansprache als Diebstahlszeuge zur Verfügung. A: n.s. (weder hinsichtlich Melde- noch Zeugenbereitschaft) B: n.s. (wie bei A) (beide Ergebnisse gelten für Pbn, die die *Plakate* bemerkt bzw. nicht bemerkt hatten)

Tabelle 1 (Fortsetzung)

(a)	(b)	(c)	(d)	(e)	(f)	(g)
Bickman u. Green 1977	2. Experiment; Supermarkt; Kassennähe	N = 100; 28% Männer; Alter 18-68 Jahre	mehrere weibliche Diebe; eine oder mehrere Kleinwaren	A: Plakathinweis ja/nein („Wenn Sie einen Ladendiebstahl beobachten: Personal benachrichtigen") B: Verbaler Hinweis auf den Diebstahl ja/nein durch konföderierte Kundin (die sich unmittelbar darauf entfernte)	s. 1. Experiment	Meldequote: 55% A: n.s. B: $p < .05$: Bei verbalem Hinweis auf Diebstahl („Situationsinterpretation") wird häufiger gemeldet (66% vs 44%) Ergänzend: Frauen melden häufiger als Männer, ältere Pbn häufiger als jüngere.
Bickman u. Helwig 1979	Supermarkt; Kassennähe	N = 120; 18% Männer; Alter 18-70 Jahre	5 weibliche Diebe; eine oder mehrere Kleinwaren	A: für Ladendiebstahlsmeldung wird Belohnung in Aussicht gestellt vs nicht. B: bei Ladendiebstahlsmeldung wird d. Name des Melders in Zeitungen publiziert vs nicht.	Diebstahlsmeldung ja/nein (+ postexperimentelles Interview)	Meldequote: 55% A: n.s. B: n.s.
Mertesdorf 1973	Kaufhaus verschied. Abteilungen	N = 64; (s. auch UV B)	s.UV: D s.UV: A	A: Wert d. gestohlenen Gegenstandes (25 DM vs mehr als 100 DM) B: Geschlecht Pb C: Alter Pb D: Geschlecht Dieb	Diebstahlsmeldung ja/nein	Meldequote: Spontan: 50% Nach Hinweis durch konföderierten Kunden: 56% A: $p < .06$: häufigere Meldung bei hohem Wert (75% vs 37%) B,C,D und alle Interaktionen: n.s.
Nowack u. Abele 1976b	2 Kaufhäuser, Schuhabteilungen	N = 108; 34% Männer	1 weiblicher Dieb; 1 Paar Schuhe (Wert 65 DM)	A: Soziale Situation während d. Diebstahls (eine Person vs mehrere Personen anwesend) B: viel vs wenig Kontakt m.d. Verkäuferin vor d. Diebstahl C: äußere Erscheinung d. Diebin (unauffällig, schlampig, elegant)	Diebstahlmeldung (spontan, auf Hinweis, keine Meldg.)	Meldequote: Spontan: 60% nach Hinweisreiz durch konföderierte Verkäuferin 78% A: n.s. B: n.s.: Interaktion dieser Variablen mit Geschlecht Proband ($p < .04$): Frauen melden bei viel Verkäuferinnenkontakt häufiger, Männer seltener. Bei wenig Kontakt dreht sich dieser Sachverhalt um. C: $p < .02$: unauffällig: 63% schlampig: 79% elegant: 94%

Tabelle 1 (Fortsetzung)

(a)	(b)	(c)	(d)	(e)	(f)	(g)
Moriarty 1975	1. Experiment: Strand	N = 56; Alter: 14-60 Jahre (M = 33)	2 männliche u. 2 weibliche Diebe; Kofferradio	A: Bitte des konföderierten Opfers, auf seine Sachen aufzupassen vs diebstahlsirrelevante Ansprache B: Geschlecht der Diebe	Verhinderung d. Diebstahls ja/nein	Interventionsquote: 58% A: p <.01: (95% nach Bitte, aufzupassen vs 20%) B: n.s.
	2. Experiment: Automatenrestaurant	N = 16 Kunden; (in jeder Experimentalbedingung 50% Männer)	1 männlicher Dieb; Aktentasche	A: wie A im 1. Experiment	s. 1. Experiment	Interventionsquote: 56% A: p <.01: 100% Intervention, wenn der Pb gebeten worden war, auf die Sachen des Opfers aufzupassen vs 12,5%
Dertke et al. 1974	Uni-Gelände: Buchladen	N = 240 54% Männer, 18-30 Jahre	mehrere männliche u. weibliche Diebe; Buch	A: Geschlecht des Diebs B: Rasse des Diebs (Neger vs Weisser) C: Geschlecht des Pb	Meldung des Buchdiebstahls; Bestätigung der Frage: „Haben Sie diese Person ein Buch stehlen sehen?"	Spontanmeldequote: 6,7% A,B,C,: n.s. Bestätigungsquote: 51,3% Aber: genauere Analyse von Variableninteraktionen fehlt
Bickman 1977	Uni-Gelände: Buchhandlung, 1. Experiment	N = 125	1 weiblicher Dieb; Buch	Buchdiebstahl vor und während Massenmedienkampagne (Zeitungsanzeigen und -artikel, Handzettel, Hinweisplakate usw.)	Intervention ja/nein	Interventionsquote: 5,6% vor Kampagne: 1,8% (1 von 54) während Kampagne: 8,5% (6 von 71) (n.s.)
Austin 1979	Flur des Universitätsgebäudes mit Sitzgelegenheiten	N = 352; 50% Männer (vgl. UV A)	s. UV: B s. UV: D	A: Geschlecht Pb B: Geschlecht Dieb C: Geschlecht Opfer D: Schaden hoch vs niedrig (Akten/Bücher vs Akten/Taschenrechner)	Intervention ja/nein	Interventionsquote: 60,5% A: p <.001: 73,9% Frauen vs. 47.2 Männer intervenieren B: n.s. C: n.s. (Tendenz, daß Frauen etwas mehr geholfen wird als Männern) D: p <.001: 75,6% Intervention bei hohem Schaden vs 45,5% Interessante Geschlechtsinteraktion Opfer x Pb Interaktion Geschlecht Pb x Geschlecht Opfer x Schadenshöhe: p <.001 (vgl. Text)

Tabelle 1 (Fortsetzung)

(a)	(b)	(c)	(d)	(e)	(f)	(g)
Shaffer et al. 1975	Uni-Bibliothek	2. Experiment: s. UV B; N = 64	1 männlicher u. 1 weiblicher Dieb; 20 $ oder Armbanduhr	A: Aufpaßbitte des Opfers an Pb ja/nein B: Soziale Situation (Pb allein vs andere Personen anwesend) C: Geschlecht Pb (50% Männer)	Intervention ja/nein	Interventionsquote: 39,3% A: $p < .01$: 62,5% der Pb intervenierten in der Aufpaßbedingung vs 16% B: $p < .05$: (54% vs 25%) C: n.s.
Howard u. Crano 1974	Uni-Gelände (s. UV D)	N = 144	ungepflegter männlicher Dieb; Bücher	A: Geschlecht Opfer: B: Gespräch Opfer-Pb ja/nein (Gesprächsbedingung: Frage nach der Uhrzeit) C: Anzahl d. Diebstahlszeugen (1 vs 2 und mehr) D: „Tatort" (Bibliothek, Cafeteria, Aufenthaltsraum	Intensität d. Reaktion auf d. Diebstahl (4-stufig)	Spontane Interventionsquote: 6,9% A: $p < .001$: weiblichen Opfern wird mehr geholfen B: $p < .01$: mehr Hilfe unter Gesprächsbedingungen C: n.s. D: $p < .01$: im Aufenthaltsraum wird am meisten interventiert, sonst keine Unterschiede AxD: $p < .01$: Frauen wird insbesondere in der Bibliothek u. im Aufenthaltsraum geholfen

Am augenfälligsten wird der zweite Punkt durch die Gegenüberstellung der Untersuchungssituationen Universitätscampus vs. Kaufhäuser: hier geht es um Arbeiten mit Stichproben von Studenten versus der allgemeinen Bevölkerung. Bei gleichem Streuungsbereich beträgt der Median für die Quote spontanen Intervenierens bei den nichtstudentischen Stichproben 52.4% (range: 6% - 60.4%), bei den Studentenstichproben 6.9% (range: 5.6% - 60.5%). Bei den Studentenstichproben macht es einen großen Unterschied im Interventionsverhalten aus, ob das Opfer ein Buchladen ist (5.6%; 6.7%) oder ein Kommilitone (39.3%; 60.5%; vgl. jeweils Bickman 1975, Dertke et al. 1974 bzw. Shaffer et al. 1975; Austin 1979).

Bei Probandengruppen aus der allgemeinen Bevölkerung scheint es eine solche Unterscheidung nur ansatzweise zu geben, wenn man die Ergebnisse der beiden Experimente, in denen eine Person Diebstahlsopfer wurde (Moriarty 1975: 58%, 56% Intervention) mit dem Median der Interventionsquoten insgesamt (= 52.6%) vergleicht. Betrachtet man jedoch die Rangfolge aller 12 mitgeteilten Interventionsquoten, so zeichnet sich doch ein ähnliches Verhaltensmuster wie bei den Studenten ab. Die Ergebnisse von Moriarty (1975) liegen innerhalb des oberen Drittels der Rangfolge. Die drei niedrigsten Interventionsquoten werden in Experimenten registriert, in denen die Opfer Supermärkte sind (Bickman u. Green 1975, 1977; Gelfand et al. 1973).

Für weitere an das Erhebungssetting gebundene Stichprobenunterschiede, wie z.B. sozioökonomischer Status der Probanden oder Groß-/Kleinstadtbewohner, ist kein bedeutsamer Zusammenhang mit dem Interventionsverhalten festzustellen (Gelfand et al. 1973; Steffensmeier u. Terry 1973; Abele u. Nowack 1976b).

Mit der Feststellung, daß an unterschiedliche Situationen auch unterschiedliche Verhaltensanforderungen gebunden sind, ist die Frage nach der psychologischen Strukturiertheit verschiedener Diebstahlssituationen gestellt. Zur breiteren theoretischen Einordnung der psychologischen Bedeutung von „Situation“ siehe Clark u. Word (1972, 1974), Mc Hugh (1968). Im zweiten Schritt des oben vorgestellten Interventionsmodells wird vermutet, daß – das Bemerken des Diebstahls vorausgesetzt – in verschiedenen Situationen anders auf ein und dieselbe Verhaltensweise reagiert wird.

Diebstahlsexperimente in einem Supermarkt finden entweder in Regal- oder Kassennähe statt. Man kann davon ausgehen, daß die psychologische Strukturierung in Regalnähe („wo ist die Keksdose?“) größer ist als in Kassennähe, in der die wesentlichen Einkäufe abgeschlossen sind (vgl. aber auch weiter unten die Überlegungen zur sozialen Kontrolle). Die Meldequoten der drei Diebstahlsserien in Regalnähe gehören zu den niedrigsten überhaupt (Gelfand et al. 1973; Bickman 1976; Bickman u. Green 1977, 1. Experiment; vgl. Tabelle 1). Bis auf eine Ausnahme (Bickman u. Green 1975) liegen alle Interventionsquoten der Experimente, die in Kassennähe stattfanden (Latané u. Darley 1970; Bickman u. Rosenbaum 1977; Bickman u. Green 1977, 2. Experiment; Bickman u. Helwig 1979), deutlich über dem höchsten Wert in Regalnähe (Bickman 1976: 40%). Dies trifft ebenfalls für Ergebnisse von Experimenten in Kaufhausabteilungen zu, in denen sich gewöhnlicherweise auch Kassen befinden (mit Sicherheit Nowack u. Abele 1980; evtl. Mertesdorf 1973).

Der Vergleich der Diebstahlssituation in Regal- und Kassennähe läßt sich allerdings auch unter einer anderen Perspektive betrachten. Danach ist das psychologisch entscheidende situationsstrukturierende Element eine größere erlebte soziale Kontrolle des Probanden durch die Anwesenheit des Kassierers in Kassennähe. So können von ihm hier eher Vorwürfe bei Nicht-Intervention erwartet werden als in der Regalsituation, in der sich kein Kaufhausrepräsentant in unmittelbarer Nähe befindet.

Diese Überlegungen werden durch die Ergebnisse zu den direkt vergleichbaren Bedingungen zweier Experimente von Bickman u. Green (1977) empirisch gestützt. Im ersten Experiment in Regalnähe beträgt die durchschnittliche Interventionsquote 6%, im zweiten Experiment in Kassennähe 44%. Ein in einem ganz anderen Untersuchungskontext festgestelltes Ergebnis deutet auf dieselbe Interpretationsrichtung. Wenn Probanden in der Universitätsbibliothek allein mit der Diebstahlssituation konfrontiert wurden, intervenierten sie viel seltener als bei Anwesenheit eines (passiven!) konföderierten Bibliotheksbesuchers (25% vs. 75%, Shaffer et al. 1975). In allen anderen Experimenten haben sich dagegen die untersuchten bystander-Effekte als irrelevant erwiesen (Latane u. Darley 1970, S. 76; Howard u. Crano 1974; Bickman u. Rosenbaum 1977, Experiment 1; Nowack u. Abele 1980).

2.3.2 Verbale Situationsstrukturierung

Als eine andere Form der psychologischen Strukturierung einer Situation lassen sich schriftliche und mündliche Hinweisreize auffassen. Bisher sind untersucht worden: Massenmedienkampagnen (Bickman 1975); Plakate mit zum Teil unterschiedlichen Texten, die zur Diebstahlsanzeige aufrufen (Bickman u. Green 1977); Information über Art und Weise, wie ein Kaufhaus einen Diebstahlsmelder honoriert (Bickman u. Helwig 1979); verschiedene Interpretationshilfen zum Diebstahlsgeschehen (Bickman u. Green 1977, Experiment 2; Bickman u. Rosenbaum 1977); die Bitte des Diebstahlsopfers an den Probanden, auf seine Sachen bei kurzfristiger Abwesenheit aufzupassen (Moriarty 1975; Shaffer et al. 1975). Die zunehmende Strukturiertheit dieser Hinweise liegt in ihrer jeweils direkteren Aufforderung, zu intervenieren.

Bickman (1975) initiierte eine umfängliche Massenmedienkampagne, in der über einen Universitätsbuchladen informiert und dazu aufgefordert wurde, bei dort beobachteten Diebstählen zu intervenieren. Vor und während dieser Kampagne wurden zur Einschätzung ihrer Wirksamkeit Interviews sowie gestellte Buchdiebstähle durchgeführt. Auf das Interventionsverhalten hatte die Kampagne keinen statistisch bedeutsamen Einfluß (1.8% Intervention vorher vs. 8.5% während der Kampagne), wohingegen sich die Verhaltensintention, bei einem Diebstahl zu intervenieren, deutlicher änderte (15% vor vs. 35% während der Kampagne). Die Befunde der Untersuchungen von Bickman u. Green (1977) gehen in dieselbe Richtung: die Kunden verschiedener Supermärkte wurden durch Plakate aufgefordert, einen beobachteten Diebstahl zu melden. Die Plakate wurden von knapp 50% der Probanden bemerkt (siehe 2.2). Alle drei verwendeten Plakattexte (Appell an Altruismus vs. an Mitschuld vs. an den eigenen Schaden der Probanden) führten zu den erwarteten Veränderungen in den vor und während dieser Aktion erfaßten Meinungen, z.B. über die Einschätzung der Schwere eines Diebstahls oder in der Auffassung, daß der Supermarkt bei der Ladendiebstahlsbekämpfung auf die Hilfe der Kunden angewiesen sei. Interventionsquote und Bereitschaft, als Diebstahlszeuge aufzutreten, veränderten sich weder im Vorher-Während-Vergleich, noch in Abhängigkeit von den drei Plakatversionen. Der fehlende Einfluß schriftlicher Hinweise (Plakate) auf die Interventionsquote wurde von Bickman u. Green (1977, 2. Untersuchung) repliziert. Das Interventionsverhalten bei mündlicher Diebstahlsinterpretation war dagegen ausgeprägter als ohne verbalen Hinweis (66% vs. 44%).

Bickman u. Helwig (1979) informierten Kunden während ihres Einkaufs im Rahmen eines „von der Universität durchgeführten Interviews" darüber, in welcher Weise der Supermarkt auf den Melder eines Diebstahls reagiert: der Melder bekommt eine Belohnung vs. nicht, der Melder braucht seinen Namen nicht anzugegen vs. der Name wird in der Zeitung veröffentlicht (Belohnungs- und Anonymitätsfaktor). Keine der beiden unabhängigen Variablen beeinflußten die Interventionsquoten bei den späteren Diebstählen.

Nach den bisher zitierten Untersuchungen zur (psychologischen) Strukturierung der Ladendiebstahlssituation hatten lediglich der Ort des Diebstahlsgeschehens und der ansonsten neutral gehaltene verbale Hinweis auf den Diebstahl einen Einfluß auf das Interventionsverhalten. Bickman u. Rosenbaum (1977) untersuchten mit demselben experimentellen Paradigma wie Bickman u. Green (1977, 2. Experiment) den Einfluß der Variablen „Art des Diebstahlshinweises" durch eine konföderierte Kundin und „weitere Anwesenheit" dieser Konföderierten (ja-nein) nach ihrem Hinweis. In der einen Hinweisbedingung wurde der Diebstahl als Problem des Ladens erwähnt, in der anderen auf die eigene Verantwortung, ihn zu melden, hingewiesen. Die Ermutigung, den Diebstahl zu melden, beeinflußt die Interventionsquote entscheidend. Sie liegt statistisch bedeutsam sogar über der Quote der Kontrollgruppe. Der fehlende bystander-Haupteffekt spricht zunächst einmal dafür, daß das Interventionsverhalten nicht durch die situative Variable „äußerer Druck" beeinflußt wird, sondern eher eine Funktion der durch Ansprache angeregten internen Prozesse ist. Die statistisch bedeutsame Interaktion zwischen verbaler Einflußnahme und Anwesenheit weist jedoch auf die Wirksamkeit – hier sehr vorsichtig operationalisierter – situativ gebundener sozialer Kontrollprozesse hin. Bei bleibender Anwesenheit der Konföderierten wird viel häufiger gemeldet, als wenn sie die Szene verläßt. Bei Meldeermutigung ist die Interventionsquote am ausgeprägtesten.

Konsistent mit diesen Befunden zu situativ gebundenen Kontrollprozessen sind die Ergebnisse von Moriarty (1975) und Shaffer et al. (1975). Die Verantwortlichkeitsübernahme im Sinne einer Intervention beim Diebstahl ist, – wenn der Proband gebeten wurde, auf die Sachen des späteren Opfers aufzupassen –, sowohl am Strand und im Automatenrestaurant (Moriarty 1975), als auch in der Universitätsbibliothek (Shaffer et al. 1975) sehr viel ausgeprägter, als wenn keine Bitte geäußert wurde (vgl. Tabelle 1).

2.3.3 Weitere Befunde

Die äußere Erscheinung des Diebes ist sichtbarer Stimulus einer Ladendiebstahlssituation, der für die Reihe interner Prozesse einflußreich sein kann. Überraschend ist nach den vorliegenden Befunden, wie wenige Merkmale des Diebes Einfluß auf das Interventionsverhalten haben. Weder Rasse (z.B. Dertke et al. 1974) und Geschlecht noch Anzahl der Diebe (z.B. Latane u. Darley 1970) scheinen direkten oder in Interaktion mit anderen Variablen Einfluß auf das Interventionsverhalten zu haben.

Die Ergebnisse zur Art der Kleidung des Diebes sind uneinheitlich. In der Untersuchung von Gelfand et al. (1973) spielt diese Variable keine Rolle, in der von Steffensmeier u. Terry (1973) wird bei einem Hippie-Dieb häufiger interveniert als bei einem konventionell gekleideten. Im Gegensatz zur Untersuchung von Gelfand et al. (1973) wurde hier allerdings nur sehr oberflächlich kontrolliert, ob der Diebstahl bemerkt wurde oder nicht. Es sei noch einmal an einen Befund zur Bemerkensquote erinnert. Dort zeigte sich, daß gerade eine „schlampig" gekleidete Diebin am häufigsten *bemerkt* wurde (76.4%), wohingegen die Bemerkensquoten für die unauffällig und elegant gekleidete Diebin bei 66% bzw. 69% liegen. Wie in der Untersuchung von Steffensmeier u. Terry (1973) wurd die mit der Hippie-Version vergleichbare, schlampig gekleidete Diebin im Feldexperiment von Nowack u. Abele (1980) häufiger als die unauffällig gekleidete Diebin *gemeldet* (63 bzw. 79%). Die höchste Interventionsquote ist aber für die elegante Diebin festzustellen (94%), vermutlich Ausdruck einer besonders starken moralischen Verurteilung (vgl. dazu ausführlicher Nowack u. Abele 1980, S.21).

In den meisten Untersuchungen werden Gegenstände relativ geringen Wertes gestohlen (zwischen 0,60 DM und 100,-- DM). Systematische Effekte sind nur festzustellen, wenn die Wertmanipulation sehr deutlich ausfällt (Mertesdorf 1973,

Austin 1979), nicht dagegen bei geringen Differenzbeträgen (Bickman u. Green 1975). Austin spricht in diesem Zusammenhang von der situationsdefinierenden Funktion der Deliktschwere (S.2117).

Bickman u. Green (1975) bzw. Bickman (1976) untersuchten den Einfluß eines dem Diebstahl vorangegangenen kurzen Kontakts mit der Diebin bzw. einer Person des Kaufhauspersonals. Diese positiv oder negativ ausfallenden ,,zufälligen" Kontakte haben in beiden Untersuchungen keinen Einfluß auf die Meldequoten. In einer anderen Arbeit wurde nach viel vs. wenig Kontakt zwischen Verkäuferin und Proband unterschieden (zur genaueren Operationalisierung vgl. Nowack u. Abele 1980, S.13). Die Kontaktvariable interagiert mit dem Geschlecht der Probanden: Männer intervenieren bei weniger Kontakt häufiger, als wenn sie viel Kontakt mit der Verkäuferin vor dem Diebstahl hatten. Sie erscheint ihnen im ersten Fall möglicherweise eher auf ihre Hilfe angewiesen zu sein. Weibliche Probanden intervenieren dagegen häufiger, wenn viel Kontakt mit der Verkäuferin bestand.

In der Mehrzahl der Untersuchungen stellt sich heraus, daß es keine Unterschiede im Interventionsverhalten zwischen Männern und Frauen gibt (Latané u. Darley 1970; Mertesdorf 1973; Steffensmeier u. Terry 1973; Dertke et al. 1974; Shaffer et al. 1975; widersprüchlich: Gelfand et al. 1973; Austin 1979). Verschiedentlich wird über Interaktionen der Variablen ,,Geschlecht des Probanden" mit anderen berichtet; z.B. mit dem Geschlecht des Diebstahlsopfers (Austin 1979) und dem Ausmaß des Kontaktes mit der Verkäuferin (siehe oben). Das Geschlecht des Probanden ist eine beschreibende Sammelvariable (Gewirtz 1969), die für vielfältige Erfahrung steht. So gesehen überraschen die im Zusammenspiel mit anderen Variablen komplizierten Verhältnisse nicht so sehr.

Ein Beispiel hierfür ist die Untersuchung von Austin (1979), der seine Ergebnisse am besten durch die Interaktion Geschlecht des Probanden, Geschlecht des Opfers, Schadenshöhe des Diebstahls zusammengefaßt sieht. Ergänzend ist auf die Tendenz zu verweisen, daß Frauen eher geholfen wird als Männern (Howard u. Crano 1974; Austin 1979), wobei weibliche Probanden weiblichen Opfern besonders häufig im Sinne einer Intervention helfen. Dies ist ein mit vielen Untersuchungen zum prosozialen Verhalten konsistentes Ergebnis (vgl. zusammenfassend Bierhoff 1980).

Sofern das Alter der Probanden mit berücksichtigt wurde, ergaben sich entweder keine Zusammenhänge mit dem Interventionsverhalten (Gelfand et al. 1973; Mertesdorf 1973) oder es intervenierten die älteren Probanden wesentlich häufiger als die jungen (Abele u. Nowack 1976b; Bickman u. Green 1977; Bickman u. Rosenbaum 1977). Dieser Befund entspricht gut reproduzierten Ergebnissen der Einstellungsforschung, nach denen ältere Leute reserviertere Einstellungen gegenüber Straftätern haben (vgl. zusammenfassend Abele in diesem Band). Dieser Sachverhalt ist auch bei der in 2.2 dargestellten Beobachtung zu berücksichtigen, daß Studenten weniger intervenieren als nicht-studentische Personengruppen.

3 Zusammenfassende Bemerkungen

Insgesamt scheint die Verantwortungsübernahme im Sinne einer Intervention bei Diebstahl selbst bei geringerem Warenwert durchaus beachtlich. Viele situative Variablen, zum Teil in kompliziertem Zusammenspiel, bestimmen das Verhalten in einer

Situation, mit der die Probanden überraschend konfrontiert werden und mit deren Handhabung sie wenig oder keine Erfahrung haben. Dieser Sachverhalt mag Verhaltensunsicherheiten zur Folge haben, die ihrerseits die Interventionsquote nicht noch höher ausfallen lassen (vgl. 2.1: cycling-, blocking-Prozesse). In speziellen Umgebungen (Universitätsbuchläden) ist die Interventionsquote allerdings ungewöhnlich niedrig. Grundsätzlich kann sich natürlich der Beobachter mit zwei Rollenträgern bzw. Einstellungsobjekten identifizieren: mit dem Opfer – an das üblicherweise das hilfreiche Verhalten adressiert wird (siehe dazu auch den Vergleich der Befunde zum Opfer als Institution vs. als Person) – und mit dem Dieb (vgl. Einfluß der Merkmale des Diebes auf das Interventionsverhalten). Auf diese und andere intern ablaufende Prozesse kann hier nur verwiesen werden.

Für die externe Validität der hier analysierten Daten spricht, daß sie in für die Probanden gewohnten, „natürlichen" Situationen erhoben wurden. Auf den ersten Blick erscheint die Tatsache, daß einige der untersuchten unabhängigen Variablen keinen Einfluß auf das Interventionsverhalten haben, überraschend. Sie verweist darauf, daß verbreitete Alltagsvorstellungen über die Verhaltenswirksamkeit von Plakathinweisen etc. zu korrigieren sind. Deutlich wird auch, daß auf Diebstähle durchaus unterschiedlich reagiert wird.

Die theoretische wie empirische Befundlage kann derzeit keine allgemeinen Hinweise für die Prävention von Diebstahl liefern. Beispielsweise ist es wichtig, nach dem Opferstatus zu trennen. Die persönliche Bitte eines potentiellen Opfers an eine bestimmte Person, auf einen Gegenstand aufzupassen, ist zentral für eine erfolgreiche Diebstahlsunterbindung. Für Warenhäuser halte ich die aktive Einbeziehung von Kunden kriminalpsychologisch und -politisch für eine einseitige Präventionsperspektive. Hier ist m.E. zunächst die empirisch-psychologische Analyse verschiedener („Verführungs-") Situationen im Kaufhaus in ihrer Wirkung auf Diebstahls- und Kaufverhalten angebracht.

Sumarisch kann festgestellt werden:

1. Die Bemerkensquoten hängen neben der „Trainiertheit" des Diebes wesentlich von der Bitte an den Probanden ab, auf die Sachen des Opfers aufzupassen. Die äußere Erscheinung des Diebes scheint für die Bemerkensquote auch eine gewisse Rolle zu spielen. Hier bestehen – zum Teil komplizierte – Interaktionen mit anderen Variablen (Alter, sozioökonomischer Hintergrund).
2. Studenten intervenieren seltener als Nicht-Studenten. Dabei ist Punkt 11 mit zu berücksichtigen (siehe unten).
3. Es besteht eine Tendenz, daß institutionellen Opfern seltener geholfen wird, als wenn eine Person Opfer eines Diebstahls wird.
4. Es finden sich Hinweise, daß das für Interventionsverhalten psychologisch entscheidende situationsstrukturierende Element „soziale Kontrolle" ist.
5. Schriftliche Aufforderungen, auf Ladendiebstahl mit Anzeige zu reagieren (Massenmedien; Plakate) sind für das Interventionsverhalten folgenlos. Sie wirken sich lediglich auf die verbal geäußerte Anzeigebereitschaft und andere Meinungsäußerungen aus.
6. Persönliche verbale Hinweisreize dagegen erweisen sich als ausgesprochen effektiv. Offensichtlich werden so beim Probanden interne Prozesse ausgelöst, die zu mehr Verantwortungsübernahme im Sinne erhöhter Interventionsbereitschaft führen.

7. Äußere Merkmale wie Rasse und Geschlecht des Diebes haben praktisch keinen Einfluß auf das Interventionsverhalten. Auffällig gekleidete Diebe werden häufiger gemeldet. Dies gilt in besonderem Maße für eine elegante Diebin.
8. Nur bei hohem Warenwert wird deutlich häufiger interveniert als bei niedrigem Warenwert.
9. Ein kurzfristiger Kontakt mit einem Konföderierten (Verkäufer oder Dieb) bleibt für das Interventionsverhalten folgenlos. Wird bei der Kontaktvariablen nach Ausmaß unterschieden, so zeigt sich, daß Frauen bei viel Kontakt häufiger, Männer seltener helfen und umgekehrt.
10. Übereinstimmend mit Befunden zum prosozialen Verhalten wird weiblichen Opfern eines Diebstahls im Sinne der Diebstahlsunterbindung häufiger geholfen als männlichen Opfern.
11. Von den beiden Probandenmerkmalen Geschlecht und Alter, die in dieser Arbeit berücksichtigt werden konnten, liegen lediglich für die letzte Variable konsistente Befunde vor: ältere Probanden intervenieren häufiger.

Manfred Brusten und Peter Malinowski

Sozialpsychologie der polizeilichen Vernehmung

Auch wenn die polizeiliche Vernehmung noch keineswegs zum „Tummelplatz“ empirischer Forschungen geworden ist, kann man über einen Mangel an „Vernehmungsliteratur“ nicht klagen. Doch sind die inhaltlichen Fragestellungen, die analytischen Perspektiven und die konkreten Interessen, mit denen die Autoren ihr Thema verfolgen, insgesamt sehr heterogen[1]. Ein Beitrag zur „Sozialpsychologie der polizeilichen Vernehmung“ sollte daher von vornherein zumindest klar machen, was er nicht leisten kann und will; dies schon allein deshalb, weil selbst unter Fachleuten immer noch umstritten ist, was denn nun eigentlich das zentrale „Territorium“ der Sozialpsychologie zu sein hat. So ist festzuhalten, daß – selbst wenn die Grenzen fließend sind – der vorliegende Aufsatz kein Beitrag zur „Vernehmungspsychologie“ sein will und daher weder auf Arbeiten der „Aussagenpsychologie“ und der „Ausdruckspsychologie“ zurückgreift, noch auf Arbeiten der „Persönlichkeitspsychologie“ von Vernehmern und zu Vernehmenden[2]. Andererseits wird eine „Sozialpsychologie der polizeilichen Vernehmung“ – trotz aller Bemühungen, sozialstrukturelle Bedingungen der Vernehmung mit in die Analyse einzubeziehen – dennoch wohl kaum dem Vorwurf der „Strukturblindheit“ entgehen können, will sie die Vernehmung durch die Polizei möglichst konkret „aus der Nähe“ beschreiben und analysieren. Der vorliegende Beitrag wird daher weder die Bedeutung der polizeilichen Vernehmung im Kontext übergreifender Prozesse strafrechtlicher Kriminalisierung angemessen darstellen können, noch vor allem jene gesamtgesellschaftlichen Strukturen der sozialen Ungleichheit und der sozialen Machtverhältnisse ausführlicher behandeln können, die eben u.a. auch durch polizeiliche Vernehmungen durchgesetzt und erhalten werden[3].

1 Institutionelle Rahmenbedingungen der polizeilichen Vernehmung

Wenn auch die polizeiliche Vernehmung auf den ersten Blick eine relativ einfach strukturierte, in der Regel dyadische Interaktion zu sein scheint, so stellt sie sich in der sozialpsychologischen Analyse doch als ein sehr komplexes Geschehen dar. Eine Analyse der Beziehung, die sich lediglich auf die unmittelbare Interaktion zwischen einem Polizeibeamten und dem von ihm zu vernehmenden Tatverdächtigen bzw. Beschuldigten[4] beschränken würde, wäre daher von vorneherein eine unzulängliche Verkürzung dessen, was tatsächlich geschieht. Wesentlicher Teil einer Sozialpsychologie der polizeilichen Vernehmung muß deshalb die analytische Einbeziehung der „institutionellen Rahmenbedingungen“ oder des institutionellen „settings“ der Vernehmung sein.

1.1 Rollenkonflikte und Erfolgszwänge des Polizeibeamten

Sowohl die formellen Handlungsnormen der polizeilichen Tätigkeit (Gesetze, Erlasse, Dienstvorschriften) als auch die praktischen Handlungsanforderungen der alltäglichen Dienstroutine stellen den Polizeibeamten vor Rollenkonflikte, die sein Verhalten in der Vernehmung maßgeblich bestimmen können.

So würde sich sicherlich mancher Polizeibeamte zumindest den ,,Kleinkram" gerne anders ,,vom Hals schaffen", als durch Strafverfolgung, würde dem jugendlichen Kaufhausdieb raten, die Sachen einfach zurückzubringen und in Zukunft ,,diesen Mist" zu lassen, wenn nur die Vorschriften ihm einen solchen Entscheidungsspielraum zubilligen würden. Doch § 163 StPO zwingt ihn, alle der Polizei zur Kenntnis gelangten Straftaten zu verfolgen, und bei Zuwiderhandlung drohen ihm empfindliche Sanktionen.

Aber es sind nicht nur Gesetze und dienstinterne Normen einer bürokratischen Polizeiorganisation, die das Verhalten des Polizeibeamten bestimmen. Auch seine Erfahrungen mit der Staatsanwaltschaft und dem Gericht tragen mit dazu bei, daß sein Verhalten in zunehmendem Maße ganz bestimmte Konturen erhält, daß Vernehmungen in einem ganz bestimmten Stil geführt werden und Vernehmungsprotokolle so ,,abgesichert" werden, daß das Gericht keine ,,Beanstandungen" macht. Hinzu kommt, daß der institutionelle Zwang der Polizei, der Öffentlichkeit gegenüber Erfolge in der Kriminalitätsbekämpfung nachweisen zu müssen, bis auf das Verhalten des einzelnen Polizeibeamten zurückwirkt. So stellt vor allem die Koppelung von institutionellen und persönlichen Erfolgsnachweisen (vgl. Brusten 1971, S. 45 f.; Feest u. Blankenburg 1972, S. 22 f.; Banscherus 1977, S. 71) einen der wesentlichen Einflußfaktoren der polizeilichen Vernehmung dar, die – neben anderen typischen ,,Handlungsbedingungen" polizeilicher Tätigkeit wie ,,Zeitdruck" und ,,Rollenstreß" – genau das produzieren, was heute polizeiliche Vernehmungen als Interaktionsgeschehen kennzeichnet.

1.2 Polizeiliches Alltagswissen und Vernehmungstheorien

Die Tätigkeit des Polizeibeamten würde von ihm selbst als sehr viel unangenehmer erfahren, gäbe es nicht ein ganzes Spektrum pragmatisch-professioneller Wissensbestände – kurz ,,Alltagswissen" genannt – die ihn in seiner Dienstausübung ,,unterstützen" und das von ihm geforderte Rollenverhalten ,,absichern". Was nun speziell die Vernehmung anbetrifft, so stehen dem Polizeibeamten hier zunächst – neben einem rein pragmatischen Funktionswissen (z.B. Rechtskenntnisse, konkrete Handlungsanweisungen, gelernte Gesprächstechniken) – ganz bestimmte pragmatisch-normative Maximen zur Verfügung (wie z.B.: Der Polizeibeamte sollte ,,stets das letzte Wort haben!", ,,sich überlegen zeigen", ,,sich nichts vorkrücken lassen"), die ihn bei der Ausübung seiner Vernehmer-Rolle sicherer machen. Hinzu kommen affirmative und legitimierende sowie quasi-theoretische Wissensbestände.

So fällt die harte Arbeit einer schwierigen Vernehmung leichter, wenn der Polizeibeamte sein Handeln z.B. durch eine ,,Helfer-Ideologie" zusätzlich legitimieren kann, nach der eine konsequente Strafverfolgung nicht nur zum Schutz der Gesellschaft erforderlich ist, sondern auch dem Rechtsbrecher selbst, den seine Tat ,,bedrückt" und der sich durch eine Aussage vor der Polizei von den Qualen des schlechten Gewissens ,,befreien" möchte, durch eine entsprechende Vernehmung hilft, sich „von der Kriminalität zu lösen“[5]. Ähnliche in erster Linie legitimatorische Funktion haben Wissensbestände, die sich auf die Polizei als Ganzes beziehen („Aufrechterhaltung von öffentlicher Sicherheit und Ordnung“, „Garant des Staates“, „Arm der Gerechtigkeit“, Kampf gegen „innergesellschaftliche Feinde“[6] und „quasi-theoretische“ Wissensbestände, die dem Kriminalbeamten ein Bild von den „Ursachen des Verbrechens“, vom „Wesen des Verbrechers“ und den „Wirkungen der Sanktionen“ vermitteln. Praxiserfahrung und traditionelle Kriminologie haben hier der Polizei – speziell im Hinblick auf Vernehmungen – ein Wissen zur Verfügung gestellt, das „polizeiintern“ zu praxisnahen Beobachtungsregeln und Verhaltensvorschriften verdichtet wurde. „Polizeiextern“ jedoch kann dieses Wissen – trotz Anerkennung seines handlungsleitenden Charakters – zuweilen nur noch als Kuriositätensammlung polizeispezifischer Typisierungen von Personen, (ihrem äußeren Erscheinungsbild, ihrer Kleidung, ihrer Mimik, ihrem „Charakter“) und der „Symptomatik“ ihres Verhaltens verstanden werden, mit dem Polizeibeamte „vorurteilsvoll“ in die Interaktion der Vernehmung eintreten[7].

1.3 Die unmittelbare Vorbereitung der Vernehmung

Da die polizeiliche Vernehmung alles andere ist als ein „zufälliges Gespräch“ gehört ihre gründliche Vorbereitung zu den wesentlichen Daten des „settings“, in dem die eigentliche Vernehmung schließlich stattfindet[8]. Zu den üblichen Vorbereitungen auf eine Vernehmung zählt vor allem der Blick in die polizeiinternen Akten, um – soweit möglich – bereits hier zweckdienliche Vorinformationen über den zu vernehmenden Tatverdächtigen zu erhalten (z.B. Informationen über seine Verhaltensweisen bei früheren „Polizeikontakten“ und bisher ungeklärt gebliebene Verdachtsmomente). Der Vorbereitung auf die Vernehmung dienen aber auch „informelle Vorgespräche“ mit dem Verdächtigen oder – je nach Lage des Falles – „zeugenschaftliche Vernehmungen“. Da Gespräche dieser Art weit weniger streng formulierten und kontrollierbaren rechtlichen Bestimmungen unterliegen als die „verantwortliche Vernehmung“, lassen sich mit ihrer Hilfe häufig vorab wertvolle Zusatzinformationen und Hinweise beschaffen, die dazu beitragen können, einen möglicherweise zunächst nur „vagen Verdacht“ näher zu konkretisieren. Auch die räumlichen Bedingungen der polizeilichen Vernehmung werden keineswegs dem Zufall überlassen:

So soll z.B. ein Beschuldigter nicht in seiner ihm gewohnten Umgebung vernommen werden, da dann eher mit „moralischem Widerstand“ zu rechnen sei; der Beschuldigte soll mit dem Gesicht zur Lichtquelle sitzen, da diese Blickrichtung auf Dauer eine höhere Belastung darstellt und dem Vernehmungsbeamten gleichzeitig bessere Beobachtungsmöglichkeiten bietet; auch soll dem Beschuldigten lediglich ein einfacher Stuhl angeboten werden, damit er sich „nicht an den Armlehnen festhalten“ kann.

Diese insgesamt eher skizzenhafte Darstellung der spezifischen institutionellen Rahmenbedingungen der polizeilichen Vernehmung läßt deutlich werden, daß wesentliche Strukturen der Vernehmungsinteraktion bereits durch diese „Rahmendaten“ vorgeprägt werden. Dabei ist vor allem zu erkennen, daß das seitens der Polizei inszenierte Arrangement der Vernehmung einem dem polizeilichen Verständnis von „Erfolg“ zugrundeliegenden Zweck-Mittel-Schema folgt, das im Rahmen einer „Interaktionsanalyse“ der polizeilichen Vernehmung genauer untersucht werden soll.

2 Die polizeiliche Vernehmung als Zwangskommunikation

Es besteht kein Zweifel, daß die polizeiliche Vernehmung in den allermeisten Fällen eine spezifische Art der „Zwangskommunikation" darstellt. Dies gilt insbesondere in jenen Fällen, in denen die polizeiliche Vernehmung für den Tatverdächtigen zur ersten Konfrontation mit einer staatlichen Kontrollinstanz wird, von deren Verlauf seine weiteren Chancen im Strafverfolgungsprozeß ganz wesentlich abhängen[9].

Analytisch betrachtet läßt sich die Vernehmung nun jedoch zunächst als ein Interaktionsprozeß begreifen, innerhalb dessen zwischen den „Kontrahenten" die Rekonstruktion eines bestimmten Ereignisses und die damit einhergehenden Definitionen (von Zuständen, Handlungen, Motiven etc.) „ausgehandelt" werden (vgl. Schur 1974, S.57 ff.; Schmitz 1979). Eine solche ausschließliche oder vorrangige Verwendung des Begriffs des „Aushandelns" würde jedoch die die polizeiliche Vernehmung besonders kennzeichnende Asymetrie der Interaktionsbeziehung und die Machtdifferenz zwischen Vernehmungsbeamten und Tatverdächtigen weitgehend verschleiern. Denn während der Polizeibeamte in diese Interaktion mit „verdachtgesteuerter" selektiver Wahrnehmung mit institutionell abgesicherter Definitionsmacht (vgl. Schmitz 1978, S.202, S.207 ff.) und einer durch professionelles Wissen gestützten Handlungskompetenz eintritt, sieht sich der Verdächtigte vornehmlich in die Rolle des Objekts einer Kommunikation gedrängt, deren „Spielregeln" ihm weitgehend fremd und deren spezifische Aushandlungslogik und Bedingungen der Wirklichkeitskonstruktion ihm meist unverständlich sind.

2.1 Vernehmungsmethoden, -taktiken und -strategien der Polizei

Aus der Sicht der Polizei müssen Äußerungen des Verdächtigten über eine vom Vernehmungsbeamten selbst nicht miterlebte und ihm daher nur indirekt zugängliche Realität retrospektiv interpretiert (vgl. Schur 1974, S.53 ff.) sowie hinsichtlich ihrer strafrechtlichen Relevanz gedeutet, bewertet und registriert werden. Das Interesse der Polizei ist dabei auf eine möglichst wirklichkeitsgetreue Rekonstruktion des fraglichen Vorgangs oder Ereignisses gerichtet. Neben der Frage nach dem, was eigentlich geschah, geht es jedoch auch um die Ermittlung von Handlungsintentionen und Motiven des Verdächtigten. Das heißt, es ist vor allem zu klären, ob es für den „Täter" faktische Handlungsalternativen zur Tat gab und ob sich dieser bei seiner Tat darüber im klaren war, was er tat[10].

Lassen sich diese beiden Fragen während der Vernehmung konkretisieren und bejahen, dann sind damit die juristisch entscheidenden Voraussetzungen geschaffen, das fragliche Handeln des Tatverdächtigten als „kriminell" zu typisieren[11] und ihm selbst einen neuen Status – nämlich den des Beschuldigten – zuzusprechen. Mit dieser spezifischen Logik des in der Vernehmung stattfindenden Aushandlungsprozesses korrespondieren auf seiten der Polizei spezifische Methoden, die zur Erlangung eines „brauchbaren" Vernehmungsergebnisses angewendet werden. Hierzu zählen[12]:

a) Das *szenische Arrangement der Vernehmungssituation:* möglichst „unauffällige" Belehrung nach § 136 StPO[13]; wenn erforderlich: Vernehmung durch mehrere Beamte in wechselnden Rollen (freundlich – grob); ermüdende Vernehmungen; gleichzeitige Vernehmungen mehrerer Verdächtiger in verschiedenen Räumen, um sie gegebenenfalls gegeneinander „ausspielen" zu können.
b) Die unmittelbare *„Präparation" des zu Vernehmenden:* scheinbar verständnisvolles Eingehen auf sein Herkunftsmilieu, „statusspezifische" und Vertrauen schaffende Anredeformen, Herantasten an einen „geeigneten" Kommunikationsstil.

Der Einsatz dieser grundlegenden Methoden bildet den Rahmen für spezifischere zwangskommunikative Strategien und Taktiken, die der Vernehmungsbeamte – zwar meist unbewußt, aber nichtsdestoweniger faktisch – im jeweiligen Vernehmungsgespräch anwendet. Abstrakt lassen sich hier vor allem folgende strategische und taktische Komponenten einer idealtypisch-zwangskommunikativen Struktur der polizeilichen Vernehmung aufzeigen[14]:

a) Die *Reaktions-Strategie:* Sie wird vor allem zu Beginn der Vernehmung, bei Gesprächsstokkungen oder bei Antwortverweigerungen des Vernommenen angewandt und gründet sich auf die im Alltagshandeln selbstverständliche Regel, auf kommunikative Äußerungen eines anderen in adäquater Form zu reagieren. So wird der Vernommene u.a. immer wieder veranlaßt, zu dokumentieren, daß er nichts zu verheimlichen habe und daß er den „Angriff" des Vernehmungsbeamten leicht zurückweisen könne.
b) Die *Verunsicherungsstrategie:* Sie besteht vor allem darin, den Beschuldigten glauben zu lassen, die Polizei wisse bereits alles, (‚Aktenstapel auf dem Schreibtisch, in dem man beiläufig herumblättert'), ohne ihn damit im rechtlichen Sine zu täuschen, was nach § 136a StPO verboten wäre (vgl. auch Schmitz 1978, S.374).
c) Die *Vervollständigungsstrategie:* Hierbei geht es in erster Linie darum, daß der Vernommene – wenn er überhaupt erst einmal „geredet" hat – durch den Zwang, Informationen immer weiter vervollständigen zu müssen, zu Aussagen bewegt wird, die er unter „normalen Umständen" verschwiegen hätte.
d) Die *Diskrepanzaufweisstrategie:* Der Beschuldigte wird auf Diskrepanzen zwischen seiner Darstellung und faktischen Ereignissen bzw. zwischen Varianten seiner eigenen Darstellung systematisch festgelegt, um ihn auf diese Weise zur Abgabe von Zusatzinformationen, entschuldigenden Hilfskonstruktionen und expliziten Rechtfertigungen (vgl. Schütze 1975, S.825) zu bewegen; Fragen werden immer wieder erneut gestellt, Antworten in Einzelaspekte zerlegt und gegeneinander geprüft.
e) Die *Verstrickungsstrategie:* Ihr Ziel ist es, den zu Vernehmenden immer weiter in Widersprüche zu verwickeln und ihn so zu einem ständig erweiterten Informationsabgabeprozeß zu bewegen. Der Beschuldigte soll sich im eigenen Lügengewirr verstricken und dadurch selbst zu seiner Entlarvung beitragen (u.a. Walder 1965, S.140). Eine Möglichkeit hierzu besteht darin, den Verdächtigen zu veranlassen, alle mit seinem Fall zusammenhängenden Ereignisse in einer Reihenfolge zu schildern, die dem tatsächlichen chronologischen Ablauf entgegengesetzt ist („Rückwärtsbefragung").
f) Die *Strategie des „Glaubwürdigungs-Entzugs":* Sie zielt vor allem darauf ab, den Vernommenen zu impulsiven Reaktionen und Rechtfertigungen herauszufordern und dadurch seine „Selbstkontrolle" zu erschüttern. Hierzu gehören sowohl Fragen wie „Warum antworten Sie so verlegen und wenig überzeugend?" als auch mimische Gesten, die offensichtliche Zweifel an der Glaubwürdigkeit des bis dahin Vorgetragenen signalisieren und den Vernommenen dadurch „psychisch unter Druck" setzen.

Obwohl es keine Schwierigkeiten bereitet, die hier genannten Strategien und Taktiken analytisch klar voneinander zu trennen, in der Vernehmungssituation selbst sind sie jedoch meist eng miteinander verwoben und somit auch im einzelnen weniger klar erkennbar. Hinzu kommt, daß die Polizeibeamten Ziel und Struktur ihres konkreten Handelns weit stärker auf ihre individuellen berufsspezifischen Erfahrungen beziehen als auf die bewußte Anwendung der in ihrem Handeln zum Ausdruck kommenden Strategien und Taktiken.

2.2 *Die „Handlungskompetenz" der zu Vernehmenden als Determinante des polizeilichen „Vernehmungserfolges"*

Die Durchsetzungschance der polizeilichen Typisierungen und Handlungsinterpretationen hängt überwiegend vom erfolgreichen Arrangement des Vernehmungsprozesses ab. Die besonderen Merkmale dieser kommunikativen Struktur und deren Konsequenzen lassen sich am besten aus der Situation des Vernehmungsadressaten bestimmen; denn für ihn ist die Vernehmung – im Gegensatz zum Polizeibeamten – keineswegs ein Fall der Alltagsroutine mit fest eingespielten Typisierungsmustern und Reaktionsformen.

Der Vernommene geht diese Kommunikation in aller Regel nicht freiwillig ein, er ist während der Vernehmung ohne soziale Unterstützung durch seine eigenen Bezugsgruppen und er wird gezwungen, von seinen eigenen alltagsweltlichen Bezugssystemen und Interpretationen in Richtung der Interaktionslogik und der Kommunikationsmethoden des Polizeibeamten umzudenken. Er sieht sich außerdem gezwungen, interpretative Äußerungen über biographische Ereignisse abzugeben, ohne daß er aufgrund der asymetrischen Interaktionsbeziehung in der Lage wäre, die interpretativen Schlußfolgerungen des Vernehmungsbeamten zu kontrollieren bzw. seine eigenen Realitätskonstruktionen gegenüber denen des Polizeibeamten durchzusetzen[15].

Durch den Zwangscharakter der Vernehmung bleibt dem Betroffenen in der Regel praktisch nur die Übernahme der „totalen Objektrolle" (vgl. u.a. Banscherus 1977, S.258). Es ist vor allem dieses spezifische – sozialpsychologisch besonders bemerkenswerte – Kennzeichen der polizeilichen Vernehmung, das die immer wieder Erstaunen hervorrufende „Manipulation" des Vernehmungsadressaten und damit die erfolgreiche Durchsetzung der – für Polizei, Staatsanwaltschaft und Gericht – ausschlaggebenden formellen Typisierungen möglich macht.

Allerdings streut der „Erfolg" polizeilicher Vernehmungen keineswegs zufällig über alle Tatverdächtigen in gleicher Weise. Er wird vielmehr in ganz entscheidender Weise von der Handlungskompetenz des jeweiligen Vernommenen selbst mitbestimmt. Dabei bedeutet Handlungskompetenz in diesem Zusammenhang vor allem, daß der Vernommene in der Lage ist, seine objektive Situation realistisch einzuschätzen, auf Gesprächsstrategien und -taktiken adäquat zu reagieren, die Logik des vernehmungsspezifischen Aushandlungsprozesses zu durchschauen sowie plausible und rechtfertigende Gegendefinitionen vorbringen zu können (vgl. Bohnsack u. Schütze 1973). Insbesondere derjenige, der die „Transformationslogik" des Polizeibeamten (Überführung von Alltagstypisierungen in solche, die strafrechtliche Relevanz besitzen) nicht durchschaut und sich in seinen Äußerungen und Verhaltensweisen nicht darauf einstellen kann, ist in der Vernehmung eindeutig im Nachteil. Mangelnde Handlungskompetenz in diesem Sinne zeigt sich jedoch vor allem bei Angehörigen der unteren sozialen Schichten, bei Jugendlichen und insbesondere bei Jugendlichen aus der Unterschicht[16]. Sie sind es daher auch, die in Interaktionen mit der Polizei immer wieder als die „kriminelleren" erscheinen, da sie aufgrund ihrer mangelnden Handlungskompetenz bei der Durchsetzung ihrer Situationsdefinitionen und damit in der Abwehr von Kriminalisierungen geringere Chancen haben.

3 Das Vernehmungsprotokoll und seine Bedeutung im Strafprozeß

Eine Sozialpsychologie der polizeilichen Vernehmung, die sich lediglich auf die Analyse der Interaktionsprozesse zwischen Vernehmern und zu Vernehmenden beschränkt, würde wesentliche sozialpsychologisch relevante Aspekte der polizeilichen Vernehmung unbeachtet lassen. Hierzu gehören vor allem (1.) die Selektionsprozesse bei der Abfassung von Vernehmungsprotokollen und (2.) die Funktion des Vernehmungsprotokolls im nachfolgenden Strafverfahren.

3.1 Abfassung und Absicherung polizeilicher Vernehmungsprotokolle

Da die polizeiliche Vernehmung in der Regel eine für die Betroffenen höchst folgenreiche Amtshandlung darstellt, ist die Polizei verpflichtet, die Ergebnisse der Vernehmung – das heißt die in der Vernehmung gewonnene polizeiliche Rekonstruktion des Geschehens – in einem entsprechenden Vernehmungsprotokoll zusammenzufassen und damit „aktenkundig" zu machen. Da jedoch polizeiliche Vernehmungsprotokolle den Gesprächsverlauf nicht „Wort für Wort" wiedergeben und damit keineswegs die Forderung nach einer wirklichkeits- und wortgetreuen Protokollierung erfüllen (Herren 1976, S.315), weil sie von den Vernehmungsbeamten „sprachlich geglättet", inhaltlich „abgerundet" und bereits im Hinblick auf das Gericht abgefaßt werden (Banscherus 1977, S.273 f.), stellt sich hier die Frage nach der Selektion, (a) im Sinne der zwangsläufig notwendigen Reduktion eines „komplexen" Vernehmungsverlaufs und (b) im Sinne einer „unbewußten Verzerrung" (entsprechend polizeispezifischer Relevanzsysteme) oder „bewußten Manipulation" in eine ganz bestimmte Richtung.

So vermutet Banscherus (1977, S.72), daß „die Vorurteile der Beamten einen wesentlichen Einfluß darauf haben, was und wie etwas in das Protokoll aufgenommen wird" und daß sie somit bereits „im Vorfeld der Rechtsprechung" (...) als eine nicht unerhebliche Entscheidungsinstanz", fungieren. Das heißt, die Definitionsmacht der Vernehmungsbeamten schlägt sich – mehr noch als in der Strukturierung der Vernehmungsinteraktion – vor allem in der Abfassung des Vernehmungsprotokolls nieder, wobei sich die Beamten der Bedeutung des Protokolls als „Machtmittel" durchaus bewußt sind und es vermutlich auch als solches einsetzen (Banscherus 1977, S.71).

Es ist daher nicht nur gesetzliche Vorschrift, sondern auch für den Erfolg der Polizei sehr zweckmäßig, daß der Vernommene das Protokoll durch seine eigenhändige Unterschrift „absichert" und der Vernehmung damit zugleich ihren eigentlichen „Zwangscharakter" nimmt. Tatverdächtige und Beschuldigte werden daher veranlaßt, durch ihre Unterschrift zu bezeugen,

- daß sie ordnungsgemäß nach § 136 StPO über ihre Rechte belehrt wurden[17],
- daß ihre Aussagen „Seite für Seite" richtig protokolliert sind und
- daß sie – um einem eventuell später zu erhebenden Vorwurf, unerlaubte Vernehmungsmethoden angewandt zu haben, vorzubeugen – der Vernehmung jederzeit haben voll und ganz folgen können[18].

Daß diese – den rechtlichen und polizeitaktischen Erfordernissen entsprechende – „Korrektheit" nicht hinreicht, um die Benachteiligung „handlungsinkompetenter" Tatverdächtiger zu vermeiden, wird durch empirische Forschungen eindeutig bestätigt: „Zumindest der weniger intelligente Beschuldigte (...) ist in der besonderen psychologischen Situation einer Vernehmung nicht immer fähig, das Geschriebene voll zu erfassen" (Banscherus 1977, S.72). Darüber hinaus entspräche es der Erfahrung vieler Polizeibeamter, Staatsanwälte und Richter, daß eine einmal geleistete Unterschrift keine Garantie für die Richtigkeit des Protokolls sein müsse. „Besonders Aussagepersonen, die weniger selbstbewußt und wortgewandt sind, fühlen sich durch das zwangskommunikative Moment, das der Vernehmung zweifellos anhaftet, vorschnell unter Druck gesetzt, so daß sie die von Ihnen u.U. gewünschten Korrekturen nicht einzubringen wagen" (Banscherus 1977, S.72). Dies gelte vor allem für Erstvernehmungen, in denen sich die Betroffenen – trotz Belehrung – häufig einfach nicht im klaren seien über die Bedeutung und die weitere Verwendung sowie die möglichen Konsequenzen ihrer Aussagen.

3.2 Die Funktion des Vernehmungsprotokolls im Strafverfahren

Auch wenn das Vernehmungsprotokoll in Bezug auf die Vernehmung selbst zweifellos den „bedeutendsten, weil endgültigen selektiven Filter" (Banscherus 1977, S.75) darstellt, so liegt seine strafrechtliche Relevanz doch weniger in dessen Verwendungsmöglichkeiten für die Polizei[19] als vielmehr in seiner nachfolgenden „Verwertung" durch Staatsanwaltschaft und Gericht[20]. Dabei ist vor allem zu beachten, daß das Vernehmungsprotokoll neben den „Fakten", bei denen der Vernommene doch zumindest noch die Chance hatte, sie zu prüfen, auch „Eindrücke" des Polizeibeamten über die „Persönlichkeit" des Beschuldigten enthält[21].

Diese sogenannten „Persönlichkeitsmerkmale" werden jedoch ihrerseits vornehmlich aus Reaktionen gewonnen, die die Beschuldigten in der außergewöhnlichen Situation der Vernehmung gezeigt haben und die insofern – sieht man einmal von der spezifisch selektiven Wahrnehmung der Polizeibeamten selbst ab – nachweislich wiederum von der jeweiligen Struktur der Vernehmung abhängen. Dennoch werden dann diese u.a. also durch die polizeiliche Vernehmung selbst produzierten „Persönlichkeitsmerkmale" hinterher im Strafverfahren vom Richter erneut „gewürdigt". Doch wie sieht die strafrechtliche „Weiterverwertung" polizeilicher Vernehmungsergebnisse im einzelnen aus?

Da ist zunächst die Staatsanwaltschaft, die zur Erhebung der Anklage oder zur Einstellung des Verfahrens vornehmlich aufgrund der „Aktenlage" entscheidet; so daß die in den Akten vorliegenden polizeilichen Vernehmungsprotokolle eine der entscheidenden Unterlagen zur Bewertung und strafrechtlichen Subsumtion von Sachverhalten und Tatumständen darstellen (vgl. Kube 1979, S.175).

Nicht minder konsequenzenreich können polizeiliche Vernehmungsprotokolle in der Rechtsprechung werden. Denn auch hier macht sich der Richter zunächst „per Aktenlage" ein Bild vom Angeklagten, so daß auch hier die Gefahr besteht, daß der Richter durch Informationen und Bewertungen „voreingenommen" wird. Eine noch wesentlichere Rolle spielen polizeiliche Vernehmungsprotokolle üblicherweise in der Gerichtsverhandlung selbst, wo sie – je nach Sichtweise – immer weiter als „hilfreiche Unterlagen" oder als „Steine des Anstoßes" das strafrechtliche Verfahren beeinflussen.

So verwerfen Angeklagte die Darstellungen der Polizei häufig als „falsch" oder zumindest „unzulänglich" und widerrufen ihre vor der Polizei abgelegten Geständnisse; Verteidiger unterstellen die Anwendung unerlaubter Vernehmungsmethoden, und die als Zeugen vernommenen Polizeibeamten verwahren sich gegen jede Kritik und beschwören die Korrektheit ihrer meist vor Monaten erstellten Protokolle[22]. Dennoch: auch für erfahrene Prozeßbeobachter stellen polizeiliche Vernehmungsprotokolle „genaugenommen Fälschungen" dar (Schlüter 1978, S.192), und eine empirische Untersuchung von 42 Erstvernehmungsprotokollen (Rasch u. Hinz 1980, S.377 ff.) kommt zu dem Ergebnis, daß sich angesichts psychologischer Befunde der Verdacht ergibt, daß mit der polizeilichen Übertragung des Tatgeschehens auf gesetzeskonforme Sachverhalte „eine Realität geschaffen wird, die mit der Erlebniswirklichkeit der Täter kaum noch etwas gemein hat".

Denn da die Vernehmungsbeamten bemüht seien, die von ihnen ermittelten Tatbestände den Merkmalen des Gesetzes anzupassen, erarbeiteten sie gewissermaßen „empirische Belege für normativ vorgegebene Setzungen" und lieferten damit dem jeweiligen Richter polizeispezifische „Versatzstücke" zur Urteilsbildung, die im Ergebnis vor allem die „Belastungsbemühungen der Kriminalpolizei" zum Ausdruck brächten. Rasch u. Hinz möchten daher - eben weil die polizeilichen Vernehmungsprotokolle im Gerichtsprozeß häufig einen so starken Einfluß auf den Ausgang des Strafverfahrens nehmen - sichergestellt wissen, daß es nicht Aufgabe der Polizei ist und sein darf, „eine Tat bereits im Rechtssinn zu qualifizieren" (Rasch u. Hinz 1980, S.382), da vermieden werden müsse, daß Personen schließlich aufgrund polizeilicher Vernehmungen für bestimmte Straftaten verurteilt werden, obwohl ihre Handlungen nicht von jenen Absichten und Einstellungen bestimmt gewesen seien, die der Gesetzgeber zur Kennzeichnung dieser Straftaten ausdrücklich voraussetze.

4 Die empirische Erforschung der polizeilichen Vernehmung

Obwohl der polizeilichen Vernehmung — für jedermann erkennbar — eine zentrale und zugleich folgenreiche „Filterfunktion" im Strafverfolgungsprozeß zukommt, wurden bis vor wenigen Jahren noch keine empirischen Forschungen zur polizeilichen Vernehmung durchgeführt bzw. gestattet (vgl. Brusten u. Malinowski 1975, S.102), die dazu hätten beitragen können, diesen „Arkan-Bereich" der staatlichen Gewaltausübung zu entmystifizieren und einer rationalen wissenschaftlichen Diskussion zugänglich zu machen[23]. Wichtiger als der Rückblick erscheint jedoch die Auseinandersetzung mit der zur Zeit vorliegenden empirischen Forschung zur polizeilichen Vernehmung; und zwar nicht nur deshalb, weil sie von der Polizei selbst in Auftrag gegeben, finanziert und betreut wurde, sondern vor allem, weil sie — zur Zeit konkurrenzlos — in der Lage ist, unser alltägliches und wissenschaftliches Wissen über die polizeiliche Vernehmung „vorzustrukturieren". Da eine ausführliche Analyse an dieser Stelle nicht möglich ist, lassen sich hier nur einige zentrale Aspekte thesenartig zusammenfassen[24]:

4.1 Forschungsinteressen der Polizei

Die von der Polizei geförderte Vernehmungsforschung ist selbstverständlich keine „polizeikritische" Forschung; ihr Forschungsinteresse richtet sich vielmehr in erster Linie auf die Realisierung bestimmter polizeispezifischer Ziele:

- Effizientere Gestaltung der polizeilichen Ermittlungsarbeit (Schmitz u. Plate 1977, S.313),
- Aufdeckung des Zustandekommens und der Struktur von „Vernehmungsmängeln" (etwa um in Zukunft derartige Fehler und damit verbundene Konflikte in der Vernehmung bzw. vor Gericht) vermeiden zu können,
- Sensibilisierung der Polizeibeamten für wirkungsvollere, subtilere, „weiche" Methoden der polizeilichen Vernehmung (vgl. Fischer 1975, S.21),
- Professionalisierung und Statusverbesserung der Polizei,
- Verstärkter Einsatz von EDV (vgl. Banscherus 1977, S.19),
- „Praktische" Umsetzung der Forschungsergebnisse in die Aus- und Fortbildung von Polizeibeamten.

4.2 *Komplexe Forschungsinstrumente verhindern die Erkenntnisse struktureller Zusammenhänge*

Die von der Polizei geförderte Vernehmungsforschung bedient sich zwar eines hochkomplexen und sehr eindrucksvollen methodologischen Instrumentariums, die viel zu geringe Datenbasis läßt jedoch quantitativ repräsentative Aussagen nicht zu[25]; auch das methodologische Design der Forschung – nämlich die hauptsächliche Heranziehung simulierter Vernehmungen – bleibt hinsichtlich der Aussagefähigkeit über die Realität polizeilicher Vernehmungen prinzipiell angreifbar. Dennnoch ist der BKA-Forschung zumindest eines nicht abzusprechen: durch eine methodische Differenzierungstechnik sind allgemeinere und sozialpsychologisch wesentlichere Strukturen der polizeilichen Vernehmung nicht mehr zu erkennen.

4.3 *Der kommunkationstheoretische Bezugsrahmen bestätigt die Dominanz der Zwangskommunikation*

Ausschlaggebender für die Beurteilung der polizeigeförderten Vernehmungsforschung ist der spezielle kommunikationstheoretische Bezugsrahmen[26], mit dessen Hilfe Banscherus versucht, die 1975 von Brusten u. Malinowski entwickelte – und offensichtlich als anstößig empfundene – These von der „Zwangskommunikation der polizeilichen Vernehmung" zumindest teilweise zu widerlegen, weil es eben gelegentlich auch zu „pseudosymetrischen Gesprächsdialogen" komme (Banscherus 1977, S.45, S.255)[27]. Abgesehen davon, daß Brusten u. Malinowski lediglich empirisch prüfbare „Tendenzaussagen" machen wollten und damit in ihrer knapp gefaßten – nicht durch BKA-Mittel geförderten, sondern durch behördliche Stellen behinderten – Forschung lediglich auf die strukturell entscheidenden Aspekte der polizeilichen Vernehmung eingehen konnten, verkennt Banscherus weitgehend, daß der Begriff der Zwangskommunikation eben nicht nur einen bestimmten Kommunikationsstil, sondern vor allem das gesamte „setting" der polizeilichen Vernehmung meint[28]. Doch wie immer auch der von Banscherus unternommene Versuch, kritische Forschung zu „relativieren", beurteilt werden mag, selbst seine eigenen empirischen Daten belegen, daß die "Vernehmungsdialoge (...) überwiegend auf der zwangskommunikativen Interaktionsebene" ablaufen (S.149) und daß sich die Polizeibeamten bei dieser Vernehmungsform „sicherer" fühlen (S.259; vgl. auch Banscherus, Brugger u. Kube 1978, S.98).

4.4 *Die Erforschung schichtspezifischer Diskriminierungen wird vermieden*

Besonders kennzeichnend für die von der Polizei selbst geförderten Forschungen ist die – politisch durchaus verständliche – „Zurückhaltung" hinsichtlich schichtspezifischer Faktoren und Folgen polizeilicher Vernehmungen. So entsteht zumindest der Eindruck, daß auch Banscherus und Schmitz diesem zentralen Ansatz der „kritischen Instanzenforschung" einen möglichst geringen Stellenwert einräumen möchten. Obwohl z.B. Banscherus durch die Wahl seiner Versuchspersonen (Arbeitnehmer aus handwerklichen Berufen und Studenten) eine Art Schicht- oder Statusvariable in seine Forschung mit einbezieht, wird der „unterschichtsdiskriminierende" Charakter der polizeilichen Vernehmungen – obwohl durch zahlreiche Einzelergebnisse deutlich erkennbar – bewußt nicht erforscht, sondern methodisch „verschleiert"[29]. Dennoch: Die polizeiliche Einschätzung der Aussagepersonen wird u.a. vom sozialen Status bestimmt (Banscherus 1977, S.74 und S.206; sowie Banscherus, Brugger u. Kube 1978, S.99), und in den Protokollen von Vernehmungen mit Studenten finden sich nahezu doppelt soviele Modifikationen (also Korrekturen seitens der Aussagepersonen) wie bei Vernehmungen mit Berufstätigen (Banscherus 1977, S.250 f.)[30].

Fazit: Auch wenn die hier analysierte „Polizei-Forschung" in hohem Maße „Legitimationswissen" zur Verfügung stellt, Fragen der „kritischen Kriminologie" bewußt ausweicht und damit zugleich gezielte „Ideologie-Absicherung" betreibt, stellt sie doch eine zuweilen recht ergiebige Fundstelle für kritische Forschungen dar, insbesondere als Nachweis für den immer wieder bestrittenen, relativ großen „Ermessens- und Handlungsspielraum" der Polizei. Sie bietet zusätzliche, fruchtbare Ansatzpunkte für eine rationale wissenschaftliche Diskussion über polizeiliche Vernehmungen, die das Niveau der individualisierenden „traditionellen Kriminologie" bei weitem übersteigt. Die wissenschaftstheoretische, wissenschaftspolitische und kriminalpolitische Bedenklichkeit dieser Forschung liegt daher vor allem in ihrem „staatlichen Forschungsmonopol", das alternative empirische Forschungen und damit alternatives Wissen über polizeiliche Vernehmungen wirkungsvoll verhindert.

Anmerkungen

1 Sieht man einmal von der neuesten Entwicklung durch die BKA-geförderte Forschung (Steffen 1976, sowie den „Projektverbund" Banscherus 1977, und Schmitz 1977, 1978) ab, dann besteht die Literatur zur polizeilichen Vernehmung in erster Linie aus „Praxis-Literatur" (Beiträge von Polizeibeamten in Fachzeitschriften und Lehrbüchern, aber auch umfangreichere Arbeiten wie die von Bauer 1970 und die von Fischer 1975). Von der „Polizei-Perspektive" meist kaum zu unterscheiden und der polizeilichen Praxis „zur Hand" hat sich auch die „traditionelle Kriminologie" verschiedener Disziplinen ausgiebig mit der polizeilichen Vernehmung befaßt (z.B. Müller-Luckmann 1964; Geerds 1976, 1978; Herren 1976, 1977a). Sowohl Polizeipraktiker als auch Kriminologen „bedienen" sich – soweit brauchbar – ausgewählter psychologischer Erkenntisse (vor allem aus der Persönlichkeitspsychologie und der Aussagenpsychologie) und „verlieren" sich immer wieder auf's neue in individualisierende Typisierungsversuche, die jede strukturelle Erkenntnis zwangsläufig verhindern und empirische Belege von quantitativer Relevanz schuldig bleiben. Sie tragen stattdessen gelegentlich eher dazu bei, die polizeiliche Vernehmung zu einem „wirklich großen Geheimnis" hochzustilisieren. Soziologisch-sozialpsychologische Arbeiten zur polizeilichen Vernehmung gibt es hingegen bislang praktisch so gut wie überhaupt nicht; erste Ansätze im deutschen Sprachraum von Brusten u. Malinowski (1975) stießen sowohl bei Polizeipraktikern als auch bei traditionellen Kriminologen auf wenig „Gegenliebe" (vgl. z.B. die Polemik von Hepp 1976 sowie die bei Herren 1977a, S.138). Doch trugen sie wesentlich mit dazu bei, daß in der Folgezeit zumindest das Bundeskriminalamt sich intensiver mit der polizeilichen Vernehmung befaßte (Veröffentlichung eines primär auf praktischen Erfahrungen beruhenden „Leitfadens zur Durchführung von Vernehmungen" – Fischer 1975 – und Initiierung der o.g. Auftragsforschungen). In der einzigen neueren „freien" Hochschulforschung über die Polizei von Girtler (1980) wird die polizeiliche Vernehmung leider nur recht knapp und relativ oberflächlich untersucht (obwohl Girtler in Österreich im Gegensatz zu Brusten u. Malinowski immerhin an echten Vernehmungen teilnehmen durfte). Die Ergebnisse seiner Beobachtungen bestätigen im übrigen

ausnahmslos die von Brusten u. Malinowski auf der Basis von Intensivinterviews mit erfahrenen Polizeibeamten und Analysen polizeilicher „Praxisliteratur" gewonnenen Erkenntnisse. Vgl. auch die neuere Diskussion bei K. Grabska, 1982.

2 Vgl. z.B. die ausführlicheren Darstellungen bei Fröhlich (1975) und Rottenecker (1976, S.4-23).

3 Allerdings wurde hierzu schon etwas ausführlicher Stellung genommen in Malinowski u. Brusten (1975).

4 Die hier vorliegende Analyse beschränkt sich bewußt auf die Darstellung der Vernehmung von Verdächtigen (besser: Verdächtigten) und Beschuldigten, da diese – im Vergleich zu Vernehmungen von Zeugen und Geschädigten – nicht nur von völlig anderer strafrechtlicher Bedeutung sind, sondern auch aus sozialpsychologischer Perspektive ganz spezifische andere Strukturmerkmale aufweisen.

5 Kube (in Banscherus 1977, S.17) spricht in diesem Zusammenhang noch heute von der polizeilichen Vernehmung als einem „helfenden Gespräch" und einer durch Vernehmungen zu erreichenden „Resozialisierung" (ebenso Banscherus selbst, S.274), um die normative Forderung nach einer „optimalen Vernehmungskommunikation" sozialpädagogisch zu legitimieren. Nicht weniger „wohltuend" sind Betrachtungen wie die von Herren (1976, S.313), für den eine fachgerechte Vernehmung sowohl „Wissenschaft" als auch eine „Kunst der psychologisch richtigen Menschbehandlung und Menschenführung" darstellt, die einem „Meister des Verhörs" ganz besondere „Qualitäten" abverlangt. Besonders ausführlich und z.T. amüsant: Herren (1977b). Vgl. auch die hierzu einschlägigen Untersuchungsergebnisse von Brusten u. Malinowski (1975, S.90 f.) sowie die Äußerungen zur „Kunst der Vernehmung" von Fischer (1975, S.10 f.).

6 Vgl. Brusten (1973) (allgemeine polizeiliche „Selbstverständnisse" seit 1900) und Malinowski (1975) (Strukturmerkmale kriminologischen Wissens innerhalb der Polizei).

7 Siehe hierzu die Zitatensammlung aus der älteren einschlägigen Vernehmungsliteratur in Brusten u. Malinowski (1975, S.92-97), unter denen so bemerkenswerte Anhaltspunkte zur Menschenkenntnis zu finden sind wie: „Eine deutliche Sprache redet auch die Nase ... Große Nasen versinnbildlichen Selbstvertrauen und Unternehmungsgeist". Nach außen gekehrte Handflächen deuten auf „Abneigung" und „Widerwillen". Eine laute Sprache weist auf einen „grobschlächtigen und derben Menschen" oder auch auf „Geltungsbedürftigkeit". „Das unstete und abseits gerichtete Auge (zeigt) innere Unruhe, Ziellosigkeit, Verschlagenheit und unschöne Gedanken an".

8 Eine ausführlichere und anschaulichere Darstellung findet sich in Brusten u. Malinowski (1975, S.66 ff.).

9 Zum Begriff der „Zwangskommunikation" siehe Schütze (1975) und die – leider verengte – Diskussion bei Banscherus (1977, S.50) sowie Punkt 4.3 der hier vorliegenden Arbeit. Was „Zwangskommunikation" im folgenden bedeutet, wird auch im Fazit einer psychologisch-psychiatrischen Untersuchung von Rasch u. Hinz (1980, S.382) deutlich, in der es heißt: „Die Asymetrie der Vernehmungssituation, in der ein nach Tat und Verhaftung verstörter Täter einem in beruflicher Routine handelnden Vernehmungsbeamten gegenübersteht, bietet eine hohe Wahrscheinlichkeit dafür, daß sich der Beamte mit seinen Deutungsmustern ... durchsetzt." Die für die Polizei günstigere Situation der Erstvernehmung wird in der Praxis-Literatur stets besonders hervorgehoben (und in der Praxis auch genutzt). So heißt es im „Leitfaden der Psychlogie für Polizeivollzugsbeamte" u.a.: „Beim Tatverdächtigen ist während der ersten Vernehmung die Gefühlsbeteiligung am stärksten. Hier ist er aufgewühlt und relativ am wenigsten unter der Kontrolle seines abwehrenden ... Verstandes. In Sekunden des Aufgewühltseins ist der Tatverdächtige am ehesten geständnisbereit." (Direktion der Bereitschaftspolizei NW 1975, S.33)

10 Diese beiden – dem „common sense" entstammenden – Interpretationsregeln der ‚Konventionalität" und der „Theoretizität" werden von McHugh (1972) ausführlicher beschrieben und in ihrer Bedeutung für das Strafverfahren herausgestellt.

11 Der Begriff „kriminell" wird hier im Sinne einer polizeilichen „Arbeitshypothese" verstanden; wobei klar ist, daß eine endgültige Zuschreibung des Status „kriminell" erst aufgrund eines richterlichen Urteils erfolgt.

12 Siehe hierzu die ausführliche Beschreibung der „Kommunikationstaktiken während der Vernehmung" bei Brusten u. Malinowski (1975, S.75 ff.); Direktion der Bereitschaftspolizei NW (1975, S.33) „psychologisch-taktische Hilfen" (!)), sowie die weitgehend auf Aubry u. Caputo zurückgehende, sehr anschauliche und eindrucksvolle Darstellung polizeilicher Vernehmungsmethoden bei Rottenecker (1976, S.87-172), die deutlich erkennen läßt, daß Polizeibeamte nicht auf „rechtlich unzulässige" Vernehmungsmethoden zurückgreifen müssen, um „erfolgreich" zu sein.

13 Als besonders „kritisch" gilt unter Praktikern, daß der Verdächtigte/Beschuldigte darauf hinzuweisen ist, „daß es ihm nach dem Gesetz freistehe, sich zu der Beschuldigung zu äußern oder nicht zur Sache auszusagen, und jederzeit, auch schon vor seiner Vernehmung, einen von ihm zu wählenden Verteidiger zu befragen" (§ 136, Abs. 1, Satz 2 StPO). Ein „Anwesenheitsrecht" des Verteidigers bei der Vernehmung selbst wird jedoch bis heute einhellig bestritten. Dies führt zwar einerseits zu einer zumindest relativen Verbesserung der materiellen Gleichbehandlung für jene, die bislang auf die Hinzuziehung von „Advokatenmacht" verzichteten oder verzichten mußten, aber erhöht andererseits die Bedeutung der persönlichen „Handlungskompetenz" der jeweiligen Vernehmungsadressaten, deren potentielle Kompensation durch Anwälte nun ausdrücklich ausgeschlossen ist. Daß Polizeibeamte den Vernehmungserfolg durch die Belehrungspflicht beeinträchtigt sehen und entsprechende „zurückwaltende Belehrungsstrategien" entwickelt haben, zeigt auch W. Steffen (1976, S.188 ff.).

14 Die hier dargestellten „zwangskommunikativen Strategien" gehen auf Arbeiten von Schütze (1975, S.813 ff.) zurück und wurden von uns erstmalig zur Analyse der polizeilichen Vernehmung verwendet (vgl. Malinowski u. Brusten 1975, S.11 ff.).

15 Banscherus (1977), der im Rahmen seiner Untersuchungen ebenfalls durchaus einschlägige Beobachtungen in dieser Richtung macht (z.B. Studenten korrigieren Vernehmungsprotokolle wesentlich häufiger als Arbeitnehmer), interpretiert diese Beobachtungen jedoch lediglich dahingehend, „daß sich Wortschatz von Studenten und Wortschatz von Kriminalbeamten in einigen Fällen in Quantität und Qualität voneinander unterscheiden" (S.251), ohne darin einen entscheidenden Hinweis auf status- und schichtspezifische Unterschiede der Handlungskompetenz der Betroffenen zu erkennen (anders schon Schmitz 1978, S.425).

16 Vgl. hierzu die Ergebnisse der Untersuchung von Steffen (1976), aus der hervorgeht, daß Tatverdächtige aus der Unterschicht (a) tendenziell eher zu einer Aussage bereit sind (S. 251), (b) eher ein volles Geständnis ablegen (S. 255), und daß Angehörige der Mittelschicht „gegenüber der Polizei selbstbewußter auftreten, sich weniger leicht von der ganzen Atmosphäre einschüchtern lassen und ihre Rechte besser kennen" (S.259). Will man diese Unterschiede nicht auf genetische und psychologische „Wesensunterschiede" der sozialen Schichten zurückführen, dann dürften gerade diese Forschungsergebnisse ein eindeutiger Beleg dafür sein, daß die Handlungskompetenz der Tatverdächtigen/Beschuldigten je nach Schichtzugehörigkeit sehr unterschiedlich ist und daß Angehörige der Unterschicht aufgrund ihrer geringeren Handlungskompetenz in dem für die Vernehmung relevanten Verhaltensbereich eher „kriminalisiert" werden können. Vgl. auch Herren (1976, S.314), der in diesem Zusammenhang ebenfalls von „Sprachbarrieren" und Problemen der „sozialen Chancengleichheit" in der Vernehmung spricht.

17 Die Unterlassung der Belehrung stellt einen Formfehler dar, der dazu führt, daß die in der polizeilichen Vernehmung gemachten Aussagen des Beschuldigten gerichtlich nicht verwertet werden dürfen. Da andererseits eine zu nachhaltige Belehrung die Aussagebereitschaft des Beschuldigten in der Vernehmung beeinträchtigen könnte, wird in der polizeilichen Praxis immer wieder hervorgehoben, daß man vor allem dieses Problem mit der „notwendigen Geschicklichkeit" angehen müsse.

18 Als weitere Methoden zur „Absicherung" der Vernehmungsergebnisse werden empfohlen: möglichst detaillierte Schilderungen des unmittelbaren Tatverlaufs zu protokollieren, eventuelle Protokollkorrekturen durch den Beschuldigten handschriftlich vornehmen zu lassen, Beginn, Unterbrechungen und Ende einer längeren Vernehmung genau zu notieren, desgleichen, ob der Vernommene während der Vernehmung geraucht, gegessen oder getrunken hat (vgl. u. a. Banscherus 1977, S.74).

19 Neben der für bürokratische Organisationen typischen Erfordernis der „Aktenhaltung" an sich und polizeiinternen Auswertungen werden polizeiliche Vernehmungsprotokolle z.B. für weitere Sachermittlungen, Fahndungsmaßnahmen und die Vernehmung von Zeugen und eventuellen Mittätern herangezogen.

20 Vgl. hierzu auch die grundlegenden juristischen Ausführungen von Preuss (1981) über die unterschiedlichen Erkenntisperspektiven von Justiz und Polizei" (S.111) und die Gefahren des „verdeckten Eindringens polizeilicher Wahrheit in die justizielle" (S.123).

21 Daß auf diese Weise sowohl Staatsanwaltschaft als auch Gericht – im wahren Sinne des Wortes – mit „polizeilichen Vorurteilen" beliefert werden, wird selbst von traditionellen Kriminologen kritisiert, da Polizeibeamten die hierzu nötige psychologische Ausbildung fehle, während Polizeipraktiker der Ansicht sind, daß eher die „Erfahrung und die Menschenkenntnis" ihrer Beamten dieses Defizit an Fachwissen bei weitem ausgleichen dürfte, und Herren (1976, S.317) die Charakterisierung der Persönlichkeit des Beschuldigten nur besonders psychologisch „befähigten" Polizeibeamten vorbehalten möchte. Wie immer dieser Teilaspekt der polizeilichen Vernehmungspraxis auch gedeutet wird, feststehen dürfte, (a) daß polizeiliche

Alltagstheorien auf diese Weise unmittelbar strafrechtliche Relevanz erhalten und (b) daß hier von „Persönlichkeitsmerkmalen" gesprochen wird, obwohl „Reaktionsverhalten in Zwangskommunikationen" der mit Sicherheit angemessenere Terminus wäre. Vgl. hierzu u.a. auch die Forschungsergebnisse von Janis u. Feshbach (1973) sowie Fröhlich (1975, S.86 ff.).

22 Recht aufschlußreich ist hier ein Beitrag in der Polizeifachzeitschrift „Deutsche Polizei" (Weber 1975), der sich mit der „neuen Rollensituation" des Polizeibeamten als Zeugen und Sachverständigen gegen anarchistische Gewalttäter befaßt, bei denen die Verteidiger offensichtlich in zunehmendem Maße „polizeiliche Vernehmungsmethoden" anwandten (Fragen nach randseitigen Details, „Kreuzverhöre", Wiederholung bereits gestellter Fragen, provozierende Bemerkungen, Anwendung von List, Ermüdung durch Dauerverhör), um die Zeugen – d.h. die Polizeibeamten – wie Weber meint, zu verunsichern und Widersprüche in ihren Aussagen herbeizuführen, so daß sich – selbst bei den Polizeibeamten – ein Gefühl des „Ausgeliefertseins" einstellte. Um der ungewöhnlichen und zugleich unangenehmen Situation in Zukunft zu entgehen, wären – so Weber – gewisse „Gegentaktiken" anzuwenden, um sich „den Verhaltensformen des Verteidigers anzupassen", und genaue Rechtskenntnisse erforderlich, zumal eine Befragung von Zeugen eben „nicht in eine Vernehmung ausarten" (S.26) dürfe.

23 So wird z.B. die gesamte Problematik der polizeilichen Vernehmung in dem von Kaiser (1978) vorgelegten Überblick über die „empirische Polizeiforschung" noch völlig „ausgeblendet". Ohne diese „Forschungslage" hier im einzelnen näher analysieren zu können, ließe sie sich jedenfalls als einer der zentralen Aspekte einer „Sozialpsychologie der polizeilichen Vernehmung" verstehen, der es wert wäre, einmal gesondert untersucht zu werden.

24 Eine ausführlichere kritische Auseinandersetzung mit der neueren „polizeigeförderten Kriminologie" und der zunehmenden staatlichen Institutionalisierung kriminologischer Forschung in der BRD erfolgt in Brusten (1979, 1981). Wir danken in diesem Zusammenhang Hugo Spieker Doehmann für seine kritischen Anmerkungen zur Analyse der neuen „Vernehmungs-Forschung".

25 Dies wird im übrigen von Banscherus (1977, S.99) – wenn auch etwas versteckt – durchaus zugestanden. Die empirische Basis seiner Forschungen besteht jedenfalls aus 56-57 Vernehmungen (vgl. S.96 und 100), wobei allerdings offensichtlich nur 17 in allen Fragestellungen ausgewertet wurden. Daß die Datenbasis für eine quantitative Analyse nicht geeignet ist, räumt zwar auch das dem Forschungsbericht beigefügte Begleitschreiben des BKA-Präsidenten vom Februar 1978 ein; dennoch – so Herold – gebe die Studie doch immerhin „erste empirisch gesicherte Anhaltspunkte für die Bedeutung verschiedener Interaktionsformen für die Verwirklichung der Vernehmungsziele". Die Untersuchungen von Schmitz (1978) basieren sogar auf lediglich rund 28 Vernehmungen (unterschiedliche Angaben auf S.82 und S.547), davon 15 mit „Geschädigten" und 13 mit „Zeugen"; an anderer Stelle (Schmitz 1979, S.25) ist von 24 Vernehmungen die Rede.

26 Zu dem Kreissl (1981, S.135) bemerkt, daß hier offenbar „unter kommunikationstheoretischen Aspekten eine Optimierung von Verhörtechniken angestrebt" wird, „die nach dem Sinn und Zweck von Verhören nicht mehr fragt."

27 Banscherus (1977, S.46) meint, daß Brusten u. Malinowski hier ähnlichen theoretischen Verkürzungen aufgesessen seien, wie die meisten „klassischen Autoren" zur Vernehmung (z.B. Bauer 1970 und Hepp 1976). Er übersieht dabei jedoch, daß die sogenannten „klassischen" Autoren vor dem Hintergrund eines normativen (d.h. eines von ihnen als gewünscht angesehenen oder aufgrund formaler Regeln geforderten) Vernehmungsmodells diskutieren, während wir uns – ausgehend vom symbolischen Interaktionismus – in erster Linie darum bemühten, empirisch belegbare wissenschaftliche Rekonstruktionen des Vernehmungsgeschehens zu erarbeiten. Daß Banscherus diesen Unterschied offenbar nicht erkennt, ist vermutlich darauf zurückzuführen, daß auch er – vielleicht als Folge seines speziellen Forschungsauftrages – im Grunde von einem normativen Modell der Vernehmung ausgeht.

28 Obwohl Banscherus den Sachverhalt zunächst durchaus richtig erkennt (1977, S.50 f.), wird der Begriff der „Zwangskommunikation" dann jedoch „überraschenderweise" nur noch ausschließlich auf die Bezeichnung bestimmter kommunikativer Auswirkungen „formeller, nicht änderbarer Rahmenbedingungen" (formaljuristische und technische Regeln) der Vernehmung und des Erfahrungswissens der Polizeibeamten reduziert. Auch die Konzentration auf „rein kommunikationstheoretische Aspekte" der Vernehmung und die gleichzeitige, nicht differenzierende Analyse von Vernehmungen mit sehr unterschiedlichen Strukturen (nämlich mit Tatverdächtigen, Beschuldigten, Geschädigten und Zeugen) ermöglicht es Banscherus, die von Brusten u. Malinowski beschriebenen spezifischen Konturen der Vernehmung von Tatverdächtigen und Beschuldigten zu verwischen.

29 Diese systematisch-methodische „Verschleierung" besteht u.a. darin, daß z.B. Studenten vornehmlich in Vernehmungen zu Betrugsfällen „mitzuspielen" hatten (vgl. Banscherus 1977, S.121 und Schmitz 1978, S.61), so daß der Einfluß der Variablen „Schichtzugehörigkeit des Vernehmungsadressaten" weitgehend hinter dem Einfluß der Variablen „Delikttyp" versteckt werden konnte.

30 Siehe auch die Belege bei Schmitz (1978, S.329, 408, 420).

Jochen Haisch

Psychologie der Gerichtsverhandlung und richterlichen Urteilsbildung

1 Einführung

Geraume Zeit war die empirische Untersuchung deutscher Gerichtsverfahren, insbesondere Strafverfahren, eine Domäne von Rechtswissenschaft (Exner 1931) und Soziologie (Opp 1973). Gemeinsamer Befund entsprechender Arbeiten war es, daß rechtliche Normen richterliches Handeln nicht vollständig zu erklären vermögen. Zur Erklärung der „außerrechtlichen" Einflüsse auf richterliches Handeln in Strafverfahren (Bendix 1968) kann theoretisches Wissen der Psychologie dienen (Thibaut u. Walker 1975; Tapp 1976; Gordon 1976; Sales 1977; Tapp u. Levine 1978; Cohn u. Udolf 1979; Konečni u. Ebbesen 1979). Im folgenden wird dieses theoretische Wissen im Zusammenhang mit zwei Aspekten diskutiert, (1) dem Einfluß der Gerichtsverhandlung auf den Verhandlungserfolg und (2) dem Einfluß des Richters auf den Verhandlungserfolg.

2 Psychologische Aspekte der Gerichtsverhandlung

Die Gestaltung der Gerichtsverhandlung wird häufig als entscheidend für die mit dem abschließenden Urteil verbundene Gerechtigkeitsverwirklichung angesehen (z.B. Thibaut u. Walker 1975, 1978; Herrmann 1978). Dabei halten diese Autoren das nordamerikanische „adversary system" (mit dem typischen Merkmal des Konflikts zwischen den einseitig ihre Interessen vertretenden Parteien und einer wenig verfahrensbestimmenden dritten Partei, dem Richter) für vorteilhafter als das bundesdeutsche „inquisitorische System" (mit dem typischen Merkmal der Kooperation zwischen den der „Wahrheitssuche" verpflichteten Parteien und verfahrensbestimmendem Richter).

2.1 Subjektive Hypothesen von Richtern und Geschworenen

Urteilsverzerrende Effekte aufgrund von Vorinformation weisen bei *tätigen* Geschworenen im Rahmen US-amerikanischer Verfahren Padawer-Singer, Singer u. Singer (1974) nach. Die Autoren gaben u.a. Geschworenen die Möglichkeit, vor Beginn eines Verfahrens einschlägige Zeitungsberichte über den Angeklagten zu lesen, in denen insbesondere dessen kriminelle Vergangenheit hervorgehoben war. Geschworene, die diese Zeitungsberichte gelesen hatten, kamen im Rahmen eines aufgezeichneten tatsächlichen Verfahrens, das ihnen über Tonband vorgespielt wurde, in 78%

der Fälle zu einem Schuldspruch, während Geschworene, die die Zeitungsberichte nicht kannten, nur zu 12% Schuldsprüche fällten. Hagan (1975) führt eine Felduntersuchung zur Frage der Beeinflussung des Richters durch die gerichtliche Voruntersuchung durch. Hagan erwartet, daß die gerichtliche Voruntersuchung durch „Bewährungshelfer" (probation officers) das richterliche Urteil beeinflußt. Eine Analyse von 765 Fällen zeigte, daß die Beurteilung des Beschuldigten durch den „Bewährungshelfer" vom Richter häufig übernommen wurde. Lautmann (1972) nahm über ein Jahr hinweg in Richterkollegien vor allem an Zivilgerichtsverhandlungen verschiedener Landgerichte teil. Aus seinen Beobachtungsprotokollen ergibt sich die richterliche Tendenz, potentielle Verhandlungsergebnisse aufzugreifen und sie im Verlaufe des Verfahrens systematisch zu verifizieren. Ein anfänglich gebildeter erster Eindruck wird oftmals beibehalten, indem nicht-konforme Fakten aus dem Entscheidungsvorgang mit dem Argument ausgeschlossen werden, sie seien inhaltlich nicht ausgeführt. Als theoretische Erklärung der Befunde zum Einfluß richterlichen Vorwissens auf den Ablauf und das Ergebnis von Gerichtsverhandlungen eignet sich eine modifizierte Theorie Kognitiver Dissonanz (Irle 1975; siehe Frey 1978). Irle geht davon aus, daß eine Person spannungserzeugende Dissonanz dann empfindet, wenn das gemeinsame Auftreten zweier Kognitionen einer subjektiven Erwartung oder Hypothese der Person widerspricht. Subjektive Hypothesen werden vom Individuum entwickelt, um den Bezug von Kognitionen hinsichtlich auftretender Umweltereignisse erklären zu können. Das Auftreten unvereinbarer Kognitionen führt nur dann zu Dissonanz und dem Streben nach Dissonanzreduktion, wenn die Person eine fragliche Hypothese innerhalb ihres Selbst lokalisiert, das heißt ihren Vorstellungen über ihre Person, die sie nach ihrer Meinung von der Umgebung unterscheidbar machen, zuordnet. Die Person übernimmt eine Hypothese in das Selbst, sobald die Hypothese für die Person eine gewisse minimale Wahrscheinlichkeit überschritten hat, wahr zu sein. Je höher die subjektive Wahrscheinlichkeit ist, daß eine Hypothese wahr ist, umso größer ist die empfundene Dissonanz, wenn nicht hypothesenkonforme Kognitionen auftreten. Das Ausmaß der Dissonanz bestimmt seinerseits die Intensität der Dissonanzreduktion. Dissonanz kann reduziert werden, indem neue konsonante Kognitionen hinzugefügt werden, indem vorhandene dissonante Kognitionen entfernt werden, indem dissonante entfernt und durch konsonante ersetzt werden, indem schließlich die subjektive Hypothese von der Person geändert wird.

2.1.1 Selective Exposure

Sears und Mitarbeiter (Sears, Freedman u. O'Connor 1964; Sears 1965; Sears u. Freedman 1965; Sears 1966) führten eine Reihe von Laboruntersuchungen durch, insbesondere zu der dissonanztheoretisch begründeten Hypothese (Festinger 1957), daß von Geschworenen im „adversary" Verfahren solche Informationen bevorzugt werden, die eine einmal gefaßte Meinung stützen („selective exposure"). Entsprechend dieser Hypothese können erste meinungsprägende Informationen das Gesamtergebnis einer Verhandlung beeinflussen, da die Geschworenen nur die zu ihrer Meinung konsonanten Informationen aufnehmen, die dissonanten Informationen, die sich während der Verhandlung ergeben, aber abwerten bzw. nicht beachten. Die Ergebnisse der Experimente bestätigen diese Hypothese nur zum Teil. Sears (1965) und Sears u. Freedman (1965) fanden nämlich *Anti*selektivität in der Informationsaufnahme ihrer simulierten Geschworenen (Studenten), das heißt ihre Vpn präferierten Informationen, die ihrer durch den fiktiven Straffall anfänglich induzierten Meinung widersprachen. Die Antiselektivität war umso stärker, je sicherer die Geschworenen waren, daß ihre ursprüngliche Meinung zutraf. Die Antiselektivität war auch ausgeprägter, wenn die ursprünglich induzierte Meinung eine Verurteilung des Angeklagten begünstigte, als wenn die ursprüngliche Meinung einen Freispruch nahelegte.

2.1.2 Primacy – Recency – Effekte

Im Zusammenhang mit der selective exposure Hypothese ist zu erwarten, daß die den Geschworenen zuerst vorgetragenen Argumente zur vorläufigen Festlegung auf die von diesen Argumenten begünstigte Alternative führen. Es würde sich so ein Übergewicht der zuerst vorgetragenen Argumente ergeben (primacy Effekt), was ein Übergewicht für die Anklagevertretung bedeutete. Ergebnisse von Stone (1969) bestätigen einen primacy Effekt nur teilweise, nämlich dann, wenn die simulierten Geschworenen nach der Präsentation der Evidenz Gelegenheit hatten, sich eine Meinung (Hypothese) zu bilden und die folgende Information diese Meinung stützte. Thibaut u. Walker (1975) berichten demgegenüber ein klares Übergewicht der zuletzt vortragenden Partei (recency Effekt). Was für die allgemeine Abfolge der argumentierenden Parteien gilt, stellen Thibaut u. Walker auch für den Aufbau der Argumente *einer* Seite fest. Ordnete eine Partei ihren Vortrag in einer simulierten Verhandlung so an, daß die beweiskräftigeren Argumente am Ende standen, dann wurden die simulierten Geschworenen stärker beeinflußt als durch einen Vortrag, bei dem die beweiskräftigeren Argumente zu Beginn vorgebracht wurden.

2.2 Inokulation

Lawson (1968) weist darauf hin, daß es für eine dauerhaft stabile Beeinflussung durch die Argumentation einer Partei vor Gericht günstig sein kann, wenn diese die Argumente der Gegenpartei vorwegnimmt. Geschworene, die einer Partei zuhörten, die eigene Argumente *und* Gegenargumente behandelte, waren von der Position dieser Partei mit größerer Sicherheit überzeugt und durch die Gegenpartei weniger zu beeinflussen. McGuire (1964) bietet eine Erklärung der Stabilisierung von Meinungen an, die in einer Analogie zum Impfen in der Medizin besteht. Werden für eine bisher nicht angegriffene Meinung (truismus) nur unterstützende Argumente geliefert, dann ist diese gegen Angriffe nur wenig resistent. Werden zu dieser Meinung nicht nur unterstützende, sondern auch widersprechende Argumente geliefert und besteht Gelegenheit zur Auseinandersetzung mit der widersprechenden Evidenz, dann ist die Meinung gegen kommende Angriffe eher immun.

2.3 Recall

Cohn u. Udolf (1979) unterstreichen, daß Selektivität nicht alleine bei der Informationsaufnahme sondern auch beim Erinnern gemachter Beobachtungen existiert (selective recall). Diesen Autoren zufolge resultieren hieraus zwei Probleme: (1) Ein großer Teil gemachter Beobachtungen wird vergessen und (2) Erinnerungslücken werden aufgrund von Plausibilitätsüberlegungen gefüllt.

Hatton, Snortum u. Oskamp (1971) führten simulierten Geschworenen einen Film über einen Verkehrsunfall vor. Danach erhielt eine Gruppe Zeugenaussagen vorgelegt, die insgesamt das Unfallopfer, eine Fußgängerin, begünstigten, einer weiteren Gruppe wurden Zeugenaussagen berichtet, die insgesamt den angeklagten Autofahrer begünstigten. Wenn die Geschworenen die Aussagen der Zeugen bezüglich des eigentlichen Unfallherganges anschließend zu erinnern hatten, dann war die Erinnerungsleistung für alle Aussagen identisch. War es die Aufgabe der Geschworenen aber, die Schlußfolgerungen der Zeugen zu erinnern, dann erinnerten sie mehr solche Schlußfolgerungen, die im Einklang mit dem resultierenden Verfahrensergebnis standen.

2.4 Risikoschub

Im Rahmen der Diskussion um einen Risikoschub (risky shift) wird darauf hingewiesen, daß größere Geschworenengruppen vor allem dann extremere Urteile fällen als kleinere Gruppen oder einzelne Geschworene, wenn die Gruppenmitglieder sich untereinander nicht kennen, sich in der Gruppe ähnlich verhalten und die an sie gerichteten Erwartungen nicht völlig deutlich sind (Cohn u. Udolf 1979).

Davis, Kerr, Strasser, Meek u. Holt (1977) untersuchten, wie Geschworenengruppen urteilen. Sie führten ein Experiment mit 621 Studenten durch, von denen 546 in Gruppen à sechs Personen und die restlichen einzeln die Rolle von Geschworenen simulierten. Im Rahmen von fiktiven Zeitungsberichten zu einem Notzuchtverbrechen wurden (1) die Konsequenzen für das Opfer des Verbrechens als leicht oder schwer dargestellt und (2) das Strafmaß als entweder hoch oder nicht sehr hoch beschrieben. Nachdem eine Videoaufzeichnung des Gerichtsverfahrens vorgeführt worden war, hatte jeder Geschworene das Ausmaß der Schuldhaftigkeit des Handelns des Angeklagten anzugeben. Dann wurden die Vpn in Gruppen bzw. zu Einzelsitzungen eingeteilt. Die Gruppen hatten mit 2/3 Mehrheit endgültige Urteile zu fällen, die einzelnen Geschworenen nach Überdenken der wesentlichen Fakten.

Die Ergebnisse zeigen, daß kein signifikanter Unterschied zwischen den endgültigen Gruppenurteilen und den Einzelurteilen sowohl vor wie nach der Urteilsberatung bestand. Ein prinzipiell nicht nur für Geschworenen- sondern auch für Richtergruppen zu erwartender Risikoschub-Effekt trat damit in der Untersuchung von Davis et al. nicht ein.

3 Gerichtsverhandlung und Gerechtigkeitsverwirklichung

Kann aus den empirischen Befunden und theoretischen Erklärungen eine Schlußfolgerung hinsichtlich der Angemessenheit des strafgerichtlichen Verfahrensablaufes gezogen werden? Thibaut u. Walker (1975) fassen ihre Befunde mit der Feststellung zusammen, das US-amerikanische „adversary" Gerichtsverfahren wirke systematischen Urteilstendenzen der rechtlichen Entscheidungsträger entgegen und diene daher der

Verwirklichung von Gerechtigkeit mehr als ein „inquisitorisches“ (etwa bundesdeutsches) Verfahren (siehe Thibaut u. Walker 1978). Besonders deutlich scheint diese Meinung durch die urteilsverzerrenden Effekte richterlichen Vorwissens unterstützt zu werden. Während ein inquisitorisches Verfahren Richtern ausdrücklich die Kenntnis der Akten vor Beginn der Hauptverhandlung ermöglicht, ist dies beim „adversary“ Verfahren nicht der Fall. Thibaut u. Walker berichten empirische Evidenz, die die negativen Konsequenzen richterlicher Aktenkenntnis vor der Verhandlung zu belegen scheint (siehe Haisch u. Grabitz 1979; Sheppard u. Vidmar 1980). Sofern die theoretische Erklärung der modifizierten Theorie Kognitiver Dissonanz Gültigkeit besitzt (Haisch 1977), muß jedoch an dem Erfolg einer Abschaffung richterlicher Aktenkenntnis gezweifelt werden. Führt nicht das Faktenmaterial der Akten zu einer subjektiven Hypothese des rechtlichen Entscheidungsträgers, dann können die Anträge der zunächst vortragenden Partei eine subjektive Hypothese mit hoher Wahrscheinlichkeit begründen, die im Falle auftretender Dissonanz Umbewertungen von Informationen (Zeugenaussagen, Indizien, usw.) und Selektivität im weiteren Verlauf des Gerichtsverfahrens zur Folge haben kann (*Hypothesen-Effekt*).

Die Aussage der Arbeiten zur selektiven Informationsaufnahme ist in diesem Zusammenhang nur von begrenztem Wert, solange in den experimentellen Untersuchungen neben der Informationsaufnahme nicht auch die Informationsverarbeitung betrachtet wird. Es ist nämlich durchaus möglich und empirisch zu belegen (Haisch 1977), daß nicht hypothesenkonforme Informationen von einem Entscheidungsträger aufgenommen werden, sie aber im Prozeß der Entscheidungsfindung so verarbeitet werden, daß ihnen kaum Gewicht zufällt (*Inertia-Effekt*; Pitz, Downing u. Reinhold 1967).

Manche urteilsverzerrenden Effekte scheinen von der Realisierung bestimmter Verfahrensgrundsätze abhängig zu sein. Thibaut u. Walkers (1975) recency Effekte wurden im Rahmen einer Simulation des „adversary“ Verfahrens nachgewiesen. Den Versuchspersonen (Vpn) war gesagt worden, daß sie mit einem Urteil über die gegebene Evidenz so lange warten müßten, bis ihnen die Aussagen aller Parteien vorlägen. Die Aussage der zuletzt vortragenden Partei müsse abgewartet werden, bis eine Meinung überhaupt auf genügend breiter Basis formuliert werden könne. Diese Instruktion verhinderte einen primacy Effekt und kann gleichzeitig den recency Effekt begründen. Wenn eine Person sich erst angesichts der zuletzt argumentierenden Partei eine eigene Meinung bilden kann, dann liegen ihr bei der Entscheidung „direkt“ zugängliche Aussagen dieser zuletzt argumentierenden Partei und Aussagen der zuerst vortragenden Partei vor, die nur durch einen weiteren Schritt, nämlich das Abrufen aus dem Gedächtnis, verfügbar sind. Dieser zusätzliche notwendige Schritt beim Abrufen der Evidenz aus dem Gedächtnis reduziert aber die Sicherheit der Person bei der Beurteilung dieser Evidenz (siehe Calder, Insko u. Yandell 1974; Grabitz u. Haisch 1978). Ähnliches könnte für die Effektivität der Inokulationstechnik gelten. Ein Impfen mit den Argumenten der Gegenpartei ist zunächst eine Technik, die im kooperativen, auf Objektivität der gemeinsamen Wahrheitssuche beruhenden „inquisitorischen“ Gerichtsverfahren weniger einsetzbar erscheint als im kompetitiven, auf Interessenkonflikt beruhenden „adversary“ Verfahren. Andererseits wird ein rechtlicher Entscheidungsträger von der Inokulationstechnik wohl weniger beeinflußt, wenn er um die Einseitigkeit der Argumente der Parteien weiß. Ein Entscheidungsträger wäre daher im Rahmen des kooperativen Gerichtsverfahrens von der Inokulationstechnik stärker beeinflußbar, da er sich bei „objektiver“ Staatsanwaltschaft und

Verteidigung nicht in demselben Maße aktiv aufnahmebereit zeigen muß für die Argumente der an zweiter Stelle argumentierenden Partei.

Eine *Technik*, urteilsverzerrenden Tendenzen entgegenzuwirken, ergibt sich aus dem Modell der Informationsintegration (Anderson 1974). Kaplan u. Miller (1978) zufolge lassen sich unerwünschte Urteilstendenzen durch mehr und gewichtigere Informationen zu jedem konkreten Delikt in ihrem Einfluß beschränken. Das ,,adversary" Gerichtsverfahren schafft Unsicherheit hinsichtlich der Gültigkeit jeder Information, weshalb dort Urteilstendenzen besonders problemlos zu realisieren sind. Daher soll in Gerichtsverfahren nicht grundsätzlich jede Information attackiert werden, so daß sichere Information geschaffen wird, eine Forderung, die tendenziell im bundesdeutschen Strafverfahren verwirklicht ist (Cohn u. Udolf 1979).

4 Psychologische Aspekte richterlicher Urteilsbildung

In verschiedenen der berichteten empirischen Untersuchungen sind bereits Einflüsse der rechtlichen Entscheidungsträger (Richter, Geschworene) auf den Verfahrensablauf und damit Verfahrenserfolg deutlich geworden. Im folgenden werden diese Einflüsse ausführlicher besprochen.

4.1 Informationsverarbeitung

In einer Untersuchung von Thibaut, Walker u. Lind (1972) wurde Studenten, die die Rolle von Geschworenen in simulierten Gerichtsverfahren spielten, eine Reihe fiktiver Fälle vorgegeben, die einhellig eine bestimmte Entscheidung beinhalteten und eine Urteilstendenz bei den Geschworenen begründen sollten. Nach diesen Fällen, die alle das Urteil ,,Der Angeklagte hat ungesetzlich gehandelt" nahelegten, folgte die Bearbeitung des experimentellen Straffalles. Eine Kontrollgruppe bearbeitete denselben experimentellen Straffall, ohne daß ihr jedoch zuvor die vermutlich urteilsverzerrenden Fälle vorgegeben wurden. Der experimentelle Fall umfaßte 50 Einzelaussagen. Diese Aussagen legten zur Hälfte den Geschworenen nahe, daß das Verhalten des Angeklagten ungesetzlich war, während die andere Hälfte der Aussagen ein gesetzmäßiges Verhalten des Angeklagten anzeigte. Alle Aussagen wurden in Blöcken mit einheitlichem Inhalt zusammengefaßt und den Geschworenen präsentiert. Im Falle der Simulation des anglo-amerikanischen Strafverfahrens wurden diese Aussagen jeweils in Blöcken zu fünf von einem Verteidiger und einem Ankläger vorgetragen. Im Falle der Simulation eines bundesdeutschen Verfahrens wurden alle Aussagenblöcke von dem Richter vorgetragen. Nach jedem Aussagenblock hatten die Geschworenen anzugeben, ob sie glaubten, daß das Verhalten des Angeklagten gesetzmäßig oder ungesetzlich war.

Geschworene, denen die urteilsverzerrenden Fälle vor dem experimentellen Straffall vorgegeben wurden, beurteilten die Aussagen des experimentellen Falles anders als Geschworene, denen keine urteilsverzerrenden Fälle vorgegeben worden waren. Die urteilsverzerrenden Fälle führten zu einer mit der Urteilsverzerrung konsistenten einseitigen Bewertung der Aussagen im experimentellen Fall. Dieser Effekt der urteilsverzerrenden Fälle auf die Bewertung der Aussagen durch die Geschworenen war größer, wenn die Aussagen den Geschworenen von einem Richter vorgetragen wurden und war geringer, wenn die Aussagen von Ankläger und Verteidiger vorgetragen wurden. Eine Replikation dieser Untersuchung in Frankreich und der Bundesrepublik zeigte für Frankreich konsistente Befunde, in der Bundesrepublik ließen sich die Ergebnisse nicht replizieren.

Ebbesen u. Konečni (1975) führten zwei Untersuchungen mit Richtern durch, indem sie ihnen einmal konstruierte Fälle zur Beurteilung vorlegten und zum anderen sie im Rahmen tatsächlicher Verfahren beobachteten. Dabei hatten die Richter jeweils die Höhe der Kaution festzulegen, die ein Angeklagter bis zum Hauptverfahren zu hinterlegen hatte, um bis zum abschließenden Urteil auf freiem Fuße zu bleiben. Im ersten Experiment wurde das Delikt konstant gehalten und die Richter hatten aufgrund der Anträge von Anwalt und Staatsanwaltschaft, des Vorstrafenregisters des Angeklagten und der Ortsansässigkeit des Angeklagten die Höhe der Kaution festzulegen. Es ergab sich, daß die Dauer der Ortsansässigkeit den entscheidenden Einfluß auf die Höhe der festgesetzten Kaution hatte. Höhere Kaution hatte ein Angeklagter auch zu zahlen, wenn dem Richter einschlägige Vorstrafen bekannt waren und wenn die Staatsanwaltschaft höhere Kautionen forderte. Eine Auswahl derselben Richter, die die simulierten Fälle bearbeitet hatten, wurde in der zweiten Untersuchung in tatsächlichen Verfahren beobachtet, bei denen es ebenfalls um die Kautionsfestsetzung bei verschiedenen Delikten ging. Es zeigt sich bei dieser Untersuchung ein herausragender Einfluß des Antrages der Staatsanwaltschaft auf die endgültig vom Richter festgesetzte Kaution. Zwar ergab sich auch ein signifikanter Einfluß des Deliktes, des Vorstrafenregisters und der Ortsansässigkeit, jedoch war dieser Einfluß offenkundig durch die relativ hohe Korrelation mit dem Antrag des Staatsanwaltes bedingt.

In einer Arbeit von Peters (1970, 1973) beantworten 98 Strafrichter aus unterschiedlichen Gerichten einen Fragebogen (ähnlich Opp u. Peuckert 1971) und werden 51 Gerichtsverhandlungen systematisch beobachtet (ähnlich Schumann u. Winter 1971). Bei der systematischen Beobachtung von Gerichtsverhandlungen zeigt sich deutlich, daß die Art der verhängten Sanktionen und das Strafmaß mit der „Sozialkategorie“ des Angeklagten variieren. Wenn ein Angeklagter in geregelten Verhältnissen lebt (Beruf, fester Arbeitsplatz, fester Wohnsitz, verheiratet), dann wird sein Handeln eher als ungeplant betrachtet. Wenn ein Angeklagter ungeregelten Verhältnissen entstammt, dann ist die richterliche Prognose über das zukünftige Verhalten des Angeklagten ungünstiger als wenn er in geregelten Verhältnissen lebt. Lebt der Angeklagte in ungeregelten Verhältnissen, dann wird er eher als „Gewohnheitsverbrecher“ typisiert, lebt er in geregelten Verhältnissen, dann wird er eher als „Gelegenheitstäter“ eingestuft. Aus den Beobachtungsprotokollen ergibt sich, daß eine ungeregelte Lebensführung bei Angehörigen der unteren Unterschicht etwa 7mal häufiger unterstellt wird als bei Angehörigen der oberen Unterschicht und höheren Schichten. Bei der Befragung der 98 Strafrichter sollten die Befunde der systematischen Beobachtung bestätigt werden. Im Rahmen der richterlichen Beurteilung fiktiver Diebstähle (mit einem „Architekten“ oder einem „Bauarbeiter“ als Täter) ließ sich hinsichtlich des verhängten Strafmaßes und der Strafart kein Unterschied zwischen Tätern aus verschiedener Schicht feststellen. Handelte es sich aber im konstruierten Fall um einen Lagerarbeiter mit geregelter oder ungeregelter Lebensführung, dann zeigten sich deutliche Unterschiede. Der geregelt lebende Arbeiter wurde häufiger mit Geldstrafen belegt, der ungeregelt lebende Lagerarbeiter weit häufiger zu Freiheitsstrafen verurteilt.

4.2 *Theoretische Erklärung der Informationsverarbeitung*

Eine Erklärung richterlicher Urteilsbildung bietet sich im Anschluß an den erwähnten Hypothesen-Effekt an. Richter bilden sich schon vor dem Verhandlungsbeginn bzw. im Verlaufe der Verhandlung subjektive Hypothesen bezüglich einer akzeptablen Entscheidungsalternative, die durch Informationsumbewertung und selektive Informationsverarbeitung trotz widersprechender Evidenz beizubehalten sind (Urteilsperseveranz; Lautmann 1972; Nisbett u. Ross 1980). Die Stärke des Hypothesen-Effektes hängt dabei von folgenden Bedingungen der Information ab: (1) Validität, (2) Reliabilität, (3) Steuerung (Grabitz u. Haisch 1976, 1982). Die *Validität* von Informationen ist im Zusammenhang mit den Alternativen, zwischen denen zu entscheiden ist, zu beurteilen. Im Falle reduzierter Validität einer Information ist eine unterstützte Entscheidungsalternative dadurch erschwert zu erkennen, daß diese Information gleichzeitig verschiedene Alternativen begünstigt. Ist die Information hingegen valide, dann kann jede Information eindeutig einer Alternative zugeordnet werden. Die Möglichkeit von Informationsumbewertungen und selektiver Informationsverarbeitung wächst, wenn die *Reliabilität* von Informationen abnimmt und damit Interpretationsspielräume für den Entscheidungsträger entstehen. *Steuerung* liegt vor, wenn mit der Interpretation von reduziert reliabler Information eine Begünstigung verschiedener Entscheidungsalternativen verbunden ist. In diesem Fall kann eine Information durch inhaltliche Interpretation einer bevorzugten Entscheidungsalternative auch dann angepaßt werden, wenn diese „objektiv" eine andere Entscheidungsalternative begünstigt (Informationsumbewertung; siehe Haisch, Grabitz u. Prester 1979).

Eine *Technik*, der Realisierung des Hypothesen-Effektes durch rechtliche Entscheidungsträger zu begegnen, besteht in der Erhöhung der Informationsreliabilität (Kaplan u. Miller 1978) und in der Reduktion der Informationsvalidität. Je höher die Reliabilität der entscheidungsrelevanten Informationen nämlich ist, umso geringer ist für den Richter die Möglichkeit der Informationsumbewertung und selektiven Informationsverarbeitung. Je reduzierter die Validität der Information ist, umso schwieriger ist es für den Richter zu erkennen, welche der verfügbaren Entscheidungsalternativen durch die vorhandenen Informationen dermaßen begünstigt wird, daß diese Alternative den Status einer subjektiven Hypothese erhält. Selbstverständlich erscheint es kaum praktikabel, ausschließlich reduziert valide Information für das Gerichtsverfahren zu fordern. Eine Möglichkeit (die einen vermehrten Aufwand bei der *Vorbereitung* eines Hauptverfahrens durch eine unabhängige Instanz bedeutete) ist aber, reduziert valide Information an den Beginn jedes Verfahrens zu stellen und valide Information erst am Ende des Gerichtsverfahrens zu präsentieren.

4.3 *Schuld- und Strafzumessung*

4.3.1 *Just-World-Hypothese*

Jones u. Aronson (1973) stellten fest, daß junge Mädchen, Ehefrauen und geschiedene Frauen hinsichtlich ihrer „Achtbarkeit" unterschieden werden. Sollte von simulierten Geschworenen ein fiktiver Straffall entschieden werden, bei dem eine achtbare Frau (ein junges Mädchen) das Opfer einer Vergewaltigung wurde, dann wurde ein höheres Strafmaß vorhergesagt als bei identischem

Delikt aber weniger geachtetem Opfer (geschiedene Frau). Außer einer Bestätigung der Vorhersage ergab sich, daß Geschworene dem Opfer ein höheres Maß an Mitverantwortung an dem Delikt zuschrieben, wenn es sich um ein junges Mächen handelte als wenn es eine geschiedene Frau war.

Dieses Resultat wird von Lerner, Miller u. Holmes (1976) mit dem Glauben der Geschworenen an eine gerechte Welt (just world hypothesis) erklärt. Die Tatsache nämlich, daß eine achtbare Person das Opfer einer Vergewaltigung wird, widerspricht dem Glauben an eine gerechte Welt (also einer inhaltlich fixierten subjektiven Hypothese). Damit dieser Widerspruch beseitigt ist und der Glaube an die gerechte Welt aufrecht erhalten werden kann, muß ein Makel an der eigentlich achtbaren Person gefunden werden. Sie wird daher als mitverantwortlich für das Delikt eingestuft.

4.3.2 Attribution

Maselli u. Altrocchi (1969) zeigen, wie die attributionstheoretisch fundierte Zuschreibung von Verhaltensursachen für die Bestimmung von rechtlicher Verantwortlichkeit bzw. Schuld eines Delinquenten in Gerichtsverfahren fruchtbar gemacht werden kann (siehe Fincham u. Jaspars 1980). Zur Bestimmung strafrechtlicher Verantwortlichkeit einer Person ist eine Schlußfolgerung auf ihre Absicht, die delinquente Handlung zu unternehmen, notwendig. Dabei können die folgenden typisch attributionalen Überlegungen vom Richter angestellt werden. (1) Absicht kann einem delinquenten Handeln insbesondere dann unterstellt werden, wenn eine Motivation zur abweichenden Handlung bekannt wird; (2) Absicht kann unterstellt werden, wenn dem Delinquenten Art und Folgen seiner Handlung bekannt waren und er keine sonstige Rechtfertigung für sein Handeln geben kann; (3) Absicht kann umso eher unterstellt werden, je mehr Teilschritte sowohl kognitiver Art (Überlegungen) als auch in den Handlungen Voraussetzungen dafür waren, daß die delinquente Handlung zustande kam.

Ein an attributionalen Überlegungen orientiertes Laborexperiment zur Strafzumessung durch Experten für Bewährungsentscheidungen und Laien unternehmen Carroll u. Payne (1977). Die Autoren unterscheiden zwischen personenspezifischen und umweltspezifischen Ursachen delinquenten Verhaltens und zwischen stabilen und variablen Faktoren, die die Delinquenz bedingten. Carroll u. Payne erwarten für juristische Laien, daß eine personenspezifische Ursache delinquenten Verhaltens härtere Strafen zur Folge hat als eine umweltspezifische und daß bei stabilen Verhaltensursachen die Rückfallgefährdung höher eingeschätzt wird als bei variablen. Diese „naive" Analyse der Laien erwarten sie nicht im Falle von Experten, da diese darüberhinaus an rechtliche Regelungen und bestimmte Erfahrungen gebunden seien. Bei 64 Studenten und 24 Experten wurde von den Autoren eine Befragung durchgeführt, in deren Rahmen acht unterschiedliche Straffälle zu bearbeiten waren. Jede Vp hatte für jedes Delikt unter anderem ihre Einschätzung der Deliktschwere, der angemessenen Strafe und der Rückfallgefährdung des Angeklagten anzugeben.

Die Ergebnisse zeigen, daß die Einschätzungen der Deliktschwere und der angemessenen Strafe im wesentlichen durch das Delikt bestimmt waren. Die Einschätzung der Rückfallgefährdung des Angeklagten wurde dagegen von den Informationen über Tatumstände und Lebensumstände des Angeklagten beeinflußt. Die gesonderte Betrachtung der beiden Gruppen ergab, daß die Studenten bei personenspezifischen Verhaltensursachen die Deliktschwere höher einschätzten, härtere Strafen verhängten und höhere Rückfallgefährdung annahmen als bei umweltspezifischen Ursachen. Bei stabilen Verhaltensursachen verhängten die Studenten auch härtere Strafen und schätzten die Rückfallgefährdung des Angeklagten höher ein. Anders liegt der Fall bei den Experten. Alleine die Kombination personenspezifischer mit stabilen Ursachen delinquenten Verhaltens hatte zur Folge, daß die Deliktschwere und die Rückfallgefährdung höher eingeschätzt wurden, während sich ein signifikanter Bezug zur Strafzumessung bei Experten auch in diesem Fall nicht ergab.

In einer Untersuchung von Haisch (1980) wird Kelleys (1967) attributionstheoretisches Modell auf vier mögliche Verhaltensursachen erweitert (siehe Pruitt u. Insko 1980). Auf der Grundlage dieses erweiterten Modells wurde ein Trainingsprogramm *(Technik)* für Richter entwickelt. Ziel des Programmes war es, Richtern über die rechtlichen Regeln hinaus Normen an die Hand zu geben, um rational das Ausmaß individueller Schuld und angemessener Strafen bestimmen zu können. Diese Normen verlangen vom Richter im wesentlichen die attributional relevanten Informationsklassen und das „Kovariationsprinzip" zu beachten. (Die ein individuelles Schuldmaß festlegende Verhaltensursache ist danach zu bestimmen, inwieweit eine konkrete Ursache immer gegeben ist, wenn ein Verhalten auftritt, und nicht gegeben ist, wenn das Verhalten ausbleibt). Die Ergebnisse einer Untersuchung mit 52 Gerichtsreferendaren zeigen, (1) daß trainierte Referendare *mehr* Informationen in nahezu allen Informationsklassen aufnehmen und (2) daß trainierte Referendare Strafmaße verhängen, die in weitergehender Übereinstimmung mit den attributionstheoretischen Vorhersagen (siehe Carroll u. Payne 1977) stehen als im Falle nicht trainierter Referendare.

5 Schluß

Soll der Einfluß des Gerichtsverfahrens und des Richters auf die Güte der Gerechtigkeitsverwirklichung festgestellt werden, dann benötigt man eine möglichst allgemeine Theorie, die auf diese Probleme anwendbar ist (z.B. Albert 1976). Liegt eine solche empirisch bewährte Theorie vor, dann kann im konkreten Falle richterliches Handeln in der Gerichtsverhandlung prognostiziert und erklärt werden.

Als Belege einer Theorie können zunächst alle Ergebnisse empirischer Untersuchungen gelten, gleichgültig wie „realitätsnah" oder „realitätsfern" die gewählten Prüfsituationen sein mögen (siehe Gerbasi, Zuckerman u. Reis 1977). Wird man sich auch mit einer einmaligen Prüfung eines theoretischen Ansatzes etwa im Rahmen simulierter Strafverfahren, unter Verwendung fiktiver Fälle und Studenten in der Rolle von Richtern oder Geschworenen nicht zufriedengeben, so ist doch ein Befund auch aus dermaßen „realitätsferner" experimenteller Anordnung bedeutsam. Dafür gibt es zumindest zwei Gründe. Der erste Grund ist, daß eine Theorie stets eine Forschungs*strategie* begründet, also dazu auffordert, empirische Prüfungen in möglichst unterschiedlichen Situationen durchzuführen. Im Rahmen solcher Forschungsstrategien ist es möglich, von „realitätsfernen" zu „realitätsnahen" Situationen fortzuschreiten. Ein theoriegeleiteter Eingriff in die soziale Realität kann dann im Rahmen einer solchen Strategie aufgrund einer empirisch begründeten „Erfolgskalkulation" erfolgen. Ein zweiter Grund besteht darin, daß die Annahme, „Realitätsnähe" impliziere *andere* Bedingungen richterlichen Handelns, bedeutet, daß richterliches Tun mithilfe anderer theoretischer Ansätze zu erklären und zu prognostizieren wäre als es im Rahmen „realitätsferner" situativer Anordnungen der Fall ist. Wird also der Vorwurf gemacht, „realitätsnahe" Bedingungen seien anders, dann muß genau gesagt werden, *welche* Bedingungen anders als in „realitätsfernen" Situationen sind, damit nach geeigneten theoretischen Erklärungen gesucht werden kann. Wilson u. Donnerstein (1977) etwa versuchen im Anschluß an eine ausführliche Kritik „realitätsferner" Geschworenenuntersuchungen, die realen oder fiktiven Konsequenzen richterlichen Handelns als eine entsprechende Bedingung experimentell nachzuweisen. Ihre mit studentischen Probanden im Rahmen simulierter Verfahren gesammelten Ergebnisse zeigen allerdings keine eindeutigen Befunde.

Auch dann, wenn eine Theorie unter Berücksichtigung weiterer Bedingungen richterliches Handeln adäquater erklären könnte als es die hier vorgestellten theoretischen Ansätze vermögen, ist es eine Forschungsstrategie, diese Theorie zunächst in kontrollierten Laboruntersuchungen zu prüfen und sie erst im Erfolgsfalle in „realitätsnahen" Situationen für Erklärung und Prognose anzuwenden. Im Erfolgsfalle kann die empirisch bewährte Theorie dann bei gegebener (z.B. reformerischer) Zielsetzung auch in der Art einer Technik eingesetzt werden.

Ist nämlich (wie im Falle einer erfolgreichen Erklärung) bekannt, unter welchen Bedingungen ein bestimmtes richterliches Verhalten auftritt, dann ist damit auch bekannt, welche Bedingungen zu *ändern* sind, damit dieses „unerwünschte" Verhalten verschwindet. Vorteil solcher Technik ist es, daß auf der Grundlage empirischer Bewährung der Theorie eine Erfolgskalkulation hinsichtlich des Ergebnisses eines reformerischen Eingriffes in die soziale Realität angestellt werden kann. Erfolg oder Mißerfolg des theoretisch begründeten reformerischen Eingriffes bedeutet darüberhinaus wieder Bestätigung oder Nichtbestätigung der allgemeinen Theorie. Insofern ist theoriegeleitetes „praktisches" Arbeiten von enormer Bedeutung für die „grundlagenorientierte" Entwicklung allgemeiner psychologischer Theorien.

Friedrich Arntzen

Psychologische Beurteilung der Glaubwürdigkeit von Zeugenaussagen

1 Einführung

Die Beurteilung der Glaubwürdigkeit von Zeugenaussagen ist als *Glaubwürdigkeitskriteriologie* ein Arbeitsgebiet der forensischen Zeugenpsychologie.

Zur *Terminologie:* Die Zeugenpsychologie wird auch als „forensische Aussagepsychologie" bezeichnet, die Glaubwürdigkeitskriteriologie auch als Realitätskriteriologie – entsprechend sind die Begriffsbezeichnungen „Glaubwürdigkeitskriterium" und „Realitätskriterium" identisch. Wegen des engen Zusammenhangs bestimmter Persönlichkeitszüge und der Realitätskriterien unterscheiden wir in dieser Darstellung nicht mehr zwischen Glaubwürdigkeit und Glaubhaftigkeit, sondern sprechen von der Glaubwürdigkeit der Aussagen eines Zeugen.

Geschichtlich betrachtet entwickelte sich die Glaubwürdigkeitskriteriologie nach 1900, indem einzelne Autoren sich in Zeitschriftenartikeln und Monografien mit diesem Gebiet befaßten, ohne schon zahlreiche Untersuchungen in konkreten Fällen durchführen zu können (s. Arntzen 1970, Bender u. Nack 1981). Nach 1948 wurde dagegen – veranlaßt durch Entscheidungen des Bundesgerichtshofes – mehreren Psychologen und Psychiatern im deutschen Sprachgebiet Gelegenheit gegeben, zahlreiche Begutachtungen von Aussagen nach persönlichen Explorationsgesprächen und nach persönlicher Teilnahme an Gerichtsverhandlungen vorzunehmen. Etwa ab 1950 übernahmen einige Psychologen *hauptberuflich* diese Gutachtertätigkeit. In Verbindung mit dem organisatorischen Zusammenschluß hauptberuflicher Gerichtspsychologen entstand 1951 ein Institut für Gerichtspsychologie (jetzt in Bochum), das sich die systematische Ausbildung von Glaubwürdigkeitsgutachtern als Aufgabe stellte, das gewonnene Aussagematerial systematisch auswertete und lehrbuchmäßige Einführungen in die Aussagepsychologie veröffentlichte. Letztere waren in erster Linie für Juristen bestimmt, um ihnen den Zugang zu den Gutachten und ihre Verwendung in Strafverfahren zu erleichtern.

2 Methodisches Vorgehen

Die Glaubwürdigkeitskriteriologie leitet die Glaubwürdigkeit einer Zeugenbekundung vorwiegend aus Eigenarten ab, die eine *Aussage* aufweist. Solche Eigenarten sind in den letzten Jahrzehnten von verschiedenen Autoren, die als Richter (Leonhardt) und Gerichtsgutachter tätig waren (Arntzen, Trankell, Undeutsch), systematisch herausgearbeitet worden. Es gibt Eigenarten, die sich aus dem Verlauf der Aussage*entwicklung* ergeben (z.B. Konstanz), Eigenarten, die sich aus dem Aussage*inhalt* herleiten (z.B. Detaillierung), weitere, die sich aus der Aussage*weise* (z.B. variierende Gefühlsbeteiligung) und schließlich solche, die sich aus der erschließbaren *Motivation* ergeben – z.B. Objektivität der Darstellung (Arntzen 1970, Trankell 1972, Undeutsch 1967).

Hieraus wird bereits erkennbar, daß die vorwiegende *Methode* der Glaubwürdigkeitsüberprüfung die Analyse der *Aussage selbst* ist. Zusätzlich werden in schwierigen Fällen einzelne *Persönlichkeitszüge* erkundet, da sich aus der Beziehung von Aussageeigenart und Persönlichkeitszug besonders zuverlässig die Bedeutung einer Aussageeigenart als Glaubwürdigkeitsmerkmal ergibt.

In früheren Zeiten stand dagegen die *Persönlichkeit* des Zeugen und damit sein Leumund überwiegend im Vordergrund, wenn es um die Würdigung der Glaubwürdigkeit seiner Aussagen ging. Die *Verfahren,* mit denen heute einzelne *Persönlichkeitszüge* der Zeugen etwa im Rahmen einer Glaubwürdigkeitsbegutachtung erkundet werden, sind auf die besonderen Anforderungen zugeschnitten, die von gerichtlicher Seite an gutachterliche Methoden gestellt werden: direkte, transparente, gedanklich auch von Nichtpsychologen nachvollziehbare Verfahren wie *Verhaltensbeobachtungen, Explorationsgespräche* und *unmittelbare Leistungsprüfungen* werden gegenüber Tests, die meist mehr indirekten Zugang erlauben, bevorzugt.

Über achthundert Fälle, in denen nach einer Glaubwürdigkeitsbegutachtung durch Gutachter des Bochumer Institutes in Strafsachen ein *Geständnis* der Beschuldigten erfolgte, und Aussagen, die nach einer Begutachtung eine objektive Stütze erfuhren, haben die Richtigkeit der Wertung einer Aussageeigenart als Glaubwürdigkeitsmerkmal bestätigt und auf diese Weise eine Validierung ermöglicht. Für Gegenproben standen nachgewiesen falsche Aussagen zur Verfügung. In diesen Gruppen von Fällen liegt heute die *empirische Basis* der Zeugenpsychologie. Sie wurde gesichert durch die weitere Überprüfung jeder glaubwürdigen Zeugenaussage durch eine Gerichtsverhandlung, in welcher der Zeuge nochmals befragt und weitere Zeugen gehört wurden. Derartige Proben zur Verifizierung hat kaum ein anderes Gebiet der angewandten Psychologie bestehen müssen!

In jeder zuverlässigen Zeugenaussage fügen sich *mehrere* Glaubwürdigkeitskriterien zu einem *Merkmalskomplex* zusammen („Merkmalsgefüge"). Erst wenn ein solcher Komplex (und nicht nur ein einzelnes Kriterium), in dem sich die Merkmale gegenseitig absichern, zu erkennen ist, wird eine Aussage als eindeutig glaubwürdig angesehen. Dieses Prinzip ist außerordentlich bedeutsam für die richtige Anwendung der forensischen Aussagepsychologie. (In den oben erwähnten Geständnisfällen waren ausnahmslos drei Glaubwürdigkeitsmerkmale gegeben. Hierin ist das genannte Prinzip empirisch begründet). Ist ein solcher Komplex gegeben, so kann gelegentlich auch eine sehr kurze Aussage beurteilt werden, während die Zeugenpsychologie normalerweise verlangt, daß Aussagen einen gewissen *Umfang* haben müssen, damit ihre Glaubwürdigkeit beurteilt werden kann.

Bei Herausarbeitung der erwähnten drei Glaubwürdigkeitsmerkmale wird gleichzeitig Wert darauf gelegt, daß mindestens zwei Aussageeigenarten eine höhere verschiedenartige Qualifikation als Glaubwürdigkeitsmerkmale aufweisen, indem entweder der Bezug zu entsprechenden Persönlichkeitszügen eindeutig festgestellt worden ist oder sie *multivalent* sind, wie wir es bezeichnen. Letzteres bedeutet, daß eine Aussageeigenart in mehrfacher Beziehung Glaubwürdigkeitsmerkmal ist. So kann beispielsweise die Präzisierung einer Aussage, die einem Zeugen möglich ist, ihre mehrfache Wertigkeit als Glaubwürdigkeitsmerkmal aus dem *originellen* Inhalt der

Präzisierungen und der organischen *Einpassung* in bisherige Aussagelücken wie auch aus dem *Tempo* des Vorbringens erhalten, das keine Überlegungspausen erlaubt, in denen der Zeuge sich aus der Phantasie heraus etwas hätte ausdenken können. Somit erfolgt durch die Bildung von *„Untermerkmalen“* eine Sicherung aus mehreren *„Dimensionen“* und unter Aspekten verschiedener Kategorien (Inhalt, Tempo des Vorbringens – in anderen Fällen auch aus Aktualgenese, erkennbarer Motivation usw.). Hieraus ergibt sich auch die verschiedene *Gewichtigkeit:* Eine Aussageeigenart, die multivalent als Glaubwürdigkeitsmerkmal und in einem Komplex mit anderen verknüpft ist, hat mehr Gewicht als eine, bei der dies nicht der Fall ist.

Die bisher feststellbare *Fehlerquote* bei Glaubwürdigkeitsüberprüfungen von Zeugenaussagen betrug in den Jahren 1979 bis 1981 nur 1 : 4000 – dabei handelte es sich um verhältnismäßig *isolierte* Teile einer Aussage, die falsch beurteilt wurden. In einem Fall fand eine Verschiebung eines Teils der Handlungen von einer Person auf eine andere statt, die allerdings auch erheblich am Geschehen beteiligt war. Besonders anfällig für eine fehlerhafte Beurteilung sind Schilderungen des Zeugen über die *Einleitungsphase* eines beobachteten oder erlebten Vorgangs, beispielsweise die Schilderung einer Phase, in der eine Zeugin den Mann, der später einer Vergewaltigung beschuldigt wurde, kennenlernte, und der Art, wie sie den ersten Teil des Zusammenseins erlebte. In allen bekannt gewordenen Fällen wurde der Fehler noch in der Gerichtsverhandlung bemerkt, bevor der Gutachter sein entscheidendes mündliches Gutachten erstattete. (Gerichtspsychologen sehen die Teilnahme an der Gerichtsverhandlung noch als eine wichtige Phase der Glaubwürdigkeitsüberprüfung an – andernfalls müßte die Exploration des Zeugen weiter ausgedehnt werden, was man zu vermeiden sucht, um Belastungen für den Zeugen gering zu halten.)

Entsprechend weist auch die *Falschaussage* eines Zeugen Eigenarten auf, die Unglaubwürdigkeitsmerkmale darstellen. Im wesentlichen sind es allerdings defiziente, negative Eigenarten, die in jeweils verschiedenen Zusammenstellungen auf unglaubwürdige Aussagen hinweisen. Die Bekundung der Zeugen stimmt in solchen Fällen beispielsweise in wichtigen Teilen mit ihren früheren Aussagen nicht überein, es treten mehr Erinnerungslücken auf, als nach Gedächtnisgesetzmäßigkeiten zu erwarten sind, die Aussage enthält wenig Details, es fehlt die „sachliche Stimmigkeit“, vielmehr wird sachlich Unwahrscheinliches vorgebracht, die Aussage ist nicht präzise, sondern unklar, verschwommen, sie wird stockend mit längeren Überlegungspausen und nicht flüssig vorgebracht.

Es treten aber nicht alle diese „Defekte“ in einer Falschaussage *gleichzeitig* auf (vgl. Bender u. Nack 1981). Eine andersartige Eigenart der falschen Aussage kann es sein, daß sie von Zeugen „graduell“ dem Inhalt skeptischer Vorhalte angepaßt wird, die ihnen gemacht werden.

3 Zeugengruppen und -merkmale

Im folgenden seien einige Besonderheiten erwähnt, welche die forensische Ausagepsychologie bei verschiedenen Zeugen*gruppen* feststellen konnte.

Eine brauchbare Zeugenaussage können ca. 45% der Kinder ab einem Alter von fünf Jahren machen, *wenn* sie über die Beobachtung einigermaßen komplexer Vorgänge aussagen. Auf jüngeren Altersstufen sind Kinder als Zeugen nur in Ausnahmefällen zuverlässig (s. Michaelis-Arntzen 1977). Sobald Kinder sieben Jahre alt sind, ist der Anteil brauchbarer Zeugenaussagen kaum geringer als bei älteren Kindern, Jugendlichen und Heranwachsenden.

Diese Feststellung bedeutet auch, daß bei *Mädchen* in der *Pubertät* keine geringere Aussagezuverlässigkeit als bei anderen Jugendlichen vorliegt (vgl. Müller-Luckmann 1963). Es hat sich nicht bestätigt, daß Mädchen in dieser Phase unfähig sind, zwischen Wünschen und Wirklichkeit zu unterscheiden. Die gegenteilige frühere Auffassung bezog sich hauptsächlich auf Aussagen zu Sexualdelikten, hat sich aber auch in dieser Beziehung nicht als richtig erwiesen.

Erwähnt sei noch, daß Zeugen auf einzelnen Altersstufen zwar gewisse Besonderheiten positiver und negativer Art aufweisen, daß sich diese in ihrer Auswirkung auf die Zuverlässigkeit der Bekundungen aber offenbar ausgleichen, so daß es im ganzen gesehen nicht zu nennenswerten Unterschieden kommt.

Um verbindliche Aussagen über die Zuverlässigkeit von Zeugen im *Erwachsenen*alter und vor allem im *Greisen*alter machen zu können, steht der Aussagepsychologie bisher zu wenig Material zur Verfügung. Feststellen ließ sich bisher nur, daß der diesbezügliche Altersabbau individuell sehr verschieden ist.

Der Grad der *Schulausbildung* hat Einfluß auf die Zuverlässigkeit der Zeugenaussagen, und zwar, wie man annehmen darf, im Zusammenhang mit der Aussagetüchtigkeit der Zeugen, die mit jeder längeren und weiterführenden Schulausbildung steigt. So ergab eine entsprechende Statistik in den Jahren 1975 bis 1980, daß ca. 50% (begutachteter) Sonderschüler, 60 bis 70% der Hauptschüler und 81% der Schüler weiterführender Schulen, die als Zeugen auftraten, aussagetüchtig und glaubwürdig waren.

Es zeigte sich gleichzeitig, daß ein niedriger *Intelligenzquotient,* wie er bei Sonderschülern im Durchschnitt gegeben ist, kein Ausdruck derjenigen intellektuellen Fähigkeiten ist, die für die Zeugenaussagen von Bedeutung sind. Auch Personen mit niedrigem Intelligenzquotienten können fähig sein, genau zu beobachten und Beobachtetes wirklichkeitsgetreu im Gedächtnis zu behalten. Unzulänglichkeiten in Fertigkeiten, die vorwiegend zur Überweisung in Sonderschulen führen (nämlich im Rechnen, Schreiben und Lesen), haben für die Aussagetüchtigkeit im Normalfall keine Bedeutung.

Daß auf allen Altersstufen der *Kindheit* und Jugend ein erheblicher Prozentsatz der Zeugen *nicht* zuverlässig ist, geht auf sehr verschiedenartige Faktoren zurück:

– Der Einfluß der Eltern auf die *Aussagebereitschaft* kann erheblich sein.
– Eine ungeschickte erste Befragung kann durch *Suggestion* leichter als bei älteren Personen Unrichtiges in die Aussage hineinbringen.
– „*Wichtigtuerei*“ kann zu übertriebenen Aussagen führen, deren Berichtigung später nicht mehr gewagt wird. (So schildern gelegentlich einzelne Zeugen aus einer Gruppe von Kindern Erlebnisse, die sie selbst gar nicht gehabt haben, aber von anderen berichtet bekommen haben.
– Ein Beschuldigter wird in manchen Fällen übermäßig belastet, weil der Zeuge *sich selbst entlasten* will.
– Die Beobachtung ist bei Kindern in manchen Situationen oberflächlicher als bei Erwachsenen. *Erinnerungsverluste* sind sehr häufig.
– *Sprachliche Unbeholfenheit* führt zu mißverständlicher Darstellung.

Diese Mängel, die gerade Aussagen von *Kindern* und Jugendlichen aufweisen können, haben dazu geführt, daß Aussagen von Zeugen dieser Altersstufen weit überwiegend einer Glaubwürdigkeitsbegutachtung unterzogen werden.

Im Rahmen einer Glaubwürdigkeitsbegutachtung können auch die schon erwähnten *Persönlichkeitszüge* erkundet werden, die für die Wertung der Aussageeigenarten als Glaubwürdigkeitsmerkmale Bedeutung haben – beispielsweise Phantasiebereitschaft und -fähigkeit, Erinnerungsfähigkeit bezüglich eigener Beobachtungen usw. Bei Heranwachsenden kann man sich in vielen Fällen auf eine Lebenslaufanalyse und auf eine Exploration zur Sache beschränken, weil mit ihnen ein *systematisches* Gespräch geführt werden kann, das im allgemeinen umfangreicheres Aussagenmaterial bietet, als bei Kindern erreicht werden kann, so daß bei der Aussageanalyse genügend Material für eine Glaubwürdigkeitsüberprüfung zur Verfügung steht.

Kinder sind im allgemeinen gern zur Teilnahme an einer Glaubwürdigkeitsbegutachtung bereit und machen bei den verschiedenen Verfahren mit Interesse mit. Aus ihren häufigen Bitten an den Gutachter, noch bleiben oder wiederkommen zu dürfen, läßt sich erschließen, daß die psychologischen Verfahren im Normalfall keine Belastung für Kinder darstellen. Wie Untersuchungen des Bochumer Institutes für Gerichtspsychologie gezeigt haben, sind auch Befragungen zu *Sexualdelikten* für Kinder *nicht schädlich, wenn* sie in ruhiger und vorwurfsfreier Weise durchgeführt werden. *Nebenumstände* der Befragungen können allerdings traumatisierend wirken: Befragung in Gegenwart von Mitschülern, Gegenüberstellung von Angeklagtem und Kind, wenn das Kind sich diesem gegenüber äußern soll, Einschüchterung durch Eltern usw. (Arntzen 1980a).

Der nicht unerhebliche Prozentsatz *falscher* Zeugenaussagen (bei Kindern etwa 12% in strafrechtlich bedeutsamen Aussageteilen) zwingt dazu, Beweisregeln streng anzuwenden. Die Glaubwürdigkeit einer Aussage, die zu Lasten eines Beschuldigten geht, muß *positiv* belegt werden. Daß *keine Bedenken* an der Glaubwürdigkeit bestehen, genügt nicht – es sei denn, es handele sich um entlastende Aussagen.

4 Begutachtungsanlaß und -ausmaß

Glaubwürdigkeitsgutachten werden nach bisheriger Gerichtspraxis fast ausschließlich eingeholt, wenn Kinder, Jugendliche und Heranwachsende vermutlich Zeugen (und Opfer) von *Sexualdelikten* geworden sind. Bei Kindern sind es gewöhnlich Aussagen zu manuellen oder oralen Sexualhandlungen, bei Jugendlichen und Heranwachsenden zu Inzest-, Zuhälter- und Vergewaltigungsdelikten, und auf allen genannten Altersstufen zu Exhibitionsdelikten. Außerhalb des Bereiches der Aussagen zu Sexualdelikten werden noch Aussagen zu *Tötungsdelikten* begutachtet (vgl. Arntzen 1980b). Die Aussagen über Beobachtungen von anderen Delikten (Diebstahl, Verkehrsdelikten) werden selten begutachtet, da sich in solchen Fällen zu wenig psychologisch faßbare Momente ergeben. Wenn der Zeuge wesentliche Teile des Geschehens (wie etwa beim Diebstahl) nicht beobachtet hat oder (wie beim Verkehrsdelikt) ein Geschehen beobachtet hat, das unter Beteiligung *mehrerer Personen,* aber ohne seine eigene Beteiligung, in extrem *kurzer* Zeit ablief („Turbulenzgeschehen"), so fehlen im allgemeinen psychologisch faßbare Beobachtungsmomente wie Gespräche, Körperempfindungen,

Interaktionen verschiedener Personen usw. Somit bieten sich für aussagepsychologische Methoden nicht genügend Ansatzpunkte zur Überprüfung der Glaubwürdigkeit. Hier müssen kriminalistische Verfahren einsetzen, die sich vor allem auf materielle Gegebenheiten als „Spuren“ des Deliktgeschehens und auf Aussagen nicht zu begutachtender Zeugen stützen.

Strittig ist bisher, ob in Strafverfahren auch *Beschuldigte* auf die Glaubwürdigkeit ihrer Aussage begutachtet werden sollen. Von den meisten Gerichtspsychologen wird eine solche Aufgabe bisher abgelehnt – hauptsächlich wegen zu geringer Unbefangenheit der Beschuldigten, wegen ihrer oft nur negativen, zu wenig umfangreichen Einlassungen (nämlich: mit einem inkriminierten Geschehen nichts zu tun gehabt zu haben) und der Schwierigkeit, sie in manchen Phasen einer psychologischen Exploration zutreffend darüber belehren zu können, welche Äußerung zu ihrem Schaden sein kann. (Da der Beschuldigte nicht vorhersehen kann, welche Fragepunkte im Laufe der Gespräche auftauchen werden, wird das *allgemeine* Einverständnis mit der Exploration nicht als genügend angesehen – im Unterschied zum Zeugen, der sich im Normalfall durch seine Aussage nicht schaden kann.) Hier sind möglicherweise andere Methoden angebracht (vgl. Undeutsch in diesem Band).

Die Beurteilung der Glaubwürdigkeit von Zeugenaussagen kann durch *zeitbedingte* Änderungen der typischen *Begehensweise* eines Deliktes schwieriger als bisher werden. So bietet beispielsweise die Vergewaltigung heute ein weitgehend anderes Bild als vor einigen Jahrzehnten: Es kommt zu einem Geschlechtsverkehr unter Zwangsanwendung gegenwärtig häufig nach einem abendlichen Diskothekenbesuch eines Mädchens, wobei auch Alkohol in größerer Menge genossen wird, und nachdem das Mädchen einen ihm nur wenig bekannten Mann um Mitnahme im Auto bittet, um nach Hause zu kommen. Es liegt nahe, daß unter solchen Umständen die Glaubwürdigkeit entscheidender Aussageteile schwieriger als früher zu klären ist.

Schließlich ist das Ausmaß der Glaubwürdigkeitsbegutachtungen von prozeßrechtlichen Voraussetzungen abhängig. Während beispielsweise in deutschsprachigen Ländern sowie in Polen und Schweden eine individuelle Überprüfung einer konkreten Zeugenaussage vom aussagepsychologischen Sachverständigen vorgenommen werden darf, darf letzterer in Ländern mit angloamerikanischem Prozeßrecht bisher nur allgemeine Aussagen zur Gedächtnispsychologie, Wahrnehmungspsychologie usw. machen – ohne sich auf den vor Gericht zur Erörterung anstehenden Fall zu beziehen.

Für die Bundesrepublik Deutschland läßt sich aufgrund statistischer Erfassung feststellen, daß in den Jahren 1950 bis 1980 *mindestens* 30.000 Zeugenaussagen von Sachverständigen auf ihre Glaubwürdigkeit überprüft wurden. Da bei weitem nicht alle derartigen Gutachten statistisch erfaßt wurden, liegt die tatsächliche Zahl höher.

Diese verhältnismäßig große Zahl war für die *wissenschaftliche* Arbeit der Aussagepsychologen von großem Wert, da ihnen damit auch seltene Arten von Aussagen (Bekundungen zu verschiedenen Delikttypen und von Zeugen verschiedener Altersstufen und Persönlichkeitsartung) genügend häufig zur Kenntnis kamen und zuverlässige Forschungsergebnisse erlaubten.

Werden ausschließlich spezielle aussagepsychologische Methoden angewandt, so nimmt eine Glaubwürdigkeitsüberprüfung drei bis vier Stunden in Anspruch. Stehen keine speziellen Verfahren zur Verfügung, so ist in den meisten Fällen aber mehr Zeit erforderlich. In keinem Fall ist heute ein stationärer Aufenthalt der Zeugen in einem Institut oder einer Klinik notwendig.

Anhangsweise sei noch erwähnt, daß die psychologische Überprüfung der Glaubwürdigkeit von Zeugenaussagen zahlreiche Nebenbefunde aus dem Gebiet der *Viktimologie* ergeben hat – beispielsweise zur Frage der Schädigung von Kindern und Jugendlichen durch Sexualdelikte und durch Vernehmungen zu solchen Delikten (s. Arntzen 1978, 1980c). Der Grund hierfür liegt darin, daß in solchen Fällen eine besonders eingehende Exploration der Zeugen, die häufig auch Opfer von Delikten sind, erfolgt, und auf diese Weise genauere Feststellungen als durch Fragebögen oder Interviews außerhalb psychologischer Untersuchungen möglich sind.

Hans Thomae und Franz Josef Mathey

Psychologische Beurteilung der Schuldfähigkeit

1 Psychologische und juristische Entscheidungslehre

Zu den Grundvoraussetzungen jeder psychologischen Theorie gehört die Annahme einer weitgehenden oder durchgehenden Vorhersagbarkeit menschlichen Verhaltens (Ach 1935, Cattell u. Child 1975, Hull 1952 und andere). Dieser Standpunkt eines durchgehenden psychologischen Determinismus steht im entschiedenen Gegensatz zu der Auffassung wohl der meisten Rechts- und Staatsphilosophien, welche die theoretische Grundlage für die allgemeinen Teile unseres Strafrechts bilden. Hier wird von der Idee der Freiheit des Menschen ausgegangen, die man in diesem Zusammenhang nicht als Ideal oder einen obersten Wert, sondern als eine fundamentale Tatsache ansieht. In der nach dem Zusammenbruch des zweiten Weltkrieges neu zu bildenden Rechtsordnung der Bundesrepublik Deutschland wurde diese Freiheit des Menschen als oberster Wert in die Verfassung eingefügt. Dieser Wert, den es gegenüber staatlichen Ansprüchen zu schützen gilt, wurde dann in die herrschende Strafrechtstheorie als nicht zu bezweifelnde Tatsache übernommen, welche das fundamentale Schuldprinzip dieses Strafrechts rechtfertigt. Strafe setzt dieser Rechtstheorie gemäß Schuld und Schuldfähigkeit voraus (vgl. Schwalm 1977, Wegener 1981, S.68 ff.). Schuldfähigkeit aber wird durch die Fähigkeit definiert, das Unrecht einer Tat einzusehen und das Handeln dieser Einsicht gemäß zu lenken (§§ 20/21 StGB). Nach neuerer juristischer Auffassung (Krümpelmann 1976) ist mit dieser Formulierung eine Umschreibung der Schuldfähigkeit gefunden worden, welche die Annahme eines Indeterminismus nicht voraussetzt. Anders argumentiert demgegenüber Leferenz (1976), der die Freiheitsfrage als nach wie vor unumgänglich ansieht und zumindest ein ,,Freiheitsbewußtsein" als anthropologischen Grundzug postuliert.

Grundsätzlich kann festgestellt werden, daß es deutlich psychologische Kriterien sind, welche dem Schuldstrafrecht zugrundeliegen. Darüberhinaus muß darauf hingewiesen werden, daß die Annahme der vorherrschenden Strafrechtslehre, der Mensch sei normalerweise immer fähig, das Unrechtmäßige seines Tuns einzusehen und dieser Einsicht gemäß zu handeln, auf einer sehr wagemutigen ,,allgemein-psychologischen" Theorie beruht.

2 Vorgeschichte der heutigen gesetzlichen Regelung durch die §§ 20 und 21 StGB

Das Strafgesetzbuch des deutschen Kaiserreichs von 1871 nahm Fälle von Bewußtlosigkeit oder krankhafter Störung der Geistestätigkeit vom Schuldvorwurf aus (vgl. die Darstellung der älteren und der neueren gesetzgeberischen Entwicklung bei Undeutsch 1974 und bei Schwalm 1977). In einer Revision des damaligen mit der strafrechtlichen Verantwortlichkeit befaßten Paragraphen (§ 51 StGB) wurden 1933 (im Rahmen eines lange vor Hitler vorbereiteten Gesetzes) die „Bewußtseinsstörung“ und die „Geistesschwäche“ als weitere die strafrechtliche Verantwortlichkeit mindernde oder ausschließende Gründe eingefügt. In der Strafrechtstheorie sprach man in diesem Zusammenhang von einem „gemischten Katalog“ der die Schuld ausschließenden oder mindernden Umstände. Zum einen handelt es sich dabei um „biologische Gründe“, wie Geisteskrankheit, Geistesschwäche und Bewußtseinsstörung. Zum anderen aber wird ein „psychologischer Aspekt“ insofern bedeutsam, weil die als „biologisch“ angesehenen Störungen nur dann als die Schuld mindernd oder ausschließend anerkannt werden, wenn sie die Einsichts- oder Willensfähigkeit in bezug auf unrechtmäßiges Tun erheblich beeinträchigen oder ausschalten.

Solange seelische Störungen wie Bewußtseinsstörungen ausschließlich als „biologische“ Tatbestände behandelt wurden, war die Beurteilung der Schuldfähigkeit eine rein psychiatrische Angelegenheit (vgl. Darstellung dieser Problematik bei Diesinger 1976, S.39 ff.). Es kam dabei weniger auf die Situation des Täters zur Tatzeit noch auf das Ausmaß der Beeinträchtigung von Einsichts- und Willensfähigkeit an, sondern nur auf die psychiatrische Diagnose. Eine solche Einengung wurde vor allem unter dem Einfluß von Gruhle (1955) gefordert.

Durch verschiedene Entscheidungen von Bundesgerichten, insbesondere aber des Bundesgerichtshofes vom Oktober 1957, wurde demgegenüber der Einschränkung des Begriffes „Bewußtseinsstörung“ auf Fälle einer ausschließlich physischen Beeinträchtigung der Geistestätigkeit (z.B. durch Schlaf, Trunkenheit oder Hirnschädigung) widersprochen (vgl. hierzu Undeutsch 1974 und Rasch 1980). Daß es immer wieder, wenn auch selten, Ausnahmefälle gebe, in denen ein Mensch ohne geistige oder seelische Dauerschäden ausschließlich durch den Höchstgrad seiner Erregung in eine Lage gerate, in der er gänzlich die Selbstbesinnung und die Fassung verliere, lasse sich nach der Lebenserfahrung nicht bestreiten. Mit dieser Feststellung schloß sich der höchste deutsche Gerichtshof den psychologischen Gutachten der Professoren Udo Undeutsch und Wolfgang Metzger an, aufgrund deren ein Landgericht einen Täter freigesprochen hatte, der seine Ehefrau nach zermürbenden Streitereien, die sich über einen langen Zeitraum hinweg erstreckten, bei einer tätlichen Auseinandersetzung mit Messerstichen tötete.

Dieses Urteil wurde vielfach kritisiert mit dem Argument, es habe der Exkulpierungsneigung der Psychologen Tür und Tor geöffnet. In Wirklichkeit aber wurden in diesem Urteil die Kriterien für das Vorliegen einer affektiv bedingten Bewußtseinsstörung sehr präzise umschrieben, sodaß durchaus nicht die Gefahr bestand, daß jedwedem Affekttäter der Schutz der vom Bundesgerichtshof vorgenommenen Interpretation des die Schuldausschließung oder -minderung definierenden Paragraphen zukam (zum Verlauf der einschlägigen Rechtssprechung vgl. Geilen 1972).

Dennoch sahen sich Juristen und Psychiater in den Jahren von 1960 bis 1970 veranlaßt, bei den damals anstehenden Beratungen über ein neues Strafrecht dafür Sorge zu tragen, daß ein „psychologischer Mißbrauch“ vermieden werde. Man wollte eine Bestimmung in den die Schuldunfähigkeit definierenden Paragraphen einfügen, wonach alle hierfür relevanten seelischen Störungen oder Bewußtseinsstörungen „Krankheitswert“ haben müßten (Krümpelmann 1976). Damit wäre die alleinige Zuständigkeit der Psychiatrie für die Beurteilung der Schuldfähigkeit wiederhergestellt worden. Es gelang jedoch der Deutschen Gesellschaft für Psychologie, vertreten durch ihren damaligen Vorsitzenden Professor Wilhelm Arnold, die zuständigen Parlamentsgremien von der Notwendigkeit einer nicht psychiatrisch eingeengten Definition der Aufhebung bzw. Minderung der Schuldfähigkeit zu überzeugen (zum Verlauf der Diskussion vgl. insbesondere Geilen 1972, S.174 ff.; Undeutsch 1974, S.96-110; Schwalm 1977, S.273-274). Demgemäß gilt in der Bundesrepublik Deutschland seit 1975 folgende gesetzliche Regelung (gemäß Strafgesetzbuch, Fassung der Bekanntmachung vom 2.1.1975):

§ 20. Schuldunfähigkeit wegen seelischer Störungen. Ohne Schuld handelt, wer bei Begehung der Tat wegen einer krankhaften seelischen Störung, wegen einer tiefgreifenden Bewußtseinsstörung oder wegen Schwachsinns oder einer schweren anderen seelischen Abartigkeit unfähig ist, das Unrecht der Tat einzusehen oder nach dieser Einsicht zu handeln.

§ 21. Verminderte Schuldfähigkeit. Ist die Fähigkeit des Täters, das Unrecht der Tat einzusehen oder nach dieser Einsicht zu handeln, aus einem der in § 20 bezeichneten Gründe bei Begehung der Tat erheblich vermindert, so kann die Strafe nach § 49 Abs. 1 gemildert werden.

3 Begriff und Kriterien der „tiefgreifenden Bewußtseinsstörung“

Durch den Begriff der „tiefgreifenden Bewußtseinsstörung“ wurde das „biologische“ Merkmal der Bewußtseinsstörung im Grunde einer psychologischen Beurteilung unterworfen (so auch Schwalm 1977, S.273 f. und Rasch 1980). Der forensisch-psychologische Wert der Bewußtseinsstörung ermißt sich aus ihrer „Tiefe“. Dies ist psychiatrischen wie auch juristischen Argumentationen entgegenzuhalten, die sich bemühen, den Begriff der „tiefgreifenden Bewußtseinsstörung“ entgegen dem Willen des Gesetzgebers zu „psychiatrisieren“ (vgl. hierzu die zusammenfassende Darstellung bei Wegener 1981, S.80 ff.).

Sehr viele Strafkammern haben inzwischen erkannt, daß sie bei der Beurteilung bestimmter Affekttaten der Hilfe des forensischen Psychologen bedürfen. Noch mehr aber erhoffen sich Rechtsanwälte, wirksame psychologische Hilfe in Bezug auf eine vollständige oder teilweise Exkulpierung ihrer Mandanten zu gewinnen. Diese Situation gibt Veranlassung, die Beurteilungsmaßstäbe für das Vorliegen einer forensisch relevanten tiefgreifenden Bewußtseinsstörung sehr streng und möglichst exakt zu definieren. Entsprechend wurden seit etwa 20 Jahren Beurteilungsmaßstäbe entwickelt und zum Teil bereits dem neuen Gesetz angepaßt (vgl. Undeutsch 1957a,b, Thomae u. Schmidt 1967, Undeutsch 1974, Rasch 1980). Ausgegangen wird dabei in erster Linie von allen nur irgend verfügbaren Informationen über Hintergrund und Ablauf der Straftat und über den Täter. Der auf den Tatzeitpunkt bezogene engere Ablauf der Tat wird sodann unter dem Aspekt von mindestens fünf Kriterien beurteilt:

1. Lag ein tiefgreifender Affekt vor?
2. Lag eine Diskrepanz zwischen dem unmittelbaren Anlaß und der Schwere (dem Ausmaß) der Tat vor?
3. Lag eine Diskrepanz zwischen der Tatart und dem sonstigen Verhaltensstil des Täters vor?

4. Lagen bei der Tat Mängel der Orientierung des Täters vor und zwar in situativer, instrumenteller, intentionaler und/oder normativer Hinsicht?
5. Wurde eine Veränderung des Täterverhaltens nach der Tat erkennbar, die auf eine Wiederherstellung des normalen Bewußtseinszustandes schließen ließ?

Diese Kriterien sind zum Teil an der Psychologie der „Primitivreaktion" orientiert, nicht aber an der Syndromatik dieser oder jener geistigen Störung. Vorwiegend aber orientieren sie sich an einem Modell „normalen" menschlichen Handelns, wie es in verschiedenen Ansätzen zu einer Handlungstheorie vorliegt (Thomae 1944, 1981; Tolman 1952; Tomaszewski 1964; Leontjev 1977; Hacker 1981; Kossakowski 1981). Da es bei der Anwendung derartiger Kriterien in der Regel ja um die Beurteilung von Verhaltensweisen solcher Personen geht, bei denen zuvor bereits eine psychiatrische Untersuchung das Fehlen einer „krankhaften seelischen Störung" diagnostiziert hat, ist die Orientierung an solchen Handlungsmodellen keine „Argumentation neben der Sache" wie Rasch (1980, S.1313) formuliert, sondern der einzig zulässige und angemessene Beurteilungsmaßstab. Die erneute Anwendung klinisch-psychiatrischer Kategorien wäre hier im Grunde als ein Kunstfehler anzusehen. Denn in diesem Fall würden für die Beurteilung der „normalpsychologischen" Glieder des Katalogs jener Momente, welche die Schuld möglicherweise ausschließen, erneut die für die „pathologischen" Teile des Katalogs angewandten Kriterien Verwendung finden. Im übrigen ist die Frage, welche „Normalität" für die Beurteilung einer Täterpersönlichkeit heranzuziehen sei (Rasch 1980, S.1313) sachfremd. Es geht z.B. nicht um das Tötungsdelikt an sich, sondern um den Ablauf der affektiven und kognitiven Prozesse lange und kurz vor der Tat, während und nach der Tat.

Vom psychologischen Handlungsmodell aus gesehen, erhält der Begriff der „Bewußtseinsstörung" einen sehr prägnanten und zugleich objektivierbaren Gehalt. Er bezieht sich nicht auf bestimmte „dunklere" oder „unklare" Stellen in einem Bewußtseinsraum, sondern auf Zustände erheblich herabgesetzter Effizienz der Orientierungssysteme. Gemäß dem von Schönpflug (1969) und anderen Autoren formulierten Aktivationsmodell kognitiven Verhaltens, ist das Optimum des Funktionierens der Vielzahl von Orientierungssystemen nur bei einem mittleren Aktivationsgrad gegeben. Bei zu geringer aber auch bei zu stark erhöhter emotional-affektiver bzw. sensorischer Stimulation ist eine Beeinträchtigung des Funktionierens dieser Orientierungssysteme zu erwarten (Arnold 1960; Fröhlich 1965; Colby, Weber u. Hilf 1971; Colby 1973; Clauss 1976; Schwartz u. Shapiro 1976; Simon 1979).

Im übrigen bieten sich von manchen Ergebnissen der Aktivationsforschung her durchaus Möglichkeiten zu einer Schlichtung der Streitfrage bezüglich des biologischen Charakters der Bewußtseinsstörungen an. Der Begriff der Aktivation ist operational ja auch durch bestimmte physiologische Indikatoren zu definieren, wie Psychogalvanischer Reflex, Pulsfrequenz, Blutdruck und u.U. elektroenzephalographisch erfaßte Hirnstromaktivität. Nach neurophysiologischen Erkenntnissen kann man der affektiv bedingten tiefgreifenden Bewußtseinsstörung wahrscheinlich die Dominanz des limbischen Systems über die Aktivationsfunktionen der retikulären Formation zuordnen.

3.1 Der „tiefgreifende" Affekt

Eine sehr präzise Umschreibung des oft als vage charakterisierten Affektbegriffs findet sich bei Clauss (1976, S.13). Affekt wird hier definiert als „rasch entstehende, heftig verlaufende und gewöhnlich schnell abklingende Gefühlserregung, meist ausgelöst durch Eindrücke und Anlässe, die in gefährdender oder fördernder Weise die persönlichen Interessen und Bedürfnisse berühren". – Es wird in diesem Zusammenhang die Auslösung „unwillkürlicher körperlicher Veränderungen mit Umstellungen der vegetativen Funktionen, insbesondere des Herzkreislauf-Systems, der Atmung, des Darmes, der Blase, der Drüsen mit innerer Sekretion und des Blutchemismus" unterstrichen und das Zurücktreten von „Überlegungen" und „geistiger Steuerung" des Verhaltens hervorgehoben.

Forensisch erhebliche Affektzustände, die eine Begutachtung durch einen psychologischen Sachverständigen erfordern, stellen in der Regel den Abschluß einer mehr oder minder langen, zumeist zwischenmenschlichen Krise dar, vergleichbar dem Ausbruch eines Vulkans.

Gerade bei affektiven Entwicklungen, die sich ergeben, wenn z.B. eine Frau ihren Mann, ihren Verlobten oder ihren Freund verläßt, kann ein erhöhtes Erregungsniveau über Wochen und Monate hinweg eine Einengung der Überlegungen und Wahrnehmungsprozesse auf die eigene seelische Not bedingen und damit mehr und mehr die innerseelische Situation einer Affekttat vorbereiten. Die angemessenste Kennzeichnung für einen solchen Tätertypus, ist diejenige eines „Verzweiflungstäters". Dies z.B. im Sinne eines Täters, der zwar Grund hatte, zu zweifeln, ob sich ihm seine Geliebte noch einmal zuwenden werde, der zunächst immer wieder hoffte und schließlich am Ende aller Hoffnungen die Tat beging. Für diesen Typus des Verzweiflungstäters gelten die Kriterien zum Nachweis einer tiefgreifenden Bewußtseinsstörung in erster Linie. Bei angemessener Überprüfung und Durchleuchtung der äußeren und inneren Tatsituation und ihres Umfeldes muß aus einer solchen Handhabungspraxis heraus keineswegs ein „verkappter Gnadenbeweis" resultieren. Der in dieser Hinsicht vorgebrachten Kritik von Geilen (1972) und von Rasch (1980) schließen wir uns vollinhaltlich an. Kein tiefgreifender Affekt konnte z.B. erkannt werden im Falle eines Chemikers, der aus einem Wortwechsel heraus seinen Kollegen mit einer leicht entflammbaren Flüssigkeit überschüttete, weil in diesem Fall nur eine kurze momentane Erregung vorlag, die auch keine der übrigen Symptome einer Bewußtseinsstörung auslöste. Es sind andererseits jedoch auch durchaus kurzzeitige Erregungsanläufe möglich, die zu einer sich rasch steigernden Kumulation eines tiefgreifenden Affekts führen.

3.2 Diskrepanz zwischen unmittelbarem Anlaß und Schwere der Tat

Eine solche Diskrepanz wird deshalb als ein Hinweis in Richtung des Vorliegens einer tiefgreifenden Bewußtseinsstörung gewertet, weil sie sich in der klassischen „Kurzschlußhandlung" findet (Kretschmer 1956, Mende 1973). Eine Beleidigung, die den sofortigen Griff zum Messer auslöst und zur Bluttat führt, ist ein Beispiel, an dem sich die Überlegungen orientieren. Die Heftigkeit und Blindhaftigkeit des Reagierens auf einen äußerlich unscheinbaren Anlaß hin scheinen darauf hinzuweisen, daß primitive Reaktionsformen die bewußte Kontrolle schlagartig durchbrechen und so zur Katastrophe führen. Beim Verzweiflungstäter gehen dabei der letzten verhängnisvollen Beleidigung vielfach sich oft über Monate hinziehende und wiederholende Demütigungen voraus. Nicht selten ist es freilich auch eine letzte und definitive Weigerung der ehemaligen Geliebten, zurückzukehren, welche den zunächst immer wieder beherrschten Impuls zu einer Gewalttat auslöst. Rasch (1980) weist mit Recht darauf hin, daß die „Geringfügigkeit" des äußeren Anlasses „nur in engem Bezug auf das handelnde Subjekt" zu beurteilen sei. Die „kognitive Repräsentanz der Situation", nicht ihre „objektive Qualität" ist nach vielfach gesicherten Resultaten einer kognitiven Theorie des Verhaltens entscheidende Grundlage des in der betreffenden Situation ausgelösten Erlebens und Verhaltens (Thomae 1968, Baldwin 1969, Kaminski 1970, Weiner 1974).

3.3 Diskrepanz zwischen der Tatart und dem sonstigen Verhaltensstil des Täters

Die in dieser Hinsicht angesprochene Diskrepanz wird vielfach auch unter dem Begriff der „Persönlichkeitsfremdheit" der Tat abgehandelt (z.B. bei Bochnik, Legewie, Otto u. Wüster 1965). Dieser Begriff wurde jedoch zunehmend kritisiert mit dem Hinweis, daß man nie wissen könne, welche Eigenschaften in einer Persönlichkeit unentdeckt schlummern könnten (z.B. bei Haddenbrock 1966). Insbesondere seien alle Erst-Taten im Grunde als persönlichkeitsfremd zu werten.

Bei dem hier gemeinten Kriterium geht es um den Vergleich von Verhaltensstilen. Wenn eine genaue Analyse der Lebensgeschichte des Täters eine völlig andere Qualität seiner Verhaltensstruktur aufweist als der Hergang der Tat, so kann dies u.a. ein Hinweis darauf sein, daß die starke affektive Erregung bestimmte, sonst überdeckte Verhaltensstile zum Durchbruch kommen ließ. Je weniger die Tatmerkmale mit dem übrigen Verhaltensstil des Täters übereinstimmen, desto mehr ist der Schluß berechtigt, daß zur Tatzeit eine tiefgreifende Bewußtseinsstörung vorlag. Wenn z.B. viele Bekannte des Täters bezeugen können, daß dieser immer nur Demütigungen und Beleidigungen passiv „einsteckte" oder daß er hilflos reagierte, dann scheint eine solche Inkonstanz des Verhaltensstils gegeben zu sein, zumal wenn die Tat besonders gewaltsam erscheint. Aber es gibt andererseits auch Verzweiflungstäter, die in ihrer vorherigen Lebensgeschichte schon mehrfach handgreiflich geworden sind oder die vielleicht vor dem unheilvollen Ereignis Morddrohungen ausstießen oder etwa den Nebenbuhler angriffen, sodaß eine Inkonstanz des Verhaltensstils hier kaum nachweisbar erscheint. Hier müßte dann überprüft werden, inwieweit die übrigen Indikatoren einer tiefgreifenden Bewußtseinsstörung genügend tragfähig sind.

3.4 Orientierungsmängel als Indikatoren einer tiefgreifenden Bewußtseinsstörung

Der Begriff der „Orientierung" wird innerhalb der Psychopathologie vorwiegend in einem engeren Sinne gebraucht als innerhalb der Psychologie und Soziologie. Mängel der Orientierung als psychopathologische Symptome beziehen sich auf die Fähigkeit des Patienten bzw. Probanden, sich selbst innerhalb des augenblicklich gegebenen Raum-Zeit-Bezugssystems zu lokalisieren.

In den Handlungslehren von G.S. Klein (1958), Lersch (1962), Tomaszewski (1964), Parsons u. Shils (1952), Thomae (1944, 1955) und anderen meint „Orientierung" eine Grundqualität des Verhaltens, welche sich auf dessen „Einfügung" in die Umwelt bezieht. „Orientierung" in diesem Sinne heißt nicht primär lediglich rational gesteuertes „Kenntnisnehmen" und „Wissen um", sondern zwischen „relevanten" Objekten, zwischen „möglichen" und „unmöglichen" Zielen, zwischen „moralisch" oder sozial positiv bewerteten Verhaltensweisen und den entgegengesetzten zu wählen (Parsons u. Shils 1952, S.68 ff.).

Die „ungestörte" Handlung besitzt diese Qualität der im großen und ganzen „reibungslos" geschehenden, im kritischen Fall auch durch „Ichkontrolle" erkämpften „Wahl" unter Alternativen des Verhaltens, welche für die Gesamtsituation des Subjekts auf mehr oder minder weite Sicht hin als „sinnvoll" erscheinen. Das heißt aber, daß für die Beurteilung des Vorliegens einer tiefgreifenden Bewußtseinsstörung vor allem Mängel der Informationsverarbeitung heranzuziehen sind, die sich in Störungen der Orientierung an unterschiedlichen Aspekten der Situation äußern können. Im einzelnen kann man dabei zwischen einer „Zielorientierung", einer „instrumentellen Orientierung", einer „Situationsorientierung" und einer „Normorientierung" unterscheiden.

Da in bezug auf die Bedeutung und die gutachtliche Relevanz der vorstehenden Orientierungsaspekte bisweilen abweichende Interpretationen gegeben werden (so z.B. bei Steigleder 1974, S.64 ff.; Haddenbrock 1978, S.168; Rasch 1980, S.1313; Wegener 1981, S.84 f.), erscheint in dieser Hinsicht eine weitergehende Exemplifizierung angebracht: Für viele Affekthandlungen charakteristisch ist die Einengung des gesamten Orientierungssystems auf das Ziel, etwa auf die Rache für eine erlittene Demütigung oder für ein Verlassenwerden durch die Intimpartnerin. Die auch bei extremer affektiver Erregung erhaltene, einengende Fixierung aller seelischen Prozesse auf dieses Ziel bildet geradezu die Grundlage für die starke Störung der normalen Bewußtseinsabläufe und der übrigen Orientierungsleistungen.

Ein besonderes Problem der Begutachtung bilden jene Fälle, in denen eine zweckmäßige Handhabung der Tatwaffe bzw. genau gezielte Stiche oder Schüsse nachweisbar sind. Sie sprechen für das Gegebensein einer instrumentellen Orientierung. Hier wird es auf eine sehr genaue Analyse aller relevanten Informationen ankommen, denn „Zielorientierung" und „instrumentelle Orientierung" können eine derart übermächtige Valenz erhalten, daß die extreme Einengung und Fixierung auf diese beiden Orientierungsformen die zusätzliche Einbeziehung der situativen Orientierung und insbesondere der Normorientierung völlig auszuschalten vermögen. Dabei können bisweilen die objektiven Tatmerkmale die Vermutung rechtfertigen, die Tat sei unter bewußter Ausnutzung situativer Umstände, z.B. der „Arglosigkeit oder Wehrlosigkeit" des Opfers geschehen. Je mehr für ein planmäßiges Ausnutzen solcher Umstände spricht, desto weniger ist allerdings eine tiefgreifende Bewußtseinsstörung anzunehmen. Dennoch gibt es Fälle, in denen die objektiven Tatmerkmale nicht den subjektiven Tathergang wiederspiegeln. Hier kommt es noch stärker als bei allen übrigen Kriterien auf die Analyse gerade der ersten polizeilichen oder gerichtlichen Vernehmungsprotokolle an, die ja meist unter dem Eindruck stehen, jetzt sei ohnehin alles aus, und man werde der Verurteilung wegen Mordes nicht entgehen. Hier wird oft sehr eingehend geschildert, wie stark man mit dem Gedanken an die eigene Demütigung und Kränkung beschäftigt war, sodaß demgegenüber alles andere zurücktrat.

Solche Erstprotokolle erscheinen umso wertvoller und aussagekräftiger, je weniger der Vernehmungsbeamte selbst Formulierungshilfe leistet.

Zur situativen Orientierung gehört zweifellos auch der Gedanke an die eigene Sicherheit nach der Tat. Dieser Gedanke tritt bei affektiv gesteuerten Geschehnissen meist ganz zurück, weil die Konzentrierung auf das Ziel der Affektabfuhr so überwertig wird, daß der Gedanke an irgendetwas anderes, einschließlich der Gefahr, entdeckt zu werden, völlig ausgeschlossen bleibt. Manche solcher Taten finden auf öffentlicher Straße oder in öffentlichen Lokalen direkt vor den Augen entsetzter Zeugen statt. Wenn auch das Merkmal einer solcherart mangelnden Vorsorge keinesfalls für sich allein genommen ausreicht, so kann es dennoch zusammen mit anderen Kriterien brauchbare Hinweise in Richtung einer „tiefgreifenden Bewußtseinsstörung" liefern.

Ein Ausfall der Normorientierung zur Tatzeit erscheint oft schon in der Vorgeschichte solcher Verzweiflungstaten angedeutet, und er wird hier auch vielfach in einer antizipierend wirkenden Weise zum Ausdruck gebracht, z.B. in Form von heftigen Drohungen gegenüber dem Nebenbuhler. Das Erleben, geschweige denn das rationale Vergegenwärtigen der Rechtsnorm bzw. der Unrechtmäßigkeit des Tuns tritt zunehmend zurück gegenüber einem immer stärker dominierenden Erleben der eigenen, existentiellen Benachteiligung. Man fühlt sich betrogen, hintergangen, verletzt. Es verdichtet sich das Gefühl, die ganze Welt sei einem etwas schuldig geblieben und man dürfe deshalb zu Recht Genugtuung fordern.

Anders allerdings in einem Fall, wo sich ein Täter mit einer in seinem Sozialisationsbereich wirksamen gruppenspezifischen Normvorstellung identifizierte, nämlich der Vorstellung „Wer einem das Mädchen weggenommen hat, der hat dafür mit Blut zu bezahlen". Diese der Rechtsnorm widersprechende Gruppennorm stand ja auch bereits bei noch normalem Bewußtseinszustand im Vordergrund des Denkens. Somit bedurfte es also nicht der Erschütterung des ganzen seelischen Gefüges, um die adäquate normative Orientierung aufzuheben.

3.5 Das Täterverhalten nach der Tat

Vermutungen über das Vorliegen einer „tiefgreifenden Bewußtseinsstörung" können sich vor allem dann ergeben, wenn das Verhalten des Täters nach der Tat ausgeprägte Merkmale von Adynamik, Erschöpfung und Apathie aufweist. Dies z.B. indem er völlig fassungslos über dem Opfer zusammenbricht, die Tat ganz und gar nicht wahr haben will, dabei selbst nach Polizei oder Krankenwagen ruft oder etwa weinend seine Wohnung verläßt, um den Nachbarn zu bitten, die Polizei zu verständigen. – In vielen Fällen bekunden Zeugen, daß die Täter gleichsam willenlos und passiv alles mit sich geschehen ließen, nachdem die extreme Dynamik des Affekts vorüber war. Umgekehrt jedoch wäre es verfehlt, wenn sich ein Sachverständiger von einem wohlgeordneten und sehr zweckmäßigen Verhalten des Täters nach der Tat, etwa in dem Bestreben, zu entkommen oder Hinweise auf die eigene Täterschaft zu vernichten, verleiten ließe, einen intakten Bewußtseinszustand bei der Tat automatisch vorauszusetzen. Dem wäre entgegenzuhalten, daß in manchen Fällen mit dem Abklingen der starken energetischen Bindungen durch den Affekt, diese Energien dem Täter nach der Tat wieder freier verfügbar werden und nun in Form wachen und kontrollierten Verhaltens zur Rettung der eigenen Freiheit nutzbar gemacht werden. Auch in solchen

Fällen erscheint eine besonders sorgfältige Überprüfung der sonstigen Kriterienmerkmale dringend vonnöten.

3.6 *Grundlagen und Möglichkeiten einer zusammenfassenden Stellungnahme zur Frage der „tiefgreifenden Bewußtseinsstörung"*

Die im Vorhergehenden geschilderte Methode der Kriterienanalyse von Hinweisen in Richtung einer „tiefgreifenden Bewußtseinsstörung" sollte soweit als irgend möglich auf einer multidimensionalen Basis erfolgen. Eine solche Analyse sollte neben dem Erleben bei der Tat und neben den äußeren Merkmalen der Tat und der zeitlichen Abfolge derselben, die Persönlichkeit des Täters und insbesondere seine Beziehung zum Opfer sowie ggf. die Entwicklung dieser Beziehung mit einbeziehen.

Wichtige aus den Strafakten entnehmbare Informationsmittel wären hierbei die Protokolle der polizeilichen und gerichtlichen Erstvernehmungen des Täters, die Protokolle der Zeugenaussagen, der polizeilichen Tatortaufnahme sowie ggf. der gerichtsmedizinischen Untersuchung des Opfers.

Aus der vor der Hauptverhandlung stattfindenden psychologischen Exploration erscheinen vor allem wichtig die Hinweise zur Analyse der Beziehungen und ggf. Konflikte zwischen Täter und Opfer sowie auch ggf. zur Entwicklung früherer Partnerschaften (vgl. hierzu auch Rasch 1964). Ggf. sollten auch Konflikte, die sich im Bereich des Elternhauses und im sonstigen sozialen Umfeld ergeben haben, exploriert werden. Einen Schwerpunkt der Exploration müßte die ausführliche Schilderung des Täters zum Ablauf der Tat und zu den Erlebnisvorgängen bei der Tat und im Umfeld der Tat bilden. Die psychologische Untersuchung des Täters sollte sich bemühen, neben einer Erfassung des intellektuellen Leistungsstatus vor allem konstante Verhaltenstendenzen der Persönlichkeit in bezug auf Selbstgefühl, Affektdynamik und Affektsteuerung zu erfassen. Eine zusätzliche Anreicherung der vorstehend umschriebenen Informationsbasis kann sodann durch die während der Hauptverhandlung gewonnenen Erkenntnisse erfolgen.

Zum Zwecke einer vorläufigen Gesamtbeurteilung zur Frage der „tiefgreifenden Bewußtseinsstörung" hat sich im Rahmen unserer eigenen gutachlichen Tätigkeit die Anwendung eines sogenannten Rating-Verfahrens als hilfreich erwiesen. Ein solches Vorgehen ermöglicht es auch den Gerichten, am psychologischen Beurteilungsprozeß unmittelbar teilzunehmen und dadurch ihrer Aufgabe, eine echte Mithilfe des Sachverständigen und nicht bloß dessen Stellungnahme anzunehmen, besser gerecht zu werden. Bei diesem Rating wird zunächst in bezug auf jedes der überprüften Kriterien (z.B. in bezug auf den affektiven Erregungszustand bei der Tat) eine getrennte Beurteilung der für dieses Kriterium feststellbaren Ausprägungstendenz vorgenommen. Unsererseits wird hierbei eine Rating-Skala benutzt, deren Extreme durch die Endpunkte 1 und 5 limitiert sind (1 = Kriterienmerkmal sehr schwach ausgeprägt, 2 = schwach ausgeprägt, 3 = mittelgradig ausgeprägt, 4 = stark ausgeprägt, 5 = Kriterienmerkmal sehr stark ausgeprägt).

Bei Benutzung des Hilfsmittels einer Rating-Klassifikation bietet der aus der Summe der Einzelratings berechnete Durchschnittswert eine Anreicherung von Beurteilungstendenzen, die in Richtung eines stärker gestörten oder eines weniger beeinträchtigten Bewußtseinsstatus, mit Relevanz für die Einsichts- und Steuerungsfähigkeit des Täters, weisen. Selbstverständlich aber müssen darüberhinaus, entsprechend der jeweiligen besonderen Konstellation des Einzelfalles, noch zusätzliche qualitative Gewichtungen vorgenommen werden. Dies ist zum Beispiel bei ganz offenkundiger Dominanz einzelner der überprüften Kriterien oder beim Vorliegen gewichtiger konstellativer Faktoren (z.B. starke Übermüdung des Täters vor der Tat) der Fall. Des weiteren ist eine vollständige Überprüfung sämtlicher von uns beschriebenen Kriterienaspekte keineswegs in allen Fällen gleichermaßen möglich. Die wirklich überprüfbaren Aspekte ergeben sich aus der spezifischen Konstellation des Einzelfalles sowie auch aus der jeweils verfügbaren optimalen Informationsbasis.

Es wäre unseres Erachtens verfehlt, die über ein solches Rating mögliche quantitativ abgestufte Anreicherung von Beurteilungstendenzen als einen Versuch der Herstellung einer exakt quantifizierenden Beurteilung anzusehen. Einer der Hauptwerte eines solchen Vorgehens liegt nach unserer Auffassung darin, den Beurteiler dazu zu bringen, von einer wie auch immer gearteten subjektivierenden oder gar pauschalisierenden Beurteilungsbasis abzugehen und statt dessen jedes einzelne relevante Beurteilungskriterium genau zu überprüfen und auch hinsichtlich seines Ausmaßes abzuschätzen.

4 Weitere Aspekte zur psychologischen Beurteilung der Schuldfähigkeit

Da in der bei weitem überwiegenden Zahl der forensischen Fälle, in denen die Hilfe des psychologischen Sachverständigen bei der Begutachtung der strafrechtlichen Schuldfähigkeit in Anspruch genommen wird, die Frage einer „tiefgreifenden Bewußtseinsstörung" ansteht, wurde in der vorhergehenden Darstellung dieser Aspekt ausschließlich behandelt. Prinzipiell kann die Stellungnahme eines psychologischen Sachverständigen in kompetenter Weise auch zu zwei weiteren in den §§ 20/21 StGB angesprochenen Aspekten erfolgen, nämlich zur Frage der Auswirkung des „Schwachsinns oder einer schweren anderen seelischen Abartigkeit" auf die Schuldfähigkeit eines Täters in einem konkreten Fall. Gerade in bezug auf die Frage des Schwachsinns und seiner graduellen Bestimmung bietet sich das gut entwickelte intelligenzdiagnostische Instrumentarium der Psychologie an.

Dieser Aspekt kann von uns im Rahmen der hier erforderlichen Kürze der Darstellung nicht weiter ausgeführt werden. Es sei hierzu deshalb auf die relativ ausführlichen Darstellungen bei Wegener (1981, S.90 ff.) und bei Suchenwirth (1974) verwiesen.

Unproblematisch erscheint nach Suchenwirth (1974) die Begutachtung des schweren Schwachsinnsgrades der Idiotie, bei dem stets Schuldunfähigkeit wegen generell unzureichender Einsichtsfähigkeit anzunehmen sei. Schwierigere Probleme stellt die Begutachtung der leichten und mittelschweren Schwachsinnsformen, nämlich der Debilität und der Imbezillität. Hier muß in bezug auf die Einsichts- und Steuerungsfähigkeit eine sehr genaue Überprüfung und Abwägung der individuellen Leistungskapazität und der affektiven Steuerungsmöglichkeiten, bezogen auf die situativen Umstände und Einzelheiten der Tat vorgenommen werden und zwar unter zusätzlicher Einkalkulation der jeweils individuellen Lebenserfahrung und Lebensbewährung. Dabei erscheint eine intensive Befragung der verschiedensten Bezugspersonen oft unerläßlich.

Ausgehend von einer auf vorstehende Weise gewonnenen Informationsbasis käme unseres Erachtens auch eine davon unabhängige Überprüfung des Vorliegens einer „tiefgreifenden Bewußtseinsstörung" in Betracht und zwar vermittels individuell angepaßter Überprüfung der hierzu abgehandelten Kriterien.

Letztere Empfehlung kann unseres Erachtens auch für die im Gesetz genannte Gruppe von Tätern mit einer „schweren anderen seelischen Abartigkeit" ausgesprochen werden (vgl. hierzu die zusammenfassende Diskussion bei Wegener 1981, S.100 ff. sowie die differentielle Darstellung bei Eisen 1974). Angesprochen ist hierbei der weite Bereich der Psychopathien, Soziopathien, Neurosen sowie Trieb- und Reifungsstörungen, der sowohl fließende Übergänge zwischen diesen genannten Gruppen, als aber auch im psychologisch-medizinischen Grenzbereich zeigt. Eine äußerst gründliche Überprüfung der Tiefe, des Ausmaßes und der Genese der bei den betreffenden Tätern vorliegenden Störungen erscheint gerade hier unumgänglich. Hierbei wird u.U., je nach Einzelfall, auch die Frage der Zuständigkeit bzw. Nicht-Zuständigkeit des psychologischen Sachverständigen mit zu überprüfen sein.

Udo Undeutsch

Die psychophysiologische Täterschaftsermittlung

1 Einführung

K. Peters unterscheidet den subjektiven und den objektiven Personalbeweis:

„Subjektiv ist der Personalbeweis, wenn er auf menschlichem Wissen, Wahrnehmen, Empfinden und Denken beruht. Beim subjektiven Personalbeweis ist der Mensch *aktives* Beweismittel. Die Beweisperson *wirkt*. Das Wirkmittel ist die *Aussage* ... Objektiv ist der Personalbeweis, wenn menschliche Tatsachen und Gegebenheiten ohne Mitwirkung des Betroffenen von Dritten zur Erforschung der Wahrheit ausgewertet werden" (1981, S.303).

Soweit sich der objektive Personalbeweis psychologischer Methoden bedient, zielen diese auf die Erfassung unwillkürlicher Reaktionen auf die Darbietung tatbezogener (relevanter, kritischer) Reize. Aus der großen Zahl unwillkürlicher Reaktionen sind in der kriminalistischen Psychologie bisher vor allem 2 Gruppen verwertet worden: die vom Vegetativen Nervensystem gesteuerten peripher-physiologischen Reaktionen und die Assoziationen. Die Verwendung von Maßen des kardio-vaskulären Systems wurde erstmals von Cesare Lombroso an Beschuldigten erprobt (1895, S.336-346). Der Gießener Psychiater R. Sommer wertete Zitterbewegungen der Hand aus (1898). Das volle Programm der psychodiagnostischen Ermittlung der Täterschaft bzw. der Tatbeteiligung wurde von Max Wertheimer und Julius Klein (1904), damals Mitarbeiter des Kriminalwissenschaftlers Hans Gross in Prag, entwickelt. Auch C.G. Jung machte gleichlautende Vorschläge (1905, 1906, 1907; vgl. Ges. W., Bd. 2, 1979), wandte aber selbst lediglich den Assoziationsversuch in drei praktischen Fällen an (1905 = Ges. W., 2, Beitr. VI; 1908 = Ges. W., 2, §§ 1332-1345, 1910 = Ges. W., 2, §§ 957-981; 1937 = Ges. W., 2, Beitr. XIX). Über die weitere Entwicklung des Assoziationsversuchs berichtet Crosland (1929). Das Interesse an den Assoziationsversuchen verlor sich. Ihre Auswertung wurde als zu wenig objektiv erachtet.

Das Interesse an den psychophysiologischen Methoden blieb erhalten. Weil die Interkorrelation zwischen den verschiedenen peripher-physiologischen Variablen jedoch im allgemeinen gering sind, hatten schon Wertheimer u. Klein (1904) vorgeschlagen, immer mehrere Variable gleichzeitig zu erfassen. Die dafür verwendeten Geräte sind *Mehrkanalschreiber = Polygraphen.* Für die Täterschaftsermittlung werden seit Jahrzehnten verwendet die Registrierung der Leitfähigkeit der Haut (hautgalvanische Reaktion = HGR), des relativen arteriellen Blutdrucks und der thorakalen und der abdominalen Atembewegungen. Gelegentlich und vor allem zu Forschungszwecken werden auch andere Variable einbezogen (Herzfrequenz, Durchblutung peripherer Körperteile, Hautpotentiale).

Die mit den Polygraphiegeräten üblicherweise erfaßten physiologischen Parameter können für viele Emotionen und Motivationen als gute Intensitätsindikatoren betrachtet werden. Es ist hingegen bislang nicht gelungen, mit Hilfe solcher Maße auch

Qualitäten zu differenzieren. Die Gründe dafür sind in der Individualspezifität und in der Komplexheit der vegetativ-physiologischen Indikatoren sowie in der Distalität aller praktisch anwendbaren vegetativen Variablen gelegen. Hingegen können durch die additive Zusammenfassung verschiedener peripher-physiologischer Indikatoren beträchtliche Korrelationen zu den skalierten Angaben über die subjektive Aktiviertheit erzielt werden, wie z.B. Thayer (1967, 1970) zeigen konnte. Alle Motivationen und Emotionen sind gleichermaßen durch eine generelle Aktiviertheit charakterisiert.

Der Organismus antwortet als ganzer mit einer Veränderung seiner Handlungsbereitschaft. Diese nicht an eine spezifische psychische Qualität gebundene Veränderung wird als *unspezifische Aktivation* bezeichnet. Als phänomenal-introspektive Bezugsgröße wird das verbal mitgeteilte Erleben einer „inneren Angespanntheit", einer „inneren Erregtheit" oder einer „allgemeinen Aktiviertheit" o.ä. angesehen. Das besagt: *es gibt kein Reaktionsmuster, das in irgendeinem Sinne charakteristisch für Täterschaft oder für Lüge sein könnte.* Um aus den aufgezeichneten peripher-physiologischen Veränderungen auf dem Weg der Interpretation eindeutige Schlüsse auf Täterschaft oder Lüge ziehen zu können, muß daher *die Untersuchungssituation eindeutig* gestaltet werden. Aus den Kurven selbst ist immer nur der jeweilige Grad einer unspezifischen Aktivation abzulesen.

Es kommt deshalb vor allem darauf an, eine psychologisch durchdachte, klar strukturierte und standardisierte Reizfolge zu entwickeln, damit die erhaltenen Reaktionen vergleichbar und interpretierbar sind.

Für den Einsatz in der Praxis wurden gleichzeitig und nebeneinander zwei Grundverfahren entwickelt: das indirekte und das direkte.

2 Indirekte Verfahren

Die indirekten Verfahren nutzen die Tatsache, daß der Täter im allgemeinen eine intime Kenntnis des Tatherganges und des Taterfolges hat. Da ihn diese Kenntnis aber der Täterschaft überführen würde (sofern er nicht erklären kann, wie er auf unverdächtige Weise diese Kenntnis erlangt hat), wird er sein Tatwissen leugnen. Die indirekten Methoden haben das Ziel, vorhandenes, aber geleugnetes Tatwissen aufzudekken.

Der Untersuchte wird gefragt, ob er etwas wisse über eine bestimmte Einzelheit des Tatherganges oder des Taterfolges, von der als wahrscheinlich angenommen werden kann, daß der Täter ihr seine Aufmerksamkeit geschenkt hat, z.B.:
Wissen Sie, ob der gestohlene Gegenstand
eine goldene Uhr war,
eine Perlenkette war,
ein Diamantring war
ein Onyx-Feuerzeug war,
ein goldenes Schreibbesteck war,
eine goldene Krawattennadel war?

Leonarde Keeler (1930) nannte diese Untersuchungstechnik „Peak of tension test" (POT). Diese Prüfungsart wurde ausgebaut von David Lykken (1959), indem er eine ganze Reihe von Fragen nach tatrelevanten Einzelheiten stellte und jede Frage in 6 Alternativen aufgliederte. Er nannte diese Untersuchungsart „guilty knowledge technique" (GK). Der Ausdruck ist unglücklich, denn „schuldig" kann immer nur ein „auf freie, verantwortliche, sittliche Selbstbestimmung" angelegter Mensch (BGHSt 1958, *10,* S.262) sein, niemals ein bloßes Wissen. Ich habe stattdessen den Ausdruck „Concealed Knowledge" (CK) in Vorschlag gebracht, der inzwischen Aufnahme gefunden hat (Sixth Annual Workshop on Detection of Deception, Department of Psychology, University of Utah, September 8-12, 1980).

Für den Unbeteiligten sind die aufgeführten Details allesamt ohne besondere Bedeutung, für den Täter hingegen hat die auf die von ihm verübte Tat zutreffende Alternative eine alarmierende Wirkung und löst entsprechende unwillkürliche Reaktionen aus. Den Reaktionen in der HGR auf die kritische Alternative werden Maßwerte zugeordnet: Ist die Reaktion auf die kritische Alternative die stärkste in der Reihe, so erhält sie 2 Punkte, ist sie die zweitstärkste, erhält sie 1 Punkt. Bei 5 Fragen mit je 6 Alternativen, wovon die erste nie bewertet wird, kann die Punktsumme mithin zwischen 0 und 10 liegen. Die Wahrscheinlichkeit, daß eine Person, die kein Tatwissen besitzt, rein zufällig auf Grund der Verteilung ihrer Ausschläge 6 oder mehr Punkte erzielt, beträgt 9,15%, für 7 und mehr Punkte 3,23%, für 8 und mehr Punkte 0,99%.

Der einzigartige Vorzug der Methode ist, daß allein für den Täter die kritischen Einzelheiten als solche erkennbar sind, so daß der Unschuldige durch diese überhaupt nicht beunruhigt werden kann.

3 Die direkten Methoden

Bei den direkten Methoden wird offen die Frage nach der Tatbeteiligung gestellt: „Haben Sie ...". Während bei den indirekten Methoden der Unbeteiligte überhaupt nicht wissen kann, welche Alternative die kritische ist, erkennt bei den direkten Methoden auch der Unbeteiligte sofort, welches die relevanten, nämlich tatbezogenen Fragen sind. Es werden in bestimmtem Wechsel relevante und irrelevante Fragen gestellt, die lediglich mit „ja" oder „nein" zu beantworten sind. Den entscheidenden Einwand gegen diese Methode hatte schon W. Stern (1905/06) vorgetragen:

„Auch die Psyche des unschuldig Angeklagten wird vom ersten Verhör beim Untersuchungsrichter an fortwährend mit den auf das Ereignis bezüglichen Vorstellungen belastet; jede Andeutung muß in ihm diese in Bereitschaft liegenden Vorstellungen ins Bewußtsein heben, ganz wie beim Schuldigen, und auch Gefühlsreaktionen erwecken, die in ihren Äußerungen selbst experimentell kaum von den Ausdrucksbewegungen der Schuld unterschieden werden können" (S.146).

C.G. Jung hatte daraufhin bereits 1910 (in: Ges. W., Bd. 2, 1979) die Methode dahingehend erweitert, daß er außer gewöhnlichen (irrelevanten) und kritischen (relevanten) Reizwörtern als weitere Kategorie „beunruhigende Wörter" (§ 1334) gab, „die einen besonderen affektiven Wert besitzen" (§ 961). Die Reaktionen der untersuchten Personen auf diese „allgemeinen Reizwörter" (= Vergleichsreize) einerseits und auf die „besonderen Reizwörter" (= relevanten Reize) andererseits wurden miteinander verglichen. Diese Weiterentwicklung der Methode war jedoch allgemein unbekannt geblieben. Durchschlagenden Erfolg hatte hingegen John E. Reid (1947), der im Interesse einer eindeutigen Interpretierbarkeit der Ergebnisse einen weiteren Fragentyp einführte: die *„Comparative Response" Questions.* Diese Fragen beziehen sich immer auf Normverstöße gleicher oder ähnlicher Art wie das aufzuklärende Delikt, die angesprochenen Normverstöße sollen jedoch etwas weniger schwerwiegend als das aufzukärende Delikt sein. Die Frage wird so eingeführt und gestellt, daß der Befragte sie mit hoher Wahrscheinlichkeit wahrheitswidrig verneinen wird oder zumindest von Ungewißheit geplagt wird hinsichtlich der Richtigkeit oder der Vollständigkeit seiner Antwort. Fragen dieses Typus sind später mit der unspezifischen Bezeichnung ,,control questions" belegt worden. Der psychologische Grund für die Einführung dieser Fragenart war die allgemein menschliche Erfahrung, daß die Aufmerksamkeit eines Menschen immer in erster Linie in Anspruch genommen wird durch die Gegebenheit, die im Moment als die stärkere Bedrohung (für seine Existenz, seine Zukunft und seine Einordnung in die Gesellschaft) erlebt wird. Die Begründung und Bestätigung dieses Erfahrungssatzes läßt sich schnell nachliefern. Schon bei Nietzsche findet sich unter dem Nachlaß der Achtzigerjahre die Bemerkung:

„Wir haben *Sinne* nur für eine Auswahl von Wahrnehmungen – solcher, an denen uns gelegen sein muß, um uns zu erhalten" (1954/56, Bd. 3, S.499).

Der im Augenblick gegebenen (durch Lebensgeschichte und Situation bestimmten) Motivationsstruktur eines Menschen entspricht eine von Reiz zu Reiz verschieden motivierte Erheblichkeit, die am besten mit dem von W. Stern in die Psychologie eingeführten Begriff der *Relevanz* bezeichnet wird, da dieser schon dem Wortsinn nach die Korrelation zwischen dem ,,Erheblichen" und dem ,,Abgehobenen" anzeigt. Graumann spricht von einer

„allgemeinen kognitiven Tendenz, zugunsten einer dominierenden Hinsicht, in deren Sinn bestimmte Aspekte eines Verweisungs-Ganzen – herausgreifend, verdeutlichend, festhaltend – gesehen werden, von anderen Aspekten, die hinsicht-irrelevant sind, abzusehen" (1960, S.161).

„Gemeinsam ist all diesen bisher beobachteten und beschriebenen motivational ausgeprägten Funktionen kognitiven Verhaltens, daß sie im Sinne einer beherrschenden Hinsicht das motivational Relevante zuungunsten des mitgegebenen Irrelevanten bevorzugen. ... In dem Maße, wie das motivational Relevante ‚Figur' zu werden tendiert, wird das motivational Irrelevante (korrelativ) grundhaft" (1960, S.168f.).

In der Psychologie hat sich zur Bezeichnung dieser Funktionsweise des kognitiven Verhaltens seit Külpe der Begriff der *Einstellung* (englisch: set) eingebürgert. Aus ihr resultiert das im Sinne einer bestimmten Motivation eindeutig festgelegte Verhalten. Das bedeutet für den vorliegenden Zusammenhang: Jede Vernehmung ist für den Täter allemal eine ,,motivational eindeutige Situation". Er ist beherrscht von der Furcht vor der Entdeckung seiner Täterschaft, woraus sich für ihn ein eindeutiges Bedeutungsrelief ergibt: er fühlt sich im Augenblick der Untersuchung nur durch die auf die Feststellung seiner Täterschaft abzielenden (daher für ihn relevanten) Fragen bedroht, während derjenige, der mit der aufzuklärenden Tat nichts zu tun hatte, sich viel stärker belastet fühlt durch die mit den Vergleichsfragen angesprochenen von ihm – in aller Regel – *begangenen* anderweitigen Normverstöße, denn:

„,Man kann Wirksamkeit als das Kriterium für psychologische Existenz verwenden: Wirklich ist, was wirkt" (Lewin 1969, S.41).

Die Darbietung von tatbezogenen Fragen und von belastenden Vergleichsfragen in einer Fragenreihe ruft für beide Personengruppen *unterschiedliche motivational bedingte Figur-Grund-Differenzierungen* hervor: Für den Täter sind die tatbezogenen Fragen bedrohlich, denn hier besteht Entdeckungsgefahr; diese werden für ihn daher zur ,,Figur". Für die Unbeteiligten sind die von ihnen tatsächlich oder wahrscheinlich oder möglicherweise begangenen anderweitigen Normverstöße peinlicher und heben sich für sie daher als besonders belastend aus der Fragenreihe heraus, während sie von sich genau wissen, daß sie mit der in Rede stehenden Straftat nichts zu tun haben.

Eine weitere Verbesserung der Fragentechnik stellt die *Zone Comparison (ZC) Technique* von C. Backster (1962) dar. Die U.S. Army Military Police School (USAMPS) lehrt eine Modifikation der Backsterschen Fragenfolge und stellt statt 2 lieber 3 relevante und 3 belastende Vergleichsfragen.

Eine typische Fragenfolge nach diesem Muster in der von Raskin entwickelten Abwandlung sieht folgendermaßen aus:

(n) 1. Ist Ihr Nachname ...?
(r) 2. Bezüglich ... (Angabe der aufzuklärenden Angelegenheit) – haben Sie die Absicht, alle diesbezüglichen Fragen wahrheitsgemäß zu beantworten?
(o) 3. Glauben Sie mir, daß ich Ihnen nur Fragen stellen werde, die wir zuvor vereinbart haben?
(c) 4. Haben Sie vor Ihrem 19. Lebensjahr jemals irgendwelches Geld gestohlen?
(r) 5. Haben Sie den betr. Ring genommen?
(c) 6. Haben Sie während der Schulzeit irgendeinen Gegenstand von Wert entwendet?
(r) 7. Haben Sie den betr. Ring aus der Schublade entwendet?
(n) 8. Heißen Sie mit Vornamen ...?
(c) 9. Haben Sie jemals einen Menschen, der berechtigt war, die Wahrheit zu erfahren, belogen, um sich unangenehme Konsequenzen fernzuhalten?
(r) 10. Waren Sie irgendwie an dem Diebstahl des betr. Ringes beteiligt?

Bei allen Untersuchungstechniken, die belastende Vergleichsfragen verwenden, wird heute so verfahren, daß immer zumindest 3 Testdurchgänge veranstaltet werden. Jeder Testdurchgang enthält außer 2 bis 3 irrelevanten Fragen (= n) 2 bis 4 tatbezogene Fragen (= r) und 2 bis 3 belastende Vergleichsfragen (= c). Es können mithin je Testdurchgang immer 2 bis 4 relevante Fragen mit 2 oder 3 Gegengewichtsfragen in mindestens 3 Kurven (Atmung, HGR und Blutdruck) hinsichtlich der Ausprägung der Kurvensymptomatik miteinander verglichen werden. Für jede Kurve wird einzeln verglichen die Stärke der Reaktion auf die relevante Frage mit der Stärke der Reaktion auf die benachbarte belastende Vergleichsfrage. In dem von Backster entwickelten und von der USAMPS übernommenen Verfahren zur *Quantifizierung* (numerical evaluation) der Unterschiede in den Reaktionen der jeweils benachbarten relevanten und der belastenden Vergleichsfragen werden die angetroffenen Unterschiede hinsichtlich der Stärke ihrer Ausprägung mit den Zahlen 0 (kein Unterschied) bis 3 (sehr stark) bewertet. Ist die Reaktion auf die relevante Frage stärker als auf die Vergleichsfrage, so wird der zuerkannte Zahlenwert mit einem Minus-Zeichen versehen, andernfalls mit einem Plus-Zeichen. Alle Einzelwerte werden unter Berücksichtigung des Vorzeichens zu einem Gesamtwert addiert. Im mittleren Bereich zwischen +5 und -5 wird der Test als unentscheidbar (inconclusive) beurteilt, bei Werten von -6 und darunter lautet das Ergebnis „Täterschaft indiziert" (deception indicated = DI), bei Werten von +6 und darüber entsprechend „Täterschaft nicht indiziert" (no deception indicated = NDI).

4 Internationale Forschung und Praxis

In dieser Form wurde und wird die Untersuchung mit dem Polygraphen in den *USA* in großem Umfang angewendet, und zwar nicht nur zur Aufklärung von Straftaten, sondern auch bei Einstellungsuntersuchungen zur Überprüfung der bisherigen Sozialbewährung des Bewerbers (Ehrlichkeit in seinen bisherigen Arbeitsverhältnissen, Drogenkonsum, Alkoholkonsum, bei Vertrauensstellungen auch im Hinblick auf Erpreßbarkeit) sowie während eines bestehenden Arbeitsverhältnisses zur Überprüfung seiner bisher bewiesenen Redlichkeit dem Arbeitgeber gegenüber.

Seit 1956 ist die Polygraph-Untersuchung in allen Polizeibezirken *Japans* eingeführt. 1975 waren dort 100 Polygraph-Sachverständige tätig und wurden 4.700 Personen untersucht (Takahashi 1976).

In *Israel* ist die Untersuchung mit dem Polygraphen seit 1959 eingeführt. Die israelische Polizei unterhält eine eigene Ausbildungsstätte für Polygraph-Sachverständige (Cohen 1976).

In *Indien* besteht in Delhi im Central Forensic Science Laboratory eine eigene Polygraph-Abteilung. An dieser sind speziell ausgebildete und in Vernehmungstechnik erfahrene Psychologen tätig (Ganguly u. Lahri 1976).

In *Jugoslawien* wird im Kriminologischen Institut der Teilrepublik Kroatien seit 1959 mit dem Polygraphen gearbeitet (Marcovic 1964).

In *Polen* wird am Institut für Kriminalistik an der Universität Warschau mit dem Polygraphen fleißig experimentiert. Eine Polygraph-Untersuchung ist im Ernstfall erstmalig 1963 zur Aufklärung eines Mordfalles eingesetzt und vom Landgericht der Provinz Olsztyn als Beweismittel anerkannt worden (IV K 94/63 Sad Wojewodzki w Olsztynie) (Widacki u. Romig 1975).

Die experimentelle Psychologie verfolgte diese Praxis aus der Ferne. Erst in den letzten Jahren hat die Wissenschaft ihr Interesse an der Täterschafts- und Wahrheitsermittlung mit Hilfe psychophysiologischer Methoden wiederentdeckt. Seither sind auf diesem Gebiete Experimente in größerer Zahl durchgeführt worden, die geeignet sind, die in der Praxis angewandten Verfahren auf ihre Leistungsfähigkeit hin zu überprüfen und zu verbessern. Es sind vor allem 3 Zentren, an denen solche Forschungen ausgeführt worden sind: Die Unit for Experimental Psychiatry at the Institute of the Pennsylvania Hospital, University of Pennsylvania, unter Leitung des (aus Deutschland stammenden) Martin Orne seit 1963, das Psychologische Institut der Hebräischen Universität in Jerusalem (Kugelmass) seit 1963 und das Department of Psychology, University of Utah, Salt Lake City, unter Leitung von David Raskin seit 1970. Der Ertrag dieser Forschungen ist zusammenfassend referiert in den Übersichtsreferaten von Orne, Thackray u. Paskewitz (1972), Podlesny u. Raskin (1977), Raskin, Barland u. Podlesny (1977) und Raskin (1979). Fast alle im Laboratorium durchgeführten Experimente waren einigermaßen praxisfern. Der Austausch zwischen Wissenschaft und Praxis war daher sehr spärlich. Eine durchgreifende Änderung trat erst ein, als physiologische Psychologen, die selbst als Polygraph-Sachverständige eine vollständige Ausbildung und Praxis hatten (Raskin, Barland), eine praxisnahe Forschung in Angriff nahmen, die im Auftrag des U.S. Department of Justice von Raskin und seinen Mitarbeitern durchgeführt wurde.

Die Untersuchungen von Raskin (1979) haben zu der Erkenntnis geführt, daß die beiden Grundformen der polygraphischen Untersuchungstechnik (Tatwissenserkundung und die direkte Frage nach der Tatbeteiligung unter Verwendung belastender Vergleichsfragen) bei Tätern überwiegend unterschiedliche Aktivationssysteme ansprechen: bei der *indirekten* Methode werden überwiegend *Orientierungsreaktionen* ausgelöst, bei der *direkten* Methode wegen der mit ihr gegebenen unmittelbar erlebten Bedrohung *Defensivreaktionen.* Demgemäß sind die die Täterschaft indizierenden Reaktionsmuster bei beiden Untersuchungsverfahren unterschiedlich.

5 Die Überprüfung der Leistungsfähigkeit der Methode

Die Überprüfung der Leistungsfähigkeit der Untersuchung mit dem Polygraphen kann sowohl an Experimenten im Laboratorium wie beim Einsatz in der Praxis erfolgen. Die Überprüfung auf Grund von Laboratoriumsexperimenten hat den einzigartigen Vorzug, daß dort und nur dort eine vollständige Kontrolle aller Bedingungen und der Richtigkeit der abgegebenen Urteile möglich ist, aber zugleich den großen Nachteil, daß in der unvermeidbar künstlichen Situation des Experiments menschliche Gefühle sich nie mit jener Kraft und Farbigkeit entfalten wie in der Lebenswirklichkeit, in der es im Ernst um „Sein oder Nichtsein", um die berufliche oder gar die gesamte bürgerliche Existenz, um Freiheit oder Strafhaft geht.

5.1 Objektivität und Reliabilität

a) Auswertungswiederholung

In 3 Untersuchungen sind die gleichen Kurven von den gleichen Auswertern - in größerem Zeitabstand und ohne Erinnerung an die Ergebnisse der vorangegangenen Auswertung - zweimal ausgewertet worden.

b) Auswerter-Übereinstimmung

Eine andere Variante der Reliabilitätsüberprüfung ergibt sich, wenn man die gleichen Kurven von mehreren Auswertern, unabhängig voneinander, auswerten läßt. Die dabei gefundene Übereinstimmung kann als Maß für die Objektivität des Auswertungsverfahrens gelten.

Die Ergebnisse sind nachfolgend tabellarisch zusammengestellt (Tab. 1).

Tabelle 1: Übereinstimmungsreliabilität bei Polygraph-Untersuchungen

	Autor(en)	Population	N	n	Übereinstimmung % brutto	netto	Reliabilität
1.	Wiederholung						
1.1	Hunter u. Ash 1973	Beschuld.	20	6	86,7 (80-95)		
1.2	Barland u. Raskin 1976	Beschuld.	77	1	84,4	100	0,92
1.3	Raskin u. Hare 1978	Exper.	48	1		100	
2	Konvergenz						
2.1	Horvath 1977	Beschuld.	66	10			0,89
			66	10			0,85
2.2	Barland u. Raskin 1975	Exper.	72	6	66,3	96	0,86 (0,78-0,95)
2.3	Podlesny u. Raskin 1978	Exper.	40	2	88	100	0,97
2.4	Rovner, Raskin u. Kircher 1979	Exper.	48	2		95	0,97
2.5	Dawson 1980	Exper.	24	2		100	0.94
2.6	Barland u. Raskin 1976	Beschuld.	102	2	84,3	100	0,91
2.7	Raskin u. Barland 1976	Beschuld.	352	2	58 (42,6-88,3)	87 (75,6-98,0)	

N = Zahl der Untersuchten
n = Zahl der Auswerter
brutto = Unentschieden-Urteile eingeschlossen
netto = Unentschieden-Urteile ausgeschlossen
in Klammern: Streubreite

Die Übereinstimmung in den Endbeurteilungen ist generell hoch und sogar sehr hoch, wenn man nur die (große Zahl der) Fälle in Betracht zieht, in denen beide Auswertungen zu einer klaren Entscheidung gelangt sind. Das sind die praktisch bedeutungsvollen Fälle. Die letzte Untersuchung läßt allerdings auch erkennen, daß die Qualität der einzelnen in der Praxis tätigen Sachverständigen und die Qualität der einzelnen überprüften Untersuchungsstellen (bislang noch) recht unterschiedlich war. Die hohen Übereinstimmungsquoten und die hohen Übereinstimmungskoeffizienten machen aber deutlich, was die Methode, vor allem bei Anwendung der numerischen Auswertung, an Auswertungsübereinstimmung erreichen kann.

5.2 *Validität*

Für den praktischen Einsatz der Methode ist von größerem Interesse ihre Treffsicherheit.

Die Schwierigkeit aller Validitätsuntersuchungen besteht immer darin, ein unabhängiges, zuverlässiges und objektives *Außenkriterium* für die Richtigkeit des auf Grund des Testergebnisses abgegebenen Urteils zu finden. Im gegebenen Zusammenhang geht es dabei immer um Tatbeteiligung (Täter, Mittäter, Hehler) und Nichtbeteiligung.

Der Vorteil der im Laboratorium durchgeführten *Experimente* ist, daß immer auf Grund der Versuchsanordnung objektiv und eindeutig feststeht, welche Vpn die „Täter" sind und welche nicht. Dem Untersucher sowie dem Auswerter wird dieses Wissen selbstverständlich vorenthalten. Diese Experimente sind so aufgebaut, daß ein Teil der Vpn eine oder mehrere verbrechensähnliche Handlung(en) auszuführen (Wegnahme von Bargeld oder eines Wertgegenstandes) und dies bei der anschließenden polygraphischen Untersuchung nach besten Kräften zu verheimlichen hat. Für die erfolgreiche Verheimlichung werden meistens Geldprämien ausgesetzt.

Die Ergebnisse von 3 experimentellen Untersuchungen mit der Untersuchungstechnik für die *Aufdeckung verheimlichten Tatwissens* (concealed knowledge technique), bei denen allerdings nur die Veränderung in der Leitfähigkeit der Haut (HGR) ausgewertet worden ist, sind in Tab. 2 zusammengestellt.

Eine ähnliche Untersuchung von Balloun u. Holmes (1979) ist dabei nicht berücksichtigt worden, weil in dieser den Vpn nur 4 (statt 5) Alternativen je Frage geboten worden sind, wodurch dem Zufall ein größerer Wirkungsraum gegeben und die differenzierende Kraft der Punktsummen vermindert worden ist.

Zusammenfassend ist zu sagen, daß diese Befragungsmethode folgende entscheidenden Vorzüge hat:

1. Sie weist ausnahmslos Unschuldige als Unbeteiligte aus,
2. sie erfaßt die Täter mit einer sehr hohen Entdeckungsrate.

Sie sollte daher in der Praxis mehr Anwendung finden, als dies bisher der Fall ist.

In der Praxis wird heute fast ausschließlich gearbeitet mit den verschiedenen Varianten der *Control Question Technique.*

Die Ergebnisse der bisher durchgeführten 3 Experimente mit der CQ-Technik sind in Tab. 3 zusammengestellt.

Tabelle 2: Validität von Polygraph-Untersuchungen zur Aufdeckung verheimlichten Tatwissens in der experimentellen Situation

Autor(en)	alle				alle ohne Unentschiedene			Täter				Unbeteiligte				Rate-wahrsch.	p	Bem.
	N	r	f	u	N	r	f	N	r	f	u	N	r	f	u			
Lykken 1959	98	93,9	6,1	0				50	88	12	0	48	100	0	0	0,25	< 0,001	HGR
Davidson 1968	48	97,9	2,1	0				12	91,7	8,3	0	36	100	0	0	0,25	< 0,001	HGR
Podlesny u. Raskin 1978	20	80	10	10	18	89	11	10	80	20	0	10	80	0	20	0,50	< 0,01	HGR
Σ bzw. M%	166	93,4	5,4	1,2				72	87,5	12,5	0	94	97,9	0	2,1			

r = richtig
f = falsch
u = unentschieden

Tabelle 3: Validität von Polygraph-Untersuchungen bei Anwendung der ZC-Technik in Experimenten

Autor(en)	alle				alle ohne Unentschiedene			Täter				Unbeteiligte			
	N	r	f	u	N	r	f	N	r	f	u	N	r	f	u
Raskin u. Hare 1978	48	88	4	8	44	95,5	4,5	24	87,5	0	12,5	24	87,5	8,3	4,2
Podlesny u. Raskin 1978	40	80	10	10	36	89	11	20		15		20		5	
Rovner, Raskin u. Kircher 1979	48	88	4	8	44	95,5	4,5	24	87,5	0	12,5	24	87,5	8,3	4,2
Σ bzw. M%	136	83,5	5,9	8,8	124	93,6	6,4								

Die Trefferzahlen sind durchweg hoch. Besonders erwähnenswert ist die Tatsache, daß es in 3 Experimenten (Raskin u. Hare 1978, Rovner, Raskin u. Kircher 1979, Dawson 1980 – die Ergebnisse dieser Untersuchung werden nachfolgend in Tab. 8 mitgeteilt) keiner einzigen Vp, die auftragsgemäß eine deliktähnliche Handlung ausgeführt hatte, gelang, „unschuldig" zu erscheinen, d.h. einen Testwert von +6 oder höher zu erreichen. Wenn das schon im Experiment der Fall ist, in dem der „Täter" ja keine negativen Konsequenzen seiner „Tat" in der Realität seines Lebens zu erwarten hat, um wieviel mehr wird das dann erst bei tatsächlich begangenen mit Strafe bedrohten Handlungen der Fall sein! Das besagt, daß positiven Resultaten eines Polygraph-Tests eine besondere Zuverlässigkeit beigemessen werden kann. In den USA ist die Praxis weit verbreitet, daß bei positivem Polygraph-Test das Verfahren eingestellt wird oder Freispruch erfolgt.

Letzten Endes interessiert aber natürlich nur die Leistungsfähigkeit der Methode beim Einsatz in der *Praxis*. Diesbezüglich zu klaren Ergebnissen zu kommen, ist aber wesentlich schwieriger, weil unter den Bedingungen des normalen Lebens Täterschaft und Nicht-Täterschaft häufig nicht eindeutig geklärt werden können.

Für die Überprüfung der auf Grund der Untersuchung mit dem Polygraphen gewonnenen Ergebnisse sind in der bisherigen Forschung 3 *Kriterien* verwendet worden: Geständnisse, Gerichtsurteile und panel-Entscheidungen. Das panel ist üblicherweise zusammengesetzt aus in der Strafrechtspflege tätigen Juristen.

Da zu einer Verurteilung die Überzeugung von der Schuld des Angeklagten erforderlich ist, ist es selbstverständlich, daß freigesprochen werden muß, wenn der Angeklagte zwar die Tat begangen hat, dies aber für das Gericht nicht mit einer jeden vernünftigen Zweifel ausschließenden Gewißheit erkennbar ist. Von ähnlichen Tendenzen lassen sich auch die Mitglieder eines panels leiten, das aus in der Strafrechtspflege tätigen Juristen besteht. Es wird aus diesem Grunde bei beiden Arten von Beurteilungen immer einen bestimmten Prozentsatz von Fällen geben, in denen Täter nicht als solche bezeichnet werden. Hat in diesen Fällen die Polygraph-Untersuchung zu dem Ergebnis geführt, daß der Untersuchte der Täter war, so wird dieses Ergebnis durch einen eventuellen Freispruch oder durch Zweifel des panels aus den angegebenen Gründen nicht widerlegt. Hingegen dürfte im Falle einer Verurteilung die Täterschaft des Angeklagten – von extrem seltenen Ausnahmefällen abgesehen – immer zu Recht festgestellt worden sein. Daher können Freisprüche nicht als Kriterium verwendet werden, wohl aber Verurteilungen. Ähnliches gilt für die Entscheidungen eines panels. Die *Urteile* (des Gerichts oder eines panels) können also nur zur Überprüfung *in einer Richtung* verwendet werden: bezüglich der Leistungsfähigkeit der Methode bei Entdeckung der Täter. Die Leistungsfähigkeit bei der Indentifizierung der unschuldig in Verdacht Geratenen kann auf Grund von Urteilen (der einen oder der anderen Art) nicht überprüft werden. Für die Bewährungskontrolle werden daher nachstehend nur die Fälle herangezogen, in denen das Gericht oder das panel von der Täterschaft des Untersuchten überzeugt war (Tab. 4).

Einen recht hohen Grad an Sicherheit *nach beiden Seiten* (Identifizierung sowohl der Täter als auch der Unbeteiligten) bieten hingegen *Geständnisse.* Hat von den in Verdacht geratenen Personen eine im Anschluß an die Polygraph-Untersuchung oder zu einem späteren Zeitpunkt ein Geständnis abgelegt, so darf man in aller Regel sicher sein, daß diese der Täter war und die anderen Personen unschuldig in Verdacht geraten waren, so daß hier ein Kriterium vorliegt, das an Zuverlässigkeit den beiden anderen Kriterien überlegen ist.

Das Kurvenmaterial von Tätern und Unbeteiligten in dieser Weise aufgeklärter Fälle ist in einer Reihe von Untersuchungen Poygraph-Sachverständigen zur Auswertung übergeben worden, ohne daß diese wußten, wieviele Täter sich in ihrem Material befanden. Die Trefferzahlen dieser nur auf die Auswertung der in der Praxis gewonnenen Kurven gestützten Befunde sind in Tab. 5 zusammengestellt.

Tabelle 4: Validität von Polygraph-Untersuchungen nach der CQ-Technik in der Praxis; Kriterium: panel oder Gerichtsurteil

Autor(en)	N	n	r	f	u	als Täter angesehen durch
Bersch 1969		70	92,9	7,1	–	panel, einstimmig
Barland u. Raskin 1976	1	47	91,5	0	8,5	panel, Mehrheit
Barland u. Raskin 1976	1	33	90,9	0	9,1	Gerichtsurteil
Σ bzw. M%		150	92,0	3,3	8,74	

Tabelle 5: Validität von Polygraph-Untersuchungen in der Praxis. CQ-Technik, nur auf Grund der Kurvenauswertung
Kriterium: Geständnis

Autor(en)	Untersuchte N	Auswerter n	N · n	r	f	u
1. Standard Reid Control Question Technique						
1.1 Horvath u. Reid 1972	40	7	280	91,4 (85,0-97,5)	8,6 (0-15)	0 (0-0)
1.2 Hunter u. Ash 1973	20	7	140	86,4 (80-90)	12,1 (10-20)	1,4 (0-10)
1.3 Slowik u. Buckley 1975	30	7	210	87,1 (70-100)	11,0 (0-30)	1,9 (0-10)
1.4 Wicklander u. Hunter 1975	20	6	120	88,3 (70-95)	6,7 (0-15)	5,0 (0-30)
1.5 Horvath 1977	56	10	560	64,1	35,6	1,3
2. Zone Comparison Technique						
2.1 Raskin 1976	16	25	400	78,8 (53-100)	8,2	13,0 (0-44)
Σ bzw. M% ohne 1.5	110	62	1150	85,3	9,1	5,6

Die Übersicht zeigt, daß die Trefferquote sehr hoch ist. Eine Ausnahme bildet allein die Untersuchung von Horvath (1977, s.u.).

Wenn die Zahl der Fehler auch gering ist, so interessiert doch die Frage, ob die Fehler häufiger bei Tätern als bei Unbeteiligten auftreten, anders gesagt, ob die Treffsicherheit der Methode verschieden ist für diese beiden Kategorien von Beschuldigten. In der nachfolgenden Tabelle sind daher die Trefferzahlen und die Fehlerquoten für beide Kategorien von Beschuldigten gesondert ausgewiesen (Tab. 6).

Tabelle 6: Validität von Polygraph-Untersuchungen in der Praxis: Kriterium: Geständnis; Aufgliederung nach Gruppen

Autor(en)	Aus-werter	Täter N	r	f	u	Unbeteiligte N	r	f	u
1. Standard Reid Control Question Technique; eindrucksmäßige Auswertung									
1.1 Horvath u. Reid 1972	7	20	89,3 (75-100)	10,7 (0-25)	0 (0-0)	20	93,6 (90-100)	6,4 (0-25)	0 (0-0)
1.2 Hunter u. Ash 1973	7	10	87,1 (70-100)	10,0 (0-30)	2,9 (0-20)	10	85,7 (70-100)	14,3 (0-30)	0 (0-0)
1.3 Slowik u. Buckley 1975	7	15	83,8 (67-100)	15,2 (0-33)	1,0 (0-7)	15	90,5 (70-100)	6,7 (0-33)	2,9 (0-13)
1.4 Wicklander u. Hunter 1975	6	10	90,0 (80-100)	8,3 (0-20)	1,7 (0-10)	10	86,7 (50-100)	5,0 (0-20)	8,3 (0-50)
1.5 Horvath 1977	10	28	77,2		22,8	28	51,1		48,9
2. Zone Comparison Technique									
2.1 Raskin 1976	25	12		4,3		4		20,0	
Σ bzw. M% (ohne 1.5)	62	67		8,4		59		10,8	
Σ bzw. M% (ohne 1.5 und 2.1)	37	55	83,9			55	90,1		

Die Übersicht zeigt, daß für beide Gruppen die Trefferzahl sehr hoch ist, jedoch werden offensichtlich in der Praxis die Täter etwas besser erkannt als die Nicht-Beteiligten (90% gegen 84%), wie umgekehrt auch die Fehlerquote bei den Tätern (8,4%) etwas niedriger ist als bei den Nicht-Beteiligten (10,8%).

Alle 3 Arten von Bewährungsuntersuchungen haben zu erstaunlich übereinstimmenden Ergebnissen geführt.

Weiterhin zeigte sich in der Untersuchung von Raskin u. Barland (1976) die quantifizierende Auswertung der bloß eindrucksmäßig vergleichenden Auswertung eindeutig überlegen (Tab. 7).

Tabelle 7: Validität von Polygraph-Untersuchungen in der Praxis; Auswirkung verschiedener Auswertungsverfahren

Autor	Untersuchte N	Auswerter n	Treffer	Auswertung
Raskin 1976	16	18	87,9%	eindrucksmäßig
	16	7	98,9%	quantifizierend
	t(23 FG) = 2,49;		p < 0,025	

Raskin (1976, S.14) faßt das Ergebnis dieser Untersuchung von 16 durch nachträgliche Geständnisse aufgeklärten Fällen der Praxis in dem Satz zusammen: „When numerical scoring was employed, there was only one error in 112 cases." Dieser Wert, wirklich aus der Alltagspraxis der Polygraph-Untersuchung gewonnen, hat Gültigkeit für eben diese Praxis. Er beweist: Wenn die Untersuchungstechnik den neuesten Erkenntnissen entspricht und eine detaillierte quantitative Bewertung der Kurvensymptomatik vorgenommen wird, kann in der praktischen Anwendung nicht nur der indirekten, sondern auch der direkten Methoden ein sehr hohes Maß an Zuverlässigkeit und Treffsicherheit erreicht werden.

Schließlich ergibt sich noch die Frage, in wie weit es möglich ist, die Ergebnisse einer Polygraph-Untersuchung *absichtlich zu verfälschen.* So meint z.B. D. Lykken,

„that the specific lie test method advocated by Raskin and his colleagues ought to be relatively easy ... to ‚beat'. While it is assuredly difficult for most people to inhibit autonomic reactions to threatening stimuli, there are number of ways in which one can covertly *augment* one's autonomic reaction, e.g. to a control question" (1978, S.140).

Dies ist eine unter Laien weit verbreitete Ansicht. Diesem Einwand gegenüber ist zunächst darauf hinzuweisen, daß ein Interesse an einer Verfälschung der Untersuchungsergebnisse nur der Täter haben kann. Die Verfälschung könnte also allenfalls den Erfolg haben, daß tatsächliche Täter in der Untersuchung als solche nicht erkannt werden. Genau in diese Richtung zielt auch die Argumentation von Lykken.

Zur Klärung der Frage, in welchem Umfang Täter in der Lage sind, ihre Täterschaft bei einer mit ihrem Einverständnis durchgeführten psychophysiologischen Untersuchung zu verheimlichen, liegen zwei Untersuchungen jüngsten Datums vor. In beiden Experimenten ging es um die Auffindung derjenigen Personen, die auftragsgemäß eine verbrechensähnliche Handlung ausgeführt hatten. Für die erfolgreiche Verheimlichung der Täterschaft war eine Geldprämie ausgesetzt. In dem Experiment von Rovner, Raskin u. Kircher (1979) wurden die Vpn (durch Zeitungsanzeigen gewonnene Männer aus der Stadt) in 3 Gruppen eingeteilt. Die erste Gruppe nahm in normaler Weise an der Untersuchung teil, die zweite Gruppe wurde eingehend aufgeklärt über die Vergleichsfragen-Technik sowie die dabei auftretenden physiologischen Reaktionen und wurde darüber beraten, was sie tun könnte, um „unschuldig" zu erscheinen. Die dritte Gruppe bekam die gleichen Informationen, außerdem wurden aber zur Einübung zuvor zwei vollständige, im Aufbau gleiche, in den Fragen sehr ähnliche Polygraph-Untersuchungen mit ihnen durchgeführt, wobei sie jedesmal Rückmeldung erhielten über den Erfolg ihrer Bemühungen, „unschuldig" zu erscheinen. Auf diese Weise wurden die (nach Meinung von Lykken) zur Fälschung geeigneten Maßnahmen bei dieser letzten Gruppe geradezu maximiert.

In der Untersuchung von Dawson (1980) waren die Vpn Schauspieler, die trainiert waren in der Stanislavsky-Methode. Diese Methode lehrt und übt, einen echten Gefühlsausdruck hervorzubringen, indem man sich in bildhafte Vorstellungen hineinlebt. Darin geübte Personen müßten ideale Voraussetzungen mitbringen, eine polygraphische Untersuchung unentdeckt zu überstehen. Die Vpn wurden aufgefordert, diese von ihnen beherrschte Technik anzuwenden, um auf jeden Fall als „unschuldig" zu erscheinen.

Die Ergebnisse beider Untersuchungen sind in Tab. 8 zusammengestellt.

Tabelle 8: Erfolge absichtlicher Verfälschung der Ergebnisse zur Verdeckung der Täterschaft

	alle				Täter				Unbeteiligte			
	N	r	f	u	N	r	f	u	N	r	f	u
Rovner, Raskin u. Kircher 1979												
Normalsituation	24	75,1	8,3	16,6	12	87,5	0		12	87,5	8,3	4,2
Information	24	75,1	8,3	16,6	12		0	12,5	12		8,3	
Information und Übung u. Feed back	24	62,5	25,0	12,5	12		25		12		25	
Dawson 1980												
Stanislavsky-Methode	24	88	8	4	12	100	0	0	12	75	16,7	8,3

Ein Überblick über die Ergebnisse zeigt, daß die angewandten Täuschungstechniken und Gegenmaßnahmen nichts gefruchtet haben außer in einer Gruppe, bei der nicht nur eine fachkundige Belehrung, sondern außerdem eine Einübung mit Rückmeldung über den Erfolg stattgefunden hatte. In dieser Gruppe war die Trefferquote auf 62,5% gefallen und die Fehlerquote auf 25% gestiegen. Aber das sind Untersuchungsbedingungen, die in der Wirklichkeit praktisch nicht vorkommen.

Von solchen Ausnahmebedingungen abgesehen liefert das Ergebnis einer nach den heutigen Erkenntnissen lege artis durchgeführten und ausgewerteten Polygraph-Untersuchung ein Indiz von erheblichem Gewicht. Raskin hat im Rahmen des ihm vom U.S. Department of Justice erteilten Forschungsauftrages 2 Laboratoriumsexperimente und 6 Untersuchungen mit Material von Beschuldigten aus der Alltagspraxis von Polygraph-Sachverständigen durchgeführt. In ihrem Abschlußbericht (Raskin, Barland u. Podlesny 1977) kommen die Forscher zu dem Ergebnis:

„In light of that high rate of accuracy, the results of polygraph examinations should be given careful consideration in criminal investigation and judicial proceedings" (S. 37).

Durch diese Forschung ist auf breiter empirischer Basis der Nachweis der *Zuverlässigkeit* der Methode erbracht worden. Nicht Gegenstand dieses Berichtes über den Stand der empirischen Forschung ist die Frage nach der prozessualen *Zulässigkeit* der Methode in foro. Diese wird an anderer Stelle behandelt (Undeutsch 1975; Schwabe

1979, 1982; Wegner 1981; Amelung 1982). Einen ständigen Antrieb zum Nachdenken darüber sollte aber die Mahnung von K. Peters – nach Auswertung der Akten über 1.100 Wiederaufnahmeverfahren – geben:

„Jedoch müssen auch die Grenzen der Beweisverbote überdacht werden. Beweisverbote können u.U. dazu führen, daß zuverlässige Beweismittel ausgeschieden werden und dafür mit unzuverlässigen Beweismitteln gearbeitet wird" (1975, S.120).

Strafvollzugspsychologie und psychologische Intervention

Georg Wagner

Aufgaben und Probleme des Psychologen im Strafvollzug

1 Einführung

„Das Strafvollzugssystem einer jeden Gesellschaft ist kein isoliertes Phänomen, welches nur seinen eigenen besonderen Gesetzen unterworfen ist. Es ist vielmehr integraler Bestandteil des gesamten Gesellschaftssystems. ..." (Rusche u. Kirchheimer 1974, S.288). Zitierte These bezeichnet nicht nur eine abstrakte Struktur; sie charakterisiert Strafvollzug als sehr konkretes ökonomisches, soziologisches und nicht zuletzt psychologisches Faktum innerhalb des Kraftfeldes „Gesellschaftssystem". Davon ist u.a. auch die berufliche Aufgabe und Position des Psychologen betroffen, wenn er in einer Vollzugsanstalt arbeitet. Strafvollzug ist Gesellschaftsprodukt, wird von Angehörigen der Gesellschaft gestaltet, von einem Hochschulabgänger in anderer Weise als von einem Facharbeiter, der sich entschließt, Vollzugsbediensteter zu werden. Mithin baut sich das Thema schon von den unterschiedlichen Sozialisierungsbedingungen der Beteiligten auf.

Die speziellen Sozialisierungsbedingungen des Psychologen und ihre gesellschaftliche Bedeutung gehen mit den institutionellen Bedingungen des Strafvollzugs eine Verbindung ein und begründen sein berufliches Selbstverständnis. Für den Vollzugspsychologen gelten allgemeine Regeln der Professionalisierung wie für jeden anderen Beruf auch. „Der Professional in der komplexen Arbeitsorganisation wird in der Regel vor die Wahl gestellt, die Kollegengruppe oder die Arbeitsorganisation als Bezugsgruppe vor allem hinsichtlich der Ziele seiner Tätigkeit, der dabei zu beachtenden Normen sowie der angestrebten Belohnung zu wählen." (Daheim 1969, S.393). Dabei ist es fraglich, wie weit es sich im Fall des Anstaltspsychologen um eine Wahl handelt, wie weit um Ausdruck eines Kräfteverhältnisses.

Die Justizvollzugsanstalt übt als Gesellschaftsprodukt wie auch als Sozialgebilde eigener Art auf ihre Mitglieder, seien es Insassen oder Personalangehörige, einen starken Erwartungsdruck aus. Sie gliedert sie je nach Position und Funktion in ihre Struktur ein und ordnet sie ihrer Zielfunktion unter. Für die Gesamtdynamik ist es dabei oft relativ unerheblich, welche berufsspezifischen Ziele verfolgt werden. Die institutionelle Zielfunktion ergibt sich unausweichlich aus ihrem Übergewicht. In der konkreten Organisation und ihrem Ausdruck im Alltag der Institution laufen die unterschiedlichsten Faktoren integrativ zusammen: Gesetze, Verwaltungsvorschriften, materielle und personelle Gegebenheiten, Einstellungen, Interessen usw. Seiner hochkomplexen Eigenart entsprechend soll das Thema nach folgender Gliederung behandelt werden:

1. Sozialisierungsbedingungen des im Vollzug tätigen Psychologen,
2. Ausdrückliche Aufgaben und institutionelle Erwartungsstruktur,
3. Probleme.

2 Sozialisierungsbedingungen und ihr Einfluß auf die berufliche Tätigkeit

Schmitt (1980) stellt in seinem Aufsatz „Therapiemodelle im Regelvollzug" den behandelnden, im Vollzug tätigen Psychologen nicht als Beobachter, als die Verhältnisse beurteilenden Außenstehenden sondern sehr konsequent als Teil des zu untersuchenden Feldes dar, wenn er die „professionelle Sozialisation" des Psychologen an den Anfang seiner Betrachtung stellt. Das erscheint auch im vorliegenden Zusammenhang notwendig. Betrachtet man die fachwissenschaftliche Diskussion, so wird es einem zunehmend zweifelhafter, ob man der Berufsbezeichnung „Psychologe" einen übereinstimmenden Begriffsinhalt zuordnen kann. Aufschlußreich ist in dieser Hinsicht vor allem der von Stephan (1980) herausgegebene Sammelband „Ausbildung und Weiterbildung in Psychologie". Vom Standpunkt des wissenschaftlich tätigen Psychologen ganz abgesehen, gewinnt auch der außerhalb der Universität langjährig beschäftigte Fachpsychologe bei seinen jüngeren Kollegen wie auch bei Praktikanten den Eindruck, daß deren Fachkenntnisse und berufliche Einstellungen höchst unterschiedlich sein können.

Das war natürlich in bestimmtem Ausmaß „immer", d.h. seit Kriegsende schon so. Man kannte schon als Psychologiestudent die wissenschaftlichen Schwerpunkte der verschiedenen Universitäten, wußte was hier und dort geboten und zu erwarten war und was nicht. Die neuere Entwicklung seit Ende der 60-er Jahre und seit Einführung der Rahmenprüfungsordnung von 1973 hat offenbar diesen Trend verstärkt. Schlaglichtartig wird die Entwicklung durch die Autoren des erwähnten Sammelbands mit folgenden Feststellungen hervorgehoben:

1. „Die Varianz dessen, was die Diplomzeugnisse als Ausweis von Kenntnissen aufführen, hat in den letzten Jahren enorm zugenommen. Nach der Nomenklatur der Prüfungsordnungen sind zwischen den Absolventen unterschiedlicher Universitäten, aber auch zwischen je zwei Diplomen einer Universität oft kaum noch Gemeinsamkeiten auszumachen." (Eyferth 1980).
2. „Die universitäre Ausbildung zum Diplom-Psychologen qualifiziert nicht genügend, um das Fach Psychologie in einer JVA vertreten und ausfüllen zu können. Psychologen sind als Berufsanfänger im Vollzug wenig kompetent." (Schmitt 1980) Lediglich an drei westdeutschen Hochschulen ist Forensische Psychologie Prüfungsfach (Fisseni 1980); an nur zwei mehr wird Forensische Psychologie als Lehrangebot aufgeführt.
3. „Ausnahmslos sind die klinische, vor allem die auf Therapie-Techniken bezogenen Übungen im Angebot (der psychologischen Institute an deutschen Hochschulen, aus einem Umfrageergebnis, eigene Anm.) am stärksten vertreten, während die Grundlagen- oder Methodenvertiefungen selten sind und gelegentlich aus dem Angebot ganz verschwinden." (Eyferth 1980). Der Schwerpunkt liegt auf der Ausbildung zum psychologischen Therapeuten.
4. Die vermittelten Therapietechniken haben den Nachteil, daß sie „erst über kurze Tradition verfügen, kaum theoretisch abgeleitet und kaum valuiert sind" (Eyferth 1980).

Die zitierten Feststellungen schaffen für den Psychologen, der in einer Vollzugsanstalt beruflich tätig wird, häufig folgende Primäreinstellungen:

1. Der Psychologe erwartet von seiner Vorbildung, aber auch von einem in den letzten Jahren öffentlich verbreiteten Bild vom Strafvollzug her eine Arbeitssituation, in der er therapieren kann. Im Hinblick auf die institutionelle, sozial- und organisationspsychologisch bestimmte Struktur des Strafvollzugs ist er mangels theoretischer Vorbildung wenig sicher.
2. In der für therapeutische Aktivitäten meist unvorbereiteten Situation des Vollzuges erkennt er vor allen Dingen die erheblichen Mängel dieser Zielerfüllung und entwickelt aus der eigenen Aufgabenstellung eine grundsätzlich kritische Einstellung. Seine Kritik am Strafvollzug als Behandlungsinstitution ist zwar sehr berechtigt, aber mangels fachlichen Wissens wenig differenziert und analytisch brauchbar.
3. Die eigene berufliche Rollenwahrnehmung erscheint von der Vorbildung her erschwert. In Einführungskursen machte ich bei beginnenden Anstaltspsychologen nicht selten die Erfahrung, daß die Eigenmotivation den sachanalytischen Ansatz in den Hintergrund drängt. Strafvollzug als berufliches Thema wird von einer in therapeutischen Kategorien befangenen Einstellung her einseitig als Selbsterfahrung erfaßt und als solche zu bewältigen gesucht. Der Betreffende bleibt in professionellem Narzißmus stecken und die Wahrnehmung und Lösung von Sachproblemen kommt zu kurz.

3 Institutionelle Erwartungsstruktur und ausdrückliche Aufgaben

Häufig wird als Grundlage der Tätigkeit des Psychologen im Strafvollzug der Grundsatz nach § 2 StVollzG (= Strafvollzugsgesetz) Satz 1 zitiert: „Im Vollzug der Freiheitsstrafe soll der Gefangene fähig werden, künftig in sozialer Verantwortung ein Leben ohne Straftaten zu führen (Vollzugsziel)." Die Bedeutung dieser Zielsetzung für die Praxis ist bei weitem nicht so zentral, wie dies am Anfang des Gesetzes und durch ihre ausdrückliche Hervorhebung als „Grundsatz" erscheinen mag. Zwar sind § 2 StVollzG und die weiteren Grundsätze unbestritten prinzipielle Norm, aber diese ist nicht reale Prognose dessen, was tatsächlich geschieht, während ja die Produktionsziele von Fabriken, Betrieben und auch von Behandlungsinstitutionen wie Schulen und Krankenhäusern nicht informell so weitgehend umgestaltet werden, daß sie nicht mehr gelten würden.

Eine Schuhfabrik produziert Schuhe. Eine derart einfache Behauptung ist über das Resozialisierungsziel des Strafvollzugs nicht möglich. Der Strafvollzug befindet sich insofern in einer permanenten Dysfunktion. Das ist nicht neu, nicht etwa erst Folge des Strafvollzugsgesetzes von 1976. Michel Foucault (1977) belegt am Beispiel und an der historischen Entwicklung des französischen Gefängniswesens seit dem 18. Jahrhundert, wie der Besserungsgedanke nicht etwa das endliche Entwicklungsstadium des Vollzugs ist, das auf Grausamkeit und Abschreckung folgt, sondern wie er in einem simultanen System mit allen anderen Elementen des Vollzugs integriert ist. „Das Kerkersystem", so Foucault (1977, S. 349), „schließt Diskurse und Architekturen, Zwangsregelungen und wissenschaftliche Thesen, wirkliche gesellschaftliche Effekte und nicht aus der Welt zu schaffende Utopien, Programme zur Besserung der Delinquenten und Mechanismen zur Verfestigung der Delinquenz zu einem einzigen Komplex zusammen."

Die soziale Eigengesetzlichkeit der Institution Strafvollzug entspricht nicht ihrer rechtlichen Zielsetzung gemäß § 2 StVollzG. Sie resultiert:

1. aus der gesamtgesellschaftlichen Diskrimination des verurteilten Straftäters und dem Wunsch nach seinem sozialen Ausschluß,
2. aus den ökonomischen, soziologischen und psychologischen Schwierigkeiten, aus ihrem sozialen Milieu ausgegliederten und willkürlich zusammengebrachten Personen ein sinnvolles Leben zu ermöglichen,
3. aus der Schwierigkeit, dies bei dem allgemeinen Desinteresse finanziell, materiell und personell zu besorgen und schließlich
4. aus der grundsätzlichen Theoriefeindlichkeit einer in materiellen und personellen Mängeln befangenen Institution.

Resozialisierung als Vollzugsziel wird unter den angeführten Voraussetzungen überwiegend zum Interpretations- und kaum zum Handlungsgesichtspunkt (Wagner 1972). Entwickeltere Aufgaben des Vollzugs, eine Sinngebung der Internierung oder auch Behandlungsaufgaben können nur selten berücksichtigt werden, da die dafür notwendigen Kapazitäten nicht vorhanden sind. Die persönliche Lebensführung der Anstaltsinsassen wird eingeschränkt, individuelle und soziale Vielfalt drastisch reduziert. Dies gilt in allen Bereichen: Konsum, Bewegung, Besitz, Arbeit, Partnerwahl, Aktivitäten usf. Die daraus resultierenden erheblichen Bedürfnisspannungen polarisieren Personal (als Vielfalt einschränkende Gruppe) und Insassen (als Vielfalt anstrebende Gruppe). Sie werden soziologisch in eine Blöckeverhältnis zwischen beiden Gruppen umgesetzt. Bedürfniseinschränkung wird als berechtigte Strafe auf seiten des Personals legitimiert, Streben der Gefangenen nach individueller Vielfalt gilt dagegen vielfach als unberechtigt und Äußerung krimineller Eigenart.

Dieses Bild der Institution ist für jeden Personalangehörigen Grundlage eines sozialen Erwartungsmusters, das er in täglichen Interaktionen mit anderen Personalangehörigen und unterschiedlichen Positionen erlebt, das auf Fortführung drängt und eine entsprechende institutionelle Sozialisierung bewirkt. Für den Psychologen gilt, daß seine berufliche Sozialisierung an der Universität der des Strafvollzugs in der Regel entgegenläuft. Der Eigengesetzlichkeit dieser Institution entsprechend ist seine Position – da sie über einfache Ordnungs-, Versorgungs- und Produktionsaufgaben hinausgeht – kaum definiert.

Das Strafvollzugsgesetz regelt die Mitarbeit des Psychologen ohne strukturelle Einordnung, wie etwa die der Anstaltsleitung oder wie durch die bundeseinheitlichen Dienst- und Sicherheitsvorschriften für den Strafvollzug (DSVollz) die des allgemeinen Vollzugs- und des Werkdienstes. § 155 Abs. 2 StVollzG lautet:

„Für jede Anstalt ist entsprechend ihrer Aufgabe die erforderliche Anzahl von Bediensteten der verschiedenen Berufsgruppen, namentlich des allgemeinen Vollzugsdienstes, des Verwaltungsdienstes und des Werkdienstes, sowie von Seelsorgern, Ärzten, Pädagogen, Psychologen und Sozialarbeitern vorzusehen."

Den von der Bezeichnung her notwendig strukturierten „-diensten" steht der unstrukturierte Plural der Angehörigen des Sozialstabes gegenüber. Im Hinblick auf den Psychologen wird diese Unschärfe auch nicht andernorts ausgeglichen. Aufgabenhinweise ergeben sich implizit am ehesten aus den Bestimmungen über Behandlungsuntersuchung (§ 6) und Vollzugsplan (§ 7 StVollzG).

So § 6 Abs. 1 StVollzG:
„Nach dem Aufnahmeverfahren wird damit begonnen, die Persönlichkeit und die Lebensverhältnisse des Gefangenen zu erforschen. Hiervon kann abgesehen werden, wenn dies mit Rücksicht auf die Vollzugsdauer nicht geboten ist."
§ 7 StVollzG lautet:
„(1) Auf Grund der Behandlungsuntersuchung (§ 6) wird ein Vollzugsplan erstellt. ...
(3) Der Vollzugsplan ist mit der Entwicklung des Gefangenen und weiteren Ergebnissen der Persönlichkeitserforschung in Einklang zu halten. Hierfür sind im Vollzugsplan angemessene Fristen vorzusehen."

Obwohl nicht eigens angeführt, enthalten die zitierten Gesetzvorschriften am ehesten noch Aufgaben für den Psychologen. Man muß sich jedoch vor Augen führen, daß die relativ anspruchsvolle Behandlungsuntersuchung und -planung vor einer Institution steht, die in der Regel der schon gezeichneten Eigengesetzlichkeit folgt und kaum eine Behandlungsinstitution zu nennen ist. Therapeutische Veranstaltungen sind – ungleich Arbeit, Freizeit und auch Aus- und Fortbildung – gesetzlich nicht vorgesehen. Das Wort Therapie erscheint lediglich einmal, nämlich als Wortteil, so nach § 37 Abs. 5 StVollzG: „Ist ein Gefangener zu wirtschaftlich ergiebiger Arbeit nicht fähig, soll er arbeitstherapeutisch beschäftigt werden." Das Strafvollzugsgesetz orientiert sich umfassend gesehen nicht etwa am Leitbild des durch spezifische Veranstaltungen und Maßnahmen zu entkriminalisierenden Menschen. Anthropologischer Bezugspunkt des Gesetzeswerkes ist der arbeitsfähige Mensch. „Das normativ (durch Anweisungen, durch mögliche Sanktionen, durch materiell und personell gewährleistete Arbeitsveranstaltungen) am besten abgesicherte Persönlichkeitsideal ist das des Homo Faber, des industriell oder handwerklich in ‚wirtschaftlich ergiebiger Weise' tätigen Menschen." (Wagner 1981).

Der Psychologe steht nach allem vor einer entweder mangelhaft definierten oder, wo geschehen, in ihrer Auswirkung recht zweifelhaften beruflichen Aufgabenstellung. Er teilt darin die Situation des Sozialstabs, mit Sozialarbeitern, -pädagogen, Lehrern und Geistlichen. „Der Umstand, daß der Sozialstab die (nach Callies, eigene Anm.) ‚am wenigsten definierte Gruppe' der Anstalt ist, wirkt sich ... negativ auf die Effektivität der Tätigkeit in Erfüllung des gesetzgeberischen Auftrags aus. Die Kehrseite der eingeräumten Freiheit ist eine Entscheidungsüberlastung, der die Mitglieder des Sozialstabes wie keine andere Gruppe in der Anstalt ausgesetzt sind. Da der Gesetzgeber selbst keine exakten Anleitungen zum Vollzugsziel der Resozialisierung an die Hand gibt, muß sich der Einzelne selbst die Selektionskriterien für die Auswahl der ‚richtigen' Handlungen aus der Vielzahl der möglichen aufstellen. Dieser Vorgang der Selektion ist also nicht institutionalisiert, sondern dem persönlichen Engagement eines jeden Mitglieds des Sozialstabes überlassen." (Ohler 1977, S.54; vgl. auch Eisenhart 1978).

Die berufliche Aufgabenstellung ergibt sich nach allem nicht unmittelbar aus klar definierten, organisatorisch nach Zeit und Ort vorbereiteten Aufgaben; sie ist – zumindest teilweise – schon Ergebnis einer zu leistenden Analyse. Zählen wir zum Berufsbild des Psychologen analytische (= diagnostische) Funktionen, Bewirken von Veränderungsprozessen (= Therapie) sowie fachlich begründete Leitungskompetenzen, dann kommen für ihn folgende Dienstleistungen in Frage:

1. Psychodiagnostische Aufgaben bei Gefangenen im Rahmen der zitierten §§ 6 ff. StVollzG unter Einsatz psychologischer Mittel, wie Tests und Exploration (Mai

1981). Diese Aufgabe wird in anstaltsübergreifenden Einweisungsabteilungen (so bspw. in der JVA Hannover) oder auch in Zugangsabteilungen (so bspw. in der JVA Straubing) unter Leitung von Fachpsychologen durchgeführt.

2. Eignungspsychologische Aufgaben im Personal: Praktisch durchgeführt werden vor allem Eignungsunterschungen im allgemeinen Vollzugsdienst und im Werkdienst. In Eignungsuntersuchungen von höher bewerteten Dienstrangpositionen fließen standespolitische Interessen mit ein. Diese schließen die Anwendung rationaler eignungspsychologischer Methoden häufig aus.
3. Fortbildungsaufgaben im Personal sowohl inhaltlich als Vermittlung psychologischer Themen als auch methodisch. Hauptsächlich betrifft diese Tätigkeit die Aus- und Fortbildung des allgemeinen Vollzugsdienstes und des Werkdienstes. (Vgl. Steller u. Berbalk 1974, Schmuck u. Wagner 1974, Wagner 1975a, Blickhan, Braune, Klapprott, Linz u. Lösel 1976, Steller u. Kolbe 1977, Kühne 1981).
4. Durchführung von einzel- und gruppentherapeutischen Veranstaltungen sowie von Behandlungsversuchen in Wohn- bzw. Erziehungsgruppen, die unter Leitung von Psychologen stehen. (Vgl. Federl 1979, Schöner 1979, Wagner 1979).
5. Krisenintervention bei Gefangenen mit auffälligen Reaktionen in der Haftsituation. (Vgl. Hohn 1976, Michelitsch-Traeger 1981).

Abgesehen von dem Bedürfnis nach Krisenintervention, die einer „Feuerwehrfunktion“ gleichkommt, entsprechen die zitierten Aufgaben nicht einer darauf gerichteten relativ einheitlichen Erwartung im Personal. Das Rollenbild des Psychologen ist in der Kriteriumsgruppe wenig übereinstimmend (Oldendorff 1970). Es ist nicht nur undeutlich, sondern auch konflikthaft und bei weitem nicht so profiliert wie etwa das Rollenbild des allgemeinen Vollzugsdienstes traditioneller Art.

Nicht übersehen werden darf, daß es keine bundeseinheitliche Strafvollzugsverwaltung gibt, sondern eine föderalistische, daß Strafvollzug Ländersache ist. Zudem ist das Strafvollzugsgesetz zwar nicht unmittelbar in sich widersprüchlich, jedoch in höchstem Grad widerspruchsträchtig (Wagner 1982). Es fördert eine politisch unterschiedliche Auslegungspraxis und eine entsprechend unterschiedliche Bedeutung des Psychologen:

Nordrhein-Westfalen hatte bei 15 307 Gefangenen am 31.3.79 ca. 90 Psychologen im Vollzugsdienst, damit einen Psychologen auf 177 Gefangene (Justizminister in NRW 1980). Bayern mit ca. 10 000 Gefangenen 25 Psychologen, damit einen Psychologen auf 400 Gefangene. In Hamburg nehmen 2 Psychologen als Angehörige des höheren Dienstes die Aufgaben eines Anstaltsleiters wahr, in den meisten Landesjustizverwaltungen keiner. Hessen und Nordrhein-Westfalen haben Psychologen an den Vollzugsämtern bzw. im Justizministerium, ebenso der Senat in Berlin, andere Bundesländer keine. Es bestehen also erhebliche Unterschiede der Zahl sowie eine uneinheitliche Praxis in der Zuweisung von Funktionen.

Den unterschiedlichen Gegebenheiten entspricht, daß Psychologen im Vollzugsdienst ihre Tätigkeit je nach möglichen Aufgaben und eigenen Neigungen schwerpunktmäßig gestalten: Gefangenenbetreuung verrichten, vielfach ohne Bezugnahme zur Institution selbst und/oder institutionsorientiert tätig werden. In Frage kommt bei letzterem Psychodiagnostik in Einweisungsabteilungen, wie bspw. in Hannover oder in Stuttgart, Eignungsdiagnostik, wie bspw. in Bayern in jährlichen psychologischen Untersuchungen bei Anwärtern des allgemeinen Vollzugsdienstes durch ein

Team von drei Psychologen, ferner Aus- und Fortbildungsaktivitäten als Dozenten in Psychologie. Da die Anstaltsleitung gem. § 156 Abs. 1 StVollzG Angehörigen des höheren Dienstes, zu dem Psychologen gehören, offensteht, bietet sich die Möglichkeit, die Position des Anstaltsleiters oder Abteilungsleiters wahrzunehmen. De facto ist das selten, weil traditionell das Juristenmonopol weithin bestimmend ist.

4 Probleme

Die berufliche Situation des Psychologen im Justizvollzug ist nach allem nichts weniger als einfach. In Frage steht sowohl das eigene berufliche Selbstverständnis wie auch die permanente institutionelle Dysfunktion des Strafvollzugs und schließlich die unklare Aufgabensetzung. Die gesetzlich im Vergleich zu anderen Funktionen im Strafvollzug fehlende Regelung über Position und Aufgaben wird durch Verwaltungsvorschriften auf Länderebene nicht ausgeglichen. Wo Verwaltungsvorschriften für den Sozialstab, wie etwa in Bayern bestehen, definieren sie ansonsten nicht organisatorisch grundgelegte Aufgaben (BayVV zu § 155 StVollzG: „Den Psychologen obliegt insbesondere die psychologische Untersuchung und Beurteilung sowie die sozialtherapeutische Behandlung (Einzel- und Gruppentherapie) der Gefangenen.“) und gemeinsame Funktionen mit Sozialarbeitern und Lehrern. Ein Überblick über die Geschäftsverteilungspläne in den Anstalten selbst kann hier nicht gegeben werden.

Die bestehende Normengrundlage der psychologischen Tätigkeit ist somit relativ schwach, zumal in der Mehrzahl der Bundesländer noch keine Verwaltungsvorschriften für Psychologen aufgestellt wurden. Während Angehörige des allgemeinen Vollzugsdienstes, des Werk- oder Verwaltungsdienstes tradierte soziale Subsysteme vorfinden, die ihnen Orientierung geben, ist die institutionelle Sozialisierung des Psychologen weitaus weniger vorgeprägt. Er steht außerhalb des Liniensystems aus Vollzugs-, Verwaltungsdienst und Anstaltsleitung, erlebt keine verbindlichen Verhaltenserwartungen, eher Vorstellungen, die allenfalls von Vorgängern geprägt sind: im günstigen Fall erfährt er vorsichtigen Optimismus, im ungünstigen Mißtrauen. Im Regelfall begegnet er der Zurückhaltung von seiten des Personals. Auch der Insasse, dessen Position, wenn auch überwiegend negativ, scharf definiert ist, ist an diesem Prozeß beteiligt und hegt unklare Erwartungen über den Psychologen.

Im Liniensystem begegnet der Psychologe in der Regel der Erwartung auf Mitwirkung bei Erhaltung des Status Quo, gelegentlich auch der Erwartung nach einer plakativen Modernität, die den Status Quo nicht berührt. Auf der anderen Seite erlebt der Psychologe die Erwartung an sich, „anders zu sein“, eine allgemeine Progressivität zu vertreten. Diese verbindet sich häufig mit hoher Identifikation mit der Situation der Insassenschaft. Auf das Gesamtsystem bezogen, ist der Psychologe wenig integriert, weder durch Aufgabenzuweisung noch durch erwartete und anerkannte Mitgliedschaft.

Folge dieser sozialen Konstellation ist, wie schon Ohler (1977) feststellt, eine für eine berufliche Rolle ungewöhnlich hohe Komponente an Eigendefinition bei unpräzisen Erwartungen seitens des beruflichen Umfeldes. Der Psychologe ist nicht von ungefähr eine nicht selten höchst individuelle Erscheinung im uniformen Bild der Anstalt; er ist dies beileibe aber nicht nur auf Grund eigener Spontaneität allein, diese steht im Wechselverhältnis zu den Erwartungen von außen. Differenzieren wir nach Oldendorff (1970) zwischen einem persönlich und einer sozial definierten beruflichen Rolle, so ist der persönliche Anteil der Rolle des Psychologen im Vollzug ungewöhnlich hoch. „Die Funktionsrolle wird größtenteils durch die Wahrnehmung der Reaktionen der Umgebung erlernt, durch die Nachahmung vergleichbarer Positionen und schließlich durch die Übernahme der festgestellten Normen des unmittelbaren sozialen Zusammenhangs, zu dem man gehört" (Oldendorff 1970, S.112).

Diese Möglichkeit ist gerade beim Psychologen im Justizvollzug nicht gegeben, und er steht in einer entsprechenden Not, Maßstäbe eigenen beruflichen Verhaltens zu finden. Er steht in einem unklaren, partiell widersprüchlichen Feld von Aufgabenzuweisungen und Erwartungen. Gelegentliche professionelle Fehlhaltungen sind daher nicht ausgeschlossen: ein Aus-dem-Feld-Gehen durch eine Kombination von Desengagement und Institutionskritik oder Fehlidentifikationen durch eine unrealistische Sicht der Interessen der Gefangenen oder auch eine konformistische Sichtweise der Institution selbst gegenüber. Der Prozeß der beruflichen Sozialisierung ist im Einzelfall schwierig und zeigt generell noch keinen Abschluß. Insoweit eine Berufsrolle Wiederholbarkeit und relativ einheitliche Verhaltenserwartungen impliziert, ist die Professionalisierung des Psychologen im Vollzug nicht abgeschlossen. Zwar gibt es keine Zahlen, aller undatierten Erfahrungen nach ist die Stellenfluktuation der Vollzugspsychologen sicher ungewöhnlich hoch. Bei einem Planspiel anläßlich einer längeren Fortbildungsveranstaltung für Anstaltspsychologen mußten die Teilnehmer die wichtigsten Berufsrollen simulieren. Es war eindrucksvoll, daß Funktionen wie Anstaltsleiter, Aufsichtsdienstleiter, Abteilungsbeamter u.a. relativ problemlos beherrscht wurden, *die* Psychologen jedoch, die ihre eigenen Berufsrolle spielten, die größten Schwierigkeiten zeigten, ihre Aufgaben zu erfassen und sich im gegebenen Rollenzusammenhang zurechtzufinden.

5 Schluß

Die Problematik eines Berufes kann kaum umfassender sein als die der Stellung und Aufgaben eines Psychologen an einer Vollzugsanstalt. In der Berufsrolle des Anstaltspsychologen begegnen sich alle Schwierigkeiten einer „jungen", d.h. erst Jahrzehnte alten berufspraktischen Tätigkeit mit dem jahrhundertealten Elend einer staatlichen Institution, die ihre besseren Ideen stets als Alibi einsetzte und sich heute kollosal schwer tut, diese ernst zu nehmen. Will man das tun – und die Strafvollzugsgesetzgebung enthält die Verpflichtung dazu – dann ist die Anwendung der wissenschaftlichen Psychologie auf die Gestaltung des Strafvollzugs unverzichtbar. Traditionelle Jurisprudenz und Verwaltungstechnik, die den Vollzug großteils prägen, sind nichts anderes als eine etablierte, zu normativen Ehren gelangte Psychologie älteren Datums. Ihre positiven Merkmale sollen nicht aufgegeben werden, doch eine umfassende und durchgreifende Revision ist dringend, wenn Justizvollzug ein sinnvoller Sektor im Bereich der Kriminalpolitik werden soll. Allerdings beschränkt sich die Notwendigkeit einer neuen Psychologie nicht nur auf den Strafvollzug allein, sie wird auch an der Produktionsstätte psychologischen Denkens selbst deutlich. Die Entwicklung der Institution Strafvollzug ist ohne entsprechende Veränderung im Forschungs- und Ausbildungsbereich der psychologischen Universitätsinstitute nicht denkbar.

Rudolf Egg und Hartmut Schucht

Psychologische Tätigkeit in der sozialtherapeutischen Anstalt – Aufgaben und Probleme

1 Einleitung

Die Idee einer therapeutischen Behandlung rückfallgefährdeter, aber nicht psychisch kranker Straftäter in Sonderanstalten des Justizvollzugs geht zurück auf entsprechende Einrichtungen im europäischen Ausland, insbesondere in Holland (vor allem: Dr. van der Hoeven-Klinik in Utrecht, s. Roosenburg 1969, Rotthaus 1975, 1978) und in Dänemark (vor allem: Herstedvester, s. Hoeck-Gradenwitz 1963, 1972, Stuerup 1968), wo ein solcher Behandlungsvollzug seit den 30er Jahren praktiziert wird bzw. wurde[1]. Basierend auf einem Vorschlag im „Alternativentwurf eines Strafgesetzbuches" (s. hierzu Baumann 1968) wurde für die Bundesrepublik Deutschland durch das Zweite Gesetz zur Reform des Strafrechts vom 4.7.1969 die Möglichkeit einer gerichtlich angeordneten „Unterbringung in einer sozialtherapeutischen Anstalt" (§ 65 StGB) gesetzlich festgelegt. Danach kann eine solche Unterbringung bei bestimmten Tätergruppen, insbesondere bei Rückfalltätern mit „schwerer Persönlichkeitsstörung", angeordnet werden, wenn die „besonderen therapeutischen Mittel und sozialen Hilfen" einer solchen Anstalt zur Resozialisierung angezeigt sind. Das Inkrafttreten dieser Bestimmungen ist allerdings seither bereits zweimal verschoben worden, zuletzt auf den 1.1.1985. Es gibt jedoch verschiedene Tendenzen, z.B. den Stop von Bauvorhaben für größere sozialtherapeutischen Anstalten und eine zunehmende, wenngleich unterschiedlich begründete Kritik am § 65 StGB, die erwarten lassen, daß Sozialtherapie in der in § 65 StGB vorgesehenen Form zumindest in absehbarer Zeit nicht realisiert werden dürfte.

Dennoch gibt es seit etwa Anfang der 70er Jahre sozialtherapeutische (Modell-) Anstalten, in die Strafgefangene auf Antrag verlegt werden können, wenn sie gewissen formalen Aufnahmekriterien genügen und ihnen seitens der Anstalt die Notwendigkeit einer solchen Behandlung zugesprochen wird. Diese Praxis wurde zwar, nach einer anfangs nur verwaltungsmäßigen Regelung, durch das Inkrafttreten des Strafvollzugsgesetzes (§ 9) am 1.1.1977 legalisiert, sie bedeutet aber nach wie vor kaum mehr als einen Tropfen auf den heißen Stein: für ca. 35 000 Strafgefangene, von denen schätzungsweise mindestens 10% als behandlungsbedürftig anzusehen sind, stehen in 10 sozialtherapeutischen Anstalten (SthA) insgesamt nur rund 540 Plätze zur Verfügung, davon allerdings ca. 220 in West-Berlin. Da sich aus der jetzt praktizierten sog. Vollzugslösung der Sozialtherapie (Sth) keine Verpflichtung zum Aus- bzw. Neubau sozialtherapeutischer Einrichtungen ergibt, ist aus den obengenannten Gründen zu befürchten, daß die Sth auf ihrem jetzigen Umfang festgeschrieben bleibt. Wenn im folgenden nur auf diese Vollzugslösung nach § 9 StVollzG und nicht auf die Maßregellösung nach § 65 StGB Bezug genommen wird, dann nicht, weil auch hier einem Verzicht auf die Maßregellösung das Wort geredet werden soll, sondern weil eine Diskussion der Thematik auf der Basis der derzeitigen Praxis der Sth angestrebt wurde.

Sozialtherapie findet statt in Anstalten des Justizvollzuges, die Betroffenen sind Rechtsbrecher, die eine Freiheitsstrafe verbüßen und sich freiwillig dieser Behandlung unterziehen. Daraus ergibt sich unmittelbar der Grundkonflikt solcher Institutionen: die Gleichzeitigkeit von Strafe und Behandlung. Dieser Konflikt wird u.a. spürbar bei der Festlegung der Aufgaben für die einzelnen Berufsgruppen einer solchen Institution:

- Sollen z.B. die Vollzugsbediensteten sich auf Wach- und Schließfunktionen beschränken, sollen sie zu Mini-Therapeuten herangebildet werden oder kommen ihnen andere, z.B. sozialpädagogische Aufgaben zu?
- Wer soll die Leitung einer SthA übernehmen? Ärzte, wie es § 65 StGB vorsieht, Juristen, wie in Justizvollzugsanstalten meist üblich, oder ein Gremium, das sich aus Angehörigen verschiedener Berufsgruppen zusammensetzt?

Dieser Konflikt zeigt sich aber auch bei den Betroffenen selbst, denen das Nebeneinander von Therapie und Strafe sicher vielfach als widersprüchlich erscheinen muß und ihnen außerdem die Möglichkeit gibt, auch anders bedingte Probleme, z.B. persönlicher Art, durch Verweis auf diesen Konflikt zu interpretieren. Die Frage, wie mit den unterschiedlichen Ansprüchen von Strafe und Behandlung umzugehen ist, kann freilich nicht unabhängig von einem anderen Grundproblem der Sth geklärt werden, nämlich der Frage des jeweils zugrundegelegten Erklärungsansatzes für die Delinquenz der Betroffenen und, damit zusammenhängend, der Frage des jeweiligen Behandlungskonzeptes.

Hier lassen sich, freilich vergröbert, weil in Wirklichkeit mit vielen Differenzierungen versehen, für die sozialtherapeutische Praxis vor allem zwei Richtungen unterscheiden:

a) Kriminalität als Sympton einer gestörten Persönlichkeit

Hierzu zählen vor allem der klassisch-psychoanalytische Ansatz der Delinquenzerklärung, aber auch, wenngleich mit anderen inhaltlichen Gewichtungen, behavioristisch-verhaltenstherapeutische Modelle. Kriminalität wird danach entweder als Ausdruck einer tiefliegenden, früh erworbenen psychischen Störung oder als Ergebnis eines unzureichenden oder fehlerhaften individuellen Lernprozesses betrachtet, der zu Verhaltensauffälligkeiten führte. In jedem Fall sind die als kriminogen betrachteten psychischen Defizite der Straftäter das zentrale Objekt der Behandlung, auch wenn diese Behandlung in Gruppen erfolgt oder durch stützende Maßnahmen, z.B. durch Schaffung eines positiven Anstaltsmilieus, begleitet wird. Bei diesen Ansätzen ergibt sich für die Gestaltung der SthA zwangsläufig die Forderung nach einem Primat der Psychotherapie, was sich zwar nicht durch eine Vielfalt psychotherapeutischer Sitzungen dokumentieren muß, aber meist den Anspruch auf eine ausschließlich psychotherapeutische Leitung der Anstalt und eine durch die Beschränkung auf bloße Hilfsfunktionen deutlich geringere Bewertung der Aufgabenbereiche nicht-psychotherapeutischer Berufsgruppen[2] impliziert (vgl. hierzu z.B. Mauch u. Mauch 1971, Waxweiler 1980). Die Tatsache, daß sich diese Behandlung im Rahmen des

Strafvollzuges abspielt, wird dabei manchmal im Sinne einer möglichen Förderung des Leidensdruckes der Insassen als hilfreich bewertet (siehe z.B. Bechtel 1971), was aber wohl eher eine Verschärfung denn eine Klärung der oben skizzierten Konflikte bei Bediensteten und Betroffenen bewirken dürfte.

b) Kriminalität als Ergebnis gestörter Interaktionen zwischen dem Delinquenten und seiner Umwelt

Hierzu gehören neben soziologisch-interaktionistischen Modellen (z.B. Quensel 1970) auch Überlegungen, die sich aus der ursprünglich für andere Personengruppen entwickelten Familientherapie (siehe z.B. Richter 1970) und aus der Sozialpsychiatrie (vgl. Doerner u. Plog 1972, Jones 1976) ergeben. Diesen von z.T. sehr unterschiedlichen Arbeitsfeldern stammenden Strömungen ist gemeinsam, daß sie zwar ebenfalls von psychischen Auffälligkeiten einzelner ausgehen, diese aber unter verstärkter Beachtung der sozialen Umwelt der Betroffenen zu begreifen versuchen (siehe auch Richter 1978). Kriminalität ist danach nicht einfach Ausdruck einer psychischen Störung, sondern Ergebnis einer psycho-sozialen Behinderung. Daraus folgt, daß eine nur auf das Individuum und dessen psychische Störungen gerichtete Therapie abgelöst oder wenigstens ergänzt wird durch soziotherapeutische Maßnahmen, wie der Arbeit mit den Familien der Betroffenen und eine intensive Nachsorge in der realen Umwelt der Entlassenen, durch die Förderung positiver, alltagsrelevanter Anteile in Person und Umgebung der Klienten, durch Schaffung einer therapeutisch-partnerschaftlichen Gemeinschaft, die den einzelnen nicht bloß als Träger negativer, zu korrigierender Merkmale, sondern als sozial gleichwertigen Mitmenschen betrachtet und somit nicht nur die „eigentliche" Psychotherapie vorbereitet und begleitet, sondern eigenständig therapeutisch wirksam werden soll.

Die unterschiedlichen Vorgehensweisen der beiden skizzierten Richtungen mögen auf den ersten Blick gering erscheinen, und in der Tat sind die Übergänge für die sozialtherapeutische *Praxis* vielfach wohl eher fließend als abrupt, eine konsequente Einbringung soziotherapeutischer Vorstellungen würde jedoch sowohl für die Organisationsstruktur wie für das Rollenverhältnis der einzelnen Mitarbeitergruppen teilweise erhebliche Veränderungen mit sich bringen. So wären z.B. die Vollzugsbeamten weder zu der ohnedies nicht praktizierbaren Rolle „kleiner Psychotherapeuten" gedrängt, noch bräuchten sie sich auf Schließfunktionen zu beschränken, vielmehr fiele ihnen die soziotherapeutisch sehr wesentliche Aufgabe zu, über den Aufbau realitätsgerechter, symmetrischer Beziehungen zu den Insassen, über die Förderung selbstverantwortlichen Handelns im Rahmen der Wohngruppenarbeit und durch eine am Hier und Heute orientierte und eben nicht psychotherapeutisch-analysierende Haltung einen eigenständigen Beitrag zur sinnvollen Gestaltung des Alltages in der Anstalt zu leisten, der über eine bloße Vorbereitung oder Förderung psychotherapeutischer Maßnahmen weit hinausginge. Daraus ergäbe sich auch der Gegensatz zwischen Therapie und Strafe in einem neuen Licht, weil nämlich die personelle Trennung in Personen des Strafvollzuges und der Behandlung zugunsten anderer, komplementärer Rollenaufteilungen aufgehoben würde.

Der Konjunktiv der obigen Ausführungen läßt erkennen, daß die Wirklichkeit in den gegenwärtigen SthA mehr oder minder weit von diesem psychosozialen Konzept einer therapeutischen Gemeinschaft entfernt ist, wenngleich bereits einige Diskussionsbeiträge hierzu vorgelegt wurden (z.B. Rehn 1975; Goudsmit 1979; Leky u. Mohr 1978). Allerdings dürften auch Therapieansätze, die auf individual-pathologischen Modellen basieren, in strenger Form nur noch selten vorzufinden sein. Schließlich darf aber auch nicht vergessen werden, daß die Realisierung soziodynamisch-therapeutischer Konzepte nicht allein vom good will der Beteiligten abhängt, sondern neben einer gründlichen Vorbereitung und organisatorischen Absicherung auch einer ständigen Kontrolle und Analyse durch Supervision, In-Service-Training und Teambesprechungen bedarf.

Die neben diesen Grundsatzfragen bestehenden, vielfältigen praktischen Probleme psychologisch-therapeutischer Tätigkeit in einer SthA sollen im folgenden am Beispiel der Erlanger Modellanstalt (siehe auch Egg 1975) aufgezeigt werden. Diese Beschränkung auf nur eine konkrete Anstalt unterschlägt zwar die Vielfalt der in den einzelnen Modellanstalten eingeschlagenen Wege (vgl. Sozialtherapeutische Anstalten 1977), erlaubt aber eine praxisnahe Darstellung der Thematik.

3 Psychologische Tätigkeit in der SthA Erlangen

3.1 Die Sozialtherapeutische Anstalt Erlangen

Die Sozialtherapeutische Anstalt Erlangen wurde 1972 in einem ehemaligen Amtsgerichtsgefängnis eingerichtet. Auf den 2 Stationen des sog. geschlossenen Vollzuges können bis zu 34 Gefangene untergebracht werden. In einer Freigängerstation mit separatem Eingang (offener Vollzug) befinden sich noch einmal 6 Haftplätze. Auf jeder Station des geschlossenen Vollzuges wohnen 2 Kleingruppen mit je 7-10 Mitgliedern. Jede Gruppe hat einen Gruppenraum als gemeinsamen Aufenthalts- und Fernsehraum. In diesem Raum finden auch die therapeutischen Gruppensitzungen statt. Für Versammlungen der Stationsbewohner zur Besprechung von Problemen des Zusammenlebens und von gemeinsamen Anträgen an die Anstalt ist ein weiterer Raum vorgesehen. Die Zellentüren sind von 6.00 Uhr – 22.00 Uhr geöffnet, damit sich die Gefangenen innerhalb des Hauses frei bewegen können. Das Mittagessen wird gemeinsam in einem Speisesaal eingenommen. Zu jeder Station gehört ein Dienstzimmer, das dem für diesen Bereich zuständigen Vollzugsbediensteten zur Verfügung steht. Von der Konzeption her sollte das Personal auf der Station möglichst wenig wechseln, um so ein konstantes Umfeld für den Gefangenen mit festen Ansprechpersonen zu schaffen. Allerdings sind der Realisierung solcher Vorstellungen aufgrund der Personalsituation Grenzen gesetzt. Die Anstalt ist mit 18 Vollzugsbeamten besetzt, die in Schicht- und Nachtdienst in wechselnder Stärke rund um die Uhr Dienst tun. Die betreuerisch-therapeutischen Aufgaben im engeren Sinne nehmen 1 Psychologe, 1 Lehrer und 4 Sozialarbeiter wahr. Jeder von ihnen ist für eine Kleingruppe zuständig. Die therapeutische Leitung hat ein weiterer Psychologe; der Anstaltsleiter ist Jurist.

3.2 *Auswahl der Probanden*

Die Verlegung von Gefangenen in die SthA Erlangen erfolgt freiwillig, d.h. auf Antrag der Gefangenen, gemäß § 9 StVollzG. Aufgenommen werden können erwachsene, männliche Verurteilte (Strafgefangene und Sicherungsverwahrte) deutscher Staatsangehörigkeit aus dem gesamten bayerischen Raum. Dabei sind folgende *formale Aufnahmekriterien* gegeben:

- ein maximales Lebensalter von 50 Jahren,
- eine feststehende Strafzeit, d.h. keine „schwebenden" Verfahren,
- ein Strafrest von etwa 2-3 Jahren (danach sollte zumindest bedingte Entlassung möglich sein).

Von der Aufnahme ausgeschlossen sind:

- Sexualtäter,
- alkohol- und drogensüchtige Gefangene,
- Gefangene mit hirnorganischen oder psychotischen Störungen.

Diese Tätergruppen gelten nach dem Erlanger Behandlungskonzept als mit den vorhandenen therapeutischen Mitteln nicht angehbar.

Außer diesen formalen Aufnahme- bzw. Ausschließungskriterien werden seitens der Anstalt auch folgende *persönlichkeitsbezogene Merkmale* der Antragssteller berücksichtigt:

a) *Behandlungsbedürftigkeit*
Diese ergibt sich gewöhnlich schon aus der wiederholten Rückfälligkeit, doch dienen zusätzliche Merkmale wie gestörte Basissozialisation, mangelnde oder ungünstige Bindungen im Partner- und Freundschaftsbereich, unzureichende Schul- und Berufsbildung sowie ein bisher instabiles Arbeitsverhalten zur genaueren Differenzierung dieses Kriteriums.

b) *Behandlungsfähigkeit*
Da das Behandlungsprogramm hauptsächlich auf Gesprächen basiert, werden ein Intelligenzniveau ab der unteren Durchschnittsgruppe (IQ mind. 85) und eine hinreichend gute sprachliche Ausdrucksmöglichkeit gefordert. Ferner werden die Bereitschaft zu Eigeninitiative sowie ein Minimum an Gruppenfähigkeit und sozialer Ansprechbarkeit als notwendig erachtet.

c) *Behandlungswilligkeit*
Diese bezieht sich nicht bloß auf das formelle Aufnahmeersuchen des Gefangenen, da hierfür auch andere Gründe, wie der Wunsch nach einem Ortswechsel und eine Verbesserung der eigenen Situation, ausschlaggebend sein können. Vielmehr sollten zumindest der ehrliche Wunsch, nicht mehr rückfällig zu werden, und die Bereitschaft zu einer selbstkritischen Auseinandersetzung mit den Therapeuten erkennbar sein.

Die Entscheidung über die Aufnahme von Gefangenen liegt in den Händen der SthA. Dazu werden eingehende Anträge zunächst nach Aktenlage geprüft und solche Bewerber ausgeschlossen, die den Aufnahmebedingungen offensichtlich nicht entsprechen. In einem zweiten Schritt werden in Vorgesprächen, die nach Möglichkeit in der jeweiligen Stammanstalt stattfinden, die Erwartungen und die Eignung interessierter Gefangener abgeklärt. Daran nehmen außer Vertretern des therapeutischen Teams auch der Leiter des Vollzugsdienstes der SthA Erlangen teil, wie auch bei allen Entscheidungen über Rückverlegung, Urlaub usw. Vollzugsbedienstete beteiligt sind.

Aufgenommen werden immer nur 8-12 Gefangene auf einmal, damit sich eine geschlossene therapeutische Gruppe ergibt. Auch beim Ausscheiden einzelner Teilnehmer (Rückverlegung, Entlassung) werden diese Gruppen nicht durch andere Gefangene ergänzt, um störende Einflüsse auf den Gruppenprozeß zu vermeiden.

3.3 Zugangsphase

Nach der derzeitigen Praxis muß innerhalb von 3 Monaten festgestellt werden, ob die besonderen Mittel und sozialen Hilfen einer SthA zur Resozialisierung angezeigt sind (siehe § 9 StVollzG). In diesem Zeitraum der sogenannten Zugangsphase wird ein Resümee der bisherigen Entwicklung des Gefangenen, insbesondere seiner kriminellen Karriere, gezogen. Es gilt herauszufinden, an welchen Konflikten er gescheitert ist und was ihn immer wieder zu strafbaren Handlungen geführt hat. Es wird versucht, seine Verhaltensdefizite zu inventarisieren. Aber auch seine positiven Seiten werden angesprochen. Es ist dem Gefangenen ja nicht geholfen, wenn man ihn als defizitäre Persönlichkeit abstempelt und als Versager etikettiert. In vielen Bereichen kommt der Delinquent möglicherweise gut zurecht, hat angemessene Verhaltensmuster. Seine positiven Fähigkeiten können zum Aufbau von neuen Verhaltensweisen eingesetzt werden.

In der Zugangsphase soll auch abgeklärt werden, inwieweit der Gefangene zu einer Mitarbeit bei der Therapie motiviert ist. Wie schon erwähnt, ist seine freiwillige Bewerbung um eine Aufnahme in die SthA kein hinreichender Indikator für das Vorliegen einer solchen Motivation. Die Hoffnung auf Hafterleichterungen, der berechtigte Wunsch, die eigene Lage während der Inhaftierung günstiger zu gestalten, wird bei vielen Bewerbungen eine Rolle spielen. Für eine Behandlung muß aber sichergestellt sein, daß darüberhinaus eine Bereitschaft besteht, mit Hilfe der angebotenen sozialtherapeutischen Maßnahmen auf ein zukünftig straffreies Leben hinzuarbeiten. Dazu ist natürlich notwendig, daß der Gefangene weiß, auf was er sich einläßt. Er muß also für sich entscheiden, ob er von den Einzelsitzungen oder Gruppenveranstaltungen profitieren, ob er die therapeutischen Hilfen annehmen kann. Der Vorsatz, nicht mehr rückfällig zu werden, ist wohl bei den meisten Gefangenen vorhanden. Erst die Erkenntnis aber, daß zur Umsetzung dieses Zieles Anstrengungen, Verzicht, unangenehmes Konfrontieren mit der eigenen Person usw. gehören, ermöglicht ein Arbeitsbündnis zwischen dem Gefangenen und seinem Therapeuten. Der Gefangene, der sich für die Sozialtherapie entscheidet, muß wissen, daß er nicht den leichten Weg geht.

Neben dem jeweiligen Gruppenleiter (Psychologe, Lehrer oder Sozialarbeiter) bemühen sich in dieser Zeit auch die Bediensteten anderer Fachgruppen der Anstalt, die Frage der Eignung des Gefangenen für die Maßnahme der Sozialtherapie weiter zu klären, um dann nach 3 Monaten in einer Konferenz über den weiteren Verbleib des vorläufig Aufgenommen zu befinden. Ziel dieser Konferenz ist es, möglichst nur solche Gefangenen aufzunehmen, die unter Berücksichtigung ihrer persönlichen Eigenart, der Funktionsfähigkeit der therapeutischen Gruppen und der Möglichkeiten der Anstalt für die sozialtherapeutische Behandlung als geeignet angesehen werden können. Dabei ergeben sich jedoch mehrere Probleme.

1. Aus psychologischer Sicht ist zunächst zu fragen, ob eine solche Selektion methodologisch überhaupt möglich ist. Die in Erlangen gemachten Erfahrungen zeigen jedenfalls, daß die verwendeten Tests, insbesondere auch die Persönlichkeitsverfahren (FPI, GT), für die Frage der Aufnahme in die SthA kaum differenzierte Urteilshilfen darstellen. Dies liegt zum einen an möglichen Antwortverfälschungen, die bewirken, daß alle Bewerber ein irgendwie auffälliges Persönlichkeitsbild von sich zeichnen. Selbst wenn man diese Einflüsse hinreichend gut kontrollieren könnte, bliebe es jedoch weiterhin unklar, in welcher Weise Art und Schwere festgestellter Störungen als Behandlungsindikatoren zu werten sind (zu ersten Klassifikationsversuchen hierzu siehe Rasch u. Kühl 1977, Stemmer-Lück 1980).
2. Auch die Einbringung von Daten aus ersten therapeutisch-diagnostischen Gesprächen in die Aufnahmekonferenz ist problematisch, da dadurch der Therapeut zu leicht in Gefahr gerät, vom Gefangenen von Anfang an hauptsächlich als Vermittler eigener Wünsche gegenüber der Anstalt betrachtet zu werden. Eine klare Trennung zwischen therapeutischen und diagnostisch-anstaltsbezogenen Funktionen, wie sie z.B. durch eine eigenständige Begutachtungsstelle in der Anstalt realisiert werden könnte, wäre hier vermutlich besser als die Überschneidung der verschiedenen Funktionen (vgl. Leky u. Mohr 1978).
3. Ein weiteres und sehr schwerwiegendes Problem ergibt sich aus dem Auswahlvorgang selbst. Da, wie schon erwähnt, die Entscheidung über die Aufnahme letztlich bei der Anstalt liegt, und ein Rechtsanspruch auf Verlegung auch dann nicht besteht, wenn ein externes Gutachten oder eine Art richterliche Empfehlung vorliegen sollte, besteht die Gefahr, daß sich eine Optimierung bei der Auswahl in der Weise einstellt, daß nur noch Gefangene mittlerer „Schwierigkeit“ akzeptiert werden, die zwar noch als behandlungsbedürftig gelten können, aber vor allem einen möglichst reibungslosen Ablauf des Anstaltsbetriebes und eine positive Erfolgsbilanz gewährleisten. Dies wäre zwar angesichts des informellen Erfolgszwanges, dem SthA mehr oder minder ausgesetzt sind, eine verstehbare Reaktion, würde aber Innovationen auf dem Behandlungssektor weitgehend verhindern und widerspräche auch dem Anspruch der SthA, Personen mit *schweren* Störungen behandeln zu wollen. Daß solche Befürchtungen nicht aus der Luft gegriffen sind, zeigen Analysen zu den trotz intensiver Auslese relativ häufigen Rückverlegungen von Gefangenen in ihre Stammanstalten *nach* der offiziellen Aufnahme in die SthA (vgl. Albrecht u. Lamott 1980). Ein möglicher Ausweg aus diesem Dilemma läge in der zumindest beratenden Einbeziehung externer Fachleute in das Aufnahmeverfahren oder eine zweite Instanz, die in kritischen Fällen auf Antrag der Gefangenen vermittelnd eingreift.

3.4 Mittelphase

Am Ende der Zugangsphase sollten sich der Gefangene und sein Therapeut zumindest vorläufig über die wesentlichsten Therapieziele geeinigt haben. Unter den besonderen institutionellen Bedingungen resultiert der Einfluß des Therapeuten auf die Richtung der angestrebten Verhaltensänderung nicht allein aus seinen persönlichen Einstellungen und Grenzen. Als Beauftragter der Institution ist er gehalten, seine therapeutischen Bemühungen am sogenannten Vollzugsziel auszurichten, d.h. dem Gefangenen zu helfen, künftig in sozialer Verantwortung ein Leben ohne Straftaten führen zu können (§ 2 StVollzG). Wird in den Gesprächen mit dem Gefangenen deutlich, daß dessen Ziele mit diesem Oberziel nicht vollständig vereinbar sind, so wird der Therapeut versuchen, ihn umzustimmen, oder, wenn es nicht anders geht, die Therapie abbrechen. Ein extremes Beispiel für einen solchen Zielkonflikt wäre der Betrüger, der sich zu einem Selbstsicherheitstraining meldet, um die Effizienz seiner kriminellen Handlungen zu steigern.

Andererseits muß jedoch sichergestellt sein, daß die Ziele der Therapie auch vom Gefangenen getragen werden. Wenn in einer Institution wie dem Gefängnis mit den Insassen Therapie betrieben wird, also der Klient nicht der alleinige Auftraggeber des Therapeuten ist, ist die Gefahr groß, daß der Klient zum bloßen Objekt des Therapeuten wird. Es wird etwas mit ihm gemacht, er wird einer Maßnahme unterworfen. Dies führt dann aber wohl kaum zu einer echten, auf die zukünfige Lebenssituation übertragbaren Änderung beim Gefangenen, von den ethischen Bedenken gegen eine solche Behandlung einmal ganz abgesehen. Der Gefangene muß also von vornherein in die Zieldefinition einbezogen werden, muß an der Aufstellung des Behandlungsplanes beteiligt sein. Seine Vorstellungen und Bedürfnisse sollten bei der Therapieplanung im Vordergrund stehen.

Die zusammen mit dem Gefangenen gefundenen Therapieziele sind nun ein Teil des sogenannten Behandlungs- oder Vollzugsplanes, der unter Beteiligung aller mit dem jeweiligen Gefangenen befaßten Bediensteten aufgestellt wird. Darin geht es dann auch um die Frage, ab wann für den Gefangenen Ausgänge, Urlaub, Freigang vorgesehen sind. Da der Therapeut an der Vollzugsplanung beteiligt ist, nimmt er somit Einfluß auf die Situation des Gefangenen, entscheidet mit darüber, ob sich dessen Lage verbessert oder verschlechtert. Damit gibt er allerdings die übliche therapeutische Zurückhaltung auf und gerät in einen Rollenkonflikt. Er ist dann zum einen Therapeut für einen Gefangenen, jemand, dem sich der Betreffende offen und ohne Vorbehalte anvertrauen können sollte. Zum anderen ist er als Angehöriger einer Institution, die Zwang ausübt, in der Rolle dessen, der Macht über den Gefangenen hat.

Das zeigt sich besonders auch bei Disziplinarverstößen, die mit sogenannten Hausstrafen belegt werden. Nimmt er an der Beratung über Art und Ausmaß der Sanktion teil, so entscheidet er mit über seinen Klienten. Die Gefahr ist evident, daß dadurch die Therapeut-Klientbeziehung belastet wird, daß die Offenheit des Gefangenen gegenüber seinem Therapeuten sehr begrenzt wird, daß der Gefangene möglicherweise sogar seine Äußerungen auf die Abhängigkeit von der Meinung des Therapeuten abstellt. So wird er ihm sicher nicht alle Schwierigkeiten, die bei ihm im Ausgang aufgetreten sind, berichten, wenn er damit rechnen muß, daß er damit die Gewährung des nächsten Ausgangs aufs Spiel setzt.

Durch die Beteiligung des Therapeuten an einer solchen Entscheidung wird andererseits sichergestellt, daß die besondere Problematik des Gefangenen in die Überlegungen, wie man auf sein Fehlverhalten reagieren solle, mit einbezogen wird. Jede Entscheidung über einen Gefangenen hat auch gleichzeitig Auswirkungen auf das Milieu des Hauses. Da durch die Umgebung des Gefangenen die therapeutischen Bemühungen gefördert oder aber auch behindert werden können, ist es sicherlich sinnvoll für den Therapeuten, an der Gestaltung des Milieus mitzuwirken. Durch therapeutische Zurückhaltung würde er sich hier einer Chance zur Veränderung begeben.

Durch organisatorische Regelungen kann man versuchen, die Abhängigkeit des Gefangenen von seinem Therapeuten zu mildern. So kann etwa der Behandlungsplan von einem anderen Therapeuten geführt werden; der betreuende Therapeut wird zwar gehört, beteiligt sich aber nicht an der Entscheidung. Auch hier sind jedoch Zweifel am Platze, ob sich dadurch in der Wahrnehmung des Gefangenen etwas ändert. Immer noch ist sein Therapeut eingebunden in die Institution, an die er ausgeliefert ist. Es wäre unredlich, das gegenüber dem Gefangenen zu verschleiern.

Nach der mehr diagnostisch ausgerichteten Zugangsphase werden also in der Mittelphase auf der Grundlage des Behandlungsplanes die darin aufgeführten Therapieziele angestrebt. Allerdings ist diese Trennung in der Praxis nicht so streng, wie es hier aussehen mag. Auch in den ersten 3 Monaten werden aktuelle Probleme, die ein Gefangener im Hause oder bei seinen Kontakten nach draußen hat, aufgegriffen und in den Einzel- oder Gruppenstunden besprochen. Ebenso stecken in der Aufnahme der Anamnese durchaus schon therapeutische Momente. So kann es z.B. vorkommen, daß ein Gefangener erstmals erkennt, worin sein Problem „eigentlich" besteht.

Die vielleicht künstlich erscheinende Aufteilung in eine diagnostische und eine therapeutische Phase hat jedoch den Vorteil, daß sowohl der Therapeut als auch der Gefangene etwas zurückgehalten werden, sich sofort mit dem zuerst genannten Problem zu befassen. Sie können sich Zeit lassen, zunächst erst einmal sichten und ordnen. Erst nach einer (auch dann natürlich noch vorläufigen) Klärung der Problembereiche und ihrer Beziehung zueinander wird die weitere Arbeit strukturiert.

Wie der einzelne Therapeut die jeweilige Problematik angeht, ist sehr unterschiedlich und richtet sich neben der individuellen Aus- und Weiterbildung auch sehr stark nach dem „persönlichen Stil", der sich im Laufe der Jahre herausbildet. Die personelle Ausstattung der Sozialtherapeutischen Anstalt Erlangen setzt dem Anspruch eines qualifizierten therapeutischen Angebotes Grenzen. So hat die Anstalt keinen ausgebildeten Psychotherapeuten. Die Sozialarbeiter, der Lehrer und der Psychologe haben nur zum Teil eine Zusatzausbildung auf therapeutischem Gebiet. Dieser Mangel kann kaum durch interne Fortbildung ausgeglichen werden. Hierunter fällt auch die Supervision, in der einerseits besonders problematische Fälle besprochen und andererseits konzeptionelle Überlegungen zur Organisation der Anstalt entwickelt werden. Eine Supervision im Sinne von Selbsterfahrung, wie sie für therapeutisch Arbeitende sinnvoll und notwendig wäre, ist innerhalb einer Institution problematisch, in der eine hierarchische Gliederung vorliegt, die sich dann als gegenseitige Abhängigkeit der Teilnehmer in den Sitzungen auswirkt. Hier wäre eine zusätzliche Möglichkeit zur Supervision außerhalb der Anstalt (z.B. Balintgruppe) sicher hilfreich.

3.5 Endphase und Entlassung

Im letzten halben Jahr vor der Entlassung, also ca. 16-18 Monate nach der Aufnahme in die SthA, beginnt in Erlangen die dritte und letzte Phase des Aufenthalts, die mit einem Wechsel in die sogenannte Freigängerstation verbunden ist. Diese, von der übrigen Anstalt getrennte, wenngleich im selben Gebäude befindliche Abteilung bietet in sechs Zimmern, die doppelt belegt werden können, Platz für maximal 12 Gefangene. Die Zimmer bleiben auch nachts und am Wochenende unverschlossen und entsprechen in Einrichtung und Größe in etwa dem Standard von Wohnheimen. Zur Station gehören außerdem ein Gruppenraum mit Polstermöbeln und einem Fernsehgerät, eine Küche, Dusch- und Toilettenräume und ein Dienstzimmer für die zwei in Wechselschicht tätigen Stationsbeamten. Nachts ist dieses Zimmer nicht besetzt, doch können sich die Gefangenen in dringenden Fällen über die Haussprechanlage an die Pfortenbeamten im Hauptbau wenden. Nach außen ist diese Station lediglich durch eine feste Türe und durch relativ dünne Gitter vor den Fenstern gesichert. Letztere haben vor allem den Sinn, kurze, nächtliche Ausflüge der Insassen zu verhindern. Eine Ausbruchsgefahr im eigentlichen Sinne besteht ja nicht, da alle Bewohner dieser Station Freigänger sind, d.h. sie arbeiten außerhalb der Anstalt in Firmen ohne jede Aufsicht und haben zusätzlich ein stufenweise ansteigendes Kontingent an freiem Ausgang (bis zu 40 Std. im Monat) zur Verfügung, so daß ein Entweichen hier problemloser als bei einem Ausbruch möglich wäre.

Die therapeutische Arbeit im engeren Sinne tritt in dieser Phase zunehmend in den Hintergrund, Einzelstunden finden nur noch selten und unregelmäßig statt, die Gruppenarbeit bezieht sich mehr auf die Besprechung konkreter Schritte nach der Entlassung als auf die Aufarbeitung früherer Konflikte, innerpsychischer oder auch gruppenbezogener Probleme. Noch mehr als in den vorherigen Phasen sollen hier die Stationsbeamten Ansprechpartner für die Fragen der Insassen sein. Verbunden mit dieser zunehmenden Öffnung nach außen ist die Erwartung, daß die Gefangenen ihre Belange selbständig regeln. So sollen sie z.B. im Rahmen von Ausgang und Urlaub ihre Arbeits- und Wohnsituation nach der Entlassung klären. Zur besseren Entlassungsvorbereitung wird eine intensive Zusammenarbeit zwischen der Anstalt, dem jeweiligen Insassen und dessen Angehörigen sowie gegebenenfalls auch dem später zuständigen Bewährungshelfer zwar in jedem Fall angestrebt, dies erweist sich aber wegen der manchmal großen Entfernung zum Wohnort des Betroffenen, der damit verbundenen Kosten und wegen personeller Engpässe (wer sollte zu der Familie mitfahren?) als nur selten zufriedenstellend lösbar. Auch der Einbezug ehrenamtlicher Helfer in diese Entlassungvorbereitungen, z.B. durch die Mitwirkung bei der Gruppenarbeit im Hause oder bei einem für jede Freigängergruppe stattfindenden Diskussions- und Freizeitwochenende in einer Pension, ist hier, trotz an sich positiver Erfahrungen (siehe Bickel 1977), nur ein kleiner Schritt. Denn nur wenige Gefangene bleiben später am Ort und wollen oder können solche Kontakte dann in Anspruch nehmen, außerdem finden sich auch erfahrungsgemäß immer nur wenige der Helfer zu einer langfristigen und intensiven Zusammenarbeit mit einzelnen Entlassenen bereit. Nach den in Erlangen gemachten Erfahrungen ist für eine effektive Mitarbeit solcher Helfer eine sorgfältige Begleitung seitens der Anstalt in Form von Besprechungen und Vereinbarungen notwendig, da manche Helfer zwar mit viel gutem Willen, aber recht unrealistischen Hoffnungen und Absichten antreten.

Ein anderes Problem dieser Endphase besteht darin, daß sich ihre Dauer länger als geplant hinziehen kann, z.B. wenn ein Gesuch auf vorzeitige Entlassung, trotz Befürwortung durch die SthA, vom Gericht abgelehnt wird. Gefangene, die ein Jahr oder länger mit dieser halben Freiheit des Freigangs umgehen müssen, erleben dies regelmäßig als sehr belastend, belastender als geschlossenen Vollzug, da sie dabei in viele Konfliktsituationen gar nicht erst geraten können. Wie erklärt man z.B. Arbeitskollegen immer wieder, daß man nach Feierabend keine Zeit mehr für sie hat, wenn man ihnen doch verschweigen will, daß man noch im Gefängnis ist? Tatsächlich ergeben sich aus solchen Problemen heraus nicht selten Rückzugsversuche in Form von Ausgangsüberschreitungen, Trunkenheit oder gar neuerlichen Delikten, die dann eine Rückverlegung nach sich ziehen und alle bisher geleistete Hilfe in Frage stellen.

Doch auch bei der üblichen, also halbjährigen Dauer ist diese Endphase für den Betroffenen die kritischste Zeit der ganzen Behandlung, da er hier erstmals erproben muß, wie gut sich seine Absichten und Einsichten in die Realität umsetzen lassen. Während bei eventuellen Enttäuschungen hier die Anstalt noch irgendwie helfend eingreifen kann, ist für den Entlassenen dies oftmals ein erster Schritt zu neuen Straftaten. Erfahrungsgemäß ist die Gefahr eines Rückfalls unmittelbar nach der Entlassung am größten. Dies macht deutlich, daß eine sozialtherapeutische Anstaltsbehandlung nur dann effektiv sein kann, wenn sie rechtzeitig, z.B. durch den Einbezug der jeweiligen Familien in ihre Arbeit, soziale Hilfen in der Umgebung der Betroffenen aufbauen hilft und wenn sie in ein umgangreiches Netz ambulanter Nachsorgeeinrichtungen eingebunden ist, die über die bisherige Bewährungshilfe hinausgehen. Auch die in § 125 StVollzG vorgesehene freiwillige Wiederaufnahme Entlassener sollte hier bedacht und in räumlicher und personeller Hinsicht angemessen eingeplant werden.

4 Ausblick

Die Zukunft der SthA ist höchst ungewiß. Auf der einen Seite gibt es, wie schon eingangs erwähnt, seit einiger Zeit eine Art kriminalpolitisches Roll-back, wonach die Einrichtung derartiger Anstalten wegen der dadurch notwendigen Kosten und einer angeblich zu geringen Effektivität abgelehnt wird und stattdessen andere Maßnahmen, z.B. der Bau moderner Jugendstrafanstalten oder auch eine Verbesserung der Polizeiarbeit, favorisiert werden[3]. Kritik an der Sozialtherapie im Vollzug gibt es aber auch von anderer, quasi entgegengesetzter Seite, wobei unter dem Vorwurf einer „Behandlungsideologie" das sozialtherapeutische Konzept kritisiert wird, da es sich nur auf die Kontrolle einzelner Täter konzentriert. Der einzelne komme dabei lediglich von dem Stigma des Kriminellen zu dem Stigma des Therapiebedürftigen, bleibe aber weiterhin sozial benachteiligt und für lange Zeit Insasse einer totalen Institution (siehe z.B. Hilbers u. Lange 1973). Vorgeschlagen werden stattdessen ein schrittweiser Abbau aller freiheitsentziehenden Sanktionen (vgl. Mathiesen 1979) und ein verstärkter Einsatz milieu- und instanzenzentrierter Programme.

Zu den erstgenannten Einwänden ist zu sagen, daß die bisher vorgelegten Evaluationsstudien zu den deutschen Modellanstalten eine insgesamt eher positive Bilanz aufweisen (siehe Egg 1979, Rehn 1979, Dünkel 1980). Bei der Berechnung notwendiger Kosten wäre zu berücksichtigen, inwieweit durch eine teilweise Öffnung der Anstalt (siehe 3.5 Freigängerstation) und durch verstärkte Einbeziehung der Beamten und Sozialarbeiter in die soziotherapeutische Arbeit zu Lasten primär psychotherapeutischer Stellen nicht Ersparnismöglichkeiten gegeben sind. Freilich setzt dies auch Überlegungen des Gesamtkonzepts einer solchen Anstalt voraus (vgl. Abschn. 2).

Zum Vorwurf der Behandlungsideologie ist zu sagen, daß sicherlich nichts gewonnen wäre, wollte man Straftäter künftig wie Kranke behandeln, aber weiterhin aus der Gesellschaft ausgliedern und von sozialen Ursachen der Delinquenz absehen. Richtig ist sicher auch, daß eine Humanisierung der Strafrechtspflege ohne einen Abbau totaler Institutionen auf halben Wege stehenbleibt. Auf der anderen Seite ist zu berücksichtigen, daß unter Behandlung durchaus Unterschiedliches verstanden werden kann (vgl. Christ 1973), ferner daß eine SthA nicht notwendigerweise, jedenfalls nicht in dem bisher realisierten Ausmaß, den Zwangscharakter einer totalen Institution tragen muß. Schließlich müssen andere, also z.B. nicht täter-, sondern instanzenzentrierte kriminalpolitische Maßnahmen nicht als mit Behandlungsprogrammen unvereinbare Alternativen betrachtet werden.

Hiermit soll freilich die Idee der SthA nicht halsstarrig verteidigt werden. Bevor man sich eines anderen besinnt, sollten allerdings Methode und mögliche Wirkungen der Sth in theoretischer und empirisch-praktischer Sicht umfassend ausgelotet sein. Hierzu sind neben einer Verstärkung der bislang sehr spärlichen Begleitforschungsprogramme zur Effektivität und zur Prozeßanalyse (vgl. Kury u. Fenn 1977b) vor allem auch Innovationen auf dem konzeptionellen Sektor unter Einbezug begleitender und nachsorgender Einrichtungen und Einstellung auf langfristige kriminalpolitische Zielvorstellungen notwendig.

Anmerkungen

1 Die dänischen Sonderanstalten wurden durch eine 1973 durchgeführte Strafrechtsreform praktisch wieder abgeschafft (s. hierzu Gross 1974).

2 Auch die Forderung nach Psychotherapisierung möglichst aller Bediensteten wäre eine im Prinzip denkbare Konsequenz, dürfte aber zu unlösbaren Problemen führen und wurde auch so nie vorgetragen.

3 Dabei müßte freilich das eine gar nicht das andere ausschließen. Entscheidend ist jedoch, daß eine therapeutische Arbeit mit Gefangenen bei dieser Schwerpunktverlagerung weitgehend nicht mehr gewünscht wird.

Paul Braune, Jürgen Klapprott, Peter Linz, Friedrich Lösel u. Thomas Runkel

Psychologische Organisationsentwicklung im Strafvollzug

1 Einleitung

Das Verhältnis vieler Psychologen zum Strafvollzug ist zwiespältig. Einerseits gehört ihre Arbeit zum Alltag der meisten Strafvollzugsanstalten, andererseits ist zu befürchten, daß sie unter den gegebenen institutionellen und personellen Bedingungen nur eine Alibifunktion haben (vgl. Kury u. Fenn 1977a; Wagner in diesem Band). In Sozialtherapeutischen Anstalten gilt die Situation zwar als graduell günstiger, deren Konzeption und Effektivität ist jedoch ebenfalls umstritten (vgl. Lipton, Martinson u. Wilks 1975; Albrecht u. Lamott 1980), und es ist unsicher, welche Rolle sie zukünftig in der Bundesrepublik spielen werden (vgl. Forschungsgruppe Sozialtherapeutische Anstalten 1981; Egg u. Schucht in diesem Band). Insgesamt legen die politischen und finanziellen Verhältnisse nahe, daß nach langer Reformdiskussion und der Verabschiedung des Strafvollzugsgesetzes (StVollzG) mittelfristig der ,,normale" Strafvollzug die vorherrschende Vollzugsform sein wird (siehe Schwind u. Blau 1976; Kaiser, Kerner u. Schöch 1977). In dieser Situation kann der Psychologe auf die oftmals subjektiv sehr belastenden Umstände (s. Schmitt 1981c, S.88 f.) unterschiedlich reagieren; z.B. alte Rollen tradieren, kompensieren, rationalisieren, lamentieren, resignieren und den Dienst quittieren. Allgemeine Probleme ,,helfender" Berufe (z.B. Schmidbauer 1977) sind dabei durch Merkmale der totalen Institution besonders akzentuiert (vgl. z.B. Spittler 1977 zur Problematik von Sozialarbeit im Normalvollzug).

Entscheidet man sich dafür, die Arbeit bewußt an einer kontinuierlichen Verbesserung der Gegebenheiten zu orientieren, erscheint es hilfreich, nicht nur den Sonderstatus im Sinne der totalen Institution zu beachten. Wichtig sind auch allgemeine organisationspsychologische Probleme. Neben traditionellen Aufgabenbereichen (Gefangenendiagnostik, Krisenintervention, Einzelfall- und Gruppenberatung etc.) wird für die Psychologie im Strafvollzug eine Perspektive der Organisationsentwicklung (OE) notwendig (vgl. Steller 1977a). Diese zeigt zwar zur Zeit in der allgemeinen Organisationspsychologie modische Züge (Brightford 1981), sie ist jedoch selbst im Strafvollzug keineswegs neu (vgl. Wagner 1972). Dementsprechend ist ein Teil der im folgenden angesprochenen Konzepte bereits in Anstalten realisiert oder ansatzweise vorhanden. Wesentlich ist, trotz Schwierigkeiten (Mai 1981b, S.10) diese Ansätze weiterzuentwickeln und zu integrieren (vgl. Beer 1976; French u. Bell 1977). Umfassende Strategien der OE stoßen in ihrer praktischen Anwendung auch außerhalb des Strafvollzugs auf große Schwierigkeiten, was durch bisher bescheidene Erfolge belegt wird (z.B. Friedlander u. Brown 1974; Kaplan 1979).

2 Grundüberlegungen zur Organisationsentwicklung

Den Auftrag und gleichzeitig den Rahmen für organisatorische Veränderungen im Strafvollzug bildet das 1979 in Kraft getretene StVollzG. Es gibt allgemeine Zielsetzungen und abstrakte organisatorische Hinweise für die OE.

Als Vollzugsziel nennt das StVollzG in seinem § 2, Abs. 1, daß der Gefangene fähig werden soll, „künftig in sozialer Verantwortung ein Leben ohne Straftaten zu führen". § 3 schreibt vor, den Vollzugsalltag „den allgemeinen Lebensverhältnissen soweit als möglich" anzugleichen und den „schädlichen Folgen des Freiheitsentzugs entgegenzuwirken". Zumindest formal wäre somit die Aufgabe der Wahrung von Sicherheit und Ordnung in der Justizvollzugsanstalt nachrangig.

Das Organisationsziel in § 2, Abs. 1 findet seine organisationsrechtliche Entsprechung im § 154, 1, der eine Aufgabenneudefinition für die Mitglieder des bisherigen Aufsichtsdienstes beinhaltet, da er die sachliche Gleichwertigkeit (bei lediglich funktionaler Unterschiedlichkeit) aller im Vollzug Tätigen hervorhebt. Zwar hält das StVollzG prinzipiell an der monokratischen Entscheidungsbefugnis des Anstaltsleiters fest, es schafft aber auch mit der Delegationsregelung des § 156, 2 und dem Kollegialprinzip des § 143, 2, in Verbindung mit § 7, 2 Möglichkeiten für das abgestimmte Zusammenwirken aller Beteiligten. Eine weitere Möglichkeit zu einer Verbreiterung der Entscheidungsbasis bietet die Gefangenenmitverantwortung nach § 160 StVollzG.

Ausgehend von einer Analyse der sachlichen, personellen und institutionellen Situation des Strafvollzugs kommt Kerner (1977, S.85) u.a. zu den *Gestaltungsgrundsätzen*

- der geringstmöglichen Einschränkungen (z.B. Risikoabwägungen bei Lockerungen)
- der Wahrung der Individualsphäre (z.B. bei Kontrollen)
- der Selbstorganisation und der Subsidiarität in der fachlichen Arbeit (Verantwortungsdelegation)
- der Kooperation zwischen allen Bereichen (Mitwirkungsbefugnisse)
- der Auslagerung von Einzelbereichen in die Außenwelt (Betriebe, Freigang, soziale Hilfe, Arbeitsbeschaffung)
- der von Anfang an durchgedachten und von außen her mitbestimmten persönlichen Betreuung (Einbeziehen von Institutionen der Straffälligenhilfe).

Solche und ähnliche Prinzipien sind als Zielprogrammierung unverzichtbar, ihre inhaltliche Gestaltung setzt jedoch z.T. gerade OE voraus. Dazu können neben punktuellen Erprobungen im Normalvollzug auch Erfahrungen berücksichtigt werden, die in den Sozialtherapeutischen Modellanstalten gemacht worden sind (Sagebiel 1979; Forschungsgruppe Sozialtherapeutische Anstalten 1981). Sie erhalten Anregungen dafür, was in ähnlicher Form auch im Regelvollzug möglich wäre, zum Beispiel

- welche Freiheiten für Gefangene realisiert wurden (individuelle Zellengestaltung, Bargeld, freies Telefonieren, Briefzensur, Besuchsregelungen, Ausführungen usw. bis hin zur Selbstverpflegung), aber auch welche Schwierigkeiten dabei auftraten und unter welchen Bedingungen diese gelöst werden könnten,
- welche internen Kommunikationsmöglichkeiten erprobt wurden (z.B. Verwaltungs-, Gesamt-, Therapie-, Insassen-, Dreimonatskonferenz) und unter welchen Bedingungen diese effektiv arbeiteten,
- welche neuen Arbeitsfeldstrukturierungen erprobt wurden (z.B. Schichteinteilungen, Teambesprechungen, Wahl der Betreuungsverhältnisse, gemeinsame Mahlzeiten) und welche neuen Entscheidungsspielräume sich für das Personal ergaben,
- welche Kontaktmöglichkeiten mit der Außenwelt bestanden (Freigang, Familienbesuche, Kontaktgruppen, Workshops, Begegnungen im Sportbereich, ehrenamtliche Helfer usw.),
- welche (anderen) Sanktions- und Belohnungsmöglichkeiten des Gefangenen unter diesen Bedingungen bestanden.

Viele Maßnahmen muten eklektisch und ad hoc begründet an. Es ist deshalb auch zu fragen, welches Konzept der OE beim Aufbau einer Modellanstalt zugrundelag und welches weiterhin im Gebrauch ist. Nicht nur wegen der ausgewählten Gefangenengruppen, geringen Größe, überwiegend günstigen Personalsituation, Stadtlage etc. lassen sich allerdings auch positiv beurteilte Modellteile nicht einfach als „Technologien" auf andere Verhältnisse übertragen. Interventionsverläufe im sozialen Bereich hängen von personellen, ökologischen und historischen Bedingungen ab, die ganzheitlich nicht beliebig herstellbar sind (Lösel 1982a). OE ist deshalb immer unter den jeweiligen Voraussetzungen einer bestimmten Anstalt zu planen. Einen Orientierungsrahmen für örtliches Vorgehen können folgende allgemeine und integrative Änderungsstrategien bilden:

1. *Diagnostische Strategien.* Diese basieren auf Informationserhebungen über aktuelle Zustände und Prozesse in der Institution, über die Organisationsmitglieder (bei der Einstellung, bei Entscheidungen über Aufstieg und Teilnahme an Fortbildung), über Veränderungen in der Organisation (Maßnahmen, Evaluation).
2. *Strategien der Personalentwicklung.* Hierbei ist an berufliche Fortbildung und aus psychologischer Sicht insbesondere an Trainingsgruppen zu denken. Sie sollen dazu beitragen, daß die Organisationsmitglieder ihre (neuen) Aufgaben bewältigen, indem sie zieladäquate Informationen, Fertigkeiten und Einstellungen erwerben.
3. *Strategien der Arbeitsorganisation und Umweltveränderung.* Durch gesetzte Zwänge und Anreize für einzelne und für Gruppen schaffen sie den Rahmen, sich im Sinne der neuen Zielsetzungen zu verhalten.

Im folgenden werden diese drei Bereiche näher betrachtet. Als Organisationsmitglieder stehen die Bediensteten des allgemeinen Aufsichtsdienstes im Vordergrund, weil sie die häufigsten und engsten Interaktionspartner der Gefangenen darstellen und diese Gruppe von uns empirisch untersucht wurde.

3 Diagnostik als Voraussetzung und Begleitung organisationsändernder Maßnahmen

Ansatzpunkte der organisationspsychologischen Diagnostik (vgl. Brandstätter 1978) können sein: Die Organisationsmitglieder und deren Interaktionen, Arbeitsgruppen und ihre Interaktionen sowie die Organisation als Ganzes. Aus dieser Perspektive werden die Grenzen zwischen „klassischer" Individualdiagnostik und Diagnose der Organisation fließend. Diagnostische Informationen können zum einen mit dem Ziel der Personalauslese und -placierung, zum anderen zwecks Feststellung von Organisationszuständen erhoben werden.

Der einfachste Fall der OE im Strafvollzug durch individualdiagnostische Strategien besteht darin, allmählich nur solche Personen aufzunehmen, die mit den Zielen der Organisation übereinstimmen und notwendige Arbeitsformen beherrschen (vgl. dazu Jung, Mey, Müller-Dietz u. Rotthaus 1978). Personalselektion und -placierung ist aber in ihrem Erfolg sehr begrenzt, und zwar durch die Bedingungen des Arbeitsmarktes, die Vagheit von Anforderungen sowie die fragwürdigen Annahmen statischer Eigenschafts- oder Einstellungsmuster und hoher Verhaltensvorhersagbarkeit.

Die zur Zeit im Strafvollzug gängigen Auswahlmethoden (Interviews, Zeugnisse und andere Lebensdaten, Leistungstests, Persönlichkeitstests) können von daher nur als grober Raster fungieren (Screening-Verfahren), um mit mäßiger Wahrscheinlichkeit völlig ungeeignete Bewerber zu ermitteln. Systematischere Untersuchungen zur Bewährung der Eignungsdiagnostik erscheinen ebenso erforderlich wie verstärkte Erprobungen neuerer Diagnosemethoden (z.B. Assessment-Center, vgl. Finkle 1976), die auch prozeßdiagnostische Ansätze liefern.

Als Bestandteil schon klassischer eignungsdiagnostischer Strategien sind arbeitsanalytische Daten unverzichtbar. Entsprechende Informationen gewinnen aber aus der Perspektive der Organisationsdiagnostik zusätzliche Bedeutung. Arbeitsplatzbeschreibungen, etwa zur Art der anfallenden Tätigkeiten, zu deren Häufigkeiten, ihrer Variabilität, zu ihrem interaktiven Charakter, konkretisieren nicht nur das Anforderungsprofil bei der Bewerberauswahl bzw. Mitarbeiterplacierung, sondern kennzeichnen den Ist-Zustand der Organisation.

Empirische Detailuntersuchungen des qualitativen und quantitativen Arbeitsanfalls bei Strafvollzugsbeamten existieren kaum. Einen Erfahrungsbericht legte z.B. Staiber (1978, S.67 ff.) vor, zur Interaktion zwischen Beamten und Gefangenen vgl. Bottenberg u. Gareis (1971). Klapprott (1977), Kühne (1981). Braune, Klapprott, Linz, Lösel u. Runkel (1980) forderten Vollzugsbedienstete im Rahmen einer Erkundungsstudie auf, Tagesablaufprotokolle einer Dienstschicht zu erstellen. Zusätzlich mußten die Beamten tätigkeitsspezifische Schätzurteile abgeben, um zu erfassen, durch welche Merkmale diese Tätigkeiten zu kennzeichnen sind (z.B. hinsichtlich des Ausmaßes der Gefangenenorientierung, der Routine, der seelischen Belastung). Es zeigte sich, daß die befragten Bediensteten ihre Arbeit vorwiegend als routinehaft und fremdinitiiert (90% aller Tätigkeiten) einstuften, eigeninitiierte Tätigkeiten wurden als attraktiver angesehen, ferner galten 68% der Arbeiten als kontaktbezogen, wobei die Gefangenen in 63% der kontaktbezogenen Arbeiten die Interaktionspartner waren.

Solche Informationen sind auch als relativ objektive Momentaufnahmen von Arbeitsabläufen zur Überprüfung und Veränderung von Organisationszielen von Bedeutung. Ihre kontinuierliche Erfassung würde es darüberhinaus gestatten, mögliche Veränderungen im Prozeß der OE selbst zu diagnostizieren. Breiter angelegte Arbeiten in dieser Richtung sind notwendig. Für Sozialarbeiter im Strafvollzug legte Lochmann (1981) einen ähnlichen Ansatz vor.

Eine Organisation kann psychologisch sinnvoll nicht nur als Abfolge von Tätigkeiten beschrieben werden, sondern muß auch als System von inner- und außerinstitutionellen Umweltbedingungen, Erfahrungen und Einstellungen der Organisationsmitglieder gesehen werden. Die Situation des Aufsichtsdienstes ist dadurch charakterisiert, daß es sich um einen typischen Zweitberuf handelt, der häufig nach Militär-/BGS-Dienst, Abqualifikation des Lernberufs, regionalen Arbeitsmarktproblemen etc. eingeschlagen wird und einen „sicheren" Arbeitsplatz bietet (vgl. auch Callies 1970). Solche beruflichen Vorerfahrungen und Motivationslagen, Werbebroschüren, das Erleben negativer Images in der Öffentlichkeit („Wärter", „Schließer"), die Erfahrungen mit Leitungssystemen in der Anstalt, tradierte Anstaltsroutine, allgemeine berufliche Frustrationen (geringes Wirkungsbewußtsein, hohe Rückfallquoten), Aufstiegs- und Statusprobleme etc. schlagen sich in den Einstellungssystemen der Beamten nieder (Däumling u. Possehl 1970; Hohmeier 1973; Tischler 1975; Blickhan, Braune, Klapprott, Linz u. Lösel 1978; Teske u. Williamson 1979). Auf der Ebene von Gruppendaten zeigt sich ein insgesamt relativ konsistentes berufsbezogenes Einstellungssystem, das vor allem durch allgemein positive vs. negative Bewertungen der Gefangenen und des Resozialisierungsgedankens gekennzeichnet ist (z.B. Blickhan et al. 1978; Klingemann 1981).

Bei Beamten, die Gefangenen stark ablehnend gegenüberstehen und die es aufgegeben haben, sich im Sinne einer sozialen Aufgabe zu engagieren, deutet sich allerdings keine erfolgreiche Bewältigungsstrategie an, sondern – bezogen auf diesen Aspekt – eher eine „resignative Arbeitszufriedenheit" (Bruggemann 1974). Sie sind auch mit allgemeinen Aspekten der Arbeit, wie der Bezahlung, den Aufstiegsmöglichkeiten, dem beruflichen Ansehen in der Öffentlichkeit usw. nicht so zufrieden wie die weniger negativ eingestellten Kollegen.

Aus der Perspektive der Organisationsdiagnostik ist wichtig, daß zum Teil deutliche Einstellungsunterschiede zwischen den Anstalten bestehen. Sie bestätigen die eindrucksmäßige Existenz spezifischer „Anstaltsklimata" (Blickhan et al. 1978), die wiederum über geeignete Indikatoren diagnostisch zugänglich gemacht werden könnten (z.B. Wenk u. Moos 1972, S.141 – in ihren Klimaskalen stark am Gefangenen orientiert; Braune et al. 1980, S.40 – am Beamten orientiert). Im Zusammenhang damit steht die Kommunikation über unterschiedliche Zielsetzungen und Sichtweisen der Organisationsmitglieder. Auch dies setzt diagnostische Bemühungen voraus.

In unseren Untersuchungen legten wir zu diesem Zweck den Aufsichtsbeamten einen beruflichen Forderungskatalog vor. Die Items (z.B. Forderung nach Pünktlichkeit, nach Hilfestellung für Gefangene, nach Befolgung von Vorschriften, nach Gesprächsbereitschaft) wurden von den Aufsichtsbeamten danach beurteilt, inwieweit sie diese an sich selbst stellen bzw. von anderen Institutionsmitgliedern an sich gestellt sehen. Derselbe Katalog wurde Anstaltsleitern mit der Frage nach ihren Erwartungen an Aufsichtsbeamte vorgelegt. Dabei ergaben sich zum Teil erhebliche Rollenkonflikte und Diskrepanzen. Zum Beispiel gaben die Anstaltsleiter an, daß sie strikter Ruhe und Ordnung oder Befolgung von Vorschriften ihrerseits weniger Bedeutung zumessen als die Beamten annahmen (vgl. Däumling u. Possehl 1970; Hohmeier 1973; Blickhan, Braune, Klapprott, Linz u. Lösel 1977).

Solche diagnostischen Daten sind sicher nicht eindeutig interpretierbar, sie gewinnen jedoch unmittelbar Relevanz für die Organisationsveränderung, wenn sie als ein empirisches Feed-back („Survey-feed back", vgl. Mann u. Likert 1952) zur Grundlage für Personalentwicklungsstrategien (u.a. Aus- und Fortbildung) werden.

4 Psychologische Trainingsmaßnahmen als Bestandteile der Organisationsentwicklung

Unter Training verstehen wir systematische und intendierte Prozesse zur Veränderung des Verhaltens von Organisationsmitgliedern mit dem Ziel, die Wirksamkeit der Organisation zu verbessern (vgl. Hinrichs 1976, S.832). Defizite der psychologischen Aus- und Fortbildung von Strafvollzugsbeamten wurden wiederholt festgestellt (Böhm 1979; Kühne 1981).

Hinsichtlich der methodischen Konzeption wird OE häufig mit gruppendynamischen Trainingskonzeptionen gleichgesetzt (vgl. Beer 1976; French u. Bell 1977). Diesem engen Verständnis schließen wir uns nicht an, sondern beziehen alle Trainingsstrategien mit ein (vgl. Stocker-Kreichgauer 1978; Krauss 1979). Auf konzeptionelle Unterschiede psychologischer Trainingsmaßnahmen kann an dieser Stelle nicht näher eingegangen werden (siehe dazu Bödiker u. Lange 1975; Hinrichs 1976; Braune, Klapprott, Linz, Lösel u. Runkel 1979; Krauss 1979). Neben den eher in der sozial-

und tiefenpsychologischen Tradition stehenden, gruppendynamisch orientierten Ansätzen sind vor allem Varianten eines stärker strukturierten, programmzentrierten Vorgehens zu nennen, das in der lern- und instruktionspsychologischen Tradition steht. Wichtiger als die Einordnung nach bestimmten Typen oder die Verwendung wohlklingender Etiketten ist jedoch die Frage, was tatsächlich in den Veranstaltungen geschieht (vgl. Kilman u. Sotile 1976; Lieberman 1976; Braune et al. 1979). Naturgemäß liegen wegen der Heterogenität und Unstrukturiertheit gruppendynamisch ausgerichteter Trainingsformen meist nur Erfahrungsberichte und Diskussionsbeiträge vor (z.B. Adler 1976; Bickel 1976), während sich über curricular ausgestaltete programmzentrierte Trainings systematischer berichten läßt (Kühne 1973; Blickhan, Braune, Klapprott, Linz u. Lösel 1976 – „Altdorfer Kursprogramm"; Steller u. Kolbe 1976 – „Verhaltens- und Gesprächstraining für Vollzugsbedienstete"). Detaillierte Prozeßanalysen gibt es kaum (Braune, Klapprott, Linz, Lösel u. Runkel 1982a) und würden in der Praxis auch einen zu hohen Aufwand erfordern, wie Untersuchungen aus anderen Bereichen gruppendynamischer Trainings belegen (Lieberman, Yalom u. Miles 1973; Scheflen 1973; McLeish u. Martin 1975).

Die konzeptionellen Besonderheiten von Trainingsformen können zu verschiedenen Bewertungen bei den Teilnehmern führen, welche für die unmittelbare Motivation von Bedeutung sind (vgl. Braune et al. 1979). Als Konzept der OE sind sie jedoch nicht isoliert zu sehen. Hinsichtlich des Erfolgs als OE-Maßnahme ist insbesondere wichtig, welche organisationsrelevanten Inhalte in den Trainings auftauchen, wie der Trainingsprozeß in die Organisation eingebaut wird und welche langfristigen Perspektiven hinter den Konzeptionen stehen (vgl. Hamblin 1974; Goldstein 1980). Soweit Inhalte in Trainings erfahrungsorientiert „eingebracht" werden, tauchen Aspekte der Arbeitswelt auch im gruppendynamischen Geschehen auf. Es hängt weitgehend vom Geschick des Trainers ab, wie sehr die Teilnehmer in Rollenspielen, Fallanalysen oder dem Gruppenprozeß als solchem Bezüge zu ihrem beruflichen Alltag entdecken. Bei der Entwicklung stärker strukturierter programmzentrierter Fortbildungsangebote wird zwar expliziter an der Berufspraxis angeknüpft. Mangels empirischer Arbeitsanalysen (siehe oben) konnte aber bisher kaum objektiv belegt werden, daß die Trainingsinhalte wirklich die häufig auftretenden und für die Erfüllung des Organisationszieles wesentlichen Alltagsprobelme repräsentieren und bestimmte Lösungen „optimal" bzw. relativ „günstig" sind.

Die Einbettung von Trainingsmaßnahmen in die Organisation (on the job) wurde insbesondere deshalb immer wieder hervorgehoben, weil die Organisation als eine Art „Gegentraining" (Bahn 1973; Bakker 1975) vielleicht kurzfristige Erfolge punktueller Trainings zunichte machte (siehe Thomas 1972; Trapp 1980). Dem bei jeder Trainingsform anzunehmenden Back-home-Effekt kann durch Maßnahmen entgegengewirkt werden, die – jede für sich – von begrenztem Erfolg sind (siehe Goldstein 1974; Hamblin 1974; Stokes u. Baer 1977):

1. Erstens kann man versuchen, schon im Training selbst die kommenden Schwierigkeiten am Arbeitsplatz vorwegzunehmen, um das neue berufliche Verhalten gegenüber widerstrebenden Bedingungen am Arbeitsplatz zu immunisieren.
2. Ein weiterer Ansatzpunkt besteht darin, Fortbildungen so zu organisieren, daß an ihnen unterschiedliche Rollenträger im Strafvollzug (evtl. auch externe Bezugspersonen, siehe z.B. Balzert-Ickert 1977) teilnehmen.

3. Drittens wird versucht, die Übertragung von Trainingsinhalten auf den Berufsalltag durch wiederholte Fortbildungen in der Praxis zu verbessern. Dies geschieht durch Nachbereitungsseminare. Zu den Maßnahmen der Verbesserung des Trainingstransfers gehört aber auch
4. eine arbeitsbegleitende Supervision (z.B. Huppertz 1975), z.B. durch den Anstaltspsychologen, um die Umsetzung der Trainingsinhalte kontinuierlich fördern zu können. Angesichts der geringen Zahl von Anstaltspsychologen und anderen Mitgliedern der Sozialdienste tritt gerade an dieser Stelle die Diskrepanz zwischen Erfordernissen und Realisierungsmöglichkeiten von OE hervor.

Auf die Bedeutung weitergehender organisationsändernder Maßnahmen soll nur hingewiesen werden. Die Perspektive der OE verlangt systematisch aufgebaute Ausbildungskonzeptionen (Kühne 1981; Braune, Klapprott, Linz, Lösel u. Runkel 1982b), wiederholte und kumulierende Trainingsangebote. Während in dieser Hinsicht die Ausbildung von Strafvollzugsbeamten deutliche Fortschritte gemacht hat (z.B. Müller-Dietz 1977, S.294 ff.; Bayerische Justizvollzugsschule Straubing 1980), besteht in der Fortbildung noch ein erheblicher Nachholbedarf (vgl. z.B. die Ansprüche von Roberts 1974 an ein Aus- und Fortbildungsprogramm für Anstaltsbedienstete). Gruppendynamische und programmzentrierte Strategien sowie anstaltsinterne und anstaltsexterne Veranstaltungen sind so gesehen keine Gegensätze, sondern verlangen nach einer Integration im Rahmen einer Strategie, in der die spezifischen Vorteile berücksichtigt sind. Bei allen Trainingskonzeptionen und Kombinationen ist eine verstärkte Begleit- und Evaluationsforschung dringend erforderlich (vgl. Blickhan, Braune, Klapprott, Linz u. Lösel 1980).

5 Veränderung der Arbeitsorganisation als Bestandteil der Organisationsentwicklung

Strategien der Organisationsentwicklung, die sich auf die Arbeitsorganisation beziehen, ändern die innere Struktur einer Organisation durch die Veränderung der Arbeits-, Informations- und Entscheidungsabläufe. Bei Fragen der Arbeitsorganisation finden sich stärker als in den bislang diskutierten Bereichen Überlappungen zwischen organisationssoziologischen und -psychologischen Problemdarstellungen. Die Anwendung organisationssoziologischer Kategorien auf Institutionen des Strafvollzugs hat Tradition (vgl. z.B. Cloward, Cressey, Crosser, McCleery, Ohlin, Sykes u. Messinger 1960; Cressey 1965; Street, Vinter u. Perrow 1966; Studt, Messinger u. Wilson 1968; Johnson 1974), ist aber hierzulande auf die Analyse sozialtherapeutischer Anstalten konzentriert geblieben (Hauser 1975; Ohler 1977; Sagebiel 1979; Wenzel 1979).

Im Grundsatz sind organisatorische Fragen des Strafvollzugs durch das StVollzG geregelt, im Detail durch länderspezifische Ausführungsbestimmungen bzw. obliegen den Aufsichtsbehörden und dem Anstaltsleiter. Auch ohne expliziten Rekurs auf organisationspsychologische Konzeptionen haben nicht zuletzt Überlegungen zur Inadäquatheit der Arbeitsorganisation die Auseinandersetzungen um das StVollzG beherrscht (vgl. Müller-Dietz 1977, S.260 ff.). Die üblichen Methoden zur Veränderung der Arbeitsorganisation sind vor allem in Wirtschaftsunternehmen geprüft worden (z.B. Maßnahmen zur Arbeitsteilung, Arbeitserweiterung, Arbeitsbereicherung und Arbeitswechsel; vgl. Gebert u. v. Rosenstiel 1981; Weinert 1981). Man hat sie auch auf andere Bereiche übertragen (z.B. Verwaltung, Schulen, Vereine, Krankenhäuser; im Überblick Sievers 1977), analoge Anwendungen in Institutionen sozialer Kontrolle sind jedoch wegen der Zwangsstruktur besonders problematisch. Die in sämtlichen Organisationen kritische Frage nach dem grundsätzlichen Konsens der Mitglieder über die zu erreichenden Ziele stellt sich zwischen „Kontrolleuren“ und unfreiwillig „Kontrollierten“ verschärft (zum Problem des Leidensdrucks von Gefangenen vgl. Steller 1977b, S.65 ff.).

5.1 Arbeitsfeldstrukturierung

Methoden, die Aufgaben der Organisationsmitglieder neu festzulegen, werden unter dem Begriff der Arbeitsfeldstrukturierung zusammengefaßt (vgl. Hahn u. Link 1975). Aufgrund der Zielsetzung der Wiedereingliederung des Gefangenen müßten die Aufgaben des allgemeinen Vollzugsdienstes so organisiert werden, daß der Gefangene seinen Alltag stärker selbst und sozial verantworlich strukturieren und sich damit auf die Situation „draußen“ vorbereiten kann. Ansätze hierzu bestehen im Freigang und anderen verstärkten Außenkontakten, insbesondere zur Entlassungsvorbereitung. Unter den ideologischen, personellen und baulichen Bedingungen des Normalvollzugs herrscht jedoch die weitgehende Reglementierung der totalen Institution vor. Bereits auf Vorstufen einer geringer reglementierten Arbeitsfeldstruktur ist zu berücksichtigen, daß einerseits die Entlastung der Beamten von zeitintensiven alltäglichen Kleinigkeiten möglich würde, daß aber andererseits auch hohe Anforderungen an deren Kompetenz im unmittelbaren Umgang mit Gefangenen zu stellen wären.

Einem solchen Ziel entspricht die Einführung sogenannter teilautonomer Arbeitsgruppen (vgl. Lattmann 1972). Für die Anstalt bedeutet dies, daß den Abteilungen und Stationen größere Entscheidungsbefugnisse zuteil werden. Zum Beispiel können Aufsichtsbeamte dann im Rahmen des Dienstplans Vertretungen, Freizeitregelungen, selbst übernehmen und ihre Entscheidungen den koordinierenden Dienststellen (z.B. Aufsichtsdienstleiter) mitteilen (siehe Quack 1976). Im Wohngruppenvollzug werden ähnliche Ansätze praktiziert. Voraussetzung ist, daß Beamte relativ konstant einer Gruppe zugeordnet sind und mit dieser die alltäglichen Lebensläufe der Gruppe organisieren (z.B. Regeln aufstellen, Sanktionen für Regelverstöße festsetzen, Weck- und Schlafensmodalitäten entscheiden etc.).

Die teilweise Verselbständigung einiger Arbeitsgruppen ist für den hierarchisch-bürokratisch organisierten Strafvollzug nicht unproblematisch. Auf Seiten des Beamten vergrößert sich dessen Entscheidungs- und Kontrollspielraum, was nicht nur als interessanter und befriedigender wahrgenommen werden muß, sondern auch als verunsichernd und ängstigend erlebt wird (vgl. Hulin u. Blood 1968). Für Vorgesetzte bedeutet dies Delegation von Verantwortung und Risikobereitschaft, die angesichts teilweise polemischer öffentlicher Reaktionen bei bekanntgewordenen Fehlern nur schwer vorausgesetzt werden kann. Sowohl Entweichungen als auch Verantwortungslosigkeit einzelner Beamter können ein Preis für delegierte Entscheidungsspielräume sein.

Maßnahmen der Arbeitsfeldstrukturierung müssen durch gründliche diagnostische Informationen über die Arbeitsabläufe und die Teilhabe aller Betroffenen an deren Einführung vorbereitet werden. Wenn Brightford (1981, S.32) OE als Prozeß der Umstellung von einem Führungsverhalten auf ein anderes umschreibt, ist damit der notwendige Ausgangspunkt an der Spitze der Hierarchie einer Organisation deutlich herausgehoben.

Neustrukturierungen im Arbeitsfeld schließen in der Regel auch Veränderungen der Zusammenarbeit der Organisationsmitglieder ein. Darüberhinaus kann man die Zusammenarbeit auch direkt neu zu regeln versuchen.

Als ein Beispiel dafür wird für Wirtschaftsunternehmen die Bildung zeitweiser Arbeitsgruppen (vgl. Lawrence u. Lorsch 1967) aus Personen verschiedener Bereiche und Ebenen zur Lösung aktueller Probleme vorgeschlagen. Ähnliche Maßnahmen im Strafvollzug sind zeitweise Arbeitsgruppen bei der Entwicklung neuer Vollzugskonzepte, wie z.B. in der Jugendstrafanstalt Berlin-Plötzensee (vgl. Silbereisen u. Wehrmann 1981). Nach einer diagnostisch angelegten Orientierungsphase wurden vier Projektgruppen gebildet, die von einer Steuerungsgruppe koordiniert wurden. Erste Ergebnisse der Projektgruppe waren Vorschläge zur Dienstplangestaltung, zur Funktionstrennung zwischen Haussicherung und Betreuung, Vorüberlegungen zur Weiterbildungskonzeption und ein Konzept zur modellhaften Einführung von verschiedenen Wohngruppentypen.

Jeweils aktuelle Fragen der Zusammenarbeit werden im Normalvollzug über Dienstbesprechungen und Konferenzen gelöst. Die in der Praxis üblichen Konferenzen werden im Sinne der OE jedoch nur dann etwas bewirken, wenn dort konzeptionelle Arbeit aller Beteiligten geleistet wird. „Konferenzen", die hauptsächlich zur Verbreitung und Erläuterung von Leitungsentscheidungen zusammenkommen, oder als „Stimmungsbarometer" dienen sollen, sind unter dem Gesichtspunkt der OE nahezu irrelevant.

An Themen für Konferenzen fehlt es erfahrungsgemäß nicht: Entscheidungen über Besuchsregelungen, Arbeit in- und außerhalb der Anstalt, Kontakte mit der Öffentlichkeit, Besuch öffentlicher Einrichtungen, freiwillige Vollzugshelfer, Haftverkürzung, Verlegung, besondere Vorkommnisse etc. Der organisationspsychologische Zweck der Konferenzen besteht darin, den normativen Konsens zu erhöhen, den man bildhaft als „Geist" des Hauses bezeichnen könnte. Sie sollen eine stärkere Integration der Aufgaben von Mitarbeitern aus verschiedenen Bereichen, eine stärkere Transparenz des Arbeitsvollzugs ermöglichen und eine stärkere Identifizierung mit den Zielen der Organisation gewährleisten. Unabhängig von einzelnen Funktionen soll durch diese Methode aber das Gefühl der aktiven Teilnahme in der Gestaltung des Organisationsablaufes den Organisationsmitgliedern vermittelt werden, ein Prinzip, das als wesentlicher Motivator in der OE gesehen wird.

Die Schwierigkeiten der Konferenzmethode sind vielfältig. Sie ergeben sich z.B. aus dem Versuch verschiedener Bereiche bzw. Gruppen, ihre Einflußmöglichkeiten zu erhalten und auszubauen, der Unsicherheit beim Zusammentreffen unterschiedlicher Wertsysteme der Organisationsmitglieder, den langen Diskussionen, die oft als „Leerlauf" empfunden werden. Der Erfolg hängt davon ab, ob bzw. inwieweit es gelingt, eine Atmosphäre der produktiven Konfrontation zu schaffen und zu verhindern, daß scheinbar sachliche Auseinandersetzungen nichts anderes als Machtkämpfe sind (vgl. Kouzes u. Mico 1979).

5.3 *Organisationsinterne Belohnungs- und Sanktionssysteme*

Berufliches Verhalten ist zu einem beträchtlichen Teil durch äußere Konsequenzen kontrolliert und somit in formelle und informelle Belohnungs- und Sanktionsysteme eingebettet. Die Veränderung formeller Belohnungs- und Sanktionssysteme ist aufgrund der Eigenart des öffentlichen Dienstes nur in Grenzen möglich. Das informelle System wird von jeder OE-Maßnahme betroffen. Die Auswahl von Bewerbern ist auch eine Auswahl von Verhaltensstilen und damit Verhaltenskonsequenzen für andere. Psychologische Fortbildungsveranstaltungen greifen durch den Aufbau neuer Verhaltensregulationen in dieses System ein. Strukturelle Organisationsveränderungen ziehen neues Verhalten der Bediensteten nach sich. Alle bisher erörterten Maßnahmen sind so gesehen zugleich Maßnahmen zur Veränderung der organisationsinternen Belohnungen und Sanktionen sowie ihres Einsatzes als Verhaltenskonsequenzen. Wenn dies aber so ist, stellt sich die Frage, ob es nicht am besten wäre, mit OE-Maßnahmen direkt auf bestehende Belohnungs- und Sanktionssysteme abzuzielen.

Unmittelbar auf das Belohnungs- und Sanktionssystem einwirkende Maßnahmen wären aber lernpsychologisch an zwei Voraussetzungen geknüpft die kaum zu erfüllen sind:

1. Das zu kontrollierende Verhalten des Bediensteten müßte objektiv bewertbar sein. Objektive Verhaltensstandards sind aber leichter für die Bereiche Beaufsichtigung und Versorgung konstruierbar als für die Betreuung und Behandlung der Gefangenen sowie für das Verhalten der Kollegen untereinander. Von daher ist bei direkten Eingriffen in das Belohnungs- und Sanktionssystem (z.B. im Sinne einer token economy) zu befürchten, daß in der Praxis vornehmlich die sicherheits- und ordnungsorientierten Handlungen verstärkt werden.
2. Die Beamten benötigten kontinuierliche und detaillierte Rückmeldungen über die Zielangemessenheit ihres beruflichen Handelns. Dies ist unrealistisch und menschlich fragwürdig, denn es müßten speziell ausgebildete und mit entsprechenden Kompetenzen ausgestattete Supervisoren sämtliche Beamten in einem totalen On-the-Job—Training ständig begleiten.

In der Praxis haben OE-Maßnahmen von relativ stabilen natürlich gewachsenen Belohnungs- und Sanktionssystemen auszugehen und können hier nur einen ganzheitlich-indirekten Änderungseffekt erzielen. Wegen der Interdependenz, geringen Steuerbarkeit und Durchschaubarkeit besonders informeller Verhaltensbeziehungen sind sichere Prognosen über die Wirkungen von OE-Maßnahmen nicht möglich. Daß viele OE-Maßnahmen längerfristig wirkungslos bleiben, mag nicht zuletzt daran liegen, daß unerwünschte Nebenwirkungen innerhalb des informellen Belohnungs- und Sanktionssystems nicht genügend reflektiert werden.

6 Schlußbemerkung

Angesichts der Geschichte des Strafvollzugs (Blau 1976; Schwind 1976; Eisenhardt 1978) und der zahlreichen Versuche, ihn zu verändern, können Überlegungen zur OE im Rahmen des Normalvollzugs nicht spektakulär sein. Zudem ist die Theoriebildung in der Organisationspsychologie zu rudimentär und die Anwendungsproblematik zu komplex, als daß man Aussagen formulieren könnte nach der Art „Tue das und das, dann wird sich dies und jenes ändern". Dies macht es leicht, Maßnahmen der OE im Strafvollzug von den verschiedensten theoretischen, politischen oder anthropologischen Standpunkten her in Zweifel zu ziehen.

Ähnliche Argumente finden sich bei jeglichen Veränderungsversuchen in Organisationen: „Viel zu allgemein, der Teufel steckt bekanntlich im Detail" – „Klingt ganz gut, ist aber nicht realisierbar" – „Nichts Neues, gibt es schon" – „Ständige Veränderungen bringen nur Unruhe und Verunsicherung" – „Viel zu kompliziert und zu aufwendig, schon jetzt ist das knappe Personal überfordert" – „Zu wenig radikal, die Organisation müßte ‚von Grund auf' verändert oder abgeschafft werden" – „Bloße Alibifunktion, die Maßnahmen lenken von den gesellschaftlichen Ursachen ab".

Die Argumente ließen sich entsprechend vermehren; sie verdeutlichen das Spannungsfeld des Strafvollzugs, indem sie sich teilweise wechselseitig aufheben. Gleichwohl bleibt die Frage nach der Effektivität von OE-Maßnahmen. Sie ist mit all jenen Schwierigkeiten verknüpft, die sich bei Evaluationen allgemein und speziell im Delinquenzbereich ergeben (Kury 1981b; Braune et al. 1982b; Lösel 1982a,b).

Hinsichtlich der Methodik enthalten die in Abschnitt 2 genannten Probleme der ganzheitlichen Bedingungsherstellung und die Konflikte mit praktischen Erfordernissen allgemeine Einschränkungen für die kriminologische Evaluationsforschung. Bei der OE im Strafvollzug kommt hinzu, daß Kontrollgruppen-Versuchspläne mit einzelnen Abteilungen fragwürdig sind, da das Konzept der OE gerade die Organisation als Ganzes betreffen soll. Unter den Bedingungen der Praxis wird man sich zumeist mit Zeitreihenanalysen begnügen müssen, wobei Ansätze der Einzelfallanalyse (vgl. Cook u. Campbell 1979) auf eine bestimmte Anstalt übertragen werden können.

Als Kriterien der Evaluation ist in erster Linie an „objektive", am Vollzugsziel orientierte Rückfälligkeitsraten zu denken. Allerdings sind auch diese Indikatoren zu differenzieren und nicht eindeutig interpretierbar (z.B. Höfer 1977). Viele Faktoren, die nicht von der jeweiligen Art des Strafvollzugs abhängen, haben darauf Einfluß (vgl. Opp 1979). Daher bleibt es nicht nur unter methodischen Gesichtspunkten unzureichend, wenn die empirische Strafvollzugsforschung von den gesellschaftlichen Rahmenbedingungen und Zielkonflikten der Organisation abstrahiert (vgl. Müller-Dietz 1976) und dem „Organisationsmythos der einen und einzigen Effektivität" huldigt (vgl. Westerlund u. Sjöstrand 1981). Angesichts der Evaluationsprobleme sind zielreiche und damit zahlreiche Effektivitätskriterien zu beachten. Man denke auch an anstaltsinterne Indikatoren wie Hausstrafen, Urlaubs-Entweichungen, Personalfluktuation etc., oder Erlebnismaße, wie Humanitätseinschätzungen, Gefangenen- und Beamteneinstellungen. Langfristig darf jedoch das „eigentliche" Zielkriterium der Spezialprävention nicht aus dem Auge verloren werden.

Lorenz Böllinger

Psychoanalytisch orientierte Sozialtherapie

1 Einführung

In einer der wenigen Gerichtsentscheidungen zum Themenbereich Delinquenzbehandlung urteilte das Kammergericht Berlin: „Für eine Kriminaltherapie im weitesten Sinne gibt es bisher kein überzeugendes und wissenschaftlich überprüfbares Behandlungskonzept.“ (Beschluß vom 25.5.1973, S.1420). Diese Überzeugung erscheint noch heute repräsentativ für Justiz und Strafrechtslehre. Aber auch im Bereich des Strafvollzugs herrscht – abgesehen von der institutionell bedingten Schwierigkeit, konsistente Behandlungsmodelle zu verwirklichen – Unsicherheit über Wirkungsweisen und Erfolgsaussichten der verschiedenen, bislang weitgehend zufällig und eklektisch praktizierten soziologischen, psychologischen und psychotherapeutischen Behandlungsmodelle. Auf der anderen Seite sind Psychotherapeuten im Hinblick auf die Arbeit mit Delinquenten zurückhaltend, wenn nicht gar abstinent. Dies beruht wohl auf den geringen Erfolgsaussichten ebenso wie auf den widrigen Bedingungen der Institution, in die sie gehen müssen. Die allgemeine Unsicherheit spiegelt sich auch in der Forschungslage: bisher liegen für den Bereich der Bundesrepublik nur wenige Versuche einer empirischen Evaluations- und Verlaufsforschung im Hinblick auf die Resultate und Wirkungsweisen psychotherapeutischer Behandlung im Strafvollzug vor (Vgl. den Überblick in: Böllinger 1979, S.191 ff.; Waxweiler 1980). Eine Sekundäranalyse institutioneller psychologischer Behandlungsversuche in den U.S.A. hat unter dem Aspekt empirischer Forschungskriterien methodologische Mängel aufgedeckt, die mit dem Verdikt „Nothing works!“ (Lipton, Martinson u. Wilks 1975) das Kammergericht Berlin und überhaupt den Trend zur „Abkehr von der Behandlungsideologie“ (Hilbers u. Lange 1973) zu bestätigen scheinen.

All dies ist entmutigend für Praktiker, die mit Straffälligen zu tun haben und nach Verbesserungsmöglichkeiten suchen. Eher ermutigend erscheinen mir demgegenüber eine unter psychoanalytischem Blickwinkel vorgenommene Durchsicht der Literatur und Erfahrungen, die ich während mehrwöchiger Hospitationen in institutionellen Behandlungsmodellen gewonnen habe (Böllinger 1979). Zumindest im Bereich der angewandten Psychoanalyse (als einem der konkurrierenden wissenschaftlichen Paradigmen) liegen systematisierbare, verallgemeinerungsfähige und für die Praxis und Überprüfung operationalisierbare Forschungsergebnisse vor. Insbesondere ergibt eine qualitative Sekundäranalyse von 15 psychoanalytisch orientierten Behandlungsmodellen in Europa und den USA ein deutlich positives Bild. Von diesen 15 haben die beiden ausgereiftesten Modelle, deren praktischen Alltag ich kennenlernen konnte (Mesdag-Kliniek in Groningen/Holland und O.H.Close-School in Stockton/Californien), den vorangegangenen Forschungsprozeß integriert und eine methodologisch einwandfreie, also auch den Kriterien experimenteller Forschung genügende Begleit- und Erfolgsforschung etabliert (Vgl. Boor 1977; Jäger 1977; Böllinger 1980).

2 Theorie des dissozialen Syndroms

Erfolgreiche institutionelle und einzeltherapeutische Versuche der Delinquenzbehandlung auf psychoanalytischer Grundlage sind zunächst empirische Belege für die neueren psychoanalytischen Auffassungen über die Entstehung von Delinquenz. Hinausgehend über die frühen, bereits von Freud vorgestellten Konzepte von kriminellem Handeln als neurotischem Symptom im engeren Sinne (Verbrechen aus Schuldgefühl und Strafbedürfnis; delinquentes Verhalten als Ersatzhandlung), ist die neuere Forschung zu dem Ergebnis gelangt, daß es sich bei den schweren und dauerhaft rezidivierenden Formen von Kriminalität um einen komplexen psychosozialen Aufschaukelungsprozeß handelt, dessen Resultat sich als „dissoziales Syndrom“ (Boor 1977) diagnostisch festmachen läßt. Grundlegend ist eine durch die Wechselwirkung von Persönlichkeitsdispositionen und sozialen Umweltbelastungen erzeugte psychosoziale Störung der Mutter-Kind-Beziehung in der Phase zwischen dem 8. und dem 24. Lebensmonat. Diese Störung veranlaßt die Herausbildung einer Abwehrstruktur zum Zweck des „psychischen Überlebens“. Verwahrlosung und kriminelle Auffälligkeit sind – psychodynamisch betrachtet – das Ausagieren unbewußter und pathologischer Abwehrmechanismen, also Symptom für eine in familialer Fehlsozialisation gründende Entwicklungsstörung (Böllinger 1979, S.138-155; vgl. auch den Aufsatz von Toman in diesem Band). Die durch primäre Auffälligkeit und sozialstrukturelle sowie sozialpsychologische Mechanismen bewirkte Interaktion zwischen gesellschaftlicher und individueller Reaktion führt als sekundäre Abweichung zur Verfestigung abweichenden Verhaltens (Quensel 1970).

Die Einsicht in die komplexe Interaktionsgeschichte des dissozialen Syndroms stützt die Erfahrung, daß herkömmliche Formen der Psychotherapie hier notwendig versagen. Aus dem Konzept des dissozialen Syndroms (als in pathologischer Dimension gestörtem psychosozialen Geschehen) leitet sich hingegen ein gänzlich anderer Ansatz als einzig aussichtsreicher ab. Im Gegensatz zum irreführenden Resozialisierungsbegriff steht dabei im Vordergrund der Gedanke, daß die durch das Versagen der Umwelt gestörte, aufgehaltene frühe Persönlichkeitsentwicklung nachgeholt werden kann (so zuerst Aichhorn 1925). Dies muß unter Bedingungen geschehen, die so weit wie möglich den psychosozialen Umweltvoraussetzungen derjenigen Lebensphase entsprechen, in der der Grund für die Störung gelegt worden ist, die jedoch von solchen Störungen relativ frei sind. Zur praktischen Umsetzung dieses Ansatzes ist ein Arrangement erforderlich, welches auf die desintegrierenden Faktoren, also die konstituierenden Elemente der Entwicklungsstörung bezogen ist und eine quasi-intakte Umwelt rekonstruiert: das Milieu. Das bedeutet, daß gleichsam künstlich die „normale“ äußere Realität ausgeschaltet werden muß, jedenfalls ein Stück weit und vorläufig, um in einem Schonraum, einem „psychosozialen Moratorium“ (Boor 1977) individuelle Ich-Entwicklung nachholen zu können. Die Erfahrung und Auswertung der erwähnten Modellversuche zeigt, daß auf diesem Weg früh geprägte Persönlichkeitsdefizite bis zu einem gewissen Grad reversibel sind. Die behandelten Individuen erscheinen zunehmend befähigt, sich mit den realen und sekundären Umweltbelastungen in einer Weise auseinanderzusetzen, die den Aufschaukelungsprozeß abbricht. So hat sich die Rückfallquote (Kriterium: mit Freiheitsstrafe bedrohte Handlung) bei den Probanden der Mesdag-Kliniek im Zuge der Entwicklung eines immer konsistenteren Behandlungskonzepts in zwei Jahrzehnten von 57% auf 36% verringert

(Katamnese nach 24 Monaten). Bei der erwähnten californischen Anstalt beträgt die Rückfallquote 24 Monate nach Entlassung 33,1% im Vergleich mit 42,8% der Kontrollgruppe im Regelvollzug. Bei qualitativer Bewertung der Rückfälligkeit im Hinblick auf Deliktintensität und -frequenz sind die Daten noch positiver: 0,2% der Probanden der Mesdag-Kliniek wurden wegen Delikten rückfällig, die nach unserem Strafgesetzbuch strafverschärfend zu berücksichtigen gewesen wären. Bei Zugrundelegung klinisch-diagnostischer Kriterien – z.B. Besserung im subjektiven Befinden, im Beziehungsverhalten und im allgemeinen Aktivitäts- und Motivationsniveau – beträgt die Erfolgsquote deutlich über 75%. Die Daten wurden mittels einer breiten Palette von zum Teil speziell für kriminelle Institutionen konstruierten psychodiagnostischen Verfahren erhoben, die in komplexe und konsistente Begleitforschungspläne eingebaut waren. Auf die gerade in diesem Bereich wegen institutioneller und normativer Vorgaben besonders schwierigen Methodenprobleme der Evaluationsforschung muß allerdings einschränkend hingewiesen werden, ohne daß hier näher darauf eingegangen werden kann (siehe dazu: Böllinger 1979, S.191 ff.).

3 Indikation der Sozialtherapie

Aus der ursachenbezogenen Diagnose des dissozialen Syndroms ergibt sich ein Weiteres: Die aufwendige, umfassende Milieubehandlung kommt nur dann in Frage, wenn kriminelle Handlungen – meist nach einer längeren Wiederholungsserie von Auffälligkeiten – sich als Symptom einer strukturellen Grund- und Ich-Störung darstellen, die auch als narzißtische oder Borderline-Störung bezeichnet wird. Dem Delikt und der Begehungsweise kommt in diesem Zusammenhang lediglich die Bedeutung von Symptomen zu, die Indiz für die zugrundeliegende Störung sind. Mittel der Indikationsstellung sind zunächst die bereits erwähnten diagnostischen Verfahren. Problematisch ist allerdings die mangelnde prognostische Aussagekraft von Test- und Rating-Verfahren im Hinblick auf Persönlichkeitsstörungen, die nur ausschnittsweise Fehlanpassungen bewirken. Im wesentlichen muß sich die Diagnostik auf Interviews und längerfristige, in der Regel etwa 4–6 Wochen dauernde Beobachtungen stützen, was faktisch einen Therapiebeginn darstellt.

Kontraindiziert sind folgende Kategorien abweichenden Verhaltens: abweichende Normerziehung und subkulturelle Prägung (Kulturkonflikt); pubertätsbedingte, sogenannte Status-Kriminalität; kriminelle Handlungen als Begleiterscheinungen von Psychosen, Hirnschädigungen, Schwachsinn, Epilepsie; Reaktionen auf somatische Erkrankungen; Delinquenz aufgrund von schwerer Drogen- und Alkoholabhängigkeit. Unangemessen ist die umfassende, integrale Milieutherapie schließlich bei der bereits oben erwähnten neurotischen Kriminalität. Davon spricht die Psychoanalyse, wenn kriminelles Handeln Symptom einer entwicklungsmäßig späteren Konfliktfixierung ist. Typisch für die Neurosen ist an sich das „autoplastische" Ausagieren unbewußter Konflikte, das Gegen-das-eigene-Selbst-Wenden, was zu entsprechendem Leidensdruck führt. Unter besonderen Bedingungskonstellationen kann es reaktiv, also z.B. durch schwere seelische Erschütterungen, zu einer Wiederveräußerlichung des Konflikts, zum aktiven und destruktiven Einwirken auf die Umwelt, zum „alloplastischen" Ausagieren kommen. Beispiele dafür sind Aggressionshandlungen aufgrund eines ödipalen Konflikts oder die erwähnten „Verbrechen aus Schuldgefühl". Die Reinform solcher neurotischen Kriminalität ist nach den bisherigen Forschungsergebnissen selten (Klüwer 1974). Häufiger sind Misch- und Übergangformen zum dissozialen Syndrom. Die Behandlung neurotischer Delinquenz gehört folgerichtig in den Bereich der klassischen Therapiemethoden auf ambulanter Grundlage.

Eine andere, sicher noch nicht hinreichend untersuchte Frage ist, inwieweit die Strafdrohung und eventuell auch eine kurzfristige, vorübergehende Vollstreckung der Freiheitsstrafe im Sinne der im Jugendstrafrecht gebräuchlichen Devise vom „short sharp shock" psychoanalytisch gesehen Einfluß auf die Über-Ich-Bildung hat, also individualpräventive Funktionen entwickeln kann. Die neurotische Motivstruktur manifestiert sich in der wiederkehrenden Tendenz des Individuums, sich in unangenehme Situationen zu bringen. Für sich genommen ist die Strafe eher ein Mittel zur Bestätigung dieses sogenannten Wiederholungszwanges als zur Veränderung der Motivstruktur. Lediglich im Zusammenhang mit einer Psychotherapie ist nicht auszuschließen, daß eine Verurteilung die Wirkung sekundärer Therapiemotivation entfaltet, soweit es sich um neurotische Kriminalität handelt. Entscheidend ist jedenfalls die Möglichkeit der therapeutischen Verarbeitung des Straferlebnisses. Eine spezifische Verknüpfung, ein sinnvolles Ineinandergreifen von herkömmlichem Strafvollzug und Psychotherapie während und im Rahmen desselben kann es, aus den genannten Gründen und wie im folgenden noch genauer zu belegen sein wird, meines Erachtens nicht geben. Das schließt nicht aus, daß man im Verlauf der Strafvollstreckung analytische Psychotherapie macht. Diese muß sich dann aber an Parametern orientieren, also die therapeutische Technik entsprechend den Gegebenheiten des Einschlusses und der subkulturell verselbständigten Institution modifizieren. Die Erfahrung zeigt jedoch, daß die Ergebnisse unter den Bedingungen des „Normalvollzuges" enttäuschend sind und die Durchführung für außenstehende Therapeuten äußerst schwierig und belastend ist (Vgl. z.B. Moser u. Künzel 1969; Mechler u. Wilde 1976; Christ 1978).

Hinsichtlich der Behandlung des dissozialen Syndroms läßt sich allgemein sagen, daß die Behandlungsprognose umso schlechter aussieht, je mehr der Proband – klinisch betrachtet – zur Psychose tendiert und je stärker die Verwahrlosungsstruktur Gelegenheit hatte, sich im Laufe der Zeit zu chronifizieren, bedingt durch sekundäre Deviation, durch Zuschreibungsprozesse und Gefängniserfahrung gleichermaßen wie durch die mit dem Alter verbundene charakterliche Verfestigung. Aus diesen Gründen ist die Altersgrenze für die milieutherapeutische Behandlung ungefähr bei 30–35 Jahren anzusetzen. Indizien für die Behandelbarkeit sind: das Auftreten eines gewissen subjektiven Leidensdruckes nach einigen Monaten der Behandlung; ein Minimum an Übertragungsfähigkeit, also der Fähigkeit zur Aufnahme einer Beziehung, sei sie auch zunächst sehr negativ getönt; ein Minimum an Verbalisierungsfähigkeit. Schon für das diagnostische Verfahren ist also ein erheblicher Aufwand erforderlich.

4 Bedingungsvariablen

Besonders wichtig ist, daß in den Forschungsplänen der langjährigen und noch laufenden Modellversuche auch die Erfassung der Bedingungsvariablen unternommen wurde, also derjenigen konkreten Bedingungen und Faktoren, auf die Veränderungen wissenschaftlich zuverlässig zurückzuführen sind. Als spezifische Wirkungsvariablen haben sich folgende Faktoren herauskristallisiert:

1. Soziales Milieu (Setting);
2. Therapie im engeren Sinne;
3. Ausbildung und kreative Arbeit;
4. Psychohygiene.

Das Behandlungsziel Persönlichkeitsentwicklung und Identität läßt sich auflösen in die Teilziele Autonomie im Denken und Handeln, Realitätskontrolle, Fähigkeit zur Teilhabe an sozialen Prozessen. Veränderungsmessungen im Hinblick auf diese Ziele werden prozeßbegleitend mittels der üblichen psychodiagnostischen Verfahren sowie spezifischer Operationalisierungen vorgenommen. Zum Beispiel werden Fortschritte in der sozialen Beziehungsfähigkeit durch objektive, standardisierte Beobachtungs- und Beurteilungsverfahren gleichermaßen registrierbar wie durch subjektive Eindrücke beim Behandlungspersonal. Nur die Konsistenz und wechselseitige Durchdringung der oben genannten Wirkungsfaktoren gewährleisten die Chance von Veränderungen im Befinden, Bewußtsein und Verhalten der Probanden in Richtung auf die skizzierten Behandlungsziele. Es kommt deshalb entscheidend auf ihre Ausgestaltung und Kontrolle im Rahmen einer Behandlungsinstitution an.

Das *soziale Milieu* stellt gleichsam die umfassende Rahmenbedingung der Behandlung dar. Entsprechend dem idealtypischen Sozialisationsverlauf bauen sich die Angebote dieser schützenden und fördernden Umwelt auf: am Anfang steht die konsistente Zweierbeziehung mit einer festen Bezugsperson, dem Soziotherapeuten; es folgt die Durchbrechung der sozialen „Schalen" (Reinke u. Toussaint 1979), die Ausweitung des sozialen Beziehungsfeldes in der analog zur Familie konzipierten Kleingruppe, in der Gleichaltrigengruppe des Lern- oder Arbeitsbereichs, in der Mikro-Gesellschaft der institutionellen Subkultur und schließlich im graduell zunehmenden Kontakt mit der äußeren gesellschaftlichen Realität. An diesem Verlauf orientieren sich die räumlichen, zeitlichen und personellen Bedingungen: die Institution offeriert Freiraum für das Ausagieren kindlicher Allmachtsgefühle und jugendspezifischer Gruppenaktivitäten gleichermaßen wie für Rückzug und Regression; die Behandlung nimmt ungefähr soviel Zeit in Anspruch, wie der Aufbau einer stabilen Persönlichkeitsbasis, etwa 3–5 Jahre; und die Institution muß genügend Mitarbeiter als Bezugspersonen anbieten, die fähig sind, entsprechend der Entwicklungsphase des Probanden Schutz, Geborgenheit, Grenzsetzung und Förderung zu gewährleisten und den enormen emotionalen Belastungen standzuhalten, die damit verknüpft sind. Das besondere Problem dieses Ansatzes liegt in der Tatsache, daß es sich ja um erwachsene Probanden handelt, deren Agieren nur psychodynamisch als auf infantilen Fixierungen beruhend erkannt zu werden vermag und deren Regressionen zum Teil erst durch die Behandlung induziert werden, bevor sie sie durcharbeiten und überwinden können. Ganz wesentlich ist die institutionelle und personelle Kontinuität. Es muß nach Möglichkeit vermieden werden, den Klienten – wie es heute meist üblich ist – von Institution zu Institution weiterzureichen und einer großen Fluktuation von Bezugspersonen auszusetzen.

Die eigentliche *Therapie* als zweiter wesentlicher Faktor trägt der Tatsache Rechnung, daß angesichts der früh begründeten Persönlichkeitsstörung eine noch so intakte soziale Umwelt oft nicht ausreicht, um vorhandene Defizite aufzuholen. Ich möchte die milieutherapeutische Konzeption, die sich aus den vielfältigen Praxiserfahrungen herauskristallisiert hat, als ein Stück angewandter Soziologie und Psychoanalyse bezeichnen. Demgegenüber kommt innerhalb dieses Rahmens bei manchen Probanden auch psychoanalytische Therapie im engeren Sinne zur Anwendung, allerdings in der Regel nicht das sogenannte klassische Setting der Couchbehandlung, sondern spezifische Modifikationen der Behandlungstechnik und des Arrangements.

In jeder „normalen" Psychotherapie lassen sich zwei Teilaspekte differenzieren; es geht zum einen um Ich-Stärkung durch die Verinnerlichung von Umwelteindrücken (Introjektion), durch Idealisierung von und Identifizierung mit Umweltrepräsentanten. Zentral ist dafür die Entwicklung von Gefühlsbeziehungen zu Mitmenschen. Dies geschieht in jeder Therapie dadurch, daß der Therapeut die Organisation des therapeutischen Prozesses und die Störungsfreiheit der Zusammenarbeit gewährleistet. Der Therapeut macht im übrigen das Angebot einer konstanten und echten Beziehung, erfüllt also Zuwendungs-, Stützungs- und Grenzsetzungsfunktionen für den Patienten, soweit dieser – auch bedingt durch die Therapie – regrediert, also auf unbewußte frühe Fixierungen zurückgeht. Es geht zum anderen um das zunehmende Aufdecken und Bewußtmachen dieser unbewußten Motive, Konflikte und Strukturen, also darum, sie unter die Kontrolle des Ichs zu nehmen. Dieser zweite Teilaspekt der Psychotherapie vollzieht sich im Medium der Übertragungsbeziehung zum Therapeuten. Das bedeutet, daß der Patient frühere, „verschüttete" negative oder positive, jedenfalls konflikthafte Erlebnisse und Erfahrungen mit Bezugspersonen aktuell am Therapeuten wiedererlebt und gedeutet bekommt. Dadurch erhält er die Chance der Bewußtwerdung und Befindens- und Verhaltensänderung.

Diese beiden Teilaspekte der Therapie sind im Normalfall der klassischen Analyse unlösbar miteinander verschränkt und voneinander abhängig. Alle untersuchten Modelle integraler Kriminaltherapie haben eine deutliche Abweichung von diesem Normalverlauf entwickelt und zum Teil schon aus organisatorischen Gründen entwickeln müssen. Es handelt sich dabei um spezifische, der zugrunde liegenden Störung und ihrer Symptomatik angemessene Modifikationen. Dem ersten eben skizzierten Teilaspekt kommt dabei eine wesentlich größere Bedeutung zu, die sich auch organisatorisch ausdrückt: am Anfang steht die Basistherapie, mit der erst die eigentliche Therapiefähigkeit angestrebt wird, weil vom Vorhandensein eines kooperationsbereiten Ichs beim Probanden nicht ausgegangen werden kann. In besonders intensiver Ausprägung der Stützfunktionen des Therapeuten geht es hier um die Ermöglichung neuer, beziehungsweise um die Korrektur einseitig negativ ausgerichteter emotioneller Erfahrungen. Angestrebt wird der Neuaufbau einer Ich-Struktur. Umgesetzt wird dieses Teilziel im Unterschied zum üblichen Therapieverlauf auf zwei Ebenen.

Zum einen garantiert das therapeutische Milieu insgesamt als äußerer Schutz im Sinne des „psychosozialen Moratoriums" (Boor 1977; vgl. oben) die Bedingungen der Therapie. Das beim dissozialen Syndrom besonders ausgeprägte destruktive Ausagieren gegen die Umwelt kann – wie die Erfahrung der Modellversuche zeigt – im Anfangsstadium der Therapie an Intensität noch zunehmen („Behandlungsschock"). Dies geschieht in der Regel deshalb, weil die ungewohnten, relativ konstanten Beziehungsangebote, aber auch die Zwänge der geschlossenen Anstalt ein Zurückgehen auf frühkindliche Wutphantasien und deren Ausagieren auslösen. Daraus resultierende gewalttätige Aktionen können wegen der Körperkraft der Probanden sehr gefährlich werden. Das Milieu muß daher die Grenzen setzen – auch durch Zwang und Einschluß –, die ein Therapeut nicht zu setzen vermag. Die Zwangsseite des Milieus sichert auch vor dem Abbruch der Therapie, den dissoziale Probanden in aller Regel herbeizuführen versuchen, um ihre zur unbewußten Erwartungsstruktur geronnene Erfahrung, daß Beziehungen von der Umwelt immer wieder abgebrochen werden, bestätigt zu finden.

Bei der zweiten Ebene, auf der sich der erste therapeutische Teilprozeß realisiert, handelt es sich um die Zweierbeziehung zu einem Soziotherapeuten. Diese enthält exemplarische und natürlich dem körperlichen Reifungzustand des Erwachsenen angemessene Elemente der ersten, grundlegenden Zweierbeziehung, der vorsexuellen Beziehung zur versorgenden Mutterfigur. Es geht primär um das Versorgt- und Gehaltenwerden, die absolut zuverlässige Präsenz. Natürlich kann diese Situation nicht komplett nachgebildet werden, denn der Soziotherapeut arbeitet nur 8 Stunden am Tag und der Proband ist kein Baby mehr. Aber für diese 8 Stunden täglich und über einen ausreichend langen Zeitraum hinweg ist der Soziotherapeut anwesend und kommuniziert verbal und non-verbal mit dem Probanden. Die Kommunikation verläuft nichtdeutend, nicht-aufdeckend, nicht-strafend, lediglich eingrenzend und konfrontierend im Hinblick auf destruktive, andere Menschen beeinträchtigende Verhaltensweisen des Probanden. Dieser Soziotherapeut soll als ständiger Begleiter und Bundesgenosse des Probanden gerade *nicht* Psychoanalytiker oder akademisch ausgebildeter Therapeut sein. Die Erfahrungen haben im Gegenteil gezeigt, daß berufserfahrene Handwerker und ähnliche Berufsgruppen mit entsprechender Zusatzausbildung besser geeignet sind, die notwendige Zweierbeziehung aufzubauen und zu erhalten.

Die schwierigste erste Phase der Behandlung, der Behandlungsschock und die Abwehr des milieutherapeutischen Angebots, äußert sich in der Regel in autistischem Rückzug und extremen Provokationen und ist meist nach 6 bis 12 Monaten überstanden. Die Basis ist dann gelegt, ein Stück Urvertrauen, Ansätze von Leidensdruck und damit eigene Therapiemotivation sind entstanden. Eine rudimentäre, wenn auch äußerst ambivalente Beziehung zum Soziotherapeuten existiert. Der positive Anteil dieser Beziehung erweist sich zum Beispiel daran, daß in den meisten Modellversuchen entlaufene Probanden aus eigenem Antrieb wiederkommen oder sich freiwillig stellen.

Das therapeutische Hauptproblem dieser Phase, aber auch des weiteren Verlaufs, ist die emotionelle Belastung der Soziotherapeuten, vor allem durch die negativ getönten Beziehungsanteile. Ihre Funktion als vorläufig ausschließliche und zentrale Bezugsperson für einen dissozial gestörten Menschen erfordert ein hohes Maß an Stabilität und Sicherheit. Die Praxis hat erwiesen, daß diese Belastung nur durch Unterstützung mittels Supervision und eigener Therapie überhaupt auf die Dauer zu ertragen ist. Unter dem Aspekt „Psychohygiene“ wird auf dieses Problem noch genauer einzugehen sein.

Auf der Basis der im ersten Teilprozeß gewachsenen psychischen Struktur und Ich-Bildung kann der zweite Teilprozeß einsetzen. Er entspricht weigehend dem üblichen Setting der Einzel- oder Gruppentherapie. Auch die Weiterführung in ambulanter Form nach Entlassung aus dem institutionellen Milieu ist denkbar, wenn die schützenden Rahmenbedingungen nicht mehr unabdingbar erscheinen.

Beim dritten, dem *pädagogischen* Faktor geht es um das altersadäquate Lernen von sinnvollem Zeitvertreib, um Aus- und Fortbildung und letztlich um kreative Arbeit. Entscheidend ist, daß der Aufwand und die pädagogische Geduld größer, die Anforderungen hingegen geringer sein müssen als in der „Normalsozialisation“. Dieser Teil der Milieutherapie funktioniert nur, wenn die Ausbilder in hohem Maße für das Gesamtkonzept einstehen, verstehend und flexibel reagieren können und mit dem übrigen Personal im dauernden kommunikativen Austausch stehen. Pädagogisches Ziel kann nicht hundertprozentige Arbeitsfähigkeit am Fließband sein. Als sinnvoll hat sich in den untersuchten Modellen die individualisierende Beschulung und Ausbildung erwiesen.

Der vierte Faktor, *Psychohygiene* (Redl u. Wineman 1951, 1952), kennzeichnet die Notwendigkeit, sämtliche Kommunikationsprozesse im Rahmen des therapeutischen Milieus freizuhalten von den Störungen, Interaktions- und Eskalationsprozessen, die als Bedingung des dissozialen Syndroms erkannt wurden. Seine Bedeutung beruht auf der Erfahrung, daß nicht nur die unbewußten Konflikte der Probanden, sondern auch diejenigen aller Mitarbeiter das Binnenklima und die Interaktionsstile bestimmen. Es handelt sich dabei um gleichsam subkulturelle Mechanismen, wie sie in jeder Institution wirksam sind, nur daß sie hier besonders prekäre Wirkungen entfalten. Wenn solche Mitarbeiterprobleme nicht von vornherein einkalkuliert und als psychische Konflikte bewußt gemacht und verarbeitet werden, wirken sie sich destruktiv auf den therapeutischen Prozeß aus. Es handelt sich dabei zum Beispiel um die Projektion eigener unbewußter dissozialer Impulse auf die Probanden und die damit verbundenen, durch moralisierende Aggression abgewehrten Ängste und Strafbedürfnisse; oder es geht um unbewußte Wünsche, selber versorgt und umhegt zu werden, die sich als das sogenannte Helfersyndrom darstellen. Oft entstehen solche Probleme erst während der Arbeit mit dissozialen Persönlichkeiten im Wege der Gegenübertragung: Entweder der Proband entwickelt eine bewundernde, idealisierende Haltung zu einem Mitarbeiter und erzeugt dadurch erst narzißtische Reaktionen, die im Ergebnis einer verstehenden und gefühlsgetragenen Beziehung abträglich sind. Oder, und das ist viel häufiger, die Haltung des Probanden ist von Haß und Wut getragen und bewirkt in dem Mitarbeiter umgekehrt Wutgefühle und Ausstoßungsbedürfnisse, die real den Beziehungsabbruch und damit das Scheitern der Behandlung bedeuten.

Im Sinne des milieutherapeutischen, psychoanalytisch orientierten Behandlungskonzepts ist es erforderlich, daß das gesamte Personal aufeinander eingestimmt und in der Lage ist, den Probanden verstehend, einfühlend und in zuverlässiger Freundlichkeit zu begegnen. Daß die Mitarbeiter dazu psychisch nicht jederzeit in der Lage sind, wird zum Beispiel an sogenannten Beziehungsfallen (double binds) erkennbar: ein Mitarbeiter handelt seiner Rolle gemäß, die negativen Gefühlsanteile der Gegenübertragung werden jedoch unterschwellig mitkommuniziert und wirken wie eine Verstärkung im aggressiven Regelkreis des dissozialen Syndroms.

Diesen Störvariablen muß beständig und immer wieder von Neuem entgegengewirkt werden, und zwar durch ein Maximum an vertikaler und horizontaler Kommunikation unter weitestmöglicher Einbeziehung der Probanden. Entscheidend ist die Durchschaubarkeit und Überschaubarkeit des Systems, um die ständig wuchernden Projektionen aufzulösen. Aus diesem Grund muß die Institution in der Größe beschränkt bleiben (wie die Erfahrung zeigt auf maximal 60–70 Probanden) und über entsprechend fachkundiges Beratungspersonal verfügen. Notwendig sind tägliche Abteilungsbesprechungen, regelmäßige Fallkonferenzen, Offenheit und Echtheit in der Kommunikation der Mitarbeiter untereinander.

Es versteht sich, daß die Technik solcher Psychohygiene erst erworben werden muß und daß dazu rein kognitiv-kommunikative Fertigkeiten nicht genügen. Wesentlich kommt es bei allen Mitarbeitern darauf an, sich und ihre eigenen Reaktionsweisen besser zu kennen, als dies normalerweise der Fall ist. Zur Ausbildung gehört also ein Stück Selbsterfahrung. Weiterhin wird es oftmals erforderlich sein, die Probleme des Arbeitsalltags unter fachkundiger Beratung oder Supervision zu bearbeiten.

Die geschilderten Probleme betreffen in ganz besonderem Maße die „Frontarbeiter" des Systems, die in besonders dichten Beziehungen zu den Probanden stehen, die Soziotherapeuten. Für sie ist von vornherein die regelmäßige psychoanalytische Supervision unabdingbar und deshalb obligatorisch einzuplanen. Nicht selten löst die Praxiserfahrung bei ihnen eigene legitime Therapiebedürfnisse aus – und auch den Wunsch, den Beruf zu wechseln.

5 Schlußbemerkung

Die verschiedenen genannten Aspekte und Faktoren lassen sich nicht auseinanderreißen. Zum Beispiel sind soziale Erlebnisse wichtiges Material für die Therapie, oder die Selbsterfahrung der Therapie muß sich in gewissen Realitätsdimensionen „bewähren" können. Es handelt sich – wie gesagt – um einen komplexen Wechselwirkungsprozeß, für den wir aber die wesentlichen Bedingungen setzen können, dessen Wirkungsweisen wir kennen und den wir bis zu einem gewissen Grade zu quantifizieren vermögen. Wenn dieser spezifische Wechselwirkungsprozeß aufgelöst, hinsichtlich seiner Bedingungen entscheidend verändert wird, kann das Konzept nicht mehr funktionieren. Darin scheint mir der Grund zu liegen für die eher enttäuschenden Ergebnisse von Versuchen, psychoanalytisch orientierte Einzel- oder Gruppenpsychotherapie innerhalb des Regelvollzuges oder der Sozialtherapeutischen Anstalt zu gewähren (vgl. z.B. Alexander u. Healey 1935; Schmideberg 1949; Moser u. Künzel 1969; Melcher u. Wilde 1976; Christ 1978). Aus diesen Gründen halte ich es auch für problematisch, innerhalb von Sozialtherapeutischen Anstalten verschiedene Behandlungsmodelle pragmatisch und eklektisch zusammenzubringen. Die Erfahrungen scheinen mir eher die Errichtung unterschiedlicher, in sich konsistenter Modellinstitutionen nahezulegen. Einen Ansatz in dieser Richtung unternimmt ein mit Unterstützung der Deutschen Forschungsgemeinschaft kürzlich begonnener Modellversuch in Frankfurt (vgl. Reinke u. Toussaint 1982). Gleichwohl ist den skizzierten Bedingungen auch für sich genommen im Rahmen herkömmlicher Institutionen praktische Relevanz zuzuerkennen. Dies gilt zum Beispiel für Techniken zur Geringhaltung subkultureller Deformationen, wie sie im Grunde bereits durch die Konferenzverfassung des Strafvollzugsgesetzes ermöglicht werden. Auch der Milieu-Faktor ließe sich über den Angleichungsgrundsatz dieses Gesetzes juristisch absichern. Es liegt bei den personalen Systemen, solche Teilelemente zu realisieren, solange sich das politische System der grundlegenden Reformverwirklichung verweigert.

Wolf-Rüdiger Minsel und Jürgen Howe

Gesprächspsychotherapie bei Delinquenten

1 Vorbemerkung

Zur Indikationsstellung von Psychotherapie ist bisher viel theoretisiert worden. Praktisch sind kaum handlungsrelevante Aussagen vorhanden (Zielke 1979, Baumann 1980, Minsel 1981). Hauptverantwortlich für diesen Zustand dürften begriffliche, forschungsmethodische und meßtheoretische Probleme und das Faktum sein, daß Psychotherapie in der Praxis immer ein Konglomerat verschiedenster psychotherapeutischer Interventionen unterschiedlichster theoretischer Orientierung ist (Garfield 1980, Minsel 1981). Unter solchen Bedingungen ist zu erwarten, daß eine Literatursichtung zur Thematik keine klaren Befunde bringen kann und in der Forschung wieder und wieder ein status quo repliziert wird.

Die vorliegende Arbeit hat zur Zielsetzung, die vorstehende Aussage in einem ersten Schritt zu validieren. Dabei wird die Indikationsgruppe „Delinquenz" auf „Dissozialität" hin verallgemeinert. Unter „Dissozialität" ist jegliches Verhalten zu verstehen, das von der sozialen Norm abweicht (Hartmann 1970, S.34). Unter Bezug auf die Verwendung des Terminus „Verwahrlosung" bei Dührssen (1955), definieren Pielmaier u. Mitarbeiter „Dissozialität" als solche sozialen Anpassungsschwierigkeiten und Normalabweichungen, die „ ‚Übergriffe in fremde Lebensbereiche entgegen herrschenden Wertordnungen und Gesetzmaßstäben'... beinhalten, persistent und generalisiert sind" (1980b, S.324). Damit wird auf strafrechtlich relevante, d.h., delinquente bzw. kriminelle Verhaltensformen abgehoben. „Dissozialität" steht im folgenden als Oberbegriff für Erscheinungen wie Verwahrlosung, Asozialität, Randständigkeit, Kriminalität u.ä. und synonym mit dem Begriff des „abweichenden Verhaltens" (vgl. Thiersch 1976). Delinquenz (Kriminalität) wird somit als Sonderform einer dissozialen Störung begriffen, die die Verletzung gesetzlicher Normen beinhaltet. Dieses Vorgehen erscheint uns statthaft und vorteilhaft, da einerseits das angesprochene Dilemma damit auf breiter Basis belegt werden kann und da andererseits die unterschiedlichen anzuführenden Sozialsituationen eine Vielzahl wesentlicher gemeinsamer Bedingungen enthalten, wie u.a. Institutionalisierung oder Sozialisierungsbemühungen.

Dazu sollen zunächst zentrale Aussagen zur Gesprächspsychotherapie (GT) auf ihre differentielle Bedeutsamkeit hin untersucht werden, um zu prüfen, welcher Art indikativer Aussagen daraus überhaupt ableitbar sind. Im weiteren erfolgt eine Skizzierung der Forschungssituation. Dann schließt sich konsequenterweise eine Diskussion darüber an, inwieweit derartige differentielle Ableitungen unter Berücksichtigung verschiedener Dissozialitätstheorien indikative Schlußfolgerungen erlauben.

2 Zentrale Aussagen zur Gesprächspsychotherapie (GT)

Die GT gilt wissenschaftlich begründetes und in der Praxis bewährtes psychotherapeutisches Verfahren, dessen Wirksamkeit insbesondere bei psychoneurotisch beeinträchtigten Personen empirisch belegt werden konnte (vgl. Minsel 1974, Bommert 1977, Helm 1978, Tausch u. Tausch 1979).

Sie wurde von dem amerikanischen Psychologen Carl R. Rogers durch die Publikation zweier Bücher in den Jahren 1939 und 1942 begründet (vgl. Minsel 1974). Als die drei signifikanten Merkmalsbereiche gesprächspsychotherapeutischen Verhaltens benennt er „Einfühlendes Verständnis des Therapeuten", „Unbedingte Wertschätzung des Klienten durch den Therapeuten" sowie „Kongruenz, Echtheit des Therapeuten". Rogers (1957) bezeichnet diese Kern- oder Basisvariablen als notwendige und hinreichende Bedingungen für Persönlichkeitsveränderungen durch Psychotherapie.

Bei der Realisierung „einfühlenden Verständnisses" bemüht sich der Therapeut, den inneren Bezugsrahmen des Klienten einschließlich dazugehöriger gefühlsmäßiger Bedeutungen präzise wahrzunehmen und verbal auszudrücken. Dadurch wendet sich der Klient seinen inneren psychischen Vorgängen, Erlebnissen und Erfahrungen, die er möglicherweise z.T. verdrängt hat, vermehrt zu. Er nimmt so eine Beziehung zu sich selbst, d.h., seinem eigenen Empfinden, auf. Ein hohes Ausmaß „unbedingter Wertschätzung des Klienten durch den Therapeuten" ist dann gegeben, wenn der Therapeut die vom Klienten ausgedrückten emotionalen Erlebnisinhalte mit Achtung und gefühlsmäßiger Wärme weitgehend frei von Anforderungen akzeptiert. Dies führt dazu, daß der Klient sich selbst in seinen Problemen und Widersprüchen im Verlaufe der Behandlung besser annehmen und achten kann und nicht mehr so stark auf psychische Abwehrmechanismen mit ihren ungünstigen Auswirkungen angewiesen ist. Das Merkmal „Kongruenz/Echtheit" besagt, daß der Therapeut zu sich selbst und in seinen Bemühungen dem Klienten gegenüber aufrichtig und ehrlich sein soll, um beispielsweise unpersönliches, professionelles Verhalten zu vermeiden. Empirische Belege, daß eine hohe Ausprägung dieser drei dargestellten Kernvariablen zu günstigen Behandlungseffekten führt, existieren vielfach (vgl. Minsel u. Bente 1981).

Diese Verhaltensprinzipien wurden nicht nur psychotherapeutisch genutzt, sondern auch in unterschiedlichste Sozial-, Helfer- und Ausbildungssituationen hineingetragen. Beide Ansätze müssen jedoch deutlich auch in bezug auf das Problemfeld dissozialer Störungen voneinander getrennt werden. Denn zwischen beiden Anwendungssituationen bestehen grundsätzlich qualitative bzw. quantitative Unterschiede hinsichtlich nahezu aller Einflußfaktoren, die praktisch-psychologisches Handeln bestimmen. Dieser Aspekt fand in der Vergangenheit zu wenig Beachtung und kann mit als ein Verursachungsfaktor für die fehlende Klarheit der Ergebnisse einschlägiger Untersuchungen angesehen werden (vgl. Minsel 1974, Tausch u. Tausch 1979).

Das Ziel einer gesprächspsychotherapeutischen Behandlung besteht darin, daß der Klient die Beziehung, die der Therapeut ihm durch Verwirklichen der genannten Verhaltens- und Einstellungsmerkmale anbietet, zunächst aufnimmt, um sie dann im Verlauf der Behandlung auf sich selbst, d.h., auf seine eigenen Erlebnisweisen, Gefühle, Gedanken, Einstellungen und Bewertungen anzuwenden. Die drei Kernvariablen werden in letzter Zeit zwar als notwendig, aber nicht mehr als hinreichend für konstruktive Persönlichkeitswandlungen anerkannt (vgl. Minsel u. Bente 1981).

Aussagen über theoretische Erklärungskonzepte gesprächspsychotherapeutischer Prozesse bringen Probleme mit sich. Zum einen liegen umfangreiche theoretische Ausführungen von Vertretern dieser Therapieform zur Persönlichkeitsentwicklung, Neuroseerklärung, Wirkelementen psychotherapeutischer Hilfestellungen und zu interpersonellen Beziehungen vor (Meador u. Rogers 1973), die jedoch grundlegend kritisiert und als nicht ausreichend zur Erklärung der beobachtbaren Phänomene erkannt wurden (vgl. Minsel u. Zielke 1977). Zum anderen wurden durch eine Reihe konzeptfremder theoretischer Ansätze, in denen Erkenntnisse anderer psychologischer Disziplinen auf therapeutische Prozesse angewendet wurden, bedeutsame philosophische Annahmen der GT als hinderlich für weitere Forschungsaktivitäten ausgemacht (Minsel u. Bente 1981).

Das führte dazu, daß Biermann-Ratjen, Eckert u. Schwartz (1979) eine Neubestimmung des Selbstverständnisses der GT vornahmen. Sie sagen aus, daß die Art der psychischen Störung, die durch GT erfolgreich behandelbar ist, als eine Inkongruenz zwischen dem Selbstkonzept einer Person und deren Erfahrungen festzumachen ist. Erscheinungsformen solcher Inkongruenzen können Wahrnehmungsverzerrungen, Verletzlichkeiten, Angstzustände, Zwänge, Selbstunsicherheiten u.a. sein. In diesem Sinne wäre es plausibel, daß auch dissoziales Verhalten als Ausdruck von Inkongruenzen aufgefaßt werden kann. Damit wäre eine theoretische Begründung für eine Indikation von GT bei Dissozialität durchaus als gegeben anzusehen. Denn es kann zumindest teilweise davon ausgegangen werden, daß bei dissozialem bzw. delinquentem Verhalten ebenfalls innere Spannungen ausagiert werden, die ihre Ursache in einer Diskrepanz zwischen dem Selbstkonzept und den realen Erfahrungen einer Person haben. Darüber hinaus geht ‚Dissozialität' in der Regel mit weiteren psychischen Beeinträchtigungen (z. B. sozialen Ängsten, Minderwertigkeitsempfindungen, Leistungsstörungen, Aggressivität) einher. Eine effektive gesprächspsychotherapeutische Heilbehandlung jener psychischen Störungen dürfte deshalb eine Verminderung dissozialen Verhaltens nach sich ziehen.

Biermann-Ratjen und Mitarbeiter (1979, S.137 f.) weisen allerdings darauf hin, daß zunächst gründlich geprüft werden müßte, ob überhaupt eine Psychotherapie zur Lösung eines Problems angewendet werden kann. Speziell eine GT halten sie dann für sinnvoll, wenn der Klient an einer Inkongruenz in seinem Erleben leidet. Diese darf jedoch nicht so groß sein, daß eine Beziehungsaufnahme des Klienten zum Therapeuten bzw. zu seinem eigenen abgelehnten oder verzerrt wahrgenommenen Erleben nicht möglich ist. Einzelne Prozeßmerkmale des Klientenverhaltens, erlauben eine günstige Prognose über den Ausgang der Therapie, wie z.B.: ein hohes Ausmaß an Selbstexploration, im Sinne einer intensiven kognitiven Auseinandersetzung mit sich selbst, einer starken gefühlsmäßigen Beteiligung und der Bereitschaft, eigene Gefühle zu akzeptieren (Schwartz 1975). Das gilt um so mehr dann, wenn zu Behandlungsbeginn zusätzlich zu einer Registrierung des Klientenprozeßverhaltens das subjektive Erleben und Wahrnehmen des therapeutischen Prozesses durch den Klienten, beispielsweise mittels eines Klientenerfahrungsbogens erfaßt wird (Minsel 1975).

Die Indikation der GT ist weniger durch psychodiagnostische Kategorien, Symptomklassifikationen oder demographische Variablen festzulegen, als durch o. g. Faktoren. Die Brauchbarkeit der GT zur Verminderung dissozialer Störungen (z.B. Delinquenz) läßt sich deshalb an den folgenden Fragen klären:

- Kann „Dissozialität" als eine Störung verstanden werden, die ausschließlich oder überwiegend durch Psychotherapie behandelbar ist?
- Kann „Dissozialität" als eine *psychische* Störung verstanden werden, bei der eine Inkongruenz zwischen Selbst und Erfahrung im Vordergrund steht?

- Können „dissoziale“ Individuen das gesprächspsychotherapeutische Beziehungsangebot annehmen und im Sinne eines aufrichtigen selbstempathischen, selbstakzeptierenden Prozesses auf das eigene Erleben übertragen?
- Inwieweit kann die Aufhebung von Inkongruenz zur Verminderung von Dissozialität beitragen?

3 Zur Forschungssituation

Übersichtsarbeiten der letzten Dekade, in denen empirische Arbeiten und Erfahrungsberichte über Behandlungserfolge bei dissozialen Störungen durch GT analysiert wurden, kommen regelmäßig zu ähnlichen, unbefriedigenden Ergebnissen (vgl. Minsel 1973, Steller 1977b, Pielmaier, Pauls u. Blumenberg 1980a). Es werden die widersprüchlichen Resultate gesprächspsychotherapeutischen Handelns beklagt. Das Spektrum reicht von positiven über keine bis hin zu negativen Effekten. Daneben finden sich einerseits Mutmaßungen über Bedingungen, deren Veränderungen bessere Therapieergebnisse erzielen könnten. Das wären beispielsweise das Beseitigen von Einschränkungen institutioneller Art (z. B. die Unterbringung im Heim oder in der Strafvollzugsanstalt) oder Differenzierungen und Erweiterungen im therapeutischen Interventionsspektrum, etwa im sozialtherapeutischen Sinn. Andererseits erfolgen kritische Hinweise auf forschungsmethodische Mängel in den zusammengetragenen Untersuchungen. Die behaupteten kausalen Bedingungszusammenhänge und die Verallgemeinerungsmöglichkeiten der Befunde sind dadurch erheblich eingeschränkt. So fehlt häufig der Bezug der Hypothese und erhaltenen Daten zu theoretischen Konzepten; die Mehrzahl der Arbeiten sind nicht miteinander vergleichbar. Denn es wurden unterschiedliche Klientengruppen behandelt (z. B. jugendliche Dissoziale, delinquente Erwachsene, entlassene Strafgefangene), in verschiedensten Institutionen mit Gruppen-, Einzeltherapie bzw. Therapiekombinationen, durch Therapeuten, die hinsichtlich Erfahrung, Ausbildung und Geschlecht nicht miteinander vergleichbar sind, bei unterschiedlicher Kontakthäufigkeit pro Woche, unterschiedlich lange, freiwillig bzw. gezwungenermaßen, mit differierenden Therapiezielen (Resozialisierung vs. allgemeine Einstellungs- und Verhaltensänderung vs. Vermeidung von Haftschäden). Einige Beispiele aus dem deutschen Sprachraum mögen das belegen.

Minsel (1973, S.134/135) kommt aufgrund einer Literaturanalyse zur Thematik „Gesprächspsychotherapie bei dissozialen Jugendlichen“ zu folgenden Schlußfolgerungen:

„1. Die Anwendung von Gesprächspsychotherapie bzw. gesprächspsychotherapeutischen Methoden bei der Behandlung jugendlicher Dissozialer kann nach den bisherigen empirischen Befunden als sehr hoffnungsvoll und vielversprechend angesehen werden. Das gilt in besonderer Weise für den Fall, wenn gesprächspsychotherapeutische Bedingungen in hohem Ausmaß realisiert sind. Freiwillige oder gezwungene Behandlung scheint kein bedeutsames Kriterium zu sein für ein erfolgreiches psychotherapeutisches Ergebnis.
2. Zusätzlich zu der rein gesprächspsychotherapeutischen Maßnahme sollten ergänzende Methoden zur Anwendung kommen:

a) Als Erleichterung in der Psychotherapiestunde etwa Vorschlagen von Themen, Stellen von Fragen usw. Diese Maßnahmen sollten im wahrsten Sinne des Wortes als klientenzentriert anzusprechen sein, d. h. auf den jeweiligen Jugendlichen in der augenblicklichen Situation zugeschnitten sein.
b) Als Erleichterung in der Auseinandersetzung mit der Umwelt; gemeint ist hier eine direkte Lebenshilfe. Das erfordert vom Psychotherapeuten aktives Handeln im Umweltrahmen des Klienten nach dessen Vorstellungen und Bedürfnissen (z. B. Hilfe bei der Stellensuche; Gespräche mit Vorgesetzten, Erziehern usw.). Hier zeigen sich einige Affinitäten zur Milieupsychotherapie (Cumming u. Cumming 1968).

3. Für die empirische Forschung wären neben einer endgültigen Abklärung des soeben Dargestellten folgende Notwendigkeiten bindend:

a) In künftigen Untersuchungen sollte eine exaktere Spezifikation der wirklichen benutzten Behandlungsmethodik erfolgen.
b) In künftigen Untersuchungen sollte die Behandlungspopulation stärker differenziert werden, um u. U. für spezifische Populationen geeignetere Behandlungsmethoden erproben zu können.
c) Künftige Untersuchungen sollten verstärkt augenblicklich praktizierte Methoden auf ihre Wirksamkeit bei differentiellen Populationen vergleichen."

Vergleichbare Aussagen finden sich bei Pielmaier et al. (1980a) in deren Arbeit über die Behandlung dissozialer Störungen durch Verhaltens- und Gesprächspsychotherapie.

Die Autoren beschreiben zunächst die Entstehung und die therapeutischen Veränderungen dissozialer Störungen aus der Sicht klientenzentrierter Psychotherapie. Dabei wird vor allem die Rolle der Bezugspersonen eines Kindes für dessen Entwicklung eines mit seinen Erfahrungen kongruenten Selbstkonzeptes hervorgehoben. Die frühe Erfahrung des Kindes, als Person ganz akzeptiert zu sein, auch wenn es unerwünschtes Verhalten zeigt, sowie die Offenheit der Eltern eigenen Gefühlen gegenüber und der konstruktive Umgang damit, werden als relevant für eine gesunde psychische Entwicklung angesehen. Durch zahlreiche empirische Arbeiten belegen Pielmaier und Mitarbeiter, daß bei dissozialen bzw. delinquenten Jugendlichen entgegengesetzte Erziehungshaltungen realisiert wurden. Da Dissozialität meist mit geringer Selbstachtung und einem negativen Selbstkonzept einhergeht, vermuten die Autoren, daß die GT aufgrund der typischen therapeutischen Zielsetzungen ein geeignetes Behandlungskonzept darstellt. Sie referieren und analysieren sodann empirische Arbeiten und Erfahrungsberichte aus der gesprächspsychotherapeutischen Behandlungspraxis mit dissozialen Jugendlichen und straffälligen Erwachsenen überwiegend im stationären Bereich.

In ihrer zusammenfassenden Beurteilung zu den Einsatzmöglichkeiten von GT bei dissozialem Verhalten, ermitteln Pielmaier und Mitarbeiter ein widersprüchliches Bild. Viele der Autoren halten die GT für nutzbringend, wenn gleichzeitig institutionelle Bedingungen sowie das Therapeutenverhalten verändert wird. Die für psychoneurotische Störungen erfolgreiche Form klientenzentrierter Behandlung läßt sich nicht ohne weiteres auf dissoziale Störungen anwenden, weil diese Klienten andere Erwartungen, Erlebnis- und Verhaltensweisen sowie spezifische Umweltbedingungen haben. Als sinnvoll werden die Interventionsstrategien von Jacobs u. Lohse (1978) angesehen. Ebenso wird das Training von Vollzugsbediensteten im wesentlichen begrüßt.

Die widersprüchlichen Resultate führen Pielmaier et al. auf Unzulänglichkeiten in der Untersuchungsplanung und -durchführung, wie etwa die lückenhafte Beschreibung der Vorgehensweisen, zurück. Sie kritisieren die zu geringe Anzahl therapeutischer Kontakte über einen zu kurzen Zeitraum und vermissen inhaltliche Begründungen für die Wahl von Gruppen- bzw. Einzelgesprächen. Weiterhin weisen sie auf Datenerhebungen mit sehr unspezifischer Hypothesenbildung hin. Sie bewerten die Bedeutung der Daten als gering, weil meist nur eine kleine Anzahl von Klienten behandelt wurde und die Katamneseintervalle zu kurz waren. Die Erfolgseinschätzungen beruhten oft lediglich auf persönlichen Eindrücken der Therapeuten. Außerdem stellen Pielmaier und Mitarbeiter die Frage, ob die im Verlaufe einer erfolgreichen GT eingetretenen psychischen Veränderungen auch zur Veränderung dissozialen Verhaltens im sozialen Umfeld führen; ob eine individuelle Behandlung z. B. ohne Einbeziehung der Bezugspersonen bei dissozialen Störungen vertretbar erscheint und ob eine isolierte gesprächspsychotherapeutische Behandlung in dem restriktiven Rahmen von Strafvollzugsanstalten verantwortbar ist.

Feuchter (1977) weist bei der Klärung des Begriffes „Sozialtherapie" darauf hin, daß zur Klärung der Phänomenologie und Genese psychischer Störungen sozialpsychologisches und soziologisches Wissen beachtet werden muß. Insbesondere sozialtherapeutische Ansätze beziehen derartige Erkenntnisse in ihre Bemühungen ein.

„Unter Sozialtherapie werden alle klinisch-psychologischen Interventionsverfahren subsumiert, die die Soziogenese des Individuums und seine soziale Verflochtenheit im Kontext seiner Umwelt mitberücksichtigen" (1977, S.169). Der wesentliche Aspekt sozialtherapeutischer Theorienbildung befaßt sich mit den komplexen Vermittlungsprozessen zwischen sozialen, soziologischen, soziokulturellen und psychischen Variablen.

Die Autorin hebt hervor, daß menschliches Erleben und Verhalten nicht nur mit Hilfe der Kenntnis individueller Biographien zu verstehen bzw. therapeutisch zu verändern ist, sondern daß hierbei eine soziogenetische Betrachtungsweise sehr bedeutungsvoll sein kann, wie z. B. soziologische Forschungsresultate zur Verteilungsspezifität psychischer Störungen innerhalb bestimmter gesellschaftlicher Systeme. Von diesem Standpunkt aus setzt Feuchter sich mit den theoretischen Konzepten und der Praxis der GT auseinander.

So kritisiert sie die Annahme einer „Aktualisierungstendenz", weil gerade dadurch die Vielfalt der Determinanten menschlichen Erlebens und Verhaltens ignoriert wird. Darüber hinaus wird von ihr die Grundannahme Rogers' als individuell stigmatisierend bewertet, daß psychische Fehlanpassung als Folge mangelhafter psychischer Verarbeitungsprozesse auftritt. Damit würden seelische Probleme als individuelle Schwierigkeiten angesehen, obwohl häufig typische soziale Verteilungsmuster von psychischen Störungen vorliegen. Deshalb fordert Feuchter eine Erweiterung bzw. Revision der theoretischen Konzepte Rogers' zur GT.

Zusätzlich wird von ihr hervorgehoben, daß in der klientenzentrierten Praxis soziale Bedingungsfaktoren bei psychischer Fehlanpassung bereits stärker Berücksichtigung finden als in den Theorien. Das gilt z. B. für die klientenzentrierte Spieltherapie, die Arbeit mit Retardierten, Delinquenten, Lehrern, Erziehern und Eltern in der Partner- und Familientherapie. Dennoch müssen auch spezifische Sozialisationseinflüsse und soziokulturelle Faktoren bei der Therapie mehr beachtet und nutzbar gemacht werden.

Zu starken sozialtherapeutischen Optimismus einschränkend, macht Feuchter darauf aufmerksam, daß wenig über die Möglichkeiten der Veränderung negativer Umweltfaktoren bekannt ist, daß in der sozialtherapeutischen Praxis oftmals ursächliche Zusammenhänge angenommen werden, obwohl nur korrelative Zusammenhänge bekannt sind, daß die Gefahr einseitig politischer Ideologisierung besteht und daß bei soziogenetischen Analysen mikro- und makrosoziale Prozeßzusammenhänge stimmig sein müssen.

Baulitz, Flöttmann u. Lohse (1978) legten eine Arbeit über „Gesprächspsychotherapie bei Delinquenten in der sozialtherapeutischen Anstalt" vor. Die in diesem Erfahrungsbericht zusammengestellten Thesen basieren auf N = 31 abgeschlossenen und N = 12 nicht abgeschlossenen Gesprächspsychotherapien mit Delinquenten einer sozialtherapeutischen Anstalt.

Die Autoren beschreiben ihre delinquenten Klienten durch einzelne Merkmale aus deren äußerer Lebenssituation, anhand deren sozialer und psychischer Kompetenz sowie mit Hilfe von Testdaten. Sie halten eine GT für diese Klienten u. a. für indiziert wegen deren mangelnder eigener Wertschätzung, unechten Verhaltens sich selbst und anderen gegenüber, geringer Toleranz, Beziehungskonflikte auszuhalten und mangelnder Fähigkeit, Emotionen zu erleben und auszudrücken. In der GT hat der Klient einen Freiraum zur Selbstbestimmung; Selbstverantwortlichkeit kann beispielhaft erfahren und praktiziert werden. Es wird von den Autoren jedoch darauf hingewiesen, daß Beziehungsängste des Klienten, seine meist unzureichende Therapiemotivation sowie seine Erwartungen an aktive Orientierungshilfe durch den Therapeuten zu besonderen Belastungen und Modifikationen während der Therapie führen können.

Dementsprechend erachten die Autoren das Konzept der therapeutischen Gemeinschaft als institutionelle, organisatorische Bedingung für den erfolgreichen Verlauf einer GT als notwendig. Sie fordern deshalb eine veränderte Organisationsstruktur mit mehr Handlungsspielraum für die Klienten und verbesserten Möglichkeiten zu informellen Kontakten zum Personal sowie eine gezielte Öffnung der Anstalt nach außen und ein formal gesondertes Angebot therapeutischer Veranstaltungen. Im Rahmen einer solchen therapeutischen Gemeinschaft ergäbe sich eine veränderte Rolle des Therapeuten, der insbesondere mehr Initiative und Aktivität im Alltagsleben der Anstalt zeigen müßte. Es wären bei Verwirklichung dieser Vorstellungen, nach Ansicht der Autoren, für die GT ähnliche Effekte wie bei anderen Klientengruppen zu erwarten.

Steller (1977b) analysiert u. a. die Motivationslage jugendlicher Strafgefangener im Hinblick auf eine Erfolgsprognose für psychotherapeutische Interventionen. Er geht davon aus, daß hohe Ausprägungen auf den Klientenvariablen „Leidensdruck" und/oder „Änderungswunsch" sowie „Erfolgserwartung" auf seiten des Klienten und Therapeuten eine günstige Voraussetzung für einen erfolgreichen Therapieabschluß bei psychoneurotischen Klienten darstellen. Dagegen lassen hohe Werte auf den Variablen „Unzufriedenheit" und/oder „Hilfewunsch" konstruktive persönliche Veränderungen durch Psychotherapie wenig wahrscheinlich werden. Bezogen auf die Situation jugendlicher Strafgefangener vermutet Steller, daß durch den Freiheitsentzug Resignation gefördert wird. Zusammenfassend stellt er fest (1977b, S.88):

„Persönliche Schwierigkeiten und deswegen empfundenes Unbehagen („Leidensdruck") können vom Gefangenen „umgelenkt", auf die Situation des Freiheitsentzugs zurückgeführt werden. Die Folge kann ein passives Abwarten auf Änderung des gegenwärtigen Zustands, d. h. auf die Entlassung sein. Tendenziell vorhandener „Leidensdruck" kann sich also durch die Inhaftierung möglicherweise in „Unzufriedenheit" ohne „Änderungswunsch" wandeln. „Hilfewunsch" wird evtl. aufgrund der insgesamt als feindlich erlebten Umwelt nicht verspürt. Für hohe „Erfolgserwartung" geben die Bedingungen des herkömmlichen Strafvollzugs den Insassen ohnehin keinerlei Anlaß."

Diese Thesen konnten durch eine empirische Untersuchung an N = 211 jugendlichen Strafgefangenen und N = 207 Berufsschülern bestätigt werden (Steller u. Hommers 1977). Allerdings ermittelten die Autoren auch eine Gruppe von Delinquenten, die hohe Ausprägungen auf den prognostisch günstigen Variablen „Leidensdruck" und „Änderungswunsch" sowie eine höhere Erfolgserwartung als die übrigen hatten. Es handelte sich dabei jedoch ausschließlich um Jugendliche, deren Inhaftierungszeit noch unter 4 Monaten lag.

Steller zieht insgesamt den Schluß, daß die Therapiemotivation dissozialer bzw. delinquenter Personen eher eine ungünstigere Erfolgsprognose zuläßt. Eine Lösung verspricht er sich von einer Förderung der Therapiemotivation durch verschiedene Methoden innerhalb des Strafvollzugs. Dieses würde jedoch in letzter Konsequenz bedeuten, nicht im herkömmlichen Vollzug Psychotherapie anzubieten, sondern die Vollzugsbedingungen so zu ändern, daß im Sinne von Sozialtherapie von einem therapeutischen Strafvollzug gesprochen werden kann. Entscheidende Bedeutung besitzt hierbei die Weiterbildung der Bediensteten in quasi-therapeutischen Techniken einschließlich des Erwerbs entsprechender Überzeugungen und Einstellungen.

Jacobs u. Lohse (1978) gingen davon aus, daß zur erfolgreichen gesprächspsychotherapeutischen Behandlung von Delinquenten, das therapeutische Basisverhalten nicht ausreicht und durch spezifische Interventionen erweitert werden muß. Sie möchten somit einen Beitrag zu einem differentiellen Therapiekonzept der GT liefern.

Aufgrund eigener Beobachtungen unterscheiden sie zwei Klientengruppen mit verschiedenartigen Interventionsproblemen während der Behandlung. Die eine Gruppe bestand aus Klienten mit geringer Emotionalität und einer Tabuisierung von Gefühlen, die andere Klientengruppe zeigte primär Beziehungsstörungen. Darüber hinaus fand sich bei allen Delinquenten Aggressivität, Rückzug oder taktierendes Verhalten.

Für diese häufig auftretenden Störungsmuster geben Jacobs u. Lohse (illustriert durch Fallbeispiele) Interventionsstrategien an und weisen auf mögliche gefühlsmäßige Fehlreaktionen der Therapeuten hin. Beispielsweise schlagen sie bei geringer Emotionalität und Tabuisierung von Emotionen seitens des Klienten vor (1978, S.13):

„– Additives Therapeutenverhalten
– Generalisierung/Differenzierung/Konkretisierung
– Emotionale Selbsteinbringung des Therapeuten in Bezug auf den Klienten in der Hier-und-jetzt-Situation
– Experiencing
– Gestalttherapeutische Übungen."

Zusammenfassend stellen die Autoren fest, daß die von ihnen vorgestellten Interventionsstrategien in der Regel zwar nutzbringend sind, zum Erreichen konstruktiver persönlicher Veränderungen aber die Beziehung des Therapeuten zum Klienten nicht auf die Therapiesitzung beschränkt bleiben darf. Dieser sollte im Rahmen einer therapeutischen Gemeinschaft eine informelle, der Therapie vorgeschaltete oder eine therapiebegleitende Beziehung zum Klienten aufbauen.

Ausgehend von einer Problemanalyse der Heimerziehung haben Pütz u. Mösslein (1977) ein mehrdimensionales dreiphasiges Trainingsprogramm entwickelt. Dieses setzt sich aus Elementen der Gesprächs-, Verhaltens- und Realitätstherapie sowie aus einstellungsorientierten und gruppendynamischen Verfahren zusammen. Forderungen nach Ökonomie und Überprüfbarkeit der Resultate wurden bei der Entwicklung des Programms berücksichtigt, beispielsweise dadurch, daß die Erzieher(innen) als Mediatoren eingesetzt wurden.

In der *ersten* Trainingsphase steht das Heimpersonal im Mittelpunkt der Bemühungen. Folgende Lernziele werden angestrebt:

– Erlernen hilfreichen, nicht aggressionsfördernden Verhaltens in Konfliktsituationen
– Veränderung destruktiver Erziehungseinstellungen und Erziehungsverhaltensweisen

- Einüben günstiger Interaktionen zwischen den Erziehern (als Modell für den Umgang mit Heiminsassen)
- Einüben non-direktiven Gesprächsverhaltens und dessen Anwendung in Gruppen
- Einführung in relevante verhaltenstherapeutische und gruppendynamische Verfahren
- Einüben von Techniken zur Selbstbehauptung und Selbstkontrolle
- Selbsterfahrung.

Die *zweite* Phase des Trainingsprogramms beinhaltet die Anwendung des Gelernten in der Praxis, d.h. die Erzieher führen jetzt ein Kommunikationstraining mit den Heiminsassen durch. Inhaltlich ist dies begründet durch häufig festgestellte Kommunikations- oder Kontaktschwierigkeiten sowie Selbstsicherheitsprobleme bei den Heiminsassen. Als Ziele werden angestrebt:

- Verbesserung der Selbstakzeptierung sowie Akzeptierung anderer
- Veränderung von Einstellungen zu sich selbst in positiver Richtung
- Erwerb fehlender sozialer Fähigkeiten
- Stärkung der Selbstsicherheit, d.h. Forderungen stellen, Ablehnung und Kritik aussprechen, Kontakt herstellen, sich Fehler erlauben, im Mittelpunkt stehen.

In der *dritten* Phase, die der Einübung der in den beiden ersten Phasen vorgestellten Praktiken dient, führen die Erzieher gemeinsam mit den Heiminsassen sowie dem übrigen Personal ein gruppendynamisches Laboratorium durch. Hier sollen institutionelle, alle betreffende Probleme diskutiert und Lösungen dafür gesucht werden.

Mit Hilfe eines Experimental- und Kontrollgruppen-Designs wurde diese Trainingsgruppe empirisch überprüft. Die Resultate bestätigten die Nützlichkeit des Vorgehens.

4 Diskussion der Indikation der Gesprächspsychotherapie für „Dissozialität“

Dissozialitätstheorien können grob nach ihrer Herkunft aus Wissenschaftsdiziplinen in medizinische, psychologische und soziologische unterschieden werden. In dem vorliegenden Band werden sie direkt oder indirekt abgehandelt. Deshalb wird auf ihre Skizzierung an dieser Stelle verzichtet. Sie werden als bekannt vorausgesetzt. Auf deren Basis wird die zu behandelnde Indikationsproblematik diskutiert.

Jede der vorfindbaren Dissozialitätstheorien erklärt für sich genommen mehr oder weniger bedeutsame Teilaspekte von Dissozialität bzw. Delinquenz. Gemeinsam ist ihnen, daß von Ausnahmen abgesehen, empirisch fundierte Belege nur in unzureichendem Ausmaß vorhanden sind. Das Ausarbeiten integrativer Theorien ist deshalb dringlich, um mit deren Hilfe das gesellschaftlich relevante Phänomen der Dissozialität besser als bisher erforschen zu können. Nur daraus können sich Handlungsperspektiven sowohl zur Therapie als auch zur Prävention ergeben.

Dissoziale Störungen treten in ihren Erscheinungsformen äußerst vielgestaltig auf. Demnach müssen für unterschiedliche Gruppen dissozialer Individuen sehr spezielle, auf die jeweiligen Lebensbedingungen abgestimmte Hilfsangebote gemacht werden. Beispielsweise sind für sog. Multi-Problemfamilien neben starken psychischen und Kommunikationsschwierigkeiten auch finanzielle, Ausbildungs- und Wohnprobleme zu lösen. Hier ausschließlich psychotherapeutisch arbeiten zu wollen, wäre verfehlt und wirkungslos. Das gilt auch für institutionalisierte Delinquenten. Persönliche Veränderungen können nur mit Hilfe eines nach therapeutischen Gesichtspunkten gestalteten Umfeldes erreicht werden, wobei die Zeit nach der Inhaftierung mitbedacht werden muß.

Dissozialität kann folglich nicht als eine Störungskategorie verstanden werden, in der ausschließlich oder überwiegend mit Psychotherapie, d.h. auch mit GT, zu arbeiten ist. Insbesondere soziologische Theorien weisen darauf hin, daß die behandelbaren Phänomene in erster Linie nicht psychisch verursacht, sondern zum großen Teil durch gesellschaftlich-strukturelle Momente im Sinne von bestimmten dissozialisierenden Lebens- und Arbeitsbedingungen bedingt sind. Diese umzugestalten muß ein Ziel der Prävention und Behandlung von Dissozialität und Delinquenz sein. Auch psychologische und medizinische Theorien legen diese Schlußfolgerung nahe. Dennoch gibt es Gruppen von Dissozialen, z.B. die „neurotisch Verwahrlosten", die von einer GT profitieren können. Personen dieser Gruppierung leiden an einer Inkongruenz in ihrem Selbstkonzept, besitzen im Einzelfall eine konstruktive Therapiemotivation und können aufgrund ihrer frühkindlichen, mit Einschränkungen positiven mitmenschlichen Erfahrungen, das Beziehungsangebot der GT annehmen und auf sich selbst übertragen. Liegt eine derartige Persönlichkeitsstruktur vor, so ist zu erwarten, daß eine Verminderung der Inkongruenzen ein vermindertes Auftreten dissozialen bzw. delinquenten Verhaltens zur Folge hat. Wahrscheinlich ist, daß es sich bei Delinquenten, die mit günstigem Ergebnis gesprächspsychotherapeutisch behandelt wurden, jeweils um derartige Personen handelte. Differenzierungen in einzelnen Untersuchungen wurden jedoch nicht vorgenommen. Bei zukünfigen Projekten sollte dieser Aspekt Beachtung finden.

Allerdings ist diese positive Aussage zu relativieren, da auch Organisationsbedingungen, unter denen sich die GT bei psychoneurotischen Klienten als nützliches Verfahren erwiesen hatte, bei der Behandlung von Dissozialen bzw. Delinquenten nicht eingehalten werden können. Während der Durchschnittsklient mit Hilfe einer 45-minütigen Sitzung pro Woche es durchaus schafft, seine psychosozialen Lebensumstände konstruktiv zu verändern (Plog 1976), ist dieses für eine dissozial-gestörte Person bzw. einen strafgefangenen Delinquenten in der Regel nicht möglich. Denn subkulturelle Einflüsse, geringer Bildungsstand, geringe finanzielle Mittel, institutionelle Reglementierung u.a. stellen Einflüsse dar, die aus eigener Kraft oftmals nicht überwunden werden können. Aus den genannten Gründen schlagen denn auch Baulitz et al. (1978) für die Anwendung von GT bei Delinquenten in sozialtherapeutischen Anstalten zahlreiche grundlegende Veränderungen hinsichtlich der Organisationsbedingungen vor. Sie fordern zum einen, daß der Therapeut im Anstaltsalltag vor Beginn der Behandlung oder zwischen den Sitzungen häufig informell Kontakt aufnimmt, damit der Klient langsam Vertrauen entwickeln kann. Zum anderen weisen sie darauf hin, daß jegliche isolierte Anwendung einer Psychotherapieform innerhalb von Institutionen, die mit der sozialtherapeutischen Anstalt, in der sie tätig waren, vergleichbar ist, zu einer Art Sisyphusarbeit wird. In Strafvollzugsanstalten, die nicht sozialtherapeutisch ausgerichtet sind, dürfte es gänzlich sinnlos sein, relativ „abgekapselt" Psychotherapie mit Delinquenten zu machen (vgl. K. Schneider 1976).

Trotz dieser organisatorisch bedingten massiven unkontrollierten Einflußnahme auf therapeutisches Verhalten, fordern Autoren (vgl. Jacobs u. Lohse 1978) Interventionsstrategien zur Erweiterung des klassischen gesprächstherapeutischen Verhaltens zur Behandlung von Delinquenten. Solche Erweiterungen lassen es fraglich sein, ob es sich bei dem dann realisierten therapeutischen Konzept überhaupt noch um „Gesprächspsychotherapie" handelt. Diese Frage kann im Sinne der Forschung nur negativ beantwortet werden. Es handelt sich bestenfalls um die Anwendung gesprächspsychotherapeutischer Prinzipien bei der institutionellen Gestaltung sozialtherapeutischer Anstalten und der persönlichen psychotherapeutisch ausgerichteten Betreuung von Delinquenten.

Nach Grawe (1976) und Plog (1976) hat Psychotherapie, auch GT, eine sehr spezifische Wirkung auf einzelne Klientengruppen. Deshalb kann bei derartig umfassenden strukturellen Modifikationen nicht davon ausgegangen werden, daß die bislang ermittelten Auswirkungen und Prozesse der GT hier in der gleichen Form auftreten werden. Vielmehr muß mit einem ganz anderen Therapieverlauf und -ergebnis gerechnet werden. Wenn eine Behandlungskonzeption, nach der unterschiedliche psychotherapeutische Verfahren integriert werden und die eine therapeutisch gestaltete Umwelt unter Einbeziehung von Bezugspersonen entwickelt, von Fachleuten einhellig als am sinnvollsten angesehen und schon seit Jahren gefordert wird und außerdem kombinierte Ansätze jeweils die größten konstruktiven Effekte zeitigten, dann erscheint es nur konsequent, neue „Behandlungsaspekte" als solche zu evaluieren. Von einem „Etikettenschwindel", wie er sich in der Psychotherapieforschung etabliert hat, ist dann abzuraten.

Helmut Kury

Verhaltenstherapie bei Delinquenten – unter besonderer Berücksichtigung des Trainings sozialer Fähigkeiten

1 Einleitung

In den letzten Jahren werden Fragen, die mit einer Behandlung und Resozialisierung von Rechtsbrechern im stationären Strafvollzug zusammenhängen, vermehrt und zunehmend auch kontrovers diskutiert. Auf dem Hintergrund der teilweise ernüchternden Resultate amerikanischer Untersuchungen, die den erwarteten Behandlungserfolg oft nicht mit der gewünschten Sicherheit belegen konnten (vgl. zusammenfassend Lipton u.a. 1975; Bishop 1975; Brody 1976; McClintock 1978; Wolf 1978), ist auch in der Bundesrepublik eine „Abkehr von der Behandlungsideologie" feststellbar (vgl. Hilbers u. Lange 1973), hier allerdings auf der Basis noch geringer eigener einschlägiger empirischer Forschungsergebnisse. Obwohl verschiedene Untersuchungen zur Sozialtherapie eher ermutigende Ergebnisse brachten (vgl. etwa Egg 1979; Rehn 1979; Dünkel 1980; Waxweiler 1980; Quensel 1981; Schmitt 1981a), wird der Gedanke einer Behandlung im Strafvollzug teilweise einer scharfen Kritik unterzogen (vgl. etwa Kindermann 1980; Schneider 1981e).

Von einer Verwirklichung des in § 2 des Strafvollzugsgesetzes (StVollzG) genannten Resozialisierungsziels ist die Vollzugspraxis auch in der Bundesrepublik, zumindest was den Regelvollzug anbetrifft, noch weit entfernt. Entsprechend dem Resozialisierungsziel wird in § 3 StVollzG eine Gestaltung des Vollzugs vorgeschrieben, die eine Wiedereingliederung des Straffälligen in die Rechtsgemeinschaft erleichtern soll: „Das Leben im Vollzug soll den allgemeinen Lebensverhältnissen insoweit als möglich angeglichen werden. Schädlichen Folgen des Freiheitsentzuges ist entgegenzuwirken. Der Vollzug ist darauf auszurichten, daß er dem Gefangenen hilft, sich in das Leben in Freiheit einzugliedern" (vgl. hierzu auch Calliess u. Müller-Dietz 1979; Böhm 1980; Müller-Dietz 1981). Die gegenwärtige Strafvollzugspraxis ist jedoch nach Ansicht eines Großteils der Fachleute hinsichtlich einer Resozialisierung des Gefangenen mehr schädlich als nützlich. Prisonisierungseffekte (Haftschäden) bewirken eher eine Ent- als eine Resozialisierung des Inhaftierten (vgl. etwa Lerchenmüller 1981). Zu Recht wurde gerade von psychologischer Seite in den letzten Jahren immer wieder darauf hingewiesen, daß ein Resozialisierungsprogramm im Strafvollzug nur dann effektiv sein könne, wenn dieser insgesamt behandlungsorientiert ausgerichtet ist, was zumindest für den Regelvollzug zum gegenwärtigen Zeitpunkt keineswegs der Fall sein dürfte. Isolierte Maßnahmen, beispielsweise in Form von einzelnen psychotherapeutischen Interventionen, können kaum auf einen andauernden Erfolg hinsichtlich einer Resozialisierung der Betroffenen hoffen. Nur ein umfassendes Behandlungskonzept, das nach Möglichkeit auch die Nachentlassungsphase, beispielsweise in Form einer Zusammenarbeit mit der Bewährungshilfe, beinhaltet, kann bei den oft schwer gestörten Straffälligen erfolgversprechend sein.

Gerade auch die amerikanischen Erfahrungen zeigen, daß umfassend angelegte Behandlungsprogramme durchaus eine Chance hinsichtlich einer Resozialisierung des Rechtsbrechers haben und von daher eine Weiterentwicklung und Differenzierung lohnend ist. Das vorwiegend deshalb, weil trotz des Ausbaus ambulanter Sanktionen (wie etwa der Bewährungshilfe) der stationäre Strafvollzug alleine von der Zahl der Inhaftierten immer noch eine große Bedeutung hat. Auch für die Zukunft wird er für einen Teil von Straftätern, der allerdings möglichst gering gehalten werden sollte, die ultima ratio staatlicher Reaktionen auf rechtswidriges Verhalten darstellen. Auch von daher hat die Weiterentwicklung des stationären Strafvollzugs neben dem Ausbau alternativer Reaktionsweisen nach wie vor eine große kriminalpolitische Bedeutung. Zu Recht betont Böhm (1981, S.524), daß an einer Verbesserung des Strafvollzugs, vor allem für Jugendliche, kein Weg vorbeiführt.

2 Grundlage einer Verhaltenstherapie bei Straffälligen

Eine Durchsicht bisheriger Behandlungsmaßnahmen im Strafvollzug zeigt, daß sowohl in den Vereinigten Staaten als auch in der Bundesrepublik verhaltenstherapeutisch orientierte Ansätze neben gesprächspsychotherapeutischen Vorgehensweisen eine wichtige Rolle spielen. So geht aus einer Übersicht über die in den 10 sozialtherapeutischen Anstalten in der Bundesrepublik angewandten therapeutischen Ansätze hervor, daß in nicht weniger als 9 zumindest von einem Teil des Behandlungsteams gesprächspsychotherapeutisch und in 7 verhaltenstherapeutisch gearbeitet wird (Schmitt 1981b; vgl. auch Schmitt 1974; 1977). Im Gegensatz hierzu wird in nur 4 Anstalten eine psychoanalytische Vorgehensweise praktiziert. Vereinzelt kommt auch Gestalttherapie, Psychodrama und Transaktionsanalyse zur Anwendung.

Die relativ häufige Anwendung verhaltenstherapeutischer Behandlungsansätze bei Straffälligen in der Bundesrepublik ist dadurch mitbedingt, daß hiermit bereits seit Mitte der 60er Jahre in den Vereinigten Staaten gerade auch im stationären Strafvollzug recht positive Erfahrungen gesammelt wurden (vgl. Burchard 1967). Die ersten Ergebnisse wurden größtenteils positiv, wegen der Gefahr eines Mißbrauchs teilweise aber auch kritisch aufgenommen (vgl. Holden 1965; Jamieson 1965; Hutchinson 1968a, b). Bis heute spielt die Verhaltenstherapie im Behandlungsvollzug in den USA eine wesentliche Rolle. Sicherlich kommt gerade für die Bundesrepublik hinzu, daß ein weitaus größerer Anteil von Diplom-Psychologen, die in der Regel das Behandlungsprogramm in den Anstalten entscheidend bestimmen, eine entsprechende Ausbildung hat. Dies hängt wiederum damit zusammen, daß eine psychoanalytische Ausbildung wesentlich aufwendiger ist als eine solche in Verhaltenstherapie. Von daher dürfte mitbestimmt werden, daß das Angebot an verhaltens- bzw. gesprächspsychotherapeutisch ausgebildeten Psychologen im Vergleich zu anderen Psychotherapie-Richtungen, wesentlich größer ist. Das trifft jedoch nicht nur für den Behandlungsvollzug zu, sondern auch für viele andere Einrichtungen, in welchen (psycho)therapeutisch gearbeitet wird. Diese Situation ist auch ein Ausdruck dafür, daß die Frage nach der Auswahl der optimalen Behandlung für eine vorgegebene Probandengruppe (Indikation), gerade was Straffällige anbetrifft, weigehend noch unbeantwortet ist.

Unabhängig von diesen mehr praktischen Gesichtspunkten ist der Einsatz von Verhaltenstherapie bei Straffälligen jedoch auch relativ gut theoretisch begründet. Grundlage aller verhaltenstherapeutischen Ansätze ist die Annahme, „daß gestörtes Verhalten sich nach den gleichen Lerngesetzen entwickelt, die auch normales Verhalten bestimmen; sie unterschieden sich lediglich darin, daß sie fehlangepaßt und in hohem Maße für das Individuum unvorteilhaft sind“ (Lohmann 1980, S.31; vgl. auch Skinner 1953; Wolpe 1952; 1962; Ullmann u. Krasner 1965; Eysenck u. Rachmann 1967). Aus lerntheoretischer Sicht läßt sich die Entstehung abweichenden, fehlangepaßten Verhaltens vor allem durch respondentes Lernen (klassisches Konditionieren) nach Hull u. Pawlow (vgl. Wolpe 1952; Eysenck 1957; 1964), operantes Lernen (operantes Konditionieren; vgl. Skinner 1953; Ullmann u. Krasner 1965) sowie durch Modellernen (vgl. Bandura u. Walters 1959; Bandura 1969) erklären (vgl. Schaller u. Groffmann 1980, S.301). Delinquentes Verhalten wird nach diesen Lernprinzipien im Verlauf des Sozialisationsprozesses erworben und durch dieselben Prinzipien aufrechterhalten. „Tritt normabweichendes Verhalten auf, so mag das einmal daran liegen, daß durch mangelnde positive Verstärkung normenkonformes Verhalten nicht aufgebaut oder wieder gelöscht wurde oder daß Modellernen des gewünschten Verhaltens nicht stattfinden konnte. Zum anderen ist es auch möglich, daß normabweichendes Verhalten selbst durch positive Verstärkung (bzw. Modellernen) aufgebaut und aufrecht erhalten wurde. Schließlich spielt neben anderen Faktoren manchmal auch die mangelnde konsequente Bestrafung normabweichenden Verhaltens bei seiner Entstehung und Aufrechterhaltung eine Rolle" (Pielmaier 1979, S.15 f. vgl. auch Pielmaier 1980a).

Die Aufrechterhaltung normabweichenden Verhaltens hängt davon ab, ob die Verstärkungsbedingungen, die zu seiner Entstehung geführt haben, weiter gegeben sind. Dadurch, daß das – in diesem Fall normabweichende – Verhalten weiterhin verstärkt wird, bleibt es erhalten. Entsprechend kann die „Rückverwandlung abweichenden in konformes Verhalten ... durch Veränderung auslösender oder verstärkender Bedingungen des abweichenden oder auch von Rudimenten des entsprechenden konformen Verhaltens geschehen" (Pielmaier 1979, S.16).

Lerntheoretische Überlegungen fanden auch Eingang in verschiedene soziologische Theorien zur Entstehung kriminellen Verhaltens, vor allem aber in die von Sutherland begründete „Theorie unterschiedlicher Kontakte" (Sutherland u. Cressey 1978, S.80 ff.; auch Dillig in diesem Band). Sutherland entwickelte seine Theorie in Abgrenzung zum Mehrfaktorenansatz, den er scharf kritisierte (vgl. Kaiser 1980, S.126 f.). Bereits 1939 stellte er seinen Ansatz erstmals vor.

Hinsichtlich der Entstehung kriminellen Verhaltens formuliert er 9 Thesen, die auf lerntheoretischer Grundlage stehen (vgl. Sutherland u. Cressey 1978, S.80 f.). Er setzt sich ab von erbbiologischen Ansätzen, die davon ausgehen, daß Straffälligkeit angeboren ist, und betont, daß kriminelles Verhalten gelernt sei. Der Lernvorgang finde in Kommunikationsprozessen weitgehend in Gruppen mit relativ großem Zusammenhalt und enger Kommunikationsdichte statt. Neben einer allgemeinen Einstellung zu normabweichendem bzw. konformem Verhalten würden auch Techniken der Verbrechensbegehung in solchen Gruppen gelernt. Ausdrücklich sagt Sutherland daß die Lernprozesse hinsichtlich kriminellem Verhalten sich nicht von anderen Lernprozessen unterscheiden (vgl. auch die Explikation von Opp 1974, S.177). Sicherlich hat diese „Theorie der differentiellen Kontakte" wesentlich zum Ausbau pädagogischer und verhaltenstherapeutischer Programme für Straffällige in den Vereinigten Staaten beigetragen (vgl. auch Kaiser 1980, S.126).

In starker Anlehnung an Sutherlands Ausführungen entwickelten Burgess u. Akers eine „Theorie der differentiellen Kontakte und Verstärkungen" (1966). Diese besagt im wesentlichen, daß kriminelles Verhalten dadurch entstehe, daß ein Individuum bei der (zufälligen) Ausführung strafbarer Handlungen mehr belohnt als bestraft wird (vgl. auch Jeffery 1964, 1965; Adams 1973; Akers 1977; zusammenfassend Killias 1981).

Unabdingbare Voraussetzung und Grundlage einer verhaltenstherapeutisch ausgerichteten Behandlung ist eine sorgfältige funktionale Verhaltensanalyse, durch die Bedingungen der Entstehung, Ausformung und Aufrechterhaltung des störenden, in diesem Fall straffälligen Verhaltens aufgedeckt werden. Erst danach können die konkreten Therapieziele und die Interventionsstrategie festgelegt werden. Hierzu ist jedoch wichtig, die Veränderungsvoraussetzungen, wie z.B. die Lerngeschichte, motivationshemmende und -fördernde Faktoren der sozialen Umwelt zu berücksichtigen.

3 Verhaltenstherapeutische Programme bei Straffälligen

Hinsichtlich der Behandlung einzelner Störungen bieten sich in der Verhaltenstherapie eine Fülle unterschiedlicher Vorgehensweisen und Behandlungsprogramme an. Ein Großteil der in der Regel im klinisch-psychologischen Bereich entwickelten Behandlungsstrategien wurde in den Vereinigten Staaten gerade auch bei Straffälligen angewandt. Im folgenden werden die wichtigsten dieser Programme kurz dargestellt. Hier soll besonders Gewicht auf Strategien des Trainings sozialer Verhaltensweisen (Modellernen) gelegt werden, da hiermit insgesamt relativ positive Erfolge erzielt wurden und in der Zwischenzeit auch in der Bundesrepublik standardisierte Programme für Straffällige vorliegen. Was die Einteilung der Behandlungsansätze anbetrifft, ist diese sehr unterschiedlich. Oft wird aber eine Gruppierung vorgenommen in operantes Konditionieren, token economies, Modellernen und kombinierte Techniken. Diese Einteilung soll auch hier zugrunde gelegt werden. Token economies (Münzverstärkungssysteme) stellen zwar eine operante Technik dar, werden aber auf Grund der Bedeutung, die sie gerade auch in der Behandlung Straffälliger erhalten haben, gesondert dargestellt.

3.1 Operantes Konditionieren

Bereits Mitte der 60er Jahre wurden in den Vereinigten Staaten erste systematische Behandlungsprogramme auf der Grundlage operanten Konditionierens bei Straffälligen durchgeführt und der Fachöffentlichkeit vorgestellt (Pielmaier 1980b, S.319). Die Projekte wurden sowohl im ambulanten als auch stationären Bereich angewandt.

„Beim operanten Konditionieren geht es allgemein gesagt um die Veränderung der Auftretenswahrscheinlichkeit von Verhaltensweisen durch die Manipulation der Konsequenzen dieser Verhaltensweisen" (Pielmaier u.a. 1980a, S.329). So kann beispielsweise erwünschtes Verhalten dadurch gefördert oder auch verfestigt werden, daß es von einem positiven Verstärker, beispielsweise in Form von Lob oder materieller Zuwendung, gefolgt wird. Bei der Behandlung Straffälliger wurde in der Regel eine positive Verstärkung des erwünschten Verhaltens durchgeführt. Negative Verstärkung (Beendigung eines unangenehmen Reizes auf die gewünschte Verhaltensweise) und Löschung (keine Reaktion auf das unerwünschte Verhalten) spielen bislang nur eine untergeordnete Rolle.

Vielfach wurden operante Konditionierungstechniken zur Verbesserung des schulischen Verhaltens straffälliger und sozial auffälliger Kinder und Jugendlicher eingesetzt, allerdings mit unterschiedlichem Erfolg (vgl. z.B. Jeffery u. Jeffery 1970; Davidson u. Robinson 1975). Burchard (1967) konnte beispielsweise das schulische Arbeitsverhalten von sozial auffälligen Jugendlichen durch positive Verstärkung günstig beeinflussen. Die Mitarbeitsbereitschaft der Schüler konnte wesentlich verbessert werden. Weitere Untersuchungen zur verhaltenstherapeutischen Beeinflussung des schulischen Arbeitsverhaltens wurden beispielweise von Tyler (1967), Tyler u. Brown (1968), Meichenbaum u.a. (1968) und Bassett u.a. (1975) durchgeführt. Teilweise wurde zur Behandlung delinquenter Jugendlicher auch die „Auszeittechnik" („time-out") angewandt, so etwa von Burchard u. Tyler (1965) und Tyler u. Brown (1967), (vgl. zusammenfassend Wetzel 1966; Burchard u. Barrera 1972; Pielmaier u.a. 1980a, S.331).

Ein wichtiger Einsatzbereich für operante Behandlungsansätze stellen in den Vereinigten Staaten gemeindebezogene, familienähnliche Wohngemeinschaften dar („achievement place"). Oft auf Anordnung eines Gerichts werden auffällige Jugendliche für eine bestimmte Zeit aus ihrer vielfach gestörten Familie herausgenommen und in solchen Wohngemeinschaften unter fachlicher Betreuung untergebracht. Dadurch wird vemieden, daß die Familienkontakte völlig abbrechen und vor allem werden die Jugendlichen nicht aus ihren sozialen Beziehungen (wie Schule, Freundeskreis) herausgerissen. Diese Einrichtungen sind in der Regel relativ klein, wodurch gerade eine intensive und auch individuelle Behandlung und Betreuung möglich wird. Entsprechend fallen die Ergebnisse in der Regel auch sehr positiv aus (vgl. etwa Bailey u.a. 1970; Phillips u.a. 1971; Braukmann u.a. 1975; zusammenfassend Pielmaier 1979, S.144 ff.). Während anfangs vor allem leichtere Fälle in solche Einrichtungen aufgenommen wurden, hat sich das im Laufe der Zeit zugunsten schwerer belasteter Jugendlicher geändert (vgl. etwa Phillips u.a. 1971; zusammenfassend Pielmaier u.a 1980a, S.333).

Neben dem stationären oder teilstätionären Behandlungsbereich haben operante Techniken insbesondere auch bei ambulanten Maßnahmen Berücksichtigung gefunden. Nach Pielmaier u.a. (1980, S.335) „finden sich für den Bereich der ambulanten Behandlung dissozialer Störungen mit verhaltenstherapeutischen Methoden mindestens ebenso viele, wenn nicht gar mehr veröffentlichte Arbeiten als dies im stationären Bereich der Fall ist". Hierbei sind jedoch kriminalpolitische Tendenzen zu berücksichtigen, wie sie in den letzten Jahren in den Vereinigten Staaten zu beobachten waren, nämlich ein vermehrtes Infragestellen stationärer Behandlungsmaßnahmen und eine Förderung ambulanter Programme, vielfach außerhalb der offiziellen Kontrollorgane. Unter dem Stichwort *Diversion* entstand mit erheblicher finanzieller Unterstützung durch die LEAA (Law Enforcement Assistance Administration) eine Fülle von ambulanter Behandlungsprogramme, die vielfach auf verhaltenstherapeutischer Basis arbeiten. Durch diese alternativen Reaktionsstrategien auf sozial abweichendes, vor allem auch straffälliges Verhalten sollten insbesondere Stigmatisierungsprozesse, wie sie bei stationären Maßnahmen nicht zu vermeiden sind, unterbunden werden. Gerade die Erkenntnisse des Labeling Approach trugen wesentlich zur Entwicklung von Diversionsstrategien bei (vgl. zusammenfassend Kury u. Lerchenmüller 1981; Hirano 1981).

Zahlreiche Programme setzen im familiären Bereich an, wobei es vorwiegend um eine Stützung des Erziehungsverhaltens der Eltern geht. So haben beispielsweise Tharp u. Wetzel (1969) an 147 vorwiegend prädelinquenten Probanden einen Behandlungsansatz entwickelt, den sie „triadisches Modell" nennen (vgl. zusammenfassend Pielmaier u.a. 1980a, S.335). Hierbei wird das Verhalten der Zielperson (Jugendlicher) von Mediatoren (vor allem Eltern, aber auch weitere nahestehende Personen) dadurch positiv zu beeinflussen versucht, daß die Konsequenzen auf das Verhalten entsprechend geändert werden. Die Mediatoren werden durch Fachleute, die über das entsprechende verhaltenstherapeutische Wissen verfügen („Consultant"), beraten und unterstützt. Hierdurch wird gewährleistet, daß die Mediatoren auch im zeitlichen Verlauf möglichst nicht vom Behandlungsplan abweichen. Verstärker für positives Verhalten werden vor allem aus dem familiären Bereich genommen (Fernsehkonsum, Taschengeld u.ä.). Zeigt die Zielperson das gewünschte Verhalten nicht, können diese Verstärker auch wieder entzogen werden. Tharp u. Wetzel sprechen in diesem Zusammenhang von „Kontingenz-Management" („Contingency Management"), womit sie den Einsatz von positiven und negativen Verstärkern zur Verhaltenssteuerung meinen.

3.2 Token Economies (Münzverstärkungssysteme)

Hierbei handelt es sich um eine relativ komplexe operante Vorgehensweise, die im Zusammenhang mit der Behandlung Delinquenter vor allem im stationären, teilweise aber auch im ambulanten Bereich eingesetzt wurde. Nach Milan u. McKee (1974) ist eine Token Economy vor allem durch folgende 3 Merkmale gekennzeichnet:

1. Erwünschte und unerwünschte Verhaltensweisen sind klar und eindeutig definiert.
2. Es bestehen Tokens (Spielmarken, Chips o.ä. ohne eigenen materiellen Wert), die gegen begehrte Gegenstände oder Vergünstigungen eingetauscht werden können. Diese Tokens werden zur Verstärkung des gewünschten und zur Bestrafung des unerwünschten Verhaltens eingesetzt.
3. Es besteht eine Auswahl an „Eintauschverstärkern" für die Tokens (z.B. Taschengeld, Freizeit, Ausgang usw.).

Die Verstärkerwirkung der Tokens entsteht somit dadurch, daß sie für begehrte Dinge eingetauscht werden können. Kuhlen (1977, S.45) führt als Vorteil dieser Behandlungsmethode an, daß das System „weitgehend unabhängig vom augenblicklichen Deprivationszustand (ist), weshalb sich kaum eine Sättigung einstellen kann. Der Verstärker ist, obwohl er für ganze Gruppen gleichzeitig angewandt werden kann, der individuell wirksamste. Er ist relativ unabhängig von demjenigen, der sie austeilt und ist in jeder Situation unmittelbar anwendbar. Er erfüllt also die Bedingungen, daß Verstärkung kontingent auf ein Verhalten erfolgen soll". Hinzu kommt, daß das System relativ leicht erklärbar ist, was seine Anwendbarkeit bei weniger intelligenten Probanden erleichtert. Durch Token Economies lassen sich auch solche Verstärker einsetzen, die in anderen Techniken nicht kontingent angewandt werden können, obwohl sie als sehr wirksam erkannt wurden (wie beispielsweise Ausgang im Strafvollzug, Teilnahme an besonderen Aktivitäten usw.).

Immer wieder wurde darauf hingewiesen, daß Token Economies nur dann optimal wirksam sind, wenn sie streng kontingent gehandhabt werden (vgl. etwa Ayllon u. Azrin 1965). Wichtig für einen anhaltenden Erfolg ist auch, daß das Verstärkungssystem mit der Zeit langsam ausgeblendet wird. So verstärkten beispielsweise Burchard u. Tyler (1965) bei einem Jungen mit stark unsozialen und aggressiven Tendenzen stündlich das Ausbleiben entsprechenden Störverhaltens mit Chips. Später wurde nur noch für mehrere Stunden, für mehrere Monate usw. verstärkt, so daß vermieden wurde, daß letztlich ein abrupter Abbruch der Verstärkung zu einem Rückfall führt. Diese Autoren weisen gleichzeitig darauf hin, daß die Erfolgsbeurteilung von operanten Konditionierungstechniken, vor allem von Token Economies, insbesondere bei jugendlichen Delinquenten sehr schwierig ist, da diese etwa im Gegensatz zu Neurotikern durchaus in der Lage sind, ihr Verhalten für eine gewisse Zeit angemessen zu kontrollieren (vgl. hierzu auch Kuhlen 1977, S.47).

Im Bereich der ambulanten Behandlung wurden Token Economies vielfach in der Schule eingesetzt. Oft ist bei den Untersuchungen jedoch unklar, inwieweit ein andauernder Therapieerfolg über das Verstärkungsprogramm hinaus erhalten geblieben ist.

Was den Einsatz von Token Economies in Jugendstrafanstalten in den Vereinigten Staaten anbetrifft, wurde diese Behandlungstechnik vor allem von Cohen angewandt, der hier als Pionier angesehen werden kann (vgl. Cohen 1968; 1972a, b; Cohen u.a. 1968; Cohen u. Filipczak 1971a, b; s. auch Pielmaier 1980b, S.331).

„Ausgehend von der Hypothese, daß mangelhafte Schulbildung mitverursachend für das soziale Scheitern von dissozialen Jugendlichen ist, baute er mit seinen Mitarbeitern Mitte der 60er Jahre in einer Jugendstrafanstalt ein ‚24hour learning environment' auf" (Pielmaier u.a. 1980a, S.332). An dem Programm nahmen 41 Jugendliche zwischen 13 und 19 Jahren innerhalb von 8 Monaten teil. Sie wurden für die Teilnahme am Unterricht, der mit programmiertem Material durchgeführt wurde, positiv verstärkt. Durch Eintausch der gesammelten Punkte konnten die Gefangenen ihre Lebensbedingungen in der Anstalt verbessern. Mit Hilfe des Programms wurden die schulischen Leistungen der Beteiligten wesentlich gesteigert. Was die Legalbewährung nach Haftentlassung anbetrifft, zeigten die Behandelten nach 3 Jahren jedoch keine bedeutsam geringere Rückfallquote.

Einen wesentlichen Beitrag zur Weiterentwicklung des Einsatzes von Token Economies im Jugendstrafvollzug leisteten in den USA Jesness und seine Mitarbeiter (vgl. etwa Jesness u.a. 1972; Jesness u. DeRisi 1973; Jesness 1975a, b). Mit dem Behandlungsprogramm wurde vor allem versucht, eine Verbesserung im Schul- und Sozialverhalten, insbesondere auch zwischen den Insassen zu erreichen. Die Tokens konnten kurzfristig eingetauscht werden, beispielsweise für die Teilnahme an Freizeitaktivitäten, und langfristig für eine Abkürzung des Aufenthaltes in der Anstalt. Bei einer Nachuntersuchung ein Jahr nach Haftentlassung war die Rückfallquote der Behandelten etwa 10% niedriger im Vergleich zu nicht behandelten Probanden (Jesness 1975a).

Teilweise wurden Token Economies auch im Erwachsenenstrafvollzug der Vereinigten Staaten eingesetzt (vgl. etwa Lawson 1971; Johnson 1977). Von juristischer Seite wurden Bedenken gegen diesen Behandlungsansatz insofern vorgebracht, als ein Mißbrauch durch das Behandlungspersonal befürchtet wurde. Dies ist ein sicherlich berechtigter Einwand, da die Gefahr eines Einsatzes der Tokens mehr für ruhiges, anstaltskonformes Verhalten der Insassen als für die Entwicklung in Richtung des Behandlungszieles gegeben ist (vgl. etwa Braukmann u.a. 1975; Silber 1976).

Was ambulante Behandlungansätze mit Token Economies anbetrifft, hat beispielsweise Cohen (1972b) diese Behandlungsmethode zur Förderung schulischer Leistungen bei dissozialen Jugendlichen angewandt. Bei einer Nachuntersuchung von McCombs u.a. (1978) nach 5 Jahren konnten jedoch nur noch unbedeutende Hinweise für einen Erfolg des Behandlungsprogramms im Sinne einer sozialen Eingliederung gefunden werden (vgl. auch Pielmaier u.a. 1980a, S.337).

3.3 Modellernen

Das Lernen durch Imitation hat hinsichtlich der Theoriebildung zur Entstehung kriminellen Verhaltens schon relativ früh Berücksichtigung gefunden. So ging beispielsweise der französische Soziologe Tarde (1893) davon aus, daß Kriminalität durch Imitation gelernt werde. Eine erste übersichtliche Darstellung des Imitationslernens stammt von Miller u. Dollard (1941). „Systematische Versuche von Behandlungsmethoden, die explizit auf dem Lernkonzept beruhen, wurden jedoch erst vor einigen Jahren eingesetzt" (Pielmaier u.a. 1980a, S.338). So betont etwa Selg (1977, S.247), daß „das Lernen am Modell, auch Lernen durch Beobachtung genannt ..., erst seit gut einem Jahrzehnt als eigenständiges Lernprinzip in der wissenschaftlichen Diskussion" ist. Grundlegende Arbeiten hierzu stammen von Bandura und Mitarbeitern (vgl. etwa Bandura 1961; Bandura u. Walters 1963; Bandura u. Mischel 1965). Vor allem „der Erwerb komplexer Verhaltensmuster (geschieht) größtenteils durch Lernen am Modell“ (Halder 1973, S.102). Das Prinzip des Modellernens wird auch als ein Beitrag zum Verständnis des Sozialisationsprozesses gesehen: Soziales Lernen beeinflußt in großem Umfang das Verhaltensrepertoire einer Person.

Unter Modellernen wird in der Regel der Vorgang bezeichnet, „bei dem ein Individuum durch Beobachtung von realen oder symbolischen (z.B. Zeichentrickfiguren, Gebrauchsanweisungen) Modellen Verhaltensweisen in sein eigenes Verhaltensrepertoire übernimmt oder bei dem sich die Auftretenswahrscheinlichkeit für schon in seinem Repertoire vorhandene Verhaltensweisen in bestimmten Situationen verändert“ (Pielmaier 1980a, S.43). In der Regel wird, was den Prozeß des Modellernens anbetrifft, zwischen der Aneignungs- und der Ausführungsphase unterschieden (so etwa bei Bandura u.a. 1969; vgl. auch Kanfer u. Phillips 1970). Während die „Aneignungs-, Erwerbs- oder Akquisitionsphase ... der Zeit des Zusehens, evtl. zusätzlich einer Zeit des gedanklichen Vertiefens“ entspricht, ist die „meist viel spätere Aktualisierungs-, Äußerungs- oder Performanzphase ... die Zeit, in der durch offenes Verhalten erst „bewiesen“ wird, daß in der ersten Phase etwas gelernt worden ist“ (Selg 1977, S.247).

Zweifellos ist Selg (1977, S.247) zuzustimmen, wenn er betont, daß die beim Lernen am Modell relevanten Variablen „noch lange nicht genügend erforscht“ sind, zu einzelnen Bereichen liegt jedoch bereits differenziertes Wissen vor. So untersuchte beispielsweise Flanders (1968), welche Eigenschaften und Merkmale des Modells bei der Zielperson imitative Effekte bewirken. Er stellte fest, daß insbesondere Modelle vorteilhaft sind, die sich durch folgende Merkmale auszeichnen: Kompetenz und Prestige, Wärme und Zugewandtheit, keine zu große Perfektheit, relativ große Ähnlichkeit mit der Zielperson. Hierbei kommt es mehr auf die subjektive Einschätzung als auf die objektive Situation an (vgl. Bandura u.a. 1963; siehe auch Schneider 1977). Die Art der Darstellung des Modellverhaltens (ob in symbolischer Form, etwa durch einen Videofilm oder in realistischer Form durch direktes Vorführen) spielt dagegen offensichtlich keine bedeutende Rolle. Marlatt u. Perry (1975, S.137) weisen zwar darauf hin, daß die Darbietung des Modellverhaltens durch eine echte Person „in vielen Fällen günstiger (ist), weil der Beobachter besser aufpaßt und an der naturalistischen Darstellung durch echte Menschen in lebendigen Situationen eher Anteil nimmt“, betonen jedoch gleichzeitig, daß hierbei die Gefahr besteht, daß das Verhalten des Modells nicht exakt vorhersagbar ist. Gerade dieser Nachteil sowie der wesentlich größere Aufwand führte denn auch dazu, daß bei entsprechenden Behandlungsprogrammen in der Regel symbolische Modelle in Form von (Video-)Filmen eingesetzt werden. Was die Komplexität des Modellverhaltens betrifft, wiesen Bandura u. Jeffery (1973) darauf hin, daß Vorgänge um so leichter im Gedächtnis der Zielpersonen gespeichert werden können, je besser diese das Verhalten verstehen und ihm einen Sinn zuordnen können.

Die Anwendungsmöglichkeiten systematischer Programme zum Modellernen sind sehr breit. Marlatt u. Perry (1977, S.153 ff.) führen als Beispiele etwa den Bereich der Schule an, ferner das Training unterschiedlicher klinischer Patientengruppen (von Kindern bis Erwachsenen) und schließlich die Ausbildung von Therapeuten.

Was den Einsatz des Modellernens und des verhaltenstherapeutisch orientierten Rollenspiels zur Behandlung von Delinquenten betrifft, haben sich vor allem Sarason u. Ganzer (1969; 1971; 1973) verdient gemacht. „Die von Sarason (1968) beschriebene Behandlungsmethode hat sich nach einer Reihe von Tests zur Einstellung und

Verhaltensanpassung als höchst wirksam erwiesen. Diese Methode läßt sich in vielen Fällen anwenden, in denen der Therapeut Klienten darin trainieren möchte, neues Verhalten auszuführen oder neue soziale Fertigkeiten zu erwerben" (Marlatt u. Perry 1977, S.150). Da gerade bei (offiziell registrierten) Straffälligen, die größtenteils aus den unteren sozialen Schichten stammen, davon ausgegangen werden muß, daß sie erhebliche Verhaltensdefizite haben, bietet sich diese Behandlungsmethode als adäquate Möglichkeit zur (Re)sozialisierung an. So wiesen etwa Braukmann u.a. (1975) darauf hin, daß die Verhaltenstherapie bei dissozialen Jugendlichen nicht auf dem Niveau stehen bleiben dürfe, vorhandene und geäußerte Zielverhaltensweisen etwa unter die Kontrolle von verstärkenden Ereignissen zu bringen. Es müsse vielmehr versucht werden, darüber hinaus durch Anleiten, Vormachen usw. das Handlungsrepertoire im positiven Sinne zu erweitern. Gerade hierfür, also zur Aufarbeitung von Verhaltensdefiziten, ist das Modellernen besonders geeignet, wie sich auch in der Behandlung anderer Probleme, etwa der Selbstunsicherheit, gezeigt hat (vgl. etwa das von Ullrich de Muynck u. Ullrich (1976) ausgearbeitete Trainingsprogramm).

Als ein großer Vorteil von Programmen zum Modellernen kann angesehen werden, daß sie relativ leicht auf verschiedene Probandengruppen anwendbar und leicht erlernbar sind, somit etwa auch von Laientherapeuten durchgeführt werden können (vgl. Ganzer 1974, S.148).

Sarason (1968) und Sarason u. Ganzer (1973) entwickelten systematische Trainingsprogramme zur Behandlung Delinquenter. Im Vergleich zu traditionellen Gesprächsgruppen erwies sich das Modellernen bei inhaftierten Straffälligen als sehr wirksam (vgl. Sarason 1968). Die Modellerngruppen, die jeweils aus 4–5 Jugendlichen bestanden, trafen sich einen Monat lang viermal pro Woche. Hierbei war jede Sitzung einem besonderen Problem der Teilnehmer gewidmet, wie beispielsweise: Wie bewirbt man sich um einen neuen Arbeitsplatz oder wie widerstrebt man dem Druck von Freunden und Kollegen, sich an strafbaren Handlungen zu beteiligen. Jeweils 2 echte Modellpersonen (Psychologie-Studierende) stellten in den Gruppen das Modellverhalten dar. Anschließend hatten die Teilnehmer die Aufgabe, die Hauptaspekte des Modellverhaltens herauszuarbeiten und zu diskutieren. Schließlich spielten die Jugendlichen das Modellverhalten untereinander oder mit einer der Modellpersonen nach.

Ergänzend zu den Untersuchungen von Sarason u. Ganzer wurde eines der ersten Programme zum Modellernen mit dissozialen Jugendlichen von Ostrom u.a. (1971) entwickelt. Die Autoren konfrontierten zwei Gruppen von unter Bewährung stehenden straffälligen Jugendlichen in insgesamt 7 Sitzungen mit konkreten Problemen der Lebensbewältigung. Die Gruppenleitung wurde jeweils durch Laienhelfer ausgeübt. Auch hier wurden die konkreten Handlungsweisen im Rollenspiel eingeübt. Besonderen Wert legte man auf eine exakte Rückmeldung hinsichtlich der Brauchbarkeit der in der Gruppe herausgearbeiteten Lösungsvorschläge und die Umsetzung im Rollenspiel. Die Ergebnisse der Behandlung waren durchweg sehr positiv. Werner u.a. (1975) entwickelten beispielsweise ein Modellernprogramm für jugendliche Delinquente mit dem Ziel der Einübung besserer Umgangsformen mit Polizisten (vgl. zu weiteren Ergebnissen etwa Pielmaier 1979; Spece u. Marzillier 1979).

Auf dem Hintergrund der insgesamt sehr positiven Ergebnisse der Programme zum Modellernen bei Straffälligen in den Vereinigten Staaten wurden in der Bundesrepublik insbesondere in Anlehnung an Sarason u. Ganzer ähnliche Behandlungsstrategien entwickelt. Inzwischen liegt von einer Freiburger und einer Kieler Gruppe jeweils ein standardisiertes Behandlungsprogramm für Straffällige vor (vgl. Hommers u.a. 1976; Steller u.a. 1978; Pielmaier u.a. 1980b).

Allgemeine Zielsetzung beider Behandlungsprogramme ist es, das Verhaltensrepertoire Straffälliger zu erweitern, wobei vor allem solche Verhaltensdefizite beseitigt werden sollen, die in Zusammenhang mit dem Auftreten der Delinquenz gesehen werden. So betonen etwa Steller u.a. (1978, S.XII), daß der Grundgedanke des von ihnen entwickelten modellunterstützten Rollentrainings (MURT) sei, „daß Delinquenz als Ausdruck inadäquater Lernerfahrungen angesehen wird. Es wird von der Arbeitshypothese ausgegangen, daß es Delinquenten an sozial akzeptablen und angepaßten Verhaltensweisen mangelt, da in ihrer Entwicklung Gelegenheiten fehlten, sozialangepaßtes Verhalten beobachten, selber zeigen und dafür Bekräftigung erhalten zu können. Aus dieser Grundeinstellung über die Entstehung von Delinquenz läßt sich die Zielsetzung des MURT als Verhaltens- und Einstellungsänderung beschreiben".

Zur Bestimmung des Inhalts der Modellszenen wurden Ergebnisse aus der Fachliteratur entnommen, ferner wurden Strafgefangene, Bewährungshelfer und Vollzugsbedienstete über soziale Konfliktsituationen von Strafentlassenen befragt (vgl. Langlotz u. Hommers, 1978, S.4). Schließlich wurden insgesamt 18 Trainingseinheiten entwickelt, die sich 5 Gruppen von Situationen mit defizitärem Sozialverhalten zuordnen lassen: 1. Verhalten in der Arbeitswelt, 2. Verhalten gegenüber Gleichaltrigen, 3. Verhalten in der Freizeit, 4. Verhalten gegenüber Autoritäten und Behörden, 5. Verhalten im Strafvollzug (vgl. Langlotz u. Hommers 1978, S.5 ff.).

Die Durchführung des Programms ist hinsichtlich des Ablaufs der einzelnen Sitzungen standardisiert. In jeder Sitzung von etwa 1 1/2 Stunden wird ein Thema behandelt. Hierbei wird nach folgendem Ablaufschema vorgegangen (vgl. Langlotz u. Hommers 1978, S.19):

1. Einleitung und Vorstellung der Situation, Beschreibung der Aufgabe;
2. Vorspielen der Modellszene;
3. Diskussion zur Erarbeitung der Lernziele;
4. zweites Vorspielen der Modellszene;
5. persönliche Instruktion zur Vorbereitung auf das eigene Rollenspiel;
6. einzelnes Vorspielen der Sitzungen durch jeden Probanden, Aufzeichnung auf Video;
7. Überprüfung des Rollenspielverhaltens auf dem Bildschirm und Rückmeldung an den Probanden;
8. abschließende Diskussion mit Überlegung zur Anwendung des Gelernten. Die Modellszenen werden jeweils auf Video demonstriert.

Ausdrücklich wird von den Autoren auf die Problematik einer Video-Rückmeldung des Rollenspiels der Teilnehmer hingewiesen (vgl. Langlotz u. Hommers 1978, S.27 f.). So berichteten bereits Sarason u. Ganzer (1971) von negativen Auswirkungen eines solchen Video-Feedbacks nach dem Rollenspiel. Sie vermuteten, daß die Teilnehmer ihr eigenes Rollenspiel mit den Modellen vergleichen und mit der eigenen Leistung unzufrieden sind (vgl. hierzu auch Geertsma u. Reivich 1965). Danet (1968) weist andererseits auf einen möglichen positiven Effekt der Video-Rückmeldung hin, wenn er betont, daß es dadurch den Probanden weniger leicht möglich ist, eigene Probleme zu bestreiten und eine verzerrte Selbstwahrnehmung aufrechtzuerhalten.

Die geschilderte Problematik trug mit dazu bei, daß beim Freiburger Training diesem Programmpunkt weniger Bedeutung beigemessen wurde. Die Freiburger Gruppe entwickelte insgesamt 24 vollstandardisierte Trainingseinheiten, die sich ebenfalls einzelnen Bereichen des Alltags zuordnen lassen, in denen junge Menschen mit sozialen Defiziten erfahrungsgemäß häufig Schwierigkeiten haben (vgl. Wetzstein 1980, S.54). Die Trainingseinheiten werden 4 umfassenden Problemgruppen zugeordnet:

1. Arbeit und Beruf (7 Einheiten);
2. Freizeit (6 Einheiten);

3. Familie/Institution (5 Einheiten);
4. Lebensbewältigung (6 Einheiten) (Pielmaier u.a. 1980b, S.74 f.).

Auch hier wird pro Sitzung, die auf 75 Minuten angelegt ist, eine Trainingseinheit behandelt. Das Ablaufschema der einzelnen Sitzungen enthält 7 Punkte, die teilweise auch im Programm der Kieler Gruppe vorgesehen sind:

1. Einführung in die Thematik;
2. Vorspielen der Modellszene;
3. Herausarbeiten der gefühls- und erlebnismäßigen Inhalte der Szene;
4. Herausarbeitung der Lernelemente der Szene;
5. Evtl. nochmaliges Vorspielen der auf Videoband aufgezeichneten Sitzungen;
6. Nachspielen der Modellszene durch die einzelnen Teilnehmer;
7. Schlußdiskussion mit Herausarbeitung der Übertragbarkeit des Gelernten (vgl. Wetzstein 1980, S.64 ff.).

Ausdrücklich wird betont, daß das Sitzungsschema den aktuellen Bedürfnissen der Gruppe entsprechend in einigen Punkten auch variiert werden kann.

Als Anwendungsmöglichkeit des Trainings werden genannt- Die Untersuchungshaft für Jugendliche und Heranwachsende, wo das Programm entwickelt und durch ein umfangreiches Forschungsprojekt, dessen Auswertung noch andauert, evaluiert wurde; der (Jugend)strafvollzug, Heime, Schulen, aber auch ambulant arbeitende Einrichtungen, wie die Bewährungs- oder Gerichtshilfe. Die Ergebnisse aus der Evaluationsstudie deuten eine positive Wirkung des Behandlungsprogramms bei den Untersuchungshäftlingen an (vgl. Kury 1981a; s.a. Kury 1977).

Neben den genannten Programmen wird auch in der Bundesrepublik Modellernen vor allem zur Behandlung schulischer Auffälligkeiten sowie von kindlicher Aggressivität eingesetzt (vgl. beispielsweise das von Petermann u. Petermann 1978 entwickelte Programm).

3.4 Kombinierte Behandlungsansätze

In der Praxis werden Behandlungsansätze, so auch verhaltenstherapeutische Methoden bei Straffälligen, oft nicht in Reinform angewandt, sondern je nach den Bedürfnissen modifiziert und evtl. mit anderen Vorgehensweisen kombiniert. Beispielsweise beruhen die im deutschen Strafvollzug angewandten Methoden des Sozialen Trainings auf verhaltenstherapeutischer Grundlage, ohne daß oftmals einzelne Lernprinzipien explizit und isoliert Anwendung finden. Zu Recht wurde verschiedentlich darauf hingewiesen, daß integrative Ansätze oft wirksamer sind und weiterführen als „reine" Verfahren (vgl. hierzu etwa Conger 1976).

Gerade in den Vereinigten Staaten wurden verhaltenstherapeutische Methoden mit anderen pädagogischen oder therapeutischen Maßnahmen verknüpft. Vielfach wurden auch über das engere therapeutische Programm hinaus die Bezugspersonen der Betroffenen in Verhaltensweisen geschult, die die Erreichung des Therapiezieles zu fördern versprechen. Oft wurden sie sogar als „Kotherapeuten" mit herangezogen, vor allem wenn es um die Behandlung von Kindern und Jugendlichen ging. So leiteten bereits Tharp u. Wetzel (1969), wenn auch noch relativ unsystematisch, die Bezugspersonen auffälliger Kinder und Jugendlicher auf dem Hintergrund operanter Techniken an. Vor allem aber die Gruppe um Patterson hat verhaltenstherapeutisch orientierte Behandlungsprogramme entwickelt, in welche die Eltern straffälliger Kinder einbezogen wurden. Hierbei wurden insbesondere programmierte Anleitungen zur Schulung der Eltern in der Anwendung operanter Methoden erarbeitet sowie ein differenziertes Beobachtungssystem zur Erfassung familiärer Interaktionen entwickelt (vgl. Patterson u. Gullion 1968; Patterson u. Reid 1973; Patterson 1974; 1975; Weinrott u.a. 1978; zusammenfassend Pielmaier u.a. 1980a, S. 341).

Eine Kombination von verhaltenstherapeutischen Techniken mit anderen Behandlungsmaßnahmen, etwa von sozialer Gruppenarbeit, erfolgte beispielsweise in den Vereinigten Staaten innerhalb der Bewährungshilfe oder von „Community Treatment"-Projekten. Ein auch hinsichtlich Fragen der Therapiemotivation interessanter Ansatz wurde von Schwitzgebel u. Kolb (1964) praktiziert (vgl. auch Slack 1960). Sie „lockten" arbeitslose straffällige Jugendliche von der Straße weg, indem sie ihnen Geld anboten, wenn sie bereit waren mitzukommen und an Tonband-Interviews teilzunehmen. In Wirklichkeit versuchte man so, die Jugendlichen zu einer gesprächstherapeutischen Behandlung zu motivieren. Schrittweise wurden positive Verstärker zur Unterstützung erwünschter Verhaltensweisen eingesetzt. Die erzielten Erfolge waren auch hinsichtlich des Legalverhaltens zufriedenstellend (vgl. zusammenfassend Pielmaier u.a. 1980a, S. 344).

2 Zusammenfassende Stellungnahme

Insgesamt kann gesagt werden, daß verhaltenstherapeutische Methoden sich auch in der Behandlung Straffälliger im Vergleich zu anderen therapeutischen Ansätzen als recht erfolgreich erwiesen haben. Vielversprechend scheinen insbesondere kombinierte Behandlungsansätze zu sein. Gerade hier bietet sich die Möglichkeit, auf dem Hintergrund der Problemlage differenzierte Strategien anzuwenden. Solche Ansätze sollten ebenso wie das Modell „Achievement Place" weiterentwickelt werden. Gerade eine Zusammenarbeit verschiedener Instanzen, wie Familie, Schule u.ä. ist vor allem auch hinsichtlich eines langfristigen Behandlungserfolges von Bedeutung. Langzeiteffekte sind bei den meisten Behandlungsprogrammen nicht erforscht worden; sofern sie untersucht wurden, fielen die Resultate oft nicht besonders günstig aus. Das dürfte zu einem Teil daran liegen, daß die Behandlungszeit beispielsweise in einer Institution vielfach nur relativ kurz ist, oft nur isolierte Fähigkeiten trainiert wurden, deren Zusammenhang mit straffälligem Verhalten unklar ist. Insbesondere fehlen aber bisher in der Regel Anschlußprogramme, die das Behandlungskonzept aufgreifen und zu einer Stabilisierung der erzielten Resultate beitragen. Aus Institutionen entlassene Straffällige kehren vielfach wieder in ihr altes Milieu zurück, wo das Gelernte eher bestraft als verstärkt werden dürfte. Eine Status-Erhöhung in der peer-group ist ein erheblicher sozialer Verstärker, kann aber oft nur durch erneute „Solidaritätsbeweise" in Form von Straftaten erreicht werden (vgl. etwa Martin u.a. 1968).

Eine Intensivierung verdient vor allem die Beschäftigung mit neueren kognitiven Ansätzen in der Verhaltenstherapie. So betont etwa Killias (1981, S. 337) zu Recht, daß es vorauszusehen ist, „daß der kognitive Ansatz auch innerhalb der Kriminologie in nicht allzu ferner Zukunft zur Theoriebildung herangezogen werden wird, nachdem er schon vor längerer Zeit in die Verhaltenstherapie Eingang gefunden hat... und nun auch in der Therapie abweichenden und psychopathologischen Verhaltens vorzustoßen beginnt" (vgl. hierzu etwa Cautela 1966; 1967; Jaeggi 1979; Meichenbaum 1979).

Was die Effizienzforschung anbetrifft, bestehen hier noch erhebliche Lücken. Viele Programme werden nicht systematisch durch Erfolgsuntersuchungen begleitet, was die Beurteilung der Wirksamkeit der Behandlung schwierig, wenn nicht gar unmöglich macht. Gerade auch zur Klärung der teilweise widersprüchlichen vorliegenden Resultate, beispielsweise in der Familienbehandlung, ist eine Intensivierung der Forschung dringend nötig. Sicherlich handelt es sich bei der Evaluation von Behandlungsmaßnahmen, wie die inzwischen zahlreiche Literatur zu diesem Thema zeigt, um einen der schwierigsten Bereiche empirischer Sozialforschung. Das dürfte jedoch nicht daran hindern, die Forschungsbemühungen hier wesentlich zu intensivieren.

Literaturverzeichnis

Abele, A.: Einstellungen zu Abweichlern und zu abweichendem Verhalten. In: A. Abele, S. Mitzlaff u. W. Nowack, (Hrsg.) Abweichendes Verhalten. Stuttgart, Frommann–Holzboog, 1975, 231-258.

Abele, A.: Einstellungen und Einstellungsänderung gegenüber Straftätern: Eine sozialpsychologische Analyse. In: J. Haisch (Hrsg.) Angewandte Sozialpsychologie. Bern, Huber 1982 (im Druck).

Abele, A. u. Giesche, S.: Kognitionen über Straftäter bei Justizvollzugsbeamten. Zeitschrift für Sozialpsychologie, 1981, 12, 145-161.

Abele, A., Lilli, W. und Nowack, W.: Untersuchungen zum Stereotyp des Kriminellen. Unv. Manuskript, Bielefeld, 1980.

Abele, A. u. Nowack, W.: Einstellung und Stigmatisierung. In: M. Brusten u. J. Hohmeier (Hrsg.) Stigmatisierung, Bd. 1. Neuwied, Luchterhand, 1975, 145-167

Abele, A. u. Nowack, W.: Ladendiebstahl fünfmal pro Tag. Ein Feldexperiment zu Determinanten informeller sozialer Kontrolle. Kriminologisches Journal, 1976a, 8, 224-232.

Abele, A. u. Nowack, W.: Reaktionen auf abweichendes Verhalten in Abhängigkeit von Variablen der Situation und der beobachtenden Person. Dissertation, Konstanz, 1976b.

Abele, A. u. Nowack, W.: Welchen Zusammenhang haben Kontakt mit Straftätern und Opfererfahrung mit den Einstellungen gegenüber Straftätern? Monatsschrift für Kriminologie und Straftrechtsreform, 1978, 61, 229-237.

Abele, A. u. Nowack, W.: Einstellung und Verhalten gegenüber Straftätern in Abhängigkeit von Informationsart und Informationsmenge. Unv. Manuskript, Bielefeld, 1981.

Abraham, K.: Versuch einer Entwicklungsgeschichte der Libido. Wien, Internationaler Psychoanalytischer Verlag, 1924.

Ach, N.: Analyse des Willens. Berlin, Wien, Urban & Schwarzenberg, 1935.

Adams, R.: Differential association and learning principles revisited, Social Problems, 1973, 20, 458-470.

Adler, A.: Praxis und Theorie der Individualpsychologie. München, Bergmann, 1920.

Adler, B.: Erfahrungen aus der Gruppenarbeit mit Strafvollzugsbeamten. Psyche, 1976, 30, 618-624.

Aichhorn, A.: Verwahrloste Jugend. Bern, Stuttgart, Huber, 1925, 1971[7].

Akers, R.L.: Deviant behavior: A social learning theory approach. Belmont, Wadsworth, 1973, 1977[2].

Albert, H.: Aufklärung und Steuerung. In: H. Albert (Hrsg.) Aufklärung und Steuerung. Hamburg, Hoffmann & Campe, 1976, 11-34.

Alberts, W.: Personality and attitudes toward juvenile delinquency: A study of protestant ministers. Journal of Social Psychology, 1963, 60, 71-83.

Albrecht, G.: Die „Erklärung" von Devianz durch die „Theorie" des Symbolischen Interaktionismus – Neue Perspektiven und alte Fehler. In: G. Albrecht, H. Daheim u. F. Sack (Hrsg.) Soziologie, Rene König zum 65. Geburtstag. Opladen, Westdeutscher Verlag, 1973, 775-803.

Albrecht, P.A. u. Lamnek, S.: Jugendkriminalität im Zerrbild der Statistik. München, Juventa, 1979.

Albrecht, P.A. u. Lamott, F.: Wer braucht wen? Sozialtherapie in der Erprobung. Monatsschrift für Kriminologie und Strafrechtsreform, 1980, 63, 263-277.

Albrecht, P.A., Pfeiffer, C. u. Zapka, K.: Reaktionen sozialer Kontrollinstanzen auf Kriminalität junger Ausländer in der Bundesrepublik. Monatsschrift für Kriminologie und Strafrechtsreform, 1978, 61, 268-296.

Alexander, F. u. Healey, W.: Roots of crime. Montclair, N.J., Patterson Smith, 1935, repr. 1969.

Allensbach, Institut für Demoskopie: Sollen Verbrecher mit dem Leben büßen? Allensbach, 1967.

Allsopp, J.F. u. Feldman, M.P.: Extraversion, neuroticism and psychoticism and anti-social behaviour in school girls. Social Behaviour and Personality, 1975, 2, 184-190.

Amelang, M. u. Rodel, G.: Persönlichkeits- und Einstellungskorrelate krimineller Verhaltensweisen. Psychologische Rundschau, 1970, 21, 157-179.

Amelung, K.: Anmerkung zu BVerfG, Beschl. v. 18.VIII. 1981. Neue Zeitschrift für Strafrecht, 1982, 1, 39-40.

Anderson, N.H.: Information integration theory: A brief survey. In: D. Krantz, R. Atkinson, R.D. Luce u. P. Suppes (Eds.) Contemporary developments in mathematical psychology, Vol. 2. San Francisco, Freeman, 1974, 236-305.

Angleitner, A.: Methodische und theoretische Probleme bei Persönlichkeitsfragebogen unter besonderer Berücksichtigung neuerer deutschsprachiger Fragebogen. Habilitationsschrift, Universität Bonn, 1976.

Antons, K.: Praxis der Gruppendynamik. Göttingen, Hogrefe, 1973.

Arnold, M.B.: Emotion and personality. Vol. I: Psychological aspects; Vol. II. Neurological and physiological aspects. New York, Columbia University Press, 1960.

Arntzen, F.: Psychologie der Zeugenaussage. Einführung in die forensische Aussagepsychologie. Göttingen, Hogrefe, 1970[1]. München, Beck, 1982[2].

Arntzen, F.: Aussagepsychologie, forensische. In: G. Eisen (Hrsg.) Handwörterbuch der Rechtsmedizin, Band III. Stuttgart, Enke, 1977, 391-396.

Arntzen, F.: Kinder und Jugendliche als Opfer von Inzestdelikten. In: F. Furian (Hrsg.) Sexualerziehung kontrovers. Fellbach, Bonz, 1978.

Arntzen, F.: Vernehmungspsychologie. Psychologie der Zeugenvernehmung in Strafverfahren. München, Beck, 1980a.

Arntzen, F.: Die Gerichtspsychologie in der Bundesrepublik Deutschland. Psychologische Rundschau, 1980b, 31, 2-11.

Arntzen, F.: Sexualdelikte. Zeitschrift für Rechtspolitik, 1980c, 10, 287-288.

Arold, R.: Einstellungen zur Wirtschaftskriminalität. Kriminologisches Journal, 1977, 9, 48-57.

Aronfreed, J.: Conduct and conscience. New York, Academic Press, 1968.

Arzt, G.: Zur Bekämpfung der Vermögensdelikte mit zivilrechtlichen Mitteln. Der Ladendiebstahl als Beispiel. Juristische Schulung, 1974, 693-702.

Arzt, G.: Der Ruf nach Recht und Ordnung. Tübingen, Mohr, 1976.

Aubry, A.S. u. Caputo, R.R.: Criminal interrogation. Springfield, Illinois, Thomas, 1974[2].

Austin, W.: Sex differences in bystander intervention in a theft. Journal of Personality and Social Psychology, 1979, 37, 2110-2120.

Ayllon, T. u. Azrin, N.H.: The measurement and reinforcement of behavior of psychotics. Journal of the Experimental Analysis of Behavior, 1965, 8, 357-383.

Backster, C.: Methods of strengthening our polygraph technique. Police, 1962, 6, 61-68.

Bahn, C.: The counter training problem. Personnel Journal, 1973, 28, 1068-1072.

Bailey, J.S., Wolf, M.M. u. Phillips, E.L.: Home-based reinforcement and the modification of predelinquent's classroom behavior. Journal of Applied Behavior Analysis, 1970, 3, 223-233.

Bakker, C.B.: Why people don't change. Psychotherapy: Theory, Research and Practice, 1975, 12, 164-172.

Baldwin, A.L.: A cognitive theory of socialisation. In: D. Goslin (Ed.) Handbook of socialisation theory and research. Chicago, Rand Mc Nally, 1969, 325-345.

Ball, D.: The definition of the situation. Some theoretical and methodological consequences of taking W.I. Thomas seriously. Journal for the Theory of Social Behavior, 1972, 2, 61-88.

Ball-Rokeach, S.J.: From pervasive ambiguity to a definition of the situation. Sociometry, 1973, 36, 378-389.

Balloun, K.D., u. Holmes, D.S.: Effects of repeated examinations to detect guilt with a polygraphic examination. Journal of Applied Psychology, 1979, 64, 316-322.

Baltes, P.B., Wender, K. u. Steigerwald, F.: Diskriminanzanalytische Untersuchungen mit dem MMPI Saarbrücken zum Problem der Delinquenz Jugendlicher. Zeitschrift für experimentelle und angewandte Psychologie, 1968, 15, 404 - 418.

Balzert-Ickert, C.: Fortbildung in der Justizvollzugsanstalt Münster. Zeitschrift für Strafvollzug und Straffälligenhilfe, 1977, 26, 207-211.

Bandura, A.: Relationship of family patterns to child disorders. Progress Report, Stanford University, Project-No. M-1734, 1960.

Bandura, A.: Psychotherapy as a learning process. Psychological Bulletin, 1961, 58, 143-154.

Bandura, A.: Vicarious processes: A case of no-trial learning. In: L. Berkowitz (Ed.) Advances in Experimental Social Psychology, Vol. 2. New York, Academic Press, 1965, 1-55.

Bandura, A.: Principles of behavior modification. New York, Holt, Rinehart and Winston, 1969.

Bandura, A.: Behavior theory and the models of man. American Psychologist, 1974, 29, 859-869.

Bandura, A.: Aggression. Eine sozial-lerntheoretische Analyse. Stuttgart, Klett-Cotta, 1979 (amerik.: Aggression: A social learning analysis. New York, Prentice-Hall, 1973).

Bandura, A., Blanchard, E.B. u. Ritter, B.: Relative efficacy of desensitization and modeling approaches for inducing behavioral, affective, and attitudinal changes. Journal of Personality and Social Psychology, 1969, 13, 173-199.

Bandura, A. u. Jeffery, R.W.: Role of symbolic coding and rehearsal processes in observational learning. Journal of Personality and Social Psychology, 1973, 26, 112-130.

Bandura, A. u. Mischel, W.: Modification of self-imposed delay of reward through exposure to life and symbolic models. Journal of Personality and Social Psychology, 1965, 2, 698-705.

Bandura, A., Ross, D. u. Ross, S.A.: A Comparative test of the status envy, social power, and secondary reinforcement theories of identificatory learning. Journal of Abnormal and Social Psychology, 1963, 67, 527-534.

Bandura, A. u. Walters, R.H.: Adolescent aggression. New York, Ronald Press, 1959.

Bandura, A. u. Walters, R.H.: Social learning and personality development. New York, Holt, Rinehart & Winston, 1963.

Banks, C., Maloney, E. u. Willcock, H.D.: Public attitudes to crime and the penal system. British Journal of Criminology, 1975, 15, 228-240.

Banscherus, J.: Polizeiliche Vernehmung: Formen, Verhalten, Protokollierung. Wiesbaden, BKA, 1977.

Banscherus, J., Brugger, S. u. Kube, E.: Polizeiliche Vernehmung: Formen, Verhalten, Protokollierung. Kriminalistik, 1978, 32, 97-100.

Barkey, P.: Self-fulfilling-prophecy als Phänomen sozialer Interaktion der Erziehungsprozesse. Schule und Psychologie, 1971, 18, 264-274.

Barkey, P.: Modelle pädagogischer Diagnostik. In: P. Barkey, H.P. Langfeldt u. G. Neumann (Hrsg.) Probleme pädagogisch-psychologischer Diagnostik. Bern, Huber, 1976, 22-55.

Barkey, P. u. Eisert, H.G.: Verhaltensmodifikation jugendlicher Delinquenz. In: D.H. Rost, P. Grunow u. D. Oechsle (Hrsg.) Pädagogische Verhaltensmodifikation. Weinheim, Beltz, 1975, 162-190.

Barland, G.H. u. Raskin, D.C.: An evaluation of field techniques in detection of deception. Psychophysiology, 1975, 12, 321-330.

Barland, G.H. u. Raskin, D.C.: Validity and reliability of polygraph examinations of criminal suspects. Report Nr. 76-1, Contract 75-NI-99-0001, U.S. Department of Justice, Salt Lake City, Utah, University of Utah, Department of Psychology, March, 1976.

Bassett, J.E., Blanchard, E.B. u. Koshland, E.: Applied behavior analysis in a penal setting: Targeting free world behavior. Behavior Therapy, 1975, 6, 639-648.

Bauer, G., Moderne Verbrechensbekämpfung. Bd. 1: Kriminaltaktik, Aussage und Vernehmung. Lübeck, Schmitt-Römhild, 1970.

Baulitz, U., Flöttmann, U. u. Lohse, H.: Gesprächspsychotherapie bei Delinquenten in der sozialtherapeutischen Anstalt. Indikation, Organisationsbedingungen und Erfolg. Informationsblätter der Gesellschaft für wissenschaftliche Gesprächspsychotherapie, 1978, 33, 4-11.

Baumann, J. (Hrsg.): Programm für ein neues Strafgesetzbuch – Der Alternativ-Entwurf der Strafrechtslehrer. Frankfurt/M., Fischer, 1968.

Baumann, J. (Hrsg.): Die Reform des Strafvollzugs. München, Goldmann, 1974.

Baumann, U. (Hrsg.): Indikation zur Therapie psychischer Störungen. München, Urban & Schwarzenberg, 1980.

Bayerische Justizvollzugsschule Straubing (Hrsg.): Rahmenstoffplan für die Ausbildung des allgemeinen Vollzugsdienstes bei den Justizvollzugsanstalten. Straubing, Justizvollzugsschule, 1980.

Beaman, A.L., Klentz, B., Diener, E. u. Svanum, S.: Objective self-awareness and transgression in children: A field study. Unpublished paper. Montana, University of Montana, 1977.

Bechtel, J.: Das sozialtherapeutische Konzept. In: G. Nass (Hrsg.) Kriminalität vorbeugen und behandeln. Köln, Heymanns, 1971, 43-61.

Becker, H.S.: Außenseiter. Zur Soziologie abweichenden Verhaltens. Frankfurt, Fischer, 1973 (amerik.: Outsiders. Glencoe, The Free Press, 1963).

Becker, P.: Prävention von Verhaltensstörungen und Förderung der psychischen Gesundheit. In: W. Wittling (Hrsg.) Handbuch der Klinischen Psychologie, Bd. 2. Hamburg, Hoffmann & Campe, 1980, 47-77.

Becker, W.: Kaufhaus- und Ladendiebstähle. Kriminalistik, 1972, 26, 195-198.

Beer, M.: The technology of organization development. In: M.D. Dunette (Ed.) Handbook of industrial and organizational Psychology. Chicago, Rand McNally, 1976, 937-993.

Belson, W.A.: Television violence and the adolescent boy. Westmead, Saxon House, 1978.

Bem, D.J. u. Allen, A.: On predicting some of the people some of the time: The search for cross-situational consistencies in behavior. Psychological Review, 1974, 81, 506-520.

Bender, R. u. Nack, A.: Tatsachenfeststellung vor Gericht, Band I. München, Beck, 1981.
Bendix, L.: Zur Psychologie der Urteilstätigkeit des Berufsrichters. Neuwied, Berlin, Luchterhand, 1968.
Bennet, I.: Delinquent and neurotic children. London, Tavistock, 1960.
Berleman, W.C.: Juvenile delinquency prevention experiments: A review and analysis. National Juvenile Justice Assessment Centers, Washington D.C., 1980.
Berner, W. u. Katschnig, H.: Medizinische Aspekte abweichenden Verhaltens. In: A. Abele, S. Mitzlaff u. W. Nowack (Hrsg.) Abweichendes Verhalten. Erklärungen, Scheinerklärungen und praktische Probleme. Stuttgart, Frommann-Holzboog, 1975, 127-149.
Bersch, P.A.: A validation study of polygraph examiner judgements. Journal of Applied Psychology, 1969, 53, 399-403.
Bertram, H.: Gesellschaft, Familie und moralisches Urteil. Weinheim, Beltz, 1978.
Best, P.: Die Schule im Netzwerk der Sozialkontrolle. München, Juventa, 1979.
Beulke, W.: Vermögenskriminalität Jugendlicher und Heranwachsender. Göttingen, Otto Schwartz Verlag, 1974.
Bickel, A.: Sozialtherapeutische „Behandlung" innerhalb und außerhalb einer Strafvollzugsanstalt. Gruppendynamik, 1976, 7, 338-342.
Bickel, A.: Intra- und extramurale Sozialtherapie. Bewährungshilfe, 1977, 24, 120-128.
Bickman, L.: Bystander intervention. Journal of Applied Social Psychology, 1975, 5, 296-302.
Bickman, L.: Attitude toward an authority and the reporting of a crime. Sociometry, 1976, 39, 76-82.
Bickman, L. (Ed.): Citizen crime reporting projects. Washington, Government Printing Office, 1977.
Bickman, L. u. Green, S.: Is revenge sweet? The effect of attitude toward a thief or crime reporting. Criminal Justice and Behavior, 1975, 2, 101-112.
Bickman, L. u. Green, S.: Situational cues and crime reporting: Do signs make a difference? Journal of Applied Social Psychology, 1977, 7, 1-18.
Bickman, L. u. Helwig, H.: Bystander reporting of a crime. Criminology, 1979, 17, 283-300.
Bickman, L. u. Henchy, T. (Eds.): Beyond the laboratory. Field research in social psychology. New York, McGraw-Hill, 1972.
Bickman, L. u. Rosenbaum, D.: Crime reporting as a function of bystander encouragement, surveillance, and credibility. Journal of Personality and Social Psychology, 1977, 35, 577-586.
Bierhoff, W.: Hilfreiches Verhalten. Darmstadt, Steinkopf, 1980.
Biermann-Ratjen, E., Eckert, J. u. Schwartz, H.J.: Gesprächspsychotherapie: Verändern durch Verstehen. Stuttgart, Kohlhammer, 1979.
Binet, A.: La suggestibilite. Paris, 1900.
Bishop, N.: Beware of treatment. In: E. Aspelin, N. Bishop, H. Thornstedt u. P. Törmudd (Eds.) Some developments in nordic criminal policy and criminology. Stockholm, Scandinavian Research Council for Criminology, 1975, 19-27.
Blankenburg, E.: Die Selektivität rechtlicher Sanktionen. Eine empirische Untersuchung von Ladendiebstählen. Kölner Zeitschrift für Soziologie und Sozialpsychologie, 1969, 21, 805-829. (Nachdruck in: J. Friedrichs (Hrsg.) Teilnehmende Beobachtung abweichenden Verhaltens. Stuttgart, Enke, 1973).
Blankenburg, E. u. Feest, J.: Über die schichtspezifische Chance, kriminalisiert zu werden. In: A. Abele, S. Mitzlaff u. W. Nowack (Hrsg.) Abweichendes Verhalten. Stuttgart, Frommann-Holzboog, 1975, 262-271.
Blankenburg, E., Sessar, K. u. Steffen, W.: Die Staatsanwaltschaft im Prozeß strafrechtlicher Sozialkontrolle. Berlin, Duncker & Humblot, 1978.
Blath, R.: Die Struktur von Einstellungen zu Straftätern und Strafvollzug. Kriminologisches Journal, 1976, 8, 213-223.
Blau, G.: Die Entwicklung des Strafvollzugs seit 1945. In: H.-D. Schwind u. G. Blau (Hrsg.) Strafvollzug in der Praxis. Berlin, De Gruyter, 1976, 23-34.
Bleda, P., Bleda, S., Byrne, D. u. White, L.: When a bystander becomes an accomplice: Situational determinants of reactions to dishonesty. Journal of Experimental Social Psychology, 1976, 12, 1-25.
Bleuler, E.: Lehrbuch der Psychiatrie. Berlin, Springer, 1916.
Blickhan, C., Braune, P., Klapprott, J., Linz, P. u. Lösel, F.: Psychologische Fortbildung für den Strafvollzug. Das Altdorfer Kursprogramm. Stuttgart, Enke, 1976.
Blickhan, C., Braune, P., Klapprott, J., Linz, P. u. Lösel, F.: Zum berufsfeldbezogenen Einstellungssystem von Aufsichtsbeamten im Strafvollzug. In: W.H. Tack (Hrsg.) Bericht über den 30. Kongreß der Deutschen Gesellschaft für Psychologie. Göttingen, Hogrefe, 1977, Bd. 2, 389-391.

Blickhan, C., Braune, P., Klapprott, J., Linz, P. u. Lösel, F.: Berufliche Einstellungen von Justizvollzugsbeamten. Psychologie und Praxis, 1978, 22, 18-33.

Blickhan, C., Braune, P., Klapprott, J., Linz, P. u. Lösel, F.: Förderung individueller Autonomie als Training sozialer Kompetenzen. In: F. Ronneberger, H.-J. Seel u. M. Stosberg (Hrsg.) Autonomes Handeln als personale und gesellschaftliche Aufgabe. Opladen, Westdeutscher Verlag, 1980, 335-379.

Bochnik, H.J., Legewie, H., Otto, P. u. Wüster, G.: Tat, Täter, Zurechnungsfähigkeit. Stuttgart, Enke, 1965.

Bödiker, M.-L. u. Lange, W. Gruppendynamische Trainingsformen. Reinbek, Rowohlt, 1975.

Böhm, A.: Strafvollzug. Frankfurt, Metzner, 1979.

Böhm, A.: Gedanken zur Rückfallprävention durch Strafvollzug. In: H.-D. Schwind, F. Berckhauer u. G. Steinhilper (Hrsg.) Präventive Kriminalpolitik. Heidelberg, Kriminalistik Verlag, 1980, 91-102.

Böhm, A.: Jugendstrafvollzug. In: H.J. Schneider (Hrsg.) Auswirkungen auf die Kriminologie. Die Psychologie des 20. Jahrhunderts, Bd. 14. Zürich, Kindler, 1981, 505-527.

Böllinger, L.: Psychoanalyse und die Behandlung von Delinquenten. Heidelberg, Karlsruhe, C.F. Müller, 1979.

Böllinger, L.: Behandlungsvollzug in der Nachuntersuchung. Monatsschrift für Kriminologie und Strafrechtsreform, 1980, 63, 32-47.

Bohnsack, R.: Handlungskompetenz und Jugendkriminalität. Neuwied, Luchterhand, 1973.

Bohnsack, R. u. Schütze, F.: Die Selektionsverfahren der Polizei in ihrer Beziehung zur Handlungskompetenz der Tatverdächtigen. Kriminologisches Journal, 1973, 5, 270-290.

Bommert, H.: Grundlagen der Gesprächspsychotherapie. Stuttgart, Kohlhammer, 1977.

Bonstedt, C.: Organisierte Verfestigung abweichenden Verhaltens. München, Juventa, 1972.

Boor, C. de: Soziotherapie als angewandte Psychoanalyse in einer Sondereinrichtung der holländischen Justiz. In: K. Lüderssen u. F. Sack (Hrsg.) Seminar: Abweichendes Verhalten III. Frankfurt, Suhrkamp, 1977, 402-416.

Bottenberg, E.H. u. Gareis, B.: Zur Kommunikation und Interaktion zwischen Aufsichtspersonal und jugendlichen Strafgefangenen. Monatsschrift für Kriminologie und Strafrechtsreform, 1971, 54, 106-115.

Bottenberg, E.H., Gareis, B. u. Rausche, A.: Perzipierte elterliche Erziehungsstile bei männlichen Jugendlichen: Dimensionierung und Skalenkonstruktion. Psychologie und Praxis, 1973, 17, 105-125.

Bowlby, J.: Maternal care and mental health. London, World Health Organization, 1951.

Brandstätter, H.: Organisationsdiagnose. In: A. Mayer (Hrsg.) Organisationspsychologie. Stuttgart, Poeschel, 1978, 43-104.

Brandtstädter, J. u. Eye, A.v. (Hrsg.): Prävention in der Psychologie. Bern, Stuttgart, Huber, 1982.

Brandtstädter, J. u. Montada, L.: Normative Implikationen der Erziehungsstilforschung. In: K. Schneewind u. T. Herrmann (Hrsg.) Erziehungsstilforschung. Bern, Stuttgart, Wien, Huber, 1980, 33-55.

Braukmann, C.J., Fixsen, D.L., Phillips, E.L. u. Wolf, M.M.: Behavioral approaches to treatment in the crime and delinquency field. Criminology, 1975, 13, 299-331.

Braune, P., Klapprott, J., Linz, P., Lösel, F. u. Runkel, T.: Eine Vergleichsuntersuchung zur subjektiven Repräsentation unterschiedlicher Formen von Gruppentraining. Mitteilungen der DGVT, 1979, 11, 504-531.

Braune, P., Klapprott, J., Linz, P., Lösel, F. u. Runkel, T.: Zeitbudget- und Erlebnisanalyse zur Berufstätigkeit von Strafvollzugsbeamten. Eine empirische Erkundungsstudie. Nürnberg, Sozialwissenschaftliches Forschungszentrum mit Sonderforschungsbereich Sozialisations- und Kommunikationsforschung der Universität Erlangen-Nürnberg, 1980.

Braune, P., Klapprott, J., Linz, P., Lösel, F. u. Runkel, T.: Zum Aspekt der Strukturierung und Verhaltenssteuerung in psychologischen Trainingsgruppen. Psychologie in Erziehung und Unterricht, 1982a, 29, 66-75.

Braune, P., Klapprott, J., Linz, P., Lösel, F. u. Runkel, T.: Psychologische Fortbildung von Mediatoren als indirekte Resozialisierungsmaßnahme. In: W.-R. Minsel u. R. Scheller (Hrsg.) Rehabilitation. Brennpunkte der klinischen Psychologie, Bd. 4. München, Kösel, 1982b, 92-115.

Brauneck, A.-E.: Kriminologie. Reinbek, Rowohlt, 1974[1].

Breland, M.: Lernen und Verlernen von Kriminalität. Opladen, Westdeutscher Verlag, 1975.

Brightford, E.G.: Beobachtungen zur internationalen Entwicklung von Organization Development in der Praxis. Heidelberg, Sauer, 1981, 31-54.

Brim, O.G., Glass, D.C., Lavin, D.E. u. Goodman, N.: Personality and decision process. Stanford, University Press, 1962.

Broadhead, R.S.: A theoretical critique of the societal reaction approach to deviance. Pacific Sociological Review, 1974, 17, 287-312.
Brocke, B.: Wissenschaftstheoretische Grundlagenprobleme der Angewandten Psychologie. Zeitschrift für Sozialpsychologie, 1980, 11, 207-224.
Brodsky, S.: Prevention of rape: Deterrence by the potential victim. In: M.J. Walker u. S. Brodsky (Eds.) Sexual Assault. The Victim and the Rapist. Lexington, Toronto, London, D.C. Heath, 1976, 75-90.
Brody, N.: Personality research and theory. New York, Academic Press, 1972.
Brody, S.R.: The Effectiveness of Sentencing. Home Office Research Studies, 35, London, 1976.
Bronfenbrenner, U.: Toward an experimental ecology of human development. American Psychologist, 1977, 32, 513-531.
Bruggemann, A.: Zur Unterscheidung verschiedener Formen von ,,Arbeitszufriedenheit". Arbeit und Leistung, 1974, 28, 281-284.
Brusten, M.: Determinanten selektiver Sanktionierung durch die Polizei. In: J. Feest u. R. Lautmann (Hrsg.) Die Polizei, Soziologische Studien und Forschungsberichte. Opladen, Westdeutscher Verlag, 1971, 31-70.
Brusten, M.: Hüter der öffentlichen Sicherheit und Ordnung. Kritische Analyse von Polizeiliteratur. Neue Praxis, 1973, 3, 175-193.
Brusten, M.: Handlungsspielräume der Polizei. Grundlegende Perspektiven der ,,kritischen Instanzenforschung" und ihre ,,Überwindung" durch die neue ,,Polizei-Kriminologie". Bulletin de Criminologie, 1979, 17-46.
Brusten, M.: Staatliche Institutionalisierung kriminologischer Forschung. In: H. Kury (Hrsg.) Perspektiven und Probleme kriminologischer Forschung. Köln, Heymanns, 1981, 135-182.
Brusten, M. u. Hohmeier, J. (Hrsg.): Stigmatisierung. Zur Produktion gesellschaftlicher Randgruppen. Neuwied, Luchterhand, 1975.
Brusten, M. u. Hurrelmann, K.: Abweichendes Verhalten in der Schule. München, Juventa, 1973[1].
Brusten, M. u. Malinowski, P.: Die Vernehmungsmethoden der Polizei und ihre Funktion für die gesellschaftliche Verteilung des Etiketts ,,kriminell". In: M. Brusten u. J. Hohmeier (Hrsg.) Stigmatisierung, Bd. 2. Zur Produktion gesellschaftlicher Randgruppen. Neuwied, Luchterhand, 1975, 57-112.
Buikhuisen, W. u. Hemmel, J.: Crime and conditioning. British Journal of Criminology, 1972, 12, 147-157.
Bundeskriminalamt: Polizeiliche Kriminalstatistik 1975. Wiesbaden, Taunusdruck, 1976.
Bundeskriminalamt (Hrsg.): Städtebau und Kriminalität. Wiesbaden, Bundeskriminalamt, 1979.
Bundesminister der Justiz (Hrsg.): Gesetz über den Vollzug der Freiheitsstrafe und der freiheitsentziehenden Maßregeln der Besserung und Sicherung – Strafvollzugsgesetz (StVollzG) vom 16. März 1976 (Bundesgesetzblatt I, 581 ff.).
Burchard, J.D.: Systematic socialization: A programmed environment for the habilitation of antisocial retardates. Psychological Record, 1967, 17, 461-476.
Burchard, J.D. u. Barrera, F.: An analysis of timeout and response cost in a programmed environment. Journal of Applied Behavior Analysis, 1972, 5, 271-282.
Burchard, D.J. u. Tyler, V.: The modification of delinquent behavior through operant conditioning. Behavior Research and Therapy, 1965, 2, 245-250.
Burgess, R.L. u. Akers, R.L.: A differential association–reinforcement theory of criminal behavior. Social Problems, 1966, 14, 129-147.
Burton, R.V.: Generality of honesty reconsidered. Psychological Review, 1963, 70, 481-499.
Buss, A.R.: Causes and reasons in attribution theory: A conceptual critique. Journal of Personality and Social Psychology, 1978, 36, 1311-1321.
Calder, B., Insko, C.A. u. Yandell, B.: The relation of cognitive and memorial processes to persuasion in a simulated jury trial. Journal of Applied Social Psychology, 1974, 4, 62-93.
California Youth Authority (Ed.): Delinquency prevention: Theories and strategies. Sacramento, Cal., Delinquency Prevention Section, 1981.
Calliess, R.P.: Strafvollzug. Institution im Wandel. Stuttgart, Enke, 1970.
Calliess, R.P. u. Müller-Dietz, H.: Strafvollzugsgesetz. München, Beck, 1979.
Cameron, M.: The boaster and the snitch. New York, The Free Press, 1964.
Caplan, G.: Principles of preventive psychiatry. New York, Basic Books, 1964.
Caplan, N.S.: Intellectual functioning. In: H.C. Quay (Ed.) Juvenile delinquency. Princetown, Van Nostrand, 1965, 100-138.
Carlson, H., Thayer, R. u. Germann, A.: Social attitudes and personality differences among members of two kinds of police departments. The Journal of Criminal Law, Criminology and Police Science, 1971, 62, 564-567.
Carnap, R.: Logical foundations of probability. Chicago, University of Chicago Press, 1951.

Carroll, J.S. u. Payne, J.W.: Crime seriousness, recidivism risk, and causal attributions in judgements of prison term by students and experts. Journal of Applied Psychology, 1977, 62, 595-602.

Cattell, R.B. u. Child, D.: Motivation and dynamic structure. London, New York, Sidney, Toronto, Holt, Rinehart & Winston, 1975.

Cautela, J.R.: Treatment of compulsive behavior by covert sensitization. Psychological Records, 1966, 61, 1-22.

Cautela, J.R.: Covert sensitization. Psychological Reports, 1967, 20, 459-468.

Christ, H.: Die Kehrseite der „Abkehr von der Behandlungsideologie". Kriminologisches Journal, 1973, 5, 60-63.

Christ, H.: Psychoanalytische Gruppenbehandlung im Jugendgefängnis. Stuttgart, Enke, 1978,

Clark, R. u. Word, L.: Why don't bystanders help? Because of ambiguitiy? Journal of Personality and Social Psychology, 1972, 24, 392-400.

Clark, R. u. Word, L.: Where is the apathetic bystander? Situational characteristics of the emergency. Journal of Personality and Social Psychology, 1974, 29, 270-287.

Clauss, G. (Hrsg.): Wörterbuch der Psychologie. Leipzig, VEB Bibliographisches Institut, 1976.

Cleckley, H.: The mask of sanity. St. Louis, C.V. Mosby, 1941.

Cloward, R.A.: Illegitime Mittel, Anomie und abweichendes Verhalten. In: F. Sack u. R. König (Hrsg.) Kriminalsoziologie. Frankfurt: Akademische Verlagsgesellschaft, 1968, 314-338 (amerik. 1959).

Cloward, R.A., Cressey, D.R., Crosser, G.H., McCleery, R., Ohlin, L.E., Sykes, G.M. u. Messinger, S.L.: Theoretical studies in social organization of the prison. New York, Social Science Research Council, 1960.

Cloward, R.A. u. Ohlin, L.E.: Delinquency and opportunity: A theory of delinquent gang. New York, Free Press of Glencoe, 1960, 1966[2] (deutsch, Neuwied, Luchterhand, 1972).

Cochrane, R.: Crime and personality: Theory and evidence. Bulletin of the British Psychological Society, 1974, 27, 19-22.

Cohen, A.K.: Kriminelle Jugend. Hamburg, Rowohlt, 1961.

Cohen, H.L.: Educational therapy: The design of learning environments. In: J.M. Schlien (Ed.) Research in Psychotherapy. Washington, V.H. Winston, 1968, 328-349.

Cohen, H.L.: Behavior modification and socially deviant youth. In: C.E. Thoresen (Ed.) Behavior modification in education, I. National Society for the Study of Education. Chicago, Rand Mc Nally, 1972a, 178-193.

Cohen, H.L.: Programming alternatives to punishment: The design of competences through consequences. In: S.W. Bijou u. E. Ribes-Inesta (Eds.) Behavior modification: Issues and extensions. New York, Academic Press, 1972b, 64-83.

Cohen, H.L. u. Filipczak, J.: A new learning environment. San Francisco, Washington, London, Jossey Bass, 1971a.

Cohen, H.L. u. Filipczak, J.A.: Programming educational behavior for institutionalized adolescents. In: A.P. Goldstein u. L. Krasner (Eds.) Behavioral intervention in human problems. New York, Grune u. Stratton, 1971b, 179-200.

Cohen, H.L., Filipczak, J.A., Bis, J.S. u. Cohen, J.E.: Contingencies applicable to special education – motivationally oriented design for an ecology of learning. Washington D.C., Department of Health, Education and Welfare, 1968.

Cohen, H.V.: The polygraph and research in Israel. Polygraph, 1976, 5, 235-243.

Cohn, A. u. Udolf, R.: The criminal justice system and its psychology. Wokingham, Van Nostrand, 1979.

Colby, K.M.: Simulations of belief systems. In: R.C. Schank u. K.M. Colby (Eds.) Computer models of thought and language. San Francisco, Freeman, 1973, 251-286.

Colby, K.M., Weber, S. u. Hilf, S.: Artificial paranoia. Artificial Intelligence, 1971, 2, 1-25.

Cole, S.: The growth of scientific knowledge: Theories of deviance as a case study. In: L.A. Coser (Ed.) The idea of social structure: Papers in honor to Robert K. Merton. New York, Harcourt Brace Jovanovich. 1975, 175-220.

Colla, H.E.: Der Fall Frank. Neuwied, Luchterhand, 1973.

Conger, R.D.: Social control and social learning. Models of delinquent behavior: A synthesis. Criminology, 1976, 14, 17-40.

Connover, P.W.: A reassessment of labeling theory: A constructive response to criticism. In: L.A. Coser u. O.N. Larsen (Eds.) The uses of controversy in sociology. New York, The Free Press, 1976, 228-243.

Conrad, P. u. Schneider, J.W.: Deviance and medicalization. From badness to sickness. St. Louis, C.V. Mosby, 1980.

Cook, T.D. u. Campbell, D.T.: Quasi-experimentation. Design and analysis issues for field studies. Chicago, Rand McNally, 1979.
Coopersmith, S.: The antecedents of self-esteem. San Francisco, Freeman, 1967.
Costello, C.G.: Classification and psychopathology. In: C.G. Costello (Ed.) Symptoms of psychopathology. New York, Wiley, 1970, 1-26.
Council of Europe (Ed.): Prevention of juvenile delinquency: The role of institutions of socialisation in a changing society. Strasbourg, Council of Europe, 1981.
Cowen, E.L.: Baby-steps toward primary prevention. American Journal of Community Psychology, 1977, 5, 1-22.
Cressey, R.: Prison organizations. In: J.G. March (Ed.) Handbook of organizations. Chicago, Rand McNally, 1965, 1023-1070.
Crosland, H.R.: The psychological methods of word-association and reaction-time as tests of detection. University of Oregon publication, Psychology series, Vol. 1, No. 1, 1929.
Cullen, F. u. Cullen, J.: Toward a paradigma of labeling theory. Lincoln, University of Nebraska Press, 1978.
Cumming, J. u. Cumming, E.: Ego and milieu: Theory and practice of environmental therapy. New York, Atherton, 1968.
Däumling, A.M., Fengler, J., Nellessen, L. u. Svenson, A.: Angewandte Gruppendynamik. Stuttgart, Klett, 1974.
Däumling, A.M. u. Possehl, K.: Selbstbild und Fremdbild des Aufsichtsbeamten im Strafvollzug. Stuttgart, Enke, 1970.
Daheim, H.J.: Soziologie der Berufe. In: R. König (Hrsg.) Handbuch der empirischen Sozialforschung, Bd. 2. Stuttgart, Enke, 1969, 358-407.
Danet, B.N.: Self-confrontation in psychotherapy reviewed. American Journal of Psychotherapy, 1968, 22, 245-258.
Davidson, P.O.: Validity of the guilty – knowledge technique: The effects of motivation. Journal of Applied Psychology, 1968, 52, 62-65.
Davidson, W.S. u. Robinson, M.J.: Community psychology and behavior modification: A community based program for the prevention of delinquency. Corrective and Social Psychiatry and Journal of Behavior Technology Methods and Therapy, 1975, 21, 1-12.
Davis, J.H., Kerr, N.L., Strasser, G., Meek, D. u. Holt, R.: Victim consequences, sentence severity, and decision precesses in mock juries. Organizational Behavior and Human Performance, 1977, 18, 346-365.
Davis, N.J.: Sociological constructions of deviance. Perspectives and issues in the field. Dubuque, William C. Brown, 1975.
Dawson, M.E.: Physiological detection of deception: measurement of responses to question and answers during countermeasure maneuvers. Psychophysiology, 1980, 17, 8-17.
Dechêne, H.: Verwahrlosung und Delinquenz. München, Fink, 1975.
Deitz, G.: A comparison of delinquents and non-delinquents on self-concept, self-acceptance and paternal identification. Journal of Genetic Psychology, 1969, 115, 285-295.
Denner, B.: Did a crime occur? Should I inform anyone? A study of deception. The Journal of Personality, 1968, 36, 454-468.
Dertke, M.C., Penner, L.A. u. Ulrich, K.: Observer's reporting of shoplifting as a function of thief's race and sex. The Journal of Social Psychology, 1974, 94, 213-222.
Dettenborn, H. u. Fröhlich, H.H.: Psychologische Probleme der Täterpersönlichkeit. Berlin, VEB Deutscher Verlag der Wissenschaften, 1974[2].
Deusinger, I.M.: Zur Persönlichkeitsstruktur von Strafgefangenen. Psychologische Beiträge, 1973a, 15, 408-418.
Deusinger, I.M.: Untersuchungen zum Selbstkonzept von Strafgefangenen. Psychologische Rundschau, 1973b, 24, 100-114.
Deusinger, I.M. u. Haase, H.: Psychologische Probleme der Personenbeschreibung. Wiesbaden, BKA, 1977.
Devereux, E., Bronfenbrenner, U. u. Suci, G.: Zum Verhalten der Eltern in den USA und in der BRD. In: L. Friedeburg (Hrsg.) Jugend in der modernen Gesellschaft. Köln, Kiepenheuer & Witsch, 1971, 335-357.
Devereux, G.: Some criteria for the timing of confrontations and interpretations. International Journal of Psychoanalysis, 1951, 32, 19-24.
Diener, E. u. Wallbom, M.: Effects of self-awareness on antinormative behavior. Journal of Research in Personality, 1976, 10, 107-111.
Diesinger, I.: Der Affekttäter. Berlin, New York, de Gruyter, 1976.
Dillig, P.: Selbstkonzept und Kriminalität. Dissertation, Universität Erlangen-Nürnberg, 1976.

Direktion der Bereitschaftspolizei NRW (Hrsg.): Leitfaden der Psychologie für Polizeibeamte. Selm, 1975[4].

Ditton, J.: Contrology. Beyond the new criminology. London, Macmillan, 1979.

Dörner, D. u. Kreuzig, H.W.: On the relations between problem solving abilities and measures of intelligence. Forschungsbericht, Universität Bamberg, 1981.

Doerner, K. u. Plog, U. (Hrsg.): Sozialpsychiatrie: Psychisches Leiden zwischen Integration und Emanzipation. Neuwied, Luchterhand, 1972.

Dow, T.: The role of identification in conditioning public attitude toward the offender. The Journal of Criminal Law, Criminology and Police Science, 1967, 58, 75-79.

Dubin, R.: Abweichendes Verhalten und Sozialstruktur. In: H. Hartmann (Hrsg.) Moderne amerikanische Soziologie. Stuttgart, Enke, 1967, 232-248 (amerik. 1959).

Dührssen, A.: Psychogene Erkrankung bei Kindern und Jugendlichen. Göttingen, Verlag für medizinische Psychologie, 1955.

Dünkel, F.: Legalbewährung nach sozialtherapeutischer Behandlung. Berlin, Duncker & Humblot, 1980.

Durkheim, E.: Les regles de la Methode sociologique. Paris, Alcan, 1895 (deutsch: Die Regeln der soziologischen Methode. Neuwied, Luchterhand, 1961).

Durkheim, E.: Über Anomie. In: C.W. Mills (Hrsg.) Klassik der Soziologie. Eine polemische Auslese. Frankfurt, Fischer, 1966, 394-436.

Duval, S. u. Wicklund, R.A.: A theory of objective self awareness. New York, Academic Press, 1972.

Ebbesen, E.B. u. Konečni, V.J.: Decision making and information-integration in the courts: The setting of bail. Journal of Personality and Social Psychology, 1975, 32, 805-821.

Egg, R., Sozialtherapie in Erlangen: Methoden und erste Auswirkungen einer Versuchs- und Erprobungsanstalt. Bewährungshilfe, 1975, 22, 87-102.

Egg, R.: Sozialtherapie und Strafvollzug. Frankfurt am Main, Haag & Herchen, 1979.

Eidt, H.-H.: Behandlung jugendlicher Straftäter in Freiheit. Göttingen, Schwartz, 1973.

Eisen, G. (Hrsg.): Handwörterbuch der Rechtsmedizin, Bd. II, Teil 2: Psychologischer und psychopathologischer Grenzbereich (die „seelisch Abnormen"). Stuttgart, Enke, 1974, 129-288.

Eisenberg, U.: Kriminologie. Köln, Berlin, Bonn, München, Heymanns, 1979.

Eisenhardt, T.: Die Wirkungen der kurzen Haft auf Jugendliche. Frankfurt am Main, Fachbuchhandlung für Psychologie, 1977.

Eisenhardt,T.: Strafvollzug. Stuttgart, Berlin, Köln, Mainz, Kohlhammer, 1978.

Ellenberger, H.: Psychologische Beziehungen zwischen Verbrecher und Opfer. Zeitschrift für Psychotherapie und Medizinische Psychologie. 1954, 4, 261-280.

Elliott, D.S., Ageton, S.S. u. Canter, R.J.: An integrated theoretical perspective on delinquent behavior. Journal of Research in Crime and Delinquency, 1979, 17, 3-27.

Elliott, D.S. u. Voss, H.L.: Delinquency and dropout. Toronto, London, Lexington, D.C. Heath & Co., 1974.

Elmendorff, S.: Familiäre Erziehung und Delinquenz bei weiblichen Jugendlichen. Diplomarbeit, Bonn, Pädagogische Hochschule Rheinland, 1980.

Endler, N. u. Magnusson, D. (Eds.): Interactional psychology and personality. Washington, Hemisphere Publishing, 1976.

Engler, G.: Zum Bild des Strafrechts in der öffentlichen Meinung. Die weiblichen Befragten. Kriminologische Studien, Bd. 13. Göttingen, Schwartz, 1973.

Epstein, S.: Traits are alive and well. In: D. Magnusson u. N.S. Endler (Eds.) Personality at the crossroads: Current issues in interactional psychology. Hillsdale, N.J., Erlbaum, 1977, 83-98.

Ericson. R.V.: Criminal reactions. The labelling perspective. Westmead, Saxon House, 1975.

Erikson, E.H.: Childhood and society. New York, Norton, 1950.

Erikson, E.H.: Identität und Lebenszyklus. Frankfurt am Main, Suhrkamp, 1966.

Erikson, K.T.: Wayward puritans. A Study in the sociology of deviance. New York, Wiley, 1966.

Essler, W.K.: Wissenschaftstheorie I: Definition und Reduktion. Freiburg, München, Alber, 1970.

Exner, F.: Studien über die Strafzumessungspraxis der deutschen Gerichte. Leipzig, Wiegand, 1931.

Eyferth, K.: Stand der aktuellen Diskussion über die Psychologenausbildung bis zum Diplom und Schlußfolgerungen für die Weiterbildung. In: E. Stephan (Hrsg.) Ausbildung und Weiterbildung in Psychologie. Weinheim, Basel, Beltz, 1980, 130-141.

Eysenck, H.J.: The dynamics of anxiety and hysteria. London, Routlegde & Kegan Paul, 1957.

Eysenck, H.J.: Crime and personality. London, Routledge & Kegan Paul, 1964, 1977[2] (deutsch 1977).

Eysenck, H.J.: The structure of human personality. London, Methuen, 1970[3].

Eysenck, H.J.: Psychopathie. In: U. Baumann, H. Berbalk u. G. Seidenstücker (Hrsg.) Klinische Psychologie – Trends in Forschung und Praxis, Bd. 3. Bern, Huber, 1980, 323-360.

Eysenck, H.J. u. Eysenck, S.B.G.: Psychoticism as a dimension of personality. London, Routledge & Kegan Paul, 1976.

Eysenck, H.J. u. Eysenck, S.B.G.: Psychopathy, personality, and genetics. In: R.D. Hare u. D. Schalling (Eds.) Psychopathic behaviour: Approaches to research. Chichester, Wiley, 1978, 195-223.

Eysenck, H.J. u. Levey, A.: Konditionierung, Introversion–Extraversion und die Stärke des Nervensystems. Zeitschrift für Psychologie, 1967, 174, 96-106.

Eysenck, H.J. u. Rachmann, S.: Neurosen – Ursachen und Heilmethoden. Berlin, VEB Deutscher Verlag der Wissenschaften, 1967.

Eysenck, S.B.G. u. Eysenck, H.J.: Crime and personality: Item analysis of questionnaire responses. British Journal of Criminology, 1971, 11, 49-62.

Fairbairn, W.R.D.: A revised psychopathology of the psychoses and psychoneuroses. International Journal of Psychoanalysis, 1941, 22, 250-279.

Fairbairn, W.R.D.: Psychoanalytic studies of the personality. London, Tavistock, New York, Basic Books, 1952.

Farrington, D.P. u. Knight, B.J.: Four studies of stealing as a risky decision. In: P.D. Lipsitt u. D. Sales (Eds.) New directions in psychological research. New York, Van Nostrand, 1980, 26-50.

Fattah, E.A.: A study of the deterrent effect of capital punishment with special reference to the Canadian situation. Ottawa, Information Canada, 1972.

Fattah, E.A.: Some recent theoretical developments in victimology. Victimology, 1979, 4, 198-213.

Federl, G.: Ist Behandlung unter den gegebenen Verhältnissen im Justizvollzug möglich? Zeitschrift für Strafvollzug und Straffälligenhilfe, 1979, 28, 3-4.

Feest, J. u. Blankenburg, E.: Die Definitionsmacht der Polizei. Düsseldorf, Bertelsmann, 1972.

Feldman, M.P.: Criminal behavior. A psychological analysis. London, Wiley, 1977.

Feldman, M.P.: The making and control of offenders. In: P. Feldman u. J. Orford (Eds.) Psychological problems. The social context. Chichester, Wiley, 1980, 185-218.

Fenichel, O.: Spezielle psychoanalytische Neurosenlehre. Wien, Psychoanalytischer Verlag, 1932.

Fenichel, O.: The psychoanalytic theory of neuroses. New York, Norton, 1945.

Fenton, N., Reimer, E.G. u. Wilmer, H.A.: The correctional community: An introduction and guide. Berkeley and Los Angeles, University of California Press, 1967.

Festinger, L.: A theory of cognitive dissonance. Stanford, Stanford University Press, 1957.

Feuchter, E.: Sozialtherapeutische Erweiterung des klientenzentrierten Ansatzes. In: A. Wild-Missung u. E. Teuwsen (Hrsg.) Psychotherapeutische Schulen im Gespräch miteinander. Salzburg, Otto Müller, 1977, 168-178.

Fichtler, H., Zimmermann, R. R. u. Moore, R.T.: Comparison of self-esteem of prison and non-prison groups. Perceptual and Motor Skills, 1973, 36, 39-44.

Filipp, S.-H.: Entwurf eines heuristischen Bezugsrahmens für Selbstkonzept-Forschung: Menschliche Informationsverarbeitung und naive Handlungstheorie. In: S.-H. Filipp (Hrsg.) Selbstkonzept-Forschung. Stuttgart, Klett-Cotta, 1979, 129-152.

Fincham, F.D. u. Jaspars, J.N.: Attribution of responsibility: From man the scientist to man as lawyer. In: L. Berkowitz (Ed.) Advances in Experimental Social Psychology, Vol. 13. New York, Academic Press, 1980, 81-138.

Fine, G.A. u. Kleinman, S.: Rethinking subculture: An interactionist analysis. American Journal of Sociology, 1979, 85, 1-20.

Finkelhor, D.: Sexually victimized children. New York, London, Free Press, 1979.

Finkle, R.B.: Managerial assessment centers. In: M.D. Dunnette (Ed.) Handbook of Industrial and Organizational Psychology. Chicago, Rand McNally, 1976, 861-888.

Fischer, J.: Die polizeiliche Vernehmung. Wiesbaden, BKA, 1975.

Fishbein, M. u. Ajzen, I.: Belief, attitude, intention and behavior. Reading, Addison Wesley, 1975.

Fishman, M.: Crime waves as ideology. Social Problems, 1978, 25, 531-543.

Fisseni, H.J.: Berufsbegleitende Weiterbildung in Forensischer Psychologie aus der Sicht der Hochschule. In: E. Stephan (Hrsg.) Ausbildung und Weiterbildung in Psychologie. Weinheim, Basel, Beltz, 1980, 237-248.

Flanders, J.P.: A review of research on imitative behavior. Psychological Bulletin, 1968, 69, 316-337.

Forschungsgruppe „Sozialtherapeutische Anstalten im Justizvollzug“. Materialien. Bielefeld, Zentrum für interdisziplinäre Forschung der Universität Bielefeld, 1981.

Foucault, M.: Überwachen und Strafen – Die Geburt des Gefängnisses. Frankfurt, Suhrkamp, 1977.
Franks, C. u. Wilson, G.T.: Annual review of behavior therapy – Theory and practice – 1978. New York, Brunner/Mazel, 1979.
Franks, C. u. Wilson, G.T.: Annual review of behavior therapy – Theory and practice – 1979. New York, Brunner/Mazel, 1980.
French, W.L. u. Bell, C.H.: Organisationsentwicklung. Bern und Stuttgart, Haupt, 1977.
Freud, A. u. Burlingham, D.T.: War and children. New York, Medical War Books, 1943.
Freud, S.: Die Traumdeutung (1900). Ges. Werke, Bd. 2/3. London, Imago Publishing Co., 1940-1965.
Freud, S.: Drei Abhandlungen zur Sexualtheorie (1905). Ges. Werke, Bd. 5. London, Imago Publishing Co., 1940-1965.
Freud, S.: Tatbestandsdiagnostik und Psychoanalyse (1906). Ges. Werke, Bd. 7. London, Imago Publishing Co., 1941, 3-15.
Freud, S.: Zur Einführung des Narzißmus (1914). Ges. Werke, Bd. 10. London, Imago Publishing Co., 1940-1965.
Freud, S.: Vorlesungen zur Einführung in die Psychoanalyse (1916/17). Ges. Werke, Bd. 11. London, Imago Publishing Co., 1940-1965.
Frey, D.: Die Theorie der kognitiven Dissonanz. In: D. Frey (Hrsg.) Kognitive Theorien der Sozialspsychologie. Bern, Huber, 1978, 243-282.
Friedlander, F. u. Brown, L.D.: Organization development. Annual Review of Psychology, 1974, 25, 313-341.
Fröhlich, H.H.: Variable des Vernehmungsgeschehens. Kriminalistik und forensische Wissenschaften, 1975, 20, 61-95.
Fröhlich, W.D.: Angst und Furcht. In: H. Thomae (Hrsg.) Handbuch der Psychologie, Band 2, Allgemeine Psychologie II, Motivation. Göttingen, Hogrefe, 1965, 513-568.
Fromm-Reichmann, F.: Principles of intensive psychotherapy. Chicago, University of Chicago Press, 1950.
Gaensslen, H., May, F. u. Wölpert, F.: Altersgruppenvergleiche von politisch-weltanschaulichen Einstellungen und Persönlichkeitsmerkmalen bei Gymnasiasten.Zeitschrift für Entwicklungspsychologie und Pädagogische Psychologie, 1976, 8, 24-36.
Galliher, J.F.: The life and death of liberal criminology. Contemporary Crises, 1978, 2, 245-263.
Ganguly, A.K. u. Lahrl, S.K.: Application of the polygraph in the investigation of crime in India. Polygraph, 1976, 5, 244-249.
Ganzer, V.J.: The use of modeling techniques in rehabilitation of the juvenile offender. In: J.G. Cull u. R.E. Hardy (Eds.) Behavior modification in rehabilitation settings: Applied principles. Springfield, Thomas, 1974.
Garfield, S.L.: Psychotherapy. An eclectic approach. New York, Wiley, 1980.
Gebert, D. u. Rosenstiel, L.v.: Organisationspsychologie. Stuttgart, Kohlhammer, 1981.
Geerds, F.: Vernehmungstechnik. Lübeck, Schmitt-Römhild, 1976[5].
Geerds, F.: Besondere Situationen der Vernehmung in Strafsachen. Archiv für Kriminologie, 1978, 161, 168-182.
Geertsma, R.H. u. Reivich, R.S.: Repetitive self-observation by video-tape playback. Journal of Nervous and Mental Disease, 1965, 141, 29-41.
Geilen, G.: Zur Problematik des schuldausschließenden Affekts. In: F. Ch. Schroeder u. H. Zipf (Hrsg.) Festschrift für Reinhart Maurach. Karlsruhe, Müller, 1972, 173.
Geisler, E.: Aussagepsychologie aus psychiatrischer Sicht. In: G. Eisen (Hrsg.) Handwörterbuch der Rechtsmedizin, Bd. 3. Stuttgart, Enke, 1977, 403-415.
Gelfand, D.M., Hartmann, D.P., Walder, P. u. Page, B.: Who reports shoplifters? A field-experimental study. Journal of Personality and Social Psychology, 1973, 25, 276-285.
Genser-Dittmann, U.: Soziale Distanz gegenüber Straftätern in Abhängigkeit von Delikt und Vorstrafe. Unv. Manuskript, Konstanz, 1977.
Genser-Dittmann, U. u. Schwartz, U.: Stigmatisierung durch Anklage. Unv. Manuskript, Konstanz, 1974.
Gerbasi, K.C., Zuckerman, M. u. Reis, H.T.: Justice needs a new blindfold: A review of mock jury research. Psychological Bulletin, 1977, 84, 323-345.
Gergen, K.J.: Social psychology, science and history. Personality and Social Psychology Bulletin, 1976, 2, 373-383.
Gergen, K.J.: Selbsterkenntnis und die wissenschaftliche Erkenntnis des sozialen Handelns. In: S.-H. Filipp (Hrsg.) Selbstkonzept-Forschung. Stuttgart, Klett-Cotta, 1979, 75-95.
Gewirtz, J.: Mechanisms of social learning: Some roles of stimulation and behavior in early human development. In: D. Goslin (Ed.) Handbook of socialisation theory and research. Chicago, Rand McNally, 1969, 57-212.

Gibbons, D.C.: Offender typologies. Two decades later. British Journal of Criminology, 1975, 15, 140-156.
Gibbons, T.: Society, crime, and criminal careers. Englewood Cliffs, Prentice Hall, 1968.
Gigerenzer, G.: Implizite Persönlichkeitstheorien oder quasi-implizite Persönlichkeitstheorien? Zeitschrift für Sozialpsychologie, 1981, 12, 65-80.
Girtler, R.: Polizei-Alltag. Strategien, Ziele und Strukturen polizeilichen Handelns. Opladen, Westdeutscher Verlag, 1980.
Glaser, D.: Criminality theories and images. American Journal of Sociology, 1956, 61, 433-444.
Glaser, D. (Ed.): Crime in the city. New York, Evanston, London, Harper & Row, 1970.
Glasser, W.: Reality therapy. New York, Harper & Row, 1965.
Glueck, S. u. Glueck, E.: Unraveling juvenile delinquency. Cambridge, Harvard University Press, 1950[1].
Glueck, S. u. Glueck, E.: Toward a typology of juvenile offenders. New York, London, Grune & Stratton, 1970.
Göppinger, H.: Kriminologie. München, C.H. Beck, 1980[4].
Goffman, E.: Stigma. Englewood Cliffs, N.J., Prentice-Hall, 1964.
Gold, M.: Status forces in delinquent boys. Ann Arbor/Mich., University of Michigan, 1963.
Goldstein, J.L.: Training: Program development and evaluation. Monterey/Calif., Brooks/Cole, 1974.
Goldstein, J.L.: Training in work organizations. Annual Review of Psychology, 1980, 31, 229-272.
Goode, E.: Deviant behavior. An interactionist approach. Englewood Cliffs, Prentice Hall, 1978.
Gordon, R.I.: The applications of psychology to the law. Law and Psychology Review, 1976, 2, 1-8.
Goudsmit, W.: Psychotherapie bei Delinquenten. Psyche, 1964, 17, 664-684.
Goudsmit, W.: Chancen integrierter Therapie bei Delinquenz. Praxis der Psychotherapie und Psychosomatik, 1979, 24, 237-246.
Gove, W.R.: The labelling of deviance. Evaluating a perspective. New York, London, Sydney, Toronto, Sage Publications / Wiley, 1975, 1980[2].
Grabitz, H.-J. u. Haisch, J.: Motivationale Aspekte diagnostischer Probleme. Unveröffentlichter Bericht, Universität Düsseldorf, 1976.
Grabitz, H.-J. u. Haisch, J.: Objektive Grundlage, relative kognitive Kapazität und Verwertungskontext als Determinanten subjektiver Sicherheit: Ein theoretischer Ansatz. In: M. Irle (Hrsg.) Attraktivität von Entscheidungsalternativen und Urteilssicherheit. Zeitschrift für Sozialpsychologie, 1978, Beiheft 4, 156-167.
Grabitz, H.-J. u. Haisch, J.: Subjective hypotheses in diagnosis problems. In: M. Irle (Ed.) Studies in decision making. Berlin, New York, De Gruyter, 1982, 235-279.
Grabska, K.: Die polizeiliche Vernehmung – eine peinliche Befragung. Psychologie und Gesellschaftskritik, 1982, 1, 26-50.
Graumann, C.F.: Grundlagen einer Phänomenologie und Psychologie der Perspektivität. Berlin. de Gruyter, 1960.
Grawe, K.: Differentielle Psychotherapie I. Bern, Huber, 1976.
Groeben, N. u. Westmeyer, H.: Kriterien psychologischer Forschung. München, Juventa, 1975.
Gross, H.: Kriminalpsychologie. Leipzig, Vogel, 1905[2].
Gross, R.: Eindrücke vom dänischen Strafvollzug – Erfahrungen einer Studienreise. Zeitschrift für Strafvollzug, 1974, 23, 125-135.
Gruhle, H.W.: Gutachtentechnik. Berlin, Springer, 1955.
Hacker, W.: Action control: Task dependent studies of mental representation controlling actions. Proceedings 22. Internationaler Kongreß für Psychologie (Leipzig 1980). Berlin, 1981 (im Druck).
Haddenbrock, S.: Medizinisch-psychiatrisches oder (und) psychologisches Kriterium der strafrechtlichen Zurechnungsfähigkeit (Schuldfähigkeit). Psychologische Rundschau, 1966, 17, 1-12.
Haddenbrock, S.: Die Beurteilung der Schuldfähigkeit in der Bundesrepublik Deutschland. In: H. Göpppinger u. H. Walder (Hrsg.) Wirtschaftskriminalität. Beurteilung der Schuldfähigkeit. Stuttgart, Enke, 1978, 161-180.
Häcker, H., Schwenkmezger, P. u. Utz, H.: Zur Persönlichkeitsstruktur von Strafgefangenen. Psychologische Beiträge, 1976, 18, 224-232.
Hagan, J.: The social and legal construction of criminal justice: A study of the pre-sentencing process. Social Problems, 1975, 22, 620-637.
Hahn, D. u. Link, J.: Motivationsfördernde Arbeitsgestaltung und Investitionsplanung. Die Quelle, Funktionärszeitschrift des DGB, 1975, 23, 219-221.

Haisch, J.: Die Verarbeitung strafrechtlich relevanter Informationen durch Juristen und Laien in simulierten Gerichtsverfahren. Archiv für Psychologie, 1977, 129, 110-119.

Haisch, J.: Anwendung von Attributionstheorie als normatives Modell für eine rationale Strafzumessung: Experimentelle Überprüfung eines Trainingsprogrammes. Zeitschrift für experimentelle und angewandte Psychologie, 1980, 27, 415-427.

Haisch, J. u. Grabitz, H.-J.: Verhaltensursachen bei Straftätern und Strafurteile durch Juristen und Laien. Monatsschrift für Kriminologie und Strafrechtsreform, 1977, 60, 82-88.

Haisch, J. u. Grabitz, H.-J.: Das nordamerikanische und das bundesdeutsche Strafprozeßsystem: Theorie und Ergebnisse psychologischer Untersuchungen. Psychologie und Praxis, 1979, 23, 23-33.

Haisch, J., Grabitz, H.-J. u. Prester, K.G.: Effekte von Arbeitshypothesen und „Steuerung" auf den Lösungsprozeß bei Diagnoseproblemen. Psychologische Beiträge, 1979, 21, 237-248.

Halder, P.: Verhaltenstherapie. Stuttgart, Kohlhammer, 1973.

Hall, P.M.: Identification with the delinquent subculture and level of self-evaluation. Sociometry, 1966, 29, 146-158.

Halloran, J.D.: Studying violence and the media: A sociological approach. In: C. Winick (Ed.) Deviance and mass media. Beverly Hills, London, Sage, 1978, 287-305.

Hamblin, A.C.: Evaluation and control of training. London, McGraw Hill, 1974.

Hampel, R. u. Selg, H.: FAF-Fragebogen zur Erfassung von Aggressivitätsfaktoren. Göttingen, Hogrefe, 1975.

Harary, F.: Merton revisited: A new classification for deviant behavior. American Sociological Review, 1966, 31, 693-697.

Hare, R.D.: Psychopathy. London, Wiley, 1970.

Hare, R.D.: Electrodermal and cardiovascular correlates of psychopathy. In: R.D. Hare u. D. Schalling (Eds.) Psychopathic behaviour: Approaches to research. Chichester, Wiley, 1978, 107-143.

Hare, R.D. u. Schalling, D. (Eds.): Psychopathic behaviour: Approaches to research. Chichester, Wiley, 1978.

Harries, K.D.: The geography of crime and justice. New York, McGraw-Hill, 1974.

Harries, K.D.: Cities and crime. Criminology, 1976, 14, 369-386.

Hartig, M.: Einführung in den Problemkreis. In: M. Hartig (Hrsg.) Selbstkontrolle. München, Urban & Schwarzenberg, 1973, 3-75.

Hartley, R.E.: Norm compatibility, norm preference, and the acceptance of new reference groups. In: H.H. Hyman u. E. Singer (Eds.) Readings in reference group theory and research. New York, The Free Press, 1968, 238-246.

Hartmann, K.: Theoretische und empirische Beiträge zur Verwahrlosungsforschung. Berlin, Springer, 1970, 1977[2].

Hartmann, K.: Möglichkeiten und Grenzen der Psychotherapie dissozialer Jugendlicher aus psychoanalytischer Sicht. Praxis der Kinderpsychologie und Kinderpsychiatrie, 1973, 22, 125-130.

Hartshorne, H. u. May, M.A.: Studies in deceit. New York, Macmillan, 1928.

Hathaway, S.R. u. Monachesi, E.D.: Adolescent personality and behavior. Minneapolis, University of Minnesota Press, 1963.

Hatton, D.E., Snortum, J.R. u. Oskamp, S.: The effects of biasing information and dogmatism upon witness testimony. Psychonomic Science, 1971, 23, 425-427.

Hauser, R.: Mitsprache und Mitverantwortung. Eine organisationssoziologische und vollzugskundliche Studie. Stuttgart, Enke, 1975.

Haward, L.: Forensic psychology. London, Batsford, 1981.

Hawkins, R. u. Tiedeman, G.: The creation of deviance. Interpersonal and organizational determinants. Columbus, Charles E. Merrill, 1975.

Hayner, N.S.: Criminogenic zones in Mexico City. American Sociological Review, 1946, 11, 428-438.

Heckhausen, H.: Motivation und Handeln. Berlin, Springer, 1980.

Heller, K. u. Nickel, H. (Hrsg.): Psychologie in der Erziehungswissenschaft, Bd. IV: Beurteilen und Beraten. Stuttgart, Klett-Cotta, 1978.

Hellmer, J.: Kriminalitätsatlas der Bundesrepublik Deutschland und West-Berlin – Ein Beitrag zur Kriminalgeographie. Wiesbaden, Bundeskriminalamt, 1972.

Helm, J.: Gesprächspsychotherapie. Berlin, VEB Deutscher Verlag der Wissenschaften, 1978.

Hentig, H.v.: Remarks on the interaction of perpetrator and victim. Journal of Criminal Law and Criminology, 1941, 31, 303-309 (auch in: I. Drapkin u. E. Viano (Eds.) Victimology. Lexington, Toronto, London, D.C. Heath, 1974, 45-53).

Hentig, H.v.: The criminal and his victim. Studies in the sociobiology of crime. New Haven, Yale University Press, 1948.

Hepp, R.: Die Kriminalistik zwischen Wissenschaft und Ideologie. Archiv für Kriminologie, 1976, 157, 65-77.

Herbst, J., Malow, U., Pfuhlmann, K., Pfuhlmann, R. u. Pook, W.: Argumente zu Zielen des Strafvollzugs und zum Modell eines Behandlungsvollzugs. Monatsschrift für Kriminologie und Strafrechtsreform, 1975, 58, 25-40.

Herkner, W.: Einführung in die Sozialpsychologie. Huber, Bern, 1981.

Herold, H.: Kriminalgeographie – Ermittlung und Untersuchung der Beziehungen zwischen Raum und Kriminalität. In: H. Schäfer (Hrsg.) Grundlagen der Kriminalistik. Hamburg, Steintor, 1968, 201-244.

Herren, R.: Das Vernehmungsprotokoll. Kriminalistik, 1976, 30, 313-317.

Herren, R.: Die Vernehmung als soziale Kommunikation. Strategie und Gegenstrategie. Archiv für Kriminologie, 1977a, 159, 129-138.

Herren, R.: Menschenkenntnis und Kriminalistik. Die Polizei, 1977b, 68, 165-172.

Herrmann, J.: Various models of criminal proceedings. South African Journal of Criminal Law and Criminology, 1978, 2, 3-19.

Herrmann, T.: Persönlichkeitsmerkmale. Stuttgart, Kohlhammer, 1973.

Herrmann, T.: Die Psychologie und ihre Forschungsprogramme. Göttingen, Hogrefe, 1976.

Herrmann, T.: Psychologie als Problem. Stuttgart, Klett-Cotta, 1979.

Herrmann, T.: Die Eigenschaftenkonzeption als Heterostereotyp. Kritik eines persönlichkeitspsychologischen Geschichtsklischees. Zeitschrift für Differentielle und Diagnostische Psychologie, 1980, 1, 7-16.

Hilbers, M. u. Lange, W.: Abkehr von der Behandlungsideologie. Kriminologisches Journal, 1973, 5, 52-59.

Hills, S.L.: Demystifying social deviance. New York, McGraw-Hill, 1980.

Hindelang, M.J.: The relationship of self-reported delinquency to scales of the CPI and the MMPI. Journal of Criminal Law, Criminology and Police Science, 1972, 63, 75-81.

Hindelang, M.J.: Decisions of shoplifting victims to invoice the criminal justice process. Social Problems, 1974, 21, 580-593.

Hinrichs, J.R.: Personnel training. In: M.D. Dunnette (Ed.) Handbook of Industrial and Organizational Psychology. Chicago, Rand McNally, 1976, 829-860.

Hirano, R.: Diversion und Schlichtung. Zeitschrift für die gesamte Strafrechtswissenschaft, 1981, 93, 1085-1093.

Hirschi, T.: Causes of delinquency. Berkeley, Los Angeles, University of California Press, 1969.

Hirschi, T. u. Hindelang, M.J.: Intelligence and delinquency: A revisionistic review. American Sociological Review, 1977, 42, 571-587.

Hoeck–Gradenwitz, E.: Die Behandlung der Psychopathen in Strafanstalten. Psychologische Rundschau, 1963, 14, 93-114.

Hoeck–Gradenwitz, E.: Probleme der Psychotherapie und der Soziotherapie von Delinquenten nach den Erfahrungen in Dänemark. In: H.E. Ehrhardt (Hrsg.) Perspektiven der heutigen Psychiatrie. Frankfurt/M., Gerhards, 1972, 246-255.

Höfer, K.: Verhaltensprognose bei jugendlichen Gefangenen. München, Goldmann, 1977.

Höhn, E.: Der schlechte Schüler. München, Piper, 1967[1].

Hoff, E.H. u. Grüneisen, V.: Arbeitserfahrungen, Erziehungseinstellungen und Erziehungsverhalten von Eltern. In: K.A. Schneewind u. H. Lukesch (Hrsg.) Familiäre Sozialisation. Stuttgart, Klett-Cotta, 1978, 65-89.

Hoghughi, M.S. u. Forrest, A.R.: Eysenck's theory of criminality. British Journal of Criminology, 1970, 10, 240-254.

Hohmeier, J.: Aufsicht und Resozialisierung. Stuttgart, Enke, 1973.

Hohn, A.: Der Psychologe. In: H.D. Schwind u. G. Blau (Hrsg.) Strafvollzug in der Praxis. Berlin, de Gruyter, 1976, 166-173.

Holden, H.M.: Should aversion and behavior therapy be used in the treatment of delinquency? British Journal of Criminology, 1965, 5, 377-387.

Hommers, W., Steller, M. u. Zienert, H.J.: Psychologische Entlassungsvorbereitung bei jugendlichen Strafgefangenen. Monatsschrift für Kriminologie und Strafrechtsreform, 1976, 59, 31-35.

Hompesch, R. u. Hompesch-Cornetz, J.: Jugendkriminalität und pädagogisches Handeln. Eine Untersuchung an Resozialisierungsprogrammen der California Youth Authority, 2 Bde. Bad Honnef, Bock & Herchen, 1979.

Hood, R. u. Sparks, R.: Kriminalität. München, Kindler, 1970.

Hormuth, S., Lamm, H., Michelitsch, I., Scheuermann, H., Trommsdorf, G. u. Vögeli, I.: Impulskontrolle und einige Persönlichkeitscharakteristika bei delinquenten und nicht-delinquenten Jugendlichen. Psychologische Beiträge, 1977, 19, 340-354.

Horvath, F.S.: The effect of selected variables on interpretation of polygraph records. Journal of Applied Psychology, 1977, 62, 127-136.

Horvath, F.S. u. Reid, J.E.: The reliability of polygraph examiner diagnosis of truth and deception. The Journal of Criminal Law and Criminology, 1972, 63, 285-293.

Hosford, R.E. u. Moss, C.S. (Eds.): The crumbling walls: Treatment and counselling of prisoners. Urbana, Chicago, London, University of Illinois Press, 1975.

Howard, W. u. Crano, W.: Effects of sex, conversation, location, and size of observer group on bystander intervention in a high risk situation. Sociometry, 1974, 37, 491-507.

Hulin, C.L. u. Blood, M.R.: Job enlargement, individual differences, and worker responses. Psychological Bulletin, 1968, 69, 41-55.

Hull, C.L.: A behavior system. New Haven, Yale University Press, 1952.

Hummell, H. u. Opp, K.-D.: Die Reduzierbarkeit von Soziologie auf Psychologie. Braunschweig, Vieweg, 1971.

Hunter, F.L. u. Ash, P.: The accuracy and consistency of polygraph examinder's diagnoses. Journal of Police Science and Administration, 1973, 1, 370-375.

Huppertz, N.: Supervision. Neuwied, Luchterhand, 1975.

Hustinx, A.: Soziotherapie für Delinquenten. Psyche, 1976, 30, 571-578.

Hutchinson, H.C.: Learning theory, behavior science, and treatment. Canadian Journal of Corrections, 1968a, 10, 41-46.

Hutchinson, H.C.: Behavior theory, behavior science, and treatment. Canadian Journal of Corrections, 1968b, 10, 388-391.

Infas-Report: Sühnen, abschrecken oder bessern? Bad Godesberg, 1969.

Irle, M.: Lehrbuch der Sozialpsychologie. Göttingen, Hogrefe, 1975.

Irle, M: Einführung. In: M. Irle (Hrsg.) Kursus der Sozialpsychologie, Teil III: Angewandte sozialpsychologische Forschung und ethische Probleme der Anwendung. Darmstadt, Neuwied, Luchterhand, 1978, 472-482.

Jacobs, J.: The death and life of great american cities. In: D. Glaser (Ed.) Crime in the city. New York, Evanston, London, Harper & Row, 1970, 219-226.

Jacobs, S. u. Lohse, H.: Gesprächspsychotherapie mit erwachsenen Delinquenten im Rahmen der sozialtherapeutischen Anstalt. Die Entwicklung spezifischer Interventionsstrategien. Informationsblätter der Gesellschaft für wissenschaftliche Gesprächspsychotherapie, 1978, 33, 11-19.

Jäckel, M. u. Wieser, S.: Das Bild des Geisteskranken in der Öffentlichkeit. Stuttgart, Enke, 1970.

Jäger, H.: Psychologie des Strafrechts und der strafenden Gesellschaft. In: P. Reiwald (neu hrsg. von H. Jäger u. T. Moser) Die Gesellschaft und ihre Verbrecher. Frankfurt a.M., Suhrkamp, 1973, 20-42.

Jäger, H.: Sozialtherapie auf psychoanalytischer Grundlage. Monatsschrift für Kriminologie und Strafrechtsreform, 1977, 60, 205-218.

Jaeggi, E.: Kognitive Verhaltenstherapie. Kritik und Neubestimmung eines aktuellen Konzepts. Weinheim, Basel, Beltz, 1979[2].

Jaffe, L.D.: Delinquency proneness and family anomy. Journal of Criminal Law, Criminology and Police Science, 1963, 54, 146-164.

Jamieson, R.B.: Can conditioning principles be applied to probation? Trial Judges Journal, 1965, 4, 7-8.

Janis, I.I. u. Feshbach, S.: Auswirkungen angsterregender Kommunikationen. In: M. Irle (Hrsg.) Texte aus der experimentellen Sozialpsychologie. Neuwied, Darmstadt, Luchterhand, 1973, 224-257.

Jeffery, C.R.: Verhaltensforschung und Kriminologie. In: A. Mergen (Hrsg.) Kriminologie – morgen. Hamburg, Kriminalistik Verlag, 1964, 41-61.

Jeffery, C.R.: Criminal behavior and learning theory. Journal of Criminal Law, Criminology and Police Science, 1965, 56, 294-300.

Jeffery, C.R. u. Jeffery, J.A.: Delinquents and dropouts: An experimental program in behavior change. Canadian Journal of Corrections, 1970, 12, 47-58.

Jesness, C.F.: Comparative effectiveness of behavior modification and transactional analysis programs for delinquents. Journal of Consulting and Clinical Psychology, 1975a, 6, 758-779.

Jesness, C.F.: The impact of behavior modification and transactional analysis on institutional social climate. Journal of Research in Crime and Delinquency, 1975b, 12, 79-91.

Jesness, C.F. u. De Risi, W.J.: Some variations in techniques of contingency management in a school for delinquents. In: J.S. Stumphauzer (Ed.) Behavior therapy with delinquents. Springfield, Thomas, 1973, 196-235.

Jesness, C.F., De Risi, W.J., McCormick, P.M. u. Wedge, R.F.: The Youth Center Research Project. Sacramento, California, California Youth Authority, 1972.

Jessor, R., Graves, T.D., Hanson, R.C. u. Jessor, S.L.: Society, personality and deviant behavior. New York, Holt, Rinehart and Winston, 1968.

Joffe, J.M. u. Albee, G.W. (Eds.): Prevention through political and social change. Hanover, University Press of England, 1981.

Johnson, E.H.: A sociologist looks at treatment in correctional institutions. In: A.R. Roberts (Ed.) Correctional treatment of the offender. Springfield, Thomas, 1974, 127-143.

Johnson, V.S.: Behavior modification in the correctional setting. Criminal Justice and Behavior, 1977, 4, 397-428.

Jones, C. u. Aronson, E.: Attribution of fault to a rape victim as a function of respectability of the victim. Journal of Personality and Social Psychology, 1973, 26, 415-419.

Jones, E.E. u. Nisbett, R.E.: The actor and the observer: Divergent perceptions of the causes of behavior. In: E.E. Jones, D.E. Kanouse, H.H. Kelley, R.E. Nisbett, S. Valins u. B. Weiner (Eds.) Attribution: Perceiving the causes of behavior. Morristown, General Learning Press, 1971, 79-94.

Jones, M.: Prinzipien der therapeutischen Gemeinschaft. Soziales Lernen und Sozialpsychiatrie. Bern, Stuttgart, Wien, Huber, 1976 (engl.: London, 1968).

Jung, C.G.: Die psychologische Diagnose des Tatbestands. Schweizerische Zeitschrift für Strafrecht, 1905, 18, 368-408.

Jung, C.G.: Wandlungen und Symbole der Libido (1912). Ges. Werke, Bd. 5. Olten und Freiburg i. Br., Walter, 1976.

Jung, C.G.: Experimentelle Untersuchungen. Gesammelte Werke, Bd. 2. Olten und Freiburg, Walter, 1979.

Jung, H., Mey, H.-G., Müller-Dietz, H. u. Rotthaus, K.: Die Mitarbeiter des Behandlungsvollzugs, Fachausschuß I: „Strafrecht und Strafvollzug" des Bundeszusammenschlusses für Straffälligenhilfe, Bonn, 1978.

Justizminister des Landes Nordrhein-Westfalen (Hrsg.): Strafvollzug in Nordrhein-Westfalen. Düsseldorf, 1980.

Kaiser, G.: Strafrecht und Psychologie. In: D. Grimm (Hrsg.) Rechtswissenschaft und Nachbarwissenschaften. München, Beck, 1976^2, 195-214.

Kaiser, G.: Jugendkriminalität. Weinheim, Beltz, $1978a^2$.

Kaiser, G.: Entwicklung und Stand empirischer Polizeiforschung. In: Schweizerisches Nationalkomitee für Geistige Gesundheit – Arbeitsgruppe für Kriminologie (Hrsg.) Kriminologische Aufgaben der Polizei. Diessenhofen, Rüegger, 1978b, 7-27.

Kaiser, G.: Kriminologie. Heidelberg, C.F. Müller, 1979^4, 1980^5.

Kaiser, G., Kerner, H.-J. u. Schöch, H.: Strafvollzug. Heidelberg, Müller, 1977^2, TB: 1978^3, 1982^4.

Kalveram, K.T.: Über Faktorenanalyse. Kritik eines theoretischen Konzepts und seine mathematische Neuformulierung. Archiv für Psychologie, 1970, 122, 92-118.

Kaminski, G.: Verhaltenstheorie und Verhaltensmodifikation. Stuttgart, Klett, 1970.

Kammergericht Berlin: Beschluß vom 25.5.1973. Neue Juristische Wochenschrift, 1973, 26, 1420-1421.

Kanfer, F.H.: Verhaltenstherapie. Ein neues Theoriegerüst zur Lösung klinisch-psychologischer Probleme. Psychologie und Praxis, 1969, 13, 1-18.

Kanfer, F.H.: The maintenance of behavior by self-generated stimuli and reinforcement. In: A. Jacobs u. L.B. Sachs (Eds.). The psychology of private events: Perspectives on covert response systems. New York, Academic Press, 1971, 39-59.

Kanfer, F.H. u. Phillips, J.S.: Learning foundations of behavior therapy. New York, Wiley, 1070.

Kanfer, F.H. u. Saslow, G.: Behavioral analysis. An alternative to diagnostic classification. Archives of General Psychiatry, 1965, 12, 529-538.

Kaplan, H.B.: Self-attitudes and deviant behavior. Pacific Palisades, Goodyear, 1975.

Kaplan, H.B.: Social class, self–derogation and deviant response. Social Psychiatry, 1978, 13, 19-28.

Kaplan, M.F. u. Miller, L.E.: Reducing the effects of juror bias. Journal of Personality and Social Psychology, 1978, 36, 1443-1455.

Kaplan, H.B.: Deviant behavior in defense of self. New York, Academic Press, 1980.

Kaplan, R.E.: The conspicous absence of evidence that process consultation enhances task performance. Journal of Applied Behavioral Science, 1979, 15, 346-360.

Katz, P. u. Zigler, E.: Self-image disparity: A developmental approach. Journal of Personality and Social Psychology, 1967, 5, 186-195.

Kaupen, W., Volks, H. u. Werle, R.: Compendium of results of a representative survey among the German population on knowledge and opinion of law and legal institutions. Arbeitskreis für Rechtssoziologie an der Universität Köln, 1970.

Keckeisen, W.: Die gesellschaftliche Definition abweichenden Verhaltens. Perspektiven und Grenzen des labeling approach. München, Juventa, 1974.
Keeler, L.: A method for detection of deception. American Journal of Police Science, 1930, 1, 48-49.
Kelley, H.H.: Attribution theory in social psychology. In: D. Levine (Ed.) Nebraska symposium on motivation 1967. Lincoln, University of Nebraska Press, 1967, 192-238.
Kelly, G.A.: The psychology of personal constructs, Vol. I.: A theory of personality. New York, Norton & Comp., 1955.
Kernberg, O.: Borderline conditions and pathological narcissism. New York, Aronson, 1975.
Kerner, H.-J.: Behandlungs- und Vollzugsorganisation im neuen Strafvollzugsgesetz. Zeitschrift für Strafvollzug, 1977, 25, 74-85.
Kerner, H.J.: Kriminalitätseinschätzung und Innere Sicherheit. Wiesbaden, Bundeskriminalamt, Forschungsreihe Band 11, 1980.
Kerscher, I.: Sozialwissenschaftliche Kriminalitätstheorien. Weinheim, Basel, Beltz, 1977[1].
Keske, M.: Der Anteil der Bestraften in der Bevölkerung. Monatsschrift für Kriminologie und Strafrechtsreform, 1979, 62, 257-272.
Keupp, H.: Psychische Störungen als abweichendes Verhalten. Zur Soziogenese psychischer Störungen. München, Urban & Schwarzenberg, 1972.
Keupp, H.: Abweichung und Alltagsroutine. Die Labeling-Perspektive in Theorie und Praxis. Hamburg, Hoffmann und Campe, 1976.
Keupp, H. u. Zaumseil, M. (Hrsg.): Die gesellschaftliche Organisierung psychischen Leidens. Frankfurt a.M., Suhrkamp, 1978.
Kidd, R.: Crime reporting. Criminology, 1979, 17, 380-394.
Killias, M.: Kriminelles Verhalten wird gelernt – Aber wie? Zur Rezeption der Sozialisationsforschung in der Kriminologie. Monatsschrift für Kriminologie und Strafrechtsreform, 1981, 64, 329-342.
Kilman, R. u. Sotile, W.M.: The marathon encounter group. A review of the outcome literature. Psychological Bulletin, 1976, 83, 827-850.
Kindermann, W.: Ökologische Gesichtspunkte zur Psychotherapie unter Bedingungen institutionellen Zwangs. In: W. Schulz u. M. Hautzinger, (Hrsg.) Klinische Psychologie und Psychotherapie, Bd. 5. München, Steinbauer & Rau, 1980, 173-185.
Kirchhoff, G.F. u. Sessar, K. (Hrsg.): Das Verbrechensopfer. Ein Reader zur Viktimologie. Bochum, Brockmeyer, 1979.
Klapprott, J.: Ärgern und Geärgertwerden: Subtile Formen der Bestrafung und einige Folgerungen für die Praxis des Strafvollzugs. Gruppendynamik, 1977, 8, 271-284.
Klein, G.S.: Cognitive control. In: G. Lindzey (Ed.) The assessment of human motives. New York, Rinehart, 1958, 87-118.
Klingemann, H.: Die kulturelle Übertragungstheorie als Erklärungsmodell der Insassensubkultur im Strafvollzug. Zeitschrift für Soziologie, 1975, 4, 183-199.
Klingemann, H.: Organisationale Zielkonflikte im Resozialisierungsbereich: Jugendstrafvollzug und Öffentliche Erziehung. Zeitschrift für Soziologie, 1981, 10, 50-75.
Klüwer, K.: Stationäre Psychotherapie bei jugendlichen Dissozialen. Zeitschrift für Psychotherapie, 1968, 15, 81-9-.
Klüwer, K.: Neurosentheorie und Verwahrlosung. Psyche, 1974, 28, 285-309.
Kobrin, S.: The Chicago Area Project – A 25 year assessment. Annals of the American Academy of Political and Social Science, 1959, 322, 19-29.
Kohlberg, L.: From is to ought: How to commit the naturalistic fallacy and get away with it in the study of moral development. In: T. Mischel (Ed.) Cognitive development and epistemology. New York, Academic Press, 1971, 151-235.
Kohut, H.: Die psychoanalytische Behandlung narzißtischer Persönlichkeitsstörungen. Psyche, 1969, 23, 321-348.
Komarowsky, M.: Blue collar marriage. New York, Random House, 1964.
Konečni, V. u. Ebbesen, E. (Eds.): Social psychological analysis of legal processes. San Francisco, Freeman, 1979.
Kossakowski, A.: Regulating functional development of orientation of action. Proceedings 22. Internationaler Kongreß für Psychologie (Leipzig 1980). Berlin, 1981, (im Druck).
Kouzes, J.G. u. Mico, P.R.: Domain theory: An introduction to organizational behavior in human organizations. Journal of Applied Behavioral Sciences, 1979, 15, 449-469.
Kraepelin, E.: Psychiatrie. Leipzig, Barth 1883, 1905[7].
Krauss, G.: Berufliche Trainings. Programme, Techniken und Strategien. Nürnberg, Sozialwissenschaftliches Forschungszentrum mit Sonderforschungsbereich Sozialisations- und Kommunikationsforschung der Universität Erlangen–Nürnberg, 1979.

Kreissl, R.: Die präventive Polizei. Auf dem Wege zur gläsernen Gesellschaft. Kritische Justiz, 1981, 2, 128-139.

Kretschmer, E.: Medizinische Psychologie. Stuttgart, Thieme, 1956[11].

Krümpelmann, J.: Die Neugestaltung der Vorschriften über die Schuldfähigkeit durch das Zweite Strafrechtsreformgesetz vom 4. Juli 1969. Zeitschrift für die gesamte Strafrechtswissenschaft, 1976, 88, 6-39.

Kruse, L.: Crowding. Dichte und Enge aus sozialpsychologischer Sicht. Zeitschrift für Sozialpsychologie, 1975, 6,2-30.

Kube, E.: Städtebau, Architektur und Kriminalität. Deutsche Polizei, 1978, 10, 3-8.

Kube, E.: Protokollierungsprobleme bei Vernehmungen durch Polizeibeamte. Archiv für Kriminologie, 1979, 163, 175-183.

Kube, E.: Ausblick. In: K. Rolinski, Wohnhausarchitektur und Kriminalität. Wiesbaden, BKA, 1980, 225-239.

Kucklick, O.J.: Diebstahl aus Warenhäusern und Selbstbedienungsläden in der Hamburger Innenstadt. Hamburg, Landeskriminalamt, 1973.

Kühne, A.: Untersuchungen über psychologische Gespräche mit Strafgefangenen und über ein Training zur Verhaltensänderung ihrer Betreuer. Hamburg, Dissertation, 1973.

Kühne, A.: Curriculare und methodische Überlegungen zur Ausbildung der Beamten im allgemeinen Vollzugsdienst (Schwerpunktfach Psychologie). In: K. Mai (Hrsg.) Psychologie hinter Gittern. Weinheim, Beltz, 1981, 100-124.

Külpe, O.: Versuche über Abstraktion. Bericht über den 1. Kongreß für experimentelle Psychologie, Gießen, Leipzig, Barth, 1904.

Kürzinger, J.: Private Strafanzeigen und polizeiliche Reaktion. Berlin, Duncker & Humblot, 1978.

Kuhlen, L.: Die Objektivität von Rechtsnormen. Zur Kritik des radikalen labeling approach in der Kriminalsoziologie. Frankfurt, Peter Lang, 1978.

Kuhlen, V.: Verhaltenstherapie im Kindesalter. München, Juventa, 1977.

Kumpf, M.: Kognitive und Verhaltenskonsequenzen von Passivität bei Notfällen. Dissertation, Mannheim, 1978.

Kunczik, M.: Gewalt im Fernsehen. Köln, Wien, Böhlau, 1976.

Kuratorium zur Bekämpfung der Wohlstandskriminalität (Hrsg.): Schwarzbuch zum Ladendiebstahl. Bonn, Pressebüro Kirchner, 1974.

Kury, H.: Zur Psychotherapie jugendlicher Untersuchungshäftlinge. In: W.H. Tack (Hrsg.) Bericht über den 30. Kongreß der Deutschen Gesellschaft für Psychologie in Regensburg 1976, Bd. 2. Göttingen, Hogrefe, 1977, 398-400.

Kury, H.: Erziehungsstil und Aggression bei straffälligen Jugendlichen. In: H. Lukesch, M. Perrez u. K.A. Schneewind (Hrsg.) Familiäre Sozialisation und Intervention. Bern, Stuttgart, Wien, Huber, 1980, 337-351.

Kury, H.: Junge Rechtsbrecher und ihre Behandlung. Zeitschrift für die gesamte Strafrechtswissenschaft, 1981a, 93, 319-359.

Kury, H.: Effizienzkontrolle von Behandlungsmaßnahmen. Psychologische Rundschau, 1981b, 32, 235-249.

Kury, H. (Hrsg.): Ist Straffälligkeit vermeidbar? – Möglichkeiten der Kriminalprävention. Bochum, Brockmeyer, 1982.

Kury, H.u. Fenn, R.: Probleme und Aufgaben für den Psychologen im behandlungsorientierten Strafvollzug. Psychologische Rundschau, 1977a, 28, 190-203.

Kury, H. u. Fenn, R.: Praxisbegleitende Erfolgskontrolle sozialtherapeutischer Behandlung. Möglichkeiten und Wege empirischer Forschung. Monatsschrift für Kriminologie und Strafrechtsreform, 1977b, 60, 227-242.

Kury, H. u. Lerchenmüller, H. (Hrsg.): Diversion. Alternativen zu klassischen Sanktionsformen. Bochum, Brockmeyer, 1981.

Kurzeja, D.: Jugendkriminalität und Verwahrlosung. Giessen, Aschenbach, 1973[1], 1976[4].

Kutchinsky, B.: Knowledge and attitudes regarding legal phenomena in Denmark. In: K. Christiansen (Ed.) Scandinavian Studies in Criminology. Tavistock, London, 1968.

Lamnek, S.: Theorien abweichenden Verhaltens. München, Fink, 1979.

Lange, J.: Verbrechen als Schicksal. Leipzig, Thieme, 1928.

Langlotz, M. u. Hommers, W.: Ziele, Aufbau und Durchführung des Murt. In: M. Steller, W. Hommers u. H.J. Zienert (Hrsg.) Modellunterstütztes Rollentraining (MURT). Berlin u.a., Springer, 1978, 1-32.

Latané, B. u. Darley, J.: Group inhibition of bystander intervention in emergencies. Journal of Personality and Social Psychology, 1968, 10, 215-221.

Latané, B. u. Darley, J.: The unresponsive bystander. Why doesn't he help? New York, Appleton-Century-Crofts, 1970.

Lattmann, C.: Das norwegische Modell der selbstgesteuerten Arbeitsgruppen. Bern, Huber, 1972.
Lautmann, R.: Justiz – Die stille Gewalt. Frankfurt, Athenäum, 1972.
Lawrence, P.R. u. Lorsch, J.W.: Organization and environment: Managing differentation and integration. Cambridge, Harvard University Press, 1967.
Lawson, R.B.: Token economy program in a maximum security correctional hospital. Journal of Nervous and Mental Disease, 1971, 152, 199-205.
Lawson, R.G.: Order of presentation as a factor in jury persuasion. Kentucky Law Journal, 1968, 56, 523-555.
Leferenz, H.: Die Beurteilung der Glaubwürdigkeit. In: H. Göppinger u. H. Witter (Hrsg.) Handbuch der forensischen Psychiatrie, Bd. II. Berlin, Heidelberg, New York, Springer, 1972, 1314-1346.
Leferenz, H.: Die Neugestaltung der Vorschriften über die Schuldfähigkeit durch das Zweite Strafrechtsreformgesetz vom 4. Juli 1969. Zeitschrift für die gesamte Strafrechtswissenschaft, 1976, 88, 40-45.
Lefkowitz, M.M., Eron, L.D., Walder, L.O. u. Huesmann, L.R.: Growing up to be violent. New York, Pergamon Press, 1977.
Leinfellner, W.: Einführung in die Erkenntnis- und Wissenschaftstheorie. Mannheim Bibliographisches Institut, 1967.
Leky, L.G. u. Mohr, H.: Die Rolle des Psychotherapeuten in Sozialtherapeutischen Anstalten. Monatsschrift für Kriminologie und Strafrechtsreform, 1978, 61, 21-28.
Lemert, E.M.: Social pathology. A systematic approach to the theory of sociopathic behavior. New York, McGraw-Hill, 1951.
Lemert, E.M.: The concept of secondary deviation. In: E.M. Lemert (Ed.) Human deviance, social problems and social control. Englewood Cliffs, Prentice-Hall, 1967.
Lemert, E.M.: Response to critics: Feedback and choice. In: L.A. Coser u. O.N. Larsen (Eds.) The uses of controversy in sociology. New York, The Free Press, 1976, 244-249.
Lempp, R.: Gutachtliche Stellungnahme zur Aktion „Vorbeugen ist besser als vorbestrafen" des „Kuratoriums zur Bekämpfung der Wohlstandskriminalität". Manuskript o.J.
Lentz, W.P.: Social status and attitudes toward delinquency control. Journal of Research in Crime and Delinquency, 1966, 3, 147-154.
Lenzen, D. (Hrsg.): Pädagogik und Alltag. Methoden und Ergebnisse alltagsorientierter Forschung in der Erziehungswissenschaft. Stuttgart, Klett-Cotta, 1980.
Leontjev, A.N.: Tätigkeit, Bewußtsein, Persönlichkeit. Stuttgart, Klett, 1977.
Lerchenmüller, H.: Bedeutung der Diversion zur Vermeidung von Prisonisierungsschäden. In: H. Kury u. H. Lerchenmüller (Hrsg.) Diversion. Alternativen zu klassischen Sanktionsformen. Bochum, Brockmeyer, 1981, 127-160.
Lerman, P.: Community treatment and social control. Chicago, University Press, 1975.
Lerner, M.J. Miller, D.T. u. Holmes, J.G.: Deserving and the emergence of forms of justice. In: L. Berkowitz u. E. Walster (Eds.) Advances in Experimental Social Psychology, Vol. 9. New York, Academic Press, 1976, 133-162.
Lersch, Ph.: Der Aufbau der Person. München, Barth, 1962[8].
Lewin, K.: Principles of topological psychology. New York, McGraw-Hill, 1936 (deutsch: Grundzüge der topologischen Psychologie, Bern, Huber, 1969).
Lewis, A.: Psychopathic personality: A most elusive category. Psychological Medicine, 1974, 4, 133-140.
Liebel, H. u. Uslar, W.v.: Forensische Psychologie. Stuttgart, Kohlhammer, 1975.
Lieberman, M.A.: Change induction in small groups. Annual Review of Psychology, 1976, 27, 217-250.
Lieberman, M.A., Yalom, J.D. u. Miles, M.B.: Encounter groups: First facts. New York, Basis Books, 1973.
Lindesmith, A.R.: The drug addict as a psychopath. American Sociological Review, 1940, 5, 914-920.
Lipton, D.S., Martinson, R. u. Wilks, J.: The effectiveness of correctional treatment. A survey of treatment evaluation studies. New York, Washington, London, Praeger, 1975.
Liszt, F.v.: Der Zweckgedanke im Strafrecht. In: F.v. Liszt, Strafrechtliche Ansätze und Vorträge, Bd. 1. Berlin, Guttenberg, 1905, 126-179.
Lively, E.L., Dinitz, S. u. Reckless, W.C.: Self concept as a predictor of juvenile delinquency. American Journal of Orthopsychiatry, 1962, 32, 159-168.
Lochmann, R.: Kompromißhandeln als Rollenstrategie. Beobachtungen zur Rolle des Sozialarbeiters im Jugendstrafvollzug. Zeitschrift für Strafvollzug und Straffälligenhilfe, 1981, 30, 144-152.

Lösel, F.: Evidenz und Problematik empirischer Zusammenhänge zwischen „broken home" und Delinquenz. Forschungsbericht des Sozialwissenschaftlichen Forschungszentrums mit Sonderforschungsbereich Sozialisations- und Kommunikationsforschung. Universität Erlangen-Nürnberg, 1972.

Lösel, F.: Zur kriminologischen Ausbildung im Psychologiestudium. Beitrag zur Arbeitsgemeinschaft „Neue Lehrformen der Kriminologie". Zentrum für interdisziplinäre Forschung der Universität Bielefeld, 1974.

Lösel, F.: Handlungskontrolle und Jugenddelinquenz. Stuttgart, Enke, 1975a.

Lösel, F.: Persönlichkeitspsychologische Aspekte delinquenten Verhaltens. In: A. Abele, S. Mitzlaff, u. W. Nowack (Hrsg.) Abweichendes Verhalten. Stuttgart, Frommann-Holzboog, 1975b, 155-177.

Lösel, F.: Prozesse der Stigmatisierung in der Schule. In: M. Brusten u. J. Hohmeier (Hrsg.) Stigmatisierung, Bd. 2. Neuwied, Luchterhand, 1975c, 7-32.

Lösel, F.: Über elementare Konzepte sozialer Devianz und ihre Beziehung. Zeitschrift für Sozialpsychologie, 1978a, 9, 2-18.

Lösel, F.: Konfigurationen elterlicher Erziehung und Dissozialität. In: K. Schneewind u. H. Lukesch (Hrsg.) Familiäre Sozialisation. Stuttgart, Klett-Cotta, 1978b, 233-245.

Lösel, F.: Forensische Psychologie und Kriminalpsychologie. In: R. Asanger u. G. Wenninger (Hrsg.) Handwörterbuch der Psychologie. Weinheim, Beltz, 1980a, 143-149.

Lösel, F.: Begründungsdefizite in der Kritik genereller Persönlichkeitsmerkmale. Zu den Grundlagen psychologischer Autonomie-Konzepte. In: F. Ronneberger, H.-J. Seel u. M. Stosberg (Hrsg.) Autonomes Handeln als personale und gesellschaftliche Aufgabe. Opladen, Westdeutscher Verlag, 1980b, 253-280.

Lösel, F.: Konzeptuelle Probleme der Angewandten Sozialpsychologie. Hekt. Ms., Erlangen 1981a.

Lösel, F.: Konformität. In: H. Werbik u. H.-J. Kaiser (Hrsg.) Kritische Stichwörter zur Sozialpsychologie. München, Fink, 1981b, 192-218.

Lösel, F.: Prognose und Prävention von Delinquenzproblemen. In: J. Brandtstädter u. A.v. Eye (Hrsg.) Prävention in der Psychologie. Bern, Huber, 1982a, 197-239.

Lösel, F.: Möglichkeiten und Probleme psychologischer Prävention. In: H. Kury (Hrsg.) Prävention abweichenden Verhaltens. Maßnahmen der Vorbeugung und Nachbetreuung. Köln, Heymanns, 1982b, 55-91.

Lösel, F., Dillig, P., Wüstendörfer, W. u. Linz, P.: Über Zusammenhänge zwischen Merkmalen der sozialen Umwelt und der Kriminalitätsbelastung jugendlicher Straftäter. Monatsschrift für Kriminologie und Strafrechtsreform, 1974, 57, 198-213.

Lösel, F. u. Linz, P.: Familiale Sozialisation von Delinquenten. In: A. Abele, S. Mitzlaff u. W. Nowack (Hrsg.) Abweichendes Verhalten. Stuttgart-Bad Cannstatt, Frommann-Holzboog, 1975, 181-203.

Lösel, F., Toman, W. u. Wüstendörfer, W.: Eine Untersuchung zum perzipierten elterlichen Erziehungsstil bei jugendlichen Delinquenten. Zeitschrift für experimentelle und angewandte Psychologie, 1976, 23, 45-61.

Lösel, F. u. Wüstendörfer, W.: Persönlichkeitskorrelate delinquenten Verhaltens oder offizieller Delinquenz? Zeitschrift für Sozialpsychologie, 1976, 7, 177-191.

Loftus, E.F.: Eyewitness testimony. Cambridge, Mass., Harvard University Press, 1976, 1979[2].

Logan, C.: Evaluation research in crime and delinquency. A reappraisal. Journal of Criminal Law, Criminology and Police Science, 1972, 63, 378-387.

Lohmann, J.: Ziele und Strategien psychotherapeutischer Verfahren. In: W. Wittling (Hrsg.) Handbuch der Klinischen Psychologie, Bd. 2. Hamburg, Hoffmann & Campe, 1980, 15-46.

Lombroso, C.: L'Uomo delinquente. Milano, Hoepli, 1876 (frz.: L'Homme Criminel, Vol. 1. Paris, 1895[2]).

Lüderssen, K. u. Sack, F. (Hrsg.): Seminar: Abweichendes Verhalten. Bd. I-IV. Frankfurt, Suhrkamp, 1975-1980.

Luhmann, N.: Zweckbegriff und Systemrationalität. Frankfurt, Suhrkamp, 1973.

Lukesch, H.: Erziehungsstile. Stuttgart, Kohlhammer, 1975.

Lukesch, H.: Elterliche Erziehungsstile. Stuttgart, Kohlhammer, 1976.

Lukesch, H.: Sozioökologische Bedingungen im Schwangerschaftserleben und in Erziehungseinstellungen. In: K. Schneewind u. H. Lukesch (Hrsg.) Familiäre Sozialisation. Stuttgart, Klett-Cotta, 1978, 90-113.

Lukesch, H.: Forschungsstrategien im Bereich der Erziehungsstilforschung. In: K. Schneewind u. T. Herrmann (Hrsg.) Erziehungsstilforschung. Bern, Stuttgart, Wien, Huber, 1980, 57-88.

Lukesch, H., Perrez, M. u. Schneewind, K.A.: Zum gegenwärtigen Stand der familiären Sozialisationsforschung. In: H. Lukesch, M. Perrez u. K.A. Schneewind (Hrsg.) Familiäre Sozialisation und Intervention. Bern, Stuttgart, Wien, Huber, 1980, 15-34.

Lukesch, H. u. Schneewind, K.: Themen und Probleme der familiären Sozialisationsforschung. In: K. Schneewind u. H. Lukesch (Hrsg.) Familiäre Sozialisation. Stuttgart, Klett-Cotta, 1978, 11-23.

Lykken, D.T.: The GSR in the detection of guilt. Journal of Applied Psychology, 1959, 43, 385-388.

Lykken, D.T.: The psychopath and the lie detector. Psychophysiology, 1978, 15, 137-142.

MacDonald, J.M.: Armed robbery. Offenders and their victims. Springfield/Ill., Thomas, 1975.

MacNaughton-Smith, P.: The second code. Toward (or away from) an empiric theory of crime and delinquency. Journal of Research in Crime and Delinquenzy, 1968, 5, 189-197, (deutsch in: Lüderssen, K. u. Sack, F. (Hrsg.) Seminar: Abweichendes Verhalten, Bd. II. Frankfurt, Suhrkamp, 1975).

Mai, K. (Hrsg.): Psychologie hinter Gittern. Weinheim, Beltz, 1981a.

Mai, K.: Die psychodiagnostische Tätigkeit im Strafvollzug – dargestellt am Beispiel der Haftlokkerungen. In: K. Mai (Hrsg.) Psychologie hinter Gittern. Weinheim, Basel, Beltz, 1981b.

Malinowski, P.: Polizei-Kriminologie und soziale Kontrolle. In: Arbeitskreis Junger Kriminologen (Hrsg.) Die Polizei – eine Institution öffentlicher Gewalt. Neuwied, Luchterhand, 1975, 61-87.

Malinowski, P. u. Brusten, M.: Strategie und Taktik der polizeilichen Vernehmung. Zur soziologischen Analyse selektiver Kriminalisierung. Kriminologisches Journal, 1975, 7, 4-16 (Wiederabdruck in: K. Lüderssen & F. Sack (Hrsg.) Seminar: Abweichendes Verhalten. Die gesellschaftliche Reaktion auf Kriminalität, III/2. Frankfurt, Suhrkamp, 1977, 104-118).

Malow, U.: Die Einstellung der Bevölkerung zum Strafvollzug. Unv. Dissertation, Hamburg, 1974.

Mandel, K.H., Mandel, A. u. Rosenthal, H.: Einübung der Liebesfähigkeit. München, Pfeiffer, 1975.

Mann, F.C. u. Likert, R.: The need for research on communicating research results. Human Organization, 1952, 11, 15-19.

Manning, P.K.: On deviance. Contemporary Sociology, 1973, 2, 123-128.

Manning, P.K.: Deviance and dogma. Some comments on the labeling perspective. British Journal of Criminology, 1975, 15, 1-20.

Marcovic, T.: Isbor, 1964, 2, 60-71 (Zagreb, Jugoslawien).

Marlatt, G.A. u. Perry, M.A.: Modeling methods. In: F.H. Kanfer u. A.P. Goldstein (Eds.) Helping people change. New York, Pergamon Press, 1975, 117-158.

Marlatt, G.A. u. Perry, M.A.: Methoden des Modellernens. In: F.H. Kanfer u. A.P. Goldstein (Hrsg.) Möglichkeiten der Verhaltensänderung. München u.a., Urban & Schwarzenberg, 1977, 133-177.

Marshall, T.F.: An investigation of the delinquency self-concept theory of Reckless and Dinitz. British Journal of Criminology, Delinquency and Social Behavior, 1973, 13, 227-236.

Martens, U.W.: Wirtschaftliche Krise, Arbeitslosigkeit und Kriminalitätsbewegung. Wiesbaden, Bundeskriminalamt, 1978.

Martin, M., Burkholder, R., Rosenthal, T.L., Tharp, R.G. u. Thorne, G.L.: Programming behavior change and reintegration into school milieu of extreme adolescent deviates. Behavior Research and Therapy, 1968, 6, 371-383.

Marx, K.: Bevölkerung, Verbrechen, Pauperismus. In: K. Marx u. F. Engels, Werke, Bd. 13. Berlin (DDR), Dietz, 1971, 490-495.

Maselli, M.D. u. Altrocchi, J.: Attribution of intent. Psychological Bulletin, 1969, 71, 445-454.

Masters, W.H. u. Johnson, V.E.: Human sexual response. New York, Little, Brown & Co., 1965.

Masters, W.H. u. Johnson, V.E.: Human sexual inadequacy. London, Churchill, 1970.

Mathiesen, T.: Überwindet die Mauern! Die skandinavische Gefangenenbewegung als Modell politischer Randgruppenarbeit. Neuwied, Luchterhand, 1979.

Matza, D.: Abweichendes Verhalten. Untersuchung zur Genese abweichender Identität. Heidelberg, Quelle & Meyer, 1973 (engl. 1969).

Mauch, G.: Psychotherapie im Strafvollzug. Monatsschrift für Kriminologie und Strafrechtsreform, 1964, 47, 108-124.

Mauch, G. u. Mauch, R.: Sozialtherapie in der Strafanstalt. In: W. Bitter (Hrsg.) Verbrechen – Schuld oder Schicksal? Stuttgart, Klett, 1969, 158-176.

Mauch, G. u. Mauch, R.: Sozialtherapie und die Sozialtherapeutische Anstalt. Erfahrungen in der Behandlung Chronisch-Krimineller. Stuttgart, Enke, 1971.

McClintock, F.H.: The future of parole. In: J.C. Freeman (Ed.) Prisons past and future. London, Heinemann, 1978, 123-130.

McCombs, D., Filipczak, J., Friedman, R.M. u. Wodarski, J.S.: Long-term follow up of behavior modification with highrisk adolescents. Criminal Justice and Behavior, 1978, 5, 21-34.

McCord, W., McCord, J. u. Zola, I.K.: Origins of crime. New York, Columbia University Press, 1959.

McGuire, W.J.: Inducing resistance of persuasion.In: L. Berkowitz (Ed.) Advances in Experimental Social Psychology, Vol. 1. New York, Academic Press, 1964, 191-229.

McHugh, P.: Defining the situation. The organisation of meaning in social interaction. Indianapolis, Boobs-Merril, 1968.

McHugh, P.: A Common-sense perception of deviance: In: H.P. Deitzel (Hrsg.) Recent sociology, 2. Patterns of communicative behavior. New York, London, Free Press, 1972[2].

McIntyre, J.: Public attitudes toward crime and law enforcement. The Annals of the American Academy of Political and Social Sciences, 1967, 374, 34-46.

McKay, H.D.: A note on trends in rates of delinquency in certain areas in Chicago. In: President's Commission on Law Enforcement and Administration of Justice (Ed.) Juvenile delinquency and youth crime. Washington D.C., U.S. Government Printing Office, 1967, 114-118.

McKinley, D.G.: Social class and familiy life. New York, Free Press, 1964.

McLeish, J. u. Martin, J.F.: Verbal behavior: An experimental analysis. Journal of General Psychology, 1975, 93, 3-66.

Meador, B.D. u. Rogers, C.R.: Client-centered therapy. In: R. Corsini (Ed.) Current psychotherapies. Itasca, Peacock, 1973, 119-166.

Mechler, A. u. Wilde, K.: Psychoanalytisch orientierte Arbeit mit Strafgefangenen. Monatsschrift für Kriminologie und Strafrechtsreform, 1976, 59, 191-205.

Medinnus, G.R.: Delinquents perceptions of their parents. In: G.R. Medinnus (Ed.) Readings in the psychology of parent-child relations. New York, Wiley, 1967, 256-258.

Mednick, S.A. u. Hutchings, B.: Genetic and psychophysiological factors in asocial behaviour. In: R.D. Hare u. D. Schalling (Eds.) Psychopathic behaviour. New York, Wiley, 1978, 239-253.

Meichenbaum, D.H.: Kognitive Verhaltensmodifikation. München, Urban & Schwarzenberg, 1979.

Meichenbaum, D.H., Bowers, K.S. u. Ross, R.R.: Modification of classroom behavior of institutionalized female adolescent offenders. Behavior Research and Therapy, 1968, 6, 343-353.

Mende, W.: Primitivreaktionen. In: C. Müller (Hrsg.) Lexikon der Psychiatrie. Berlin, Heidelberg, Springer, 1973, 391.

Mertesdorf, F.: Was tun Zeugen von Ladendiebstählen? Gruppendynamik, 1973, 4, 315-322.

Merton, R.K.: Social theory and social structure. Glencoe, Illinois, Free Press 1951, 1957[2].

Merton, R.K.: Sozialstruktur und Anomie. In: F. Sack u. R. König (Hrsg.) Kriminalsoziologie. Frankfurt, Akademische Verlagsgesellschaft, 1968, 1974[2], 283-313.

Merz, F.: Geschlechterunterschiede und ihre Entwicklung. Göttingen, Hogrefe, 1979.

Merz, F. u. Stelzl, I.: Einführung in die Erbpsychologie. Stuttgart, Kohlhammer, 1977.

Mey, H.-G.: Prognostische Beurteilung des Rechtsbrechers: Die deutsche Forschung. In: U. Undeutsch (Hrsg.) Handbuch der Psychologie, Bd. 11. Göttingen, Hogrefe, 1967, 511-564.

Michaelis-Arntzen, E.: Aussageglaubwürdigkeit unter entwicklungspsychologischem Aspekt. In: G. Eisen (Hrsg.) Handwörterbuch der Rechtsmedizin, Band III. Stuttgart, Enke, 1977, 369-402.

Michaelis-Arntzen, E.: Die Vergewaltigung aus kriminologischer, viktimologischer und aussagepsychologischer Sicht. München, Beck, 1981.

Michelitsch-Traeger, I.: Krisenintervention. In: K. Mai (Hrsg.) Psychologie hinter Gittern. Weinheim, Basel, Beltz, 1981, 49-84.

Milan, M.A. u. McKee, J.M.: Behavior modification. Principles and applications in corrections. In: D. Glaser (Ed.) Handbook of Criminology. Chicago u.a., Rand McNally, 1974, 745-776.

Miller, D.R.: The study of social relationships: Situation, identity and social interaction. In: S. Koch (Ed.) Psychology: a study of science. Vol. V. New York, McGraw-Hill, 1963.

Miller, G.A.: Psychology as a means of promoting human welfare. American Psychologist, 1969, 24, 1063-1075.

Miller, N.E. u. Dollard, J.: Social learning and imitation. New Haven, Yale University Press, 1941.

Miller, R. u. Swanson, G.E.: Inner conflict and defence. New York, Schocken Books, 1960.

Miller, W.B.: Die Kultur der Unterschicht als Entstehungsmilieu für Bandendelinquenz. In: F. Sack u. R. König (Hrsg.) Kriminalsoziologie. Frankfurt, Akademische Verlagsgesellschaft, 1968, 1974[2], 339-359 (amerik. 1958).

Miller, W.B.: Delinquency prevention: From total institutions to total systems. Ann Arbor, Mich., University Microfilms Press International, 1980.

Minsel, W.-R.: Gesprächspsychotherapie bei dissozialen Jugendlichen. Praxis der Kinderpsychologie und Kinderpsychiatrie, 1973, 22, 131-135.

Minsel, W.-R.: Praxis der Gesprächspsychotherapie. Wien, Böhlaus Nachf., 1974.

Minsel, W.-R.: Indikation und Kontraindikation in der Gesprächspsychotherapie. In: Gesellschaft für wissenschaftliche Gesprächspsychotherapie (Hrsg.) Die Klientenzentrierte Gesprächspsychotherapie. München, Kindler, 1975, 181-194.

Minsel, W.-R.: Modelle zur Integration von Psychotherapie: Faktum und Fiktion. In: U. Baumann, H. Berbalk u. G. Seidenstücker (Hrsg.) Klinische Psychologie: Trends in Forschung und Praxis, Band 4. Bern, Huber, 1981, 160-179.

Minsel, W.-R. u. Bente, G.: Gesprächspsychotherapie. In: W. Wittling (Hrsg.) Handbuch der Klinischen Psychologie, Band II. Hamburg, Hoffmann & Campe, 1981, 139-164.

Minsel, W.-R. u. Scheller, R. (Hrsg.): Brennpunkte der Klinischen Psychologie, Bd. 2, Prävention. München, Kösel, 1981.

Minsel, W.-R. u. Zilke, M.: Theoretische Grundlagen der CCT. In: L.J. Pongratz (Hrsg.) Klinische Psychologie, 2. Halbband. Göttingen, Hogrefe, 1977, 953-980.

Mischel, W.: Preference for delayed reinforcement: An experimental study of a cultural observation. Journal of Abnormal and Social Psychology, 1958, 56, 57-61.

Mischel, W.: Preference for delayed reinforcement and social responsibility. Journal of Abnormal and Social Psychology, 1961, 62, 1-7.

Mischel. W.: Toward a cognitive social learning reconceptualization of personality. Psychological Review, 1973, 80, 252-283.

Mischel. W.: Introduction to personality. New York, Holt, Rinehart & Winston, 1976[2].

Miyazawa, K.: Erscheinungsbild und Tendenzen der Kriminalität in Japan. Monatsschrift für Kriminologie und Strafrechtsreform, 1977, 60, 1-15.

Monahan, J.: Predicting violent behavior. An assessment of clinical techniques. Bevery Hills, London, Sage Publications, 1981.

Moriarty, T.: Crime, commitment, and the responsive bystander: Two field experiments. Journal of Personality and Social Psychology, 1975, 31, 370-376.

Moscovici, S.: Social influence and social change. London, Academic Press, 1976.

Moser, T.: Jugendkriminalität und Gesellschaftsstruktur. Frankfurt a.M., Suhrkamp, 1970[1], TB: Frankfurt, Fischer, 1972.

Moser, T. u. Künzel, E.: Gespräche mit Eingeschlossenen. Frankfurt, Suhrkamp, 1969.

Mowrer, O.H.: Learning theory and personality dynamics. New York, Ronald, 1950.

Mowrer, O.H. u. Kluckhohn, C.: Dynamic theory of personality. In: J. McV. Hunt (Ed.) Personality and the behavior disorders, Vol. I. New York, Ronald, 1944, 69-135.

Müller-Dietz, H.: Empirische Forschung im Strafvollzug. Frankfurt, Klostermann, 1976.

Müller-Dietz, H.: Strafvollzugsrecht. Berlin, De Gruyter, 1977.

Müller-Dietz, H.: Gutachten zur rechtlichen Stellung des Anstaltspsychologen. Unveröffentlichtes Gutachten für den Berufsverband deutscher Psychologen. Saarbrücken, 1981.

Müller-Luckmann, E.: Die psychologische Begutachtung der Glaubwürdigkeit, insbesondere in Jugendschutzsachen. In: G. Blau u. E. Müller-Luckmann (Hrsg.) Gerichtliche Psychologie. Neuwied, Luchterhand, 1962, 130-147.

Müller-Luckmann, E.: Über die Glaubwürdigkeit kindlicher und jugendlicher Zeuginnen bei Sexualdelikten. Stuttgart, Enke, 1963.

Müller-Luckmann, E.: Psychologische Probleme der Vernehmungssituation. Hannover, LPKA Niedersachsen, 1964, 77-80.

Müller-Luckmann, E.: Aussagepsychologie. In: A. Ponsold (Hrsg.) Lehrbuch der gerichtlichen Medizin. Stuttgart, Thieme, 1967, 109-115.

Müller-Luckmann, E.: Psychologie und Strafrecht. In: G. Grimm (Hrsg.) Rechtswissenschaft und Nachbarwissenschaften, Bd. 1. Frankfurt, Athenäum/Fischer, 1973, 215-230.

Müller-Luckmann, E.: Beurteilung der Glaubhaftigkeit von Zeugenaussagen. In: H.J. Schneider (Hrsg.) Die Psychologie des 20. Jahrhunderts, Bd. 14, Auswirkungen auf die Kriminologie. München, Kindler, 1981, 790-815.

Münchbach, H.-J.: Strafvollzug und Öffentlichkeit. Enke, Stuttgart, 1973.

Münsterberg, H.: On the witness stand. New York, Doubleday, 1908.

Murck, M.: Die Angst vor Verbrechen und Einstellungen zu Problemen der öffentlichen Sicherheit. Kriminologisches Journal, 1978, 10, 202-214.

Nass, G.: Der Mensch und die Kriminalität, Bd. I. Kriminalpsychologie. Köln, Heymanns, 1959.

Nau, E.: Zeugenaussagen von Kindern und Jugendlichen. In: Handwörterbuch der Kriminologie und der anderen strafrechtlichen Hilfswissenschaften. Berlin, Leipzig, de Gruyter, 1936.

Nau, E.: Die Glaubwürdigkeitsbeurteilung kindlicher und jugendlicher Zeugen. In: H. Stutte (Hrsg.) Jahrbuch für Jugendpsychiatrie und ihre Grenzgebiete, Band III. Bern, Stuttgart, Huber, 1962.

Nelson, S. u. Amir, M.: The hitchhike victim of rape: A research report. In: I. Drapkin u. E. Viano (Eds.) Victimology: A new focus, Vol. 5. Lexington, Toronto, London, D.C. Heath, 1975, 47-64.

Nelson, S.D. u. Caplan, N.: Über die Nützlichkeit. Wesen und Folgen der psychologischen Forschung über gesellschaftliche Probleme. In: D. Schierenberg-Seeger u. F. Seeger (Hrsg.) Die ge-

sellschaftliche Verantwortung der Psychologen I. Darmstadt, Steinkopff, 1978, 191-221 (engl. 1973).
Newman, G.: Acts, actors and reactions to deviance. Sociology and Social Research, 1974, 58, 434-440.
Newman, G.R. u. Trilling, G.: Public perceptions of criminal behavior. Criminal Justice and Behavior, 1975, 2, 217-236.
Newman, O.: Defensible space. People and design in the violent city. London, Architectural Press, 1973a.
Newman, O.: Architectural design for crime prevention. Washington D.C., U.S. Government Printing Office, 1973b.
Newman, O.: Community of interest. Garden City, New York, Anchor, Doubleday, 1980.
Nietzel, M.T.: Crime and its modification: A social learning perspective. New York, Pergamon Press, 1979.
Nietzsche, F.: Werke in drei Bänden. München, Hanser, 1954/56.
Nisbett, R. u. Ross, L.: Human inference: Strategies and shortcomings of social judgement. Englewood Cliffs, New Jersey, Prentice-Hall, 1980.
Nowack, W.: Reaktionen auf männliche und weibliche Straftäter: Zwei Feldexperimente zur Hilfsbereitschaft in Alltagssituationen. Kriminologisches Journal, 1981a, 13, 220-233.
Nowack, W.: Situative Einflüsse auf Verhalten in natürlichem Kontext: Methoden und Ergebnisse der Analyse des Bemerkens und Reagierens auf Diebstahl. Literaturbericht zum Forschungsprojekt OZ 2729, Bielefeld, 1981b.
Nowack, W. u. Abele, A.: Bystander intervention in shoplifting incidents. An analysis of situational determinants. Manuskript, Bielefeld, 1980.
Nowack, W. u. Schalk, K.: Einstellungen gegenüber Straftätern bei Polizisten und bei der Bevölkerung. Unv. Manuskript, Bielefeld, 1979.
Nye, F.L.: Familiy relationship and delinquent behavior. New York, Wiley, 1958.
Odekunle, F.: Victims of property crime in Nigeria: A preliminary investigation in Zaria. Victimology, 1979, 4, 236-246.
Ohler, W.: Die Strafvollzugsanstalt als soziales System. Entwurf einer Organisationstheorie zum Strafvollzug. Heidelberg, C.F. Müller, 1977.
Oldendorff, A.: Sozialpsychologie im Industriebetrieb. Köln, J.P. Bachem, 1970.
Olweus, D.: Antisocial behavior in the school setting. In: R. Hare u. D. Schalling (Eds.) Psychopathic behaviour: Appraches to research. Chichester, Wiley, 1978, 319-327.
Opp, K.-D.: Die „alte" und die „neue" Kriminalsoziologie. Kriminologisches Journal, 1972, 4, 32-52.
Opp, K.-D.: Soziologie im Recht. Reinbek, Rowohlt, 1973.
Opp, K.-D.: Abweichendes Verhalten und Gesellschaftsstruktur. Darmstadt, Luchterhand, 1974[2].
Opp, K.-D. (Hrsg.): Strafvollzug und Resozialisierung. München, Fink 1979.
Opp, K.-D. u. Peuckert, R.: Ideologie und Fakten in der Rechtssprechung. München, Goldmann, 1971.
Oppeln-Bronikowski, H.C.v.: Zum Bild des Strafrechts in der öffentlichen Meinung. Kriminologische Studien, Bd. 4, Göttingen, Schwartz, 1970.
Orne, M.T., Thackray, R.I. u. Paskewitz, D.A.: On the detection of deception. In: N.S. Greenfield u. R.A. Sternbach (Eds.) Handbook of psychophysiology. New York, Holt, Rinehart & Winston, 1972, 743-785.
Osofsky, J.D.: Children's influence upon parental behavior: An attempt to define the relationship with the use of laboratory tasks. Genetic Psychology Monographs, 1971, 83, 147-169.
Ostermeyer, H.: Strafrecht und Psychoanalyse. München, Goldmann, 1972.
Ostrom, T.M., Steele, C.M., Rosenblood, L.K. u. Mirels, H.L.: Modification of delinquent behavior. Journal of Applied Psychology, 1971, 1, 118-136.
Oswald, M.: Überlegungen zur Erklärungskraft von Eysencks Persönlichkeitstheorie. Psychologische Beiträge, 1978, 20, 14-34.
Otto, H.-J.: Die Entwicklung des Konzepts Generalprävention – Entwicklung von Theorien der Abschreckung in Wissenschaft und Politik. Vortrags-Manuskript, 15. Colloquium der Südwestdeutschen Kriminologischen Institute, 1979.
Padawer-Singer, A.M., Singer, A. u. Singer, R.: Voir dire by two lawyers: An essential safeguard. Judicature, 1974, 57, 386-391.
Parsons, T. u. Shils, E.A.: Towards a general theory of action. Cambridge, Mass., Harvard University Press, 1952.
Passingham, R.E.: Crime and personality: A review of Eysenck's theory. In: V.D. Nebylitsyn u. J.A. Gray (Eds.) Biological bases of individual behavior. New York, Academic Press, 1972, 342-371.

Patterson, G.R.: Intervention for boys with conduct problems: Multiple settings, treatments, and criteria. Journal of Consulting and Clinical Psychology, 1974, 42, 471-481.

Patterson, G.R.: Multiple evaluations of a parent-training program. In: T. Thompson u. W.S. Dockens (Eds.) Applications of behavior modification. New York, Academic Press, 1975, 299-322.

Patterson, G.R. u. Gullion, E.N.: Living with children. New methods for parents and teachers. Champaign, Illinois, Research Press, 1968.

Patterson, G.R. u. Reid, J.B.: Intervention for families of aggressive boys: A replication study. Behavior Research and Therapy, 1973, 11, 383-394.

Perrez, M., Patry, J.L. u. Ischi, N.: Verhaltenstheoretische Analyse der Erzieher-Kind-Interaktion im Feld unter Berücksichtigung mehrerer Interaktionspartner des Kindes. In: H. Lukesch, M. Perrez u. K.A. Schneewind (Hrsg.) Familiäre Sozialisation und Intervention. Bern, Stuttgart, Wien, Huber, 1980, 65-79.

Petermann, F. u. Petermann, U.: Training mit aggressiven Kindern. München, Urban & Schwarzenberg, 1978.

Peters, D.: Die Genese richterlicher Urteilsbildung und die Schichtverteilung der Kriminalität. Kriminologisches Journal, 1970, 2, 210-232.

Peters, D.: Richter im Dienst der Macht. Zur gesellschaftlichen Verteilung der Kriminalität. Stuttgart, Enke, 1973.

Peters, D. u. Peters, H.: Theorielosigkeit und politische Botmäßigkeit – Destruktives und Konstruktives zur deutschen Kriminologie. Kriminologisches Journal, 1972, 4, 241-257.

Peters, H. u. Cremer-Schäfer, H.: Die sanften Kontrolleure. Stuttgart, Enke, 1975.

Peters, K.: Fehlerquellen im Strafprozeß. Eine Untersuchung der Wiederaufnahmeverfahren in der BRD. Karlsruhe, Müller, Band I. 1970, Band II. 1972, Band III. 1974.

Peters, K.: Der neue Strafprozess: Heidelberg und Karlsruhe, Müller, 1975.

Petrunik, M.: The rise and fall of „labelling theory": The construction and destruction of a sociological strawman. Canadian Journal of Sociology, 1980, 5, 213-233.

Pfeiffer, D.K. u. Scheerer, S.: Kriminalsoziologie. Eine Einführung in Theorien und Themen. Stuttgart, Kohlhammer, 1979.

Pfuhl, E.H., Jr.: The deviance process. New York, D. Van Nostrand, 1980.

Phillips, E.L., Phillips, E.A., Fixsen, D.L. u. Wolf, M.M.: Achievement Place: Modification of the behaviors of predelinquent boys within a token economy. Journal of Applied Behavior Analysis, 1971, 4, 45-59.

Pielmaier, H.: Verhaltenstherapie bei delinquenten Jugendlichen. Stuttgart, Enke, 1979.

Pielmaier, H.: Verhaltenstherapie bei delinquenten Jugendlichen. Stuttgart, Enke, 1979.

Pielmaier, H.: Modellernen in der Verhaltenstherapie mit dissozialen Jugendlichen. In: H. Pielmaier (Hrsg.) Training sozialer Verhaltensweisen. München, Kösel, 1980a, 39-52.

Pielmaier, H.: Verhaltenstherapie bei delinquenten Jugendlichen. In: P.F. Schlottke u. H. Wetzel (Hrsg.) Psychologische Behandlung von Kindern und Jugendlichen. München u.a., Urban & Schwarzenberg, 1980b, 316-336.

Pielmaier, H., Pauls, L. u. Blumenberg, F.-J.: Dissoziale Störungen. In: W. Wittling (Hrsg.) Handbuch der Klinischen Psychologie, Bd. 5, Therapie gestörten Verhaltens. Hamburg, Hoffmann & Campe, 1980a, 323-372.

Pielmaier, H., Wetzstein, H., Blumenberg, F.-J. u. Kury, H.: Die Trainingseinheiten. In: H. Pielmaier (Hrsg.) Training sozialer Verhaltensweisen. München, Kösel, 1980b, 72-180.

Piliavin, I., Hardyck, J. u. Vadum, A.: Constraining effects of personal cuts on the transgression of juveniles. Journal of Personality and Social Psychology, 1968, 10, 227-231.

Pitz, G.F., Downing, L. u. Reinhold, A.: Sequential effects in the revision of subjective probabilities. Canadian Journal of Psychology, 1967, 21, 381-393.

Piven, F.F. u. Cloward, R.A.: Sozialpolitik und politische Bewußtseinsbildung. Leviathan, 1979, 7, 283-307.

Plog, U.: Differentielle Psychotherapie II. Bern, Huber, 1976.

Plummer, K.: Misunderstanding labelling perspectives. In: D. Downes u. P. Rock (Eds.) Deviant interpretation. Problems in criminology. London, Martin Robertson, 1979, 85-121.

Plummer, K. (Ed.): The making of the modern homosexual. London, Hutchinson, 1981.

Podgorecki, A.: Public opinion on law. In: A. Podgorecki, W. Kaupen, J. van Houtte, P. Vinke u. B. Kutchinsky: Knowledge and opinion about law. Bristol, Law in Society Series, 1973.

Podlesny, J.A. u. Raskin, D.C.: Physiological measures and the detection of deception. Psychological Bulletin, 1977, 84, 782-799.

Podlesny, J.A. u. Raskin, D.C.: Effectiveness of techniques and physiological measures in the detection. Psychophysiology, 1978, 15, 344-359.

Pongratz, L., Schäfer, M., Jürgensen, P. u. Weisse, D.: Kinderdelinquenz: Daten, Hintergründe und Entwicklungen. München, Juventa, 1975.
Prahm, H.: Die ärztlich-psychologische Beurteilung der Glaubwürdigkeit Minderjähriger. Göttingen, Schwartz, 1972.
Preuß, U.K.: Justizielle und polizeiliche Wahrheit im Strafverfahren. Kritische Justiz, 1981, 2, 109-126.
Probst, P.: Faktorenanalytische Untersuchungen zum Konstrukt „Soziale Intelligenz". Dissertation, Universität Hamburg, 1973.
Pruitt, D.J. u. Insko, C.A.: Extension of the Kelley attribution model: The role of comparison-object consensus, target-object consensus, distinctiveness, and consistency. Journal of Personality and Social Psychology, 1980, 39, 39-58.
Pütz, A.: Delinquenz u. aggressives Verhalten. Dissertation, Universität Mainz, 1972.
Pütz, A. u. Mösslein, A.: Therapie im Heim und Internat. München, Pfeiffer, 1977.
Quack, J.: Eine andere Art der Diensteinteilung. Dienstplangestaltung in der Sozialtherapeutischen Modellanstalt Gelsenkirchen. Zeitschrift für Strafvollzug, 1976, 25, 91-92.
Quay, H.C.: Personality and delinquency. In: H.C. Quay (Ed.) Juvenile delinquency. Princetown Van Nostrand, 1965, 139-169.
Quensel, S.: Wie wird man kriminell: Verlaufsmodell einer fehlgeschlagenen Interaktion zwischen Delinquenten und Sanktionsinstanz. Kritische Justiz, 1970, 4, 375-382.
Quensel, S.: Soziale Fehlanpassung und Stigmatisierung. In: M. Rehbinder u. H. Schelsky (Hrsg.) Jahrbuch für Rechtssoziologie und Rechtstheorie, Bd. 3. Düsseldorf, Westdeutscher Verlag, 1972.
Quensel, S.: Wie macht man Kriminelle? Kritische Justiz, 1978, 11, 20-35.
Quensel, S.: Gutachten über die Arbeit des Kuratoriums zur Bekämpfung der Wohlstandskriminalität. Bremen, o.J.
Quensel, S.: Abschied von der Strafvollzugsreform: Ende der sozialtherapuetischen Anstalt? In: Forschungsgruppe Sozialtherapeutische Anstalten im Justizvollzug im Zentrum für interdisziplinäre Forschung der Universität Bielefeld (Hrsg.) Materialen für die Arbeitsgemeinschaft vom 15-19. Dez. 1981. Bielefeld, 1981, 107-115.
Rappaport, J. u. Cleary, C.P.: Labeling theory and the social psychology of experts and helpers. In: M. Gibbs, J.R. Lachenmeyer u. J. Sigal (Eds.) Community psychology. New York, Gardner Press, 1980, 71-96.
Rappaport, J., Lamiell, J.T. u. Seidman, E.: Ethical issues for psychologists in the juvenile justice system: Know and tell. In: J. Monahan (Ed.) The role of psychology in the criminal justice system. Washington, D.C., American Psychological Association, 1980, 93-125.
Rasch, W.: Tötung des Intimpartners. Stuttgart, Enke, 1964.
Rasch, W.: Die psychologisch-psychiatrische Beurteilung von Affektdelikten. Neue Juristische Wochenschrift, 1980, 33, 1309-1315.
Rasch, W. u. Hinz, S.: Für den Tatbestand ermitteln. Der Einfluß der gesetzlichen Mordmerkmale auf kriminalpolizeiliche Erstvernehmungen bei Tötungsdelikten. Kriminalistik, 1980, 34, 377-382.
Rasch, W. u. Kühl, K.-P.: Psychologische Kriterien für die Unterbringung in einer sozialtherapeutischen Anstalt. In: W. Rasch (Hrsg.) Forensische Sozialtherapie. Erfahrungen in Düren. Karlsruhe, Heidelberg, C.F. Müller, 1977, 203-259.
Raskin, D.C.: Reliability of chart interpretation and sources of errors in polygraph examinations. Report No. 76-3, Contract 75-NI-99-0001, U.S. Department of Justice. Salt Lake City, Utah, University of Utah, Department of Psychology, June, 1976.
Raskin, D.C.: Orienting and defensive reflexes in the detection of deception. In: H.D. Kimmel, E.H. Van Olst u. J.F. Orlebeke (Eds.) The orienting reflex in humans. Hillsdale, NJ, Lawrence Erlbaum, 1979, 587-606.
Raskin, D.C. u. Barland, G.H.: An evaluation of polygraph techniques currently practiced by law enforcement and private polygraph examiners. Report No. 76-2, Contract 75-NI-99-0001, U.S. Department of Justice. Salt Lake City, Utah, University of Utah, Department of Psychology, April 1976.
Raskin, D.C., Barland, G.H. u. Podlesny, J.A.: Validity and reliability of detection of deception. Polygraph, 1977, 6, 1-39.
Raskin, D.C. u. Hare, R.D.: Psychopathy and detection of deception in a prison population. Psychophysiology, 1978, 15, 126-136.
Reckless, W.C.: Halttheorie. Monatschrift für Kriminologie und Strafrechtsreform, 1961, 44, 1-14.
Reckless, W.C.: The crime problem. New York, Appleton-Century-Crofts, 1973.
Reckless, W.C., Dinitz, S. u. Murray, E.: Self concept as an insulator against delinquency. American Sociological Review, 1956, 21, 744-746.

Redl, F. u. Wineman, D.: Children who hate. New York, The Free Press, 1951 (deutsch: München, Piper, 1979).
Redl, F. u. Wineman, D.: Controls from within. New York, The Free Press, 1952.
Reed, J.P. u. Reed R.S.: Status, images, and consequence: once a criminal always a criminal. Sociology and Social Research, 1973, 57, 460-472.
Rehn, G.: Die sozialtherapeutische Anstalt. Aktuelle Probleme und Strukturprinzipien. In: A. Abele, S. Mitzlaff u. W. Nowack (Hrsg.) Abweichendes Verhalten. Erklärungen, Scheinerklärungen und praktische Probleme. Stuttgart, Fromann-Holzboog, 1975, 276-299.
Rehn, G.: Behandlung im Strafvollzug. Ergebnisse einer vergleichenden Untersuchung der Rückfallquote bei entlassenen Strafgefangenen. Weinheim, Basel, Beltz, 1979.
Reicher, J.W.: Die Behandlung in einer Sonderanstalt für psychisch gestörte Delinquenten. Praxis der Kinderpsychologie und Kinderpsychiatrie, 1973, 22, 120-125.
Reicher, J.W.: Zur Persönlichkeitsstruktur und zur Behandlung psychisch gestörter Delinquenten. Gruppendynamik, 1976, 5, 330-338.
Reid, J.E.: A revised questioning technique in lie-detection tests. The Journal of Criminal Law and Criminology and American Journal of Police Science, 1947, 37, 542-547.
Reinke, E. u. Toussaint, J.: Forschungsantrag „Soziotherapie mit Delinquenten". Unveröff. Manuskript, Frankfurt, 1979.
Reinke, E. u. Toussaint, J.: Kurzdarstellung des Projekts „Soziotherapie mit Delinquenten". Psyche, 1982, 36, 171-175.
Reiss, A.J.: Delinquency as the failure of personal and social controls. American Sociological Review, 1951, 16, 196-207.
Reiwald, P.: Die Gesellschaft und ihre Verbrecher. Zürich, Pan, 1948.
Remschmidt, H., Merschmann, W., Walter, R. u. Höhner, G.: Empirische Untersuchungen zur unregistrierten kindlichen Delinquenz. In: H. Göppinger u. G. Kaiser (Hrsg.) Kriminologie und Strafverfahren. Kriminologische Gegenwartsfragen, Bd. 12. Stuttgart, Enke, 1976, 195-210.
Reppetto, T.A.: Residential crime. Cambridge/Mass., Ballinger, 1974.
Rettig, S. u. Rawson, H.E.: The risk hypothesis in predictive judgements of unethical behavior. Journal of Abnormal and Social Psychology, 1963, 66, 243-248.
Reuband, K.-H.: Sanktionsverlangen im Wandel. Die Einstellung zur Todesstrafe in der Bundesrepublik Deutschland seit 1950. Kölner Zeitschrift für Soziologie und Sozialpsychologie, 1980, 32, 535-558.
Richter, H.E.: Eltern, Kind, Neurose. Stuttgart, Klett, 1963.
Richter, H.E.: Patient Familie: Entstehung, Struktur und Therapie von Konflikten in Ehe und Familie. Reinbek bei Hamburg, Rowohlt, 1970.
Richter, H.E.: Psychoanalyse und psychosoziale Therapie. Psychosozial, 1978, 1, 7-19.
Riley, P.: Informed and uninformed public opinion regarding correctional policies and prison reform. Ann Arbor, University Microfilms International, 1976.
Roberts, A.R.: Training correctional treatment specialists: A planning model. In: A.R. Roberts (Ed.) Correctional treatment of the offender. Springfield, Thomas, 1974, 81-102.
Robins, L.N.: Deviant children grown up: A sociological and psychiatric study of sociopathic personality. Baltimore, William & Wilkins, 1966.
Rockoff, E.S. u. Hofmann, R.J.: The normal and the retarded offender: Some characteristic distinctions. International Journal of Offender Therapy and Comparative Criminology, 1977, 21, 52-56.
Rogers, C.R.: The clinical treatment of the problem child. Boston, Houghton, 1939.
Rogers, C.R.: Counseling and psychotherapy. Boston, Houghton, 1942.
Rogers, C.R.: The necessary and sufficient conditions of therapeutic personality change. Journal of Consulting Psychology, 1957, 21, 95-103.
Rogers, C.R.: Actualizing tendency in relation to „motives" and to consciousness. In: M.R. Jones (Ed.) Nebraska Symposion on Motivation 1963. Lincoln, University of Nebraska Press, 1963, 1-24.
Rogers, J.W. u. Buffalo, M.D.: Fighting back: Nine modes of adaptation to a deviant label. Social Problems, 1974, 22, 101-118.
Rolinski, K.: Zur Hypothese unterschiedlicher Auswirkung von Verstärkungsbedingungen bei Straffälligen und Nicht-Straffälligen im Lernexperiment. Monatsschrift für Kriminologie und Strafrechtsreform, 1978, 61, 139-148.
Rolinski, K.: Wohnhausarchitektur und Kriminalität. Wiesbaden, BKA-Forschungsreihe, 1980.
Romig. A.D.: Justice for our children. An examination of juvenile delinquent rehabilitation programs. Lexington, Lexington Books, 1978.
Roosenburg, A.M.: Psychotherapeutische Erfahrungen an Strafgefangenen. In: W. Bitter (Hrsg.) Verbrechen – Schuld oder Schicksal? Suttgart, Klett, 1969, 88-101.

Rosen, J.N.: Direct analysis. New York, Grune & Stratton, 1953.
Rosen, L.: The broken home and male delinquency. In: M.E. Wolfgang, L. Savitz u. N. Johnston (Eds.) The sociology of crime and delinquency. New York, Wiley, 1970[2], 489-495.
Rossi, P., Waite, E., Bose, C. u. Berk, R.: The seriousness of crimes: normative structure and individual differences. American Sociological Review, 1974, 39, 224-237.
Rotenberg, M.: Damnation and deviance. The protestantic ethic and the spirit of failure. New York, The Free Press, 1978.
Rottenecker, R.: Modelle der kriminalpolizeilichen Vernehmung des Beschuldigten. Jur. Diss., Universität Freiburg, 1976.
Rotthaus, K.P.: Sozialtherapie in der Dr.-van-der-Hoeven-Klinik in Utrecht. Monatsschrift für Kriminologie und Strafrechtsreform, 1975, 58, 83-94.
Rotthaus, K.P.: Die neue Dr.-van-der-Hoeven-Klinik in Utrecht. Monatsschrift für Kriminologie und Strafrechtsreform, 1978, 61, 126-134.
Rovner, L.I., Raskin, D.C. u. Kircher, J.C.: Effects of information and practice on the detection of deception. Psychophysiology, 1979, 16, 197-198.
Rubenfeld, S.: Familiy of outcasts. New York, Free Press, 1965.
Rubin, R.D. u. Franks, C.M. (Eds.): Advances in behavior therapy. New York, Academic Press, 1969.
Rüther, W.: Abweichendes Verhalten und „labeling approach". Köln, Heymanns, 1975.
Rusche, G. u. Kirchheimer, O.: Sozialstruktur und Strafvollzug. Frankfurt a.M., Europäische Verlagsanstalt, 1974.
Rutter, M.: Epidemiologie in der Kinderpsychiatrie. Zeitschrift für Kinder- und Jugendpsychiatrie, 1977, 5, 238-279.
Rutter, M.: Maternal deprivation 1972-1978: New findings, new concepts, new approaches. Annals, Academy of Medicine, 1980, 8, 312-323.
Ryan, W.: Blaming the victim. New York, Vintage Books, 1971.
Sack, F.: Neue Perspektiven in der Kriminologie. In: F. Sack u. R. König (Hrsg.) Kriminalsoziologie. Frankfurt, Akademische Verlagsgesellschaft, 1968[1], 432-475.
Sack, F.: Definition von Kriminalität als politisches Handeln: Der labeling approach. Kriminologisches Journal, 1972, 4, 3-31.
Sack, F.: Probleme der Kriminalsoziologie. In: R. König (Hrsg.) Handbuch der empirischen Sozialforschung, Bd. 12, Wählerverhalten, Vorurteile, Kriminalität. Stuttgart, Enke, 1978[2], 192-492.
Sack, F. u. König, R. (Hrsg.): Kriminalsoziologie. Frankfurt, Akademische Verlagsgesellschaft, 1968, 1974[2].
Sagebiel, F.: Zur Sicherung einer therapeutisch orientierten Organisationsstruktur für sozialtherapeutische Anstalten. Göttingen, Schwartz & Co., 1979.
Saks, M.J. u. Hastie, R.: Social psychology in court. New York, Van Nostrand, Reinhold, 1978.
Sales, B.D. (Ed.): Psychology in the legal process. New York, Holt, Rinehart & Winston, 1977.
Sarason, J.G.: Verbal learning, modeling, and juvenile delinquency. American Psychologist, 1968, 23, 254-266.
Sarason, J.G. u. Ganzer, V.J.: Developing appropiate social behaviors of juvenile delinquents. In: J.D. Krumboltz u. C.E. Thoresen (Eds.) Behavioral counseling. New York, Holt, Rinehart and Winston, 1969, 178-192.
Sarason, J.G. u. Ganzer, V.J.: Modeling: An approach to the rehabilitation of juvenile offenders. Final report to the Social and Rehabilitation Service of the Department of Health, Education and Welfare. Washington, 1971.
Sarason, J.G. u. Ganzer, V.J.: Modeling and group discussion in the rehabilitation of juvenile delinquents. Journal of Counseling Psychology, 1973, 20, 442-449.
Sarbin, T.R.: Contextualism: The worldview of modern psychology. In: A.W. Landfield (Ed.) Nebraska symposium of motivation 1976. Lincoln, University of Nebraska Press, 1977, 1-41.
Sarbin, T.R.: The myth of the criminal type. In: T.R. Sarbin (Ed.) Challenges to the criminal justice system. The perspective of community psychology. New York, Human Science Press, 1979, 1-27.
Scarpitti, F.R., Murray, E., Dinitz, S. u. Reckless, W.C.: The „good" boy in a high delinquency area: Four years later. American Sociological Review, 1960, 25, 555-558.
Schäfers, B.: Sozialstrukur und Wandel der Bundesrepublik Deutschland. Stuttgart, Enke, 1976.
Schafer, S.: The victim and his criminal. A study in functional responsibility. New York, Random House, 1968.
Schafer, S.: Victimology.: The victim and his criminal. Reston/Virginia, Prentice-Hall, 1977.
Schaller, S. u. Groffmann, K.-J.: Dissoziales Verhalten. In: W. Wittling (Hrsg.) Handbuch der Klinischen Psychologie, Bd. 4, Ätiologie gestörten Verhaltens. Hamburg, Hoffmann & Campe, 1980, 278-334.

Schaller, S. u. Schmidtke, A.: Probleme und Möglichkeiten einer Zusammenarbeit von Forschung und Praxis im Bereich der Strafvollzugspsychologie. In: K. Mai (Hrsg.) Psychologie hinter Gittern. Probleme psychologischer Tätigkeit im Strafvollzug. Weinheim, Basel, Beltz, 1981, 125-160.
Scheff, T.J.: The labeling theory of mental illness. American Sociological Review, 1974, 39, 444-452.
Scheflen, A.E.: Communication structure: Analysis of a psychotherapy transaction. Bloomington, Indiana University Press, 1973.
Schendl-Mayrhuber, M.: Der Einfluß der Schichtzugehörigkeit auf die Bildung von Erziehungseinstellungen und Erziehungszielen. In: K. Schneewind u. H. Lukesch (Hrsg.) Familiäre Sozialisation. Stuttgart, Klett-Cotta, 1978, 136-146.
Schervish, P.G.: The labeling perspective: its bias and potential in the study of political deviance. The American Sociologist, 1973, 8, 47-57.
Schlichter, K.J u. Ratliff, R.G.: Discrimination learning in juvenile delinquents. Journal of Abnormal Psychology, 1971, 77, 46-48.
Schlüter, K.: Polizeiliche Vernehmung von Straftätern. Ein Dilemma in der Hauptverhandlung. Monatschrift für Kriminologie und Strafrechtsreform, 1978, 61, 192-193.
Schmid, C.F.: Verbrechensmorphologie einer Großstadt. In: F. Sack u. R. König (Hrsg.) Kriminalsoziologie. Frankfurt/M., Akademische Verlagsgesellschaft, 1968[1], 121-153.
Schmidbauer, W.: Die hilflosen Helfer. Reinbek, Rowohlt, 1977.
Schmideberg, M.: The analytic treatment of major criminals. In: K. Eissler (Ed.) Searchlights on delinquency. New York, International Universities Press, 1949.
Schmidtchen, S.: Verwendung von „selbstentwickelten Vorstellungsbildern" zur Selbstkontrolle von Diebstahlverhalten (Fallstudie). Heilpädagogische Forschung, 1974, 5, 180-187.
Schmitt, G.: Theorie und Praxis der Sozialtherapie im Strafvollzug, insbesondere der Verhaltenstherapie. In: H. Müller-Dietz (Hrsg.) Kriminaltherapie heute. Berlin u.a., de Gruyter, 1974, 1-18.
Schmitt, G.: Behandlungsformen in der Sozialtherapeutischen Anstalt. In: Bundeszusammenschluß für Straffälligenhilfe (Hrsg.) Sozialtherapeutische Anstalten – Konzepte und Erfahrungen. Bonn–Bad Godesberg, 1977, 97-157.
Schmitt, G.: Kriminalpsychologie aus der Sicht der Praxis. In: E. Stephan (Hrsg.) Ausbildung und Weiterbildung in Psychologie. Weinheim, Basel, Beltz, 1980, 226-236.
Schmitt, G.: Evaluation der Sozialtherapie: Problematik und erste Ergebnisse. In: Bundeszusammenschluß für Straffälligenhilfe (Hrsg.) Sozialtherapie als kriminalpolitische Aufgabe. Bonn–Bad Godesberg, 1981a, 64-80.
Schmitt, G.: Sozialtherapie im Überblick. In: Bundeszusammenschluß für Straffällighilfe (Hrsg.) Sozialtherapie als kriminalpolitische Aufgabe. Bonn–Bad Godesberg, 1981b, 123-165.
Schmitt, G.: Therapiemodelle im Regelvollzug. In: K. Mai (Hrsg.) Psychologie hinter Gittern. Weinheim, Basel, Beltz, 1981c, 85-99.
Schmitz, H.W.: Tatortbesichtigung und Tathergang. Wiesbaden, BKA, 1977.
Schmitz, H.W.: Tageschehen, Zeugen und Polizei. Wiesbaden, BKA, 1978.
Schmitz, H.W.: Zur Analyse von Aushandlungsprozessen in polizeilichen Vernehmungen von Geschädigten und Zeugen. In: H.G. Soeffner (Hrsg.) Interpretative Verfahren in den Sozial- und Textwissenschaften. Stuttgart, Metzler, 1979, 24-37.
Schmitz, H.W. u. Plate, M.: Rekonstruktion von Tathergängen aus Tatortspuren? Kriminalistik, 1977, 31, 309-313.
Schmuck, R. u. Wagner, G.: Probleme zwischen Vollzugsbediensteten und Gefangenen – Bericht über eine Arbeitstagung. Zeitschrift für Strafvollzug, 1974, 23, 11-18.
Schneider, H.D.: Sozialpsychologie der Machtbeziehungen. Stuttgart, Enke, 1977.
Schneider, H.J.: Prognostische Beurteilung des Rechtsbrechers: Die ausländische Forschung. In: U. Undeutsch (Hrsg.) Handbuch der Psychologie, Bd. 11. Göttingen, Hogrefe, 1967, 397-510.
Schneider, H.J.: Viktimologie. Wissenschaft vom Verbrechensopfer. Tübingen, J.C.B. Mohr, 1975a.
Schneider, H.J.: Viktimologie. In: R. Sieverts u. H.J. Schneider (Hrsg.) Handwörterbuch der Kriminologie, 3. Band. Berlin, New York, Walter de Gruyter 1975[2]b, 532-607.
Schneider, H.J.: Wer wird Opfer eines Verbrechens? Psychologie heute, 1975c, 2, Heft 11, 32-38 und Heft 12, 32-36.
Schneider, H.J.: Kriminologie. Standpunkte und Probleme. Berlin, de Gruyter, 1977[2].
Schneider, H.J.: Viktimologie – die Wissenschaft vom Verbrechensopfer. Deutsche Richterzeitung, 1978a, 5, 141-146 (auch in: Österreichische Richterzeitung, 1979, 29-34).

Schneider, H.J.: Stadtplanung und Baugestaltung im Dienste der Verbrechensvorbeugung. In: F. Kaulbach u. W. Krawietz (Hrsg.) Recht und Gesellschaft. Festschrift für Helmut Schelsky zum 65. Geburtstag. Berlin, Duncker & Humblot, 1978b, 579-588.

Schneider, H.J.: Das Opfer und sein Täter – Partner im Verbrechen. München, Kindler, 1979a.

Schneider, H.J.: Der doppelte Schaden der Opfer. Psychologie heute, 1979b, 6, 46-51.

Schneider, H.J.: Städteplanung und Baugestaltung. In: R. Sieverts u. H.J. Schneider (Hrsg.) Handwörterbuch der Kriminologie, 4. Band. Berlin, New York, Walter de Gruyter, 1979[2]c, 181-197.

Schneider, H.J.: Das Geschäft mit dem Verbrechen. Massenmedien und Kriminalität. München, Kindler, 1980.

Schneider, H.J.: (Hrsg.) Die Psychologie des 20. Jahrhunderts, Bd. 14, Auswirkungen auf die Kriminologie. München, Kindler, 1981a.

Schneider, H.J.: Kriminalität, Architektur und Städtebau. In: H.J. Schneider (Hrsg.) Die Psychologie des 20. Jahrhunderts, Bd. 14, Auswirkungen auf die Kriminologie. München, Kindler, 1981b, 607-621.

Schneider, H.J.: Das Opfer im Verursachungs- und Kontrollprozeß der Kriminalität. In: H.J. Schneider (Hrsg.) Die Psychologie des 20. Jahrhunderts, Band 14, Auswirkungen auf die Kriminologie. München, Kindler, 1981c, 683-708.

Schneider, H.J.: Kriminalprognose. In: H.J. Schneider (Hrsg.) Die Psychologie des 20. Jahrhunderts, Bd, 14, Auswirkungen auf die Kriminologie. München, Kindler, 1981d, 816-853.

Schneider, H.J.: Behandlung des Rechtsbrechers in der Strafanstalt und in Freiheit. In: H.J. Schneider (Hrsg.) Auswirkungen auf die Kriminologie. Die Psychologie des 20. Jahrhunderts, Bd. 14, Auswirkungen auf die Kriminologie. München, Kindler, 1981e, 899-935.

Schneider, H.J.: Opfer des Terrorismus. In: H.J. Schneider (Hrsg.) Das Verbrechensopfer in der Strafrechtspflege. Berlin, New York, Walter de Gruyter, 1982a, 298-304.

Schneider, H.J.: Die Opfer des Völkermords. In: H.J. Schneider (Hrsg.) Das Verbrechensopfer in der Strafrechtspflege. Berlin, New York, Walter de Gruyter, 1982b, 305-318.

Schneider, K.: Die psychopathischen Persönlichkeiten. Wien, Deuticke, 1923[1], 1940[4].

Schneider, K.: Das Gesprächspsychotherapie-Konzept als Kommunikationsmedium des Erziehungsgedankens im Jugendstrafvollzug. In: P. Jankowski, D. Tscheulin, H.J. Fietkau u. F. Mann (Hrsg.) Klientenzentrierte Psychotherapie heute – Bericht über den I. Europäischen Kongreß für Gesprächspsychotherapie in Würzburg, 1974. Göttingen, Hogrefe, 1976, 345-350.

Schneewind, K.A.: Auswirkungen von Erziehungsstilen. Überblick über den Stand der Forschung. In: H. Lukesch (Hrsg.) Auswirkungen von Erziehungsstilen. Göttingen, Hogrefe, 1975, 14-27.

Schneewind, K.A. u. Lortz, E.: Familienklima und elterliche Erziehungseinstellungen. In: K.A. Schneewind u. H. Lukesch (Hrsg.) Familiäre Sozialisation. Stuttgart, Klett-Cotta, 1978, 114-135.

Schöner, E.: Der therapeutische Prozeß in der Behandlungsabteilung. Zeitschrift für Strafvollzug und Straffälligenhilfe, 1979, 28, 6-8.

Schönpflug, W.: Phänomenologische Indikatoren der Aktiviertheit. In: W. Schönpflug (Hrsg.) Methoden der Aktivierungsforschung. Bern, Stuttgart, Wien, Huber, 1969, 215-235.

Schorsch, E. u. Becker, N.: Angst, Lust, Zerstörung. Reinbek bei Hamburg, Rowohlt, 1977.

Schuessler, K.F. u. Cressey, D.R.: Personality characteristics of criminals. American Journal of Sociology, 1950, 55, 476-484.

Schütze, F.: Sprache sozial gesehen. Band 1/2. München, Fink, 1975.

Schultz-Hencke, H.: Der gehemmte Mensch. Stuttgart, Thieme, 1940, 1947[2].

Schultz-Hencke, H.: Lehrbuch der analytischen Psychotherapie. Stuttgart, Thieme, 1951.

Schumann, K.F., Voss, M. u. Papendorf, K.: Über die Entbehrlichkeit des Jugendstrafvollzuges. In: H. Ostermeyer (Hrsg.) Freiheit statt Strafe. Plädoyers für die Abschaffung der Gefängnisse. Frankfurt, Fischer, 1981, 33-67.

Schumann, K.F. u. Winter, G.: Zur Analyse des Strafverfahrens. Kriminologisches Journal, 1971, 3, 136-166.

Schur, E.M.: Radical non-intervention: Rethinking the delinquency problem. Englewood Cliffs, Prentice-Hall, 1973.

Schur, E.M.: Abweichendes Verhalten und soziale Kontrolle. Etikettierung und gesellschaftliche Reaktionen. Frankfurt am Main, Herder & Herder, 1974 (amerik. 1971).

Schur, E.M.: Interpreting deviance. A sociological introduction. New York, Harper & Row, 1979.

Schur, E.M.: Comments. Postscript. In: W.R. Gove (Ed.) The labeling of deviance. Beverly Hills, London, Sage, 1980[2], 393-404.

Schwabe, J.: Rechtsprobleme des „Lügendetektors". Neue Juristische Wochenschrift, 1979, 32, 576-582.

Schwabe, J.: Der „Lügendetektor" vor dem Bundesverfassungsgericht. Neue Juristische Wochenschrift, 1982, 35, 367-368.
Schwalm, G.: Schuldfähigkeit unter juristischem Aspekt. In: G. Eisen (Hrsg.) Handwörterbuch der Rechtsmedizin, Bd. III. Stuttgart, Enke, 1977, 261-276.
Schwartz, G.E. u. Shapiro, D.: Consciousness and selfregulation. Advances in research. Vol. 1. New York, London, Plenum, 1976.
Schwartz, H.-J.: Zur Prozeßforschung in klientenzentrierter Psychotherapie. Hamburg, unveröff. Dissertation, 1975.
Schwartz, M. u. Stryker, S.: Deviance, selves and others. Washington, American Sociological Association, 1970.
Schwartz, S. u. Gottlieb, A.: Bystander reactions to a violent theft: Crime in Jerusalem. Journal of Personality and Social Psychology, 1976, 34, 1188-1199.
Schwenkmezger, P.: Risikoverhalten und Risikobereitschaft. Weinheim, Beltz, 1977.
Schwind, H.-D.: Kurzer Überblick über die Geschichte des Strafvollzugs. In: H.-D. Schwind u. G. Blau (Hrsg.) Strafvollzug in der Praxis. Berlin, De Gruyter, 1976, 1-21.
Schwind, H.-D.: Kriminalgeographie. In: R. Sieverts u. H.J. Schneider (Hrsg.) Handwörterbuch der Kriminologie, 4. Band. Berlin, New York, Walter de Gruyter, 1979[2], 169-181.
Schwind, H.-D.: Kriminalgeographie. In: H.J. Schneider (Hrsg.) Die Psychologie des 20. Jahrhunderts, Band 14, Auswirkungen auf die Kriminologie. München, Kindler, 1981, 248-261.
Schwind, H.-D., Ahlborn, W., Eger, H.J., Jany, U., Pudel, V. u. Weiss, R. unter Mitarbeit von Gallus, H. u. Steinhilper, G.: Dunkelfeldforschung in Göttingen 1973/74. Wiesbaden, Bundeskriminalamt, 1975.
Schwind, H.-D., Ahlborn, W. u. Weiss, R. (Hrsg.): Empirische Kriminalgeographie. Wiesbaden, Bundeskriminalamt, 1978.
Schwind, H.-D., Berckhauer, F. u. Steinhilper, G. (Hrsg.): Präventive Kriminalpolitik. Heidelberg, Kriminalistik Verlag, 1980.
Schwind, H.-D. u. Blau, G. (Hrsg.): Strafvollzug in der Praxis. Berlin, De Gruyter, 1976.
Schwitzgebel, R.K. u. Kolb, D.A.: Inducing behavior change in adolescent delinquents. Behavior Research and Therapy, 1964, 1, 297-304.
Scull, A.T.: Die Anstalten öffnen? Decarceration der Irren und Häftlinge. Frankfurt a.M., New York, Campus, 1980.
Sears, D.O.: Biased indoctrination and selectivity of exposure to new information. Sociometry, 1965, 28, 363-376.
Sears, D.O.: Opinion formation and information preferences in an adversary situation. Journal of Experimental Social Psychology, 1966, 2, 130-142.
Sears, D.O. u. Freedman, J.L.: Effects of expected familiarity with arguments upon opinion change and selective exposure. Journal of Personality and Social Psychology, 1965, 2, 420-426.
Sears, D.O., Freedman, J.L. u. O'Connor, E.F.: The effects of anticipated debate and commitment on the polarization of audience opinion. Public Opinion Quarterly, 1964, 28, 615-627.
Sears, R.R., Maccoby, E.E. u. Levin, H.: Patterns of child rearing. New York, Harper & Row, 1957.
Seidman, E.: Justice, values and social science: Unexamined premises. In: R.J. Simon (Ed.) Research in Law and Sociology, 1978, 1, 175-200.
Seitz, W.: Erziehungshintergrund jugendlicher Delinquenz. In: H. Lukesch (Hrsg.) Auswirkungen von Erziehungsstilen. Göttingen, Hogrefe, 1975, 111-130.
Seitz, W.: Vergleich des Erziehungshintergrundes zwischen delinquenten und nichtdelinquenten Jugendlichen. In: H. Lukesch, M. Perrez u. K.A. Schneewind (Hrsg.) Familiale Sozialisation und Intervention. Bern, Stuttgart, Wien, Hans Huber, 1980, 353-370.
Seitz, W.: Verhaltensstörungen von Kindern und elterliche Erziehung. In: J.P. Gösselbauer, J.A. Keller u. J. Wittkowski (Hrsg.) Brennpunkte der Psychologie. Politische Studien, Sonderheft 4, 1981, 31-51.
Seitz, W.: Aufgaben und Methoden der Erziehungsberatung im Wandel. Psychologie in Erziehung und Unterricht, 1982, 29, 30-40.
Seitz, W. u. Götz, W.: Familiäre Erziehung und jugendliche Delinquenz. Stuttgart, Enke, 1979.
Seitz, W., Wehner, E.G. u. Henke, M.: Ähnlichkeiten des Erziehungsstils zwischen Müttern und Vätern 7- bis 8-jähriger Jungen. Zeitschrift für Entwicklungspsychologie und Pädagogische Psychologie, 1970, 2, 1-14.
Selg, H.: Lernen am Modell. In: U. Mees u. H. Selg (Hrsg.) Verhaltensbeobachtung und Verhaltensmodifikation. Stuttgart, Klett, 1977, 247-248.
Selg, H.: Aggressionsdefinitionen – und kein Ende? In: R. Hilke u. W. Kempf (Hrsg.) Aggression. Bern, Huber, 1982, 351-354.
Sellin, T.: Culture conflict and crime. New York, Wiley, 1958.
Semmer, N. u. Pfäfflin, M.: Interaktionstraining. Weinheim, Beltz, 1978.

Shaffer, D., Rogel, M. u. Hendrick, C.: Intervention in the library: The effect of increased responsibility on bystanders willingness to prevent a theft. Journal of Applied Psychology, 1975, 5, 303-319.

Shaw, C.R.: Delinquency areas. Chicago, University of Chicago Press, 1929.

Shaw, C.R. u. McKay, H.D.: Juvenile delinquency and urban areas. Chicago, London, The University of Chicago Press, 1942.

Sheppard, B.H. u. Vidmar, N.: Adversary pretrial procedures and testimonial evidence: Effects of layer's role and machiavellianism. Journal of Personality and Social Psychology, 1980, 39, 320-332.

Short, J.F. u. Strodtbeck, F.L.: Group process and gang delinquency. Chicago, University of Chicago Press, 1965.

Sievers, B.: Organisationsentwicklung als Problem. Stuttgart, Klett, 1977.

Sigusch, V. (Hrsg.): Therapie sexueller Störungen. Stuttgart, Thieme, 1975.

Silber, D.: The place of behavior therapy in correction. Crime and Delinquency, 1976, 22, 211-217.

Silbereisen, N. u. Wehrmann, H.: Neues Vollzugskonzept für die Jugendstrafanstalt Berlin-Plötzensee. Zeitschrift für Strafvollzug und Straffälligenhilfe, 1981, 30, 17-21.

Simmel, G.: Soziologie. Berlin, Duncker & Humblot, 1978[5].

Simmons, J.: Public stereotypes of deviants. Social Problems, 1965, 13, 223-232.

Simon, H.A.: Information processing models of cognition. Annual Review of Psychology, 1979, 30, 363-396.

Singer, J.L.: Delayed gratification and ego development: Implications for clinical and experimental research. Journal of Consulting Psychology, 1955, 19, 261-266.

Skinner, B.F.: Science and human behavior. New York, Macmillan., 1953.

Slack, C.: Experimenter-subject psychotherapy. Mental Hygiene, 1960, 44, 238-256.

Slowik, S.M. u. Buckley, J.P.: Relative accuracy of polygraph examiner diagnosis of respiration, blood pressure, and GSR recordings. Journal of Police Science and Administration, 1975, 3, 305-309.

Sluga, W. u. Grünberger, J.: Gruppenpsychotherapie mit Strafgefangenen. Zeitschrift für Psychotherapie und medizinische Psychologie, 1968, 18, 91-96.

Smedslund, J.: Between the analytic and the arbitrary: A case study of psychological research. Scandinavian Journal of Psychology, 1979, 20, 129-140.

Smith, D. u. Lipsey, C.: Public opinion and penal policy. Criminology, 1976, 14, 113-124.

Sommer, G. u. Ernst, H. (Hrsg.): Gemeindepsychologie: Therapie und Prävention in der sozialen Umwelt. München, Wien, Urban & Schwarzenberg, 1977.

Sommer, R.: Dreidimensionale Analyse von Ausdrucksbewegungen. Zeitschrift für Psychologie, 1898, 16, 275-297.

Sozialtherapeutische Anstalten. Konzepte und Erfahrungen. Ein Bericht des Fachausschusses V „Sozialtherapie und sozialtherapeutische Anstalt“ des Bundeszusammenschlusses für Straffälligenhilfe. Heft 19 der Schriftenreihe. Bonn-Bad Godesberg, Selbstverlag, 1977.

Spece, S.H. u. Marzillier, J.S.: Social skills training with adolescent male offenders: I. Short-term effects. Behavior Research and Therapy, 1979, 17, 7-16.

Spector, M.: Labelling theory in Social Problems: A young journal launches a new theory. Social Problems, 1976, 24, 69-75.

Spergel, I.: Racketville, Slumtown, Haulburg. Chicago, University of Chicago Press, 1964.

Spittler, E.: Sozialarbeit im Strafvollzug – ein Erfahrungsbericht. Monatsschrift für Kriminologie und Strafrechtsreform, 1977, 60, 32-41.

Spitz, R.: Hospitalismus. In: R.S. Eissler, A. Freud, H. Hartmann u. M. Kris (Eds.) Psychoanalytic study of the child, Vol. 2. New York, International Universities Press, 1946, 113-117.

Spitz, R.: Die Entstehung der ersten Objektbeziehungen. Stuttgart, Klett, 1957.

Sporer, S.L.: Toward a comprehensive history of legal psychology. Paper presented at the 89th Annual Meeting of the American Psychological Association, Los Angeles, 1981.

Springer, W.: Kriminalitätstheorien und ihr Realitätsgehalt. Stuttgart, Enke, 1973.

Staiber, J.: Kriminalpolitik und Strafvollzug. Berlin, Sozialpolitischer Verlag, 1978.

Stapf, K.H., Herrmann, T., Stapf, A. u. Stäcker, K.H.: Psychologie des elterlichen Erziehungsstils. Stuttgart, Klett, 1972.

Statistisches Bundesamt (Hrsg.): Statistisches Jahrbuch. Stuttgart, Kohlhammer 1975.

Steffen, W.: Analyse polizeilicher Ermittlungstätigkeit aus der Sicht des späteren Strafverfahrens. Wiesbaden, BKA, 1976.

Steffensmeier, D.: Levels of dogmatism and willingness to report „hippie“ and „straight“ shoplifters. A field experiment accompanied by home interview. Sociometry, 1975, 38, 282-290.

Steffensmeier, D. u. Terry, R.: Deviance and respectability: An observational study of reactions to shoplifting. Social Forces, 1973, 51, 417-426.
Stegmüller, W.: Wissenschaftliche Erklärung und Begründung. Berlin, Springer, 1969.
Steigleder, E.: Affekthandlungen. In: G. Eisen (Hrsg.) Handwörterbuch der Rechtsmedizin, Band II. Stuttgart, Enke, 1974, 59-71.
Stein-Hilbers, M.: Kriminalität im Fernsehen. Stuttgart, Enke, 1977.
Steller, M.: Für eine Neubestimmung der Aufgaben von Strafvollzugspsychologen. Psychologische Rundschau, 1977a, 28, 209-213.
Steller, M.: Sozialtherapie statt Strafvollzug. Köln, Kiepenheuer, 1977b.
Steller, M. u. Berbalk, H.: Ein Programm zur psychologischen Ausbildung von Vollzugsbediensteten. Monatsschrift für Kriminologie und Strafvollzugsreform, 1974, 57, 88-105.
Steller, M. u. Hommers, W.: Konfigurale Klassifikation von Delinquenten durch Variablen der Therapiemotivation. In: W. Tack (Hrsg.) Bericht über den 30. Kongreß der Deutschen Gesellschaft für Psychologie in Regensburg 1976, Band 2. Göttingen, Hogrefe, 1977, 395-397.
Steller, M., Hommers, W. u. Zienert, H.J. (Hrsg.): Modellunterstütztes Rollentraining (MURT). Verhaltensmodifikation bei Jugenddelinquenz. Berlin, Heidelberg, New York, Springer, 1978.
Steller, M. u. Kolbe, M.: Verhaltens- und Gesprächstraining für Vollzugsbedienstete. Saarbrücken, Paritätisches Bildungswerk, 1976.
Steller, M. u. Kolbe, M.: Psychologie für Vollzugsbedienstete – Entwurf eines Curriculums für die psychologische Ausbildung von Bediensteten in einem behandlungs-orientierten Strafvollzug. Bonn-Bad Godesberg, 1977.
Stemmer-Lück, M.: Die Behandlungsindikation bei Straffälligen. Göttingen, Schwartz, 1980.
Stephan, E.: Die Stuttgarter Opferbefragung. Wiesbaden, Bundeskriminalamt, 1976.
Stephan, E. (Hrsg.): Ausbildung und Weiterbildung in Psychologie. Weinheim, Basel, Beltz, 1980.
Stephani, R.: Die Wegnahme von Waren in Selbstbedienungsgeschäften durch Kunden. Bern, Verlag Paul Haupt, 1968.
Stern, W.: Zur Psychologie der Aussage. Zeitschrift für Strafrechtswissenschaft, 1902, 22, 315-370.
Stern, W.: Psychologische Tatbestandsdiagnostik. Beiträge zur Psychologie der Aussage II/2. Leipzig 1905/06, 145-147 / 275-277.
Stiksrud, H.A. u. Margraf, J.: Einflüsse von Sozialisationsbedingungen auf die Wertstrukturen jugendlicher Inhaftierter. In: H. Janig (Hrsg.) Jugend in Bildung und Erziehung. Wien, Verband der wissenschaftlichen Gesellschaften Österreichs, 1980, 183-205.
Stocker-Kreichgauer, G.: Ausbildung und Training in der Unternehmung. In: A. Mayer (Hrsg.) Organisationspsychologie. Stuttgart, Poeschel, 1978, 170-200.
Stokes, T.F. u. Baer, D.M.: An implicit technology of generalization. Journal of Applied Behavior Analysis, 1977, 10, 349-367.
Stone, V.A.: A primacy effect in decision-making by jurors. Journal of Communication, 1969, 19, 239-247.
Street, D., Vinter, R.D. u. Perrow, C.: Organizations for treatment: A comparative study of institutions for delinquents. New York, The Free Press, 1966.
Studt, E., Messinger, S.L. u. Wilson, T.P.: C-Unit. Search for community in prison. New York, Russell Sage Foundation, 1968.
Stuerup, G.K.: Treating the „untreatable": chronic criminals at Herstedvester/Denmark. Baltimore, Hopkins, 1968.
Stumpfl, F.: Erbanalage und Verbrechen. Berlin, Springer, 1935.
Stumphauzer, J.S.: Behavior modification with juvenile delinquents: A critical review. FDI Technical and Treatment Notes, 1970, 1, No. 2.
Stumphauzer, J.S.: Increased delay of gratification in young prison inmates through imitation of high-delay peer models. Journal of Personality and Social Psychology, 1972, 21, 10-17.
Stumphauzer, J.S. (Ed.): Behavior therapy with delinquents. Springfield, Ill., C.C. Thomas, 1973.
Suchenwirth, R.: Schwachsinn. In: G. Eisen (Hrsg.) Handwörterbuch der Rechtsmedizin, Band II. Stuttgart, Enke, 1974, 234-246.
Sutherland, E.H.: Principles of criminology. Chicago, Philadelphia, New York, Lippincott, 1944.
Sutherland, E.H.: The professional thief. Chicago, University Press, 1956[9].
Sutherland, E.H.: Die Theorie der differentiellen Kontakte. In: F. Sack u. R. König (Hrsg.) Kriminalsoziologie. Frankfurt, Akademische Verlagsgesellschaft, 1968, 1974[2], 395-399 (amerik. Principles of criminology, Philadelphia, Lippincott, 1944).
Sutherland, E.H. u. Cressey, D.R.: Principles of criminology. Chicago, Lippincott, 1978[10].
Sykes, G.M. u. Matza, D.: Techniques of neutralization: A theory of delinquency. American Sociological Review, 1957, 22, 664-670.

Sykes, G.M. u. Matza, D.: Techniken der Neutralisierung: Eine Theorie der Delinquenz. In: F. Sack u. R. König (Hrsg.) Kriminalsoziologie. Frankfurt, Akademische Verlagsgesellschaft, 1968, 1974², 360-371.

Szabo, D.: Urbanisierung und Kriminalität. In: F. Sack u. R. König (Hrsg.) Kriminalsoziologie. Frankfurt/M., Akdademische Verlagsgesellschaft, 1968, 1974², 105-120.

Taft, D.R.: Criminology. New York, Macmillan, 1956.

Takahashi, U.: The police operation of polygraph detection and its assessment from a judical standpoint in Japan. Polygraph, 1976, 5, 223-234.

Tangri, S.S. u. Schwartz, M.: Delinquency research and the self-concept variable. Journal of Criminal Law, Criminology and Police Science, 1967, 58, 182-190.

Tannenbaum, F.: Crime and the community. Boston, Ginn, 1938.

Tapp, J.L.: Psychology and the law: An overture. Annual Review of Psychology, 1976, 27, 359-404.

Tapp, J.L.: Psychology and policy perspectives on the law: Reflections on a decade. Journal of Social Issues, 1980, 36, 165-192.

Tapp, J.L. u. Levine, F. (Eds.): Law, justice, and the individual in society: Psychological and legal issues. New York, Holt, Rinehart & Winston, 1978.

Tarde, G.: Les crimes des foules. In: Actes de 3eme Congres International d'Anthropologie Criminelle. Bruxelles, 1893.

Tarde, G.: Les lois de l'imitation. Etude sociologique, Paris, Alcan, 1895.

Tausch, R. u. Tausch, A.M.: Gesprächspsychotherapie. Göttingen, Hogrefe, 1979.

Taylor, I., Walton, P. u. Young, J.: The new criminology: For a social theory of deviance. London, Boston, Routledge & Kegan Paul, 1973.

Tennenbaum, D.J.: Personality and criminality. Journal of Criminal Justice, 1977, 5, 225-235.

Tent, L.: Psychologische Tatbestandsdiagnostik (Spurensymptomatologie, Lügendetektion). In: U. Undeutsch (Hrsg.) Handbuch der Psychologie, Bd. 11, Forensische Psychologie. Göttingen, Hogrefe, 1967, 185-259.

Terry, R. u. Steffensmeier, D.: The influence of organizational factors of victim store on willingness to report a shoplifting incident: A field experiment. Sociological Focus, 1973, 6, 27-45.

Teske, R.H.C. u. Williamson, H.E.: Correctional officers attitudes toward selected treatment programs. Criminal Justice and Behavior, 1979, 6, 59-66.

Tharp, R.G. u. Wetzel, R.J.: Behavior modification in the natural environment. New York, Academic Press, 1969.

Thayer, R.: Measurement of activation through self-report. Psychological Report, 1967, 20, 663-678.

Thayer, R.: Activation states as assessed by verbal report and four psychophysiological variables. Psychophysiology, 1970, 7, 86-94.

Thibaut, J. u. Walker, L.: Procedural justice. A psychological analysis. Hillsdale, Erlbaum, 1975.

Thibaut, J. u. Walker, L.: A theory of procedure. California Law Review, 1978, 66, 541-566.

Thibaut, J., Walker, L. u. Lind, E.A.: Adversary presentation and bias in legal decision making. Harvard Law Review, 1972, 86, 286-401.

Thiersch, H.: Abweichendes Verhalten. In: C. Wulf (Hrsg.) Wörterbuch der Erziehung. München, Piper, 1976, 7-9.

Thimm, W.: Lernbehinderung als Stigma. In: M. Brusten u. J. Hohmeier (Hrsg.) Stigmatisierung, Bd. 1. Neuwied, Luchterhand, 1975, 125-144.

Thio, A.: Deviant behavior. Boston, Houghton Mifflin, 1978.

Thomae, H.: Das Wesen der menschlichen Antriebsstruktur. Leipzig, Barth, 1944.

Thomae, H.: Persönlichkeit. Eine dynamische Interpretation. Bonn, Bouvier, 1955².

Thomae, H.: Das Individuum und seine Welt. Eine Persönlichkeitstheorie. Göttingen, Hogrefe, 1968.

Thomae, H.: Motivationsbegriff und Motivationstheorie. In: H. Thomae (Hrsg.) Enzyklopädie der Psychologie. Band Motivation I. Göttingen, Hogrefe, 1981.

Thomae, H. u. Schmidt, H.D.: Psychologische Aspekte der Schuldfähigkeit. In: U. Undeutsch (Hrsg.) Handbuch der Psychologie, Bd. 11, Forensische Psychologie. Göttingen, Hogrefe, 1967, 326-396.

Thomas, J.E.: Training schemes for prison staff: An analysis of some problems. Australian and New Zealand Journal of Criminology, 1972, 5, 199-205.

Timaeus, E.: Experiment und Psychologie. Göttingen, Hogrefe, 1974.

Tischler, V.: Einstellungsunteruchung bei Strafvollzugsbediensteten Österreichs unter besonderer Berücksichtigung der Persönlichkeitsdimensionen Distanz und Unterordnungsbereitschaft. Dissertation, Universität Innsbruck, 1975.

Tittle, C.R., Villemez, W.J. u. Smith, D.A.: The myth of social class and criminality: An assessment of the empirical evidence. American Sociological Review, 1978, 43, 634-400.
Tolman, E.C.: A cognition motivation model. Psychological Review, 1952, 59, 389-400.
Toman, W.: Introduction to psychoanalytic theory of motivation. Oxford, London, New York, Pergamon Press, 1960.
Toman, W.: Motivation, Persönlichkeit, Umwelt. Göttingen, Hogrefe, 1968.
Toman, W.: Family constellation. New York, Springer, 1961, 1976[3].
Toman, W.: Tiefenpsychologie. Stuttgart, Kohlhammer, 1978.
Toman, W.: Familienkonstellationen. München, C.H. Beck, 1965, 1980[3].
Toman, W. u. Preiser, S.: Familienkonstellationen und ihre Störungen. Stuttgart, Enke, 1973.
Tomaszewski, T.: Die Struktur der menschlichen Tätigkeiten. Psychologie und Praxis, 1964, 8, 145-155.
Trankell, A.: Reliability of evidence. Stockholm, Rotobeckmann, 1972.
Trapp, H.-J.: Erfahrungen mit strukturierten Lernprogrammen. Unveröffentlichtes Vortragsmanuskript, Tagung „Fortbildungsprogramme für Justizvollzugsbedienstete" am 11./12.9.1980 im Zentrum für Interdisziplinäre Forschung der Universität Bielefeld.
Trasler, G.: The explanation of criminality. London, Routledge & Kegan Paul, 1962.
Trasler, G.: Criminal behavior. In: H.J. Eysenck (Ed.) Handbook of abnormal psychology. London, Pitman, 1973, 67-96.
Traulsen, M.: Delinquente Kinder und ihre Legalbewährung. Frankfurt am Main, Lang, 1976.
Trautner, H.M.: Der Beitrag der Selbstkonzept-Forschung zur Erklärung sozial abweichenden Verhaltens. In: S.-H. Filipp (Hrsg.) Selbstkonzept-Forschung. Stuttgart, Klett-Cotta, 1979, 273-289.
Trautner, H.M. u. Schuster, B.: Zur Bedeutung des Selbstbilds und des perzipierten Elternbilds für das Delinqenzproblem. Archiv für Psychologie, 1975, 127, 116-130.
Trudewind, C.: Häusliche Umwelt und Motiventwicklung. Göttingen, Hogrefe, 1975.
Tyler, T.: Impact of directly and indirectly experienced events: the origin of crime-related judgements and behaviors. Journal of Personality and Social Psychology, 1980, 39, 13-28.
Tyler, V.O.: Application of operant token reinforcement to academic performance of an institutionalized delinquent. Psychological Reports, 1967, 21, 249-260.
Tyler, V.O. u. Brown, G.D.: The use of swift brief isolation as a group control device for institutionalized delinquents. Behavior Reserarch and Therapy, 1967, 5, 1-9.
Tyler, V.O. u. Brown, G.D.: Token reinforcement of academic performance with institutionalized delinquent boys. Journal of Educational Psychology, 1968, 59, 164-168.
Ullmann, L.P. u. Krasner, L.: Case studies in behavior modification. New York, Holt, Rinehart and Winston, 1965.
Ullrich de Muynck, R. u. Ullrich, R.: Das Assertiveness-Training-Programm, ATP. München, Pfeiffer, 1976.
Undeutsch, U.: Das Motivationsgeschehen bei schuldhaft normwidrigem Verhalten. Zeitschrift für experimentelle und angewandte Psychologie, 1957a, 4, 451-458.
Undeutsch, U.: Zurechnungsfähigkeit bei Bewußtseinsstörungen. In: A. Ponsold (Hrsg.) Lehrbuch der gerichtlichen Medizin. Stuttgart, Thieme, 1957b, 130-145.
Undeutsch, U.: Aussagepsychologie. In: A. Ponsold (Hrsg.) Lehrbuch der gerichtlichen Medizin, Stuttgart, Thieme, 1957c, 191-219.
Undeutsch, U.: Forensische Psychologie. In: R. Sieverts u. H.J. Schneider (Hrsg.) Handwörterbuch der Kriminologie, Band I. Berlin, de Gruyter, 1965, 205-231.
Undeutsch, U.: (Hrsg.) Handbuch der Psychologie, Bd. 11, Forensische Psychologie. Göttingen, Hogrefe, 1967a.
Undeutsch, U.: Beurteilung der Glaubhaftigkeit von Zeugenaussagen. In: U. Undeutsch (Hrsg.) Handbuch der Psychologie, Bd. 11, Forensische Psychologie. Göttingen, Hogrefe, 1967b, 26-181.
Undeutsch, U.: Schuldfähigkeit unter psychologischem Aspekt. In: G. Eisen (Hrsg.) Handwörterbuch der Rechtsmedizin, Band II. Stuttgart, Enke, 1974, 91-115.
Undeutsch, U.: Die Verwertbarkeit unwillkürlicher Ausdruckserscheinungen bei der Aussagenwürdigung. Zeitschrift für die gesamte Strafrechtswissenschaft, 1975, 87, 650-662.
Undeutsch, U.: Überblick über die gerichtspsychologische Gutachtertätigkeit in Deutschland. In: J. Rehberg (Hrsg.) Probleme des gerichtspsychiatrischen und -psychologischen Gutachtens. Diessenhofen, Rüegger, 1976, 27-44.
Utz, H.E.: Empirische Untersuchungen zum Belohnungsaufschub. München, Minerva, 1979.
Vetter, H.: Ethische Einstellungen westdeutscher Studenten. Kölner Zeitschrift für Soziologie und Sozialpsychologie, 1965, 17, 298-326.

Vidmar, N.: Retributive and utilitarian motives and other correlates of Canadian attitudes toward the death penalty. The Canadian Psychologist, 1974, 15, 337-356.
Villinger, W.: Grundsätzliches und Erfahrungen zum Thema: Begutachtung der Glaubwürdigkeit kindlicher und jugendlicher Zeugen. In: H. Stutte (Hrsg.) Jahrbuch für Jugendpsychiatrie und ihre Grenzgebiete, Bd. III. Bern, Stuttgart, Huber, 1962.
Villmow, B.: Schwereeinschätzung von Delikten. Berlin, De Gruyter, 1977.
Villmow, B.: Die Einstellung des Opfers zu Tat und Täter. In: G. Kirchhoff u. K. Sessar (Hrsg.) Das Verbrechensopfer. Bochum, Brockmeyer, 1979, 199-218.
Villmow, B. u. Kaiser, G.: Empirisch gesicherte Erkenntnisse über Ursachen der Kriminalität. In: Der Regierende Bürgermeister von Berlin (Hrsg.) Verhütung und Bekämpfung der Kriminalität. Berlin, Senatskanzlei, 1974, Anhang, 1-143.
Villmow-Feldkamp, J.: Delinquenz und Selbstdarstellung Jugendlicher. Dissertation, Universität Konstanz, 1976.
Vinke, P. u. van Houtte, J.: Attitudes governing the acceptance of legislation among various groups. In: A. Podgorecki, W. Kaupen, J. van Houtte, P. Vinke u. B. Kutchinskiy (Eds.) Knowledge and opinion about law. London, Tavistock, 1973, 13-42.
Wagner, G.: Psychologie im Strafvollzug. München, Goldmann, 1972.
Wagner, G.: Personalschulung zwischen Traditionalismus und Praxisveränderung. Zeitschrift für Strafvollzug, 1975a, 24, 3-8.
Wagner, G.: Eine Brücke zwischen Hochschulausbildung und berufspraktischer Tätigkeit – zwei Lehrgänge als didaktisches Modell für die Lehrpraxis der Vollzugsakademie. Zeitschrift für Strafvollzug, 1975b, 24, 63-68.
Wagner, G.: Organisatorisches Konzept zur Einrichtung einer Behandlungsabteilung. Zeitschrift für Strafvollzug und Straffälligenhilfe, 1979, 28, 4-6.
Wagner, G.: Das absurde System – Strafurteil und Strafvollzug in unserer Gesellschaft. 1982 in Vorbereitung.
Walder, H.: Die Vernehmung des Beschuldigten. Hamburg, Steintor, 1965.
Waldo, G.P. u. Dinitz, S.: Personality attributes of the criminal: An analysis of research studies 1950-65. Journal of Research in Crime and Delinquency, 1967, 4, 185-202.
Walker, M.J. u. Brodsky, S.: (Eds.) Sexual assault. The victim and the rapist. Lexington, Toronto, London, D.C. Heath, 1976.
Waller, I. u. Okihiro, N.: Burglary: The victim and the public. Toronto, Buffalo, London, University of Toronto Press, 1978.
Waller, M.: Pragmatismus – oder theoretische Abstinenz als Ausdruck des Selbstverständnisses von „Gehilfen"? Diagnostica, 1970, 16, 42-50.
Walter, R., Merschmann, W. u. Höhner, G.: Unregistrierte Delinquenz Strafunmündiger und Persönlichkeitsmerkmale im FPI. Monatsschrift für Kriminologie und Strafrechtsreform, 1975, 58, 339-357.
Warmerdam, A.: Sozialtherapeutische Basistherapie mit Delinquenten. Psyche, 1976, 30, 589-598.
Watzlawick, P., Beavin, J.H. u. Jackson, D.D.: Menschliche Kommunikation. Formen, Störungen, Paradoxien. Bern, Stuttgart, Wien, Huber, 1969.
Waxweiler, R.: Psychotherapie im Strafvollzug. Weinheim, Basel, Beltz, 1980.
Weber, D.: Polizeibeamte als Zeugen und Sachverständige. Deutsche Polizei, 1975, 1, 24-30.
Wegener, H.: Einführung in die Forensische Psychologie. Darmstadt, Wissenschaftliche Buchgesellschaft, 1981.
Wegner, W.: Die Untersuchung mit dem Polygraphen in der US-amerikanischen Rechtssprechung. Köln, Heymanns, 1981.
Weiner, B. (Ed.): Cognitive views of motivation. New York, Academic Press, 1974.
Weiner, N.: The teenage shoplifter: A microcosmic view of middle class delinquency. In: J. Douglas (Ed.) Observations of deviance. New York, Random House, 1970.
Weinert, A.B.: Lehrbuch der Organisationspsychologie. München, Urban & Schwarzenberg, 1981.
Weinrott, M., Bauske, B. u. Patterson, G.R.: Systematic replication of a social learning approach to parent training. In: P.O. Sjoden (Ed.) Trends in behavior therapy. New York, Academic Press, 1978, 152-176.
Weis, K. u. Müller-Bagehl, R.: Private Strafanzeigen. Kriminologisches Journal, 1971, 3, 185-194.
Wenk, T.A. u. Moos, R.: Social climates in prisons. Journal of Research in Crime and Delinquency, 1972, 9, 134-148.
Wenzel, C.: Organisationsstruktur und Behandlungsauftrag im Strafvollzug. München, Minerva Publikation Saur, 1979.
Werbik, H.: Handlungstheorien. Stuttgart, Kohlhammer, 1978.

Werner, J.S., Minkin, N., Minkin, B.L., Fixsen, D.L., Phillips, E.L. u. Wolf, M.M.: „Intervention package": An Analysis to prepare juvenile delinquents for encounters with police officers. Criminal Justice and Behavior, 1975, 2, 55-84.

Wertheimer, M.: Experimentelle Untersuchungen zur Tatbestandsdiagnostik. Archiv für die gesamte Psychologie, 1906, 6, 59-131.

Wertheimer, M. u. Klein, J.: Psychologische Tatbestandsdiagnostik. Ideen zu psychologisch-experimentellen Methoden zum Zweck der Feststellung der Anteilnahme eines Menschen an einem Tatbestande. Archiv für Kriminologie, 1904, 15, 72-113.

West, D.J. u. Farrington, D.P.: Who becomes delinquent? London, Heinemann, 1973.

West, D.J. u. Farrington, D.P.: The delinquent way of life. London, Heinemann, 1977.

Westerlund, G. u. Sjöstrand, S.-E.: Organisationsmythen. Stuttgart, Klett, 1981.

Westhoff, K. u. Berka, H.-H.: Pygmalions neue Kleider. Zeitschrift für Sozialpsychologie, 1980, 11, 129-130.

Wetzel, R.: Use of behavioral techniques in a case of compulsive stealing. Journal of Consulting Psychology, 1966, 30, 367-374.

Wetzstein, H.: Einführung in das Training sozialer Verhaltensweisen bei dissozialen Jugendlichen. In: H. Pielmaier (Hrsg.) Training sozialer Verhaltensweisen. München, Kösel, 1980, 53-71.

Wicker, A.: Attitudes versus action: The relationship of verbal and overt behavioral responses to attitude objects. Journal of Social Issues, 1969, 25, 41-78.

Wicklander, D.E. u. Huter, F.L.: The influence of auxiliary sources of information in polygraph diagnosis. Journal of Police Science and Administration, 1975, 3, 405-409.

Wicklund, R.A.: Die Aktualisierung von Selbstkonzepten in Handlungsvollzügen. In: S.-H. Filipp (Hrsg.) Selbstkonzept—Forschung. Stuttgart, Klett-Cotta, 1979, 153-169.

Widacki, J. u. Romig, C.: Polygraph in Poland. Polygraph, 1975, 4, 33-38.

Wilson, D.W. u. Donnerstein, E.: Guilty or not guilty? A look at the „simulated" jury paradigm. Journal of Applied Social Psychology, 1977, 7, 175-190.

Wilson, T.P.: Theorien der Interaktion und Modelle soziologischer Erklärung. In: Arbeitsgruppe Bielefelder Soziologen (Hrsg.) Alltagswissen, Interaktion und gesellschaftliche Wirklichkeit. Reinbek, Rowohlt, 1973, 54-79 (engl. 1970).

Winch, R.F.: Identification and its familial determinants. Indianapolis, Bobbs-Merril, 1962.

Winnicott, D.W.: Through pediatrics to psychoanalysis. New York, Basic Books, 1958.

Wiswede, G.: Soziologie abweichenden Verhaltens. Stuttgart, Berlin, Köln, Mainz, Kohlhammer, 1973, 1979[2].

Witte, H. u. Witte, E.H.: Persönlichkeitsmerkmale und -idealvorstellungen von Jugendlichen verschiedener sozialer Schichten und einer Gruppe jugendlicher Delinquenten. Zeitschrift für Sozialpsychologie, 1974, 5, 219-232.

Wolf, P.: The effect of prison on criminality. In: J.C. Freeman (Ed.) Prisons past and future. London, Heinemann, 1978, 93-104.

Wolff, J.: Die Prognose in der Kriminologie. Versuch einer theoretischen Grundlegung nebst einer empirischen Erprobung. Göttingen, Schwartz, 1971.

Wolfgang, M.E.: Victim-precipitated criminal homicide. In: I. Drapkin u. E. Viano (Eds.) Victimology. Lexington, Toronto, London, D.C. Heath, 1974, 79-92.

Wolfgang, M.E., Figlio, R.M. u. Sellin, T.: Delinquency in a birth cohort. Chicago, University Press, 1972.

Wolpe, J.: Experimental neurosis as learned behavior. British Journal of Psychology, 1952, 43, 243-269.

Wolpe, J.: Behavior therapy and psychotherapeutic goals. In: A.R. Mahrer (Ed.) The goals of psychotherapy. New York, Academic Press, 1962, 129-144.

Wright, G.H.v.: Erklären und Verstehen. Frankfurt, Fischer Athenäum, 1974.

Wright, J. u. James, R.: A behavioral approach to preventing delinquency. Springfield, Thomas, 1974.

Wulf, B.R.: Kriminelle Karrieren von „Lebenslänglichen". München, Minerva, 1979.

Yarmey, A.D.: The psychology of eyewitness testimony. New York, Free Press, 1979.

Yeager, M.G.: Unemployment and imprisonment. Journal of Criminal Law and Criminology, 1979, 70, 586-588.

Yochelson, S. u. Samenow, S.E.: The criminal personality, Vol. I: A profile for change. New York, Aronson, 1976.

Young, J.: New directions in sub-cultural theory. In: J. Rex (Ed.) Approaches to sociology. London, Routledge & Kegan Paul, 1974, 160-186.

Zielke, M.: Indikation zur Gesprächspsychotherapie. Stuttgart, Kohlhammer, 1979.

Zimbardo, P.G.: The psychology of evil, or the perversion of human potential. In: T.R. Sarbin (Ed.) Challenges to the criminal justice system. New York, Human Science Press, 1979, 142-161.

Personenregister

Sachregister

Anschriften der Autoren

Andrea Abele, Professor Dr. rer. soc., Dipl.-Psych.
Abteilung für Experimentelle und Angewandte Psychologie der Universität Bielefeld, Universitätsstr. 25, 4800 Bielefeld 1
Friedrich Arntzen, Dr. phil.
Leiter des Gerichtspsychologischen Instituts, Gilsingstr. 5, 4630 Bochum 1
Peter Barkey, Dr. phil., Dipl.-Psych.
Beigeordneter des Landeswohlfahrtsverbandes Hessen, Ständeplatz 6-10, 3500 Kassel
Lorenz Böllinger, Professor Dr. jur., Dipl-Psych.
Studiengang Juristenausbildung der Universität Bremen, Bibliothekstr., 2800 Bremen 33
Paul Braune, Dr. phil., Dipl.-Psych.
Lehrstuhl für Psychologie (insbesondere Wirtschafts- und Sozialpsychologie) der Universität Erlangen-Nürnberg, Lange Gasse 20, 8500 Nürnberg
Manfred Brusten, Professor Dr. soz. wiss., Dipl.-Soz.
Fachbereich Gesellschaftswissenschaften der Universität/Gesamthochschule Wuppertal, Gaußstr. 20, 5600 Wuppertal 1
Peter Dillig, Dr. phil., Dipl.-Psych.
Leiter der Eltern-, Jugend und Erziehungsberatungsstelle des Landkreises Ansbach, Crailsheimerstr. 1, 8800 Ansbach
Rudolf Egg, Dr. phil., Dipl.-Psych.
Institut für Psychologie der Universität Erlangen-Nürnberg, Bismarckstr. 1, 8520 Erlangen
Jochen Haisch, Dr. rer. soc., Dipl.-Psych.
Psychologisches Institut der Universität Düsseldorf, Universitätsstr. 1, 4000 Düsseldorf
Jürgen Howe, Dr. phil., Dipl.-Psych.
Universität Osnabrück, Abteilung Vechta, Driverstr. 22, 2848 Vechta
Heinrich Keupp, Professor Dr. phil., Dipl.-Psych.
Abteilung Sozialpsychologie des Instituts für Psychologie der Universität München, Kaulbachstr. 93, 8000 München 40
Jürgen Klapprott, Professor Dr. rer. soc., Dipl.-Psych.
Fachbereich Sozialwesen der Universität Bamberg, Feldkirchenstr. 21, 8600 Bamberg
Helmut Kury, Dr. phil., Dipl.-Psych.
Direktor des Kriminologischen Forschungsinstituts Niedersachsen e.V., Leisewitzstr. 41, 3000 Hannover 1
Peter Linz, Dr. phil., Dipl.-Psych.
Leiter des Psychologischen Dienstes im Berufsbildungswerk Nürnberg, Pommernstr. 25, 8500 Nürnberg 60
Friedrich Lösel, Professor Dr. phil., Dipl.-Psych.
Abteilung für Experimentelle und Angewandte Psychologie der Universität Bielefeld, Universitätsstr. 25, 4800 Bielefeld 1
Peter Malinowski, Dipl.-Soz.
Internationales Dokumentations- und Studienzentrum für Jugendkonflikte (IDSZ), Fachbereich Gesellschaftswissenschaften der Universität/Gesamthochschule Wuppertal, Gausstr. 20, 5600 Wuppertal 1
Franz-Josef Mathey, Dr. phil., Dipl.-Psych.
Psychologisches Institut der Universität Bonn, An der Schloßkirche 1, 5300 Bonn
Wolf-Rüdiger Minsel, Professor Dr. phil., Dipl.-Psych.
Seminar für Psychologie, Erziehungswissenschaftliche Fakultät der Universität zu Köln, Gronewaldstr. 2, 5000 Köln 41
Wolf Nowack, Dr. rer. soc., Dipl.-Psych.
Abteilung für Experimentelle und Angewandte Psychologie der Universität Bielefeld, Universitätsstr. 25, 4800 Bielefeld 1

Thomas Runkel, Dipl.-Psych.
Familienberatungsstelle der Stadt Erlangen, Löwenichstr. 1, 8520 Erlangen
Hans Jürgen Schneider, Professor Dr. jur., Dipl.-Psych.
Lehrstuhl für Kriminologie der Universität Münster, Bispinghof 34/35, 4400 Münster
Hartmut Schucht, Dipl.-Psych.
Sozialtherapeutische Versuchs- und Erprobungsanstalt Erlangen der Justizvollzugsanstalt Nürnberg, Schuhstr. 41, 8520 Erlangen
Willi Seitz, Professor Dr. phil., Dipl.-Psych.
Seminar für Psychologie der Pädagogischen Fakultät der Universität Bonn, Römerstr. 164, 5300 Bonn
Hans Thomae, Professor Dr. phil. Dr. phil. h.c.
Psychologisches Institut der Universität Bonn, An der Schloßkirche, 1, 5300 Bonn
Walter Toman, Professor Dr. phil.
Institut für Psychologie der Universität Erlangen-Nürnberg, Bismarckstr. 1, 8520 Erlangen
Udo Undeutsch, Professor Dr. rer. nat., Dipl.-Psych.
Lehrstuhl I des Psychologischen Instituts der Universität Köln, Haedenkampstr. 2, 5000 Köln 41
Georg Wagner, Dr. phil., Dipl.-Psych.
Justizvollzugsanstalt München-Stadelheim, Stadelheimerstr. 12, 8000 München 90
Hans Werbik, Professor Dr. phil.
Institut für Psychologie der Universität Erlangen-Nürnberg, Bismarckstr. 6, 8520 Erlangen

Sozialpsychologie

Veronika Grüneisen/Ernst H. Hoff
Familienerziehung und Lebenssituation
Der Einfluß von Lebensbedingungen und Arbeitserfahrungen auf Erziehungseinstellungen und Erziehungsverhalten von Eltern. 2., korr. Aufl. 1980. 239 S. Br DM 26,- (57014)

Franz Hochstrasser
Der alltägliche Widerspruch
Handlungstheorie und gesellschaftliche Wirklichkeit. 1981. 243 S. Br DM 34,80 (54614)

Marinus H. van IJzendoorn
Moralität und politisches Bewußtsein
Eine Untersuchung zur politischen Sozialisation. 1980. 250 S. Br DM 34,- (54603)

Louise H. Kidder/Mary H. Stewart
Vorurteile
Zur Sozialpsychologie von Gruppenbeziehungen. Aus dem Amerikanischen von Michael Ort und Gabriele Bolavec. 1976. 158 S. Br DM 19,80 (51108)

Henry C. Lindgren
Einführung in die Sozialpsychologie
Aus dem Amerikanischen von Martin G. Strempel. 2. Aufl. 1974. 539 S. Br DM 34,- (28148)

Leon Mann
Sozialpsychologie
Aus dem Englischen von Wolfgang Kramer. (Beltz Bibliothek 20.) 6. Aufl. 1981. 240 S. Br DM 14,80 (28155)
In dieser allgemein verständlichen Einführung wird auf das Verhalten in sozialen Alltagssituationen besonderes Gewicht gelegt. Auf weniger wichtige Untersuchungen zur Erklärung des Verhaltens im Alltag wurde verzichtet. Deswegen erleichtert das Buch dem interessierten Laien und dem Studienanfänger den Einstieg in die moderne empirisch arbeitende Sozialpsychologie.

Klaus R. Scherer/Harald G. Wallbott (Hrsg.)
Nonverbale Kommunikation: Forschungsberichte zum Interaktionsverhalten
1979. 374 S. Br DM 29,80 (51140)
Anders als in populärwissenschaftlichen Büchern zur "Körpersprache" wird in den hier abgedruckten Arbeiten über eine Vielzahl empirischer Untersuchungen zu Phänomenen wie Gesichtsausdruck, Blickkontakt, Gestik, Körperbewegung und Körperhaltung berichtet. Darüber hinaus geben Sammelreferate einen umfassenden Überblick über den gegenwärtigen Forschungsstand und die große Bedeutung nonverbaler Signale für die soziale Interaktion.

Klaus Mai (Hrsg.)
Psychologie hinter Gittern
Probleme psychologischer Tätigkeit im Strafvollzug. 1981. 160 S. Br DM 22,- (54608)

Herrad Schenk
Geschlechtsrollenwandel und Sexismus
Zur Sozialpsychologie geschlechtsspezifischen Verhaltens. 1979. 245 S. Br DM 25,- (54546)
Ausgangspunkt der vorliegenden Arbeit bildet ein Überblick über den gegenwärtigen Stand der Erforschung psychischer Geschlechtsunterschiede sowie eine kritische Darstellung verschiedener Erklärungsmodelle des individuellen Geschlechtsrollenerwerbs. Im Mittelpunkt der Analyse stehen die in jüngster Zeit erfolgten Veränderungen der männlichen und weiblichen Geschlechtsrolle sowie das Phänomen des Sexismus und der Frauendiskriminierung im weitesten Sinne.

BELTZ

Beltz Verlag Weinheim und Basel
Preisänderungen vorbehalten.